형법총칙론

조/문/식

형법총칙론

■ 이중백 지음

한국학술정보㈜

서 문

　열정이 넘쳐났던 14년 전, 필자는 『해설형법전』이라는 책을 선보였다. 그 당시에는 미약한 지식과 학문을 가지고 책을 저술했기에 허술하기 그지없었다. 돌이켜 생각해 보면 독자께 죄송할 따름이다. 그러나 그때만 해도 형법전의 법조항에 대한 정확한 이해의 중요성에 비해, 그 해설서라고 할 수 있는, 법학 입문생 또는 초보자를 위한 책은 드물었다. 필자는 이런 면에 착안하여 해설서인 형법전을 출간하게 되었던 것이다. 구독자 중에는 과분한 찬사를 해 준 분도 있었고, 내용이 미비하다는 충고를 해 준 분도 있었다.

　현재는 본인이 착안했던 방법대로 해설된 형법전이 시중에 다양하게 출간되고 있다. 이런 점은 학문을 하는 한 사람으로서 바라마지 않은 일이다. 그동안 저자로서 『해설형법전』을 수정·보완했어야 함에도 불구하고 미루어 오던 중 주위의 법학도들로부터 새로운 『해설형법전』에 대한 집필 권유를 받고, 그간 여러 대학과 관공서에서 강의를 했던 원고와 최근의 학자들의 이론 및 판례, 개정된 형법 내용을 가지고 이전의 『해설형법전』보다 더 다양하고 체계성을 갖춰 구성한 "조문식 형법총칙론"을 내놓게 되었다.

　"조문식 형법총칙론"을 통해 필자는 독자들이 국내외 학자들의 견해를 접하고, 추상적인 조문을 이해할 수 있도록 심혈을 기울였다.

　본서는 몇 가지 특징이 있다. **첫째**로, 형식 면에서의 새로운 모습이다. 복잡하고 추상적인 형법조문과 이론을 독자가 가능한 체계적이고 쉽게 이해할 수 있도록 상세하고 명료한 이론 구성으로 일관하였다. **둘째**로, 내용 면에서 형법조문과 관련된 국내외의 모든 학설을 총망라하여 소개하고 다수설 및 통설을 추출하는 방향으로 서술하였다. **셋째**로, 구성을 '형법조문 → 해설 → 일반이론 → 학설 → 판례'로 정형화하였다.

　학문 연구에 정진하고 있는 필자로서, 본서의 내용이 미흡하다는 점을 절감하면서 앞으로 독자 제현의 비판을 겸허히 수용하여 계속 수정과 보완을 해 나가려고 한다.

그리고 본고가 탈고된 뒤에 최근에 개정된 형법 조항이 있어 여기에 덧붙이고자 한다.

형법 일부개정·신설(법률 제10259호 일부개정 2010. 04. 15. 시행일자 2010. 10. 16.)을 통해 현행법이 유기징역의 상한을 15년으로 제한하고 있는 것을 30년 이하로 형량을 높였다. 그간 무기징역과 유기징역 간에 형벌 효과에서 큰 차이를 보였다. 중대한 범죄(흉악범, 성폭력범죄 등)에 대한 형벌 선고의 제한(15년 이하)으로 형벌의 효과가 낮았는데, 이번 형법 개정을 통해 성폭력범죄자의 상습범에 대한 가중처벌, 무기징역에 있어서 가석방, 사형수에 대한 감경 및 무기징역과 무기금고에 대한 형량의 상향 조정을 통해 형벌의 효과를 기하기로 했다.

그리고 법무부는 보호감호제의 재도입을 예고하고 상반기에 형법 개정안을 최종 확정한 후, 여론수렴을 거쳐 12월께 국회에 제출할 계획이다. 그동안 인권침해 논란 등으로 2005년 폐지된 보호감호제가 재도입되어 2011년 상반기부터는 시행될 예정이다. 형사법 개정특별분과위원회의 전체회의에서 보호감호제를 형법 안에 넣기로 의결하였는데, 그 시안에 의하면 흉악범(凶惡犯)에 한해 상습범·누범가중 규정을 폐지하는 대신 보호감호제를 도입하는 내용이다. 뿐만 아니라 보호감호의 적용 대상 범죄와 상습범의 기준 등 구체적인 내용이 적시된다. 보호감호제는 재범우려가 높은 범죄자를 형집행 후에도 일정 기간 격리수용해 사회적응을 돕는다는 취지로 1980년 도입되었으나, 본 제도는 이중 또는 과잉처벌로 인해 인권침해 논란이 제기되자 2005년 국회에서 폐지했었다.

끝으로, 한국학술정보(주)의 채종준 대표이사님과 출판사업부 권성용 님, 디자인편집부 안선영 대리님, 김소영 님 그리고 출판에 참여해 주신 한국학술정보(주) 관계자께 깊은 감사를 드린다.

2010년 5월
溪源書室
이중백 씀

목차

제❶편 序論

제1장 형법의 기초개념 / 17

제2장 형법학 / 23

제❷편 犯罪論

제❸편 刑罰論

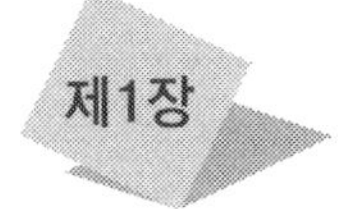

제1장 형(刑) / 417

제2장　보안처분(保安處分) / 560

제 1 편

序論

제1장 형법의 기초개념

제1절 형법의 일반론

Ⅰ. 형법의 의의

1. 형법의 개념

형법(刑法)이란 범죄와 이에 대한 법적 효과로서 형벌과 보안처분을 규정한 법규범의 총체라고 할 수 있다.[1]

2. 형법의 범위

(1) **협의의 형법**이란 1953년 9월 18일 법률 제293호로 공포되어 동년 10월 3일부터 시행된 형법전(범죄와 형벌에 관한 일반 규정인 총칙은 제1조부터 제86조까지, 각칙 제87조부터 제372조까지)을 말한다.

(2) **광의의 형법**[2]이란 명칭에 상관없이 범죄와 그에 대한 법적 효과로서 형벌과 보안처분을 규정한 법률을 총칭한 실질적 의미의 형법을 말한다. 광

---

1) 진계호 · 이존걸, 총론, 31면(1995년 개정형법을 통해 보호관찰 · 사회봉사명령 · 수강명령 등 보안처분을 형의 유예제도 및 가석방에 결부시키고, 2005년 8월 4일부로 심신장애자와 중독자를 치료감호시설에 수용치료조치를 행하는 치료감호법상 치료감호와 이에 결부된 보호관찰이 형사제재로 인정되었기 때문이다.).

2) (1) 특별형법: 형법전에 대한 가중법적 · 보충법적 성격을 지닌 법률로 '군형법, 국가보안법, 폭력행위등처벌에관한법률, 특정범죄가중처벌등에관한법률, 경범죄처벌법, 보안관찰법, 치료감호법, 반국가행위자의처벌에관한특별조치법, 성폭력범죄의처벌및피해자보호등에관한법률, 교통사고처리특례법, 환경범죄의처벌에관한특별조치법, 부정수표단속법' 등이 있고, (2) 행정형법: 행정상 단속목적을 위한 규정이나 그 벌칙조항을 통해 부분적으로 형법에 의해 그 준수가 강제되는 법률로 '도로교통법, 식품위생법, 대기오염방지법, 수질환경보전법, 건축법' 등이 있으며, (3) 형사처벌규정: '노동조합법 및 노동관계조정법상의 벌칙규정, 상법상의 벌칙규정(제628조의 납입가장죄), 조세형법' 등 각종의 형사처분 규정도 광의의 형법에 해당한다.

의의 형법도 법령에 특별규정(조세범처벌법(제4조), 관세법(제278조), 담배사업법
(제31조))이 없는 한 형법전의 총칙규정이 적용된다(제8조).

Ⅱ. 형법의 성격

1. 법체계상의 성격

(1) **공법(公法)** 형법은 국가와 개인의 관계를 직접 규율하는 공법적 법률이
다. 따라서 형법은 실질적 의미의 평등인 배분적 정의가 지배한다.
(2) **사법법(司法法)** 형법은 재판에 적용되는 사법법이다. 따라서 사법법인 형
법은 법적 안정성을 지도이념으로 한다.
(3) **실체법(實體法)** 형법은 범죄의 요건과 효과를 규정한 실체법이다. 따라서
형사소송법과 같은 재판 절차를 중심으로 하는 절차법과 구별된다.

2. 규범적 성격

(1) **가설적 규범(假說的 規範)** 형법은 "사람을 살해한 자는 ……에 처한다."
처럼 가설적 판단의 형식을 취하는 규범이다.
(2) **행위규범과 재판규범** 형법은 살인죄(제250조)에서 "사람을 살해한 자는 ……
에 처한다."처럼 살인의 금지, 퇴거불응죄(제319조 제2항)에서 퇴거요구(일
정한 금지 또는 명령규범 준수)를 한 것처럼 일반국민의 행위규범이라 할 수
있고, 규범을 지켜야 할 자(수범자)에 대해, 형법은 동시에 재판관에게도
적용된다고 볼 때 행위규범[3]이며, 재판규범[4]으로서의 성질을 갖는다.[5]
(3) **평가규범과 의사결정규범** 형법은 어떤 내용을 가지고 누구에게 적용된다
고 볼 것인가에 대해, 수범자에게 일정한 의사결정을 요구하기 위해서는
법적 평가가 전제되어야 한다. 그리고 의사결정규범에 반해 행위결과는

---

3) 수명자가 누구인가에 대해 지텔만(Zitelmann)·비에링(Biering)은 명령설을 취하여 형벌법규는 국민의 행상에 관
한 규칙이다. 따라서 형법은 행위규범이다.

4) 수명자가 누구인가에 대해 마이어(M. E. Mayer)는 형벌법규는 재판관에 대한 명령이다. 따라서 형법은 재판규범
이다.

5) Mezger, Blei, Strafrecbt, AT, 11. Aufl., 1965, S. 88.

평가규범에 의해 판단되어야 한다. 따라서 형법규범은 평가규범[6]과 의사결정규범[7]의 성질을 갖는다.[8]

제2절 형법의 기능과 발달

Ⅰ. 형법의 기능

형법의 기능이란 국법질서의 테두리 안에서 규정된 형법의 목적 및 사명에 적합한 본질적인 것이어야 한다. 이러한 의미에서 아래의 세 가지 기능을 갖는다고 할 수 있다.

1. **규제적 기능(規制的 機能)** 형법은 일정한 범죄에 대해 일정한 형벌을 과할 것을 예고(규제적 성격)함으로써 당해 범죄에 대한 국가의 규범적 평가를 밝히는 기능을 한다.

   형법은 형벌의 예고(규제적 기능)를 통해 일반국민들의 행위규범 내지 의사결정규범으로서 작용하며, 사법관계자들에게는 재판규범으로서 범죄의 안정과 형벌적용의 지표로 삼게 된다. 또한 형법의 규제적 기능은 형벌이라는 제재로 사회 질서유지 내지 사회 보호적 기능을 하고, 범죄를 억제하는 일반예방기능과 범죄인의 법질서 존중과 사회에 복귀할 수 있도록 촉진하는 특별 예방적 기능을 한다.

2. **보호적 기능(保護的 機能)** 형법은 범죄에 의해 침해될 사회질서의 기본가치인 법익과 사회 윤리적 행위가치를 보호하는 작용을 한다.

   법익이란 형법에 의하여 그 침해가 금지되는 개인 또는 사회적·국가적인

---

6) 형법은 어떤 내용을 가지고 누구에게 적용된다고 볼 것인가에 대해, Mezger, "Die subjektiven Unrechtselemeente", in Gerichtssaal, Bd. 89, 1924, S. 224ff.(형법규범은 명령적·단언적 형식의 규범이 아니고 가언적 형식의 규범이란 의미에서 근본적으로 평가규범이다. 따라서 의사결정규범은 파생되는 성질에 불과하다.)

7) 형법은 어떤 내용을 가지고 누구에게 적용된다고 볼 것인가에 대해, Binding, "Die Normen, 1, S. 3ff.(법규범은 어디까지나 법의 수범자로 하여금 올바른 의사결정에로 이끌어 주는 데 그 중점이 있다.)

8) 진계호·이존걸, 총론, 34면.

이익과 가치를 말한다. 형법은 사회생활에 있어서 형법 이외의 다른 수단에 의해서는 법익을 보호하는 것이 불가능한 최후의 수단으로 사용될 것을 요구한다. 이를 형법의 보충성의 원칙9)이라 한다.

그리고 형법의 보호기능에는 법익보호뿐만 아니라 사회공동체 일원으로서 개인이 실천해야 할 윤리적 의무이행도 보호할 가치가 있다. 이를 사회 윤리적 행위가치의 보호라 한다. 법익보호는 형법의 목표 및 결과에 대한 것이고, 사회 윤리적 행위가치 보호는 목표도달의 수단 및 행위의 측면을 고려한 것이다. 이에 의하면 범죄는 법익침해와 의무위반 그리고 결과불법 및 행위불법을 포함하게 된다.

3. **보장적 기능(報障的 機能)** 보장적 기능이란 국가가 행사하는 형벌권의 한계를 형법에 명확히 규정하여 자의적인 형벌로부터 국민의 자유와 권리를 보장하는 기능을 말한다. 보장적 기능에는 시민 자유의 대헌장10)과 범죄인의 대헌장11)이 있다.

형법이 보장적 기능을 수행하기 위해서는 첫째, 범죄로 평가되는 행위와 그에 부과되는 제재의 종류와 정도가 미리 법률에 규정되어 있어야 한다. 둘째, 입법의 추상성에 대한 법 적용자의 자의를 배척하고 예견 가능성을 보장토록 죄형법정주의의 파생원칙, 책임주의, 비례성 원칙 등과 같은 일반 원칙의 정형화가 필요하다.12)

---

9) 보충성의 4원칙: (1) 비례성 원칙 - 형법은 가장 강력한 제재수단이다. 따라서 형법 이외의 다른 규범에 의해서 질서유지가 충분히 행할 수 있는 영역에 형법이 개입한다는 것은 목적과 수단의 반비례를 초래한다. (2) 과잉금지원칙 - 형사제재를 사용할 경우에도 최소한도의 범위 내에 그쳐야 한다. (3) 형법의 단편성 - 형법은 사회의 모든 분야가 아니라 특별히 가벌성이 인정되는 제한된 분야에서만 법익보호기능을 수행해야 한다. (4) 형법의 탈윤리화 - 다원적 민주사회에서 국가가 형벌을 수단으로 특정한 종교적·도덕적 가치관을 강제할 수 없다. 왜냐하면 법익침해가 없는 행위에 대해서는 비범죄화가 요청되기 때문이다.

10) 시민자유의 대헌장이란 형법은 일반국민에게는 형법에 규정된 범죄 이외에는 어떤 행위를 하더라도 범죄자로 처벌받지 않음을 보장하는 것을 말한다.

11) 범죄인의 대헌장이란 범죄인에게는 형법에서 정해진 형벌 및 보안처분 이외에는 어떠한 부당한 처벌도 받지 않음을 보장하는 것을 말한다.

12) 배종대, 총론, 46면 이하.

Ⅱ. 형법의 발달

1. **복수시대(復讐時代)** 국가형성 이전의 형벌은 응보적 제재로서 사적 복수(私的復讐)였고, 가해동족(加害同族)이 멸망할 때까지 투쟁을 계속한 혈족복수(血族復讐: 현대 형벌의 기원, 통설)에까지 이르렀다. 그 후 비교적 국가조직이 구비되면서 평화질서 차원에서 복수를 완화하는 방법(일명 속죄시대)으로 동해보복형(同害報復刑: 눈에는 눈, 이에는 이라는 보복), 피난처제도(범죄자가 교회 및 사원 등 복수가 금지된 장소로 피난), 속죄형제도(贖罪刑制度: 피해자의 복수 대신 가해자로부터 가축 및 농산물을 속죄물로 받고 용서하는 제도) 등이 시행되었다. 속죄형제도는 후에 속죄금으로 변하여 가해자는 피해자에게 위자료로써 보상을 하고, 동시에 집권자에게는 평화금으로 지불하였다. 오늘날 벌금제도는 평화금에서 유래된 것이다.[13]

2. **위하시대(威嚇時代)**[14] 봉건국가의 붕괴 후, 근대국가가 확립되기까지의 16~17세기를 중심으로 절대군주국가 내지 경찰국가는 부국강병정책의 일환으로 탄압정치를 실시하였다. 정책에 위배한(사회질서 침해자) 범법자에게 죄형전단주의에 따라 엄벌로 겁(위하)을 주었다. 이로써 형벌권이 국가에 귀속됨으로써 국가화를 특징으로 한다.

3. **박애시대(博愛時代)**[15] 18세기에 접어들면서 유럽 각국은 17세기의 후반부터 록크·몽테스키외 또는 루소 등에 의해 계몽사상(이성적·자유주의적 인간관)에 영향을 받고, 합리주의·민주주의 또는 법치주의의 사상이 강조되었다. 따라서 전제경찰국가의 죄형전단주의의 형벌제도가 죄형법정주의로 확립되면서 형벌의 법률화를 특징으로 하였다.

4. **과학시대(科學時代)** 구파(박애시대) 형법이론은 현실사회와 거리가 민 추상적인 관념론이었고, 특히 19세기 후반부터 재범자의 격증은 응보형의 사상에 그 한계를 보였다. 여기서 범죄란 사회적 현상 내지 병리적인 현상

---

13) 신동욱 외, 총론, 43면.

14) 위하시대의 형벌은 대부분 사형이 아니면 신체형으로 1532년의 카롤리나 형법은 절도·방화·낙태에 사형을 과하고, 집행방법도 차륜살·화소살·참수살이었고, 이·눈·허·수족 등을 절단하는 신체형이었다.

15) 박애시대에는 고문제도·신체형의 폐지, 종교·도덕범죄의 배척, 신분에 의한 차별형 철폐, 연좌형제도 폐지, 처형자의 가산몰수 금지, 죄형균형주의가 실현되었다. 계몽사상에 기초한 인도적 형벌을 취하여 근대 구파이론을 확립하였다.

임을 깨닫게 되었다. 따라서 형벌도 자연과학적·실증적 방법에 의한 인과적 고찰을 시도함과 동시에 범죄를 방지하고 사회의 방위·보전을 위한 형법이론의 연구가 필요했다. 이에 대한 연구가 이탈리아 학파인 롬브로즈(Lombroso)와 페리(Ferri) 및 가로팔로(Garofalo) 등에 의해 시작하게 되었다. 그 연구의 특징은 형벌의 개별화에 있다고 할 수 있다.

제2장 형법학

제1절 형법해석의 일반론

Ⅰ. 형법규범과 형법해석학

형법규범의 규범적 의미를 해석에 의해 체계적으로 인식하는 것을 형법의 해석이라 하고, 형법의 해석을 그 임무로 하는 학문을 형법학이라고 한다. 형법학에는 **형법각칙**(형법전에 일정한 범죄를 규정한 형법규범), **형법각론**(형법 각칙을 연구대상으로 하는 형법해석학), **형법총칙**(형법의 효력범위, 위법성조각사유, 책임능력, 고의, 과실, 미수, 공범, 형벌의 종류와 경중 등 형법각칙에 공통된 일반적 요소를 규정한 규범), **형법총론**(형법총칙을 연구대상으로 하는 형법해석학)이 있다.

Ⅱ. 형법해석의 의의와 방법

1. **형법해석의 의의** 형법조문에 의해 표시된 형법규범이 가진 의미를 명확히 하는 것을 말한다. 형법규범은 추상적일 뿐만 아니라 이를 표시한 문어도 다의적이다. 따라서 형법해석의 필요성이 있다.

2. **형법해석의 방법** 추상적인 형법은 해석에 의해 구체적 사건에 적용될 수 있다. 따라서 형법의 적용을 위해서는 해석이 필요하다. 여기에는 문리해석, 논리해석, 목적론적 해석이 있다.
   (1) **문리해석** 법률의 의미를 용어의 언어학적 의미에 따라 해석하는 방법

이다. 예컨대 사기죄(제347조)의 재물(財物)과 강제집행면탈죄(제327조)의 재산(財産)은 용어가 다르기 때문에 언어의 의미도 다르다고 밝힐 수 있지만, 살인죄(제250조)의 사람(人)과 방화죄(제164조)의 사람(人)은 사람이라는 용어는 같지만, 전자의 사람은 자기 이외의 생존한 자연인을 의미하고, 후자의 사람은 불특정 또는 다수인을 의미하기 때문에 동일한 용어이지만 언어의 의미가 같다고 해석할 수 없다. 여기에 형법해석의 필요성이 있다.

(2) **논리해석** 법률에 규정되어 있거나 특수한 의미로 사용되는 용어에 대하여 체계적 연관에 따라 그 논리적 의미를 밝히는 해석방법이다. 예컨대 절도죄(제329조)의 재물은 경계침범죄(제370조)와의 대조상 부동산을 포함하지 않는다. 그러나 단순사기죄(제347조)의 재물은 부동산을 포함한다고 해석하는 경우이다.

(3) **목적론적 해석**16) 법규범의 실천적 목적이나 법질서의 최고 가치에 따라 규범적 의미를 밝히는 것을 말한다. 목적적 해석으로는 확장해석과 축소해석이 있다.

① **확장해석(擴張解釋)** 지금까지의 구성요건의 해석에는 포섭되지 않던 사례를 목적론적 견지에서 최대한 넓게 적용하는 해석방법이다. 예컨대 강도죄의 '폭행'에 '마취약'을 사용하는 경우가 포함된다고 해석하는 경우이다.

② **축소해석(縮小解釋)** 법문의 의미를 그 목적에 비추어 축소하여 엄격히 해석하는 것을 말한다. 예컨대 결과적 가중범(제15조 제2항)의 중한 결과에 대해서는 과실이 필요하다고 해석하는 경우이다.

③ **확장해석과 유추적용(類推適用)의 구별** 양자의 구별이 용이하지 않아 견해가 대립된다. 첫째, 구별 불요설(區別不要說)로 확장해석과 유추적용은 구별이 불가능하므로 확장해석을 허용할 수 없다는 견해17)이고, 둘째, 질적 구별설(質的區別說)로 법률규정에 포함되지

---

16) 목적론적 해석은 보통 입법취지, 법의 이념, 형법 전체의 정신, 법익보호의 목적, 법적 안정성 내지 합목적성, 행위성질 등을 검토하여 규범적 의미를 밝히게 된다.

17) 이재상, 총론, 27면(양자는 본래의 일상용어적인 의미를 확대 해석하는 목적론적 해석방법인 점에서 공통하고, 확장해석은 제한해석에 대한 개념일 뿐 형법해석에 있어서 목적론적 해석은 유추해석과 획일적으로 구별되지

않는다고 결정된 사항에 대하여 이와 유사한 사항에 관한 법률을 준용하여 해석하면 유추해석(유추적용)이 되고, 입법의 정신에 비추어 법률규정 가운데에 포함하는 사항을 탐구하면 확장해석이 되므로 양자 사이에는 **질적 차이**가 있다는 견해[18]이다. 즉 확장해석은 **법의 해석**으로 허용되나, 유추해석은 **법관**에 의한 법 형성이며 허용되지 아니한 법의 창조이다.[19]

3. 판례의 태도

① 형벌법규는 문언에 따라 엄격하게 해석·적용해야 하고, 피고인에게 불리한 방향으로 확장 해석하거나 유추 해석하는 것은 죄형법정주의의 원칙에 어긋나는 것으로서 허용되지 않는다.[20]

② 법해석의 원리는 그 형벌법규의 적용대상이 행정법규가 규정한 사항을 내용으로 하고 있는 경우에 있어서 그 행정법규의 규정을 해석하는 데에도 마찬가지로 적용된다.[21]

③ 법률문언의 통상적 의미를 벗어나지 않는 한 그 법률의 입법취지와 목적·입법연혁 등을 고려한 목적론적 해석이 배제되는 것은 아니다.[22]

않는 경우가 많고 확장해석의 개념이 반드시 명백한 것도 아니라는 것을 이유로 한다. 이 설은 허용되는 정당한 해석과 허용되지 않는 유추해석의 한계를 결정해야 한다고 한다.).

18) 유기천, 총론, 48면; 정영석, 총론, 57면; 손해목, 총론, 64면; 정성근·박광민, 총론, 25면; 차용석, 강의(Ⅰ), 107면; 정영일, 총론, 34면; 손동권, 총칙론, 30면; 진계호·이존걸, 총론, 46면(유추해석은 법문의 가능한 의미의 범위를 벗어난 해석이고, 확장해석은 법문의 가능한 의미의 범위 내에서만 해석하는 것을 말한다.).

19) Jescheck, *AT*, S. 125.

20) 대판 1991. 4. 23. 90도1278; 대판 1996. 3. 26. 95도3073; 대판 1999. 7. 9. 98도1719.

21) 대판 2007. 6. 29. 2006도4582.

22) 대판 2006. 5. 12. 2005도6525; 대판 2003. 1. 10. 2002도2363; 대판 2002. 2. 21. 2001도2819.

제2절 형법학파와 이론

Ⅰ. 형법학파

1. 고전학파와 근대학파

(1) 고전학파(舊派)

■ 전기 고전학파
㉠ 18세기 후반부터 19세기 초에 걸쳐 시민사회 · 자본주의사회의 성립기에 형성되었다.
㉡ 형벌권의 근거와 한계를 사회계약설에 두고 있다.
㉢ 죄형법정주의, 죄형균형주의, 가혹형 폐지, 합리적 · 목적론적 형벌관을 주장하였다.
㉣ 인간의 합리적 이성에 기초를 두려는 베카리아와 포이에르바하에 의한 계몽주의의 형법사상에서 비롯되었다.

베카리아 Cesare Beccaria	범죄와 형벌 1764년	① 시민지유를 보장하기 위해 죄형의 법정 · 죄형의 균형 · 신분에 의한 형벌불평등의 타파 · 죄형전단주의 부정 ② 범죄의 척도는 사회에 주어진 손해이지 범죄자의 의사가 아니라고 하여 객관주의 범죄이론 확립 ③ 비범죄화의 지향 강조 ④ 일반예방주의와 사형폐지를 역설하여 구파형법이론의 선구자
포이에르바하 Feuerbach	심리 강제설	① 사회계약설에서 출발하여 국가의 목적은 개인의 자유를 보장하는 데 있다. ② 법과 도덕을 구별하여 범죄는 도덕위반이 아니라 법 위반이라고 하여 범죄를 권리침해로 파악하였다. ③ 심리강제설을 기초로 하여 형벌예고에 의한 일반예방론 주장 ④ 죄형법정주의를 기초로 한 객관주의 범죄이론을 취함 ⑤ 인간은 쾌락을 추구하고 불쾌를 피하려는 본성을 가지므로 범죄를 억제하기 위해서는 범죄로부터 얻은 쾌락보다 그로 인하여 과해지는 형벌로 인한 불쾌감(고통)이 더 크다는 것을 알려 줌으로써 심리적으로 강제하여 일반인의 범죄를 억제할 수 있다는 것이다.[23] ⑥ '법률 없으면 범죄 없고 형벌도 없다(죄형법정주의의 사고).'

---

23) Vgl. Feuerbach, *lebrbucb des gemeinen in Deutscbland gültigen peinlicben Recbts*, 14. Aufl., 1847, S. 38.

■ 후기 고전학파

㉠ 1840년대 이후에 형이상학적인 자유 의사론과 응보사상을 강조하였다.
㉡ 민족정신의 소산으로 보고 그 역사적 연구를 중시한 역사학파였다.
㉢ 형이상학적인 자유 의사론을 기초로 절대적 응보형주의를 주장한 칸트와 헤겔의 관념철학에서 절대적인 영향을 받았다.
㉣ 칸트와 헤겔의 영향을 받아 1871년 독일의 구형법의 제정을 전후하여 빈딩·벨링·비르크마이어 등에 의해 확립되었다.

칸트 Immanuel Kant	범죄는 자유 의사, 필연적 응보	① 법률 내지 형벌을 실천이성이 요구하는 지상명령이라 하고 범죄는 자유의사를 가진 자의 도덕률에 반한 행위이므로 이에 대한 형벌은 범죄자나 시민사회 및 선을 촉진하기 위한 수단으로서는 과할 수 없고 항상 도덕률에 반하여 죄를 범했다는 이유만으로 균등의 원리에 따라 과하는 필연적 응보라고 하였다.[24] ② 지구의 종말이 도래하여 국가가 해체되는 경우에도 감옥에 있는 사형수는 한 사람도 남기지 말고 사형을 행해야 정의가 실현될 수 있고 이 세상은 의미 있는 것이 된다고 보았다.[25] ③ 형벌의 의미를 정의의 명령으로 동해보복적 응보의 점에서 이해하기 때문에 절대적 응보형론(정의설)이라 한다.
헤겔 Friedrich Hegel	절대적 등가적 응보 이론	① 변증법적 논리에 따라 법은 정(These), 범죄는 반(Antithese), 형벌은 합(Synthese)이라 하고, 범죄는 법률의 부정이므로 형벌이 법률의 부정인 범죄를 다시 부정함으로써 법을 회복하는 것은 필연적인 것이며, 법률의 부정으로서의 범죄는 일정한 질적 및 양적 범위를 가지고 있으므로 범죄의 부정으로서 형벌도 그러한 범위를 초과할 수 없다는 절대적·등가적 응보형론을 주장하였다.[26] ② 국가는 가장 보편적인 자유를 획득하는 인륜적 공동체이므로 가족과 시민사회에서 결여되어 있는 인륜은 국가를 통하여 비로소 가장 완전하고 구체적으로 발현되는 것이라 하였다.[27] ③ 범죄에 대한 형벌은 가치에 있어서 상당한 제재수단이다. ④ 형벌은 법을 회복하기 위한 범죄의 부정이라 하여 목적론적으로 파악하였다. ⑤ 범죄자는 범행으로 인해 국민 될 능력을 상실하는 것이 아니고 자기의 권리로써 보편적인 법률 속에 자기 자신이 포섭되었다(칸트와 구별되고 계몽사상을 극복하였다.).
빈딩 Karl Binding	응보의 규범론 창시	■ 행위의 금지 또는 명령의 규범과 권리 의무의 발생·소멸을 규제하는 형벌법규를 구별하여 범죄의 본질은 어디까지나 형벌법규의 전제가 되는 불문의 규범에 반한 유책한 행위를 한 데 있고, 형벌의 본질은 범죄자를 법의 권위에 복종토록 하기 위하여 범죄자에 과하는 응보라는 규범론을 창시하였다.[28]
벨링 Emst Beling	상대적 응보론	① 형벌은 자유의사의 범위 내에서 과해지는 응보이지만, 그것은 사회의 질서유지를 위해서 가해지는 것이다. ② 국가 권위를 확립하기 위한 절대적 응보가 아닌 사람 사이의 공동생활을 보장하기 위한 상대적 응보다.
비르크마이어 Karl Birkmeyer	구파 형법 이론 대표자	① 형벌은 발생사적으로 복수에 유래한 것이나 그것은 순화된 형벌이므로 그 본질은 범죄에 대하여 과해지는 정의의 응보이다. ② 부정기형 배척, 형의 집행유예 부인, 형벌과 보안처분의 엄격히 구별, 보안처분은 형벌이 아니므로 형법에 규정될 수 없다.[29]

---

24) Kant, *Die Metapbysik der Sitten*, Ausgabe der philosophischen Bibliothek, S. 158ff.

25) Gustav, Radbruch, *Recbtspbilosopbie*, 4. Auf1950, S. 263.

26) Hegel, *Grundlinien der Pbilosopbie des Recbts*, 1821, § 97 Zusatz, § 101.

27) Hegel, *Grundlinien*, § 33, S. 257ff.

28) Binding, *Die Normen und ibre übertretung*, Bd. 1, 4. Aufl., 1922, S. 96ff, 420ff.

29) Birkmeyer, *Grundriss zur Vorlesung über das deutscbe Strafrecbt*, 7. Aufl., 1903; ders., *Scbutzstrafe und Vergeltungsstrafe*, Gers. Bd. 67, 1906, S. 401ff.

(2) 근대학파(新派)

■ 근대학파
㉠ 19세기 후반 자본주의의 발달로 나타난 범죄의 격증(소년범과 누범)에 대해서 고전학파는 죄와 형벌은 법률현상으로만 보고 응보형 주장에 대한 비판에서 나왔다.
㉡ 당시 유럽에 지배적이었던 자연과학사상을 배경으로 실증주의적 방법에 의한 범죄인을 연구하고 이에 대한 대책을 강구하려고 형성된 학파이다.

롬브로조 Lombroso	범죄 이론, 생래적 범죄인	① 의학상 실증적 방법을 형법에 응용하여 범죄인을 생물학적·인류학적으로 연구하였다. ② 1870년 강도 빌렐라(Vilella)의 두개골 중 원인류(猿人類) 발견 ③ 1876년 범죄인론을 통해 신체적 특징을 가진 자의 선천적 범죄인이 될 숙명을 발견하였다. ④ 생래적 범죄인을 주장하였다.
페리 Ferri	범죄사회학, 범죄포화법칙, 형벌대용물	① 1880년 범죄사회학을 통해 범죄원인을 인류학적·사회학적·자연적 원인으로 구별하여 연구하던 중 사회적 원인이 중요함을 발견하였다. ② 범죄는 사회에 수반하는 필연적 산물로서 범죄가 발생한다는 범죄포화의 법칙을 제창하였다. ③ 자유의사를 전제로 한 도의적 책임론을 부정하였다. ④ 범죄에 대한 사회방위는 직접적인 형벌보다 사회제도·법제개량과 같은 간접적인 사회정책이 필요하다. ⑤ 범죄자의 사회적 위험행위에 대한 사회적 책임론을 주장하였다. ⑥ 범죄를 만성적·전염병적 범죄와 급성적·잠재적 범죄로 구별하고 전자는 형벌대용물로, 후자는 보안처분이 필요함(형벌 이외에 형벌대체제도 주장). ⑦ 1921년의 페리형법 초안을 통하여 사회방위를 중시하고 책임능력자와 책임무능력자의 구별을 철폐하고 형법이라는 용어 대신 제재(사회방위처분)의 개념을 사용하였다.[30]
가로팔로 Garofalo	'범죄학' 자연범 법정범	① 범죄심리학적 측면에서 롬브로조의 범죄인류학을 법률학적으로 전개하였다. ② 범죄학(1885년)을 통하여 범죄를 자연범과 법정범으로 구별하고 범죄의 본질은 자연범에 있다고 하였다. ③ 자연범은 시대와 장소를 불문하고 자연법에 반한 범죄로서 법률의 규정을 기다리지 않고 범죄로 되는 형법상 범죄이다. ④ 법정범은 법률이 이를 범죄라고 규정했기 때문에 비로소 범죄로 되는 행위(사상범)라는 것이다. ⑤ 법정범은 행정상 편의를 위해서 정한 범죄이므로 범죄연구의 대상은 자연범이어야 한다.
리스트 Liszt	행위자 형벌	① 근대학파의 이론을 실질적으로 완성하였다. ② 예링의 목적법 사상을 형법에 도입하여 형법에 있어서의 목적관념이란 논문을 발표하였다. ③ 종래의 관념적 응보형주의에 대한 목적형론을 강조하여 "처벌될 것은 행위가 아니고 행위자이다."라며 행위자의 반사회적 성격을 형벌의 기초로 삼았다.[31] ④ 범죄원인을 개인적 원인과 사회적 원인으로 구별하고, 형사정책의 과제는 개인적 원인 제거에 있다. ⑤ 사회적 원인은 사회정책의 임무로 보았고, 개선형주의에 따라 단기자유형 폐지, 집행유예와 부정기형 도입, 특별예방주의, 형벌의 개별화, 소년범에 대한 특별처분의 신설, 행형제도 개혁 등 형사정책의 중요성을 강조하였다.[32]

---

30) Ferri, *Criminal Sociology, Modern - Criminal Science Series*, No.9, p.37.

31) Liszt, "Der Zweckgedanke in Strafrecht", in *Strafrechtliche Aufsätze und Vorträge*, Bd. 1, 1905, S. 132.

32) Liszt, *Aufsätze*, Ⅱ, 1905, S. 191f., 234ff., 246ff.

■ 기타 근대학파	
콜랏슈 E. Kohlrausch	■ 리스트의 목적형주의를 비롯한 형법사상은 그 후 범인이 공동생활을 영위토록 교육적 경향이 있다는 사회적 동화론 내지 사회적 교육형론을 주장하였다.
슈미트 E. Schmidt	■ 초법규적 긴급 피난론 · 확장적 정범론을 주장하였다.
라드부르흐 Gustav Radbruch	■ 형법의 발달은 좋은 형법의 출현이 아니고 인간적인 개선법 · 방위법이어야 함을 논한 인도적 교육형론을 주장하였다.
테자르(Tesar) · 콜만(Kollmann)	■ 범죄란 범인의 반사회적 성격의 징표이며 범죄인의 사회적 위험성이 범행으로 징표되었을 때 형법상의 사회방위처분을 할 것이라는 범죄 징표설을 주장하였다.
리프만 Liepmann	■ 형벌은 어디까지나 수형자 및 전 국민에 대한 교육이라야 한다고 교육형론을 주장했다.
린자 Lanza	■ 형벌은 교육이다. 그렇지 않으면 그 존재이유가 없다고 하는 교육형론을 주장하였다.
살다나(스페인) Saldana	■ 형벌은 사회에 공헌할 수 있을 때에 정당화될 수 있으므로 형벌을 집행하는 것이 유효할 경우에는 집행해야 하지만 집행을 유예함이 유익할 경우에는 집행하지 않아야 하는 일종의 특별교육이라고 주장하였다.

2. 학파의 논쟁과 논쟁 후의 전개

(1) 학파의 논쟁

① **형법이론에 대한 학술적 논쟁** 19세기 초 범죄예방에 있어서 '일반예방론'을 주장한 포이에르바하(Feuerbach)와 '특별예방론'을 주장한 그롤만(Karl Grolmann)의 대립으로 시작되었다.

② **형법의 이론적 체계에 관한 논쟁** 1882년 리스트가 마르부르크에서 목적사상을 발표함으로부터 시작되어 1933년의 습관성 범죄자에 관한 법률이 공포될 때까지 계속된 리스트를 중심으로 근대학파와 빈딩 · 비르크마이어를 중심으로 한 후기 고전학파 사이에 이루어졌다.[33]

(2) 학파 논쟁후의 전개

① **양 학파의 접근** 고전학파(古典學派)의 자유의사를 상대적인 것으로 한정함과 동시에 응보의 개념을 **일반예방**의 개념으로 접근을 시도하였다. 근대학파(近代學派)도 범죄행위로부터 나타난 범죄자의 반사회적 성격을 중시함으로써 **객관주의**에로 접근 시도 결과, 정당한 응보와 유효한 범죄예방에 의한 법질서의 유지를 강조한 **결합설**[34](히펠, Hippel)과 형벌의 법정 · 양

---

33) Maurach · Zipf, *AT*, S. 74.

34) Hippel, *Deutsches Strafrecht*, 1. Bd., 1925, S. 490ff.

정·집행의 세 단계에 따라 각각 응보, 형의 확정, 목적형을 지도이념으로 한 **배분설**(마이어, Max Emst Mayer)이 유력시되었다.[35] 근대학파의 **특별예방론**도 1920년대에는 바이마르(Weimar) 시대의 사회국가론을 배경으로 행형에 있어서 사회복귀사상으로 서서히 침투하였다.

② **양 학파의 새 변화** 1930년대에 접어들면서 형법이론도 독일 전체주의 사상이 지배되면서 학파논쟁이 변모되었는데, 죄형법정주의 부정과 형벌은 민족공동체의 성실의무위반에 대한 속죄·응보라는 점을 강조하였고, **주관주의적 의사형법**이 주장되었다.[36] 이러하여 **응보형주의와 주관주의**의 범죄이론이 결합했고, 근대학파의 사회방위주의, 행위자주의, 성격책임론, 범죄자유형론 등이 나치스 형법의 민족공동체 보호론 및 행위자 형법론 등과 결합의 결과를 가져왔다.

3. 현대의 동향

(1) **기본 동향** 고전학파(구파)와 근대학파(신파) 사이의 대립된 형법이론도 1920년대에 와서 완화되었다. 결국 고전학파의 순수한 책임응보의 사상과 근대학파의 순수한 목적형 사상이 절충해야 한다는 사고선상에 있는 것 같다.

(2) **독일의 특별예방주의 및 비범죄화** 독일은 1975. 1. 1. 신형법에 범죄자의 사회복귀를 목적으로 하는 특별예방주의를 중심으로 여러 가지 형사정책적 개혁이 실현되고, 각칙에서의 비범죄화로의 방향이 시사되었다.

(3) **프랑스의 신사회방위론** 앙셀은 신사회방위론(1970년)에서 책임개념과 책임에 근거를 둔 형벌을 인정하면서도 사회방위는 어디까지나 자유와 책임에 대한 교육 또는 치료여야 하며, 형벌도 범죄인에 대한 예방적 조치가 되어야 한다면서 형사사법의 과제는 피고인의 사회복귀에 있음을 강조하였다.[37]

(4) **영미의 형사정책적 형법이론** 영국은 전통적 윤리주의가 후퇴되면서 형법에

---

35) M. E. Mayer, *AT*, 1915, S. 419ff.

36) Nationalsozialistisches Strafrecht, Denkscbrift des Preussiscben Justizministers, 1933, S. 112ff., 134ff.

37) Marc Ancel, *Die neue Sozialverteidigung, übersetzt von Melzer*, S. 277, 287.

의한 개입영역이 축소되는 비범죄화로의 형법이 개정되고, 응보형주의 · 일
반예방주의로부터 범죄자의 교육 · 개선을 추진키 위한 범죄자처우제도와
같은 공리적 개선주의로의 진행이다.38) 반면 미국은 교정시설 내 수용자에
대한 처우로 특별예방적인 교정이념이 중시되어야 한다는 사상 아래 형벌
의 내용도 범죄자의 개선 · 갱생을 위한 제반시설이 적극적으로 이루어지
고 있다.

Ⅱ. 형법이론

1. 범죄이론

(1) **객관주의와 주관주의** 객관주의(客觀主義)란 범죄에 대한 형법적 평가의
중점을 객관적인 범죄사실 자체에 두고 형벌의 종류 및 경중도 이에 상
응해야 한다는 이론이다. 객관주의는 개인주의적 계몽사상에서 출발하여
형법이론에서 응보형주의 또는 일반예방주의와 결합한 고전학파의 이론
이다. 그러나 객관주의는 개인의 자유보장에만 치중한 결과 형법의 사회
방위적 기능을 무시할 염려가 있다.

　　주관주의(主觀主義)란 형벌의 대상이 범죄사실이 아니라 범죄인이며, 형
벌의 종류와 경중도 범죄인의 악성 내지 반사회적 성격에 따라 결정되어
야 한다는 이론이다. 그러나 주관주의는 범죄적 위험성을 기초로 범죄를
평가할 경우 형벌에서 법관의 자의가 개제되어 형벌권이 확대될 우려가
있고, 범죄 실행의 착수에도 미달한 행위에 대해 반사회적 성격을 인정한
다는 모순이 발생한다.

(2) **현행 형법의 태도** 형법은 범죄의 성립에 원칙적으로 실해(實害)의 발생을
기수로 하고 예외적으로 미수를 처벌한다(제29조). 이처럼 일정한 행위를
기초로 형사 책임을 과한 점은 객관주의적 색채가 농후하다고 하겠다. 그
러나 상습범 · 미수 · 예비 · 음모 등 범위의 확장 및 가중을 한 것은 주관
주의에 입각한 형법이론의 태도이다. 따라서 원칙적으로 객관주의에 입각

---

38) 차용석, 강의(Ⅰ), 62면.

한 주관주의39)를 고려한 절충적 태도를 취하고 있다고 할 수 있다.

2. 형벌이론

(1) **응보형주의(應報刑主義)**란 형벌의 본질은 범죄에 대한 정당한 응보에 있다고 하는 후기 고전학파의 주장을 말한다. 형법에 있어서 응보는 해악적 응보를 의미하며 속죄라고도 한다.

(2) **목적형주의(目的刑主義)**란 형벌은 그 자체가 목적이 아니라 장래의 범죄를 예방하는 수단이라는 근대학파의 주장을 말한다.

목적형주의에는 **일반예방주의**(형벌집행 예고: 이탈리아의 필란제리(Filangieri)가 주장 및 형벌법률 명시, 심리강제설로 베카리아 · 벤담이 주장하고 포이어바흐가 이론적 완성)와 **특별예방주의**40)가 있다. 전자의 경우는 범죄예방의 대상을 사회일반인에게 두고 형벌에 의하여 사회일반인에게 위하 · 경고함으로써 범죄예방의 목적을 달성하려는 견해이고, 후자는 범죄예방의 대상을 범죄인 그 자체에 두고 형벌은 범죄인이 재차 범죄를 범하지 않도록 예고함을 그 목적으로 하는 사상(세네카(Seneca)의 "벌을 받는 것은 죄를 범했기 때문에서가 아니라 죄를 범하지 않기 위해서이다.")이다.

(3) **최근의 형벌** 형벌은 본질적으로 해악에 대한 응보로서의 성질을 갖지만, 행위 – 책임 – 응보의 원칙에 의하여 그어진 범위 안에서 일반예방과 특별예방의 목적도 동위적으로 고려해야 한다는 절충설 또는 결합설이 다수설41)로 되어 있다.

---

39) 주관주의의 사례를 보면, 미수의 처벌을 임의적 감경사유로 하고(제25조 제2항), 예비 · 음모를 예외적 처벌로 하면서, 형의 집행유예(제62조 이하), 선고유예(제59조 이하), 누범가중(제35조 이하), 가석방(제72조 이하), 작량감경(제53조), 양형의 조건(제51조), 형의 실효와 복권(제81조 이하)을 인정하고, 자수 · 자복의 감면(제53조), 판결의 공시(제58조), 상습범 · 미수 · 예비 · 음모 등 범위의 확장 및 가중을 한 것을 들 수 있다.

40) 특별예방주의는 범죄예방 수단의 차이에 따라 (1) 배해설: 리스트의 주장으로 사형 · 무기자유형에 의해 범죄인을 사회로부터 배해처분하려는 견해, (2) 개선설(그롤만, Grolmann): 범죄인의 재범 가능성을 방지함에 중점을 두고 범죄인이 다시 범죄를 범하지 않도록 개선 · 교화하여 유용한 사회일원으로 복귀시키는 견해, (3) 교육형설(리프만, Liepmann), 란자(Lanza), 살다나(Saldana), 목야영일(牧野英一): 범죄를 범죄인의 반사회적 성격의 징표라고 하고 범죄예방의 방법으로서의 형벌은 범죄인의 반사회적 성격을 교육 · 개선하는 데 있다는 견해이다.

41) 유기천, 총론, 24면; 이형국, 연구 I , 73면; 이재상, 총론, 55면 이하; 차용석, 강의(I), 73면.

제3절 죄형법정주의

Ⅰ. 의의와 존재 의의

1. **죄형법정주의의 의의** 죄형법정주의란 범죄와 형벌은 미리 법률(제정법만 의미)로 규정되어야 한다는 형법상 원칙을 말한다. 죄형법정주의는 "법률 없으면 범죄 없고 형벌도 없다."는 근대형법의 기본원리이다. 여기에는 두 가지 의미가 있는데, 첫째는 "법률 없으면 범죄 없다."[42]로 행위의 가벌성은 법률만이 정한다는 원칙이다. 둘째는 "법률 없으면 형벌 없다."[43]로 가벌성 자체뿐만 아니라 형벌의 종류와 정도도 범행 이전에 미리 법률로 확정되어 있어야 한다는 원칙이다.

2. **죄형법정주의의 존재 의의** 죄형법정주의는 첫째로 국가형벌권의 발동을 제한하여 국민의 기본권(基本權)을 보장하는 동시에, 입법에 의하여 사법권을 규제하는 기능을 한다. 따라서 죄형법정주의에 반하는 판결에 대해서는 항소 · 상고 · 비상상고를, 검찰 및 행정처분이나 법률에 대해서는 헌법소원을 제기할 수도 있다. 둘째로 죄형법정주의는 단순한 정치적인 주장의 단계를 넘어서 형법에까지 규정됨으로써 실정형법의 해석(解釋)과 적용(適用)에 있어 최고의 가치기준(最高의 價値基準)으로서의 의미를 갖는다.[44]

---

42) 현행 헌법 제13조 제1항에 "모든 국민은 행위 시의 법률에 의하여 범죄를 구성하지 아니하는 행위로 소추되지 아니한다."고 규정하고 있고, 형법 제1조 제1항에 "범죄의 성립은 행위 시의 법률에 의한다."라고 규정하고 있어 그 실정법적 근거를 찾을 수 있다.

43) 현행 헌법 제12조 제1항에 "누구든지 법률과 적법한 절차에 의하지 아니하고는 처벌 · 보안처분을 받지 아니한다."고 규정하고 있고, 형법 제1조 제1항에 "범죄의 처벌은 행위 시의 법률에 의한다."라고 규정하고 있어 그 실정법적 근거를 찾을 수 있다.

44) 황산덕, 총론, 24면; 정영석, 총론, 53면; 이재상, 총론, 14면; 김기두, "죄형법정주의", 형사법강좌(Ⅰ), 43면.

Ⅱ. 연혁과 사상적 기초

1. 죄형법정주의의 연혁

(1) 영국

① 1215년 영국의 존(John)왕에 의해 조인된 대헌장(Magna Charta)에서 찾을 수 있다.

② 1628년의 권리청원(Petition of Rights)과 1689년의 권리장전(Bill of Rights)으로 계승되었다.

(2) 미국

① 1774년의 필라델피아 식민지대표자 회의 선언, 버지니아 권리선언 제8조를 비롯한 여러 주의 권리선언이 있었다.

② 1787년의 미국헌법 제1조 제9절 제3항의 형사 사후 법 금지에 있었다.

③ 1791년의 미국헌법 수정 제5조의 법률의 적법한 절차 등에 반영되었다.

(3) 프랑스

① 1789년의 인권선언 제8조에 있었다.

② 1810년의 나폴레옹 형법 제4조 등에 규정된 이후 유럽에 파급되었다.

(4) 세계

오늘날 세계 각국의 헌법이나 형법에 죄형법정주의를 규정함으로써 법의 기본원로서의 기능을 갖고 있다.

2. 죄형법정주의의 사상적 기초 죄형법정주의는 근대의 자연권적 인권사상 내지 계몽사상의 산물이라고 할 수 있다. 이러한 계몽사상의 대표자는 몽테스키외(삼권분립론)이고, 죄형법정주의의 법리적 기초를 제공한 자는 포이어바흐(죄형법정주의의 사상적 기초는 균형론이다. 균형론은 베카리아에 의해 제기되고, 포이어바흐의 심리강제설에 의해 확립됨)이다.

Ⅲ. 죄형법정주의의 현대적 의의

1. **전통적 죄형법정주의의 가치** 전통적 법정주의는 입법기관만이 형법을 제정할 수 있고 법관은 이에 의한 형법을 적용함에 불과하였다. 이러한 전통적 죄형법정주의는 민주주의의 사상에 중점을 둔 권력분립론과 인간을 이성적·합리적 타산의 동물로 보고 형벌의 본질은 사회일반인의 **일반예방**에 있다는 심리강제설을 사상적 기초로 확립되었다. 그러나 심리강제설은 충동에 따라 행동하는 범죄인을 보지 못할 뿐만 아니라 범죄인을 교육하여 재사회화시키려는 **특별예방**의 면도 형사정책적인 견지에서 고려되어야 한다는 점을 간과하고 있다.

2. **실질적 죄형법정주의의 등장** 전통적 죄형법정주의는 국민의 자유와 권리를 제한하거나 의무를 부과할 때에는 의회에서 제정한 법률에 근거해야 한다는 법치국가의 원리였으나, 이는 형식적 합법주의가 되어 법률만 있으면 그 실질적 내용에 관계없이 형벌권 발동의 근거가 되었다. 현대적 의미의 죄형법정주의는 단순히 "법률 없으면 범죄 없고 형벌도 없다."는 원칙에만 따를 수 없었다. 따라서 내용 면에서 **실질적 정의**에 맞는 "적정한 법률이 없으면 범죄 없고 형벌 없다."는 원칙으로 그 의미를 실질화(實質化)했다. 이를 실질적 의미의 죄형법정주의라 한다.

Ⅳ. 죄형법정주의의 파생원칙

1. **성문법률주의(成文法律主義)**란 범죄와 형벌은 성문의 법률(국회서 제정한 형식적 의미의 법률)로 규정되어야 한다는 원칙을 말한다. 따라서 명령 및 규칙 그리고 관습법을 처벌근거로 하는 것은 죄형법정주의에 반한다. 이는 대의민주주의의 사상에 배치되고, 법관의 불명확한 관습법을 판결에 원용할 경우 법적 안정성을 보장할 수 없다는 점을 근거로 하기 때문이다. 그러나 성문법률주의 원칙으로부터 예외라 할 수 있는 다음의 경우처럼 관습법의 적용범위 면에서 금지되는 경우와 허용되는 경우, 백지형법과

위임입법의 한계에 대해서 살펴볼 수 있다.

(1) **관습법이 금지되는 경우** 관습법(慣習法)에 의해 새로운 구성요건을 창설(創設)하거나 형벌을 가중(加重)하는 것은 **행위자에게 불리**하므로 금지(예: 관습법에 의해 친고죄의 고소 등 소추조건 없이도 처벌하는 경우)된다.

(2) **관습법이 허용되는 경우**

① 관습법은 성문형법 규정의 해석에 간접적으로 영향을 미칠 수 있다. 즉 형법의 해석에 간접적으로 영향을 미치는 **보충적 관습법**은 인정(예: 제184조 수리방해죄의 수리권의 근거,[45] 제20조 사회상규, 제355조 배임죄에서 타인의 사무를 처리하는 원인)된다.

② 관습법의 적용이 **행위자에게 유리한 경우**에도 허용된다. 왜냐하면 죄형법정주의의 취지에 반하지 않기 때문이다. 따라서 성문의 형법 규정을 관습법에 의한 폐지 · 구성요건의 축소 · 형 감경, 관습법에 의한 위법성조각사유, 책임조각사유, 인적처벌조각사유의 인정은 허용된다.[46]

(3) **백지형법과 위임입법의 한계**

① **위임 입법(委任立法)의 필요성** 국회가 모든 형벌법규를 형식적 의미의 법률로 규정한다는 것은 전문적 · 기술적으로 불가능하다. 따라서 성문법률주의에 따라 법률에 형벌만을 규정하고 구성요건의 세부사항은 명령에 위임하고(**백지형법**), 범죄와 형벌에 관한 규정을 명령 · 규칙 등 **하위법규에 위임**할 필요성이 인정된다.

② **위임 입법의 허용요건** 다음과 같이 세 가지 요건이 필요하다.[47] 첫째, 위임할 내용을 미리 법률로써 명백히 규정할 수 없는 입법기술상의 부득이한 사정이나 긴급한 사정이 존재할 것. 둘째, 백지형법 자체만으로는 처벌대상인 행위의 대강을 일반인이 예측할 수 있어야 할 것. 셋째, 형벌을 위임함에 있어서는 형벌의 종류 및 그 상

---

45) 대판 1968. 2. 20. 67도1677(관습에 의한 해석을 통하여 제184조 수리방해죄의 수리권을 인정하는 것은 죄형법정주의에 반하지 않는다.).

46) 손해목, 총론, 56면 이하; 이재상, 총론, 15면; 이형국, 총론, 44면; 김일수 · 서보학, 총론, 79면; 임웅, 총론, 18면; 안동준, 총론, 18면.

47) 헌재 1991. 7. 8. 91헌가4; 대판 2000. 10. 27. 2000도1007.

한과 범위를 명확히 정하는 것이 필요할 것.

(4) 판례의 태도

① **법률주의에 반한 판례** 총포·도검·화약류등단속법시행령 제3조 제1항 제3호가 모법(일정 종류의 총을 총포에 해당하는 것으로 규정하면서 그 외의 장약총이나 공기총도 금속성 탄알이나 가스 등을 쏠 수 있는 성능이 있는 것은 총포에 해당한다는 규정)의 위임범위를 벗어나 '총의 부품'(총포신·노리쇠)까지 총포에 속하는 것으로 규정한 경우,[48] 행정처분의 기준이 되는 도로교통법 제71조의 15 제2항 제8호 중 '교통사고'와 '사고운전자의 비율'을 각 대통령령에 위임하고 있는 것,[49] 형벌 구성요건의 실질적 내용을 법률에서 직접 규정하지 아니하고 금고(金庫)의 정관에 위임한 경우[50] 등은 법률주의에 반한다고 하였다.

② **법률주의에 반하지 않는 판례** 수질환경법시행규칙이 특정수질유해물질 중 하나로서 '구리(동) 및 그 화합물'을 규정하면서 그 기준수치를 정하지 않는 경우,[51] 구 도로교통법(2005. 5. 31. 법률 제7545호로 전문 개정되기 전의 것) 제41조 제1항·제4항이 "운전이 금지되는 술에 취한 상태의 기준"을 대통령령에 위임한 경우,[52] 외감법 제13조가 주식회사의 외부감사에관한법률(2003. 12. 11. 법률 제6991호로 개정되기 전의 것) 제20조 제1항 제8호가 규정하고 있는 구성요건 중 하나인 회계처리기준의 구체적 내용의 정립을 금융감독위원회에 위임한 경우[53] 등은 법률주의에 반하지 않는다고 하였다.

---

48) 대판 1999. 2. 11. 98도2816.
49) 헌재결 2005. 7. 21. 2004헌가30.
50) 헌재결 2001. 1. 18. 99헌바112.
51) 대판 2005. 1. 28. 2002도693.
52) 헌재결 2005. 9. 29. 2003헌바94.
53) 대판 2006. 1. 13. 2005도7474.

2. 유추적용금지의 원칙

(1) 의의 유추적용금지(類推的用禁止)의 원칙이란 법률에 규정이 없는 사항을, 그것과 유사한 성질을 가지는 사항에 대하여 법률을 적용시키는 것은 금지해야 한다는 원칙을 말한다. 이는 법의 해석·적용자인 법관의 자의로부터 개인의 자유·안전을 보장키 위함이다.

(2) 적용범위

① **유추적용이 금지**(원칙적으로 실체 형법에만 적용된다.)**되는 경우** 형법 각칙상(구성요건, 형벌과 보안처분, 불법과 책임요소, 객관적 처벌조건, 백지형법의 보충규범 등)의 모든 범죄구성요건과 형법총칙상의 모든 가벌성에 관한 규정에 대하여 **불리한 유추적용**이 금지된다. 그리고 피고인에게 유리한 위법성조각사유, 책임조각사유, 소추조건, 처벌조각사유의 범위를 제한적으로 유추 적용하는 것도 가벌성의 범위가 확대되어 행위자에게 불리하므로 허용되지 않는다.[54]

② **유추적용이 허용되는 경우** 위법성조각사유를 유사한 사건으로 확대 적용하거나, 예비의 중지에 중지미수규정을 유추 적용하는 등 **피고인에게 유리한 유추 적용**은 허용된다. 이는 죄형법정주의가 국가형벌권으로부터 개인의 자유를 최대한으로 확보하려는 원칙이기 때문이다.

유추적용금지의 원칙은 실체 형법에만 적용되기 때문에 **소송법규정**에 대해서는 원칙적으로 허용된다.[55] 그러나 **소추조건**(친고죄에서 고소, 반의사불벌죄에서 불처벌의 의사표시)은 실질적으로 객관적 처벌조건이나 인적 처벌조각사유와 근접해 있는 문제영역이기 때문에 **행위자에게 불리한 유추적용**은 금지된다. 따라서 강간죄의 고소가 없는 경우에 폭행·협박 등의 죄를 유추 적용하여 소추하는 것은 허용되지 않는다.[56] 당사자의 참여권을 보장하는 소송법규정도 유추적용금지가 적용된다고 해야 한다.[57]

---

54) 김일수·서보학, 총론, 75면; 박상기, 총론, 31면; 오영근, 총론, 67면.

55) 이재상, 총론, 24면; 배종대, 총론, 78면.

56) 김일수·서보학, 총론, 76면.

57) 배종대, 총론, 78면; 진계호·이존걸, 총론, 73면.

(3) 판례의 태도

① **유추해석(類推解釋)으로 본 경우** 구 환경보전법이 폐지되고 대기환경
보전법이 제정 시행되면서 경과조항에서 허가증 의제규정을 두면서 소
정기간 내 허가증 수수 등 절차를 이행하도록 한 경우 그 의미를 기간
내에 허가증을 교부받지 못하면 의제된 설치허가의 효력이 없다는 의
미로 단정하는 경우,[58] 게임제공업자가 경품구매대장을 보관하지 아니
한 행위가 음반·비디오물 및 게임물에 관한 법률 제32조 제3호에 위
반한 경우에 해당한다고 보는 경우,[59] 지방세법 제84조 제1항의 일괄
적 준용규정만으로 원천징수의무자에 대한 처벌규정인 조세범처벌법
제11조를 지방세법상 도축세 특별징수의무자에 대하여 그대로 적용하
는 경우[60] 등은 유추해석이 된다고 하였다.

② **유추해석으로 보지 않은 경우** 프로그램 자체를 변경·조작하는 것은
물론 권한 없는 자에 의한 명령 입력행위를 (구)형법 제347조의 2 규
정의 '부정한 명령을 입력하는 행위'에 포함된다고 해석하는 경우,[61]
특정경제범죄가중처벌등에관한법률 제9조 제1항(저축관련부당행위의 죄)
에 정해진 '저축을 하는 자'에 저축의 주체가 아니라고 하더라도 '저
축과 관련된 행위를 한 자'도 포함된다고 해석하는 경우,[62] 청소년유
해 화상대화방 등의 전화번호의 광고물을 부착하는 행위에 청소년유
해화상채팅 서비스를 제공하려는 성인인터넷사이트를 안내해 주는 전
화번호의 광고물을 부착하는 행위도 포함된다고 해석하는 경우[63] 등
은 유추해석에 해당되지 않는다고 하였다.

---

58) 대판 2005. 10. 28. 2003도5192.
59) 대판 2006. 6. 2. 2006도265.
60) 대판 2006. 10. 19. 2004도7773.
61) 대판 2003. 1. 10. 2002도2363.
62) 대판 2006. 3. 9. 2003도6733.
63) 대판 2006. 5. 12. 2005도6525.

3. 소급효금지의 원칙

(1) **의의** 소급효금지(遡及效禁止)의 원칙이란 형벌법규는 그것이 시행된 이후의 행위에 대해서만 적용되고, 시행 이전의 행위에까지 소급시켜 적용할 수 없다는 원칙을 말한다(형벌불소급의 원칙). 형법의 소급을 허용하면 **행위시법원칙**(헌법 제13조 제1항 전단과 형법 제1조 제1항)에 반하고, **법치국가이념**(법적 안정성과 법률예측 가능성을 담보로 한다.)에 반하며, **예방적 효과**(소급에 의한 형벌은 책임과 결부된 정당한 형벌이 아니므로)도 기대할 수 없다는 것을 근거로 한다.

(2) **적용범위**

① **소급입법의 제정 · 적용의 금지** 입법자에 의한 소급입법제정이나 법관에 의한 소급입법적용이 금지된다. 금지되는 사후입법(새로운 범죄 신설, 개정으로 범죄의 성립요건과 처벌범위 확장)의 경우에도 포함된다. 따라서 행위 시에 죄가 되지 않은 행위는 사후입법에 의해 처벌되지 않는다.[64]

② **유리한 소급효의 허용** 범인에게 이익이 되는 법률의 소급적용은 가능하다(형법 제1조 제2항 · 제3항).

③ **보안처분의 문제** 보안처분(保安處分)도 형벌(刑罰)과 더불어 형사제재에 속할 뿐만 아니라 형벌에 못지않은 자유제한처분이기 때문에 소급효가 금지된다고 해야 한다.[65] 헌법재판소도 보호감호에 관해서 소급효가 금지된다는 입장이다.[66]

④ **판례의 변경** 판례가 피고인에게 불리하게 변경된 때에도 소급효금지원칙이 적용되는가가 문제 되는데, "소급효금지의 원칙이 적용되지 않는다."는 긍정설,[67] 금지착오원용설,[68] 절충설,[69] "소급효금지의 원칙이

---

[64] 대판 1966. 10. 10. 66도1176; 대판 1960. 11. 16. 60형상445(벌금등임시조치법에 의해 벌금이 증액된 때에도 이 원칙이 적용된다.).

[65] 손해목, 총론, 61면; 배종대, 총론, 71면; 정성근, 총론, 65면; 차용석, 총론강의(Ⅰ), 137면; 조준현, 총론, 57면; 임웅, 총론, 19면; 이정원, 총론, 18면; 안동준, 총론, 18면; 김일수, 총론, 71면; 진계호 · 이존걸, 총론, 80면.

[66] 헌재결 1989. 7. 14. 88헌가5. 8. 89헌가44(사회보호법이 규정하고 있는 보호감호처분이 보안처분의 하나이고, 상습범에 대한 보안처분인 보호감호처분은 그 처분이 행위자의 범죄행위를 요건으로 하여 형사소송절차에 따라 비로소 과해질 수 있는 것이고, 신체에 대한 자유박탈을 그 본질적 내용으로 하고 있는 점에서 역시 형사적 제재의 한 태양이라고 볼 수밖에 없다. …… 따라서 그 요건이 되는 범죄에 관한 한 소급입법에 의한 보호감호처분은 허용될 수밖에 없다고 해야 한다.).

적용된다.”는 부정설[70] 등이 대립된다. 판례는 “**소급효금지의 원칙이
적용되지 않는다.**”는 긍정설[71]이다. 그러나 판례 자체는 성문법이 아
니지만 유권적 해석에 의해 법의 내용이 확정되고 사실상 구속력을 갖
고 있으며, 국민도 이를 신뢰하며 생활하고 있으므로 시민의 법적 안
정성을 위해서는 “**소급효금지의 원칙이 적용된다.**”(부정설)고 해야 한
다.[72] 따라서 변경된 판례는 해당 사건에는 적용될 수 없고, 장래의
사건에만 적용될 수 있다.

⑤ **소송법규정의 소급효 문제** 소급효금지의 원칙은 실체법(實體法)인 형법
에 대해서만 적용되는 원칙이므로 절차법(節次法)인 소송법규정에 대해
서는 적용되지 않는다. 그러나 친고죄를 비친고죄로 개정, 공소시효 연
장과 같이 소송법규정이라도 **순수한 절차규정**이 아니라 범죄의 가벌성
과 관계된 조건인 경우에는 소급효금지의 원칙이 적용된다.[73] 다만 공
소시효 유효기간 중에 시효기간을 연장하거나 시효진행을 정지시키는
것은 소급효금지의 원칙에 반하지 않는다고 해야 한다.[74]

---

67) 박상기, 총론, 318면; 오영근, 총론, 61면; 조준현, 총론, 65면(판례의 변경은 법률의 변경이 아니므로 판례변경으로 인한 소급처벌에는 소급효금지의 원칙이 적용되지 않는다. 즉, **판례변경으로 소급하여 적용시킬 수 있다.**)

68) 김일수 · 서보학, 총론, 63면; 이재상, 총론, 20면; 임웅, 총론, 276면; 김성천 · 김형준, 총론, 369면; 손동권, 총칙론, 35면; 안동준, 총론, 19면; 천진호, “피고인에게 불리한 판례의 변경과 소급효금지의 원칙”, 형사판례연구Ⅰ, 23면(소급효금지의 원칙은 법률의 소급효를 금지하는 것이므로 판례의 변경에 대해서는 원칙적으로 소급효금지의 원칙이 적용되지 않지만, 다만 과거의 판례를 신뢰하여 자기 행위의 위법성을 인식하지 못한 것은 금지착오에 해당할 수 있으므로 이러한 착오에 정당한 이유가 있는 때에는 책임이 조각된다.).

69) 배종대, 총론, 74면; 이정원, 총론, 38면; 구모영, “판례의 변경과 소급효금지원칙”, 비교형사법연구, 2-1, 187면(판례에 대해서는 일반적으로 소급효금지의 원칙이 적용되지 않지만, 판례가 입법자와 동일한 기능을 하여 일정한 가벌조건을 창설하는 법률보충기능을 하는 경우에는 법률과 마찬가지로 소급효금지의 원칙을 적용하여 행위자의 신뢰를 보호해야 한다.).

70) 신동운, 총론, 33면; 이형국, 총론, 46면; 정성근 · 박광민, 총론, 18면(소급효금지의 원칙이 판례변경에도 적용된다.).

71) 대판 1996. 4. 26. 96도485(형사처분의 근거가 되는 것은 법률이지 판례가 아니고, 형법조항에 관한 판례의 변경은 그 법률조항의 내용을 확인하는 것에 지나지 아니하여 이로써 그 법률조항 자체가 변경된 것이라고 볼 수 없으므로, 행위 당시의 판례에 의하면 처벌대상이 되지 아니하는 것으로 해석되었던 행위를 판례의 변경에 따라 확인된 내용의 형법조항에 근거하여 처벌한다고 하여 그것이 헌법상 평등의 원칙과 형벌불소급의 원칙에 반한다고 할 수 없다.).

72) 정성근 · 박광민, 총론, 18면; 이형국, 총론(Ⅰ), 66면; 배종대, 총론, 74면; 이정원, 총론, 20면; 신동운, 사례입문총론, 46면; 손해목, 총론, 61면; 조준현, 총론, 60면; 강기정, “죄형법정주의”, 손해목 교수 화갑기념논문집, 1993, 20면 이하; 진계호 · 이존걸, 총론, 81면(**판례가 변경된다고 하더라도 소급하여 적용시킬 수 없다.**)

73) 배종대, 총론, 71면; 임웅, 총론, 19면; 김일수 · 서보학, 총론, 62면; 이정원, 총론, 18면; 안동준, 총론, 18면; 하태훈, “죄형법정주의”, 고시계, 1999. 9. 125면.

74) 진계호 · 이존걸, 총론, 81면.

4. 명확성의 원칙

(1) **의의** 명확성(明確性)의 원칙이란 법률이 처벌할 행위가 무엇이며 그 형벌이 어떤 것인지를 누구나 예견할 수 있고, 그에 따라 자신의 행위를 결정하도록 범죄의 **구성요건**과 그 법적 결과인 **형벌을 명확히** 규정해야 한다는 것을 말한다. 범죄와 형벌이 명확할 때 법관의 자의성으로부터 국민의 기본권(자유와 안전)을 보장받을 수 있고, 국민들도 범죄가 무엇이며 그에 대한 어떤 형벌이 과해지는지를 예측할 수 있다.

(2) **구성요건의 명확성**

① **의의** 구성요건의 명확성(構成要件의 明確性)이란 국민이 구성요건의 내용에 대해 금지된 행위가 무엇인지를 알 수 있도록 구체적으로 명백해야 하며, 법관이 자의적으로 확장할 수 없는 개념을 사용해야 함을 의미한다. 따라서 "사회적 위험성 있는 자, 민주적 기본질서에 위배된 자"처럼 추상적인 구성요건의 규정은 명확성의 원칙에 반한다.

② **명확성의 판단기준** 명확성의 판단은 일반인(통상의 판단능력을 가진 사람)의 경우 형법상 금지되는 행위를 행위 이전에 미리 예견하는 것이 가능하였는가를 기준으로 한다[75](예견 가능성). 그러나 일반인 대부분은 규범적 구성요건요소를 판단할 수 없다. 때문에 범죄구성요건의 개념이 광범위하고 애매모호해서는 안 된다. 따라서 형벌법규에 일정한 사항을 표현하기 위해 사용되는 용어는 그 사항을 구체적으로 인식시킬 수 있고, 선택 가능한 다른 용어보다 가장 적절한 것인가도 고려할 필요가 있다.[76]

(3) **형벌의 명확성**

① **의의** 형벌의 명확성이란 형벌과 보안처분은 그 범위와 종류가 특정되어야 하며, 어떤 범죄에 대한 제재인가도 명확히 규정되어야 한다는 것을 말한다. 이에 대해서 헌법재판소의 결정[77]도 형벌의 명확성을 제

---

75) 헌법재판소도 통상의 판단능력을 가진 사람이 그 의미를 이해할 수 있었는가를 명확성의 판단기준으로 삼고 있다(재결 1997. 9. 25. 96헌가16; 헌재결 1992. 9. 25. 89헌가104).

76) 백원기, 형사판례의 사례연구, 30면 이하.

77) 헌재결 2006. 7. 27. 2004헌바46(법률 조항의 문언, 입법목적, 입법연혁 및 체계적 구조 등을 종합적으로 고려하여 판단하였을 때 통상의 해석방법에 의해 **건전한 상식과 통상적인 법 감정을 가진 사람**이라면 당해 처

시하고 있다.

② **적용범위**

(가) 절대적 부정기형

㉠ 자유형을 선고하면서 "징역에 처한다."는 식의 형기를 확정 짓지 않은 절대적 부정기형은 허용되지 않는다.

㉡ 절대적 부정기형(絶對的 不定期刑)은 법적 안정성(法的 安定性)을 해치고 인권보장을 위태롭게 할 뿐만 아니라 법관이 유죄 선고만 하였다가 행형성적에 따라 집행기관이 그 형량을 정한다면 사법권에 대한 행정권의 침해가 되어 죄형법정주의에 반하기 때문이다.

(나) 상대적 부정기형

㉠ "단기 1년, 장기 3년의 징역에 처한다."는 식의 장기와 단기 또는 그중의 하나가 법정되어 있는 상대적 부정기형에는 이 원칙이 적용되지 않는다.

㉡ 상대적 부정기형(相對的 不定期刑)은 형벌의 개별화 사상에 입각하여 형기를 수형자의 개선·갱생의 진도에 따르게 하여 교정교육의 효과를 기하려는 것이기 때문이다.

㉢ 소년법도 소년형에 대해 상대적 부정기형을 인정하고 있다(소년법 제60조).

(다) 보안처분

㉠ 보안처분은 장래의 위험성에 대한 합목적적 처분이므로 위험성이 계속되는 동안 집행할 것을 요한다는 이유로 부정기 보안처분도 허용된다는 견해기 있다.[78]

㉡ 보안처분은 형벌적 색채가 농후하므로 타당하다고 할 수 없다.[79]

(4) 판례의 태도

① **명확성 원칙에 반한 경우** 정부투자기관이 계약을 체결함에 있어서 공

벌법규의 보호법익과 금지된 행위 및 처벌의 종류와 정도를 알 수 있도록 규정했다면 처벌법규의 명확성원칙에 위반되지 않는다.).

78) 이재상, 총론, 23면 이하.

79) 차용석, "형법이론 및 형사정책상의 문제점", 고시연구, 1981. 12. 222면.

정한 경쟁 또는 계약의 적정한 이행을 해칠 것이 명백하다고 판단되는 자에 대하여 자격제한기간을 특정하지 않은 채 단지 '일정기간'이라고만 규정하여 입찰참가자격을 제한할 수 있도록 한 정부투자기관관리기본법 제20조 제2항,[80] 자동차 등을 범죄행위에 이용하기만 하면 운전면허를 취소하도록 규정한 도로교통법 제78조 제1항 단서 제5호,[81] 조세범처벌법 제13조 제1호의 '법에 의한 정부의 명령사항'[82] 등은 추상적이거나 불명확하여 명확성 원칙에 위반된다.

② **명확성 원칙에 반하지 않는 경우** 수질환경보전법 시행규칙 제3조 [별표 2] 중 '구리(동) 및 그 화합물' 부분,[83] 선거기간 중 선거운동과 관련하여 공무원이 정상적 업무 외의 출장을 하여 선거에 영향을 미치는 행위를 한 경우를 처벌하도록 규정한 공직선거및선거부정방지법 제256조 제2항 제1호 바목,[84] 검사 명령을 거부하는 경찰처벌 규정인 형법 제139조(인권옹호직무방해죄)[85] 등은 명확성 원칙에 위배되지 않는다.

5. 적정성의 원칙

(1) **의의** 적정성(適正性)의 원칙이란 형벌법규의 내용이 기본권을 실질적으로 보장할 수 있도록 적정해야 한다는 것을 말한다. 이러한 적정성의 원칙은 실질적 법치국가원리의 일환으로 등장하였다.

(2) 적정성의 내용

① **인간의 존엄과 가치의 보장** 형벌법규는 인간의 존엄과 가치를 보장하는 헌법적 가치체계(헌법 제10조)와 부합해야 한다. 따라서 인간의 존엄과 가치를 부정하거나 기본권을 침해하는 형벌법규는 처음부터 헌법에 반한 법률로서 무효가 된다. 헌법 제10조가 보장하는 인격권 침해의 경우[86]와 인간의 존엄과 가치를 침해한 것으로 볼 수 없는 경우[87]의

---

80) 헌재결 2005. 4. 26. 2003헌바40.

81) 헌재결 2005. 11. 24. 2004헌가28.

82) 헌재결 2007. 5. 31. 2006헌가10.

83) 대판 2005. 1. 28. 2002도6931.

84) 헌재결 2005. 10. 27. 2004헌바41.

85) 헌재결 2007. 3. 29. 2006헌바69.

판례가 있다.

② **필요성·보충성의 원칙** 형벌법규는 필요성이 있어야 한다(필요 없으면 형벌 없다.). 따라서 형벌법규는 법익보호와 사회가치의 보호를 위한 수단으로서만 사용해야 하고, 형벌권의 행사도 불가피한 최소한도에 그쳐야 한다.

③ **불법행위에 한정된 처벌** 법률로 처벌될 행위는 불법행위에 한정된다 (불법 없으면 형벌 없다.).

④ **형벌 정도의 적정성** 형벌의 정도가 적정해야 한다(책임 없으면 형벌 없다.). 즉 범죄와 형벌 간의 균형 유지, 당벌성(當罰性) 범위 내 처벌, 사회윤리적인 잔인·가혹한 형벌 불과(不過), 책임 범위 내 형벌 부과(책임원칙) 등을 들 수 있다.

(3) **판례의 태도**

① **과잉금지원칙(過剩禁止原則)에 반한 경우** 금융기관의 임·직원이 그 직무에 관하여 금품 등을 수수·요구 또는 약속한 금품 기타 이익의 가액(수령액)이 5,000만 원 이상인 때에는 무기 또는 10년 이상의 징역에 처한다는 특정경제범죄가중처벌등에관한법률 제5조 제4항 제1호,[88] 금치처분을 받은 자에 대해 금치기간 중 일체의 집필행위를 금지하고 있는 행형법시행령 제145조 제2항[89] 등은 과잉금지원칙에 위반된다.

② **과잉금지원칙에 반하지 않는 경우** 연간 포탈세액이 2억 원 이상이면 포탈세액의 2배 이상 5배 이하에 상당하는 벌금을 필요적으로 병과하도록 한 특정범죄가중처벌등에관한법률 제8조 제2항,[90] 벌금형의 규

---

86) 행형법시행령 제146조 제2항 중 금치처분을 받은 수형자의 절대적인 운동의 금지(헌재결 2004. 12. 16. 2002헌마478).

87) 존속상해치사죄에 관한 형법 제259조 제2항(헌재결 2005. 9. 29. 2004헌바53).

88) 헌재결 2006. 4. 27. 2006헌가5(이 규정은 법관으로 하여금 작량감경을 하더라도 별도의 법률상 감경사유가 없는 한 집행유예를 선고할 수 없도록 함으로써 법관의 양형선택과 판단권을 극도로 제한하고 있는바, 이는 살인죄(사형, 무기 또는 5년 이상의 징역)의 경우에도 작량감경의 사유가 있는 경우에는 집행유예가 가능한 것과 비교할 때 매우 부당하다. 이는 결국 이 사건 법률조항이 행위불법의 크기와 행위자 책임의 정도를 훨씬 초과하는 가중하고 가혹한 형벌을 규정한 것이라는 의심을 가지기에 충분하다. 그러므로 이와 달리 특경법 제5조 제4항 제1호가 헌법에 위반되지 아니한다고 판시한 헌재 2005. 6. 30. 2004헌바4 결정은 이 결정의 견해와 저촉되는 한도 내에서 이를 변경하기로 한다.).

89) 헌재결 2005. 2. 24. 2003헌마289.

정 없이 징역·금고 및 자격정지만을 규정한 형법 제122조[91] 등은 과잉금지원칙에 위배되지 않는다.

---

90) 헌재결 2005. 7. 21. 2003헌바98.
91) 헌재결 2005. 9. 29. 2003헌바52.

제3장 형법의 적용범위

제1절 총설

형법의 **적용 범위**란 범죄가 발생하여 그 처벌을 함에 있어서 법적용을 어떻게 해야 하는가가 문제될 것인데, 여기에는 세 가지 차원에서 고려해야 할 점이 있다.

그 예로 시간적 적용범위 · 장소적 적용범위 그리고 인적 적용범위이다. 형법에서 **시간적 적용범위**라 함은 행위 시와 재판 시 사이에 법률의 변경이 있는 경우에 신법(재판시법)과 구법(행위시법) 중 어느 법률을 적용할 것인가의 문제이다.

형법의 시간적 적용범위가 특히 문제 되는 경우는 행위 시에는 처벌할 수 없었던 어떤 행위가 후에 범죄로 규정된 경우, 행위 시에 유효했던 처벌법규가 후에 폐지된 경우, 행위 시와 재판 시의 법률 사이 형의 경중에 변경이 있는 경우이다.

형법의 **장소적 적용범위**라 함은 어떠한 장소에서 발생한 범죄에 대해 형법을 적용할 것인가 하는 문제이다. 현행 형법의 태도는 속지주의를 원칙으로 하고, 속인주의 · 보호주의 · 세계주의를 가미하고 있다. 형법의 **인적 적용범위**라 함은 형법은 어떠한 사람에게 적용되느냐의 문제이다.

형법은 원칙적으로 시간적 · 장소적 적용범위 내에 있는 모든 사람에게 적용되나, 예외적으로 적용이 배제되는 사람에는 대통령 · 국회의원 · 치외법권자 · 외국의 군대 등을 들 수 있다.

제2절 관련 법조문

형법의 적용 범위와 관련하여 본 장에서는 범죄의 성립과 처벌(제1조), 국내범(제2조), 내국인의 국외범(제3조), 외국에 있는 내국선박 등에서 외국인이 범한 죄(제4조), 외국인의 국외범(제5조), 대한민국과 대한민국 국민에 대한 국외범(제6조), 외국에서 받은 형의 집행(제7조), 총칙의 적용(제8조)으로 구성되어 있다.

제1조
범죄의 성립과 처벌

① 범죄의 성립과 처벌은 행위 시의 법률에 의한다.
② 범죄 후 법률의 변경에 의하여 그 행위가 범죄를 구성하지 아니하거나 형이 구법보다 경한 때에는 신법에 의한다.
③ 재판확정 후 법률의 변경에 의하여 그 행위가 범죄를 구성하지 아니하는 때에는 형의 집행을 면제한다.

■ 해설

[의의] 범죄의 성립과 처벌 범죄의 성립(犯罪의 成立)이란 법률상 일정한 요건이 충족되는 것을 말한다. 일정한 요건으로는 **구성요건해당성**[구체적 범죄사실(~했다는 사실이나, ~할 뻔했다는 사실)이 추상적 구성요건(행위의 금지 또는 명령)에 해당된다고 인정될 때 범죄가 성립됨] · **위법성**[형식적으로는 법규위반, 실질적으로는 사회상규에 위반] 및 **책임성**[행위자에 대한 비난 가능성]이다. **처벌**이란 범죄가 성립한 때에도 형벌권의 발생을 위하여 필요한 **조건**이 충족되어야 하는 것을 말한다. 처벌조건에는 객관적 처벌조건(예: 형법 제129조 제2항의 사전수뢰죄에서 '공무원 또는 중재인이 된 때')과 인적 처벌조건(예: 형법 제344조의 친족 간의 범행에서 직계혈족 · 배우자 · 동거친족, 동거가족 또는 그 배우자 간일 때)이 있다.

[사례] 세무공무원 갑이, 을이 경영하는 주점에 면세혜택을 주는 대가로 300

만 원을 받아 챙겼다. 갑은 단순수뢰죄(형법 제129조 제1항)로, 을은 단순증뢰죄(형법 제133조 제1항)로 처벌받게 된다.

①항: 『**행위 시**(범죄행위의 종료 시[92])**의 법률**』

행위가 있은 후에 제정된 법률(신법)로 소급하여 그 행위를 처벌하여서는 안 된다는 것. 즉, 행위 당시의 법(구법: 구법의 추급효 인정[93])에 의해 처벌해야 한다는 것.

[**판례 1**] 행위 시의 법률에 규정된 형보다 무겁게 변경된 경우에 행위 시의 법률에 따르지 않는 것은 위법이다.[94]

②항: 『**범죄 후 법률의 변경**』

그 행위가 범죄를 구성치 않을 때	☞ 신법(재판시법) 예외 적용
형이 구법보다 경할 때	

■ 재판시법 적용 예

범죄 후의 법령개폐로 형이 폐지되었을 때는 형사소송법 제326조 제4호에 의해 면소판결을 받게 된다.

1. 행위시법에서 범죄행위가 재판시법에서 비범죄화한 경우

(1) **범죄 후란** 실행행위의 종료 후를 의미하고 결과발생은 포함하지 않는다는 뜻이다. 따라서 포괄적 일죄나 계속범(체포, 감금)의 실행행위 중 법률의 변경이 있는 때에는 그 실행행위가 신법 시행 때에 종료하므로 신법에 의해 처벌된다.

* 개정형법 부칙 제3조의 규정에 따르면, 1개의 행위가 이 법 시행 전후에 걸쳐 이루어진 경우에는 이 법 시행 이후에 행한 것으로 본다고 하여 신법을 적용함을 나타내고 있다.

(2) **법률변경이란** 법률의 개폐를 뜻한다. 법률은 전체로서의 법률을 의미하므로

---

92) 대판 1994. 5. 10. 94도563.

93) 대판 1976. 6. 8. 74도809; 대판 1962. 2. 22. 4294형상591; 대판 1966. 10. 10. 66도1176.

94) 대판 1976. 6. 8. 74도809; 同 1962. 2. 22. 4294刑上591.

법률은 물론 명령·조례·백지형법의 보충규범이 변경된 경우도 포함한다.

[판례 2] 행위시법(구법, 원칙) – 중간시법 – 재판시법(신법, 예외)

    범죄 후 여러 차례 법률이 변경되어 행위시법과 재판시법 사이에 중간 시법이 있는 경우에는 그중에서 가장 형이 가벼운 법률(피고인에게 가장 이익이 되는 법률)을 적용하여야 한다.[95]

(3) **비범죄화란** 범죄가 성립되지 않은 경우로, 형법각칙이나 특별형법상 범죄구성요건의 폐지, 형법총칙의 정당화 사유, 면책사유, 형사책임연령 등의 변경에 의하여 가벌성이 폐지된 경우도 포함된다.

2. 행위시법과 재판시법에서 범죄로 되나 형의 경중이 있는 경우[행위시법(구법) 적용[96]]

(1) **형이 구법보다 경한 경우란** 형이 구법보다 경한 때의 형은 법정형 의미, 형의 경중은 형법 제50조에 의해 결정, 가중·감경할 형이 있을 때에는 가중·감경할 형을 비교,[97] 주형이 동일한 때는 몰수와 같은 부가형까지도 비교하여 형의 경중 판단,[98] 추징도 몰수에 준하므로 형의 경중판단에 기준이 된다. 또한 노역장유치조건의 변경도 같다. 동일한 형종·형기인 때에도 신법에 경한 선택형이 있으면 신법이 경한 것으로 본다.[99]

(2) **형의 변경이란** 벌금등임시조치법이 개정되어 벌금액이 증감된 때나,[100] 다른 법률의 벌칙을 준용한 경우에 그 벌칙이 변경된 때에도 형의 변경에 해당한다. 친고죄와 비친고죄 사이의 변경에는 피고인에게 유리한 것을 적용함이 타당하다.[101] 다만 현행 형법전 시행 전에 범한 죄에 대한 양정·집행·선고유예·면제·시효·소멸과 누범·가석방에 대해서는 형의 경중에 상관없이 재판시법[102]을 적용한다.[103]

---

95) 대판 1968. 12. 17. 68도1324.

96) 대판 1956. 10. 19. 4289형상115; 대판 11960. 11. 16. 60형상445.

97) 대판 1961. 12. 28. 4293형상664.

98) 형법 부칙 제3조

99) 대판 1954. 10. 16. 54형상43.

100) 대판 1958. 9. 12. 4291형상132; 대판 1958. 9. 26. 4291형상339; 대판 1960. 11. 16. 60형상445.

101) 형법 부칙 제3조

102) 신법주의

[판례 3] 조세법이 개정되더라도 구 조세법의 규정에 조세채권의 내용에는 아
무런 영향이 없고, 세율의 변경은 형의 변경이라 할 수 없다.[104]

[판례 4] 행위시법(구법) – 재판시법(신법) 사이에 형의 경중(輕重)의 차이가 없
는 경우 법률의 변경이 있더라도 형의 경중에 차이가 없는 경우에
는 행위시법 원칙에 따라 구법이 그대로 적용되어야 한다.[105]

[판례 5] 경중의 비교는 법정형을 기준으로 한다.[106]

[판례 6] 범죄 후 법률개정에 의하여 법정형이 가벼워진 경우에는, 형법 제1
조에 따라서 해당범죄사실에 적용될 가벼운 법정형(신법의 법정형)이
공소시효(公訴時效)기간의 기준이 된다.[107]

③항: 『재판확정 후 법률변경』으로,

그 행위가 범죄를 구성하지 아니하는 때   ☞ 형 집행 면제[108]

■ 학설

1. 한시법(限時法)

(1) **협의설** 형벌법규에 유효기간이 명시되어 있는 것(예: 이 법은 1964년 12월 말
일까지 효력을 가진다.[109] 이 법은 시행일부터 2년 내에 폐지한다.)으로 보는 견해
로, 범죄인에게 이익 될 것이 없다는 점에서 타당설이다.

(2) **광의설**(협의 한시법＋임시법) 일시적 사정에 대응하기 위한 법령(예: 본 법은
국가재건사업의 수행을 방해하는 행위를 처벌함을 그 목적으로 한다[110])으로 보는

---

103) 형법 부칙 제8조 제1항
104) 대판 1984. 12. 26. 83도1988.
105) 대판 1960. 11. 16. 60도형상445.
106) 대판 1955. 7. 29. 4288형상166; 형법 제49조.
107) 대판 1987. 12. 22. 87도84.
108) 면소판결을 내려야 함.
109) 1963년 법률 제1346호 귀속재산처리에 관한 특별조치법 부칙2조.
110) 1961년 법률 제163호 특수범죄처벌에 관한 특별법.

견해로 독일의 통설. 그러나 대부분이 혁명입법에 해당한다.

(3) **동기설** 당해형벌법규의 입법동기가 단순한 기초적 사실관계의 변화에 기인한다는 것으로 보는 판례의 태도이다.

2. 한시법의 추급효(追及效)

한시법의 유효기간 중 위반행위가 있은 후 유효기간의 경과로 한시법이 폐지나 실효되었을 때, 한시법의 추급효 인부(追及效 認否)에 따른 명문규정이 없는 경우에 유효기간이 지난 후에도 처벌할 것인가에 대한 견해가 대립된다.

(1) **추급효인정설** 한시법(限時法)인 이상 특별규정이 없더라도 그 유효기간의 경과 후에 유효기간 중의 위법행위를 당연히 처벌할 수 있다는 견해이다.[111]

(2) **추급효부인설** 추급효(과거의 것을 현재에 적용한다는 것, 구법을 새로운 사건에 적용, 행위시법 원칙)를 인정하는 명문규정이 없는 한 유효기간이 경과함과 동시에 한시법은 실효되므로 처벌할 수 없고, 형사소송법 제326조 제4호에 의거하여 면소판결을 받아야 한다는 견해이다.[112] 추급효를 인정할 법적 근거도 없이 인정한다는 것은 행위자에게 불이익을 주는 유추해석을 엄금하는 죄형법정주의에 반하기 때문에 해석론상 타당하며, 이는 형법 제1조 제2항의 "법률 변경"에는 법률의 유효기간이 예정된 경우도 포함된다고 보기 때문이다. 다만, 추급효 인정에 대한 법규 마련이 입법론상 해결점이다.[113]

(3) **동기설** 법률변경의 동기가 입법자의 법적 견해의 변경에 기인한 것인지, 단순한 사실관계의 변화에 기인한 것인지를 구별해야 한다. 전자는 추급효 부정, 후자는 추급효 인정의 견해[114]이며, 독일의 통설 및 판례[115]의

---

111) 유기천, 총론, 37면; 정영석, 총론, 66면; 염정철, 총론, 167면; 박동희, 총론, 41면; 강구진, "형법의 시간적 적용범위에 관한 고찰", 11면.

112) 남흥우, 총론, 58면; 차용석, 강의(Ⅰ), 134면; 백남억, 총론, 1962, 77면; 황산덕, 총론, 36면; 이형국, 연구Ⅰ, 86면; 정성근, 총론, 40면; 심재우, "형법효력불소급의 원칙과 한시법", 94면 이하; 김종원, "한시법", 146면; 백형구, "한시법", 139면; 김일수, 총론, 58면; 박상기, 총론, 46면; 배종대, 총론, 130면; 임웅, 총론, 48면; 안동준, 26면.

113) 진계호, 총론, 101면.

114) 이재상, 총론, 37면.

115) 대판 1987. 3. 10. 86도42; 대판 1963. 1. 31. 62도257; 대판 1982. 10. 26. 82도1861; 대판 1984. 12. 11. 84도413; 대판 1985. 5. 28. 81도1045.

태도이다.

■ **백지형법**(白地刑法)

1. **의의** 형벌의 전제가 되는 구성요건의 전부 또는 일부의 규정을 다른 법률이나 명령·고시 등으로 보충해야 할 공백을 가진 형벌법규(예: 제112조의 중립명령위반죄, 경제통제법령)를 말하며, 백지형법의 공백을 보충하는 규범을 보충규범이라 한다.

2. **시간적 적용범위**

   백지형법은 백지규정 자체에는 변경이 없고, 보충규범의 개폐만 있을 때 법률 변경으로 여겨, 형법 제1조 제2항의 규정을 적용할지, 보충규범인 한시법으로 생각하여 추급효(과거의 것을 현재에 적용한다는 것)를 인정할 것인지 학설이 대립된다.

3. **학설**

   백지형법의 보충규범개폐를 형법 제1조 제2항의 법률의 변경으로 보는가의 견해이다.

   (1) **소극설** 백지형법에서 **보충규범**(대개 한시법의 성격을 가지므로 한시법의 추급효에 관한 이론을 그대로 적용해야 한다. 따라서 추급효를 부정하여 신법이 더 이상 처벌하지 않는 행위에 대해서는 구법에서 처벌대상으로 삼았던 행위라도 처벌할 수 없다.)의 개폐는 형벌의 전제조건인 구성요건의 내용의 변경에 불과하고, 형법규정의 실효(失效)가 아니므로 형법 제1조 제2항의 법률변경에 해당하지 않는다.

   (2) **적극설** 법률변경(총체적 법률상태의 변경 의미)은 구성요건과 분리해서 말할 수 없으므로 구성요건의 내용변경인 보충규범의 개폐도 형법 제1조 제2항의 법률변경에 해당한다는 다수설이다.[116]

   (3) **절충설** 보충규범의 개폐가 구성요건 자체를 정하는 법규의 개폐에 해당하는 때에는 법률변경이 되나, 단순히 구성요건에 해당하는 사실의 변경에 해당함에 불과한 때는 법률변경이 아니다.

---

116) 이형국, 연구Ⅰ, 87면; 정성근, 총론, 42면; 이재상, 총론, 39면; 차용석, 강의(Ⅰ), 137면; 김종원, "한시법", 148면; 진계호, 총론, 102면.

해설

[의의] **국내범** 국내범(國內犯)이란 대한민국영역 내에서 내국인과 외국인이 범한 죄를 말한다.

[사례] 경기도에서 한국인 갑이 절도죄를 범한 경우, 한국에 여행으로 온 일본인 을이 서울서 절도죄를 범한 경우 ☞ 한국인 갑과 일본인 을은 각각 한국형법 제2조가 적용되어 절도죄로 처벌된다.

1. 영역(領域)

① **영토** 대한민국의 영토는 그 부속도서로 한다.[117]

② **영해** 대한민국의 영해는 기선(基線; 해안의 저조선)으로부터 측정하여 그 외측(外側) 12해리(海里)의 선까지에 이르는 수역(水域)으로 한다.

③ **영공** 영토와 영해의 한계선에서 수직으로 그은 선의 내부공간으로, 범위에 대해서는 영공무한설·인공위성설·실효적 지배설 등의 학설이 있으나, 일반적으로 대기권에 한정된다고 보고 있다. 국제연합총회나 우주평화 이용회는 상공을 대기권과 외기권으로 구별하며, 외기권은 국가의 영역권이 미치지 않는 것으로 보고 있다.

④ **영역의 범위** 영토, 영해, 영공으로 북한도 당연히 포함.[118]

2. 범죄지(犯罪地) 실행행위지라는 견해도 있으나, 결과발생지도 포함한다. 곧 행위와 결과 가운데 어느 하나가 대한민국 안에서 발생하면 범죄가 성립된다는 것.

[사례] 한국에서 기망하고 일본에서 재물의 교부를 받았을 경우에는 부분 범

---

117) 헌법 제3조.

118) 판례

행지도 본 조의 범행지가 되므로 사기죄가 성립한다.

3. 속지주의(屬地主義) 본조(제2조)에 적용됨.

4. 형법의 지역적(장소적) 적용범위의 원칙

① **속지주의(屬地主義)** 자국의 영역 안에서 발생한 범죄행위에 대해 "범죄인의 국적에 관계없이 자국의 형법을 적용한다."가 가장 기본적인 원칙임.[119] 외국에서 죄를 범한 내국인, 외국에서 자국법익을 침해한 범죄, 무국적지(공해상 및 남북극)에서의 범죄는 형벌권을 행사할 수 없다.

② **속인주의(屬人主義)** 자국민(국적법에 근거; 이중 국적자는 양국 형법이 적용되고, 범행 시와 소추 시의 국적이 다를 때는 각국의 입법에 의한다.)의 범죄에 대해서는 범죄발생지, 피해자의 국적을 묻지 않고 자국의 형법을 적용한다. 속지주의 보완 성격.[120] 자국에서 자국인의 법익을 해치는 범죄임에도 범인이 자국인이 아닐 때는 처벌치 못한다.

③ **보호주의(保護主義)** 자국의 일을 해치는 행위일 때는 언제나 자국형법을 적용한다. 속지주의를 보완[121]한다.

④ **세계주의(世界主義)** 언제, 어디서, 누가, 누구에게 행한 범죄이든 그것이 '자국법에 의해 범죄가 될 경우에는' 자국의 형법을 적용한다. 대상범죄로는 반인륜적 범죄(해적, 인신매매, 민족학살, 인간 · 가축 · 식물에 대한 전염병 전파, 무정부주의), 다수국가의 공동이익에 반한 범죄(통화 · 유가증권위조 · 마약밀매), 국제사회의 공존질서에 반한 범죄(전쟁도발 · 항공기납치 · 국제테러 · 집단학살), 국제복지에 반한 범죄(중립화된 운하 · 철도 · 전신선 · 병원 · 이동진료소의 공격) 등이 있다.

⑤ **기국주의(旗國主義)** '자국의 국기를' 달고 있는 국외운행 중인 선박이나 항공기 안에서 행해진 범죄에 대해서는 속지주의의 특별한 경우로서 외국인의 범행일지라도 **자국 형법이 적용**된다는 것이 다수설이다.

⑥ **한국형법(韓國刑法)** 속지주의를 원칙으로 하면서, 속인주의, 보호주의, 세계주의를 가미하고 있다.

---

119) 형법 제2조, 제4조.

120) 형법 제3조.

121) 형법 제5조, 제6조.

㉠ **형법 제2조**(속지주의) 본 법은 대한민국의 영역 내에서 죄를 범한 내국인과 외국인에게 적용한다.

㉡ **형법 제3조**(속인주의) 본 법은 대한민국의 영역 외에서 죄를 범한 내국인에게 적용한다.

㉢ **형법 제4조**(기국주의) 본 법은 대한민국 영역 외에 있는 대한민국의 선박 또는 항공기 내에서 죄를 범한 외국인에게 적용한다.

㉣ **형법 제5조**(보호주의 원칙, 속지주의 보충) 대한민국 영역 외에서 내란의 죄, 외환의 죄, 국기에 관한 죄, 통화에 관한 죄, 유가증권·우표와 인지에 관한 죄, 문서에 관한 죄 중 제225조 내지 제230조, 인장에 관한 죄 중 제238조의 죄를 범한 외국인에게 적용한다(국가·사회보호주의).

    * 대한민국의 통화에 관한 죄를 외국에서 범한 외국인을 처벌할 뿐만 아니라 외국에서 통용하는 외국화폐·지폐·은행권의 위조·변조(제207조 제3항), 이와 같은 화폐 등의 취득(제208조), 취득 후 지정행사(제210조) 및 이와 같은 화폐 등에 유사한 물건의 제조·수입·수출·판매(제211조)가 국외에서 행해진 경우에 그 위조자가 외국인이라도 처벌한다. 그리고 외국의 유가증권·인지·우표 등의 위조 등의 죄(제214조 내지 제223조)도 처벌한다(**보호주의에 근거를 둔 세계주의**).

■ **형법 제6조**(보호주의 원칙, 속지주의 보충, 상호주의) 본 법은 대한민국 영역 외에서 대한민국 또는 대한민국 국민에 대하여 전조에 기재한 이외의 죄를 범한 외국인에게 적용한다. 단, 행위지의 법률에 의하여 범죄를 구성하지 아니하거나 소추 또는 형의 집행을 면제할 경우에는 예외로 한다(국민보호주의).

제3조
내국인의 국외법

본 법은 대한민국영역 외에서 죄를 범한 내국인에게 적용한다.

해설

[의의] 내국인의 국외범 내국인의 국외범(內國人의 國外犯)이란 한국인(대한민국의 국적을 가진 자로서 범행 당시에 내국인일 것)이 대한민국영역 외에서 범한 경우를 말한다. 이때 내국인은 한국 형법 제3조에 따라 처벌받게 된다.

[사례] 한국인 갑이 중국 여행 중 절도죄를 범한 경우 ☞ 한국인 갑은 한국 형법 제3조가 적용되어 절도죄로 처벌된다.

- 국민(國民)
① **요건** 대한민국의 국민이 되는 요건은 법률로 정한다.[122]
② **재외 국민의 보호의무** 국가는 법률이 정하는 바에 의하여 재외국민을 보호할 의무가 있다.[123]
③ **원칙** 속인주의[124]
④ **내국인** 대한민국의 국적을 가진 자로서 범행 당시에 내국인일 것

---

122) 헌법 제2조.
123) 헌법 제2조.
124) 형법 제3조.

해설

[의의] 국외에 있는 내국선박 등에서 외국인이 범한 죄: 대한민국 영역을 벗
어나 국외에 있는 대한민국의 선박(船舶) 또는 항공기 내(航空機 內)
에서 외국인이 죄를 범한 경우를 말한다. 이때 외국인은 한국 형법 제
4조에 따라 처벌받는 것을 말한다.

[사례] 태극기를 달고 있는 아시아나 항공기가 미국의 뉴욕 공황에 착륙 중
이었다. 탑승객 중 중국인 갑이 항공기 내에서 절도죄를 범한 경우☞
중국인 갑은 한국 형법 제4조가 적용되어 절도죄로 처벌된다.

『대한민국 영역 외에 있는 대한민국의』

선박	범한 죄는	☞외국인에게 적용한다.
또는 항공기 내에서		

① **적용 원칙** 기국주의(旗國主義)
② **기국 표시** 선박이나 항공기는 자기 나라 국기임을 외부로 표시해야 한다.

해설

[의의] 외국인의 국외범 외국인의 국외범(外國人의 國外犯)이란 대한민국영역 외에서 외국인이 우리나라와 관련된 내란, 외환, 국기, 통화, 유가증권, 우표와 인지, 문서죄 중 공문서 위조 및 변조, 자격모용에 의한 공문서 작성, 허위공문서 작성, 공정증서원본 등의 부실기재, 위조 및 변조 등 공문서행사죄와 인장 중 공인위조, 부정사용죄를 범한 경우에는 한국 형법 제5조에 따라 처벌을 받게 되는 것을 말한다.

[사례] 중국인 갑이 북경에서 한국인 을의 주민등록증을 위조하여 여권을 발급받은 경우 ☞ 중국인 갑은 한국 형법 제5조가 적용되어 공문서 위조 및 행사죄로 처벌된다.

『대한민국 영역 외에서』

1. 내란죄	
2. 외환죄	
3. 국기죄	
4. 통화죄	범한 죄는 ☞ **외국인에게 적용**
5 유가증권, 우표, 인지죄	
6. 문서위조·변조, 공문서부정행사죄	
7. 인장 중 공인위조, 부정사용죄	

① **적용 원칙** 보호주의(保護主義)

② 문서에 관한 죄 중 제225조 내지 제230조

- 제225조 공문서 위조·변조죄
- 제226조 자격모용에 의한 공문서작성죄
- 제227조 허위공문서작성죄
- 제228조 공정증서원본 등의 부실기재죄
- 제229조 위조·변조 등 공문서행사죄
- 제230조 공문서 등 부정행사죄

③ 인장에 관한 죄 중 제238조

- 제238조 ①항 공인 등 위조죄
- 제238조 ②항 위조 공인 등 행사죄

제6조
대한민국과 대한민국 국민에 대한 국외범

본 법은 대한민국영역 외에서 대한민국 또는 대한민국 국민에 대하여 전조에 기재한 이외의 죄를 범한 외국인에게 적용한다. 단 행위지의 법률에 의하여 범죄를 구성하지 아니하거나 소추 또는 형의 집행을 면제할 경우에는 예외로 한다.

■ 해설

[의의] **대한민국과 대한민국 국민에 대한 국외범** 대한민국과 대한민국 국민에 대한 국외범(國外犯)이란 대한민국영역 외에서 대한민국 또는 대한민국 국민에 대하여 형법 제5조에 기재(내란죄·외환죄·국기죄·통화죄·유가증권, 우표, 인지죄, 문서위조 변조, 공문서부정행사죄, 인장 중 공인위조, 부정사용죄)한 이외의 죄를 범한 외국인은 한국 형법 제6조에 따라 처벌받게 되는 것을 말한다. 다만 범행지(대한민국영역 외의 곳)의 법률에 범죄가 되지 않거나 소추 또는 형 집행 면제가 될 경우는 한국 형법 제6조의 적용을 받지 않아 한국형법으로 처벌할 수 없다는 것을 말한다.

[사례] 중국인 갑이 북경에서 대취한 한국인 을을 폭행한 경우 ☞ 만약 중국
형법에 "**대취한 자를 폭행한 경우에는 위법성이 조각된다.**"라고 규정
되어 있었다면 중국법으로 중국인 갑을 처벌할 수 없게 되므로, 한국
형법 제6조 단서 규정에 따라 폭행죄를 처벌할 수 없게 된다.

『**대한민국 영역 외**』

대한민국	제5조에 기재(내란, 외환, 통화, 유가증권, 우표, 인지, 문서위조·변조, 공문	
대한민국 국민	서부정행사, 인장 중 공인위조, 부정사용) **이외의 죄를 범한 경우**	☞ **외국인에게 적용**

『**단서 조항**』

행위지 법률에 의해	범죄를 구성하지 아니하거나,	☞ **예외로 함**
	소추(訴追),	
	형의 집행을 면제할 경우는	

① 보호주의 채용

형법은 속지주의 및 속인주의를 보충하기 위하여 광범위하게 보호주의를
채용함으로써 대한민국 또는 대한민국 국민의 법익(특히, 국가적, 사회적 법
익)을 보호하고 있다.[125]

② 외국인의 대한민국 영역 밖에서 범한 죄

이 경우 대한민국 또는 대한민국 국민에 대한 것일 때는 형법이 적용된다
는 것

③ **소추(訴追)**란 형사상의 소를 제기하여 수행하는 것을 말하며, 기소보다 넓은
개념으로, 법원에 대하여 심판을 구하는 의사표시행위이다. 또한 탄핵(彈劾)의
발의(發議)를 하여 파면(罷免)을 구하는 행위를 말하기도 한다.[126]

기소(起訴)	검사가 형사사건에 대하여 법원에 대해서 그 심판을 구하는 의사표시.[127] 공소제기와 같은 의미다.
제소(提訴)	소의 제기를 말한다. 형사사건 이외의 사건에 있어서 법원에 대하여 심판을 구하는 행위

④ 형의 집행 면제

형법 제77조(형의 선고를 받은 자는 시효의 완성으로 인하여 그 집행이 면제된다.)와

---

125) 형법 제5조, 제6조 규정이며, 이 경우에는 외국인의 국외 범에게도 형법이 적용된다.

126) 헌법 제101조.

127) 형사소송법 제246조.

형법 제7조(외국에서 형의 전부 또는 일부의 집행을 받은 자에 대해서는 형을 감경 또는 면제할 수 있다.)가 규정한 것 등이다. 형의 집행면제는 형의 선고(宣告)가 있어도 그 집행이 면제되는 경우를 말한다. 그러므로 형의 집행면제의 경우에는 또 누범(累犯) 관계가 문제 되는 것이다.

⑤ 누범(累犯)

형법 제35조(금고 이상의 형을 받아 집행종료나 면제 후 3년 이내에 금고 이상에 해당된 죄를 범한 자는 누범으로 처벌한다. 누범 형은 그 죄에 정한 형의 장기 2배까지 가중한다.), 형법 제36조(판결 선고 후 누범인 것이 발견된 때에는 그 선고형을 통산해 다시 형을 정할 수 있다. 단, 선고한 형의 집행을 종료하거나, 그 집행이 면제(免除)된 후에는 다시 형을 정할 수 없다.)

제7조
외국에서 받은 형의 집행

범죄에 의하여 외국에서 형의 전부 또는 일부의 집행을 받은 자에 대해서는 형을 감경 또는 면제할 수 있다.

▨ 해설

[의의] **외국에서 받은 형의 집행** 외국(外國)에서 받은 형(刑)의 집행(執行)이란 내국인이 외국에서 죄를 범한 후, 외국법에 따라 확정판결을 받고, 형의 전부 또는 일부에 대하여 집행을 받은 자는 국내법(한국형법)에 따라 형벌을 과할 경우에 형을 감경 또는 면제할 수 있다는 것을 말한다.

[사례] 한국인 갑이 중국 여행 도중 절도죄를 범하여 중국형법에 따라 징역 1년을 선고를 받고 교도소에 수감되었다. 출감하여 한국에 귀국하자마자 체포된 후 한국형법에 의하여 징역 2년이 구형되었다. 법원은 한국인 갑을 징역 1년에 집행유예 2년을 선고하였다.

『외국에서 받은 형의 집행』

임의적 감면사유에 해당한다. 외국에서 받은 형 집행의 효력을 부정하고 다시 우리 형법에 따라 처벌하면 일사부재리의 원칙에 반하는가에 대해, 본 원칙은 한국의 재판권에 의한 이중처벌을 금지한다는 것으로 **저촉되지 않는다**(예: 외국에서 확정판결을 받아 형의 전부 또는 일부의 집행을 받은 경우에도 같은 행위에 대해 우리 형법으로 다시 처벌할 수 있다.).[128]

판례

[판례 1] 한국에서 다시 형을 선고해도 위법은 아니다.[129]

[판례 2] 외국판결에서 몰수의 선고가 있을 때에는 그 가액을 추징해야 한다.[130]

[판례 3] 형법 제7조의 취지는 외국에서 형의 전부 또는 일부를 받은 자에 대해 법원의 재량으로 형을 감경 또는 면제할 수 있다는 것을 의미하므로, 외국에서 형의 집행을 받은 자에게 형을 선고하더라도 위법은 아니다.[131]

『형법상 감경 · 면제』

필요적	감경	총칙	심신미약자(제10조 ①항), 농아자(제11조), 종범(제32조 ②항)
		각칙	없음
	감면	총칙	중지범(제26조)
		각칙 / 자수	■ 내란죄 실행 전 자수(제90조 ① · ②항) ■ 외환죄 실행 전 자수(제101조 ① · ②항) ■ 외국에 대한 사전죄 실행 전 자수(제111조 ③항) ■ 폭발물사용죄 실행 전 자수(제120조 ① · ②항) ■ 방화죄 실행 전 자수(제175조) ■ 통화위조죄 실행 전 자수(제213조)
		각칙 / 자백	■ 위증 · 모해위증죄를 범한 자가 그 공술한 사건의 재판 또는 징계처분이 확정되기 전 자백 · 자수(제153조)
		각칙 / 자수	■ 허위감정 · 통역 · 번역의 경우(제154조) ■ 무고죄의 자백 · 자수의 경우(제157조)
	면제		■ 친족 간 특례: 범인은닉죄(제151조 ②항), 증거인멸죄(제155조 ④항) ■ 친족상도례: 권리행사방해죄(제328조 ①항), 절도죄 및 미수죄(제344조), 사기 · 공갈(제354조), 횡령 · 배임죄(제361조), 장물죄를 범한 자와 피해자 간에 친족 관계(제328조 ① · ②항)가 있는 경우(제365조 ①항)
임의적	감경	총칙	■ 미수범(제25조 ②항), 작량감경(제53조), 법률상 감경사유가 수 개 있는 때(제55조 ②항)
		각칙	■ 범죄단체조직(제114조 ①항 단서)
	감면	총칙	■ 외국에서 받은 형의 집행(제7조), 과잉방위(제21조 ②항), 과잉피난(제21조 ③항), 과잉자구행위(제23조 ②항), 불능범(제27조), 자수 · 자복(제52조)
		각칙	없음

---

128) 대판 1988. 1. 19. 87도2287.

129) 대판 1979. 4. 10. 78도831.

130) 대판 1977. 5. 24. 77도629.

131) 대판 1988. 1. 19. 87도2287; 同 1979. 4. 10. 79도831.

본 법 총칙은 타 법령에 정한 죄에 적용한다. 단 그 법령에 특별한 규정이 있는 때에는 예외로 한다.

해설

[의의] **총칙의 적용** 총칙(總則)의 적용(適用)이란 본 법 **시행 전**에 범한 죄에 대한 형의 양정, 집행, 선고유예, 집행유예, 면제, 시효 또는 소멸에 관해서는 본 법을 적용하고, 누범과 가석방에 관해서도 적용한다는 것을 말한다. 또한 본 법 **시행 전**에 선고된 형이나 그 집행유예 또는 처분된 가출옥의 효력이 소멸되지 아니하는 경우에도 본 법을 적용한다는 것을 말한다. 다만 그 법령에 특별한 규정이 있을 때에는 적용되지 않음을 뜻한다.

[사례] **형법 제49조 단행에서 행위자에게 유죄의 재판을 아니 할 때에도 몰수의 요건이 있는 때에는 몰수만을 선고할 수 있다.**

『**총칙의 적용 예**』

(1) 본법 시행 전에 범한 죄에 대한 형의 양정, 집행, 선고유예, 집행유예, 면제, 시효 또는 소멸에 관해서는 본 법을 적용한다. 그리고 누범과 가석방에 관해서도 같다.

(2) 본 법 시행 전에 선고된 형이나 그 집행유예 또는 처분된 가출옥의 효력은 이미 소멸되지 아니하는 한 본 법의 해당규정에 의한다.

(3) 위 (1)과 (2)의 경우에는 **본 법**(형법) **제49조 단행**(행위자에게 유죄의 재판을 아니 할 때에도 몰수의 요건이 있는 때에는 몰수만을 선고할 수 있다.), **제58조 제1항**(피해자의 이익을 위하여 필요하다고 인정할 때에는 피해자의 청구가 있는 경우에 한하여 피고인의 부담으로 판결 공시의 취지를 선고할 수 있다.), **제63조**(집행유예의 선고를 받은 자가 유예기간 중 금고 이상의 형의 선고를 받아 그 판결이 확정된 때에는 집행유예의 선고는 효력을 잃는다.), **제69조 제1항 단행**(벌금을 선고할 때에는

동시에 그 금액을 완납할 때까지 노역장에 유치할 것을 명할 수 있다.), **제74조**(가석방 중 금고 이상의 형의 선고를 받아 그 판결이 확정된 때에는 가석방처분은 효력을 잃는다. 단, 과실로 인한 죄로 형의 선고를 받았을 때에는 예외로 한다.)**와(과)** 몰수나 추징의 시효에 관한 규정을 **적용하지 아니한다.**

『**법령에 특별규정**』
조세범처벌법(본 법 제4조), 관세법(본 법 제194조), 담배전매법(본 법 제59조), 홍삼전매법(본 법 제24조) 등을 지칭한다.

▒ 판례

[판례 1] 형법 제8조 단서에서 이른바 특별한 규정이 있는 경우라 함은 다른 형벌법규에 의하여 처벌하는 죄의 성립에 고의(故意)를 요하지 않는다는 일반적 명문규정이 있거나, 그 법률규정 중에 그 취지를 알 수 있는 경우를 의미한다.132)

[판례 2] 통상적인 행정질서벌인 과태료(過怠料)는 다른 특별한 규정이 없는 한, 원칙적으로 고의(故意)·과실(過失)을 필요로 하지 아니한다.133)

---

132) 대판 1965. 7. 6. 65도347.
133) 대판 1969. 7. 29. 69마400.

제❷편
犯罪論

제1장 범죄일반론

제1절 범죄의 개념과 성립요건

Ⅰ. 범죄의 개념과 본질

1. **범죄의 개념** 범죄의 개념에는 형식적 범죄개념과 실질적 범죄개념으로 구분된다. 형식적 범죄개념이란 범죄를 구성요건에 해당하는 위법·유책한 행위라고 정의하고, 실질적 범죄개념이란 범죄에 형벌을 과할 필요가 있는 불법일 것,[1] 사회적 유해성일 것,[2] 법익을 침해하는 반사회적 행위일 것[3]을 의미한다고 본다.

   그러나 범죄를 형식적 관점에서 구성요건해당성·위법성·책임성의 각 단계를 검토한다. 그렇지만 항상 실질적인 관점에서도 법익침해의 유무·대소·강약 또는 행위의 사회적 유해성을 고려하지 않으면 안 된다. 이런 의미에서 범죄의 개념을 실질적 의의와 형식적 의의의 양면에서 이해해야 한다.[4]

2. **범죄의 본질** 어떤 행위를 처벌하고 처벌할 필요가 있다면 그 실질적 이유는 무엇인가에 대해 세 가지 설이 대립되고 있다. **첫째로** 권리침해설이다. 이 설은 개별적인 권리의 침해에 범죄의 본질이 있다는 견해이다.[5] **둘째**

---

1) Jescheck, *Lehrbuch*, S. 38; Maurach·Zipf, *AT*, S. 174; Noll, *AT*, S. 22.

2) Maurach·Zipf, *AT*, S. 175.

3) 정영석, 총론, 75면.

4) 진계호·이존걸, 총론, 116면.

5) Feuerbach, *Lehrbuch des gemeinen in Deutschland gültigen peinlichen Rechts*, 11. Aufl., 1832, §§ 9, S. 21ff; ders., *Revision der Grundbegriff des peinlichen Rechts*, Bd. 1, 1799, SS. 30ff., 39, 65, 169(권리의 침해는 권리침해의 위험과의 구별이 불명하여 위험범을 범죄에서 제외시킬 가능성이 있고, 주거침해죄·공공위험죄·성범죄와 같이 권리침해가 아닌 범죄를 설명할 수 없다.).

로 법익침해설이다. 이 설은 법률상 보호되어 있는 생활이익 내지 가치라고 하는 법익의 침해 또는 위태화(危殆化)에 범죄의 본질이 있다는 견해이다.[6] **셋째로** 의무위반설이다. 이 설은 사회질서 내지 법익을 침해하지 아니할 의무위반에 범죄의 본질이 샤프슈타인(Schaffstein)을 비롯한 키일학파(Kieler Schule)의 단체주의적 세계관에 입각한 견해이다.

그러나 권리침해설의 결점을 극복하고 법익침해설이 지배적인 위치이나, 범죄의 본질을 법익침해라고 하면 **결과반가치**[7](結果不法『예: 살인죄에서 '살인의 결과'』)만을 고려하므로 범죄는 행위객체에 대한 실행행위의 방법과 정도까지도 감안하면 **행위반가치**[8](行爲不法『예: 특수폭행죄에서 '위험한 물건을 휴대'』)도 고려되어야 한다. 이런 의미에서 범죄는 법익침해임과 동시에 의무위반이라고 보아야 한다.[9]

Ⅱ. 범죄의 성립요건 · 처벌조건 · 소추조건

1. **범죄의 성립요건** 범죄성립요건에는 구성요건해당성 · 위법성 · 책임성이다. **첫째, 구성요건해당성(構成要件該當性)**이란 구체적 사실이 범죄의 구성요건에 해당하는 성질로, 형법의 각본조는 행위의 금지 또는 요구(명령)를 추상적 · 유형적으로 규정하고 있다. 이처럼 구체적 범죄사실이 추상적 구

---

6) Bimbaum, über *das Erfordernis einer Recbtsverletzung zum Begriff des Verbrecbens mit besonderer Rücksicbt auf den Begriff der Ebrenkränkung Arcbiv des Kriminalrecbts, Neue Folge*, Bd. 15, 1834, S. 149ff.(권리침해를 내용으로 하지 않는 공공위험범 또는 풍속범이나 법익의 침해를 위태롭게 하는 위험범도 범죄로 될 수 있다.)

7) 결과반가치란 행위가 초래한 '**법익침해 내지 침해의 위태(위험)화**'라는 객관적 · 외부적 사태에 대하여 내려지는 부정적 가치판단을 의미한다. 예컨대 살인죄에서 살인의 결과가 이에 해당한다. 결과반가치의 내용은 법익침해와 법익침해의 위험이다. 불법의 실체가 법익침해 또는 그 위험에 있다는 견해이다. 결과반가치와 행위반가치를 보는 관점은 **실질적 위법성의 실체**에 있다(정영석, 총론, 131면; 차용석, 총론강의(Ⅰ), 395면).

8) 행위반가치란 행위가 초래한 **범죄실현의 수단 · 방법, 고의 · 과실, 목적범에서의 목적** 등과 같은 객관적 · 주관적 요소에 의하여 특징 지워지는 **행위의 반윤리성**에 대하여 내려지는 부정적 가치판단을 의미한다. 예컨대 사기죄에서 기망행위나 특수폭행죄에서 위험한 물건을 휴대하는 것 등이 이에 해당한다. 행위반가치의 내용은 행위자의 주관적 요소(고의 및 과실)와 객관적 요소(목적, 경향, 표현)로 나뉜다. 불법의 핵심은 행위반가치에 있다는 견해이다. 결과반가치와 행위반가치를 보는 관점은 **불법의 본질**에 있다(다수설)(이재상, 총론, 109면; 손해목, 총론, 353면; 안동준, 총론, 95면; 박상기, 총론(6판), 70면; 배종대, 총론(7판), 235면; 오영근, 총론, 158면).

9) Welzel, Strafrecbt, S. 5; Jeschck, Lebrbucb, S. 38; Wessels, AT, S. 4; Schönke · Schröder · Lenckner, StGB, § § 13ff Rdn. 8(행위반가치만으로 불법을 근거 짓는 결함이 있을 뿐만 아니라 모든 범죄를 의무위반만으로 설명할 수 없고, 이 설의 강조는 인권사상과도 배치된다.).

성요건에 해당된다고 인정될 때 범죄가 성립한다. **둘째, 위법성(違法性)**이
란 구성요건에 해당하는 행위가 법률상 허용되지 않는 성질(위법한 행위로
형식적으로는 법규범 위반이고 실질적으로는 사회상규에 위배되지 않는 것)을 말한다.
셋째, 책임성(責任性)이란 당해 행위를 한 행위자에 대한 비난 가능성을
말한다. 범죄의 성립요건이 결여된 때에는 무죄 · 형면제 등의 실체재판(형
소법 제322조)을 하게 된다.

2. **범죄의 처벌조건** 범죄의 처벌조건(犯罪의 處罰條件)이란 범죄가 성립한
   때에도 형벌권의 발생을 위하여 필요한 조건을 말하는데, 여기에는 객관
   적 처벌조건과 인적 처벌조각사유가 있다.

   객관적 처벌조건이란 일단 성립한 범죄에 대한 형벌권의 발생을 좌우하는
   외부적 · 객관적 사정을 말한다. 예컨대 사전수뢰죄(제129조 제2항)에서 수
   뢰죄의 주체가 '공무원 또는 중재인이 된 때'에 비로소 처벌하게 된다는
   것이 객관적 처벌조건의 예이다.

   인적 처벌조각사유(人的 處罰阻却事由)란 행위자의 특별한 신분관계나
   태도 때문에 범죄는 성립할지라도 형벌권이 발동하지 못하는 인적 사정을
   말한다. 예컨대 권리행사방해죄(형법 제323조)에서 직계혈족 · 배우자 · 동거
   가족 · 동거친족 간에 범한 죄는 그 형을 면제한다. 이때 면제의 근거는
   특별한 신분관계이기 때문이다. 범죄의 처벌요건이 결여된 때에는 무죄 · 형
   면제 등의 실체재판(형소법 제322조)을 하게 된다.

3. **범죄의 소추조건(소송조건)** 소추요건(訴追要件)이란 범죄가 성립하고 형
   벌권이 발생했더라도 이와 무관하게 공소제기를 위해서 필요한 소송법상
   의 조건을 말한다. 여기에는 친고죄, 반의사불벌죄, 특별법상 고발이 있다.
   범죄의 소추조건이 결여된 때에는 공소기각 등 형식재판(형소법 제327조 제5
   항, 제6항)을 하게 된다.

   (1) **친고죄(親告罪)**[10]란 공소제기에 피해자 기타 일정한 고소권자의 고소
       가 있어야 공소를 제기할 수 있는 범죄를 말한다. 친고죄에는 절대적
       친고죄와 상대적 친고죄가 있다. 전자는 범인과 피해자 간에 신분관계
       의 유무와 관계없이 **항상 친고죄**로 되는 경우(고소불가분의 원칙으로 범인
       을 지정할 필요가 없다.)이고, 후자는 범인과 피해자 간에 **신분관계가 있을**

때만 친고죄가 되는 경우(범인을 지정하여 고소해야 한다. 지정하지 않으면 다른 공범자를 고소하더라도 그 효과는 친족인 공범자에게 미치지 않는다.)이다.

(2) **반의사불벌죄**(反意思不罰罪)[11]란 피해자의 명시한 의사에 반해서는 공소를 제기할 수 없는 범죄를 말한다. 피해자의 의사와 관계없이 공소는 제기할 수 있다. 그러나 피해자가 처벌을 희망하지 않는다는 의사를 명백히 한 때는 소추가 불가능한 범죄이다. 고소 철회를 하기 위해서는 제1심판결 전까지 반드시 '**고소취하장**' 등을 제출해야 한다.[12]

(3) **특별법상 고발**(特別法上 告發)이란 특별법상 소추조건으로 당해 기관에 고발(원칙적으로 소추조건이 아니고 단순한 수사의 단서에 불과하다.)을 해야만 공소를 제기할 수 있도록 하는 것을 말한다. 이는 조세범처벌법위반(제6조), 관세법위반(제299조 1항)처럼 사건의 대량성, 기술적 · 전문적 특수성을 고려해야 하기 때문이다.

---

10)

절대적 친고죄	■ 간통죄(제241조) ■ 추행 · 간음 · 영리목적약취 · 유인죄(288조 제1항) ■ 약취 · 유인 · 매매된 자의 수수 · 은닉죄(제292조 제1항) ■ 결혼목적 약취유인죄(제291조) ■ 강간죄(제297조) ■ 강제추행죄(제298조) ■ 준강간 · 준강제추행죄(제299조) ■ 미성년자간음 · 추행죄(제302조) ■ 업무상 위력 등에 의한 간음죄(제303조) ■ 혼인빙자간음죄(제304조) ■ 13세 미만자에 대한 간음 · 추행죄(제305조) ■ 사자명예훼손죄(제308조) ■ 모욕죄(제311조) ■ 비밀침해죄(제316조) ■ 업무상 비밀누설죄(제317조) 등이 있다.
상대적 친고죄	■ 친족상도례(제328조 제2항 · 제344조 · 제354조 · 제361조 · 제365조 제1항)의 경우가 이에 해당한다.

11) 반의사불벌죄로는 외국원수 · 외교사절에 대한 폭행 등 죄(제107조 · 제108조), 외국 국기국장모독죄(제109조), 폭행죄(제260조 제1항), 존속폭행죄(제260조 제2항), 과실상해죄(제266조 제2항), 협박 · 존속협박죄(제283조 제3항), 명예훼손죄(제307조), 출판물등에의한명예훼손죄(제309조) 등이 있다.

12) 대판 2001. 6. 15. 2001도1809.

제2절 범죄의 체계론

Ⅰ. 의의

범죄행위로서 구비되어야 할 요건이 무엇이며, 범죄를 구성하는 요소가 무엇인가에 대한 논의가 제기되고 있다. 그러나 일반적으로 범죄론 체계는 '행위 → 구성요건해당성 → 위법성 → 책임 → 기타 조건' 등으로 말해지고 있다. 그런데 이러한 범죄체계론을 두고 어느 단계에 위치시킬 것인가에 관해서 **행위론** 사이에 논쟁이 제기되고 있다.

Ⅱ. 범죄체계론의 형태

1. **고전적 범죄체계론** 고전적 범죄체계론(古典的 犯罪體系論)은 초기의 고전적 범죄체계론과 신고전적 범죄체계론으로 구분된다. 초기의 고전적 범죄체계론은 리스트(List) · 벨링(Beling)에 의해 19세기 말부터 20세기 초까지 주장된 **인과적 행위론**을 말한다. 신고전적 범죄체계론은 초기의 인과적 행위론을 수정 · 보완한 이론을 말한다.

	초기의 고전적 범죄체계론	신고전적 범죄체계론
행위	외적 · 자연적 과정으로 이해	가치개념의 중요성 인정
구성요건	범죄의 윤곽을 객관적으로 기술한 가치중립적 · 몰가치적으로 이해	객관적 표지(예: 타인의 재물절취) 외에도 규범적 · 주관적 표지(예: 불법영득의사)가 인정
위법성	형식적인 법규범 위반만으로 이해	형식적 법규범 위반으로부터 실질적 사회유해성의 관점에서 파악
책임	주관적인 모든 표지의 총괄개념으로 파악, 고의 · 과실을 책임형식으로 파악	심리적 책임개념으로부터 비난 가능성을 중심으로 한 규범적 책임개념으로 파악

2. **목적적 범죄체계론** 목적적 범죄체계론은 벨첼(Welzel) · 카우프만(Kaufmann)에 의한 범죄체계론이다. 이에 의하면,

   ① **행위**란 목적 활동의 수행으로 파악한다.

② **책임형식**이란 고의·과실을 구성요건단계에서 취급하여 **고의**를 구성요건의 주관적 요소로 하고, **과실**에 있어서 객관적 주의의무위반은 구성요건요소로 보지만 주의의무위반에 대한 **인적 비난 가능성**은 책임요소로 한다.

③ **위법성** 위법성은 인적 행위무가치가 강조되고 주관적 정당화 요소(예: 방위의사·피난의사·자구의사·승낙사실의 인식 등)가 모두 위법성조각사유에 있어서 일반화되었다.

④ **책임** 책임은 심리적 사실관계가 아니라 행위자를 규범적으로 비난할 수 있는 비난 가능성으로 보고(규범적 책임론), 위법성 의식(불법의식)은 고의 요소가 아닌 독자적인 책임요소로 본다.

3. **사회적 범죄체계론**이란 신고전적·목적적 범죄체계의 절충적 입장으로 한 범죄체계론이다.

① 목적적 행위론을 행위론으로서 거부한다.

② **고의**를 주관적 구성요건요소로 본 목적적 행위론의 주장은 받아들인다. 그러나 목적적 범죄체계론에서의 고의는 구성요건적 고의만을 의미한다. 그러나 사회적 범죄체계론에 있어서의 구성요건적 고의는 **행위방향결정요인**으로서의 기능을 의미한 고의다. 그리고 고의는 행위자의 심정적 무가치를 드러낸다. 반면 고의는 책임형식으로 책임영역에서 취급한다. 따라서 고의를 이중적 기능으로 인정한다.

③ 목적적 행위론이 객관적 주의의무위반(객관적 사실)을 과실범의 구성요건요소로 파악한 이래 사회적 범죄체계론도 객관적 주의의무위반을 **구성요건**에, 주관적 주의의무위반(주관적 과실)은 **책임**에 위치시키고 있다.

제3절 행위의 주체와 객체

I. 행위의 주체

1. 자연인

행위의 주체는 원칙상 자연인(자연인은 태아가 모체로부터 전부 노출한 때로부터 권리능력을 가지는 것이 원칙이고, 태아는 손해배상 청구나 유산 상속은 출생으로 간주하여 권리능력이 인정된다. 호흡과 심장박동이 영구히 정지한 때 사망으로 간주하여 권리능력이 소멸한다.)에 한한다. 자연인이면 정범·공범을 불문하고 행위의 주체이다. 다만 형법은 신분범·자수범만을 범죄주체로 하는 경우도 있다. 그러나 법인격 없는 단체(법원에 설립등기를 하지 않는 단체)는 범죄의 주체성이 부인된다.

2. 법인의 범죄능력

첫째, 법인의 범죄능력에 대해서 부정설·긍정설·이분설·양벌규정설이 있다. 통설13)·판례14)에 따르면 법인은 범죄행위의 주체가 될 수 없다고 **부정설**을 취하고 있다.

부정설(否定說)의 근거를 보면 책임의 본질은 행위자에 대한 비난 가능성이다. 따라서 논리적 주체성을 갖지 못하는 법인에게 책임비난을 가할 수 없다. 비록 법인이 실재한다고 해도 법인의 행위란 법적 사유의 산물일 뿐 구체적 사실행위로서는 자연인의 행위에 귀착된다. 만약 직접 행위를 한 자연인(기관) 이외에 법인에게도 형사책임을 인정한다면 이는 근대형법의 개인책임의 원칙은 물론 죄형법정주의의 원칙에도 반하는 결과가 되기 때문이다.

반면 **긍정설**(肯定說)에 따르면 법인의 사회적 활동의 증대에 따라 반사회적 활동도 격증하고 있는 현실에 비추어 법인의 범죄능력을 인정할

---

13) 남흥우, 총론, 79면; 정영석, 총론, 78면; 황산덕, 총론, 78면; 이형국, 연구 I, 167면; 이재상, 총론, 93면; 박상기, 총론, 71면; 안동준, 총론, 57면; 조준현, 총론, 120면; 진계호·이존걸, 총론, 128면.
14) 대판 1984. 10. 10. 82도2595; 대판 1997. 1. 24. 96도524.

형사정책적 필요가 있고, 이론상으로도 이를 인정할 수 있다는 견해이다.[15] 그리고 이분설(二分說)이란 형사범에 대해서는 법인의 범죄능력을 부정하지만, 합목적적·기술적 색채가 강한 행정범에 대해서는 법인의 범죄능력을 인정할 수 있다는 견해이다.[16] 양벌규정설(兩罰規定說)이란 책임능력이나 형벌체계에 비추어 법인의 범죄능력은 원칙적으로 부정해야 하지만, 법인처벌규정이 있는 경우에는 예외적으로 법인의 행위를 인정할 수 있으므로 그 범위 내에서만 법인의 범죄능력을 인정하는 견해이다.[17]

둘째, 법인의 처벌능력이란 각종 경제형법이나 행정형법에서는 행위자(行爲者) 이외에 법인(法人)도 처벌하는 양벌규정을 두고 있다.[18] 여기서 법인에게 형벌능력 인정 가부에 대해 법인은 형벌의 객체가 될 수 있으므로 형벌능력이 있다[19]와 범죄주체가 아닌 자를 형벌주체로 함은 자기책임원칙에 반하기 때문에 형벌능력이 없다[20]는 견해로 나누어지나 범죄능력을 부정하는 경우에도 행정형법에 대해서는 법인의 형벌능력을 긍정함이 타당하다.[21]

셋째, 양벌규정의 유형

유 형	내 용	관련법
제1유형	법인 또는 사업주가 직접적 행위자의 위반행위를 사전 또는 사후에 알고도 방치·방관하거나 교사한 경우에 그에 대한 **공범책임을 근거**로 처벌한다.	근로기준법 제116조 후단, 선원법 제148조 제2항
제2유형	법인 또는 사업주가 임·직원의 업무집행에 대한 선임감독을 태만히 하지 않았음을 증명한 경우에 법인 또는 사업주의 책임을 면제함으로써 **과실 책임을 근거**로 처벌하는 경우이다.	선원법 제148조 제1항 단서, 하천법 제87조
제3유형	법인 또는 사업주의 처벌에 아무런 조건이나 면책사유를 규정하지 않은 대부분의 전형적 양벌규정이다.	
	관 조세범처벌법 제3조, 관세법 제196조, 약사법 제78조, 마약법 제71조, 성폭력특별법 제37조, 공직선거	

---

15) 정성근·박광민, 총론, 90면; 김일수·서보학, 총론, 137면.

16) 유기천, 총론, 89면; 108면; 임웅, 총론, 77면.

17) 권문택, "법인의 형사책임", 형사법강좌(Ⅰ), 126면; 신동운, 총론, 94면; 오영근, 총론, 152면.

18) 예컨대 지입차주의 도로법위반행위에 대해 지입회사가 양벌규정에 의해 처벌되고(대판 2003. 9. 2. 2003도 3073), 지방자치단체 소속 공무원이 지방자치단체 고유의 자치사무를 수행하던 중 도로법 제81조 내지 제85조의 규정에 의한 위반행위를 한 경우에는 지방자치단체도 도로법 제86조의 양벌규정에 따라 처벌대상이 되는 법인에 해당한다(대판 2005. 11. 10. 2004도2657).

19) 김일수·서보학, 총론, 140면; 정성근·박광민, 총론, 91면.

20) 배종대, 총론, 169면; 손해목, 총론, 222면.

21) 유기천, 총론, 108면; 황산덕, 총론, 78면; 정영석, 총론, 80면; 이재상, 총론, 97면; 진계호·이존걸, 총론, 128면(행정형법은 고유형법에 비해 윤리적 색채가 약하고, 인격에 대한 윤리적 비난보다 행정목적의 달성을 위해서 필요하기 때문).

련 법	밒선거부정방지법 제260조, 식품위생법 제79조, 도로교통법 제116조, 도로법 제86조, 수산업법 제100조, 문화재보호법 제94조, 환경범죄의처벌에관한특별조치법 제5조

넷째, 법인처벌의 근거 양벌규정에 따라 법인을 처벌하는 근거[22]로는 무과실 책임설, 과실책임설, 이원설로 대립된다.

학 설	내 용	원인
(1) 무과실책임설	법인의 처벌규정은 정책상 행정단속의 목적을 위하여 고의·과실의 유무를 묻지 않고 무과실책임을 인정한 것으로 해석하는 견해이다.[23] [판례] 도로교통법 제81조(현행 제116조)의 양벌규정은 법인이 행위자에 대한 감독책임을 다하였다거나 행위자의 위반사실을 몰랐다 하더라도 이의 적용이 배제된다고 할 수 없다.[24]	타인의 행위 (전가책임이론)
(2) 과실책임설	법인의 처벌규정은 종업원의 선임·감독상의 주의를 태만히 했다는 점에서 인정되는 과실책임의 견해로, 이를 다시 세분화하여 과실의제설,[25] 과실추정설,[26] 과실책임설,[27] 부작위감독책임설[28]로 나눈다. [판례] 미성년자보호법의 양벌규정(현행 청소년보호법 제54조)은 영업주의 종업원에 대한 선임감독상의 과실로 인하여 처벌하는 것이다.[29]	종업원의 선임·감독상의 과실
(3) 이원설	① 실제행위자가 법인의 기관인 경우에는 **무과실책임**이지만, 실제행위자가 법인의 종업원인 경우에는 **과실책임**이라는 견해이다.[30] ② 법인기관의 불법행위는 법인 자신의 실행행위로 보아 법인의 **불법위책임**이고, 법인 종업원의 불법행위에 대해서는 관리감독상의 **부작위책임**이라는 견해이다.[31]	① 법인, 종업원 ② 불법행위, 부작위감독
결론	법인처벌의 근거는 과실책임설 중 과실추정설에 의해 이해함이 타당하다. 왜냐하면 법인의 처벌규정은 종업원에게 위반행위가 있으면 법인에게 감독상 과실이 일단 추정되나, 그 추정을 깨뜨리는 법인의 무과실이 입증되면 책임을 면할 수 있다고 하는 과실추정설은 **책임주의**를 벗어나지 않으면서도 행정형법에서의 **단속목적**이라고 하는 정책적 고려를 조화시킬 수 있기 때문이다.[32]

---

22) 양벌규정 중에서 제1유형은 고의에 의한 공범책임을, 제2유형은 과실책임을 명시하고 있으므로 법인처벌의 근거는 양벌규정의 제3유형에만 문제가 된다(신동운, 총론, 95면; 정성근·박광민, 총론, 91면). 그러나 법인의 범죄능력 부정설의 입장에서는 어느 경우에나 법인처벌의 근거가 문제 된다(이재상, 총론, 98면).

23) 유기천, 총론, 108면; 이재상, 총론, 103면, 배종대, 총론, 206면.

24) 대판 1982. 9. 14. 82도1439; 대판 2005. 11. 10. 2004도2657.

25) 植松, 概論, 1974, 123면; 小野, 刑評(5권), 136면(법인의 과실은 당연히 의제되는 것이므로 법인은 처벌할 수 없다.).

26) 김대휘, "양벌규정의 해석", 형사판례연구, 10, 2002. 26면(행위자인 사람의 고의·과실이 인정되면 법인의 과실이 일단 추정되고, 다만 법인의 무과실이 입증되면 책임을 면할 수 있다.).

27) 정영석, 총론, 80면; 신동운, 총론, 91면; 오영근, 총론, 156면; 정영일, 총론, 75면(법인처벌은 법인 자신의 행위에 기한 과실책임이므로 법인에 과실이 있음을 요한다.).

28) 임웅, 총론, 81면; 정성근·박광민, 총론, 93면(임·직원에 대한 법인의 고의·과실에 의한 감독의무 불이행 책임이다.).

29) 대판 1987. 11. 20. 87도1213.

30) 손동권, 총론, 95면; 박상기, 총론, 72면.

31) 김일수·서보학, 총론, 140면.

32) 진계호·이존걸, 총론, 131면.

다섯째, 양벌규정의 특수형태란 행정 형법상 벌칙규정의 적용대상이 사업주 (事業主: 신분범의 성격)인 경우를 말한다. 그런데 행위자가 사업주가 아닌데도 양벌규정을 근거로 처벌할 것인가가 문제 된다. 대개 양벌규정은 "그 행위자를 벌하는 외에 그 법인을 벌한다."라고 규정하고 있다. 여기서 "그 행위자를 벌하는"이라는 문언에 의해 '종업원 등 위반행위자'에 대해서도 행위자(行爲者)로서의 **신분**을 주어 처벌의 흠결에 대처할 수 있다는 **긍정설**(肯定性)이 있으며,[33] 판례도 긍정설의 입장이나,[34] **부정설**(否定說)은 독일형법 제14조와 같이 명문규정이 없음에도 불구하고 양벌규정을 근거로 처벌의 공백을 보충하는 것은 해석의 한계를 벗어난 유추해석으로 허용될 수 없다는 입장이다(독일 형법 제14조: 자연인이 법인의 기관으로서 행위를 하거나 위임을 받은 자가 그 위임에 기초한 행위를 한 경우에는 인적 요소를 근거로 형벌을 과하는 법률은 그 인적 요소가 실제 행위자에게 존재하지 않고 법인 또는 위임자에게만 존재하는 경우에도 실제 행위자에게 적용된다고 규정하고 있다.).[35]

---

33) 신동운, 판례백선, 74면; 손동권, 총론, 111면; 조병선, "환경형사판례에 관한 비판적 검토", 형사판례연구(Ⅰ), 306면; 정금천, "양벌규정과 법인의 형사책임", 형사판례연구(Ⅰ), 150면.

34)	환경보전법위반사건	대판 1991. 11. 12. 91도801	
	건설업법위반사건	대판 1997. 6. 13. 97도534	원칙적으로 양벌규정의 수범자 범위 확대기능 인정(認定)
	산업안전보건법위반사건	대판 1995. 5. 26. 95도230; 대판 2006. 1. 12. 2004도8875	
	석유사업법위반사건	대판 1980. 12. 9. 80도384	
	중기관리법위반사건	대판 1992. 11. 10. 92도2324	
	건축법위반사건	대판 1990. 10. 12. 90도1219; 대판 1992. 7. 28. 92도1163; 대판 1993. 2. 9. 92도3207	양벌규정의 수범자 범위 확대기능 부정(否定)
		대판 1999. 7. 15. 95도2870(전원합의체판결)	양벌규정은 행위자의 처벌규정임과 동시에 그 위반행위의 이익귀속 주체인 업무주에 대한 처벌규정이다. 인정(認定)

35) 이재상, "1999년의 형사판례 회고", 형사판례연구(8), 575면; 허일태, "피고인에게 불리한 판례의 변경과 소급효금지원칙", 형사판례연구(9), 142면; 김대휘, "양벌규정의 해석", 형사판례연구(10), 41면.

Ⅱ. 행위의 객체와 보호의 객체

1. 행위의 객체

구성요건적 행위수행의 구체적 대상을 의미한다(범죄의 객체, 공격의 객체). 예컨대 살인죄에서 '사람', 절도죄에서 '타인의 재물', 상해죄에서 '사람' 등이 이에 해당한다. 다만 범죄의 객체가 없는 범죄도 있는데, 위증죄(제152조 제1항)에서 '허위의 공술', 명예훼손죄에서 '명예훼손' 등이 이에 해당한다.

2. 보호의 객체

법익(형법에서 보호되고 있는 생활이익이나 가치)을 말한다. 예컨대 살인죄에서 '생명', 상해죄에서 '신체의 건강', 절도죄에서 '소유권' 등이 이에 해당한다. 따라서 법익이 존재하지 않는 범죄는 없다.

법익에는 개인적·사회적·국가적 법익이 있다. 개인적 법익에는 일신전속적 법익(一身專屬的 法益)(생명·신체·자유·명예·정조 등 처분 불가능한 것)과 비전속적 법익(非專屬的 法益)(재산과 같이 처분 가능한 것)으로 나누어진다.

그리고 주된 법익(낙태죄에 있어서 '태아의 생명과 임부의 건강' 등)과 부차적 법익으로 구분된다. 부차적 법익은 주된 법익에 흡수될 수도 있고(살인죄), 계층을 이루면서 병존(낙태죄)할 수도 있다. 법익의 존재태양은 정신 물리적 대상(생명), 관념적 법익(명예), 실제의 상태(주민의 평온), 법률관계(소유권) 등으로 구분할 수도 있다.

제4절 범죄의 분류

Ⅰ. 서설

1. **법제의 상황** 1791년 프랑스 형법이 죄질을 중죄(重罪)·경죄(輕罪)·위경죄(경범죄)로 분류한 이래, 독일 및 스위스의 형법이 채택하였으며, 현재의 독일형법은 중죄와 경죄로만 규정하고 있다. 영미법에서는 범죄를 반역죄·중죄·경죄로 구분하고 있다.

2. **형법의 태도** 형법은 죄질의 경중에 따른 범죄분류를 인정치 않고 범죄라는 단일적 명칭(중죄와 경죄를 모두 포함시킴)으로 사용하고 있다. 그러나 범죄를 구성요건의 특성에 의한 분류와 특수유형에 의한 분류로 나누고 있다.

Ⅱ. 구성요건의 특성에 따른 분류

1. **실질범과 형식범** 구성요건상 결과발생 요건의 여부에 따라 실질범(결과범)[36]과 형식범(거동범)[37]으로 구분된다. 실질범에서는 행위와 결과 사이에 '인과과계'와 '객관적 귀속(인과관계가 인정되는 결과를 행위자의 행위에 객관적으로 구속시키는 것)'이 필요하다. 형식범(形式犯: 주거침입죄)에서 중지미수가 될 때는 단지 착수미수만 가능하나, 실질범(實質犯: 절도죄)에서 중지미수가 될 때는 실행미수까지도 가능하다는 점에 실익(實益)이 있다.[38]

2. **침해범과 위태범** 침해범(侵害犯)이란 구성요건이 법익의 현실적 침해를 필

---

36) 실질범(결과범)이란 행위에 기한 일정한 결과발생을 구성요건의 내용으로 하는 범죄로, 살인죄(제250조), 상해죄(제257조), 절도죄(제329조) 또는 실질범의 특수형태인 **결과적 가중범** 등이 이에 해당한다.

37) 형식범(거동범)이란 결과의 발생을 필요치 않고 일정한 행위만 있으면 구성요건이 충족되는 범죄로, 위증죄(제152조), 폭행죄(제260조), 퇴거불응죄(제319조 제2항), 모욕죄(제311조), 명예훼손죄(제307조), 무고죄(제156조) 등이 이에 해당한다.

38) (1) 중지미수: 범죄의 실행에 착수한 자가 범죄 완성 전에 자기의 의사로써 이를 중지나 결과 발생 방지의 경우(예: 단도로 찌르려는 순간에 후회하고 중지한 경우)
(2) 착수미수: 범죄 실행에 착수하였으나 실행행위 자체를 종료하지 못한 경우(예: 산모가 살해의사로 유아에게 수유를 중단했으나 이를 포기하고 수유를 시작하여 사망을 방지한 경우)
(3) 실행미수: 실행행위는 종료하였으나 결과가 발생하지 아니한 경우(예: 단도로 급소를 찔러 반드시 죽게 될 것이나 아직 생존한 경우)

요로 하는 범죄로 실질범(살인죄 · 상해죄)이나 거동범(주거침입죄)의 일부가 여기에 해당한다. 위태범(危殆犯)이란 구성요건을 전제로 하는 보호법익에 대한 위험의 야기로 족한 범죄(유기죄 · 업무방해죄 · 방화죄 · 통화위조죄 등)를 말한다. 양자의 구별의 실익은 범죄의 기수 · 미수의 시기를 결정하는 데 있다. 위태범에는 추상적 위태범과 구체적 위태범으로 구별된다.

추상적 위태범과 구체적 위태범의 구별 실익		
	추상적 위태범	구체적 위태범
(1) 위험성	추상적 위험	현실적 위험
(2) 구성요건	구성요건이 아니다.	구성요건이다.
(3) 고의	위험에 대한 인식이 고의의 내용이 아니다.	위험에 대한 인식이 고의의 내용이다.
(4) 범죄의 성질	형식범	결과범
(5) 입증 여부	위험발생의 입증이 필요치 않다.	위험발생의 입증이 필요하다.

	추상적 위태범	구체적 위태범
(1) 의의	법익침해의 일반적 위험성만 있으면 구성요건이 충족되는 범죄	현실적으로 위험발생을 요건으로 하는 범죄
(2) 범죄 유형	① 현주건조물방화죄(제164조), ② 공용건조물방화죄(제165조), ③ 일반건조물방화죄(제166조 제1항)	① 자기소유일반건조물방화죄(제166조 제2항), ② 일반물건방화죄(제167조), ③ 자기소유일반건조물, 일반물건실화죄(제170조 제2항), ④ 가스 전기 등 공급방해죄(제173조), ⑤ 자기소유일반건조물일수죄(제179조 제1항), ⑥ 과실일수죄(제181조)

3. **계속범과 상태범** 계속범(繼續犯)이란 구성요건적 행위가 위험상태를 야기하면서 시간적으로 계속이 필요하며, 행위의 계속과 위험상태의 계속이 일치하는 범죄[체포감금죄(제276조), 약취유인죄(제287조), 주거침입죄(제119조 제1항)]를 말한다. 상태범(狀態犯, 즉시범)이란 구성요건적 결과의 발생과 동시에 범죄도 완성되는 범죄(살인죄 · 상해죄 · 절도죄 · 횡령죄 · 재물손괴죄)를 말한다.

[판례]		
계속범	범인도피죄	대판 1995. 9. 5. 95도577
	직무유기죄	대판 1997. 8. 29. 97도675
	건축법상 허가 또는 신고 없는 건축물의 용도변경	대판 2001. 9. 25. 2001도3990
	구 문화재보호법상 제81조 제2항의 지정문화재 등 은닉죄	대판 1978. 11. 28. 78도2175
상태범	횡령죄	대판 1978. 11. 28. 78도2175
	내란죄	대판 1997. 4. 17. 96도3376
즉시범	도주죄	대판 1991. 10. 11. 91도1656
	형법 제129조 소정의 뇌물수수죄	대판 1994. 11. 4. 94도129
	국가보안법상 이적단체구성 · 가입죄	대판 1997. 10. 24. 96도1327
	농지법 제59조 제2항, 제36조 제1항(허가 없이 농지를 전용한 죄)	대판 1999. 1. 10. 99도4047
	범죄단체조직죄	대판 1992. 2. 25. 91도3192
	폭처법 제4조의 범죄단체조직죄	대판 2000. 12. 12. 2000도4011
	병역법 제86조의 병역의무 기피목적 신체손상죄	대판 2004. 3. 25. 2003도8247
상태범 또는 즉시범	학대죄	대판 1986. 7. 8. 84도2922

계속범과 상태범의 구별 실익		
	계속범	상태범
(1) 기수 · 종료시기	불일치	일치
(2) 공소시효 기산점	종료 시	기수 시
(3) 공범성립	종료 시까지 가능	기수 시까지 가능
(4) 정당방위	종료 시까지 가능	기수 시까지 가능

4. 형사범과 행정범 형사범(刑事犯, 자연범)이란 행위 자체가 반사회적 · 반윤리적이기 때문에 법 규정 이전에 당연히 위법성을 가진다는 범죄(형법 제163조를 제외한 살인죄 · 절도죄 등 형법에 규정된 고유의 범죄)를 말한다. 행정범(行政犯, 법정범)이란 국가가 행정적인 견지에서 행정목적에 반한다고 하여 처벌되는 범죄(경찰법규 기타 특별법상의 범죄)를 말한다.

형사범과 행정범의 구별 실익		
	형사범	행정범
(1) 행위주체와 형벌주체	일치를 근본원리로 한다.	일치를 근본원리로 하지 않는다.
(2) 처벌	원칙은 고의범 처벌, 예외적으로 과실범 처벌(제14조)	원칙과 예외의 원리가 지배되지 않고, 고의 또는 과실이 없는 때도 처벌
(3) 현행법	법인의 범죄능력 내지 형사책임이 없다.	법인도 형사책임을 부담한다. 단, 형법 제8조는 원칙적으로 양자를 동일하게 취급한다.

Ⅲ. 특수유형에 의한 분류

1. **신분범**(身分犯)이란 구성요건이 행위주체에 일정한 신분[39]을 필요로 하는 범죄를 말한다. 신분범은 진정신분범(眞正身分犯)과 부진정신분범(不眞正身分犯)으로 구분할 수 있다. 신분범의 실익은,

   (1) 비신분자는 단독으로 신분범을 범할 수 없지만 공범(共犯)은 가능하다는 데 있다. 따라서 진정신분범(공무원)에 가담한 비신분자(농민)는 진정신분범의 구성요건에 따라 처벌된다(제33조 본문). 예컨대 비공무원인 농민이 공무원과 같이 수뢰한 때에는 공무원과 농민이 수뢰죄의 **공동정범**이 된다.

   (2) 또 진정신분범(공무원)의 신분은 구성요건요소이므로 그에 대한 착오는 고의를 조각한다. 예컨대 A는 농민 B를 공무원으로 착각하고 사건을 청탁하면서 뇌물을 주기로 약속한 경우에 농민 B는 수뢰죄가 성립하지 않는다.

   (3) 다만 부진정신분범(철수의 아버지 이름이 수철 씨) 에 가담한 비신분자(철수의 친구 영국이)는 **보통범죄**의 구성요건에 따라 처벌된다(제33조 단서). 예컨대 영국이와 철수가 철수의 아버지 수철 씨를 살해한 때에는 영국이는 보통살인죄, 철수는 존속살인죄로 처벌된다.

   (4) 그러나 부진정신분범(수철 씨의 아들인 철수)의 신분은 형벌가감사유이므로 그에 대한 착오는 조각하지 않는다. 따라서 형법 제15조 제1항에 의해 중죄(존속살인죄)로 처벌치 않고 경죄(보통살인죄)로 처벌된다. 예컨대 철수가 아버지(수철 씨)임을 모르고 살해한 때는 **보통살인죄**로 처벌된다.

---

[39] 여기서 신분이란 남녀의 성별, 내·외국인의 구별, 친족관계, 공무원인 자격과 같은 관계뿐만 아니라 널리 일정한 범죄행위에 관련된 범인의 인적 관계인 특수한 지위·상태를 말한다(대판 1994. 12. 23. 93도1002).

신분범 유형

(1) 진정신분범	의의	행위자의 신분이 특히 범죄의 구성요건요소로 된 범죄	
	①	자기낙태죄	제269조 제1항
	②	단순유기죄	제271조 제1항
	③	업무상 비밀누설죄	제317조
	④	단순횡령죄	제355조 제1항
	⑤	단순배임죄	제355조 제2항
	⑥	간통죄	제241조
	⑦	허위진단서작성죄	제233조
	⑧	공전자기록위작 · 변작죄	제227조의 2
	⑨	사전자기록위작 · 변작죄	제232조의 2
	⑩	세무공무원의 아편 등 수입허용죄	제200조 후단
	⑪	공무원의 직무에 관한 죄 등	제122조 이하
(2) 부진정신분범	의의	행위자의 신분이 형의 가중사유 또는 감경사유로 된 범죄	
	①	존속살해죄	제250조 제2항
	②	영아살해죄	제251조
	③	영아유기죄	제272조
	④	존속상해죄	제257조 제2항
	⑤	존속폭행죄	제260조 제2항
	⑥	업무상 과실치사상죄	제268조
	⑦	업무상 동의낙태죄	제270조 제1항
	⑧	존속유기죄	제271조 제2항
	⑨	존속체포감금죄	제276조 제2항
	⑩	존속협박죄	제283조 제2항
	⑪	업무상 횡령죄	제356조
	⑫	업무상 배임죄	제356조
	⑬	불법체포 · 감금죄	제124조
	⑭	폭행 · 가혹행위죄 등	제125조

2. **자수범**(自手犯)이란 정범 자신이 구성요건적 행위를 직접 실행하여야 그 범죄(위증죄 · 간통죄 등)가 성립하고, 간접정범(타인을 도구로 이용하는 범죄)의 형태로는 실현할 수 없는 범죄를 말한다. 자수범은 직접의 단독정범으로 만 범죄를 실행할 수 있다. 따라서 간접정범, 공동정범(자수적 실행이 없는 범죄)은 성립할 수 없다. 그러나 배후의 이용자는 교사범 또는 종범이 될 수 있을 뿐이다.

<table>
<tr><th colspan="2">자수범에 대한 학설</th></tr>
<tr><th>학설</th><th>내 용</th></tr>
<tr><td>(1) 부정설</td><td>① 자연과학적 인과론 타인을 이용하는 행위와 결과발생 사이에 인과관계만 있으면 항상 정범의 책임을 부담하므로 자수범은 인정할 여지가 없다.[40]
② 확장적 정범론 구성요건적 결과에 대해 조건을 제공한 사람은 모두 정범이 되므로 자수범의 개념은 불필요하다.[41]
③ 현행법상 해석론 형법(본문)은 신분관계가 없는 자에게도 신분범과의 공동정범이나 교사범, 방조범을 인정하고, 제34조 제1항은 간접정범을 "교사 또는 방조의 예에 의하여 처벌한다."고 규정하여 제33조(본문)를 적용하면 결국 신분 없는 자도 간접정범이 될 수 있다고 해석하여 현행법상 자수범은 인정되지 않는다.[42]</td></tr>
</table>

그러나 현행법상 해석론의 경우는 형법 제33조의 규정에도 불구하고 위증죄 (제152조)의 경우처럼 정범이 직접 실현해야 하는 **범**죄가 있는 것을 부인할 수 없다.[43]

<table>
<tr><th colspan="2">자수범에 대한 학설</th></tr>
<tr><th>학설</th><th>내 용</th></tr>
<tr><td>(2) 인정설</td><td>① 문언설 개별적인 구성요건의 문언이 정범의 실행행위를 전제로 하고 있을 때만 자수범(신분범, 진정부작위범, 성범죄, 위증죄)이 성립한다는 견해이다.[44]
② 거동범설 일정한 신체거동만으로 범죄가 성립하는 거동범(주거침입죄)은 자수범(다만 주거침입죄는 자수범이 아니다.)이라고 해석하는 견해이다.[45]
③ 이분설 자수범을 진정자수범(행위자형법적 범죄＋법익침해 없는 행위 관련적 범죄)[46]과 부진정자수범(타인에 의해 범행이 불가능한 범죄)[47]으로 이분한 설이다.[48][49]
④ 삼분설 범죄실현에 행위자의 신체를 수단으로 요구하는 범죄,[50] 행위자의 인격적 태도가 표출될 것을 요구하는 범죄,[51] 소송법 기타의 법률이 행위자 스스로의 실행행위를 요구하는 범죄[52]인 이 세 가지 범죄유형이 자수범에 해당한다는 견해이다.[53][54]</td></tr>
</table>

---

40) Liszt, *Lebrbuch*, 22. Aufl., S. 205.

41) E. Schmidt, *Die mittelbare Tdterscbaft*, Frank－Festschrift Bd. 2. 1930. s. 1285; Mezger, *AT*. 3. Aufl., S. 411ff.

42) 차용석, "간접정범", 형사법강좌 Ⅱ, 717면.

43) 진계호·이손설, 총론, 140면.

44) 오영근, 총론, 708면; 손해목, 총론, 978면; 독일의 경우 Binding이 주장한 이래 독일연방재판소도 이에 따르고 있다(BGHSt 6, 227).

45) Beling, Engelsing, Frank 등이 주장하고, Welzel, Maurach, Lange, Weber 등에 영향을 끼친 학설이다.

46) 여기서의 진정자수범이란 상습도박죄(제246조 제2항), 영리목적 약취유인죄(제288조)처럼 제3자가 아닌 행위자만이 구성요건적 불법을 지배할 수 있는 '행위자형법적 범죄'와 간통죄(제241조), 직무유기죄(제122조), 계간죄(군형법 제92조)처럼 윤리비난 가능성으로 처벌되는 '법익침해 없는 행위 관련적 범죄'는 진정자수범이라는 것이다.

47) 여기서의 부진정자수범이란 위증죄(제152조), 도주죄(제145조), 유기죄(제271조)와 같이 의무범의 일종으로서 일신전속적인 의무침해가 구성요건표지가 되기 때문에 타인에 의한 범행이 불가능한 범죄는 부진정 자수범이라는 것이다.

48) 김일수, 총론, 460면; 신동운, 판례백선(총론), 54면; Roxin, *LK*, § 25 Rdn. 36.

그러나 자수범의 개념을 인정하는 경우 자수범의 판단기준은 범죄주체를
제한하는 이유, 보호법익과 보호 정도, 행위태양, 타인에 의한 실현 가능
성 등인데, 헤르츠베르크의 삼분설은 이러한 유형을 일반화하였다는 점에
서 기본적으로 타당하다. 다만 어느 범위 안에서 자수범을 인정할 것인가
는 형법규범의 구성요건을 개별적으로 판단할 때에만 가능하다.[55]

3. **목적범**(目的犯)이란 구성요건상 고의 이외에 행위의 목적(각종 위조죄에서
‘행사할 목적’, 내란죄에서 ‘국헌문란의 목적’ 등)을 필요로 하는 범죄를 말한다.

목적범에서 목적과 고의 및 동기와의 차이점			
목 적 범 에 서	목 적	고 의	동 기
	특수한 주관적 불법요소	일반적 주관적 불법요소	×
	구성요건의 외부적 객관적 사실을 초과 하는 사실을 인식대상으로 한다.	구성요건의 외부적·객관적 사실을 인식대상으로 한다.	×
	행위와 관련을 가진 유형적 개념으로서 불법판단의 기초가 된다.	×	법적으로 무의미한 비유형적 개념으 로서 책임평가에 영향을 미친다.

목적범의 유형으로는 ① 목적의 성질에 의한 구분과, ② 목적의 내용에 의한
구분으로 나눌 수 있다. ①의 경우의 목적범은 목적의 존재가 범죄의 성립요건
인 진정목적범(각종의 위조죄)과 목적의 존재가 형의 가중(제288조의 영리목적약취유
인죄, 제198조의 아편판매목적소지죄, 제199조의 아편흡식기제조죄, 제152조의 모해위증죄, 제
155조 제3항의 모해증거인멸죄)·감경사유(제291조의 결혼목적약취유인죄)로 되어 있는
부진정목적범으로 나눌 수 있다. ②의 경우의 목적범은 목적이 행위자의 행위
자체에 의하여 직접 실현되고, 목적실현을 위하여 다른 별도의 행위를 할 필요

---

49) 이분설에 대한 지적한 설로 ① 행위의 반윤리성 내지 의무 자체만으로 자수범죄가 성립한다고 보는 것은 잘못
   이다(배종대, 총론, 546면), ② 법익침해 없는 풍속범죄 내지 성범죄의 ‘비범죄화사상’과도 조화하기 어려운 단
   점이 있다(임웅, 총론, 394면).

50) 준강간죄나 준강제추행죄(제299조), 피구금부녀간음죄(제303조 제2항), 혼인빙자간음죄(제304조), 군형법상의
   기피목적자손행위(제41조), 계간죄(군형법 제92조).

51) 업무상비밀누설죄(제317조), 간통죄(제241조), 명예훼손죄(제307조), 모욕죄(제311조).

52) 위증죄(제152조), 군형법상의 군무이탈죄(제30조).

53) Herzberg, "Eigenhandige Delikte", ZStW 82, 1979, 913면 이하; 同旨 임웅, 총론 394면; 박상기, 총론,
   82면; 안동준, 총론, 247면; 정성근·박광민, 총론, 525면; 이재상, 총론, 444면; 이인규, 총론, 559면.

54) 삼분설을 지적한 설로, 강간죄, 강제추행죄는 자수범이 아니라면서 준강간죄, 준강제추행죄는 자수범이라고 하는
   이유가 분명치 않고(오영근, 총론, 707면), 유형별 분류도 자의적인 면이 있다는 지적이 있다(이정원, 총론, 338면).

55) 진계호·이존걸, 총론, 142면.

가 없는 **단절된 결과범**(제87조의 내란죄, 제309조의 출판물에 의한 명예훼손죄, 제335조의 준강도죄, 각종 위조죄)[56]과 목적이 행위자의 구성요건적 행위만으로는 실현될 수 없고, 행위자나 제3자의 별개의 행위가 있어야만 목적이 실현될 수 있는 **단축된 이행위범**(예비죄, 제156조의 무고죄, 제242조의 음행매개죄, 제288조의 영리목적 약취유인죄)[57]으로 나눌 수 있다.

---

56) 각종 위조죄의 성격에 대해서는 '단축된 이행위범'이라는 견해(임웅, 총론, 107면; 정성근 · 박광민, 총론, 77면)와 '단절된 결과범'이라는 견해(김일수 · 서보학, 총론, 235면)가 대립되어 있다.

57) 예컨대 무고죄의 경우 그 목적이 행위자의 구성요건적 행위(허위사실의 신고)만으로는 그 목적이 실현될 수 없고, 행위자나 제3자의 별개의 행위(공무원의 형사처분행위 또는 징계처분행위)를 통해서만 실현될 수 있는 목적범을 말한다.

제2장 죄(犯罪)

Ⅰ. 총설

죄(범죄)가 성립하려면 행위론 · 구성요건론 · 위법성론 · 책임론에 대한 고찰이 필요하다.

첫째, 행위론이란 범죄론에 대한 체계적 상위개념으로서 범죄의 모든 발생형태, 즉 작위범과 부작위범, 고의범과 과실범에 보편타당하게 적용될 수 있는 행위개념은 가능한가, 또는 이러한 행위개념은 존재론적으로 파악해야 하는가, 아니면 규범적으로 파악해야 하는가라는 문제를 의미한다. "범죄는 행위이다."라는 말이 있듯이 범죄는 사람의 행위에 의해서 형벌법규의 구성요건에 해당하고, 위법 · 유책한 것이다. 그러므로 형법적 평가의 대상이 되는 것은 행위이고, 형법이 적용되기 위해서는 먼저 행위로서의 성질을 가져야 한다. 구성요건해당성과 위법성 및 책임은 행위에 귀속된 속성에 지나지 않는다.[58] 이러한 의미에서 행위론은 범죄론의 바탕이며 출발점이고, 형법은 인간의 행위를 정확히 판단하는 것으로부터 시작되어야 한다.[59]

둘째, 구성요건이란 형벌법규에 과형의 근거로서 추상적으로 규정되어 있는 위법행위의 유형, 즉 형법상 **금지** 또는 **요구**되는 행위가 무엇인가를 추상적으로 기술한 것을 말한다. 예컨대 살인죄(형법 제250조 제1항)에서 '사람을 살해한 자' 절도죄(형법 제329조)에서 '타인의 재물을 절취한 자' 등이 이에 해당한다.[60]

셋째, 위법성이란 구성요건에 해당하는 행위가 전체 법질서의 입장과 객관적으로 모순 · 충돌하는 성질을 말한다.[61] 이때 전체 법질서란 형법뿐만 아니라

---

58) 진계호 · 이존걸, 총론, 145면.
59) 이재상, 총론, 75면.
60) 진계호 · 이존걸, 총론, 158면.

민법·행정법 등 성문법과 관습법·사회상규·조리·보편적 법사상 등 불문법을 포함한 광의의 개념이다.[62]

넷째, 형법상 **책임**이란 구성요건에 해당하는 위법한 행위를 한 자에 대하여 가해지는 **비난 가능성**을 말한다. 위법성은 행위가 법질서의 당위규범(금지규범 또는 명령규범)에 배치될 때 내려지는 객관적 판단으로 행위자의 개인적 특수성을 고려하지 않지만, 책임은 법질서가 요구하는 심적 태도에 배치되는 행위자의 심정이 행위에 드러났을 때 내려지는 행위자에 대한 주관적 판단으로 행위자의 개인적 특수성을 고려한다.[63] 그러므로 위법성이 일반적인 당위(當爲)를 문제 삼지만, 책임은 행위자가 달리 행위를 할 수 있었다고 하는 개인적인 가능을 문제 삼는 것이라고 할 수 있다.[64] 위와 같이 범죄가 성립되려면 어떤 행위로 인한 '~ 한 자'라는 구성요건과 전체 법질서에 모순 및 충돌을 야기한 위법성, 그리고 이러한 위법한 행위를 한 것에 대한 비난을 살 만한 책임이 있어야 범죄가 성립한다. 따라서 범죄론 체계는 범죄의 구성요소를 **행위→구성요건해당성→위법성→책임→기타 조건** 등으로 이루어지고 있다.

범죄 성립의 실질적인 단계는 범죄의 **결의→예비·음모→미수→기수→범행의 종료**로 이루어진다. 그리고 범죄는 1인이 단독으로 실행할 수도 있지만, 2인 이상의 협력으로 실행할 수도 있다. 이 경우 전자를 단독범(단독정범)이라고 하고, 후자를 공범이라고 한다. 뿐만 아니라 범죄의 수가 1개 또는 수 개가 될 수도 있는데 이를 논한 것이 죄수론이다.

Ⅱ. 범죄의 구성내용

본 장의 범죄에 대한 구성내용으로는 제1절에 죄의 성립과 형의 감면, 제2절에 미수범, 제3절에 공범, 제4절에 누범(형벌론), 제5절에 경합범(죄수론)으로 구성되어 있다.

---

62) 진계호·이존걸, 총론, 296면.

62) 임웅, 총론, 158면.

63) 진계호·이존걸, 총론, 296면.

64) 임웅, 총론, 242면.

제1절 죄의 성립과 형의 감면

Ⅰ. 총설

죄의 성립은 먼저 범죄의 구성요소 중 **행위**(범죄의 모든 발생형태, 즉 작위범과 부작위범, 고의범과 과실범에 보편타당하게 적용될 수 있는가 또는 가능한가의 여부)가 발생해야 하고, **구성요건해당성**(형법상 금지 또는 요구되는 행위가 무엇인가를 추상적으로 기술한 것에 해당되어야 한다. 예컨대 살인죄(형법 제250조 제1항)에서 '사람을 살해한 자', 절도죄(형법 제329조)에서 '타인의 재물을 절취한 자' 등을 갖추고 있는가의 여부)에 해당되어야 하며, **위법성**(구성요건에 해당하는 행위가 전체 법질서의 입장과 객관적으로 모순·충돌하는 성질 여부)에 해당되어야 한다. 그리고 **책임**(구성요건에 해당하는 위법한 행위를 한 자에 대하여 가해지는 비난 가능성의 여부)에 따른 해당 여부가 존재해야 한다.

뿐만 아니라 비록 위와 같은 범죄 성립에 조건이 충족되었다 할지라도 **기타조건**(범죄의 처벌조건으로 객관적 처벌조건 및 인적 처벌조각사유와 범죄의 소추조건으로 친고죄 및 반의사불벌죄 그리고 특별법상 고발의 여부)을 갖추지 못하면 범죄 성립과는 무관한 방향으로 진행될 수 있다. 범죄의 구성요소를 충족하여 범죄가 성립되면 형벌이 과해지게 된다. 형벌은 형법 제41조에 의해 형의 양정의 단계를 거쳐, 형을 선고하게 되는데 이때 각종 형의 가중·감경·면제를 참고로 하여 최종적으로 형을 선고하게 된다.

형의 감면이란 형의 감경과 형의 면제를 말한다. **형의 감경**에는 법률상의 감경과 재판상의 감경이 있고, **형의 면제**는 필요적 면제와 임의적 면제가 있다.

Ⅱ. 관련 법조문

죄의 성립과 관련하여 본 절에서는 형사미성년자(제9조), 심신장애자(제10조), 농아자(제11조), 강요된 행위(제12조), 범의(제13조), 과실(제14조), 사실의 착오(제15조), 법률의 착오(제16조), 인과관계(제17조), 부작위범(제18조), 독립행위의 경합(제19조), 정당행위(제20조), 정당방위(제21조), 긴급피난(제22조), 자구행위(제23조), 피해자의 승낙(제24조)으로 구성되어 있다.

1. 행위 일반론(行爲論 一般論)

(1) 행위론의 의의

행위론이란 범죄론에 대한 체계적 **상위개념**으로서 범죄의 모든 발생형태를 의미한다(즉 작위범과 부작위범, 고의범과 과실범에 보편타당하게 적용될 수 있는 행위개념은 가능한가, 또 이러한 행위개념은 존재론적 혹은 규범적으로 파악해야 하는가라는 문제를 의미한다.). 행위론은 범죄론(사람의 행위에 의해 형벌법규의 구성요건에 해당하고, 위법·유책한 것)의 바탕이며 출발점이고, 형법은 인간의 행위(형법적 평가 대상)를 정확히 판단하는 것으로부터 시작되어야 한다.[65]

(2) 행위론부정론과 행위론긍정론

1) **행위론부정론**(行爲否定論)이란 순수형태의 구성요건론 또는 **행위론의 거부**[66]라고 하는데, 구성요건해당성에 행위개념을 끌어들인 형태인 구성요건 전에 행위가 존재한다는 전 구성요건적 행위개념을 포기하고 구성요건해당성을 형법체계의 출발점으로 하여 행위를 구성요건요소라고 한다.
   따라서 구성요건 전(前)의 행위를 부인하는 견해이다.[67] 이에 의하면 개개의 구성요건의 특성에 합치하는 일정한 양태로서의 행위(예: 폭행·상해·절취 등)만이 형법상 의미 있는 행위로 인정된다.

2) **행위론긍정론**(行爲論肯定論)이란 법률 전에, 구성요건 전에 행위가 먼저 존재한다는 시각으로, 범죄에 대한 형법적 판단을 하기 이전에 어떤 것이 형법상의 행위가 되느냐를 검토하고 행위의 독자적 의의와 기능을 인정하는 견해로 타당하나.[68]

---

65) 이재상, 총론, 74면.

66) 심헌섭, "행위론", 형사법강좌(Ⅰ), 1981, 104면.

67) 행위론 부정론자로 독일의 경우 Bockelmann, Eser, Gallas, Klug, Noll, Roxin 등이 있고, 우리나라의 경우 행위개념을 실정형법의 구성요건에서 찾는 견해로는 남흥우, 총론, 70면; 오영근, "형법상의 행위개념", 박정근 교수화갑기념논문집, 1999, 88면; 임광주, "현행 형법이 의미하는 행위개념", 형사법연구 제14호, 2000, 92면.

68) 이형국, 연구Ⅰ, 116면; 이재상, 총론, 75면; 정성근·박광민, 총론, 99면; 김일수·서보학, 총론, 117면; 신동운, 총론, 69면; 김성천·김형준, 총론, 100면; 손동권, 총론, 77면; 손해목, 총론, 166면; 안동준, 총론, 40면; 이정원, 총론, 70면; 임웅, 총론, 86면; 조준현, 총론, 112면; 진계호·이존걸, 총론, 147면(행위긍정론의 타당한 이유로는 첫째, 형법은 주관적·객관적 사정으로 위법이라 할 수 없는 인간의 행태(**제20조 내지 제24조**)와 유책하지 아니한 행태(**제9조 내지 제12조**)와 같이 범죄가 성립하지 않는 경우도 행위라 하고 있

행위에 의하지 않은 구성요건의 실현이란 있을 수 없다. 행위가 아닌 구성요건실현을 범죄이론의 출발점으로 삼는다는 것은 논리에 맞지 않다. 따라서 행위 아닌 범죄란 있을 수 없어 범죄의 제표지(구성요건해당성·위법성·책임 등)에 의하여 특징 지워지는 행위는 당연히 일반적 행위개념에 포함된다. 그러므로 비행위는 처음부터 형법적 평가에서 제외된다는 이유로 하고 있다.

(3) 행위개념의 기능

1) **근본요소로서의 기능** 예쉑(Jescheck)의 분류기능, 마이호퍼(Maihofer)의 형법의 근본요소로서의 행위로, 행위개념은 형법상 의미 있는 모든 행위행태(형법상 행위개념인 고의행위개념·과실행위개념·작위 및 부작위행위개념)를 하나의 통일개념(모든 행위행태를 포섭한 하나의 상위개념)으로 파악한 기능이다.

2) **한계요소로서의 기능** 행위개념의 실천적 의의라고도 말하는데, 행위개념은 형법적으로 전혀 의미가 없는 행태(예: 자연현상·사회현상·마취상태·수면상태·기정상태에서의 무의식적 행동·경련 중의 동작 등)를 처음부터 형법적 고찰의 대상에서 배제할 수 있는 기능을 가져야 한다.

3) **연결요소로서의 기능** 예쉑은 이것을 행위개념(구성요건, 위법성 및 책임에 대해 체계적인 중립상태와 불법구성요건은 행위론에 연역된 것은 아니며, 행위와 불법은 중첩될 수 없다.)론의 정의기능(定義機能)이라고 하는데, 행위개념은 구성요건해당성, 위법성, 책임, 형벌이라는 형법적 가치판단을 체계적으로 연결시키는 기능을 가져야 한다.

2. 행위론의 상황

(1) **인과적 행위론**(因果的 行爲論)이란 행위를 의사에 의하여 외부세계에 야기된 순수한 인과의 과정으로 이해하는 학설이다.

고, 상상적 경합(**제40조**)과 같이 범죄 성립요건을 모두 구비한 행태까지도 행위라고 규정하여 무엇을 처벌할 것인가라는 형법적 평가의 대상이 되는 것은 모두 행위임을 명시하고 있기 때문이다. 둘째, 행위의 세 가지 기능, 특히 한계요소로서의 기능을 수행하기 위해서는 구성요건해당성 평가 이전에 어떤 행태가 형법적으로 의미 있는 행위가 되느냐를 예정하고 형법적 평가의 대상을 한정할 때에 입법자의 자의성과 해석자의 주관성을 배제할 수 있기 때문이다. 셋째, 행위 개념을 정립할 때 형법적 고찰의 대상이 될 수 없는 현상들을 처음부터 비행위로 포착하여 논의에서 배제할 수 있기 때문이다.).

벨링(Beling)	의사를 '의사에 기한 신체적 동작'[69]
리스트(Liszt)	행위를 '유의적 거동에 의한 외부세계의 인과적 변화'[70]
견해 종합	행위자의 내심에 존재하는 모종의 의사와 거동 사이에 자연과학적 인과관계가 인정만 되면 행위의 존재가 인정되고, 의사의 내용인 고의와 과실은 책임판단의 요소가 될 뿐이다.

인과적 행위론의 특징은 19세기 말의 자연과학적 사고의 영향을 받아 행위를 외적(내부적 측면을 고려하지 않는 결과내적 의사와 외적 결과발생의 인과적 결합을 행위로 파악)·자연적 과정으로 이해하는 자연적 행위개념이다. 여기서 행위는 **유의성**(신체동작을 야기하는 인과적 원인으로서 의사의 존재를 의미하는데, 행위와 의사를 분리하여 고의·과실인 의사의 내용은 행위개념에서 제외하여 책임요소로 보았던 것을 의미한다.)과 **거동성**(의사가 원인이 되어 야기한 외부세계의 변화를 의미하며, 거동범은 단순한 신체의 동작을, 결과범은 일정한 결과의 야기를 내용으로 한다.)을 요소로 한다.

(2) 목적적 행위론(目的的 行爲論)이란 인과적 행위론에 대한 비판적 관점에서 행위란 단순한 유의성에 의한 인과적 결과가 아니라 목적활동의 수행이라고 정의한다.

벨첼(Welzel)	인간은 자신의 인과적 지식을 기초로 일정범위 내에서 가능한 결과를 예측하고, 이에 따라 목표를 수립하며, 목표실현을 위해 수단을 선택하고, 부수사정을 고려하여 행동으로 나아간다고 한다. 행위는 목적적 의사를 실현키 위한 인과과정의 조정 과정이다.
주창 동의자	벨첼은 1930년대 주창한 이래, 부쉬(Busch), 니제(Niese), 마우라하(Maurach), 샤프슈타인(Schaffstein), 카우프만(Armin Kaufmann), 슈트라텐베르트(Stratenwerth), 히르쉬(Hirsch) 등의 지지를 얻어 제2차 대전 후에는 독일의 지배적 학설로 부상하였다.
우리나라	이건호·황산덕 교수를 비롯하여 김종원 교수도 지지를 한 바 있다.
견해 종합	행위는 목적적 의사를 실현하기 위해 인과진행을 조정하는 과정이며, 자연적인 인과의 흐름에 맡겨 버리는 것이 아니다. 이처럼 목적성 또는 목적적 의사는 행위의 본질적 구성인자이기 때문에 의사의 존재뿐만 아니라 의사내용도 행위요소로 된다. 따라서 범죄의사(고의)는 구성요건에 해당하는 행위의 구성요소가 되어 주관적 구성요건요소로 된다.

목적적 행위론의 특징은 인간의 사고에 기초를 둔 의사(행위의 본질적 요소다.)가 행위의 핵심이라는 사고심리학의 영향을 받아 행위개념을 법 이전에 존재하는 존재론적 구조로 파악한다. 행위의 본질적 요소는 목적성(목표를 설정하고 그 목표

---

69) Beling, *Verbrecben*, S. 7; Radbruch, *Der Handlungsbegriff*, S. 130f.

70) Liszt, *Lebrbucb*, 2. Aufl., S. 104.

달성을 위하여 계획적으로 인과과정을 조종하는 의사를 의미한다.)이다. **고의**(구성요건의 실현의사로서 목적성과 동일시됨) 및 **과실**(구성요건적 결과 이외의 사실을 지향한 목적적 행위임)은 구성요건적 행위요소가 된다.

   (3) **사회적 행위론**(社會的 行爲論)이란 인과적 행위론의 가치 없는 인과성, 목적적 행위론의 존재론적 목적성 대신 **사회적 의미성**(규범적·평가적 표지) 또는 **사회적 중요성**(중요성을 고의행위, 과실행위, 작위와 부작위 등 모든 행태에 타당한 행위개념으로 보는 것)으로 삼으려는 이론으로 행위를 '사회적으로 중요한 의미 있는 행태'로 본다.

슈미트(Eberhard Schmidt)	"행위란 사회적 외계에 미치는 유의적 행태"[71]
엥기쉬(Engisch)	"행위는 지배 가능한 사회적으로 중요한 결과의 유의적 작용"[72](인과적 경향)
마이호퍼(Maihofer)	유의성을 행위요소에서 제거하고 "행위란 객관적으로 예견 가능한 사회적 결과에로 지향된 일체의 객관적으로 지배 가능한 행태"[73](개관적·목적적 경향)
예쉑(Jescheck)	"행위란 사회적으로 중요한 인간의 행태"[74]
베썰스(Wessels)	"행위는 인간의 의사에 의하여 지배되거나 지배 가능한 사회적으로 중요한 행태"[75]
치프(Zipf)	"행위는 사회적으로 중요하고, 조종적 의사에 의하여 지배되거나 지배 가능하며 결과를 지향하는 인간의 행태"(주관적·목적적 경향)[76]

   사회적 행위론의 특징은 사상적·철학적 배경 없이 인과적 행위론과 목적적 행위론의 결함을 보완하기 위하여 발전된 **기능적 행위론**(행위의 본질적 요소는 사회적 의미성·중요성이며 이것이 행위의 상위개념이 된다.)이다. 사회적 존재로서의 인간 거동의 의미는 사회적 관계에서 규범적으로 파악되어야 한다.

   (4) **인격적 행위론**(人格的 行爲論)이란 인간은 동물과 달리 인격을 가지고 사리판단과 이에 따라 활동할 수 있다는 것이다. 인격은 정신적 자기의식과 처분능력이 있는 활동중심체를 의미하고, 이러한 자유로운 인격체가

---

71) Ed. Schmidt, *Soziale Handlungslebre*, K. Engisch‒FS, 1969, S. 140f.

72) K. Engisch, *Der finale Handlungbegriff*, Kohlrausch‒FS, 1944, S. 161.

73) Maihofer, *Handlungbegriff*, S. 178.

74) Jescheck, *Der strafrecbtlicbe Handlungbegriff in dogmengescbicbter Entwicklung*, Ed. Schmidt‒FS, 1961, S. 153.

75) Wessels, *AT*, S. 22f.

76) Maurach·Zipf, *Strafrecbt, Allgemeiner Teil*, Teilband. Ⅰ, 8. Aufl., 1922, 16/58f.

윤리적 책임의 기초가 된다는 것이다. 행위(인격의 객관화 또는 인격의 발현)
란 "인격의 표현으로 의사에 의하여 지배되거나 지배 가능한 인과적 결
과에 대한 책임 있고 의미 있는 형성을 말한다."77)라고 하고 있다.

| 카우프만(Arthur Kaufmann) | "행위란 인격의 객관화"78) |
| 록신(Roxin) | "행위란 인격의 발현"79) |

인격적 행위론의 특징은 형법상 행위개념의 기능(한계기능, 분류기능, 결합기능)을
중시하는 기능적 행위론으로서 **유의성 · 거동성 · 목적성 · 사회성**을 모두 수용
하며, 인간행위의 본질은 신체, 정신, 심리, 의사 등의 복합적 요소로 구성된 인
격의 표현 또는 객관화에 있다고 보는 점이다.

(5) **소극적 행위론**(消極的 行爲論)이란 행위를 소극적 관점에서 "행위란 보
　　증인적 지위에 있는 자가 회피 가능한 상황을 회피하지 않는 것"이라고
　　정의한다.

카스(Kahrs)	"행위자가 회피 가능한 것을 회피하지 아니할 때 그 구성요건적 결과는 행위자에게 귀속된다."는 회피 가능성의 원칙이다.
헤르츠베르크 (Herzberg)	"회피 가능성의 원칙을 소극적 행위개념에 정착시킨 것이다. 즉 회피 가능성의 원칙을 '소극적'이라고 표시하면서 작위와 부작위를 동시에 포괄하는 행위개념의 기초로 사용한 것이다. 이로써 작위범과 부작위범은 양자 모두 '그 무엇인가'를 회피할 수 있었는데도 회피하지 않은 자를 말한다고 한다."
베렌트 (Berrendt)	작위를 포함한 모든 행위를 소극적 행위개념과 동일한 내용의 부작위로 이해하였다. 즉 모든 행위는 처음부터 부작위이며, 여기에서 부작위란 "구성요건에 해당하는 상황의 회피 가능한 불회피"라는 것이다.

소극적 행위론의 특징은 행위의 소극적 측면을 중시한다. 즉 작위 대신 부작
위를 형법적 책임의 기본범주로 삼아 부작위의 **행위**(행위의 본질적 요소는 회피 가
능한 것을 회피하지 않았다는 불회피성에 있다고 봄)개념을 합리적으로 설명할 수 있다
고 보는 것이다. 따라서 작위나 부작위는 모두 동일하게 회피할 수 있었던 그
무엇인가를 회피하지 않은 것이다(회피 가능성의 원칙).

---

77) 강구진, "형법상의 행위론", 고시계, 1984. 5, 119면; 손해목, 총론, 166면; Arthur Kaufmann, a.a. o., S. 47.
78) Arthur Kaufmann, "Die ontologische Struktur der Handlung", in; *Scbuld und Strafe*, 1966, S. 22.
79) Roxin, *AT*, I § 8 Rdn. 42ff.

(6) 결론

이상의 모든 행위론 중 비교적 모든 출현 형태를 가장 잘 포용할 수 있는 행위론은 목적적 행위론의 성향을 강하게 유지하면서 사회적 행위개념을 취하는 주관적·목적적 경향의 사회적 행위론이라고 생각된다.[80]

형법의 상위개념은 법이고 법의 상위개념은 사회규범이다. 이 사회규범의 규율대상이 될 수 있는 것은 사회적으로 의미 있는 인간행위인 것은 당연하다.[81] 즉, 행위는 "사회적으로 중요하고, 조종적 의사에 의하여 지배되거나 지배가능하며 결과를 지향하는 인간의 형태"이다.

이하에서 **행위의 요소**에 대해 구체적으로 살펴보면 다음과 같이 정의할 수 있다.

① 행위는 인간의 의사에 의한 것이어야 한다(유의성).

② 행위는 의사의 외부적 실현으로서 적극적인 신체적 동작(작위) 또는 규범적으로 기대된 일정한 동작을 하지 않는 소극적 태도(부작위)가 있어야 한다(유체성).

③ 행위는 인간의 행태가 일정한 사회적 의미를 담고 있어야 한다(사회적 의미성).

3. 구성요건 일반론(構成要件 一般論)

(1) 구성요건의 의의와 기능

1) **구성요건의 의의** 범죄는 구성요건에 해당하고 위법·유책한 행위이다. 구성요건(構成要件)이란 형법상 **금지 또는 요구되는 행위**가 무엇인가를 추상적으로 기술한 것이다. 예컨대 형법 제250조 제1항의 살인죄에서 "사람을 살해한 자"와 같이 구성요건은 금지 또는 요구하고 있는 **행위의 불법내용**을 근거한 모든 표지를 포괄(불법구성요건)하고 있다고 할 수 있다.

여기에는 구별해야 할 개념이 있는데, **구성요건**(構成要件)과 **구성요건해당성**(構成要件該當性)이다. 전자는 형벌법규에 과형(科刑)의 근거로써 추상적으로 규정된 **행위유형**(行爲類型)이다. 즉 형법 제250조의 "사람을 살해 하

---

80) 진계호·이존걸, 총론, 157면.

81) 김종원, "형법에 있어서의 행위개념에 관한 시론", 현대의 형사법학, 박정근 박사 화갑기념, 1990, 38면.

는 ……”(살인죄의 구성요건) 것처럼 추상적인 형식형상임에 반해, 후자는 구체적 행위가 형벌법규의 구성요건을 실현하여 그 가벌성의 전체를 충족시킨 경우이다. 예컨대 형법 제250조의 “사람을 살해하는 ……”에 해당하려면 '**구체적인 살인사실**(殺人事實)'이 있어야 한다.

그리고 **구성요건해당성**이 있다고 하여 **구성요건**이 충족되지 못한 경우도 있다. 범죄의 기수는 구성요건의 충족사항이고, 미수는 충족하지 못해도 성립한다. 그러나 구성요건해당성 자체를 결여하면 미수죄도 성립치 못한다.

2) 구성요건의 기능

구성요건에서 불법구성요건(협의의 구성요건)의 기능은 다음과 같다.

① **한계(선별)기능** 협의의 구성요건은 행위 중에서 형법적으로 무의미한 행위(처벌할 수 없는 비행위)와 의미 있고 가벌대상이 될 수 있는 행위유형의 한계를 제시해 주는 기능이다.

② **경고(환기)기능** 협의의 구성요건은 구성요건에 해당하는 행위가 있으면 그 행위가 위법할 수 있다. 그러므로 위법행위를 하지 말도록 행위자에게 경고(일반국민에게 어떤 행태가 사회적으로 유해하여 당벌적 행위가 되는가)를 보내는 기능이다.

③ **개별화 기능** 협의의 구성요건은 각 구성요건이 각각의 특성(예: 살인죄·절도죄·방화죄 등은 각각 구성요건을 달리하며 상호 간 구별이 가능)을 가지고 다른 구성요건과 그 불법의 내용이 다르다는 것을 구별시켜 주는 기능을 한다.

④ **징표기능** 협의의 구성요건은 불법구성요건이 실현될 때 정당화 사유(위법성조각사유가 존재하면 행위의 위법성이 부정되어 정당화 가능)가 존재하지 않는 한 원직적으로 그 행위가 위법하다는 것을 추단시켜 준다.

⑤ **고의규제기능** 협의의 구성요건은 고의의 인식(행위자가 이와 같은 객관적 요소를 인식하지 못하면 고의가 배제)대상으로서 객관적 요소를 명시하여 고의의 인식대상을 한정·규제하고 있다. 과실도 구성요건의 객관적 요소에 대한 인식 가능성이 있는 경우이므로 구성요건은 과실의 내용도 간접적으로 규제한다.[82]

---

82) 차용석, 총론강의(Ⅰ), 243면; 정성근·박광민, 총론, 113면.

(2) 구성요건이론의 발전

구성요건이론에 대해 구성요건의 실체 및 요소가 무엇인가에 대한 견해 대립으로 학자들의 논란의 요점을 보면 다음과 같다.

1. 구성요건개념의 기원	① 본 용어의 기원은 중세 이탈리아 파리나치우스(Farinacius, 1581년)가 처음 사용한 죄체(罪體, corpus delicti)라는 라틴어 용어로 소송법적 개념이었다. ② 18세기 말경 독일의 클라인(Klein)이 죄체를 독일어(Tatbestand)로 표기하였다. ③ 클라인 이후 스튀벨(Stübel)과 포이어바흐(Feuerbach) 등에 의해 범죄성립요소 전체를 가리킨 실체법상의 용어로 사용되었다. ④ 구성요건이 형법체계상 구성요건이론으로 확립하게 한 자는 벨링이다.
2. 벨링에 의한 구성요건이론	① **범죄구성3원론의 확립** 구성요건을 최초로 위법성·책임판단에 앞서는 독립된 범죄요소로 봄으로써 현대 구성요건이론을 창시한 사람은 벨링(Beling)이다.[83] 그는 구성요건을 실정법상으로 확정된 '범죄유형의 윤곽'[84]이라고 하고, 범죄가 성립하려면 구성요건해당성·위법성, 책임의 3가지 요건을 필요로 한다고 범죄구성3원론을 확립하였다. ② 벨링 이론의 특징으로 구성요건의 몰가치성과 **객관성**으로 파악된다. 전자는 구성요건을 평가의 객체를 유형적으로 기술된 것으로, 위법성(객체의 평가)과는 독립된 가치중립적 개념이다. 따라서 구성요건해당성은 몰가치적 사실판단, 규범적 요소는 위법성 요소이다. 그러므로 위법성은 객관적 가치판단이다. 단 구성요건해당행위(규범이 금지하고 있는 행위)가 위법성조각사유가 있으면 위법성을 부정한다. 그리고 구성요건은 행위에 대한 **외부적·객관적** 측면을 기술한 것이므로 모든 주관적 요소로부터 분리되어야 한다. 따라서 구성요건해당성은 객관적 사실판단이고, 행위의 주관적 측면은 책임영역에 속한다. 그러므로 책임은 주관적 가치판단이 된다.
3. 규범적·주관적 요소의 발견	1) 규범적 구성요건요소의 발견 ① **마이어(M. E. Mayer)에 의한 발견** 벨링은 구성요건을 가치중립성이라고 주장, 마이어는 벨링의 주장으로부터 출발하되, 구성요건을 위법성의 인식근거 내지 징표로서 연기와 불의 관계와 같다고 주장(벨링과 일치)하였다. 예외적으로 절도죄에서 재물의 '타인성' 공연음란죄에서 '음란' 등과 같이 법관의 가치판단으로만 그 의미·내용을 알 수 있는 규범적 구성요건요소(위법성의 존재 근거다.)가 있다고 지적하였다. ② **메츠거(Mezger)에 의한 인정** "구성요건해당성은 특별한 위법성조각사유가 존재치 않는 한 행위를 위법한 것으로 만든다."고 하여 구성요건은 위법성의 존재근거를 전면적으로 인정하였다. 즉 구성요건은 불법유형이기에 존재근거(인식근거가 아니다.)다. 따라서 구성요건해당행위는 위법성조각사유가 존재치 않는 한 불법이다. 2) 주관적 구성요건요소의 발견 ① **주관적 불법요소이론** 구성요건 내지 위법성의 단계에서 주관적 불법요소라고 피셔(H. A. Fisher)의 주장 이래 헤글러(Hegler), 마이어(M. E. Mayer), 메츠거(Mezger) 등에 의해 발전되었다. 본 이론은 벨링이 구성요건 및 위법성은 모든 주관적 요소로부터 분리해야 한다고 주장(객관적·몰가치적 성격)한 것에 반해, 구성요건 및 위법성에도 주관적 요소가 있음을 밝혔다. 즉 위법성이 조각되기 위해 객관적 위법성조각사유 외 주관적 정당화 사유(예: 정당방위에 있어서 방위의사), 더 나아가 특정한 범죄의 구성요건에도 주관적 요소(예: 목적범에서 '행사할 목적', 재산죄에서 '불법영득의사 내지 불법이득의사' 등)가 존재해야 구성요건적 행위의 위법성은 조각된다는 것이다. ② **주관적 불법요소의 일반화** 고의와 과실을 주관적 불법요소(주관적 구성요건요소)로 일반화한 것은 1930년대 이후 벨첼과 같은 목적적 행위론이다. 즉 목적적 행위론자들은 주관적 불법요소는 어떠한 구성요건에도 존재하며, 고의범의 고의·과실범의 과실도 주관적 불법요소로서 구성요건요소를 이룬다고 하여 인적 불법론을 주장하기에 이르렀고, 이러한 견해는 그 후 사회적 행위론과 인격적 행위론의 입장에서도 수용되어 **통설화**되었다.

---

83) Belling, *Der Lebre vom Verbrecben*, 1906, S. 7.

(3) 구성요건과 위법성의 관계

1) 위법징표설과 불법유형설

① **위법인식(認識)근거설** 마이어(M. E. Mayer)는 구성요건과 위법성의 관계를 '**연기와 불의 관계**'로 비유하면서 구성요건을 위법성의 인식근거 내지 징표로 본 견해이다. 이에 의하면 구성요건은 위법성의 추정적 기능이 있을 뿐이다. 그러므로 구성요건에 해당하는 행위가 바로 불법이 되는 것이 아니다. 정당화 사유가 존재하면 위법은 조각된다고 한다.

② **불법존재(存在)근거설** 자우어(Sauer), 메츠거(Mezger)의 견해로, 구성요건은 정형화된 위법성으로서 불법의 표현형식에 불과하다. 그러므로 구성요건은 불법유형 및 위법성의 존재근거가 된다는 것이다. 이에 의하면 구성요건해당행위는 특별한 위법성조각사유가 없는 한 원칙적으로 불법하다고 한다.

구성요건은 위법성의 정형이고 위법판단의 근거로 된다는 의미에서 구성요건을 **위법성**의 존재근거(存在根據)로 보는 견해가 다수설이다.[85]

그러나 구성요건이 위법성의 존재 근거임을 철저히 주장하면서도 위법성조각사유를 소극적 구성요건표지이론(구성요건의 소극적 표지로 이해하는)으로 인정치 않는다면, 먼저 구성요건해당성의 여부를 확인한 후에 위법성조각사유가 해당 되는지의 여부를 결정하려는 태도이다. 이와 같이 구성요건을 위법성의 징표로 인식근거로 보는 전통적인 견해가 타당하다.[86]

2) **개방적 구성요건이론** 구성요건을 봉쇄적(구성요건이 위법성을 징표함)·개방적 구성요건으로 구분한다. 개방적 구성요건(開放的 構成要件)은 구성요건이 위법성을 징표하지 않는다는 벨젤(Welzel)의 견해이다. 봉쇄적 구성요건(封鎖的 構成要件)은 구성요건이 금지의 실질을 빠짐없이 기술하고 있으므로 위법성은 구성요건 자체로부터 충분히 징표할 수 있다(예: 살인죄의 살인행위는 구성요건에 해당하는 행위 자체가 곧 위법이라는 것). 개방적 구성요건(예:

---

84) Belling, *a. a. O.*, S. 110.

85) 정성근, 총론, 150면; 이재상, 총론, 111면; 차용석, 강의(Ⅰ), 223면; 정영석, "구성요건론", 형사법강좌Ⅰ, 119면.

86) 이형국, 연구Ⅰ, 157면; 황산덕, 82면 이하; 진계호·이존걸, 총론, 164면.

과실범, 부진정부작위범 등)은 구성요건이 구성요건요소 중 일부만을 규정하고 있고 나머지는 법관이 보충하도록 개방되어 있는 경우를 말한다.

본 요건은 법관이 보충하도록 개방되어 있어 그 구성요건 자체에서 위법성이 유래하는 것이 아니다. 따라서 제정법 혹은 어떤 관습적 요소와 같은 구성요건 밖에 존재하는 별도의 적극적인 위법성 요소에 의해 위법성이 인정된다고 한다(예: 정당방위는 법 이외의 어떤 요소인 상당성이 없는 때 비로소 위법성이 나오게 된다는 것).[87]

3) **소극적 구성요건표지이론** 메르켈(A. Merkel), 프랑크(Frank), 뢰플러(Löffler), 미리카(Miricka), 바움가르텐(Baumgarten), 엥기쉬(Engisch), 카우프만(Arthur Kaufmann), 록신(Roxin) 등이 주장한 학설[88]로, 통설(구성요건해당성의 판단과 위법성의 판단은 별개·독립적이라는 것)의 입장에 대하여 구성요건과 위법성은 체계상 독립된 범죄성립요소가 아니라 **위법성의 표지**는 모두 구성요건에 포함되어 있다고 한다. 그리고 위법성조각사유가 있으면 처음부터 구성요건해당성 자체가 배제된다는 것이다.

이에 의하면 위법성조각사유는 구성요건해당성을 부정하는 소극적 구성요건표지가 된다. 그러므로 행위가 구성요건에 해당하기 위해서는 적극적 구성요건표지(객관적 구성요건요소) 충족과 소극적 구성요건표지가 존재하지 않아야 한다. 이와 같이 위법성의 표지를 총괄하고 있어 구성요건은 총체적 불법구성 요건이 되며, 범죄체계는 **구성요건**(불법)과 **책임**의 2단계(이는 구성요건착오와 금지착오의 구별이 무의미하고, 양자 모두 구성요건착오로 다루어지게 된다.)로 구성된다.

(4) 결과반가치(결과불법)와 행위반가치(행위불법)

1) 결과반가치와 행위반가치

① **의의 결과반가치**(結果反價値)란 결과가 불법 또는 결과가 무가치라고도 하는데, 행위가 초래한 **법익침해 내지 침해의 위태화**라는 객관적·

---

87) 벨첼은 개방적 구성요건의 예로서 과실범, 부진정부작위범 외에도 독일형법 제240조의 강요죄와 제253조의 공갈죄를 들었다. 즉 강요죄나 공갈죄의 위법성은 "폭행의 행사 또는 추구된 목적에의 협박이 비난할 만한 것일 때"에 인정되는데, 이의 결정은 법관의 가치판단으로 이루어진다고 한다(Welzel, Strafrecbt, S. 82).

88) 우리나라에서는 심재우 교수 등이 이에 따르고 있다(심재우, "소극적 구성요건개념", 고시연구, 1986. 4. 73면 이하; 문채규, "소극적 구성요건표지이론을 위한 변론", 형사법연구, 제12호, 1999. 71면 이하).

외부적 사태에 대해 내려진 부정적 가치판단(예: 살인죄에서 살인의 결과)
이다. **행위반가치**(行爲反價値)란 행위가 불법 또는 행위가 무가치라고
도 하는데, 행위가 초래한 법익침해 내지 침해의 위태화(객관적·외부적
사태보다는 범죄 실현의 수단·방법, 고의·과실, 목적범에서 목적 등)라는 객관
적·주관적 요소에 의해 특징인 **행위의 반윤리성**에 대해 내려진 부정
적 가치판단(예: 사기죄에서 '기망행위', 특수폭행죄에서 '위험한 물건을 휴
대' 하는 것 등)이다.

② **본질** 결과반가치와 행위반가치를 **위법성의 실체**냐, **불법의 개념**이냐에
견해가 대립된다.

    ㉠ 결과반가치와 행위반가치를 **실질적 위법성**의 내용으로 이해하는
입장이다.[89]

    ㉡ 결과반가치와 행위반가치를 **불법의 본질**에 관한 문제로 이해하는
다수설의 입장이다.[90]

2) **결과반가치론과 행위반가치론** 불법구성요건에서 불법의 내용과 실체에 대
한 파악 방법을 두고 의견이 대립된다.

① **결과반가치론** 불법의 실체가 법익침해 또는 그 위험에 있다는 견해이다.

② **행위반가치론** 불법의 핵심은 행위반가치에 있다는 견해이다. 인적 불
법론 → 일원적 불법론 → 이원적 인적 불법론으로 발전하였다.

    ㉠ **인적 불법론** 인적 불법(人的不法論)이란 불법은 행위자와 내용적
으로 분리된 결과야기에 의해 구성된 것이 아니라, 행위는 행위자
의 작품으로서 위법하게 되고, 위법성은 언제나 특정한 행위자의
행위에 대한 부정적 가치판단이다. 그러므로 불법은 행위자 관련적
인 행위불법이라는 것이다.[91]

    ㉡ **일원론·주관적 인적 불법론** 형법적 불법과 구성요건해당성을 오
직 행위반가치만으로 근거 지우고, 결과반가치를 불법의 영역에서
몰아내어 객관적 처벌조건으로 이해해야 한다는 견해이다.[92]

---

89) 정영석, 총론, 131면; 차용석, 총론강의(Ⅰ), 395면.

90) 이재상, 총론, 109면; 손해목, 총론, 353면; 안동준, 총론, 95면; 박상기, 총론(6판), 70면; 배종대, 총론(7판),
235면; 오영근, 총론, 158면; 진계호·이존걸, 총론, 167면.

91) Welzel, *Strafrecht*, S. 3, S. 62.

ⓒ **이원론 · 인적 불법론** 불법은 결과반가치로서의 법익의 침해 또는 위험과 행위의 주관적 · 객관적 측면을 포섭하는 행위반가치를 고려하여 판단해야 하며, 결과반가치와 행위반가치는 동일한 서열에서 병존하는 불가피한 불법요소라는 통설적인 견해이다.[93]

3) 결과반가치와 행위반가치의 내용

① **결과반가치의 내용** 결과반가치(결과가 불법)의 내용은 **법익침해**(기수범의 결과반가치로, 결과범에서 현실적인 침해결과, 위험범에서의 위험상태 또는 위험결과, 거동범에서 현실적인 침해행위 자체가 법익에 대한 침해결과를 내포)와 **법익침해의 위험**(미수범의 결과반가치로, 미수범의 결과반가치를 장애미수의 경우는 법익위태화, 불능미수의 경우는 법익평온상태 교란[94])이다.

② **행위반가치의 내용** 행위반가치(행위가 불법)의 내용은 **주관적 요소와 객관적 요소**로 나뉜다.

　ⓐ **주관적 요소**에는 일반적 주관적 행위요소(예: 고의와 주의의무위반으로서의 과실)와 특별한 주관적 행위 요소(예: 목적 · 경향 · 표현 등)가 있다.

　ⓑ **객관적 요소**에는 객관적 행위요소(예: 특수폭행죄에서 위험한 물건의 휴대, 사기죄에서 기망 등과 같이 범죄의 가벌성이 결과반가치 이외에 범행실행의 종류 · 방법 · 수단 · 행위사정 등에 의하여 결정된 경우)와 객관적 행위자적 요소(예: 신분범의 신분, 정범의 표지 등과 같이 행위자가 의무를 부과하는 객관적 요소에 의해 일정한 범위의 사람에게 제한되는 경우)가 있다.

▦ 행위반가치와 결과반가치에 대한 이해

[사례] 갑돌이는 애인인 을순이가 배신한 것에 대한 앙심을 품고 살해하기로 마음을 먹고(범죄결의), 나이프를 마트에서 구입하여(예비) 준비하고 있다가 때마침 지나가던 을순이를 칼로 찔러(실행의 착수) 현장에서 사망케 하였다(살인의 결과)

[이해] 갑돌이가 살인의 결과에 이르기까지 일련의 행위(범죄결의 및 예비, 실행의 착수)가 살인의 결과보다 더 나쁘다는 것이 행위반가치이고, 살인의 결과(사망)가 일련의 행위보다 더 나쁘다는 것이 결과반가치이다.

---

92) Agl. Jescheck, *Lehrbuch*, S. 190(불법영역에서 결과반가치를 완전히 배제하려는 시도로, 질인스키(Zielinski), 혼(Horn), 뤼델젠(Lüderssen), 카우프만(Kaufmann) 등에 의한 일원적 · 주관적 인적 불법론이 다시 등장하였다.).

93) 김일수 · 서보학, 총론, 244면; 이재상, 총론, 114면; 박상기, 총론, 76면; 손해목, 총론, 372면; 신동운, 총론, 244면; 안동준, 총론, 97면; 임웅, 총론, 181면; 이형국, 총론, 162면; 정성근 · 박광민, 총론, 135면; 진계호 · 이존걸, 총론, 169면.

94) 김일수 · 서보학, 총론, 247면.

4) 결과반가치와 행위반가치의 차이

① 형법의 태도	결과반가치	법익보호를 형법의 임무라고 하여 법익침해 내지 침해위험이 있을 때 형법이 개입한다.
	행위반가치	형법의 사회윤리적 행위가치기능을 강조하고 사회윤리를 유지하는 데에 형법의 임무가 있다.
② 주관적 불법요소	결과반가치	불법요소는 원칙적으로 객관적 요소에 한하고 주관적 요소는 책임요소이다.
	행위반가치	고의·과실 등 주관적 요소가 불법요소라고 한다.
③ 위법성의 실체	결과반가치	법익침해 또는 침해위험을 위법성의 실체로 보고, 다른 사회통제수단으로는 충분히 효과를 거둘 수 없는 경우에만 최후수단으로 법익보호에 임해야 한다(형법의 보충성).
	행위반가치	사회상당성을 일탈한 법익침해만이 위법이 되고 사회생활 중에서 역사적으로 형성된 사회 윤리적 질서의 범위 내에 있는 사회적 상당행위는 비록 법익침해가 있어도 위법이 아니라고 한다.
④ 과실범의 불법	결과반가치	법익침해라는 결과발생에서 과실범의 불법을 찾는다.
	행위반가치	행위수행이 부적절한 경우 또는 사회생활상 요구되는 기준적 행위에서 일탈한 행위에 과실범의 불법을 인정한다.
⑤ 위법성조각사유의 일반원리	결과반가치	법익침해·침해위험성에서 위법성의 실체를 찾으므로 이익 교량설 내지 가치 이익설을 취한다.
	행위반가치	위법성의 실체를 사회상당성을 일탈한 행위에서 찾으므로 위법성조각의 일반원리로써 사회상당성설 또는 목적설을 취하게 된다.
⑥ 미수범	결과반가치	본 설을 강조하면 실행의 착수 및 불능범에 있어서 객관설을 취하게 된다.
	행위반가치	본 설을 강조하면 실행의 착수에 관하여 법익침해·위태화하는 객관적 측면뿐만 아니라 범죄의사라는 주관적 측면도 고려한다. 따라서 주관적 객관설 또는 객관적 주관설을 취하고 미수범의 처벌근거와 불능범에 대해서도 인적 불법론을 강조하여 범죄 의사가 행위에 의하여 외부에 표현되면 모두 가벌적 미수가 된다는 주관설화하는 경향이 있다.

(5) 구성요건의 유형과 구분

1) 구성요건의 유형

① 광의·협의의 구성요건	광의의 구성요건	가벌성의 모든 전제조건을 총괄하는 의미의 구성요건이다(총체적 구성요건이 이에 해당).
	협의의 구성요건	형벌규정 중 금지된 행태의 전형적인 불법내용을 근거 짓는 부분이다(불법구성요건이 이에 해당).
② 총체적 구성요건		소추조건을 제외한 가벌성의 모든 전제조건을 포함한 구성요건을 말한다.[95] 불법을 특징짓는 제 요소(예: 살인죄에서 사람을 살해한 자), 위법성조각사유·책임조각사유·책임과 관련된 제 표지, 처벌조건 등이 모두 구성요건에 포함된다.)
③ 불법구성요건		형벌법규에 과형의 근거로서 추상적·관념적으로 규정되어 있는 불법행위의 유형을 말한다. 통상적 의미의 구성요건이다.
④ 책임구성요건		책임을 형성하는 표지가 법률로 기술되어 있는 구성요건을 말한다. 책임구성요건은 어떤 특정한 범죄의 전형적인 표지이면서도 불법에는 관계없이 오로지 그 범죄의 책임내용을 배타적·직접적으로 기술하는 요소들만을 포함한다(예: 객관적 요소로서 존속살해죄에서 행위자가 피해자의 직계비속이라는 사실, 주관적 요소로서 영아살해죄에서 치욕을 은폐하려는 동기 등).
⑤ 범죄 구성요건		불법구성요건과 책임구성요건을 합한 것을 말한다. 그 특징은 위법과 책임의 내용을 구성하는 요소가 범죄구성요건 요소로 되지만, 정당화 사유와 책임조각사유는 제외된다.[96]

---

95) Vgl. Schönke/Schröder/Lenckner, *StGB*, § 13ff. Rdn. 46.

| ⑥ 보장 구성요건 | 구성요건을 법적으로 규율되는 행위의 가벌성에 관한 법률상의 모든 전제조건으로 이해한다(총체적 구성요건보다는 좁은 법적 구성요건이라고도 한다.).97) 본 요건은 죄형법정주의를 통한 형법의 보장적 기능을 강조하기 위해 초법규적 위법성조각사유 · 초법규적 책임조각사유와 같이 법적으로 규율되지 아니한 것을 구성요건에서 제외시킨다.98) 유추해석 · 관습법을 통해 행위자에게 이익을 주어서는 안 된다는 점이 강조되어 있다.99) |
| ⑦ 허용 구성요건 | 본래 의미의 구성요건이 아니라 정당화 사유(위법성조각사유)를 말한다.100) |

2) 구성요건의 구분

① 기본 구성요건		기본적 구성요건이란 일정한 불법유형을 가지는 여러 범죄에 있어서 가장 본질적이고 공통되는 표지로써 이루어진 구성요건을 말한다(예: 살인죄에 있어서 보통살인죄: 제250조 제1항, 상해의 죄에 있어서 단순상해죄: 제257조 제1항, 절도죄에 있어서 단순절도죄: 제329조).
② 변형된 구성요건	가중적 구성요건	가중적 구성요건이란 기본적 구성요건 외에도 추가적으로 형벌을 가중할 만한 사유(불법가중: 예: 보통살인죄에 비해 존속살해죄(제250조 제2항)는 특수한 신분관계로 인해 책임이 무거워져 형을 가중하는 가중적 구성요건이다. 책임가중: 단순절도죄에 비해 특수절도죄(제231조 제2항)는 행위의 방법 때문에 불법이 가중된 가중적 구성요건이다.)를 내포하고 있는 구성요건을 말한다.
	감경적 구성요건	감경적 구성요건이란 기본적 구성요건 외에도 형벌을 감경할 만한 사유(불법감경: 예: 보통살인죄에 비해 촉탁 · 승낙에 의한 살인죄(제252조 제1항)는 피해자의 진지한 촉탁 · 승낙 때문에 불법이 그만큼 감경된 구성요건이다. 책임감경: 예: 보통살인죄에 비해 영아살해죄(제251조)는 출산으로 인한 산모의 비정상적인 심신상태 때문에 책임이 감경된 구성요건이다.)를 내포하고 있는 구성요건을 말한다.101)
	독자적 변형 구성요건	독자적 변형구성요건이란 기본적 구성요건상의 범죄 및 그 변형된 구성요건상의 범죄와 범죄학적인 연관성은 있지만, 법률체계상 이와 독자적 변형으로서의 특성을 갖는 범죄구성요건을 말한다(예: 절도죄와 강도죄에 대한 제335조의 준강도죄, 절도죄와 폭행 · 협박죄에 대한 제333조의 강도죄 등).

(6) 구성요건의 요소

1) **객관적 구성요건요소** 행위의 외적 발생형태를 결정하는 상황이 구성요건의 내용으로 된다.

① 행위의 주체	㉠ **원칙** 살인죄(형법 제250조)에서 '사람을 살해한 자'이다.
	㉡ **예외** 일정한 신분자만이 행위주체 가능[예: 수뢰죄(제129조)의 '공무원 · 중재인')], 그리고 진정신분범[예: 위증죄(제152조)의 '법률에 의해 선서한 증인')]과 부진정신분범[예: 영아살해죄(제251조)의 '직계존속']이 이에 해당된다.
② 행위의 객체	형법 각본조에 규정되어 있는 행위의 대상(사람 또는 물건)이다.
	㉠ **원칙** 절도죄(제329조)의 '타인의 재물', 통화위조죄(제207조 이하)의 '화폐 · 지폐 · 은행권'이 이에 해당한다.
	㉡ **예외** 행위객체가 없는 경우[단순도주죄(제145조 제1항)]와 특성을 상세히 밝히는 규정[영아살해죄(제251조)의 객체는 '분만 중 또는 분만 직후의 영아')]이 있다.

---

96) Schönke/Schröder/Lenckner, *StGB*, § 13ff. Rdn. 47.

97) Schönke/Schröder/Lenckner, *StGB*, § 13ff. Rdn. 47.

98) Vgl. Engisch, *Die normativen Tatbestandselemente im Strafrecht*, S. 131.

99) Vgl. Schönke/Schröder/Lenckner, *StGB*, § § 13ff. Rdn. 47.

100) Vgl. Schönke/Schröder/Lenckner, *StGB*, § § 13ff. Rdn. 48; Wessels, *AT*, S. 33; Lackner, *StGB*, S. 47.

101) 독일에서는 감경적 구성요건이란 말 대신 감경적 변형이란 포괄적 용어를 사용하며, 친족상도례와 같은 인적 처벌조각사유 또는 친고죄 · 반의사불벌죄와 같은 소추조건을 포함시키고 있다(Jescheck, Lehrbuch, S. 215).

③ 행위	⊙ 동사의 형으로 구성요건에 표시되는 것이 보통이다(예: 제250조의 '살해한', 제257조의 '상해한', 제329조의 '절취한' 등). ⓛ 다만 여기의 행위양태는 행위자의 주관적 태도와 관련된 행위반가치를 구성한다는 사실이다.
④ 행위의 수단	⊙ 구성요건의 행위를 기술함에 있어 그 행위의 특별한 수단을 함께 규정한 경우이다[다 같이 타인의 재물을 절취한 행위로는 절도죄(제329조)와 특수절도죄(제331조)]. ⓛ 그러나 **제331조의 특수절도죄**는 절취의 수단에 '야간에 문호 또는 장벽 기타 건조물의 일부를 손괴하고 주거에 침입하거나(제1항), 흉기를 휴대하거나 2인 이상이 합동한다(제2항).'는 사실이 특징져져 있다.
⑤ 행위의 상황	구성요건상 행위가 일정한 상황(외적 정황)하에서 행해질 것을 요구하는 경우이다[예: 공무집행방해죄(제136조)→'공무를 집행하는', 진화방해죄(제169조) → '화재에 있어서', 방수방해죄(제180조) → '수재에 있어서', 공연음란죄(제245조) · 명예훼손죄(제307조) · 모욕죄(제311조) → '공연히'라는 형편 또는 사정이 이에 해당한다.].
⑥ 결과	시간적 · 공간적으로 행위와는 구분되어 일어나는 행위객체에 대한 작용(행위의 일부가 아님)을 말한다. ⊙ 결과라는 구성요건요소는 대부분 기술되지 아니한 구성요건표지의 형식을 나타낸다[예: 살인죄(제250조) → '사망', 절도죄(제329조)→'점유의 이전(침탈)' 등]. ⓛ 구성요건에 따라서는 행위와 결과가 함께 기술되기도 한다[예: 방화죄(제164조) → '불을 놓아'와 '소훼'하는 것, 명예훼손죄(제307조) → '사실의 적시'와 명예를 훼손하는 것].
⑦ 인과 관계	결과범에 있어서 행위와 결과 사이에 인과관계(객관적 구성요건의 한 표지로 인정됨)가 있어야 한다. 행위객체에 대한 침해라도 그것이 행위자에 의해 야기되지 않았거나 행위자의 행위로 돌릴 수 없는 경우라면 법적 의미에서 구성요건적인 행위 또는 구성요건적 결과가 있었다고 평가할 수 없기 때문이다.

2) 주관적 구성요건요소 행위자의 내심에 존재하는 현상이 구성요건의 내용으로 되는 경우이다.

① 고의 · 과실	⊙ 고의범에 있어서 행위의 불법내용은 구성요건적 고의(모든 범죄에 공통되는 일반적 주관적 불법요소로서 주관적 구성요건요소가 된다.)를 떠나서는 확정될 수 없다(예: 갑이 을을 향하여 돌을 던졌으나 명중하지 않은 경우에 갑의 행위가 살인미수냐 상해미수냐는 갑의 의사내용(즉, 고의 여부)만이 판단할 수 있다.). ⓛ 과실범에 있어서는 고의 대신 과실(즉 객관적 주의의무위반)이 주관적 구성요건요소가 된다.
② 목적 · 경향 · 표현	⊙ 목적범에 있어 '목적': 문서위조죄(제225조 이하) · 통화위조죄(제207조) · 무고죄(제156조) · 영리약취유인죄(제288조) · 아편제조죄(제198조) · 모해위증죄(제152조 제2항) · 결혼약취죄(제291조) 등 ⓛ 경향범에 있어서 '주관적 경향': 공연음란죄(제245조) · 강제추행죄(제298조) · 모욕죄(제311조) 등 ⓒ 표현범에 있어서 '내심적 상태의 표현': 위증죄(제152조) 등은 구성요건에 특별히 요구되는 특수한 주관적 · 초과주관적 불법요소로서 주관적 구성요건요소가 된다.
③ 불법영득 또는 불법이득의 의사	⊙ 재산죄에서 불법영득의 의사 내지 불법이득의 의사와 같은 심적 요인도 불법요소로서 주관적 구성요건요소가 된다. ⓛ 절도죄 · 횡령죄 · 배임죄 등의 불법은 불법영득의 의사가 있어야 실현된다. ⓒ 사기죄 · 공갈죄 등의 불법은 불법이득의 의사를 필요로 한다.

3) 기술적 구성요건요소

의의 및 요소	규범적 평가를 거치지 않더라도 사실인식에 의해 그 의미 · 내용을 확정할 수 있는 요소를 말한다. ⊙ 주관적인 기술적 요소: [예: 목적범에서 '행사할 목적'(제225조) · '영리의 목적'(제242조) 등] ⓛ 외부적 대상이나 과정: [예: 사람(제250조), 부녀(제297조), 건조물(제164조), 재물(제329조), 불을 놓아(제164조), 강간(제297조), 살해(제250조) 등]

4) 규범적 구성요건요소

의의 및 요소	구성요건적 사실을 인식함에 있어서 그 기술 자체만으로는 내용을 확정 짓기 어렵다. 그러므로 어떠한 규범의 논리적 판단하에서만 이해될 수 있으며, 재판관의 보완적인 가치판단에 의해 확정될 수 있는 요소를 말한다. ㉠ 형법(刑法) 이외의 민법·행정법 등에 의해 그 의미 내용이 확정될 수 있어 법률적 평가(규범적 구성요건요소)가 필요로 한 것: 유가증권(제214조), 배우자(제241조), 직계존속(제250조 제2항), 타인의 재물(제329조), 공무원 또는 중재인(제129조), 미성년자(제287조), 친족(제328조), 문서(제225조 이하) 등 ㉡ 법률(法律) 이외의 도덕적·사회적·경제적 평가(규범적 구성요건요소)를 필요로 하는 것: 추행(제298조), 음란(제245조), 명예(제307조), 모욕(제311조), 신용 및 업무(제313조 이하), 불법영득의 의사, 위험한 물건(제261조), 공공의 위험(제166조 제2항), 허위의 사실(제156조) 등

5) **기술된 구성요건요소** 그것이 주관적·객관적 요소이건, 기술적·규범적 요소이건 **죄형법정주의의 명확성 원칙**이라는 요구에 따라 구성요건에 명확히 기술되어 있는 요소를 의미한다.

6) **기술되지 않는 구성요건요소** 각 구성요건에 공통된 요소이기 때문에 입법기술상 생략(예: 결과범에 있어서의 인과관계 내지 객관적 귀속성)이나 입법의 미비(예: 사기죄에서의 기망행위와 피기망자의 교부행위 사이의 인과관계, 절도죄에서의 불법영득의 의사)로 기술되지 아니한 경우도 있다.

제13조
범의(=故意)

죄의 성립요소인 사실을 인식하지 못한 행위는 벌하지 아니한다. 단, 법률에 특별한 규정이 있는 경우에는 예외로 한다.

▨ 해설

[의의] 범의(犯意)란 구성요건(주관적 구성요건요소)에 해당하는 객관적 사실을 인식하고 이를 실현하려는 의사를 말한다. 원칙적으로 죄의 성립요소인 사실을 인식(고의)하지 못한 행위(고의 없는 행위)는 처벌하지 않고, 예외적으로 법률에 특별한 규정(과실행위)이 있는 경우에 한하여 처벌한다. 즉 형법은 원칙적으로 **고의행위**만 처벌하고, 예외적으로는 특별

한 규정이 있는 경우에는 **과실행위**를 처벌한다는 뜻이다.

[**사례**] 장물일지도 모른다고 의심했지만, 값이 턱없이 싸 장물을 매수한 경우
라면 장물취득의 미필적 고의가 있다(판례).

『**죄의 성립요소인 사실**』 불법 구성 요건을 실현하는 사실을 의미하므로, 범죄사
실(불법구성요건 실현사실)의 인식(認識)·인용(認容)이 구성요건적 고의라고 할 수 있다.

『**죄의 성립요소인 사실의 인식**』 고의는 구성요건실현의 인식과 의사,[102] 즉
지적 요소(객관적 구성요건요소에 해당하는 사실의 인식)와 의지적 요소(구성요건의 객관
적 요소를 실현하는 의사)의 통일체다.[103] 지적 요소가 결하면 구성요건적 착오의
문제가 발생하고, 의적 요소가 결하면 인식 있는 과실의 문제가 발생한다.

『**단서, 법률에 특별한 규정이 있는 때**』 고의가 없는 경우에도 처벌할 수 있
는 경우가 있는데 **행정범**(行政犯)에서 그러한 예외가 많다는 뜻이다.

『**고의 요소**』 구성요건 실현에 대한 인식(認識: 知的 요소＝지식이나 지성)은 물론
의사(意思: 意的 요소＝마음 또는 정신 작용)도 당연히 전제가 된다.

■ 학설

1. 고의의 체계적 지위

범죄론체계상 고의가 차지하는 위치에 관해서는 견해가 대립되고 있다. 범죄론체계상 고의
의 위치에 따라 고의의 내용이나 역할이 달라지기 때문이다.

(1) 책임요소설

고의를 책임조건 또는 책임형식으로 보는 견해이다.[104] 고전적 범죄론 체계

---

102) 황산덕, 총론, 106면; 정영석, 총론, 177면; 이재상, 총론, 163면.
103) 대판 1956. 11. 30. 4289형상217; 대판 1969. 12. 9. 69도1761.
104) 정영석, 총론, 175면.

(인과적 행위론: 고의를 오직 책임조건으로 보는 견해)에 의하면 행위는 의사(마음 또는 정신작용)에 기인한 결과의 야기이다. 그러므로 행위의 요소가 되는 것은 인과적 원인으로서의 의사에 의한 결과만이고, 의사의 내용으로서의 고의는 **책임요소가** 된다는 것이다.

예컨대, **의사**[마음 〈 고의]→**행위**(마음의 결과)
　　　　　　 〈 과실
갑이 을을 살해할 의사로 총을 발사** ﹣﹣﹣ 의사(고의)는 책임요소다.
　　　　　　(고의)　　　　(행위: 마음의 결과)

---

(2) 구성요건요소설

고의를 구성요건요소로 보는 견해이다. 목적적 범죄론 체계(목적적 행위론: 고의를 오직 구성요건실현 조건으로 보는 견해, 과실은 구성요건실현 이외 목적으로 보는 견해)에 의하면, 행위는 목적적 활동이다. 그러므로 의사의 내용인 고의는 행위의 본질적 요소이고, 이러한 행위는 고의범의 구성요건에 해당하는 **실행행위로 되는 이상** 고의는 구성요건요소가 된다는 것이다.[105]

예컨대, **의사**[마음 〈 고의]→**행위**(목적 활동 실행)
　　　　　　 〈 과실
갑이 을을 살해할 의사로 총을 발사했다. ﹣﹣﹣ 의사(고의)는 구성요건요소다.
　　　　　　(고의)　　　(행위: 목적 활동 실행)

---

(3) 이중적 지위설

고의는 구성요건요소(행위: 목적 활동 실행)이자 책임요소(행위: 마음의 결과)로서 이중의 지위를 가진다는 견해이다. 신고전적 범죄체계와 목적적 범죄체계를 결합한 합일태적 범죄체계에 의하면, 고의가 객관적 구성요건을 실현하겠다는 행위의 방향을 결정하는 **'행위반가치**[행위가 초래한 법익침해 내지 침해의 위태화로 객관적·주관적 요소(수단·방법, 고의·과실, 목적범에서 목적)에 대한 행위불법을 의미]**로서의 고의'**는 구성요건적 고의로서 구성요건요소가 되지만, 법질서에 반해 그러한 행위방향으로 의사를 형성했다는 **'심정반가치**(마음불법, 고의불법)**로서의 고의'**는

---

105) 황산덕, 총론, 105면; 정성근·박광민, 총론, 162면; 김종원, "고의의 체계적 지위와 목적적 행위론"(상), 고시계, 1969. 6. 112면.

책임고의(의사를 고의로, 의사를 책임 요소로)로서 책임요소가 된다고 한다.[106]

[참고]

① **결과반가치**란 행위가 초래한 법익침해 내지 침해의 위태화라는 **객관적 · 외부적** 사태에 내린 부정적 가치판단＝결가무가치, **결과불법**(예: 살인죄에서 살인의 결과)

② **행위반가치**란 행위가 초래한 법익침해 내지 침해의 위태화라는 **객관적 · 주관적(고의 · 과실)** 사태에 내린 부정적 가치판단＝행위무가치, **행위불법**(예: 사기죄에서 '기망행위')

2. 고의의 본질

(1) 학설

형법 제13조의 '죄의 성립요소인 사실의 인식'이란에서 인식(認識) 정도의 의미에 관하여 의사(意思) 또는 의욕(意慾)을 포함하는가와 관련하여 고의의 본질을 가지고 프랑크(Frank)가 처음 제기한 이래 견해가 대립되고 있다.

① **인식설**(認識說)(표상설 또는 관념설)이란 고의는 구성요건에 해당하는 객관적 사실에 대한 **심리적 인식 또는 표상(고의의 지적 요소 강조)**만 있으면 성립하고, 구성요건적 결과발생을 희망 · 의욕할 필요가 없다는 견해이다.[107] 그러나 본 설은 '**인식 있는 과실**'이 고의에 포함된다는 결함(고의로 부당하게 확대)이 있다.

② **의사설**(意思說)(희망설)이란 고의는 구성요건에 해당하는 객관적 사실에 대한 **인식 또는 표상**만으로는 부족하고, 의지적 요소(구성요건적 결과의 발생을 희망 · 의욕)까지 있어야 한다는 견해이다.[108] 그러나 본 설은 '**미필적 고의**'를 인정할 수 없다는 결함(고의로 부당하게 축소)이 있다.

③ **감수설**(甘受說)(묵인설)이란 행위자가 결과발생의 가능성을 인식하였으나

---

106) 이재상, 종론, 158면; 이형국, 종론, 134면; 김일수 · 서보학, 종론, 186면; 배종대, 종론, 229면; 박상기, 종론, 111면; 임웅, 종론, 127면; 손해목, 종론, 300면; 안동준, 종론, 75면; 김성천 · 김형준, 종론, 101면; 진계호 · 이존걸, 종론, 222면.

107) Jakobs, *AT*, 1983, S. 214.

108) Hippel, *Deutsches Strafrecht*, Bd. 1, 1925, S. 306f.

구성요건 실현의 위험을 묵인 또는 감수하였을 때는 '**미필적 고의**'가 되고, 결과발생의 위험은 인식했으나 감수의사가 없거나 결과의 불발생을 신뢰한 때는 '**인식 있는 과실**'이 된다는 견해이다.[109] 그러나 본 설은 결과발생에 대한 행위자의 **소극적인 묵인 정도**로는 행위자의 의적 요소(意的 要素)를 인정키 어렵다는 비판이 있다.

④ **인용설**(認容說)(승인설)이란 행위자가 결과발생의 가능성을 인식('**결과가 발생할지도 몰라, 하지만 그래도 할 수 없지**' 라는 내적 상태)하고 다시 내심으로 이를 **용인**(승인)한 때는 '**미필적 고의**'가 되고, 가능성은 인식했으나 법익침해를 내심으로 거부나 결과의 불발생을 희망한 때는 '**인식 있는 과실**'이 된다는 견해로 타당하다.[110] 그러나 본 설은 인용이라는 심리상태의 **입증 곤란**과 구성요건의 실현의사인 고의를 정서적 요소로 결정하여 **고의의 범위가 크게 축소**된다는 점, 그리고 내심의 정서적 태도로 고의의 존부를 판단함은 '주관적 구성요건요소로서의 고의'와 '책임형식으로서의 고의'가 혼동될 수 있다는 점에 비판이 있다.

⑤ **기타 학설**

학설	미필적 고의	인식 있는 과실
1) 가능성설	행위자가 결과발생의 구체적인 가능성을 인식한 때	가능성이 없다고 부인하면(과실)
2) 개연성설	행위자가 결과발생의 개연성까지도 인식한 때	단순한 가능성만 인식한 때(과실)
3) 회피설	행위자가 결과발생의 가능성을 인식했으나 그 결과를 회피할 의사가 없는 때	회피의사를 가동한 때
4) 무관심설	행위자가 단순한 가능성이 있다고 생각한 결과에 대한 무관심한 심정반가치가 있을 때	결과를 원치 않거나 발생하지 않기를 희망한 때
5) 결단설	가능한 법익침해에 대한 행위자의 결단이 있는 때	결단이 없는 때
6) 신중설	결과발생을 신중하게 고려하였거나 예상 또는 감수하겠다는 취지인 때	결과발생을 알았으나 경솔로 아무 일도 없으리라고 신뢰한 때

(2) 판례 및 학설

[판례]

① **[인용설]** "미필적 고의라 함은 결과의 발생이 불확실한 경우, 즉 행위자에

---

109) 이재상, 총론, 164면 이하; 김일수, 원론, 358면; 박상기, 총론, 121면; 김성천 · 김형준, 총론, 151면; 손동권, 총칙론, 130면; 이정원, 총론, 129면.

110) 정영석, 총론, 177면; 이건호(8인 공저), 총론, 174면; 남흥우, 총론, 170면; 염정철, 총론, 152면; 이형국, 연구 I, 219면; 정성근 · 박광민, 총론, 172면; 손해목, 총론, 321면; 배종대, 총론, 240면; 임웅, 총론, 134면; 안동준, 총론, 81면; 진계호 · 이존걸, 총론, 223면.

있어서 그 결과발생에 대한 확실한 예견은 없으나 그 가능성은 인정하는
것으로 미필적 고의가 있었다고 하려면 결과발생에 대한 가능성에 대한
인식이 있음은 물론 나아가 결과발생을 용인하는 내심의 의사가 있음을
요한다."고 판시하였다.[111]

② **[인식설 또는 가능성설]** "살인죄에 있어서의 범의는 반드시 살해의 목적
이나 계획적인 살해의 의도가 있어야 하는 것은 아니고 살해에 대한 인식
이 있으면 족한 것이고 그 인식도 확정적인 것은 물론이고 미필적인 것도
이에 포함되는 것이다."[112] "살인죄의 범의는 자기의 행위로 인하여 피해
자가 사망할 수도 있다는 사실을 인식·예견하는 것으로 족하고 피해자의
사망을 희망하거나 목적으로 할 필요는 없고, 또 확정적인 고의가 아닌
미필적 고의로도 족한 것"이라고 판시하였다.[113]

[학설]

① **[인식설 또는 가능성설]** 고의를 행위결과에 대한 행위자의 심리적 태도와
는 무관하게 결과 발생 가능성을 인식 또는 예견했는지 여부를 기준으로
판단한 것이 명백한 이상 인식설 또는 가능성설이다.[114]

② **[인용성설]** 인식설과 인용설에 따라 결론이 달라지는 것이 아니고, 소송과
정에서는 피고인이 결과발생을 인식하였느냐 또는 못 하였느냐가 주로 문
제 되고, 결과발생을 인식한 경우에는 인용뿐만 아니라 의욕까지도 인정
할 수 있는 경우이기 때문에 인식설을 따르고 있는 듯한 판례도 사실은
인용설을 따르고 있다고 해야 한다.[115]

③ **[가능성설 부정]** 고의는 반드시 확정적 고의임을 요하지 않고 미필적 고
의로 족하다는 의미에 불과하며, 미필적 고의의 본질에 관하여 가능성설
을 취한 것이라고 볼 수 없다.[116]

---

111) 대판 1985. 6. 25. 85도660; 대판 1987. 1. 20. 85도221; 대판 1987. 2. 10. 86도2338; 대판 1991.
   5. 10. 90도2102.
112) 대판 1987. 7. 21. 87도1091.
113) 대판 1994. 12. 23. 94도2511; 대판 1994. 3. 22. 93도3612; 대판 1998. 6. 9. 98도980; 대판
   2000. 8. 18. 2000도2231.
114) 박상기, 총론, 116면.
115) 오영근, 총론, 196면.

3. 고의의 성립요건

(1) 지적 요소(知的 要素)

지적 요소는 객관적 구성요건요소(기술적 요소와 규범적 요소로 이루어져 있다.)로 되는 **사실의 인식**을 말한다. 고의의 지적 요소도 구성요건적 **사실의 인식**과 **의미의 인식**을 구별하여 고찰해야 한다.

① **사실의 인식(認識)** 고의는 객관적 구성요건요소에 대한 **모든 인식**(기본적 구성요건요소＋가중적 구성요건요소＋감경적 구성요건요소)을 필요로 한다.

  1) **기본적 구성요건요소** 고의는 구성요건에 규정된 행위주체(공무원·의사)＋행위객체(사람·재물·문서·뇌물 등)＋행위(상해·기망·위조·허위의 공술 등)＋결과(사망·상해·생명의 위협 등)＋행위상황(공연음란죄의 '공연히', 위증죄의 '선서한' 등)＋인식(**인과관계에 대한**)이 있어야 한다. 여기서 인과관계에 대한 인식도 고의요소가 되어야 한다는 것이 통설이다.

  2) **가중적·감경적 구성요건요소** 형의 가중(형법 제250조 제2항의 존속살해죄에 있어서 '존속'에 대한 인식[117]) 및 감경사유(형법 제269조 제2항의 동의낙태죄에서 부녀의 '촉탁 또는 승낙'을 득했다는 인식)가 구성요건의 요소로 되어 있는 때에는 이에 대한 인식도 필요하다.

② **의미의 인식** 고의는 구성요건적 사실의 인식 외 **사실의 본질적 의미의 인식**(형법 제329조의 절도죄에 있어서 재물의 타인성, 동법 제245조의 공연음란죄에 있어서의 음란, 동법 제214조의 유가증권위조죄에 있어서의 유가증권, 동법 제152조의 위증죄에 있어서의 허위 등)까지 해야 할 필요가 있는 경우도 있다. 의미의 인식범위는 반규범성을 인정할 수 있으므로 규범적 구성요건요소 및 기술적 구성요건요소에서도 요구된다.[118] 의미의 인식의 정도는 문외한으로서의 소박한 가치평가면 족하다.

그리고 고의의 지적 요소로서 사실의 인식과 의미의 인식에 **현실적 인식** 이외에 **동시인식**(수반인식)도 포함된다. 동시인식이란 예컨대 공무원

---

116) 이재상, 총론, 165면.

117) 대판 1977. 1. 11. 76도3871.

118) 유기천, 총론, 162면; 이재상, 총론, 160면; 정성근, 총론, 191면.

이 수뢰 때에 자신이 공무원이라는 것을 뚜렷이 인식하면서 수뢰하는 것이 아닐 때도 고의가 인정되는 것을 말한다. 공무원에 대한 뚜렷한 인식이 없었다고 하여 수뢰의 고의를 부정하게 되면 비상식적인 결론에 도달하기 때문이다.

(2) 의적 요소(意的 要素)

의적 요소란 고의의 구성요건 실현을 위한 의사를 말한다. 따라서 단순한 소원·공상·희망이나 단순한 행위의사와는 구별된다. 구성요건실현을 위한 의사는 보통 구성요건실현을 부인하지 않고 인용하면 되고,[119] 구성요건실현을 묵인하고 불명확한 실현을 긍정적으로 평가하는 감수의사가 있으면 족하다.[120] 판례는 결과발생을 용인하는 내심의 의사가 있으면 족하다고 하여 **용인설**을 취하고 있다.[121]

그리고 고의의 의적 요소인 의사는 과거 및 현재적 사태는 의지·의욕의 대상이 될 수 없고, 단지 **인식의 대상**이 될 수 있을 뿐이다. 따라서 구성요건에 해당하는 사태가 현재의 상황에서 변경이 가능한 **장래적인 사태**에 대해서만 문제가 된다.[122]

4. 고의의 종류

종 류	내 용	예 시
① 직접고의	행위자가 구성요건에 해당하는 사실을 직접적으로 인식하고 인용한 때에 성립	[사례] 살해할 목적으로 권총을 발사하여 살해한 경우
② 간접고의	다른 주된 목적을 달성하기 위하여 범행을 수단으로 이용한 때에 성립	[사례] 보험금을 노리고 사람을 살해한 경우
③ 사전고의	행위자가 행위 이전에 구성요건 실현의사를 가지고 있었으나 '행위 시'에는 없는 경우 (고의 불성립)	[사례] 자기의 처를 사냥에 데리고 가서 사고로 가장하여 살해할 목적으로 남편이 그 전날 사냥에 가지고 길 총을 소제하다가 부주의로 그 처를 치사케 한 경우 '과실치사죄와 살인예비죄와의 상상적 경합'
④ 사후고의	행위자가 고의 없이 객관적 구성요건에 해당하는 사실을 실현했으나 사후에 이를 용인한 경우 (고의 불성립)	[사례] 총기를 손질하던 남편이 오발로 부인에게 중상을 입힌 후에 부인이 죽도록 하려는 의도에서 응급조치를 취하지 아니한 경우

---

119) 정영석, 총론, 169면; 이건호, 개론, 174면; 이형국, 연구 I, 219면.
120) 이재상, 총론, 172면; 김일수, 원론, 358면.
121) 대판 1987. 2. 10. 86도2338.
122) 김일수, 원론, 344면.

종류	내 용	예 시
① 확정적 고의	구성요건적 결과의 실현을 행위자가 인식하였거나 확실히 예견한 경우	고의범
② 불확정적 고의	1) 구성요건적 결과에 대한 인식 또는 예견이 불명확한 경우	

		내 용	예 시
② 불확정적 고의	2) 미필적 고의	불확정적 고의 중 특히 결과의 발생 자체가 불확실한 경우로서, 구성요건적 결과의 가능성을 인식하고 또 그것을 감수하겠다는 의사를 보인 경우에 성립하는 고의	[사례] 갑을 살해할 목적으로 음료수에 독약을 다량 투입하였으나, 갑의 가족도 그 물을 먹고 있으므로 '갑 이외의 자가 죽어도 좋다고 생각하고 있던바', 갑의 처가 그 물을 마시고 죽었다. **[미필적 고의에 의한 살인죄]**
		■ **미필적 고의와 인식 있는 과실과의 관계** 행위자가 결과발생의 가능성을 인식하고 다시 내심으로 이를 인용(인용설: 행위자가 결과발생을 내심으로 승낙하여 적극적으로 받아들이는 감정적·정서적 태도로, 결과가 발생할지도 몰라, 하지만 그래도 할 수 없다와 같은 정도의 내적 상태를 말한다.)한 때는 '미필적 고의'이고, 가능성은 인식했지만 내심으로 이를 거부하였거나 결과가 발생하지 않을 것으로 신뢰하였을 때에는 '인식 있는 과실'이 된다는 다수설123) 및 판례124)다. ■ **허용된 위험의 인식** 각종 고속도교통기관·토목건설사업·대공장의 경영 등에는 법익침해에 대한 고도의 개연성이 있다. 이에 따르는 불가피한 사고발생의 위험은 사회적으로 허용된 위험으로 간주된다. 예컨대 화재 때 소방차가 과속으로 달릴 수 있는 경우이다.	
	3) 택일적 고의	결과발생은 확정적이나 객체가 택일적이어서 두 개의 객체 가운데 하나만 결과가 일어날 수 있는 경우	[사례] 갑, 을, 병 3인을 향하여 발포하면서 그들 중 누구라도 명중해도 좋다고 생각하면서 총탄을 발사한 경우**[택일적 고의]**
	4) 개괄적 고의	제1행위로 예견한 결과가 실현되지 않았는데도 이미 실현된 것으로 오인하고 제2행위를 하여 비로소 예견된 결과가 실현된 경우를 말한다.	[사례] 갑은 을의 목을 졸라 을이 죽은 것으로 알고 모래밭에 묻었으나, 사실은 을이 모래에 묻혀 질식사한 경우 **[개괄적 고의]**

5. 고의의 요소

심리적 요소	① 사실의 인식	구성요건에 해당하는 사실적·기술적 요소의 인식이 필요하다. [예: 절도범에 있어서 '재물', 살인죄에서 '사람' 등을 말한다.]
	② 인과관계의 원칙	원인과 결과의 인과 과정의 인식이 필요하다. 단, 결과범에서만 필요하다.
	③ 기타 구성요소의 인식	[예: 제330조 야간주거침입절도죄에서 '야간', '주거' 등]
	④ 위법성의 인식	학설이 다분하다.
규범적 요소	구성요건에 해당하는 사실이 규범적(規範的: 인간이 행동하거나 판단할 때에 마땅히 따르고 지켜야 할 가치 판단의 기준) 요소를 포함할 때에는 행위자는 그 의미를 인식해야 고의가 성립한다. [예: 제214조 유가증권위조죄에서 '유가증권', 제52조 위증죄에서 '허위', 제205조 문서위조죄에서 '문서', 제243조에서 '음화' 등]	

---

123) 정영석, 총론, 177면; 이건호(8인 공저), 총론, 174면; 남흥우, 총론, 170면; 배종대, 총론, 240면; 염정철, 총론, 152면; 이형국, 연구 I, 219면; 정성근, 총론, 194면; 손해목, 총론, 321면; 임웅, 총론, 134면; 안동준, 총론, 81면.

124) 대판 1956. 11. 30. 4286형상217; 대판 1985. 6. 25. 85도660; 대판 1987. 2. 10. 86도2338; 대판 1987. 10. 13. 87도1240.

6. 고의 책임 원칙 죄의 성립요소인 범죄사실(事實)을 인식하는 것

범죄사실	예 시
행위주체	신분범에 있어서의 '신분'(단, 상습성과 같은 행위자적 요소는 제외)
행위객체	살인죄에서의 '사람', 방화죄에서의 '현주건조물'
행위상황	진화방화죄에서의 '화재에 있어서', 위증죄에 있어서의 '선서한'
행위	살인죄에서의 '살해', 위증죄에서의 '허위의 진술'
행위결과	살인죄에서의 '사망', 상해죄에서의 '상해'
인과관계	결과범에서의 행위와 결과 사이의 '인과관계'
규범적 요소	음란문서반포죄에서의 '음란문서'

7. 고의 시기 범죄 행위 시에 있어야 한다.

판례

[판례 1] 형법상 범의가 있다 함은 자기가 의도한 행위에 의해 범죄사실이 발생할 것을 인식하면서 그 행위를 감행하거나 하려고 하면 충분하고, 결과발생을 희망할 필요는 없다.[125]

[판례 2] 우발적 살의로써 사람을 살해해도 살인죄가 성립한다.[126]

[판례 3] 미필적 고의라 함은 결과발생이 불확실한 경우, 즉 행위자에게 결과발생에 대한 확실한 예견은 없으나 가능성은 인식한 경우이다. 미필적 고의가 인정되려면 결과발생 가능성에 대한 인식은 물론, 결과발생을 용인하는 내심의 의사가 있어야 한다.[127]

[판례 4] 다수인이 현존하는 건조물에 방화를 하면 인명피해가 있을지도 모른다는 것은 당연히 예견되므로, 인명피해결과에 대한 미필적 고의가 있다고 할 것이다.[128]

[판례 5] 살인죄에서 범의는 자기행위로 인하여 타인의 사망결과를 발생시킬 만한 가능성 또는 위험이 있음을 인식 또는 예견하면 족하다. 여기

---

125) 대판 1987. 10. 13. 87도1240; 同 1956. 11. 30. 4289刑上217.
126) 대판 1986. 12. 9. 86도2044; 同 1988. 1. 31. 67도1459.
127) 대판 1987. 2. 10. 86도2338; 同 1985. 6. 25. 85도660.
128) 대판 1983. 3. 8. 82도3248.

에는 사망의 결과발생을 희망할 것은 필요하지 않으며, 그 인식 또는
예견이 불확정적이더라도 미필적 고의는 있다고 보아야 할 것이다.[129)

[판례 6] 이른바 타격(打擊)의 착오가 있는 경우에도 살인의 고의는 성립한다.[130)

[판례 7] 형벌법규의 부지(不知)는 범의를 조각하지 않아서 범죄성립에 영향
을 미치지 않는다.[131)

[판례 9] 상해죄는 결과범으로 그 성립에는 상해의 원인인 폭행에 관한 인식
만으로 족하고, 상해를 가할 의사의 존재는 필요 없다.[132)

[판례 10] 자경의사 없이 농지취득 자격증명을 발급받은 경우 사위의 방법으
로 발급받은 것이어서 농지법위반의 범의가 인정된다고 한다.[133)

[판례 11] 피고인이 자신의 부인을 희롱하는 피해자에 대한 분노가 폭발하여
살해하기로 마음먹고 돌로 수차례 내리쳐 피해자가 뇌진탕으로 실
신하자 죽은 것으로 오인하고 시체를 몰래 파묻어 증거를 없애기
위해 150M 정도 떨어진 개울가로 끌고 가 모래웅덩이에 묻었다가
피해자가 피고인의 구타행위로 인해 직접 사망한 것이 아니라 죄
적을 인멸할 목적으로 행한 매장행위에 의해 사망하게 되었더라도
전 과정을 개괄적으로 보면 피해자의 살해라는 애초의 예견사실이
결국 실현된 것이므로 살인죄의 죄책을 면할 수 없다.[134)

[판례 12] 어음이 지급기일에 지급될 수 있다는 확신이 없으면서도 그러한
내용을 수취인에게 고지하지 않고 이를 속여 할인을 받은 경우 편
취의 미필적 고의가 인정된다.[135)

[판례 13] 극도로 재무구조가 악화되어 특별한 금융혜택을 받지 않는 한 기
업의 도산이 불가피한 상황에 이르러 특별한 금융혜택을 받을 수
있는 가능성이 없었음에도 이와 같은 상황을 숨기고 피해자들로부터
생산자재용 물품을 납품받은 경우 편취의 미필적 고의가 있다.[136)

---

129) 대판 1988. 6. 14. 88도692; 同 1988. 2. 9. 87도2564.
130) 대판 1984. 1. 24. 83도2813.
131) 대판 1984. 2. 14. 83도3206.
132) 대판 1983. 3. 22. 83도231.
133) 대판 2006. 2. 24. 2005도8802.
134) 대판 1988. 6. 28. 88도650.
135) 대판 1997. 12. 26. 97도2609.

[판례 14] 포박 감금된 피해자의 얼굴에 모포를 덮어씌워 놓고 아파트에서
그냥 나오면서 피해자를 그대로 두면 죽을 것 같다는 생각이 들었
으나 병원에 옮기고 자수할 용기가 나지 않아 그대로 방치했는데
사망한 경우 살인의 미필적 고의가 있다.137)

[판례 15] 피고인이 자신의 허리띠를 잡으며 욕설하는 피해자를 과도를 오른
손에 들고 찔러서 피해자가 좌흉부에서 심장을 관통하는 자창에
의한 실혈로 사망했고, 피고인이 그 직후 과도를 소지한 채 현장을
도망쳐 나왔다면, 그 범행이 우발적이라 할지라도 살인의 결과발생
을 인식하고 저지른 소행으로서 미필적 고의가 있다.138)

[판례 16] 의무경찰이 직진하여 온 택시의 운전자에게 좌회전을 지시하고 불
과 30센티 앞에서 이유를 설명하고 있다가, 택시운전자가 신경질
적으로 갑자기 좌회전하는 바람에 택시 우측범퍼로 무릎을 들이받
힌 경우 공무집행방해의 미필적 고의가 있다.139)

[판례 17] 청소년보호를 위한 연령확인의무를 다하지 아니한 채 대상자가 성
인이라는 말만 믿고 타인의 건강진단결과서만 확인한 채 청소년을
청소년유해업소에 고용한 업주에게는 적어도 청소년 고용에 관한
미필적 고의가 있다.140)

[판례 18] 대구지하철 화재 사고현장을 수습하기 위한 청소작업을 지시한 대
구지하철공사 사장에게 그러한 청소작업으로 인하여 증거인멸의
결과가 발생할 가능성을 용인하는 내심의 의사까지 있었다고 단정
하기 어렵다고 판시하였다.141)

---

136) 대판 1983. 5. 10. 83도340.
137) 대판 1982. 11. 23. 82도2024.
138) 대판 1969. 12. 26. 89도2087.
139) 대판 1995. 1. 24. 94도1949.
140) 대판 2002. 6. 28. 2002도2425.
141) 대판 2004. 4. 14. 2004도73.

해설

[의의] **과실**(過失)이란 정상의 주의를 태만함으로써 죄의 성립요소인 사실을 인식하지 못한 것을 말한다.

[사례] 피고인이 성냥불로 담배를 붙인 후 그 성냥불이 꺼진 것을 확인하지 아니한 채 휴지가 들어 있는 플라스틱 휴지통에 던진 행위는 중대한 과실로서 중실화죄를 구성한다(판례).

『**과실**(過失)』 정상의 주의를 태만히 하는 행위, 행위자의 부주의, 주의 의무 위반을 말한다. **고의**가 구성요건에 해당하는 객관적 사실에 대한 인식 내지 감수이고, **과실**은 정상의 주의를 태만히 함으로써 죄의 성립요소인 사실을 인식하지 못한 경우를 말한다.

『**주의 의무위반**』 구성요건적 결과발생을 예견하고 그에 따라서 결과발생을 회피할 수 있었는데 그렇게 하지 않았다는 법적 평가로, 예견 가능성과 회피 가능성을 내용으로 한다.

『**죄의 성립요소인 사실을 인식하지 못한 행위**』 범죄사실을 인식하지 못한 행위를 말한다.

『**법률에 특별한 규정**』 과실은 원칙적으로 처벌하지 않는다는 뜻이며, 우리 형법은 고의범에 대한 처벌이 원칙적이라는 뜻이다. 과실범(過失犯)은 사회적·현실적으로 필요에 따라 중대한 결과발생에 한해서 예외적으로 처벌한다.

Ⅰ. 과실의 본질과 행위성 및 체계적 지위

1. **과실의 본질과 행위성** 과실의 본질은 주의의무위반(구성요건적 결과발생을 예견하고 그에 따라서 결과발생을 회피할 수 있었는데 그렇게 하지 않았다는 법적 평가)이다. 과실은 고의의 감경된 형태가 아닌 불법과 책임이 고의범에 비해 가볍기 때문에 법률에 특별한 규정이 있을 때만 처벌한다. **과실의 행위성을 보면,** ① **인과적 행위론**은 행위를 의사에 기한 신체적 동작 내지 태도이다. 따라서 인식 없는 과실을 행위로 인정하기 어렵다. ② **목적적 행위론**은 행위를 일정한 목적을 실현하기 위한 목적추구활동이다. 따라서 목적성이 없는 과실범(특히 인식 없는 과실)의 행위성을 인정하기 어렵다. ③ **사회적 행위론**은 행위를 사회적으로 중요한 인간행태로 파악한다. 따라서 과실도 사회적 중요성이 인정되어 행위성이 인정된다.

2. **과실의 체계적 지위**

   과실의 체계적 지위에 관해서는 견해가 대립되고 있다.

   (1) **책임요소설** 과거의 인과적 행위론 및 심리적 책임론의 입장에서 주의의무위반(과실)은 고의와 동일하게 심리적·주관적 요소로서의 책임조건에 불과하다는 견해이다.[142]

   (2) **위법성 요소설** 주의의무위반의 과실은 책임단계에 앞선 위법성 요소라는 견해이다.[143]

   (3) **구성요건요소설** 과실행위의 본질적 요소는 **결과**가 아니라 **주의의무위반**에 있으므로 주의의무위반은 과실범의 구성요건요소이며 본질적인 행위반가치(**행위불법**)를 구성한다는 견해이다(목적적 범죄론체계).[144]

   (4) **이중적 지위론** 과실에 있어서 객관적으로 요구되는 **주의의무**는 불법구성요건의 영역에 속한다. 행위자에게 가능한 주의는 책임의 영역에 속

---

142) 정영석, 총론, 174면; 남흥우, 총론, 173면.
143) 유기천, 총론강의, 167면; 이건호, 개론, 239면.
144) 황산덕, 총론, 126면.

한다. 그러므로 객관적(客觀的) 주의의무위반은 **구성요건요소**가 되고, 행위자의 개인적 능력(個人的 能力)에 따른 주의의무위반은 **책임요소**가 된다. 이와 같이 과실을 이중적으로 기능을 인정하는 다수설로 타당하다.[145]

Ⅱ. 과실의 종류

1. 인식 있는 과실과 인식 없는 과실

(1) **인식 있는 과실**(認識 있는 過失)**이란** 행위자가 법적 구성요건의 실현 가능성을 인식했으나 필요한 주의의무를 다하지 않음으로써 자신에게는 그러한 결과가 발생하지 않을 것으로 믿는 경우(위험에 대한 과소평가, 자신의 능력의 과대평가, 단순한 행운을 비는 마음 등이 원인이 될 수 있다.)를 말한다.

(2) **인식 없는 과실**(認識 없는 過失)**이란** 행위자가 필요한 주의의무에 위반함으로써 법적 구성요건의 실현 가능성을 인식하지 못한 경우를 말한다. 형법은 인식 유무에 대한 과실을 동일하게 벌하므로 이러한 구별은 양형에서 의의를 가질 뿐이다.

2. 업무상 과실과 중과실

(1) **업무상 과실**(業務上 過失)**이란** 업무종사자가 업무(사람이 사회생활에서 가지는 지위로 계속적으로 종사하는 사무)상 일반적으로 요청되는 주의의무를 태만히 한 경우를 말한다.

---

145) 유기천, 총론, 700면; 이재상, 총론, 186면; 김일수 · 서보학, 총론, 469면; 배종대, 총론, 590면; 손해목, 총론, 700면; 신동운, 총론, 208면; 이형국, 총론, 375면; 임웅, 총론, 432면; 박상기, 총론, 256면; 오영근, 총론, 214면; 손동권, 총론, 325면; 조준현, 총론, 276면; 정성근 · 박광민, 총론, 421면; 김성천 · 김형준, 총론, 162면; 정영일, 총론, 125면; 김종원, "과실범의 구조", 법정, 1969. 8. 9면; 심재우, "사회적 행위론과 과실범의 구조", 고시연구, 1979. 3. 77면; 진계호 · 이존걸, 총론, 253면.

> **[형법은 일반과실보다 형을 가중하고 있다.]**
>
> 제171조 업무상 실화죄
> 제173조의 2 제2항 업무상폭발성물건파열죄
> 제189조 제2항 업무상 과실교통방해죄
> 제268조 업무상 과실치사상죄
> 제364조 업무상 과실장물취득죄

[형의 가중 근거]

① 행위의 주체가 업무자이므로 일반인에 비해 특히 무거운 주의의무가 과해지기 때문이라는 견해[146]

② 업무자에게 일반인보다 더 높은 주의능력이 있기 때문이라는 견해[147]

③ 업무자에게 예견 가능성이 크기 때문에 불법이 가중되기 때문이라는 견해[148]

④ 업무자에게 높은 예견 가능성으로 인하여 불법이 가중되기 때문이라는 견해[149]

⑤ 업무자에게는 고도의 예견 가능성과 회피 가능성이 있으므로 불법 및 책임이 가중되기 때문이라는 견해[150]

(2) 중과실(重過失)이란 극히 근소한 주의만 하였더라면 결과발생을 예견할 수 있었음에도 불구하고 부주의로 이를 예견하지 못한 경우를 말한다. 중과실과 경과실의 구별은 구체적인 경우에 사회통념에 비추어 결정된다.[151]

> **[형법은 일반과실보다 형을 가중하고 있다.]**
>
> 제171조 중실화죄[152]
> 제173조의 2 제2항 중과실폭발성물건파열죄
> 제189조 제2항 중과실교통방해죄
> 제268조 중과실치사상죄
> 제364조 중과실장물취득죄

---

146) 김종원, 각론(상), 78면; 임웅, 총론, 435면; 신동운, 총론, 206면; 김성천·김형준, 총론, 165면.

147) 배종대, 총론, 567면; 오영근, 총론, 210면; 손동권, 총론, 280면.

148) 정성근·박광민, 총론, 422면; 이재상, 총론, 183면.

149) 이정원, 총론, 375면.

150) 손해목, 총론, 702면; 김일수·서보학, 총론, 443면.

151) 대판 1980. 10. 14. 79도305.

152) 대판 1988. 8. 23. 88도855(형법 제71조가 정하는 중실화는 행위자가 극히 작은 주의를 함으로써 결과발생을 예견할 수 있었는데도 부주의로 이를 예견하지 못하는 경우를 말한다.).

Ⅲ. 과실범의 성립요건

과실범이 구성요건에 해당하려면 **심리적 요소**(범죄사실의 불인식)와 **규범적 요소**[행위불법측면(객관적 주의의무위반)] 및 **결과불법**(결과발생 · 결과에 대한 인과관계 · 객관적 귀속 · 예견 가능성)이 필요하다.

1. 객관적 주의의무의 위반

(1) 의의 객관적 주의의무위반이란 구성요건적 결과의 발생을 **예견**하고 이를 **회피**하기 위하여 객관적으로 요구되는 주의의무를 **태만히** 하는 것을 말한다.

(2) 내용 객관적 주의의무는 결과예견의무(내적 주의의무 또는 사전심사의무)와 결과회피의무(외적 주의의무)를 그 내용으로 한다.[153]

① **결과예견의무** 사전에 주의력을 집중하여 보호법익에 대한 위험을 인식하고 정확히 판단해야 할 의무를 말한다. 예컨대 교통 면을 보면 사전에 해야 할 **사전준비의무**[사전에 예견에 필요한 내적(주의력 집중)이고 외적(자동차의 고장 유무의 조사)인 행위]가 이에 해당한다.

② **결과회피의무** 위험발생의 가능성을 인식하였을 때에 구성요건적 결과의 발생을 회피하기 위하여 적절한 **방어조치**(예컨대 전방주시 · 경적 · 서행 · 급정차와 같은 작위 · 부작위의무)를 취할 의무를 말한다.

(3) 객관적 주의의무의 표준

① **주관설** 주의의무의 위반은 행위자 본인의 능력 이상의 것을 기대할 수 없다는 것을 이유로 **도의적 책임론**의 입장에서 **행위자 본인**의 주의능력을 표준으로 하여 주의의무위반의 유무를 판단해야 한다는 견해이다(개별적 주의의무위반설).[154]

② **객관설** 규범은 **일반인**이 준수할 수 있는 때에만 타당하다는 것을 이유로 **사회적 책임론**의 입장에서 사회일반인의 주의능력을 표준으로 하여 주의의무위반의 유무를 판단하는 다수설[155]이 타당하며 판례[156]도 같

---

153) 황산덕, 총론, 128면; 이형국, 연구Ⅱ, 661면 이하; 이재상, 총론, 181면.

154) Samson, *SK*, S. 72; Stratenwerth, *AT*, S. 295.

155) 황산덕, 총론, 129면; 유기천, 총론, 170면; 이건호(8인 공저), 총론, 242면; 이형국, 연구Ⅱ, 664면; 정성

은 입장이다.

③ **절충설** 주의의무의 정도는 **일반인의 주의능력을 표준**으로 하여 객관적
으로 판단하고, 주의능력(결과예견 가능성)은 **행위자 본인의 주의능력을
표준**으로 판단해야 한다는 견해이다(이중표준설).[157] 규범은 일반인의
주의능력 이상의 것을 요구할 수 없는 동시에, 행위자 본인에게 불가
능한 것을 강요할 수 없다는 것을 이유로 한다.

(4) 주의의무의 근거

법령(法令)	① 주의의무는 형법 제14조와 각칙상의 과실범에 규정되어 있다. ② 그 외는, 도로교통법 제43조 자동차운전 시의 안전운행의무, 식품위생법 제2조의 2 식품 판매업자 등에 대한 청결위생보지의무
조리(條理)·판례(判例)	① 주의의무를 모두 법규에 유형화하는 것은 불가능하다(조리·경험칙·판례에서 주의의무 요구). ② 행위자가 법규를 모두 준수한 것만 가지고는 과실 책임을 면할 수 없다. 예컨대 자동차운 전자는 관련법규 외에 날씨, 노면상태, 도로의 혼잡도 등에 따라 때에 따라 필요한 조리 상 경험칙상의 주의의무까지 준수해야 한다.[158]

2. 결과발생·인과관계와 객관적 귀속 및 예견 가능성

(1) 결과의 발생 과실범은 **결과범**이다. 따라서 법익의 침해·위험이라는 구성
요건적 결과가 발생하여야 한다. 과실범의 발생태양은 고의범과 같이 침
해범(과실치상죄)뿐만 아니라 위험범(과실일수죄)으로도 가능하다.

(2) 인과관계 행위자의 **과실**과 구성요건적 **결과발생** 사이에는 인과관계(행위
가 결과에 대하여 합법칙적 조건이 된 때 인정됨)가 있어야 한다.

(3) 객관적 귀속 과실범에서 객관적 귀속이 인정된다.[159]

① **주의의무위반으로 인한 결과발생** 과실범의 결과는 그것이 주의의무위

근. 총론, 402면; 이재상, 총론, 182면; 진계호·이존걸, 총론, 259면.

156) 대판 1997. 10. 10. 97도1678(의료사고에 있어서 과실을 인정하기 위해서는 결과발생을 예견할 수 있었음
에도 불구하고 그 결과발생을 회피하지 못한 과실이 검토되어야 하고, 그 과실의 유무를 판단함에도 같은 업
무와 직무에 종사하는 일반적 **보통인의 주의 정도를 표준**으로 하여야 하며, 이에는 사고 당시의 일반적인
의학의 수준과 의료 환경 및 조건, 의료행위의 특수성 등이 고려되어야 한다.); 대판 1996. 11. 8. 95도
2710; 대판 1999. 12. 10. 99도3711.

157) 백남억, 총론, 200면; 정영석, 총론, 183면; 남흥우, 총론, 175면.

158) 대판 1999. 1. 15. 98도2605(야간에 고속도로에서 차량을 운전하는 자는 주간에 정상적인 날씨 아래에서
고속도로를 운행하는 것과는 달리 노면상태 및 가시거리상태 등에 따라 고속도로상의 제한최고속도 이하의
속도로 감속·서행할 주의의무가 있으므로, 야간에 선행사고로 인하여 전방에 정차해 있던 승용차와 그 옆에
있던 피해자와 충돌한 경우 운전자에게는 고속도로상의 제한속도는 이하의 속도로 감속 운행하지 아니한 과
실이 있다.).

159) 대판 1985. 3. 26. 84도3085.

반으로 인하여 발생한 때에만 행위자에게 객관적 귀속이 가능하다. 따라서 행위자가 주의의무를 다하였다 할지라도 같은 결과가 발생했을 것이라고 인정될 때(주의하여 운전했어도 그 결과가 발생했을 경우)는 객관적 귀속이 부정된다.

② **규범의 보호범위 내의 결과발생** 객관적 귀속은 규범의 보호범위 안에서 결과가 발생한 때에 인정된다. 따라서 규범의 보호범위 밖에서 결과가 발생한 때(운전자가 과속으로 진행하여 일찍 교차로에 도착하였지만, 그 지점에서는 주의의무를 다하였으나 사고가 발생한 경우,[160] 의사가 일정한 검사 없이 수술한 결과 환자가 사망했는데, 며칠 정도 소요되는 그 검사를 거쳤다 하더라도 동일한 수술에 의하여 환자가 사망했을 경우[161])는 **객관적 귀속**이 부정된다.

(4) 객관적 예견 가능성 객관적 예견 가능성이란 구성요건의 실현이 행위자에게 있어서 객관적으로 미리 알 수 있었다는 것을 의미한다. 구성요건적 결과와 인과관계의 본질적 요소는 예견 가능해야 한다. 따라서 객관적으로 예견할 수 없었던 결과(상해의 결과를 예견할 수 있었지만 사망의 결과는 예견할 수 없었다면 비록 사망의 결과가 발생했어도 과실치사죄는 성립하지 않는다.)는 행위자에게 귀속시킬 수 없다. 객관적 예견 가능성의 판단기준은 객관적 표준(행위자가 속한 사회의 양심적이고 신중한 구성원의 판단능력)에 의하여 결정된다.

Ⅳ. 과실범의 위법성과 책임

1. 과실범의 위법성

(1) 위법성의 징표 과실범도 고의범처럼 구성요건의 실현으로 인해 위법성이 징표되나, 과실행위의 위법성은 **위법성조각사유**에 의해 조각될 수 있다.

(2) 주관적 정당화 요소의 요부 과실범도 고의범처럼 위법성조각에 방위의사·피난의사·자구의사와 같은 주관적 정당화 요소가 필요한 가에 대해서,

---

160) 이재상, 총론, 195면.
161) 임웅, 총론, 450면.

① **필요설** 과실범의 경우에도 행위반가치(행위불법)가 존재하므로 이를 상쇄시키는 주관적 정당화 요소가 필요하다.[162] 본 설에 의하면 위법성은 조각되지 않고 미수가 되지만, 형법상 과실범의 미수는 처벌규정이 없기 때문에 불가벌이 된다. 따라서 필요설과 불요설은 별 차이가 없다.

② **부분적 필요설** 주관적 정당화 요소가 **과실결과범**에서는 불필요하지만, **과실형식범**에서는 행위불법을 상쇄시킬 주관적 정당화 요소가 필요하다.[163]

③ **불요설** 객관적 정당화 상황의 존재에 의해서 결과반가치(결과불법)가 탈락되고 행위반가치(행위불법)만이 남게 된다. 그렇지만 과실범의 **미수**는 있을 수 없으므로 행위반가치를 상쇄시키는 주관적 정당화 요소는 필요 없다는 견해도 타당하다.[164]

(3) 위법성조각사유

사회적 상당성 또는 허용된 위험은 과실범의 위법성조각사유가 아니라 구성요건해당성을 조각한다. 그러나 다음의 과실범은 위법성이 조각된다.

① **정당방위** 과실로 발생한 결과가 고의로 야기되었더라도 정당방위가 성립될 수 있는 경우라면 그 **과실행위**(경고사격만 한다는 것이 총상을 입힌 경우, 현재의 부당한 공격한 자를 권총자루로 내리치는 순간 격발되어 총상을 입힌 경우)는 정당방위로 위법성이 조각된다.

② **긴급피난** 행위자가 교통규칙위반을 통해 보존하려는 이익이 교통안전수칙의 **준수이익을 초과**(중환자를 병원으로 이송하는 중에 과속으로 교통사고를 낸 경우)할 경우에 긴급피난이 된다.

③ **피해자 승낙** 행위자의 주의의무위반과 그로 인한 위험성을 승낙한 경우(경기 도중에 과실로 상해를 입힌 경우, 운전자의 음주사실을 알고 동승했는데 사고가 발생한 경우)에 위법성이 조각된다.

---

162) 김일수 · 서보학, 총론, 461면; 손해목, 총론, 732면; 임웅, 총론, 452면; 이정원, 총론, 413면; 안동준, 총론, 280면.

163) 이형국, 총론, 381면.

164) 박상기, 총론, 270면; 이재상, 총론, 197면; 배종대, 총론, 600면; 정성근 · 박광민, 총론, 437면; 손동권, 총론, 293면; 신영균, "주관적 정당화 요소에 대한 검토", 성시탁 화갑기념논문집, 1993, 299면; 진계호 · 이존걸, 총론, 267면.

2. 과실범의 책임

(1) **고의범과 동일한 책임표지** 과실범의 책임은 고의범의 경우와 같이 책임
능력, 위법성의 인식, 적법행위의 기대 가능성 등을 전제로 한다.

① **책임능력** 과실범에서 책임능력은 주의의무를 인식하고 이에 따라 이를
준수할 수 있는 **정신능력**(제9조 · 제10조)을 말한다. 따라서 책임무능력
자의 과실행위는 주의의무에 대한 위반이 있어도 책임이 조각된다.

② **위법성의 인식** 행위자는 자신이 위반한 주의의무가 **법적 의무**라는 것
을 인식하거나 인식할 수 있어야 한다(인식 있는 과실과 인식 없는 과실도
주의의무의 인식 가능성이 있기 때문이다.).

③ **적법행위의 기대 가능성** 행위자에게 개인적으로 주의의무의 이행을 극
도로 어렵게 하는 갈등상황이 있었을 경우에는 기대 불가능성으로 과
실범의 **책임이 조각**된다(형법 제21조 제3항의 면책적 과잉방위나 제22조 제3
항의 면책적 긴급피난의 경우이다.).

(2) **주관적 주의의무 위반**

① **의의** 주관적 주의의무란 행위자가 자신의 개인적 능력에 의하여 객관
적 주의의무를 인식하고 이를 이행할 수 있었음에도 불구하고 그에게
가능한 주의를 하지 않은 경우를 말한다.

② **판단** 객관적 주의의무의 이행 가능성 유무는 행위자의 개인적 능력을
기준으로 판단한다. 따라서 객관적 주의의무를 다하지 못한 경우는 책
임이 조각된다.

③ **주관적 예견 가능성** 과실결과범의 경우에는 행위자가 개인적 능력에
따라 구성요건적 결과와 인과관계의 본질적 부분을 예견할 수 있어야
한다(주관적 예견 가능성은 인식 없는 과실범에서만 해당된다.).

V. 과실범의 처벌

과실범의 처벌	법률에 특별한 규정이 있는 경우에 한해서 처벌한다(제14조).
형법의 특별한 규정	제170조 실화죄, 제171조 업무상 실화·중실화죄, 제173조의 2 제1항 과실폭발성물건파열 등 죄, 제173조의 2 제2항 업무상 과실·중과실폭발성물건파열 등 죄, 제181조 과실일수죄, 제189조 과실·업무상 과실·중과실교통방해죄, 제266조 과실치상죄, 제267조 과실치사죄, 제268조 업무상 과실·중과실치사상죄, 제364조 업무상 과실·중과실장물취득죄

VI. 관련 문제

1. **과실범의 미수** 미수범은 범죄 실행에 착수하였음을 전제로 한다. 범죄 실행의 착수는 내부적 범죄의사의 외부적·확정적 표현행위가 있는 경우에 인정된다. 따라서 고의를 결하는 과실범에 있어서는 미수범이 성립할 여지가 없다. 현행법도 과실범의 미수를 처벌하지 않는다.

2. **과실범의 공범** 협의의 공범(교사·방조)에 있어서는 과실범이 성립할 수 없다(통설). 그러나 과실에 의한 간접정범은 가능하다. 판례는 처음 과실범의 공동정범을 부정(범죄공동설과 목적적 행위지배설)했으나, 후에는 이를 인정(행위공동설과 기능적 행위지배설)하였다.

3. **결과적 가중범과 과실** 결과적 가중범은 고의범과 과실범의 결합형식이다. 고의범이 가중된 경우로 고의범의 범주에 가깝다. 형법은 과실의 결과적 가중범을 인정하지 않는다.

4. **과실의 부작위범** 진정부작위범 및 부진정부작위범도 과실로 행하여질 수 있다. 과실에 의한 진정부작위범의 경우는 과실범의 처벌규정이 없다[금지규범 위반(작위), 명령규범 위반(부작위)].

과실범의 판례

[판례 1] 과실범은 법률에 특별한 규정이 있는 경우에 한하여 처벌되며, 형벌법규의 성질상 과실범을 처벌하는 특별규정은 그 명문에 의해 명백

하고 명료하여야 한다.165)

[판례 2] 여러 사람이 어떤 과실행위를 서로의 의사연락 아래 실행하여 범죄 결과를 발생케 한 경우 과실범의 공동정범이 성립한다.166)

[판례 3] 만원 열차에 승무한 차장은 마땅히 객차의 승강구출입문의 개폐 여부를 확인 점검하여 열린 승강구의 추락 사고를 방지해야 한다.167)

[판례 4] 전당포 경영자가 전당물을 입질(入質)받을 때 소유관계를 묻고 주민 등록증을 제시받아 전당물 대장에 주소, 성명, 직업, 주민등록번호, 연령 등을 기재하였다면 특별한 사정이 없는 한 전당포경영자로서 주의의무를 다한 것이다.168)

[판례 5] 중과실은 행위자가 극히 근소한 주의를 함으로써 결과발생을 예견할 수 있는 경우로서 구체적인 경우에 사회통념을 고려하여 결정할 문제이다.169)

Ⅶ. 객관적 주의의무의 제한원리

1. 허용된 위험의 이론

(1) 허용된 위험의 이론이란 사회생활상 필요불가결한 업무는 그것이 위험방지를 위해 필요한 조치를 취했는데도 위험이 실현되었다면 이를 허용된 위험으로 인정한다. 이런 허용된 위험 내에서 발생한 결과는 객관적 주의의무에 반하지 않기 때문에 과실범이 성립하지 않는다.

(2) 법적 성질

　① **독자적 기능부인설** 허용된 위험은 그 개념의 불명확성 내지 포괄성 때문에 독자적인 법적 성격을 부여할 수 없다는 견해이다.170)

---

165) 대판 1983. 12. 13. 83도2467.
166) 대판 1978. 9. 26. 78도2082.
167) 대판 1978. 9. 27. 82도267.
168) 대판 1987. 2. 24. 86도2077; 同 1985. 2. 26. 83도1215.
169) 대판 1960. 3. 9. 4292刑上761.
170) 박상기, 총론, 278면; 배종대, 총론, 544면 이하.

② **독자적 기능인정설** 허용된 위험도 여러 가지의 유형의 경우를 포괄하여 일반조항과 같은 독자적 기능을 가진 개념이다(통설). 여기에는 구성요건해당성배제사유설(허용된 위험은 형법상의 구성요건해당성을 배제하는 사유가 된다는 견해로 타당하다.[171])과 위법성조각사유설(허용된 위험은 위법성을 조각한다는 견해이다.[172])이 있다.

(3) 인정의 범위 허용된 위험은 고의 및 과실행위에 인정될 것이다. 허용된 위험은 법익침해의 결과를 예상하면서 이를 용인하는 경우에도 존재할 수 있기 때문이다(광산사고의 발생을 예상하면서 이를 무릅쓰고 광부를 갱도로 보내는 광산주의 위험행위).

(4) 허용된 위험의 유형 허용된 위험의 유형에는 사회적 유효성·필요성 있는 행위(공동체 이익 때문에 인정되는 행위로 투기적 성질을 가진 모험거래), 위험한 인명구조행위(화재 시 아동을 구하기 위해 창밖으로 던지는 행위, 인질을 위협하는 납치범을 향한 사격행위), 허용된 위험의 승낙·인수(권투·레슬링과 같은 위험한 운동경기처럼 사회의 상당성이 인정된 위험, 과중하게 2인 이상이 오토바이를 탔다가 다친 경우처럼 피해자가 위험성을 승낙한 경우)행위 등이 있다.

(5) 적용상의 기준 객관적 주의의무위반의 범위를 한정하는 기준들은 허용된 위험의 한계를 획정하는 기준으로는 법규 및 행정규칙(사회적으로 상당한 행위일 뿐만 아니라 허용된 위험의 범주 내), 거래교통의 관행·규칙 및 사회규범(행위에 관한 법 규정이 없는 경우로, 운동규칙·내부적인 근무지침·의료기술의 규칙·상인의 관행·싱거래 규칙 등), 판결에 의한 제한(법관의 판결에 의해 개별적으로 확정할 수 있다.) 등이 있다.

---

171) 이재상, 총론, 189면; 김일수·서보학, 총론, 455면; 임웅, 총론, 444면; 이형국, 총론, 383면; 오영근, 총론, 222면; 손동권, 총론, 289면; 진계호·이존걸, 총론, 273면.

172) Jescheck, Lehrbuch, *AT*, S. 360ff.

2. 신뢰의 원칙

(1) 신뢰의 원칙이란 위험이 수반되는 행위에 있어서 행위자가 스스로 지켜
야 할 규칙을 준수하면서 타인의 규칙준수를 신뢰하면서 행위를 할 때
법익 침해적 결과가 발생하더라도 특별한 사정이 없는 한 허용된다는 이
론을 말한다. 1957년 궤도교통에 신뢰원칙을 인정한 이래 고속도로교
통[173]과 일반교통[174]까지도 확대하여 본 원칙을 정착시켰다.

(2) 법적 성질

신뢰의 원칙은 사고발생에 대한 상호 신뢰를 전제로 하는 수인의 행위가
영향을 미친 경우에 그 기여도에 따라 위험부담의 적정분배원리를 배경
으로 한 원칙으로 허용된 위험의 특별한 경우에 해당하며, 과실범의 객관
적 주의의무를 한정하는 기능을 갖는다.

신뢰 원칙 판례

[1] 신뢰원칙 인정(피해자 과실 인정)

[판례 1] 신뢰원칙은 상대방 교통 관여자가 도로교통의 제반법규를 지켜 도로
교통에 임하리라고 신뢰할 수 없는 특별한 사정이 있는 경우에는 그
적용이 배제된다.[175]

[판례 2] 1935년 12월 9일 독일제국재판소가 주로 자동차와 보행자 간의 신
뢰원칙 채택[176]

[판례 3] 일본에서 1950년대에 이르러 자동차의 사회적 효용을 존중하여 신
뢰의 원칙을 인정한 하급심판례[177]를 거쳐 1966년의 최고법원판결
에서 신뢰의 원칙을 확립하였다.[178]

[판례 4] 한국은 1957년 궤도교통에 신뢰원칙을 인정한 이래 고속도로교

---

173) 대판 1971. 5. 24. 71도623.
174) 대판 1972. 2. 22. 71도2354; 대판 1977. 3. 8. 77도409.
175) 대판 1984. 4. 10. 84도79.
176) BGHSt 4, 47; 7, 118.
177) 名古屋高判 昭 30. 12. 21. 재특 3, 4, 102면; 福岡高判 昭 39. 10. 28. 형집 6, 9, 966면.
178) 일최판 昭 41. 12. 20. 형집 20, 10, 1212면.

통,179) 일반교통까지도180) 확대하여 신뢰원칙을 정착시켰다.

[판례 5] 자동차운전자는 상대방이 차선을 침범하여 운행할 것까지 예상하여 이에 대비할 주의의무가 없다.181) 우선권을 가진 운전자는 상대방의 차가 대기할 것을 기대하면 족하다.182) 무모하게 앞지르려는 차를 위하여 서행할 주의의무가 없다.183) 진행신호에 따라 가는 차는 이를 무시하고 가는 차가 있음을 예상하여 사고 발생을 방지할 주의의무가 없다.184) 자동차전용도로에 자전거를 탄 사람이 나타날 것을 예견할 수 없다.185) 야간에 무등화인 채로 차도를 횡단하리라고 예상할 주의의무는 없다.186)

[2] 가해자 과실 부정

[판례 6] 고속도로에서 일어난 보행자충돌사고,187) 육교 밑을 횡단한 보행자 충격사고,188) 자동차전용도로에서의 보행자충격사고,189) 적색신호를 무시하고 횡단보도를 건너온 보행자에 대한 사고,190) 약사법소정의 검인표시를 신뢰하고 약을 사용한 약사191)

[3] 가해자 과실 인정

[판례 7] 횡단보도가 아닌 곳에서 횡단하는 보행자를 다치게 한 운전자,192) 의사가 지도감독을 소홀히 한 채 간호사에게 의료행위를 일임함으

---

179) 대판 1971. 5. 24. 71도623.
180) 대판 1972. 2. 22. 71도2354; 대판 1977. 3. 8. 77도409.
181) 대판 1984. 2. 14. 83도3086; 대판 1984. 4. 24. 84도240.
182) 대판 1984. 4. 24. 84도185.
183) 대판 1984. 5. 29. 84도483.
184) 대판 1983. 2. 22. 82도3671.
185) 대판 1980. 8. 12. 80도1446.
186) 대판 1984. 9. 25. 84도1695.
187) 대판 1971. 5. 21. 71도623; 대판 1977. 6. 28. 77도403.
188) 대판 1985. 9. 10. 84도1572.
189) 대판 1989. 3. 28. 88도1484.
190) 대판 1987. 9. 8. 87도1332.
191) 대판 1976. 2. 10. 74도2046.
192) 대판 1980. 5. 27. 80도842.

로써 간호사의 과오로 환자에게 위해가 발생한 경우에 업무상 과실 책임이 있다.193) 의사가 처음부터 자격이나 능력이 없는 의료보조자를 채용한 경우에도 업무상 과실 책임이 있다.194)

[4] 피해자만 과실 인정

[판례 8] 위험한 곡선 길에서 도로중앙선을 제한속도를 초과해 달리다가 반대방향에서 오던 택시와 충돌했을 경우195)

(3) 적용상의 제한 신뢰원칙은 신뢰할 수 있는 정상적인 관계를 전제로 한다. 만약 특별한 사정이 있으면 그 적용이 제한된다.

① **스스로 규칙을 위반한 경우** 교통규칙을 위반한 자는 자기가 불러일으킨 위험을 타인이 극복할 것이라고 신뢰해서는 안 된다(위험한 곡선 길에서 도로중앙선을 제한속도를 초과하여 달리다가 반대방향에서 오던 택시와 충돌했을 때에는 오로지 피고인의 과실로 인정된다.196) 그러나 운전자의 규칙위반이 사고발생의 결정적 요인이 아닌 때는 정황에 따라 신뢰원칙이 인정될 수 있다.197)).

② **상대방의 규칙위반을 인식한 경우** 행위자가 다른 참여자의 규칙위반을 이미 알고 있거나 알 수 있는 때에는 신뢰원칙이 제한된다(반대방향에서 오는 차량이 이미 중앙선을 침범하여 비정상적인 운행을 하고 있음을 목격한 경우에는 자기의 진행전방에 돌입할 가능성을 예견하여 그 차량의 동태를 주의 깊게 살피면서 속도를 줄여 피행하는 등 적절한 조치를 취함으로써 사고발생을 미연에 방지할 업무상 주의의무가 있다.).198)

③ **상대방의 규칙준수를 신뢰할 수 없는 경우** 상대방이 교통규칙을 알 수 없거나 규칙준수를 따를 가능성이 없는 때에는 신뢰원칙은 배제된다(유아 · 노인 · 불구자 · 취객 · 학교 앞 · 어린이 놀이터 · 유치원 · 미끄러운 눈길 · 축제행렬에 참가한 자 · 사고빈발지역 등). 판례도 버스운전자가 40km 전방 우측 노변에 어린이가 같은 방향으로 걸어가고 있음을 목격한 경우에

---

193) 대판 1998. 2. 27. 도2812.
194) BGSt 6, 6.
195) 대판 1973. 6. 12. 73다280.
196) 대판 1973. 6. 12. 73다280.
197) 대판 1970. 2. 24. 70도176.
198) 대판 1986. 2. 25. 85도2651.

는 운전자는 그 아이가 진행하는 버스 앞으로 느닷없이 뛰어나올 수 있음을 예견하고 이에 대비할 주의의무가 있다고 하였다.[199]

Ⅷ. 과실범에 따른 종합정리

■ 『과실범 정리』

일반과실범	업무상과실범	중과실범
제170조 실화죄	제171조 업무상실화죄	제171조 중실화죄
제173조의 2 제1항 과실폭발성물건파열등죄	제173조의 2 제2항 업무상과실폭발성물건파열등죄	제173조의 2 제2항 중과실폭발성물건파열등죄
제173조의 2 제1항 과실가스 · 전기방류죄	제173조의 2 제2항 업무상과실가스 · 전기방류죄	제173조의 2 제2항 중과실가스 · 전기방류죄
제181조 과실일수죄	×	×
제189조 제1항 과실교통방해죄	제189조 제2항 업무상과실교통방해죄	제189조 제2항 중과실교통방해죄
제266조 과실치상죄	제268조 업무상과실치상죄	제268조 중과실치상죄
제267조 과실치사죄	제268조 업무상과실치사죄	제268조 중과실치사죄
×	제364조 업무상과실장물죄	제364조 중과실장물죄

■ 『과실범에서 주의할 점』

• 형법상 과실을 처벌하지 않는 것은?	과실폭행, 과실횡령 등
• 일반과실범의 규정이 없는 것은?	장물죄
• 과실범 중 업무상과실 및 중과실범만 처벌하지 않는 것은?	과실일수죄
• 과실범 중 업무상과실 및 중과실만 처벌하는 것은?	장물죄
• 업무상과실로 형벌이 가중되지 않는 것은?	업무상과실장물취득죄
• 업무상과실의 업무의 개념은?	반복의사만 있으면 족함
• 보통(일반)과실이란?	사실의 과실을 의미

■ 『미필적 고의와 인식 있는 과실의 구별』

미필적 고의란 구성요건적 결과의 실현이 불확정하나 행위자가 객관적 구성요건의 실현을 충분히 가능한 것으로 인식하고 또한 그것을 감수하겠다는 의사를 보인 경우에 성립하는 고의이고, **인식 있는 과실**이란 구성요건적 결과발생의 가능성을 다소 인식하면서도 자기의 구체적인 경우에는 발생하지 않을 것으로

---

199) 대판 1970. 8. 18. 70도1336.

믿는 경우에 성립하는 과실을 말한다.

• 인식설	가능성설	
	개연성설	
• 의사설	용인설(容認說)	통설 및 판례
	무관심설	
• 절충설		

* 미필적 고의와 인식 있는 과실과의 구별은 "결과 발생을 용인(容認)했는가"의 여부로 구분한다.

> **제15조**
> **사실의 착오(= 구성요건의 착오)**
>
> ① 특별히 중한 죄가 되는 사실을 인식하지 못한 행위는 중 한 죄로 벌하지 아니한다.
> ② 결과로 인하여 형이 중할 죄에 있어서 그 결과의 발생을 예견할 수 없었을 때에는 중한 죄로 벌하지 아니한다.

▦ 해설

[의의] **구성요건적 착오** 구성요건적 착오(構成要件的 錯誤)(사실의 착오)란 구성요건적 **고의**와 구성요건적 **사실**이 일치하지 않은 경우, 즉 인식사실과 발생사실이 불일치한 경우를 말한다.

[사례] 갑을 을로 오인하고 살해한 경우, 갑을 살해하고자 총탄을 발사했으나 을을 살해한 경우, 개를 죽일 의사로 총을 발사했으나 그 옆에 있던 사람에게 명중되어 사람이 사망한 경우 등이 이에 해당한다.

[법률의 착오와 사실의 착오 비교]

사실의 착오는 객관적 표지(인식사실과 발생사실)에 대한 착오로 고의가 조각되고, **법률의 착오**는 위법성에 대한 착오로 정당한 이유가 있으면 책임이 조각된다. 법률의 착오의 예로 낙태죄(제269조)가 가족계획의 국가정책에 순응한 것으로 믿고 죄를 범하면 책임이 조각된다.[200]

①**항:** 『특별히 중한 죄가 되는 사실을 인식하지 못한 행위』 추상적 사실의

---

200) 대판 1965. 11. 23. 65도876.

착오를 명문화한 구성요건의 착오이며, 중(重)한 죄로 벌하지 아니한다.

추상적 사실의 착오	경한 사실의 인식으로	중한 결과를 발생한 경우	[사례] 석상(물건)을 사람(인간)으로 오인하여 발포한 경우(살인죄로는 처벌될 수 없고 재물 손괴죄로만 처벌될 뿐이다.) [객체의 착오]　　[제15조 제1항]

『**특별히 중한 사례**』 제330조 주거침입절도, 제331조 제1항 특수절도, 제334조 제1항 특수강도의 경우이다.

『**특별히 중한 사례에 관한 착오**』 특수절도(야간에 문호(門戶)의 일부를 손괴하고 그 장소에 침입하여 절취)의 경우, 특별히 중한 사례 표지(標識)를 행위자가 **알았을 때**에 비로소 특수절도라는 가중된 사례에 따라 적용될 수 있다.

그러나 제15조 제1항에 따라 행위자가 야간손괴적 특수절도로 절취한 물건에 대해 '야간'이라는 사정과 '손괴적' 사정을 착오로 **알지 못했다면**, 형의 가중사유에 관한 착오이며 결과적 가중범이 아니다. 따라서 단순절도죄로 처벌될 수 있을 뿐이다. 예컨대 존속을 비존속으로 오인하여 살해한 경우에도 형법 제15조 제1항이 적용되어 보통살인죄로 처벌된다.

학설

Ⅰ. 구성요건적 착오(= 사실의 착오: 제15조 제1항)

1. 구성요건적 착오

(1) **개념 및 대상** 구성요건적 착오(構成要件的 錯誤)란 행위자가 주관적으로 인식·인용한 범죄사실과 객관적으로 발생한 범죄사실이 일치하지 않는 경우, 즉 인식사실과 발생사실이 불일치한 경우를 말한다. 예컨대 갑을 을로 오인하고 살해한 경우를 들 수 있다. 구성요건적 고의의 모든 객관적 구성요건요소(행위의 주체·객체, 행위, 결과, 인과관계, 행위상황, 형의 가중·감경사정 등)가 구성요건적 착오의 대상이다. 따라서 형벌의 종류, 가벌성, 처벌조건, 소추조건, 책임능력, 범행동기 등에 대한 착오는 구성요건적 착오가 아니다.

(2) **구성요건적 착오와 구별유형**

① **인식사실은 범죄사실이 아니지만 발생사실은 범죄사실인 경우** 사냥꾼이 사람을 노루로 알고 사살한 경우이다. 이 경우 고의가 없으므로 착오의 문제는 발생하지 않고, 범죄사실에 대한 과실이 있는 경우에 한하여 과실범의 문제가 될 뿐이다.

② **인식사실은 범죄사실이나 발생사실은 범죄사실이 아닌 경우** 사람을 향해 발사했으나 나무에 명중한 경우이다. 이 경우는 구성요건사실에 대한 인식이 있으므로 고의는 존재하나 결과가 발생하지 않아 미수범 또는 불능범의 문제가 될 뿐이다.

③ **인식사실·발생사실이 모두 범죄사실이나 양자가 불일치한 경우** 갑을 저격하였으나 을이 사망한 경우이다. 인식한 범죄사실과 발생한 범죄사실이 본질적으로 일치하지 않을 때는 구성요건적 사실의 인식이 있었다고 볼 수 없어 고의가 조각된다고 본다. 따라서 이 **경우만** 본래 의미의 구성요건적 착오의 문제다

(3) **구성요건적 착오의 효과** 모든 객관적 구성요건요소(고의의 내용)에 대한 인식의 전부 또는 일부를 결한 경우로 고의가 조각된다.

① **기본적 구성요건의 착오** 행위자가 행위 시에 기본적 구성요건요소를 인식하지 못한 때에는 고의를 조각한다. 다만 착오가 회피 가능하고 과실범의 처벌규정이 있는 때에는 과실범으로 처벌된다.

② **가중적 구성요건의 착오** 형의 가중사유를 인식하지 못한 경우에는 기본적 구성요건으로 처벌된다(제15조). 따라서 보통살인죄의 고의로 존속살해죄를 범한 경우에는 보통살인죄로 처벌된다.[201]

③ **감경적 구성요건의 착오** 행위자가 형을 감경하는 사유가 있는 것으로 오인한 경우에는 감경적 구성요건으로 처벌된다. 따라서 촉탁살인죄(제252조 제1항)의 고의로 보통살인죄(제250조 제1항)를 범한 경우에는 촉탁살인죄로 처벌된다.

---

201) 대판 1960. 10. 31. 4293형상494.

Ⅱ. 구성요건적 착오의 태양

	구체적 사실의 착오 [동종(同種) 구성요건 내에서의 착오]	추상적 사실의 착오 [이종(異種) 구성요건 간의 착오]
객체의 착오	■ 목적의 착오, 대상의 착오 [사례] 甲을 乙로 오인해 발포하여 살인	(1) 손괴의사로 투석했으나 실은 사람에게 부상을 입힌 경우 **[경한 사실인식 ☞ 중한 사실 실현]** **형법 제15조 제1항 규정** (2) 상해의사로 투석했으나 실은 타인의 재물에 피해를 입힌 경우 [중한 사실인식 ☞ 경한 사실 실현]
방법의 착오	■ 타격의 착오, 수단의 착오 [사례] 甲을 甲으로 바로 인식하고 발포한 것이 빗나가 乙이 명중하여 살인된 경우	(1) 손괴의사로 투석했으나 옆에 있던 사람에게 명중한 경우 [경한 사실인식 ☞ 중한 사실 실현] (2) 사람을 향해 발포했으나, 재물만 손괴한 경우 [중한 사실인식 ☞ 경한 사실 실현]
인과관계의 착오	■ 결과발생은 행위자가 예견한 바와 같으나 인과관계가 불일치한 경우 [사례] 목 졸라 죽은 줄 알고 죄적을 은폐할 목적으로 묻었더니 그로 인해 질식사한 경우	■ 인과관계와는 관계가 없음

Ⅲ. 구성요건적 착오와 고의의 성부

1. **형법의 규정** 인식사실과 발생사실이 부합되지 아니한 경우에 어떤 범위 내 고의가 성립하는가의 인정 여부에 대해 **형법 제15조 제1항**은 **"특별히 중한 죄가 되는 사실을 인식하지 못한 행위는 중한 죄로 벌하지 아니한다."**고 규정하여 추상적 사실의 착오(抽象的 事實錯誤) 중 경(經)한 사실의 인식으로 중(重)한 사실을 발생시킨 경우만 규정하고 있다. 따라서 기타의 경우는 학설로 해결할 수밖에 없다.

2. 고의의 성립범위에 관한 학설

    (1) 구체적 부합설 구체적 부합설(具體的 附合說)이린 인식사실과 발생사실이 구체적으로 부합한 때에 한해 발생사실에 대한 고의를 인정하는 설이다.[202]

    ① **구체적 사실의 착오** [객체의 착오] → 고의범 기수 인정, [방법의 착오] → 인식 사실의 미수와 발생사실의 상상적 경합

    ② **추상적 사실의 착오** [방법의 착오] → 인식사실의 미수와 발생사실의 과실의

---

202) 이형국, 연구 Ⅰ, 232면; 차용석, 총론, 392면, 935면; 배종대, 총론, 258면; 오영근, 총론, 272면; 백형구, "구성요건적 착오", 고시연구, 1989. 11. 130면.

상상적 경합

③ **책임주의**에 충실하다.

(2) **법정적 부합설** 법정적 부합설(法定的 附合說)이란 행위자가 인식한 사실과 현실로 발생한 사실이 동일한 구성요건에 속하거나, 죄질을 같이하는 경우에는 발생한 사실에 대하여 고의의 기수를 인정하는 통설이며 타당하다.[203] 판례도 같은 취지이다.[204]

　① **구체적 사실의 착오** [객체의 착오] 및 [방법의 착오] → 발생사실의 고의 성립

　② **추상적 사실의 착오** [방법의 착오] → 인식사실의 미수와 발생사실의 과실의 상상적 경합

　③ **구성요건이 동일하지 않는 때** → 법정적으로 죄질을 같이하는 한 [객체의 착오] 및 [방법의 착오] → 발생사실에 대한 고의 기수(예: 절도의 고의로 점유이탈물횡령죄를 범한 때에도 점유이탈물횡령죄 인정)

(3) **추상적 부합설** 추상적 부합설(抽象的 附合說)이란 인식사실과 발생사실이 죄질 또는 구성요건을 달리한 때에도 **가벌적 사실**이라는 점에서 추상적으로 부합하는 범위 내에서 고의의 **기수**를 인정한다. 다만 인식사실보다 발생사실이 중한 때에는 형법 제15조 제1항에 의하여 중한 죄의 고의범으로 논할 수 없다는 설이다.[205]

　① **구체적 사실의 착오** [객체의 착오] 및 [방법의 착오] → 고의 · 기수 성립

　② **추상적 사실의 착오** 형법 제15조의 제약을 받는다.

　　■ 인식사실(고의 · 기수)보다 발생사실(과실)이 중하면 상상적 경합에 의하여 결국 인식사실의 기수범 성립(예: 기물손괴의 고의로 사람을 살해하면 재물손괴기수와 과실치사의 상상적 경합에 의하여 결국 중한 기

---

203) 이건호(8인 공저), 총론, 259면; 남흥우, 총론, 180, 188면; 이재상, 총론, 179면; 정성근, 총론, 209면; 김종원, "구성요건적 착오", 법정, 1977. 4. 46면; 명형식, "사실의 착오", 고시계, 1990. 5. 174면 이하; 진계호 · 이존걸, 총론, 244면.

204) 판례에 의하면, ① 적어도 사람의 신체에 대하여 폭행을 가할 인식이 있는 이상 행위자가 관념치 아니한 타인에게 그 폭행행위로 인하여 상해를 가한 경우에도 폭행치상죄는 성립한다(대판 1958. 12. 29. 4291형상 340). ② 갑을 살해하려고 몽둥이로 힘껏 후려쳐서 쓰러뜨려 갑의 등에 업힌 을의 머리 부분에도 가격을 당하여 을이 사망한 이른바 타격의 착오가 있는 경우라 하여도 을에 대한 살인죄의 범의의 성립에는 지장이 없다(대판 1984. 1. 24. 83도2813). ③ 갑이 을 등 3명과 싸우다가 힘이 달리자 식칼을 가지고 이들 3명을 상대로 휘두르다가 이를 말리면서 식칼을 뺏으려던 피해자 병에게 상해를 입혔다면 갑에게 상해의 범의가 인정되며 상해를 입은 사람이 목적한 사람이 아닌 다른 사람이라 하여 과실상해죄에 해당한다고 할 수 없다(대판 1987. 10. 26. 87도1745)고 하여 법정적 부합설에 입각하고 있다.

205) 염정철, 총론, 367면; 신동욱, "형법이 있어서 사실의 착오", 고시계, 1976. 1. 70면.

물손괴 기수를 인정하게 된다.)

■ 인식사실(미수)보다 발생사실(고의·기수)이 경하면 이를 합쳐서(예: 단 이 경우 중한 사실에 대한 고의는 당연히 경한 사실에 대한 고의를 포괄하므로 상상적 경합의 관계에 있지 않다.), 결국 인식사실의 미수범의 성립을 인정한다(예: 살인 고의로 기물손괴를 한 경우 살인미수를 인정한다.).

		객체(목적, 대상)의 착오	방법(타격, 수단)의 착오
구체적 부합설	■ **의의** 인식사실과 발생사실이 구체적으로 부합한 때에 한해 발생사실에 대한 고의를 인정하는 설이다.206)		
	구체적 사실의 착오	(고의)기수	인식사실 미수, 발생사실 과실 상상경합
	추상적 사실의 착오	(불능)미수 + 과실	인식사실 미수, 발생사실 과실 상상경합
법정적 부합설	■ **의의** 행위자가 인식한 사실과 현실로 발생한 사실이 동일한 구성요건에 속하거나 죄질을 같이하는 경우에는 발생한 범죄사실에 대하여 고의의 기수를 인정하는 통설207) 및 판례208)다.		
	구체적 사실의 착오	(고의)기수	
	추상적 사실의 착오	(불능)미수 + 과실	인식사실 미수, 발생사실 과실 상상경합
추상적 부합설 (범죄의 정형성 무시)	■ **의의** 인식사실과 발생사실이 죄질 또는 구성요건을 다르게 한 때에도 가벌적 사실이라는 점에서 추상적으로 부합하는 범위 내에서 고의의 기수를 인정한다. 다만, 인식사실보다 발생사실이 중한 때에는 형법 제15조 제1항에 의하여 중한 죄의 고의범으로는 논할 수 없다는 설이다.209)		
	구체적 사실의 착오	(고의)기수	
	추상적 사실의 착오	• 중죄(인식) - 경죄(실현) ☞ (중죄미수 - 경죄기수) • 경죄(인식) - 중죄(실현) ☞ (경죄기수 - 중죄과실) 사례: 甲은 乙을 살해하려고 총을 발사했으나 丙의 재물만 손괴하였다. 추상적 부합설은? (중죄인식 - - - - - - - - - 경죄실현) (乙 : 사람)　　　　　　　　(재물) [답: 살인미수와 재물손괴기수의 상상적 경합) 사례: 개를 죽이려고 총을 쏜 것이 빗나가 사람을 죽게 한 행위. 추상적 부합설은? (경죄인식 - - - - - - - - - 중죄실현) (개)　　　　　　　　　　(사람) [답: 재물손괴기수와 과실치사죄의 상상적 경합)

---

206) 이형국, 연구 Ⅰ, 232면; 차용석, 총론, 392면; 배종대, 총론, 258면; 백형구, "구성요건적 착오", 고시연구, 1989. 11. 130면.

207) 정창운, 총론, 240면; 이건호(8인 공저), 총론, 259면; 남흥우, 총론, 1980. 188면; 박삼세, 총론, 252면 이하; 이재상, 총론, 179면; 정성근, 총론, 209면; 김종원, "구성요건적 착오", 법정, 1977. 4. 46면; 명형식, "사실의 착오", 고시계, 1990. 5. 174면 이하; 진계호, 총론, 233면.

208) 대판 1958. 12. 29. 4291형상340; 대판 1984. 1. 24. 83도2813.

209) 염정철, 총론, 367면; 신동운, "형법에 있어서의 사실의 착오", 고시계, 1976. 1. 70면.

Ⅳ. 관련 문제

1. 인과관계의 착오

(1) 인과관계(因果關係)의 착오란 행위자가 인식한 범죄사실과 현실로 발생한 범죄사실은 법적으로 일치하나, 행위자가 예견하지 못한 인과관계의 경로를 거쳐서 결과가 발생한 경우를 말한다(예: 갑을 익사시키려고 강에 던졌으나 실은 교각에 머리를 부딪쳐 뇌진탕으로 사망한 경우, 구성요건적 착오설은 살인기수, 객관적 귀속설은 살인미수).

(2) 법적 취급

① **구성요건적 착오설** 인과의 과정이 일반적 경험지식에 의한 예견 가능성의 범위 내에 있으면 비본질적 착오이고, 예견 가능성의 범위 밖에 있으면 사실의 착오로서 고의를 조각한다는 통설적 견해이다.[210]

② **객관적 귀속설** 인과관계는 고의의 인식대상이지만, 인과과정은 고의의 인식대상이 아니므로 인과과정의 착오는 본질적이건 또는 비본질적이건 객관적 귀속의 문제로 해결해야 한다는 견해로 타당하다.[211]

2. 위법성조각사유의 전제사실에 대한 착오

(1) 위법성조각사유의 전제사실(전제조건 · 객관적 사실)**에 대한 착오란** 행위자가 존재하지 않는 위법성조각사유(정당화 사유)의 객관적 전제사실이 존재한다고 오신하고 위법성조각사유에 해당하는 행위를 하는 경우를 말한다(허용구성요건의 착오).

이 외에도 ① 법에 인정되지 아니한 위법성조각사유를 존재하는 것으로 오신한 위법성조각사유의 존재에 관한 착오(예: 부인이 남편에게 온 편지를 무단히 뜯어보면서 자기에게 그러한 권한이 있다고 믿은 경우)와 ② 위법성조각사유의 법적 한계를 오인한 위법성조각사유의 한계에 관한 착오(예: 사인이 현행범을 체포하면서 이를 위해서는 타인의 주거에 침입하는 행위까지도 허용된다고 생각하는 경

---

210) 이재상, 총론, 107면; 김봉태, "구성요건적 착오", 고시계, 1986. 7. 41면 이하.
211) 김일수, 원론, 416면; 손해목, "구성요건적 착오에 관한 학설", 월간고시, 1991. 4. 42면; 진계호 · 이존걸, 총론, 245면.

우)가 있다.

[객관적 전제사실을 오신한 위법성조각사유의 사례]

① 오상방위: 갑이 한밤중에 찾아온 전보배달부 을을 강도로 오인하고 상해를 입힌 경우

② 오상피난: 임부의 생명에 위난이 있다고 오인하고 낙태수술을 한 경우

③ 오상자구행위: 출장 가는 채무자를 도피하는 것으로 오인하고 체포한 경우

④ 오상행위: 전시에 아군을 적군으로 오인하고 사살한 경우

(2) 법적 효과

위법성조각사유의 전제사실(전제조건·객관적 사실)에 대한 착오는 그 자체의 특수성으로 인해 구성요건적 착오 또는 금지착오로 볼 것인가의 견해가 대립된다.

① **고의설** 위법성의 인식을 고의의 내용으로 이해한 설로, **엄격고의설**과 **제한적 고의설**이 있다. 전설(前說)은 위법성조각사유에 대한 착오로 인해 위법성의 현실적 인식이 없는 경우에는 고의범의 책임을 지지 않고 과실이 있으면 책임을 지나, 과실도 없으면 책임이 조각된다(예: 갑은 상해행위에 대해서는 고의가 조각되지만 착오에 과실이 인정되므로 과실치상죄로 처벌). 후설(後說)은 착오에 과실이 있으면 고의범의 책임을 지고, 과실이 없으면 책임이 조각된다(예: 착오에 과실이 있다는 것은 곧 위법성의 인식가능성이 있다는 것을 의미하므로 오상방위의 경우 갑은 상해기수범 처벌).

② **소극적 구성요건표지이론** 행위자는 객관적 구성요건요소 이외에 위법성조각사유의 부존재도 인식해야 고의가 성립한다. 그런데 위법성조각사유의 전제사실에 대한 착오의 경우에는 위법성조각사유의 부존재에 대한 인식이 없으므로 구성요건적 착오로서 고의가 조각되고 과실이 있을 뿐이다. 이때 과실범처벌규정이 있을 경우에 한해 과실범이 성립한다. 따라서 위 고의설의 예에서 **오상방위**의 경우, **갑**은 위법성조각사유(정당방위 상황)의 부존재를 인식하지 못했으므로 사실의 착오로서 **상해**의 불법고의가 조각되고, **과실치상죄만** 성립한다.

③ **엄격책임설** 위법성조각사유의 전제사실(전제조건·객관적 사실)에 대한 착오는 행위자가 구성요건적 사실 자체는 인식했으므로 구성요건적

고의는 조각될 수 없고, 다만 착오로 인하여 위법성을 인식하지 못한
것이므로 법률의 착오(금지착오)로 취급해야 한다는 견해이다.212) 따라
서 위 고의설의 예에서 **오상방위**의 경우 **갑**은 법률의 착오로 이해되
며, 착오에 회피 가능성이 인정되므로 상해죄의 고의 기수범이 된다.

④ **제한적 책임설** 위법성조각사유의 전제사실(전제조건·객관적 사실)에 대한
착오는 구성요건적 착오 그 자체는 아니나 구조적으로 유사하므로 구
성요건적 착오의 규정이 허용되어야 한다는 설이다. 여기에는 **유추적
용제한책임설**과 **법효과제한적책임설**이 있다.

전설(前說)은 위법성조각사유의 전제사실이 구성요건의 객관적 요소와
유사성이 있으며, 행위자에게는 구성요건적 불법을 실현하려는 의사가
결여되어 행위반가치가 부정된다. 그러므로 구성요건적 착오에 관한
규정을 유추 적용하여 불법고의(구성요건고의의 조각이 아니라)를 배제시켜
야 한다는 견해이다.213) 따라서 위 고의설의 예에서 **오상방위**의 경우
갑은 형법상 사실의 착오에 관한 규정이 유추 적용되어 불법고의가 조
각되므로 과실치상죄로 처벌될 뿐이다.

후설(後說)은 행위자에게는 구성요건적 결과실현에 대한 인식과 의사가
있으므로 구성요건적 고의는 존재하나, 착오로 인해 행위에 대한 비난
가능성의 핵심인 심정반가치가 없어져서 책임고의가 조각되므로 그 법
적 효과에 있어서만은 구성요건적 고의가 조각되는 것처럼 의제하여
과실범의 문제로 취급하자는 견해이며, 타당하다(과실책임의제설).214) 따
라서 위 고의설의 예에서 **오상방위**의 경우 갑은 구성요건적 고의와 위
법성이 모두 인정되지만 책임고의가 탈락하므로 고의범으로 처벌되지
않고 과실범으로 처벌된다.

　[판례] 위법성조각사유의 전제사실에 대한 착오에 있어서 정당한 이유의 유
　　　무를 따져서 위법성조각을 인정한다.215) 따라서 오상방위의 경우 착

---

212) 정성근·박광민, 총론, 351면; 오영근, 총론, 506면.

213) 김일수·서보학, 총론, 317면; 손동권, 총론, 164면; 이정원, 총론, 244면.

214) 이형국, 총론, 154면; 이재상, 총론, 332면; 박상기, 총론, 250면; 배종대, 총론, 391면; 손해목, 총론, 561
면; 신동운, 총론, 409면; 임웅, 총론, 315면; 정영일, 총론, 250면; 차용석, 강의(Ⅰ), 621면 이하; 정진연,
"위법성조각사유의 전제사실에 관한 착오", 김종원 화갑기념논문집, 1991. 292면; 강동범, "위법성조각사유
의 전제사실의 착오", 고시계, 1997. 3. 83면; 진계호·이존걸, 총론, 244면.

오에 정당한 이유가 없으므로 갑은 상해죄의 죄책을 진다.

3. 백지형법에 있어서의 보충규범의 착오

백지 형법은 그 성격상 필연적으로 그 내용을 보충하는 규범을 필요로 한다. 보충규범을 구성요건의 구성부분으로 볼 때에는 보충규범의 객관적 표지에 대한 착오는 **구성요건적 착오**로 보고, 보충규범의 존재 그 자체에 대한 착오는 **금지착오**로 봐야 한다.216)

4. 인적 처벌조각사유에 대한 착오

인적 처벌조각사유 내지 신분적 처벌조각사유에 대한 착오는 인적 처벌조각사유가 구성요건에 있어서의 구성부분이 아니므로 구성요건적 착오로 되지 않는다(예: 타인의 재물을 직계혈족의 것으로 오신하고 절취한 때는 절도죄의 고의를 조각하지 않는다.).

5. 반전된 구성요건적 착오

죄가 되지 아니한 행위를 죄가 된다고 오인한 경우처럼 행위자가 실제로 존재하지 아니한 객관적 구성요건요소를 존재한다고 오인한 경우이다(예: 불능미수가 이에 해당된다.).

②항: 『**결과적 가중범**』 "결과로 인하여 형이 중할 죄에 있어서 결과의 발생을 예견(豫見)할 수 없었을 때 중(重)한 죄로 벌하지 아니한다."고 하여 중한 결과반생에 대한 과실을 결과적 가중범의 요건으로 하고 있다. 처벌의 균형을 위하여 필요하다는 견해이다(다수설, 판례).

---

215) 대판 1968. 5. 7. 68도370(초병실해사건); 대판 1986. 10. 28. 86도1406(여우고개사건); 대판 1996. 8. 23. 94도319(대학생사망보도사건).

216) 진계호 · 이존걸, 총론, 249면.

Ⅰ. 결과적 가중범(제15조 제2항) 의의 및 특성

1. **결과적 가중범**이란 고의에 기한 기본범죄로 인하여 행위자가 예견하지 못한 중한 결과를 발생케 한 경우에 그 중한 발생을 이유로 **형이 가중**되는 범죄를 말한다.
2. **결과적 가중범의 특성**은 **고의**의 기본범죄와 **과실**의 결과발생으로 성립하는 결합형태의 범죄이다. 결과적 가중범은 동일한 결과를 야기한 순수한 과실범보다 무겁게 처벌(중한 결과는 고의의 기본범죄에 포함된 행위불법이 순수한 과실범보다 더 크기 때문이다.)하고 있다.

Ⅱ. 결과적 가중범(제15조 제2항)과 책임주의

1. **결과적 가중범**은 기본범죄의 행위로 인해 발생된 가중적 결과에 형벌을 가중하고 그 가중결과는 행위자의 의도와는 관계없이 책임을 묻기 때문이다. 따라서 결과적 가중범은 **결과책임사상**에 지나지 않는다.
2. 가중처벌의 근거

   책임주의와 관련하여 견해가 대립되고 있는데, 여기에는 결과책임설, 상당인과관계설, 고의·과실의 결합설, 과실설이 있다.

   ① **결과책임설** 결과책임사상에 입각하여 고의에 의한 기본범죄가 있고 이에 의하여 중한 결과가 발생한 이상 기본범죄와 중한 결과 사이에 조건적 인과관계만 인정되면 그 결과에 따라 책임을 인정하려는 견해이다(독일·일본의 판례).[217]

   ② **상당인과관계설** 결과책임사상의 확대를 막기 위해 인과관계의 측면에서 결과적 가중범의 성립을 제한하고자 한 것으로서 기본범죄와 중한 결과 사이에 상당인과관계가 있을 때에만 중한 결과에 대한 책임을 인정하려는 견해이다.[218]

---

217) 대판 1955. 2. 18. 4287형상194; 대판 1955. 6. 7. 형상88; 일최판 소 32. 2. 26. 형집 11. 2. 906면; 소 46. 6. 17. 형집 25. 4. 567; BGHSt. 1. 332; 7. 112.
218) 대판 1956. 7. 13. 4289형상129; 대판 1968. 4. 30. 68도365.

③ **고의 · 과실의 결합설** 기본범죄와 결과 사이에 상당인과관계가 있고, 다시 중한 결과의 발생에 대한 예견 가능성(과실)이 있어야 한다는 견해로 타당하다.[219] 판례도 이 설에 입각하고 있다.[220] 형법도 최근의 입법경향에 따라 **"예견할 수 없었을 때에는 중한 죄로 벌하지 아니한다."**라고 하여 결과적 가중범이 성립하기 위해서는 중한 결과에 대한 행위자의 과실을 요건으로 하고 있다. 다만 결과적 가중범도 결과범이므로 결과귀속을 위해 인과관계와 객관적 귀속도 함께 판단해야 한다.

④ **과실설** 중한 결과에 대한 과실만 인정되면 결과적 가중범이 성립되고, 다시 상당인과관계를 논할 필요가 없다는 견해이다.[221]

Ⅲ. 결과적 가중범의 종류

종류	(1) 진정결과적 가중범	① 고의(故意)에 의한 기본범죄의 과실(過失)로 중한 결과를 발생케 한 경우 ■ 제259조 상해치사죄, ■ 제262조 폭행치사죄, ■ 제269조 제3항, 제270조 제3항 낙태치사상죄, ■ 제275조 유기치사상죄, ■ 제281조 체포감금치사상죄, ■ 제301조의 2, 제301조 강간치사상죄, ■ 제324조의 4, 제304조의 3 인질치사상죄, ■ 제338조, 제337조 강도치사상죄, ■ 제168조 연소죄 등이 이에 해당한다. ② '치' 자가 붙지 않았어도 진정결과적 가중범임에 반하여, 제266조 과실치상죄나 제267조 과실치사죄는 '치' 자가 붙어 있어도 결과적 가중범이 아니다.
	(2) 부진정결과적 가중범	① 중한 결과를 과실(過失)뿐만 아니라 고의(故意)에 의해서도 발생케 한 경우 ■ 제144조 제2항 특수공무집행방해치상죄, ■ 제164조 제2항 현주건조물방화치사상죄, ■ 제172조 제2항 폭발성물건파열치상죄, ■ 제172조의 2 제2항 가스 · 전기등방류치상죄, ■ 제173조 제3항 가스 · 전기공급방해치상죄, ■ 제177조 제2항 현주건조물일수치상죄, ■ 제188조 본문 교통방해치상죄, ■ 제194조 음용수혼독치상죄, ■ 제258조 중상해죄, ■ 제281조 제1항 체포감금치상죄, ■ 제326조 중권리행사방해죄, ■ 제368조 중손괴죄 등이 이에 해당한다. ② 판례는 종래 강간치사죄도 부진정결과적 가중범으로 해석했으나,[222] 형법이 강간상해죄(제301조)와 강간살인죄(제301조의 2)를 신설했기 때문에 **강간치사상죄**는 부진정결과적 가중범이 아니다.[223]

---

219) 유기천, 총론, 160면 이하; 정여석, 총론, 186면; 염정철, 총론, 351면; 정성근, 총론, 418면; 배종대, 총론, 508면; 진계호 · 이존걸, 총론, 283면.

220) 대판 1955. 2. 18. 4287형상194; 대판 1984. 12. 11. 84도2183.

221) 황산덕, 총론, 139면; 박동희, 총론, 170면.

222) 대판 1990. 5. 8. 90도670.

223) 이재상, 총론, 201면.

종류	(3) 고의·과실 결과적 가중범	형법은 과실의 결과적 가중범은 인정하지 않는다. 따라서 기본범죄는 고의범에 제한된다. [기본범죄는 고의범 또는 미수범만 결과적 가중범이 인정되고, 과실범은 인정되지 않는다.]
	(4) 고의·과실 우연 결과적 가중범	형법 제15조 제2항은 "중한 결과에 대하여 적어도 과실"을 요하는 것으로 했기 때문에 우연 의 결과적 가중범은 책임주의 원칙상 용납되지 않고, 과실 있는 결과적 가중범만이 인정된다. [기본범죄는 고의범이고, 중한 결과는 과실일 것]

Ⅳ. 결과적 가중범의 성립요건

1. 구성요건해당성

(1) 객관적 구성요건요소

① **기본범죄행위** 형법은 기본범죄행위(기수·미수)를 고의범에 한정하고 있다. 따라서 강간 미수라도 그 수단이 된 폭행에 의해 피해자가 상해를 입으면 제301조의 강간치상죄(진정결과적 가중범)가 성립한다. 판례도 같은 취지다.[224]

② **객관설** 중한 결과는 이미 기본범죄에 내포된 전형적인 위험의 실현에 해당하므로 결과적 가중범의 본질적인 불법내용을 이룬다. 중한 결과는 대부분 법익침해를 요하지만, 중상해죄(제258조 제1항)와 중권리행사방해죄(제326조)와 같이 구체적 위험발생에 그친 경우도 포함한다. 여기서 중한 결과 발생의 원인은 기본범죄의 기회에 범인의 행위로 인해 발생한 것이면 족하다. 판례도 같은 취지다.[225]

③ **인과관계와 객관적 귀속** 기본범죄를 실현하기 위한 **행위**와 중한 결과 사이에는 합법칙적 조건설에 의한 **인과성** 유무의 판단과 객관적 귀속척도에 의한 **결과귀속**이라는 종합적 고찰이 이루어져야 한다.[226] **인과관계**란 중한 결과에 대한 인과관계가 있는지의 판단은 합법칙적 조건설에 의해 중한 결과가 선행된 행위에 시간적으로 뒤따른 외부세계의 변화로써 기본범죄에 합법칙적으로 연결된 것일 때에 인과관계가 인정된다. 예컨대 상해

---

224) 대판 1988. 11. 8. 88도1628(미수에 그친 것이 피고인이 자의로 실행에 착수한 행위를 중지한 경우이든 또는 실행에 착수하여 행위를 종료하지 못한 경우이든 가리지 않는다.).

225) 대판 1985. 1. 15. 84도2397(피고인이 택시를 타고 가다가 요금지급을 면할 목적으로 소지한 과도로 운전수를 협박하자 이에 놀란 운전수가 택시를 급우회전하면서 그 충격으로 피고인이 겨누고 있던 과도에 어깨부분이 찔려 상처를 입은 때에도 피고인은 **강도치상죄**의 결과적 가중범이 성립한다.).

226) 이형국, 연구Ⅱ, 686면; 김일수, 원론, 1003면 이하; 이재상, 총론, 204면.

가 피해자의 계속된 건강악화를 일으켜 그 결과 사망에 이르게 한 경우에
는 경험법칙에 따라 인과관계의 존재를 인정할 수 있다.

객관적 귀속이란 인과관계가 인정되더라도 중한 결과를 행위자에게 객관
적으로 귀속시킬 수 있을 때(**중한 결과가 중간원인을 거치지 않고 기본범죄로부터
직접 야기된 것을 뜻함**) 결과적 가중범의 구성요건해당성이 인정된다. 따라서
중간의 원인 또는 피해자의 행위 등이 개입(예: 상해의 피해자가 그 상해를 피
해 도망하던 중 떨어져 사망한 경우)되어 중한 결과가 발생한 때에는 결과적
가중범이 성립하지 않는다.

(2) 주관적 구성요건요소

① **예견 가능성** 결과적 가중범이 성립하려면 객관적인 구성요건요소 이외에
도 중한 결과에 대한 예견 가능성(과실)이 필요하다.[227] 여기의 예견 가능
성은 구성요건단계(객관적 예견 가능성)와 책임단계(주관적 예견 가능성)를 의미
한다.[228] 그러나 예견 가능성은 행위자의 주관적 예견 가능성을 의미한다
고 해야 한다.[229]

② **예견 가능성의 판정시기** 기본범죄를 실행한 때이다. 따라서 기본범죄 후
에 행한 고의 또는 과실에 의한 범죄는 별도범죄가 성립한다. 예컨대 강
간 후 살해의 고의가 생겨 사람을 살해하거나, 그 후 새로운 과실로 사람
을 사망에 이르게 한 경우는 별개의 살인죄 또는 과실치사죄가 성립한다.
즉 강간치사죄(결과적 가중범)는 성립하지 않는다.

2. 위법성·책임

(1) **위법성** 결과적 가중범이 되려면 기본범죄의 위법성과 중한 결과에 대한
과실범의 위법성이 동시에 있어야 한다.

(2) **책임** 결과적 가중범에 있어서의 책임도 책임능력과 위법성의 인식 가능

---

227) 대판 1990. 9. 25. 90도1596(폭행치사죄는 결과적 가중범으로서 폭행과 사망의 결과 사이에 인과관계가 있
　　 는 외에 사망의 결과에 대한 예견 가능성, 즉 과실이 있어야 하고, 이러한 예견 가능성의 유무는 폭행의 정도
　　 와 피해자의 대응상태 등 구체적 상황을 살펴서 엄격하게 가려야 한다.); 대판 1990. 6. 16. 90도765.
228) 안동준, 총론, 286면; 이재상, 총론, 204면; 이형국, 총론, 393면.
229) 배종대, 총론, 612면; 김일수, 형법(Ⅱ), 519면 이하; 진계호·이존걸, 총론, 290면.

성 및 기대 가능성이 있어야 한다. 이러한 요건들은 기본범죄와 중한 결과에 대한 과실범 모두에 적용된다.

Ⅴ. 결과적 가중범의 효과

1. **형법의 규정** 형법 제15조 제2항은 "중한 죄로 벌하지 아니한다."라고 규정하고 있는데, 이는 기본범죄 시에 중한 결과의 발생을 예견한 경우는 가중결과에 따라 처벌되나, 그 중한 결과의 발생을 행위자가 부주의(과실)로 예견치 못한 경우에는 그 발생결과에 따라 처벌할 수 있다는 의미이다.

2. **법정형과 책임원칙** 결과적 가중범의 법정형은 고의의 기본범죄보다 무겁지만 중한 결과발생에 대하여 고의가 있는 경우에 비해 가볍다. 책임원칙에 따라 고의 · 과실 등의 책임표지에 따라 차등을 둔 때문이다. 그런데 형법은 상해죄와 폭행치사죄를 구별하나 처벌은 동등하다(제262조). 또 강도상해죄와 강도치상죄의 법정형(제337조)을 동일하게 규정한 점은 책임원칙에 반한다.230)

Ⅵ. 관련문제

1. 결과적 가중범의 미수

형법	■ 인질치사상죄(제324조의 3과 4), 강도치사상죄(제337조, 제338조), 해상강도치사상죄(제340조 제2항 · 제3항), 현주건조물일수치사상죄(제177조 제2항)의 미수범 처벌(제324조의 5, 제342조, 제182조)	
특별법	■ 성폭력범죄의처벌및피해자보호등에관한법률 제12조도 특수강간(제6조), 친족관계에 의한 강간(제7조), 장애인에 대한 준강간(제8조)으로 사람을 치상하거나 치사하는 경우에 미수 처벌	
미수범인정 여부	**(1) 기본범죄가 미수이고 중한 결과가 발생한 경우**	
	① 형법에 결과적 가중범의 미수범 처벌과 미수와 기수의 불법 면에 차이가 크므로 미수가 가능하다.	미수 인정설231)
	② 결과적 가중범의 미수는 있을 수 없다. 다만 형법의 결과적 가중범 처벌 규정은 **고의범**인 인질상해 · 살인죄와 강도상해 · 살인죄 등에만 적용된다고 해석해야 한다.	미수 부정설232)

---

230) 진계호 · 이존걸, 총론, 292면.

231) 임웅, 총론, 462면; 손동권, 총칙론, 304면.

미수범인정 여부	③ 형법은 **다른 결과적 가중범**의 경우 의식적으로 미수를 처벌하는 규정을 두고 있지 않고 있다. 따라서 결과적 가중범의 미수를 인정하지 않고, **두 개 고의범이 결합된 범죄**의 미수만을 벌하는 규정이라고 보는 것이 타당하다.[233] 따라서 기본범죄의 미수(未遂)에 의해 중한 결과가 발생한 경우에 기본범죄가 미수지만 중한 결과에 대한 결과적 가중범은 성립한다. 판례도 같은 취지이다.[234]

(2) 부진정결과적 가중범의 경우에 중한 결과가 발생하지 않은 경우		
	① 고의와 고의가 결합된 부진정결과적 가중범의 미수는 고의범의 미수를 인정한 것과 같다.	긍정설[235]
	② 부진정결과적 가중범의 미수를 벌하는 규정이 없다	부정설[236]
	③ 형법이 부진정결과적 가중범인 중상해죄(제258조), 현주건조물방화치사상죄(제164조 제2항), 교통방해치상죄(제188조)에 관해서는 미수범처벌규정을 두고 있지 않다. 반면 부진정결과적 가중범에 해당하는 현주건조물일수치사상죄(제177조 제2항)에 대해 미수범처벌규정(제182조)을 두고 있다. 따라서 일수치사상죄의 경우에만 그 미수범을 처벌해야 할 이유가 없다. 그러므로 균형상 부진정결과적 가중범의 미수도 있을 수 없다고 해야 한다.[237]	

2. 결과적 가중범의 공동정범 및 교사, 방조

결과적 가중범의 공동정범	■ **판례** 기본범죄의 공동의사만으로 성립되고 결과의 공동의사는 필요치 않다.[238] 중한 결과에 대한 예견 가능성이 필요하다.[239] ■ **학설** 기본범죄에 대한 공동뿐만 아니라 중한 결과에 대한 공동의 과실이 있으면 결과적 공동정범이 가능하다는 긍정설[240]과 고의범과 과실범이 결합한 범죄 형태이기 때문에 결과적 가중범의 공동정범은 불가능하다는 부정설[241]이 있다.
결과적 가중범의 교사, 방조	결과적 가중범은 기본범죄가 고의범이다. 그러므로 결과적 가중범에 대한 교사·방조는 가능하다. 다만 결과적 가중범에 대한 교사·방조가 되려면 기본범죄에 대한 교사·방조 외에 교사범 또는 방조범에게도 중한 결과에 대한 과실이 있어야 한다.

---

232) 이재상, 총론, 368면; 정성근·박광민, 총론, 449면; 김일수·서보학, 총론, 507면; 박상기, 총론, 344면; 신동운, 총론, 498면; 오영근, 총론, 254면; 이정원, 총론, 396면; 김성천·김형준, 총론, 187면·421면.

233) 진계호·이존걸, 총론, 293면.

234) 대판 1988. 8. 23. 88도1212(**강간이 미수**에 그친 때라도 강간치상죄가 성립한다.).

235) 손해목, 총론, 763면; 이형국, 총론, 394면; 김성천·김형준, 총론, 421면; 이정원, 총론, 397면; 김선복, "결과적 가중범의 미수", 비교형사법연구, 1999, 107면.

236) 이재상, 총론, 368면; 김일수·서보학, 총론, 506면; 박상기, 총론, 283면; 오영근, 총론, 255면; 배종대, 총론, 620면 이하.

237) 진계호·이존걸, 총론, 294면.

238) 대판 1978. 1. 17. 77도2193.

239) 대판 1990. 6. 26. 90도765; 대판 1991. 11. 12. 91도2156; 대판 1993. 8. 24. 93도1674.

240) 이재상, 총론, 468면; 정성근, 총론, 406면, 422면.

241) 김일수, 총론, 580면; 배종대, 총론, 510면; 박상기, 총론, 292면; 진계호, 총론, 268면(부정설의 이유로 공동정범의 주관적 성립 요건인 공동실행의 의사는 고의범을 전제로 하고 있기 때문이다. 따라서 기본범죄의 공동정범 가운데 중한 결과에 대한 과실이 있는 자만이 개별적으로 결과적 가중범이 성립하고, 이러한 과실이 여러 사람에게 있는 경우 그들은 동시범일 뿐 공동정범이 아니다.).

[판례 1] 형법 제15조 제2항이 규정하고 있는 결과적 가중범은 행위자가 행위 시에 그 결과발생을 예견할 수 없었을 때는 비록 그 행위와 결과 사이에 인과관계가 있다 하더라도 중한 죄로 벌할 수 없다.[242]

[판례 2] 강도공범자 중 1인이 강도의 기회에 피해자에게 상해를 가하여 살해한 경우, 다른 공모자가 그 살인행위나 치사의 결과를 예견할 수 있었던 경우에 한해 강도치사죄의 죄책을 진다.[243]

제16조
법률의 착오(＝금지착오)

자기의 행위가 법령에 의하여 죄가 되지 아니하는 것으로 오인한 행위는 그 오인에 정당한 이유가 있는 때에 한하여 벌하지 아니한다.

■ 해설

[의의] 법률의 착오 법률의 착오(法律의 錯誤)란 금지착오 또는 위법성 착오라고 하는데, 착오로 인하여 자기의 행위가 위법함을 인식하지 못한 경우, 즉 구성요건적 사실에 대한 인식은 있었으나 착오로 인하여 그 사실의 **위법성**을 인식하지 못한 경우(행위자가 무엇을 하고 있는지를 알고는 있었으나, 그것이 금지되어 있음을 모르고 있었다는 경우)를 말한다. 그러나 그 오인(착오)에 **정당한 이유**(객관적 정당화 상황과 주관적 정당화 요소)가 있는 때에 한하여 처벌되지 아니한다.

[사례] 자신이 제조·판매하는 양말이 타인의 의장권을 침해하는 것이 아니라고 믿는 경우,[244] 초등학교 교장이 교과식물을 비치하기 위하여 학

---

242) 대판 1988. 4. 12. 88도178.
243) 대판 1991. 11. 12. 91노1818.
244) 대판 1982. 1. 19. 81도646.

교 화단에 양귀비 종자를 심은 경우245) 등은 정당성이 인정되는 위법
성의 착오라고 하였다.

『**자기의 행위가 법령에 의하여 죄가 되지 아니하는 것으로 오인한 행위**』 착
오에 의하여 자기의 행위가 위법하지 아니한 것으로 오인한 행위(위법성의 착오가
적극적으로 착오를 일으킨 경우와 소극적으로 법률을 알지 못했던 법률의 부지로 인하여 위법
성의 인식이 결여된 경우 및 효력착오, 포섭착오, 위법성조각사유의 존재와 한계에 관한 착오
로 인하여 위법성의 인식이 결여된 경우), 즉 위법성의 착오가 있는 행위를 말한다.

『**오인에 정당한 이유가 있는 때**』 형법 제16조에 "그 오인에 **정당한 이유가
있는 때**(법률의 착오에 대한 회피 가능성이 없는 경우, 즉 그 오인을 '회피할 수 없는 때'를
의미246))에 한하여 벌하지 아니한다."고 규정하고 있다. 행위자에게 그러한 오인
이 불가피했다면 이때의 착오는 **정당한 이유**(회피 가능성의 유무로 판단)가 있는 착
오가 되기 때문이다. 따라서 정당한 이유가 없을 때에는 고의범으로 처벌된다
(책임설). 객관적 정당화 상황과 주관적 정당화 요소(형법규정: 제20조의 정당행위의
사, 제21조의 정당방위의사, 제22조의 긴급피난의사, 제23조의 자구행위의사, 제24조의 피해자
의 승낙에 의한 행위라는 인식 등)가 있어야 위법성이 조각된다.

『**벌하지 아니한다.**』 위법성의 착오에 정당한 이유가 있는 경우, 즉 회피 불
가능(정당한 이유가 없는 때)한 경우에는 책임이 조각되어 범죄가 성립되지 않으므
로 처벌하지 않는다는 의미이다. 그런데 위법성의 착오에 정당한 이유가 없는
경우, 즉 회피 가능한 경우에 대해서는 형법규정이 없다. 그러나 이 경우에는
책임이 조각되지 않으며 고의책임을 부담한다. 다만 양형의 단계에서 형의 감경
이 고려되는 것은 별문제다.

■ 『**법률의 착오 = 금지착오 = 위법성조각사유의 존재 또는 한계에 관한 착오**』
행위의 위법성에 관한 착오, 즉 허용규범에 관한 착오로 금지된 행위를 허용

---

245) 대판 1972. 3. 31. 72도64.

246) 임웅, 총론, 277면; 이재상, 총론, 333면; 김일수 · 서보학, 총론, 401면; 손동권, 총론, 258면; 정성근 · 박
    광민, 총론, 343면; 정현미, "법률의 착오에서 정당한 이유의 판단기준", 형사판례의 연구Ⅰ, 524면; 김영환,
    "법률의 부지의 형법해석학적 문제점", 형사판례의 연구Ⅰ, 488면.

된 줄로 잘못 알고 행위를 한 것을 말한다. 행위자가 행위 시에 사태는 제대로 인식하였으나 법에 대한 행위자의 태도가 법질서에 반한다는 점에 대한 평가규범의 착오이다.

<table>
<tr><td>사례 1</td><td>간통현장에서 처를 살해하여도 살인죄가 되지 않는다고 잘못 믿고 처를 살해한 경우</td></tr>
</table>

위법성조각사유의 존재 그 자체에 관한 착오 내지 그 허용한계에 관한 착오로서, 법적으로 허용되는 '**정당방위**' 그 자체가 아님에도 불구하고 있는 것으로 잘못 인식한 경우이다. 정당방위가 되려면 '부당한 침해의 현재성'이 요구되어야 한다.

<table>
<tr><td>사례 2</td><td>왕 서방은 부당한 침해를 해 올 우려가 있는 팽 서방에게 예방조치를 취하는 것도 정당방위라고 잘못 믿고 팽 서방에게 선제공격을 가하여 상해를 입힌 경우</td></tr>
</table>

- ■ 『**제15조의 착오와 제16조의 착오 간의 비교**』
- ● 제15조 사실의 착오(**구성요건적 착오**) ☞ 고의 조각적 착오
- ● 제16조 법률의 착오(**금지 착오**) ☞ **위법성조각사유의 허용 한계에 관한 착오**

제15조 구성요건 착오(사실착오)	제16조 금지착오(법률착오)
구성요건의 객관적 표지에 관한 착오	행위의 위법성에 관한 착오
● 규범적 구성요건 표지 착오 ● 대상에 관련된 착오	● 개념에 관련된 착오

학설

1. 위법성 착오(법률의 착오)

위법성의 착오란 법률의 착오 또는 금지착오라고도 말하는데, 행위자가 범행 때 구성요건적 사실에 대한 인식은 하였다. 그러나 그 사실에 대한 위법성을 인식하지 못하여 책임비난에 필요한 불법의식(不法意識)이 결여된 경우를 말한다. 위법성 착오는 **적극적 착오**(위법하지 않은 행위를 위법한 행위로 오인한 경우로 동성 간

의 연애도 처벌받는다고 생각하면서 동성연애를 하는 경우로 환각범으로서 구성요건해당성이 없어 형법상 문제가 되지 않는다.)와 **소극적 착오**(위법한 행위를 위법하지 않다고 오인한 경우로 간통현장에서 처를 살해하여도 살인죄가 되지 않는다고 잘못 믿고 처를 살해한 경우)가 있다. 문제는 후자의 위법성의 소극적 착오인 경우이다.

2. 위법성 착오의 태양

(1) 위법성의 직접적 착오 행위자가 금지규범(禁止規範)의 위법성 인식을 하지 못한 착오의 경우이다.

① **법률의 부지** 법률의 부지(法律不知)란 행위자가 금지규범(예: 형법 제163조의 규정을 잘 알지 못하면서 검시를 받지 않은 변사자를 화장해 버린 경우) 그 자체를 인식하지 못한 경우를 말한다. 단순한 법률의 부지는 법률의 착오로 볼 수 없다는 견해가 있다.[247] 판례도 같은 취지로 일관하고 있다.[248] 그러나 금지규범을 인식하지 못했다는 것은 반대로 자기 행위가 허용된다고 믿은 것과 다를 바 없다. 그러므로 법률의 부지도 위법성의 착오에 해당한다고 해야 한다.[249]

② **효력의 착오** 효력의 착오(效力의 錯誤)란 행위자가 유효한 금지규정을 무효라고 생각하고 그 금지규정을 위반하는 행위(예: 간통죄가 폐지되지 않았음에도 간통죄가 폐지된 것으로 오인하고 간통한 경우)를 하는 경우를 말한다. 범죄가 성립한다는 판례의 태도이다.[250]

---

247) 손해목, 총론, 635면.

248) 대판 1961. 10. 5. 4294형상208; 대판 1979. 6. 26. 79도1308; 대판 1980. 2. 12. 79도285; 대판 1984. 2. 28. 83도2985; 대판 1990. 10. 30. 90도1126; 대판 1994. 4. 15. 94도365; 대판 2000. 9. 29. 2000도3051; 대판 2004. 1. 15. 2001도1429(형법 제16조의 규정취지는 단순히 법률 부지의 경우를 말하는 것이 아니고, 일반적으로는 범죄가 되는 행위이지만 자기의 특수한 경우에는 법령에 의하여 허용된 행위로 죄가 되지 아니한다고 그릇 인식하고 그와 같이 그릇 인식함에 있어서 정당한 이유가 있는 경우에는 벌하지 아니한다는 취지라는 태도이다.).

249) 이재상, 총론, 329면; 김성천·김형준, 총론, 361면; 김일수·서보학, 총론, 427면; 박상기, 총론, 244면; 배종대, 총론, 386면; 오영근, 총론, 498면; 안동준, 총론, 160면; 이정원, 총론, 239면; 이형국, 총론, 235면; 임웅, 총론, 294면; 정성근·박광민, 총론, 337면; 허일태, "법률의 부지의 효력", 형사판례연구 I, 48면; 진계호·이존걸, 총론, 442면.

250) 대판 2000. 4. 21. 99도5563(공무원이 그 직무에 관하여 실시한 봉인 등의 표시를 행위자가 손상·은닉 기타의 방법으로 그 효용표시가 법률상 효력이 없다고 믿는 것은 법규의 해석을 잘못하여 행위의 위법성을 인식하지 못한 것이라고 할 것이므로 그와 같이 믿은 데 정당한 이유가 없는 이상, 그와 같이 믿었다는 사정만으로는 공무상표시무효죄의 죄책을 면할 수 없다고 하였다.).

③ **포섭의 착오** 포섭의 착오(包攝의 錯誤)란 적용의 착오, 추론의 착오, 해석의 착오라고도 말하는데, 행위자가 금지규정의 존재는 알았지만 그 규정을 잘못 해석(예: 형법 제234조의 음란문서에 해당하지 않는다고 오신하고 출판한 경우), 적용(예: 절도죄에 해당한 것을 점유이탈물횡령죄에 해당한 것으로 오인한 경우)하여 자신의 행위가 그 금지규정에 해당하지 않는다고 생각한 경우를 말한다.

(2) **위법성의 간접적 착오** 행위자가 위법성조각사유(違法性阻却事由: 정당화 사유)와 관련된 판단의 위법성 인식을 하지 못한 착오의 경우이다. 위법성조각사유의 존재 및 한계에 관한 착오와 위법성조각사유의 객관적 전제사실에 관한 착오가 이에 해당한다.

① **위법성조각사유의 존재와 한계에 관한 착오** 본 착오는 행위자가 법에 인정되지 아니한 **위법성조각사유를 존재하는 것으로 오인**하거나(허용규범의 착오로, 남편에게 온 편지를 개봉해 보아도 허용된다고 오인한 경우, 현행범의 체포를 위하여 타인의 주거에 침입하는 것도 허용된다고 생각한 경우), 위법성조각사유의 법적 한계를 오인한 경우(허용한계의 착오로, 침해의 현재성이 없음에도 불구하고 부당한 침해이면 정당방위를 할 수 있다고 착각한 경우나 안락사가 허용되는 것으로 생각하고 불치의 환자를 사망시킨 경우)를 말한다.

② **위법성조각사유의 전제사실에 관한 착오** 본 착오는 존재하지 않는 **정당화 상황을 존재하는 것으로 잘못 생각한 경우**(전보배달부를 강도로 오인하고 방위행위로 나아간 오상방위와 같이 정당화 상황이 아님에도 불구하고 위법한 공격을 하는 것으로 착각하여 상대방을 공격하는 경우)로 허용상황의 착오라고도 한다.

3. 위법성 착오의 효과

(1) 학설과 판례

① **학설** 위법성 착오의 효과에 관한 학설에는 **고의설**과 **책임설**이 있다.

전설(前說)은 위법성의 인식을 범죄사실의 인식과 함께 고의의 요소라는 견해이다. 고의설을 **엄격고의설**(고의의 성립에는 위법성의 현실적 인식이 필요하다. 그러므로 위법성의 착오는 고의를 조각하며, 과실범의 처벌규정이 있는 때에 한해 과실범으로 처벌될 뿐이라는 설)과 **제한고의설**(고의의 성립에 위법성을 현실적으로 인식할 필요가 없고 위법성의 인식 가능성만 있으면 족하다는 견해)로 나뉜다. 그런데 제한고의설은 위법성의 착오가 있다고 하더라도 위법성의 **인식 가능성**이 있었다면 고의범으로 처벌이 가능하고, 그 가능성조차 없었다면 과실범으로도 처벌되지 않게 된다.

후설(後說)은 위법성 인식을 고의에서 분리하여 **책임요소**로 보는 견해이다. 위법성의 착오에 **정당한 이유**가 있는 때에는 행위자에게 적법행위를 기대할 수 없다. 그러므로 책임비난이 불가능하다. 정당한 이유가 없는 때에는 기대 가능성이 있다. 따라서 책임비난이 가능하다. 그러나 위법성의 현실적인 인식이 있었던 때에 비해 책임이 감경된다는 설도 타당하다.251)

② **판례의 태도** 피고인이 구체적인 형벌규정의 정확한 내용은 모르고 있었다고 하더라도 금융거래를 함에 있어서 법령·약관 또는 이에 준하는 금융기관의 규정에 정해진 이외의 금품을 수수하는 것은 위법하다고 인식하고 있었다고 보이므로 위 피고인에게 적어도 **미필적 고의**가 있었음은 넉넉히 인정할 수 있다.252)

(2) 형법 제16조의 해석

① **자기의 행위가 법령에 의하여 죄가 되지 아니하는 것으로 오인한 행위**
'착오에 의하여 자기의 행위가 위법하지 아니한 것으로 **오인한 행위**(위법성의 착오가 적극적으로 착오를 일으킨 경우와 소극적으로 법률을 알지 못했던 법률의 부지로 인하여 위법성의 인식이 결여된 경우 및 효력착오, 포섭착오, 위법성조각사유의 존재와 한계에 관한 착오로 인하여 위법성의 인식이 결여된 경우를 오인한 행위로 본다.)'란 위법성의 착오가 있는 행위를 의미한다. 위법성조각사유의 전제사실에 관한 착오도 엄격책임설을 따를 때에는 위법성 착오의 일례이다.

② **오인에 정당한 이유가 있는 때** 형법 제16조에 "그 오인에 **정당한 이유가 있는 때**(법률의 착오에 대한 회피 가능성이 없는 경우, 즉 그 오인을 '회피할 수 없는

---

251) 진계호·이존걸, 총론, 444면(형법은 구성요건적 사실을 인식하는 것을 고의로, 정상의 주의태만으로 인하여 그것을 인식하지 못하는 것을 과실로 규정하고 있다(제13조, 제14조). 위법성의 인식을 이들과 분리하여 독립적으로 규정하고 있다(제16조). 또 고의설이 평가의 기능을 갖는 규범적 요소인 위법성의 인식을 **심리적 사실인 고의의 요소**로 파악한다는 것은 타당치 못하다. 그러므로 책임설이 타당하다.).

252) 대판 2006. 3. 9. 2003도6733.

때'를 의미[253])에 한하여 벌하지 아니한다.”고 규정하고 있다. 행위자에게 그러한 오인이 불가피했다면 이때의 착오는 **정당한 이유**(회피 가능성의 유무로 판단)가 있는 착오가 되기 때문이다. 따라서 정당한 이유가 없을 때에는 고의범으로 처벌된다(책임설). 객관적 정당화 상황(전보배달부를 강도로 오인하고 방위행위로 나아간 오상방위와 같이 정당화 상황이 아님에도 불구하고 위법한 공격을 하는 것으로 착각하여 상대방을 공격하는 경우)과 주관적 정당화 요소(형법규정: 제20조의 정당행위의사, 제21조의 정당방위의사, 제22조의 긴급피난의사, 제23조의 자구행위의사, 제24조의 피해자의 승낙에 의한 행위라는 인식 등)가 있어야 위법성이 조각된다. 회피 가능성의 판단기준에는 **양심의 긴장설**[254]과 **지적 인식능력설**[255]이 있다.

(3) '벌(罰)하지 아니한다.' 위법성의 착오에 정당한 이유가 있는 경우, 즉 회피 불가능(정당한 이유가 없는 때)한 경우에는 **책임이 조각**되어 범죄가 성립되지 않으므로 처벌하지 않는다는 의미이다. 그런데 위법성의 착오에 정당한 이유가 없는 경우, 즉 회피 가능한 경우에 대해서는 형법규정이 없다. 그러나 이 경우에는 책임이 조각되지 않으며 고의책임을 부담한다. 다만 양형의 단계에서 형의 감경이 고려되는 것은 별문제다.

▨ 판례

[판례 1] 형법 제16조의 법률의 착오는 단순한 법률의 부지(不知)의 경우를 말하는 것이 아니고, 일반적으로 범죄가 되는 행위이지만 자기의 특수한 경우에는 법령에 의하여 허락한 행위로서 죄가 되지 아니한다고 잘못 인정한 경우를 의미하는 것이라 하여 '법률 부지의 착오'에

---

253) 임웅, 총론, 277면; 이재상, 총론, 333면; 김일수 · 서보학, 총론, 401면; 손동권, 총론, 258면; 정성근 · 박광민, 총론, 343면; 정현미, "법률의 착오에서 정당한 이유의 판단기준", 형사판례의 연구 I, 524면; 김영환, "법률의 부지의 형법해석학적 문제점", 형사판례의 연구 I, 488면.

254) BGHSt 2, 209, 4, 5.(행위자가 그에게 기대 가능한 양심의 긴장을 했음에도 자기 행위의 위법성을 인식할 수 없었다면 그 착오는 회피 불가능한 것이라는 견해).

255) 이재상, 총론(제5판), 333면; 배종대, 총론(제7판), 395면; 김일수 · 서보학, 총론(제10판), 401면; 이형국, 총론, 237면; 진계호 · 이존걸, 총론, 447면(행위자에게 위법성을 인식할 수 있는 지적 인식능력이 있었음에도 불구하고 행위자가 이러한 능력을 발휘하지 아니하여 위법성을 인식하지 못한 경우에는 착오가 회피 가능하므로 책임이 조각되지 않지만, 행위자가 자신의 지적 인식능력을 동원하였지만 위법성을 인식할 수 있는 가능성이 없었던 경우의 착오는 회피 불가능하므로 책임이 조각된다는 견해).

서 배제하고 있다.256)

[판례 2] 형법 제16조의 법률착오는 단순한 법률의 부지를 말하는 것이 아니다. 이는 일반적으로 범죄가 되는 행위이지만 자기의 특수한 경우에는 법령에 의하여 허락된 행위로서 죄가 되지 않는다고 잘못 생각하고, 그와 같은 잘못 생각하는 데 정당한 이유가 있는 경우에 벌하지 않는다는 뜻이다.257)

[판례 3] 범죄성립에서 위법성 인식은 그 범죄사실이 사회 정의와 조리에 어긋난다는 것을 인식하는 것으로서 족하고 구체적인 해당 법조문까지 인식할 필요는 없다.258)

[판례 4] 미숫가루 제조행위는 별도의 허가를 얻을 필요가 없다고 믿고 이를 제조하였다면 법령에 의해 죄가 되지 않는 것으로 오인함에 정당한 사유가 있는 경우에 해당한다.259)

[판례 5] 타인의 허가를 얻어 벌채하고 남아 있던 잔존 목을 벌채하는 것이 위법인 줄 몰랐다는 사정은 단순한 법률의 부지에 해당하여 형법 제16조의 법률의 착오라 볼 수 없다.260)

[판례 6] 피고인이 유선 방송업은 당국의 허가대상이 아니라고 알았거나, 체신부장관의 회신내용에 의하여 자기행위가 법령의 죄가 되지 않는 것으로 오인하였다 하더라도 피고인의 고의는 부정할 수 없다.261)

[판례 7] 보험회사의 지점장 등이 규정에 어긋나는 행위를 하는 것을 모르고 보험계약과 관련하여 금원을 수수하여 특정경제범죄가중처벌등에관한법률을 위반한 경우,262) 피고인이 동해시청 앞 잔디광장이 옥외장소에 해당함을 몰랐다는 것263) 등은 단순한 법률의 부지에 불과하며 특히 법령에 의하여 허용된 행위로서 죄가 되지 않는다고 그릇

---

256) 대판 1961. 10. 5. 61刑上208.
257) 대판 1980. 2. 12. 79도285; 同 1985. 5. 14. 84도1271.
258) 대판 1987. 3. 24. 86도2673; 同 1981. 2. 24. 4293刑上937.
259) 대판 1983. 2. 22. 81도2763.
260) 대판 1986. 6. 24. 86도810.
261) 대판 1987. 4. 14. 87도160.
262) 대판 2001. 6. 29. 99도5026.
263) 대판 2006. 2. 10. 2005도4390.

인정한 경우는 아니므로 이들을 법률의 착오에 기인한 행위라고 할 수 없다.

[판례 8] 시민단체의 낙천운동에 의하여 낙천대상자로 선정된 국회의원이 낙천대상자로 선정된 것이 부당하다는 취지의 반론보도를 게재한 의정보고서를 발간하는 과정에서 선거법에 저촉되지 않는다고 오인한 경우,264) 인터넷포털사이트의 성인만화방에 게재된 만화에 대해 한국간행물윤리위원회 및 정보통신윤리위원회가 음란성 등을 이유로 청소년유해물로 판정하였을 뿐 전기통신사업법 시행령 제16조의 4 제1항에 따라 시정요구를 하거나 청소년보호법 제8조 제4항에 따라 관계기관에 형사처분 또는 행정처분을 요청하지 않았다 하더라도, 인터넷포털사이트 내 오락채널 총괄팀장과 위 오락채널 내 만화사업의 운영직원인 피고인들이 위 만화를 콘텐츠 제공업체에 삭제를 요구하지 않고 게재하도록 허용한 경우265) 등은 정당한 이유가 있다고 볼 수 없다.

[판례 9] 비디오물감상실업자가 자신의 비디오물감상실에 18세 이상 19세 미만의 청소년을 출입시킨 행위가 관련 법률에 의하여 허용된다고 믿었던 경우,266) 공익근무요원이 복무기관인 시청의 공식적인 지시에 따라 각종 태권도대회 및 전지훈련에 참가하는 것이 복무이탈로 되지 않는다고 믿을 수밖에 없었던 경우267) 등은 정당한 이유가 있는 법률의 착오에 해당한다.

---

264) 대판 2006. 3. 24. 2005도3717.

265) 대판 2006. 4. 28. 2003도4128; 이에 대해 음란성 판단은 매우 어려운 문제로 정보통신윤리위원회나 공연윤리위원회가 음란정보라고 하지 않고 청소년유해매체라고 판단한 것을 그대로 믿고 삭제요구를 하지 않았다면 이는 정당한 이유가 있는 법률의 착오라고 보아야 한다는 견해가 있다(오영근, "ISP의 형사책임", 2006. 7. 26일자, 한국고시, 12면).

266) 대판 2002. 5. 17. 2001도4077.

267) 대구지법 2006. 4. 4. 2005노4217.

어떤 행위라도 죄의 요소되는 위험발생에 연결되지 아니한 때에는 그 결과로 인하여 벌하지 아니한다.

해설

[의의] **인과관계**(因果關係)란 **결과범**(結果犯)에 있어서 결과가 발생해야만 기수가 된다. 이러한 발생결과에 대해 행위자에게 책임을 과하기 위해서 요구되는 **행위**와 **결과** 사이 불가분의 연관관계를 인과관계라고 한다. 이때 인과관계가 결여되면 미수범만이 문제 될 뿐이다. 일정한 행위만 있으면 기수가 되는 거동범 내지 형식범에 있어서는 인과관계가 문제 되지 않는다. 그리고 **과실범**(過失犯)은 반드시 기수를 전제로 하므로 인과관계가 결여될 경우 미수범의 처벌규정이 없어 범죄가 성립되지 않는다.

[사례] 승용차로 피해자를 가로막아 강제로 차에 태운 후 하차요구를 무시한 채 달리다가 탈출하려던 피해자가 떨어져 상해를 입은 경우(대판 2000. 5. 26. 2000도440)

『**어떤 행위라도**』 어떤 행위와 결과 간에 인과관계(因果關係)가 존재할지라도 합법칙적 조건설(合法則的 條件說)에 따라 판단하는 것을 의미한다.

『**죄의 요소는 위험발생에 연결되지 아니한 때에는 그 결과로 인하여**』 행위자에게 결과를 귀속시킬 형법적 중요성이 인정될 수 없으면 객관적 귀속원칙(客觀的歸屬原則)에 따라 판단하는 것을 의미한다.

『**벌하지 아니한다.**』 객관적 구성요건의 평가단계에서 이미 형사책임이 배제된다는 것을 의미한다. 즉 가벌성의 부존재 또는 미수이다. 결국 아무리 결과에 대하여 인과관계가 있는 행위라도 결과에 대하여 **객관적 귀속**이 인정되지 않으면 적어도 기수범(旣遂犯)으로 처벌되지 않는다는 뜻으로 해석할 수 있다.

| 다수설 | 인과관계의 확정은 ☞ 합법칙적 조건설로, |
| | 그 형법적 조건설은 ☞ 객관적 귀속론으로 해결하려고 한다. |

■ 인과관계의 유형

(1) **기본적 인과관계** 행위가 다른 원인의 개입 없이 직접 구성요건적 결과를 야기한 경우(예: 갑이 을을 고의로 살해한 경우 ☞ 을의 사망이 갑의 행위로만 인한 것에 대한 다른 장애요소가 없는 인식)

(2) **비유형적 인과관계** 일정한 행위가 결과발생의 원인이 되지만, 그 결과에 이르는 과정에 다른 원인이 기여했거나, 피해자의 과실·특이체질·제3자의 고의 또는 과실의 결합의 경우(☞ 갑이 을을 살해하려고 권총을 발사했으나 가벼운 상처만 입혔는데, 을이 혈우병 환자였기에 사망한 경우)

(3) **이중적(택일적) 인과관계** 단독으로도 동일한 결과를 야기할 수 있는 여러 개의 원인이 결합하여 일정한 결과가 발생한 경우(☞ 갑과 을이 각각 병에게 권총을 쏘아 병이 사망한 경우)

(4) **누적적(중첩적) 인과관계** 독자적으로는 결과를 발생시킬 수 없는 여러 조건들이 공동으로 작용하여 일정한 결과가 발생한 경우(☞ 여러 사람의 상해행위가 경합하여 사망을 야기한 경우)

(5) **단절적 인과관계** 첫 번째 행위가 진행도중 두 번째의 독립행위가 개입하여 제1 효력이 나타나기 전에 결과를 발생시킨 경우(☞ 갑이 병에게 독약을 먹였으나 약효가 나타나기 전에 을이 병을 사살한 경우)

(6) **가설적 인과관계** 그 행위가 없었을지라도 다른 행위에 의해 동일한 결과가 반드시 발생했을 것이라는 고도의 개연성이 있는 경우(☞ 갑이 을을 비행기 탑승 직전에 사살했으나, 비행기 이륙 수 분 후 추락하여 전원이 사망한 경우)

   ① **추월적 인과관계** 전후 조건 중, 후의 조건이 기존의 조건을 추월하여 결과를 야기한 경우(사형집행 직전에 사형수의 원수가 사형수를 사살한 경우)

   ② **경합적 인과관계** 어느 행위에 의하더라도 결과가 동시에 발생하였을 것으로 생각되는 경우(갑이 승용차에 탑승하려는 병을 사살하였으나 병은 승용

차에 장치한 폭탄의 폭발에 의해 사망한 경우)

▨ 학설

1. 인과관계에 관한 학설

(1) **조건설(條件說)** 조건설(등가설, 동등설)이란 만일 '그것이 없었더라면(행위) 결과도 발생하지 않았을 것(절대적 제약의 공식)'이라는 형식논리적인 조건 관계만 있으면 인과관계를 인정하는 견해이다.268) 오스트리아의 글라서 (Glaser)가 제창하고,269) 독일의 부리(Buri)에 의해 완성된 후,270) 독일판 례의 일관된 입장이며,271) 이 입장의 대법원 판례272)도 있다.

[비판]

① 논리적 인과관계를 형법에 적용한 나머지 우연한 사정, 피해자의 특수 체질, 피해자 또는 제3자의 고의 내지 과실로 결과가 발생할 경우에 **비유형적 인과관계**의 경우에도 인과관계를 인정하게 된다.273)

② 살인범의 출산도 피해자의 사망에 대하여 인과관계를 인정함으로써 사 리에 반할 뿐만 아니라 귀책의 범위가 지나치게 확장된다.274)

---

268) 박동희, 총론, 78면 이하.

269) Glaser, *Abbandlungen aus dem österreicbiscben Strafrecbt*, 1858, S. 298.

270) Buri, *über bausalität und geren Verantwortung*, 1873, S. 1.

271) RGSt 1, 373; BGHSt 1, 322; BGHSt 7, 112; BGSt 4, 360.

272) [1] 대판 1955. 5. 24. 형상26(피고인이 피해자와 언쟁하다가 피해자를 수차 구타하여 비징열싱으로 시망에 이르게 한 경우에 결과발생에 피해자의 특수체질이나 부주의에 의한 피해자의 행위가 개입한 때에도 인과관 계가 있고 또한 결과적 가중범이 성립한다는 것이다.) [2] 대판 1961. 9. 20. 형상447(음주하여 흥분으로 우 발적인 상해에 대하여 범행 후 2개월 13일 만에 사망한 경우, 범위의 행위와 상해치사의 결과에는 인과관계 가 존재하여 상해치사죄가 성립한다고 하였다. 따라서 각종의 원인이 공동하여 결과가 발생게 한 경우 당해행 위가 결과발생에 대한 하나의 조건이면 인과관계가 존재하고 또한 결과적 가중범이 성립한다는 것이다.).

273) [1] 갑이 을에게 상해를 입혔을 뿐인데 을이 병원으로 급송하던 중 교통사고로 사망한 경우, [2] 갑이 을에게 경상을 입혔는데 피해자가 혈우병 때문에 사망한 경우(일최판 소화 46. 6. 17. 형집 25, 4, 567면), [3] 피해 자가 천리교 신자이므로 성수만 바르고 치료를 게을리하여 단독증에 걸리거나(일대판 대 12. 7. 14. 형집 2, 658면), [3] 의사의 치료과오로 사망한 경우 등에도 인과관계를 인정한다.

274) 이형국, 총론, 118면; 정성근 · 박광민, 총론, 142면; 임웅, 총론, 110면; 이재상, 총론, 138면; 안동준, 총 론, 64면; 김일수 · 서보학, 총론, 159면; 배종대, 총론, 178면.

③ 절대적 제약 공식에 따를 때에는 그 행위가 없었을지라도 다른 행위에 의해 똑같은 결과가 틀림없이 발생했을 것이라는 가설적 인과관계나 하나의 조건만으로도 결과를 야기하기에 충분한데 동등한 조건에 대해 인과관계를 부정해야 하나, 이러한 결론은 사리에 어긋난다.[275]

④ 어느 행위에 의하더라도 결과가 동시에 발생하였을 것으로 생각되는 경합적 인과관계와 작위범의 경우와 달리 현실적인 힘의 투입이 없는 부작위의 인과관계에 절대적 제약 공식을 적용하기가 곤란하다.[276]

⑤ 인과관계를 직접 논증하는 것이 아니라 존재한다는 가정적 사고과정을 통해 인과관계가 없는 경우를 제거하는 절차에 따르고 있어 논리상 순환논법에 빠져 있다.[277]

(2) **원인설**(原因說) 원인설(차등조건설, 개별화설)이란 조건설에 의해 인과관계가 있다고 인정되는 조건 중에서 '중대한 영향을 준 조건(원인)'과 '그렇지 않은 조건'을 구별하며, 원인(중대한 영향을 준 조건)에 대해서만 결과에 대한 인과관계를 인정하려는 견해이다.

[**구별기준**]: 원인과 조건의 구별기준에 대해 학설이 나누어진다.

① 필연조건설(Sübel) – 필연적인 조건만이 결과에 대한 원인이다.

② 최종조건설(Ortmann) – 최후에 영향을 준 조건만이 결과에 대한 원인이다.

③ 최유력조건설(Birkmeyer) – 가장 유력하게 작용한 조건만이 결과에 대한 조건이다.

④ 동력조건설(Kohler) – 결과의 발생에 원동력을 준 조건만이 원인이다.

⑤ 결정적 조건설(Nagler) – 결과성립에 결정적인 조건만이 원인이다.

⑥ 우월적 조건설(Binding) – 결과발생에 가장 우월적인 역할을 한 조건만이 원인이다.

---

275) 정성근 · 박광민, 총론, 143면; 안동준, 총론, 64면; 이재상, 총론, 138면; 임웅, 총론, 110면; 김일수 · 서보학, 총론, 157면 이하.

276) 김일수 · 서보학, 총론, 158면; 정성근 · 박광민, 총론, 143면.

277) 정성근 · 박광민, 총론, 142면; 이재상, 총론, 137면 이하; 김일수 · 서보학, 총론, 159면; 배종대, 총론, 178면; 정영일, 총론, 105면.

[비판]

① 이론상 원인과 조건을 명백히 구별할 수 없다.

② 자연과학적인 힘의 강약으로 원인과 조건을 판정하려는 자연과학적 사고를 무비판적으로 형법에 도입하였다.

③ 실제로도 불합리한 결론에 이른다.

[사례 1]: 중태에 빠진 환자를 저격하여 사망케 한 때 ☞ **필연조건설에 의하면 우연한 일에 속하므로 인과관계가 없다.**

[사례 2]: 10그램의 치사량을 가진 독약을 갑은 3그램, 을은 4그램, 병은 3그램을 각각 독립적으로 갑·을·병의 순서로 정에게 먹여 사망케 했을 때 ☞ **최종조건설에 의하면 병만이, 최유리조건설에 의하면 을만이, 동력조건설에 의하면 갑만이 살인의 기수에 대한 책임을 져야 한다(불합리한 결론에 이른다.).**

(3) **상당인과관계설**(相當因果關係說) 상당인과관계설(일반화설, 보편적 관찰설)이란 고도의 가능성을 의미하는 개연성이 있을 때 그 행위와 결과 사이에는 인과관계가 있다고 보는 것을 말한다.[278] 종래 우리나라의 다수설이며, 판례의 일관된 입장이다. 이는 경험적 지식을 토대로 상당성을 평가한다.

[상당성의 판단기준] 상당성의 판단기준에 따른 학설이 대립된다. 본 학설에는 주관설, 객관설, 절충설(다수설)이 있는데, 절충설은 행위 당시 주의 깊은 일반인이면 인식할 수 있었던 사정과 행위자가 특히 인식하고 있었던 사정을 기초로 판단한다.

[예시] 특이체질을 가진 자를 구타하였으나 사망한 경우에 행위지가 이를 몰랐던 경우

① **주관설** 건강한 사람을 가볍게 구타하여도 사망할 수 있느냐가 판단의 대상이 되므로 상당성이 없다고 본다. 행위 당시 행위자가 인식하였거나 인식할 수 있었던 사정을 기초로 상당성을 판단해야 한다고 크리스(Kries)가 주장한 바 있다.

---

278) 현재의 지지자는 오영근, 총론, 191면; 배종대, 총론, 183면.

② **객관설** 특이체질을 가진 자를 가볍게 구타하여도 사망할 수 있느냐가 판단의 대상이 되므로 상당성이 있다고 본다. 행위 당시 객관적으로 존재했던 모든 사정과 행위 후의 사정이라도 행위 당시에 일반적(객관)으로 예견할 수 있었던 모든 사정을 기초로 하여 제3자인 법관의 입장에서 상당성을 판단해야 한다는 견해[279]로 뤼멜린(Rümelin), 히펠(Hippel), 자우어(Sauer) 등이 주장했다.

③ **절충설** 특이체질의 소유 여부는 통상 일반인이 알 수 없는 것이므로 행위자가 이를 특히 알고 있었느냐에 따라 결론이 달라진다. 행위 당시에 일반인이 인식할 수 있었던 사정과 일반인이 인식할 수 없었던 사정이라도 행위자가 특히 인식하고 있었던 사정을 기초로 하여 상당성을 판단해야 한다는 견해[280]로 트래거(Träger), 보켈만(Bockelmann) 등이 지지하였다.

[비판]

① 상당성의 판단기준이 모호하여 법적 안정성을 해칠 우려가 있다.[281]

② 책임의 무제한한 확대를 제한하기 위해서 상당성이 없는 경우에는 구성요건의 단계에서부터 인과관계를 부정하기 때문에 결과귀속(책임의 문제)과 인과관계(구성요건해당성의 문제)의 문제를 혼동하고 있다.[282]

③ 비유형적 인과관계의 경우에는 개연성이 없으므로 모두 인과관계를 부정하고 가설적 인과관계와 단절적 인과관계의 경우에는 개연성이 있으므로 인과관계를 인정하는 부당한 결론에 도달한다.[283]

④ 형법 제15조 제2항은 "결과로 인하여 형이 중한 죄에 있어서 그 결과의 발생을 예견할 수 없었을 때에는 중한 죄로 벌하지 아니한다."고 규정하여 결과적 가중범의 중한 결과에 있어서 형의 가중을 예견 가능성의

---

279) 배종대, 총론, 183면; 심재우, "형법상의 인과관계", 월간고시, 1977. 8. 45면.
280) 정창운, 총론, 129면; 염정철, 총론, 431면; 이건호, 개론, 67면; 김종원, "형법에 있어서의 인과관계", 고시계, 1965. 4. 37면; 권문택, "형법상의 인과관계", 고시계, 1972. 8. 77면; 성시탁, "인과관계", 형사법강좌 I, 194면.
281) 신동운, 총론, 141면.
282) 이재상, 총론, 142면; 이형국, 총론, 125면; 임웅, 총론, 115면.
283) 이재상, 총론, 141면; 정성근 · 박광민, 총론, 149면; 김일수 · 서보학, 총론, 167면.

문제로 해결하고 있으므로 해석상 상당인과관계설은 무의미하게 된
다.284)

(4) 합법칙적 조건설

조건설의 결함을 일상적 경험법칙으로서의 합법칙성을 통하여 시정하려
는 견해, 즉 결과가 행위에 시간적으로 뒤따르면서 그 행위와 자연법칙적
으로 연관되어 있을 때, **행위**(行爲)와 **결과**(結果)는 인과관계가 있다고
보는 설이다. 엥기쉬(Engisch)에 의해 주장되었으며, 현재 우리나라의 **다
수설**이라고 할 수 있다.285)

[예시] 甲은 A, B가 치사량의 독약을 탄 술을 두 잔 계속해서 마셨는데, B가
　　　탄 독약이 더 빨리 효과가 나타나 甲이 사망한 경우 甲과 B의 행위
　　　사이에만 인과관계가 인정되고(살인기수죄), A는 책임(살인미수죄)만 지게
　　　된다.

[구체적 적용]

① 조건설과 마찬가지로 결과에 대한 모든 조건은 등가적이므로 비유형적
　 인과관계에서도 인과관계를 이전한다.
② 이중적 인과관계와 누적적 인과관계(결과의 객관적 귀속이 결여되어 미수책
　 임을 진다.)도 결과에 대한 원인이 되어 인과관계를 인정한다.
③ 추월적 인과관계와 경합적 인과관계도 인과관계를 인정함에 어려움이
　 없다.
④ 가설적 인과관계에서도 사실상 인과과성이 중요하므로 인과관계를 인
　 정하게 된다.
⑤ 익사자를 구조하려는 자를 방해하여 결과를 발생시킨 구조인과관계에

---

284) 이재상, 총론, 143면; 정영일, 총론, 109면.
285) 이재상, 총론, 149면; 이형국, 총론, 132면; 김일수 · 서보학, 총론, 198면; 박상기, 총론, 90면; 손동권, 총
　　론, 109면; 손해목, 총론, 280면; 신동운, 총론, 132면; 안동준, 총론, 91면; 이정원, 총론, 104면; 임웅,
　　총론, 117면; 정성근 · 박광민, 총론, 152면; 김성천 · 김형준, 총론, 139면; 조준현, 총론, 140면; 정영일,
　　총론, 114면; 진계호 · 이존걸, 총론, 212면.

있어서도 인과관계를 인정함에 어려움이 없다.

⑥ 단절적 인과관계에 있어서는 후에 개입된 행위에 인과관계를 인정하게 된다.

⑦ 행위를 하였으면 결과를 방지할 수 있었다는 합법칙적 연관을 인정할 수 있으므로 부작위의 인과관계를 용이하게 인정할 수 있다.

[비판]

① 합법칙성의 내용이 법관의 규범적 상식에 의존하는 공허한 기준에 불과하다.[286]

② 인과관계를 확정할 수 있는 합법칙 내지 자연법칙이 명백하지 못하다.[287]

③ 행위와 결과를 연결하는 합법칙 내지 자연법칙이 없을 때에는 인과관계는 문제 될 여지가 없다는 반론이 제기된다.[288]

(5) 기타 학설

① **중요설** 인과관계의 존부는 조건설로 결정하지만, 이는 형법상 중요한 것이 아니므로 형법적 평가인 결과귀속에 있어서는 구체적 구성요건에 따라 결정해야 한다는 견해이다.[289] 이 설은 구체적인 범죄구성요건에 있어서의 의의와 목적 및 구성요건이론의 일반원칙에 따라 결과귀속의 범위를 결정한다는 점에서 객관적 귀속이론과 태도를 같이한다.

② **위험관계조건설** 행위와 결과 사이에 사회적 **위험성**(결과발생의 가능성 및 결과가 발생할 때 결과와 행위를 연결하는 사회심리)이 있으면 인과관계를 인정하려는 견해이다.[290]

③ **목적설** 인과관계의 근본목적이 미수와 기수를 구별하여 책임경감을 하려는 데에 있다. 행위자의 심층심리를 분석하여 행위가 결과에 필연적이면 기수이고 우연적이면 미수라는 견해이다.[291]

---

286) 배종대, 총론, 179면.
287) 김일수 · 서보학, 총론, 189면; 이형국, 총론, 122면.
288) 이재상, 총론, 149면.
289) Mezger, *AT*, 3, Aufl. S. 122.
290) 정영석, 총론, 110면.

④ **인과관계중단론** 인과관계가 계속되는 도중 타인의 고의 행위나 예기치
   못한 우연한 사정이 개입된 때에는 앞의 인과관계는 중단된다는 이론
   이다. 예컨대 치사량의 독약을 복용시켰으나 아직 약효가 나타나기 전
   에 벼락으로 사망한 경우처럼 행위와 결과 사이에 자연적 사실이 개입
   하여 행위의 조건관계가 상실된 경우이다.

2. 객관적 귀속이론

(1) **의미** 객관적 귀속이론이란 행위와 결과 사이의 인과적 측면보다는 일정한
   객관적 척도에 의하여 **결과**(결과를 행위자의 탓)에 대한 행위자에게 **귀속**을
   시킬 수 있어야 한다는 이론이다.[292]
(2) 인과관계론과의 대립관계
   ① 객관적 귀속이론과 인과관계의 관계에 대해 인과관계론을 객관적 귀속
      이론으로 대체해야 한다.[293]
   ② 인과관계의 존재를 전제로 하여 개관적 귀속이론에 의하여 구성요건적
      결과에 대한 객관적 구성요건해당성을 구체적으로 판단해야 한다는 통
      설적 견해이다.[294]
(3) 객관적 귀속의 기준
   객관적 귀속의 기준에 대해 **회피 가능성**의 이론과 **위험증대**의 이론이 주
   장되고 있다.
   ① **회피 가능성의 이론** 위험창출이 있더라도 구성요건적 결과발생이 지배
      할 수 없는 것일 때에는 그 결과를 행위자에게 객관적으로 귀속시킬
      수 없다는 견해이다.[295]
   ② **위험증대의 이론** 보호법익에 대해 법적으로 허용될 수 없는 위험을 야

---

291) 유기천, 총론, 151면.

292) 객관적 귀속이론은 독일의 민법학자인 라렌츠(Larenz)가 민법상의 부작위와 관련하여 주장했던 이론으로, 호
   니히(Richard M. Honig)가 1930년에 형법학에 도입한 이래 오늘날 독일은 물론 우리나라에서도 거의 보편
   화된 이론이다.

293) Hippel, *Gefabrurteil und Prognoseentscbeidungen in der Strafrecbtspraxis*, 1972, S. 80.

294) 김일수 · 서보학, 총론, 171면; 이재상, 총론, 150면; 정성근 · 박광민, 총론, 138면; 이형국, 총론, 128면;
   박상기, 총론, 92면; 임웅, 총론, 106면; 손해목, 총론, 265면; 진계호 · 이존걸, 총론, 213면.

295) Honig, *Kausalität und objektive Zurecbnung*, S. 183ff.

기 및 증대시킨 때에만 그 위험으로 인한 결과를 객관적으로 귀속시킬
수 있다. 그러나 행위자가 위험의 증대 및 창출을 방지하는 것이 당해
범죄구성요건의 보호 목적이 아닌 경우에는 결과귀속을 인정할 수 없
다는 견해이다.296)

③ 객관적 귀속의 요건

㉠ 실현된 결과가 객관적으로 예견 가능하고 지배 가능한 것일 것

㉡ 행위자가 보호법익에 대하여 법적으로 허용되지 않는 위험을 창출
및 증대시킨 경우일 것

㉢ 창출 및 증대된 위험은 구체적인 결과로 실현될 것

㉣ 발생한 결과가 침해된 규범의 보호범위 안에서 발생할 것297)

(4) 객관적 귀속의 구체적 판단 기준

(가) 객관적 귀속이 부정되는 경우

① **위험의 감소** 불이 나자 소사의 위험에서 아이를 구출하기 위해 창
밖으로 아이를 던져 중상을 입힌 경우

② **허용된 위험의 한도 내의 행위** 운전자가 교통규칙을 잘 지켰으나
갑자기 보행자가 길로 뛰어든 바람에 부득이 치사케 한 경우

③ **규범의 보호영역 밖에서 이루어진 경우** 병원으로 옮기는 중 교통사
고로 사망한 경우

④ **예견할 수 없는 사건경과에 기인한 경우** 주인이 천둥 시 벼락을 맞
도록 하인을 숲 속으로 내보내는 경우

⑤ **적법한 대체 행위** 행위자가 금지된 행위로써 결과발생을 야기하였
으나 적법한 대체행위를 하였더라도 결과발생이 확실시되는 경우
에는 객관적 귀속이 부정된다고 해야 한다(의무위반관련성이론).298)

(나) 객관적 귀속이 인정되는 경우

① **가설적 인과관계** 행위자가 폭탄으로 비행기를 폭파시켰는데 그때

---

296) Roxin, Gedanken zur Problematik der Zurecbnung im Strafrecbt, S. 138; Roxin, "Pflichtwidrigkeit
und Erfolg bei fahrlässigen Delikten", ZStW, 74, 1962, S. 411.

297) 이재상, 총론, 151면 이하; 임웅, 총론, 119면 이하.

298) 이재상, 총론, 154면; 김일수 · 서보학, 총론, 178면; 박상기, 총론, 97면; 신동운, 총론, 147면; 정성근 ·
박광민, 총론, 154면; 이정원, 총론, 105면; 진계호 · 이존걸, 총론, 216면.

그 비행기가 기관고장으로 추락하지 않을 수 없었던 경우
② **비유형적 인과관계** 피해자의 특수사정 등이 결합하여 결과가 발생한 경우로 예견 가능성이 있어야 한다. 정상인이었으면 죽지 않았을 폭행도 피해자의 혈우병 때문에 사망한 경우
③ **결과적 가중범** 결과적 가중범에 있어서 중한 결과의 객관적 귀속은 그 결과가 기본범죄에 의한 범행의 직접적인 결과인 때에만 인정될 수 있다.
④ **위험의 일시적 감소 및 중지** 제3자의 개입으로 위험이 일시 감소 또는 중지되더라도 결과가 발생한 때에는 객관적 귀속이 긍정된다. 갑이 을을 깊은 물에 처넣었는데 병이 을을 구조하다가 중도에 포기하여 결국 을이 익사한 경우
⑤ **허용된 위험행위의 증대 및 야기** 행위자의 행위가 위험증대 때(시한폭탄장치를 한 것이 마침 여객기에 고장이 생겨 추락하는 순간에 폭발한 경우)나, 위급한 결과를 방지할 수 없도록 방해하여 위험을 야기한 때(독사에 물려 위독한 사람을 구할 해독약을 폐기함으로써 제때에 약을 쓰지 못해 그를 사망케 한 경우)에는 객관적 귀속이 긍정된다.

판례

[판례 1] 피고인의 폭행으로 임신 7개월의 임산부가 땅에 넘어지면서 심근경색증으로 낙태하고, 그로 인해 사망하게 된 경우, 피고인의 구타행위와 피해자의 사망 간에 인과관계가 있다.[299]

[판례 2] 자상행위(刺傷行爲)가 사망의 직접적 원인은 아니더라도 이로부터 발생한 다른 간접적 원인이 결합되어 사망결과가 발생한 경우에도 그 행위와 사망 간에는 인과관계가 있다.[300]

[판례 3] 산림 실화죄는 과실로 산림을 불태워 훼손케 한 것을 구성요건으로 하고 있으므로, 과실과 산림훼손행위 사이에 상당인과관계가 있어

---

299) 대판 1977. 3. 28. 72도296.
300) 대판 1982. 12. 28. 82도2525.

야 한다.[301]

[**판례 4**] 음주상태에서 평소 지병이 있는 피해자를 폭행하여 피해자를 심장
　　　　　 마비로 사망케 한 경우에 폭행과 사망 간의 상당인과관계가 있어야
　　　　　 한다.[302]

[**판례 5**] 사망과 피고인의 구타행위 사이에 20여 시간이 지나도록 중간원인
　　　　　 이 발견되지 않을 경우, 구타행위와 사망 간의 인과관계를 인정할
　　　　　 수 있다.[303]

제18조
부작위범

위험의 발생을 방지할 의무가 있거나 자기의 행위로 인하여 위험발생의 원인을 야기한 자가 그 위험발생을
방지하지 아니한 때에는 그 발생된 결과에 의하여 처벌한다.

해설

[**의의**] **부작위범**(不作爲犯)이란 법규범이 요구하는 일정한 작위를 이행하지 않
　　　　 음으로써 성립하는 범죄를 말한다.
[**사례**] 형법 제319조 제2항의 퇴거불응죄(진정부작위범)의 경우, 수유를 하지
　　　　 않아 유아를 굶어 죽게 한 어머니(부진정부작위범)의 경우와 같이 두 종
　　　　 류의 부작위범이 있다.

『**작위**(作爲)**와 부작위**(不作爲)』

종래의 개념에서는 행위의 존재형태를 중심으로 적극적인 동작을 작위, 소극
적인 정지 상태를 부작위라고 하였으나, 오늘날에는 규범적 입장에서 **금지규범**
의 위반을 작위, **명령규범**의 위반을 부작위라 한다(통례).

---

301) 대판 1987. 4. 28. 87도297.
302) 대판 1986. 9. 9. 85도2433; 同 1979. 10. 10. 79도2040.
303) 대판 1984. 12. 11. 84도2347.

『작위범(作爲犯)과 부작위범(不作爲犯)』

적극적으로 금지규범을 위반하는 범죄를 작위범이라 하고, 법규범이 요구하는 일정한 작위를 이행하지 않음으로써 성립하는 범죄를 부작위범이라 한다.

『부작위범(不作爲犯)과 공범(共犯)』

부작위범에 대한 교사·방조는 부작위범에 대한 적극적 작위에 의한 교사는 물론 정신적 방조 형식도 가능하다.[304] 그리고 부작위범에 대한 간접정범(작위의 무자를 강제 및 기망하여 의무이행을 불가능케 하는 부작위범을 도구로 이용한 행위, 예컨대 보증인을 체포·감금시켜 부작위케 하여 결과발생의 위험을 야기한 때)도 가능하다.[305]

▨ 부작위범에 대한 학설

(1) **형식설** 실정법(법률에 명문 규정)이 직접 부작위를 처벌하도록 규정한 경우(진정부작위범)와 실정법이 작위범의 형식으로 규정하고 있는 범죄를 부작위에 의해 실현한 경우(부진정부작위범)를 말한다.[306]

(2) **기능설(실질설)** 요구된 행위를 부작위함으로써 성립하는 범죄(진정부작위범: 거동범)와 부작위 외에 구성요건적 결과의 발생이 있어야 성립하는 범죄(부진정부작위범; 결과범)를 말한다.

▨ 부진정부작위범(보증인적 지위)에 대한 학설

■ **보증인적 지위**(결과발생을 방지해야 할 행위자의 특별한 지위)로부터 행위자는 구성요건적 결과 회피 내지 방지의 특별한 법적 의무를 부담한다(법적 의무

---

304) 김일수, 원론, 1072면; 이재상, 총론, 132면; 정성근, 총론, 450면; 차용석, 강의(Ⅰ), 339면; 배종대, 총론, 523면.

305) 김일수, 원론, 1071면; 이형국, 연구Ⅱ, 697면; 정성근, 총론, 450면.

306) 통설로, 이재상, 총론, 116면; 배종대, 총론, 585면; 정성근, 총론, 454면; 임웅, 총론, 467면; 이형국, 총론, 397면; 신동운, 총론, 100면; 손동권, 총칙론, 312면; 오영근, 총론, 286면; 차용석, "부작위범"(상), 고시계, 1983. 5. 97면; 손해목, "부작위범의 구조"(상), 고시연구, 1978. 10. 127면 이하; 진계호·이존걸, 총론, 183면.

＋행위자에게 신분상의 지위로 특별히 부과된 것).

형법 제18조는 "위험의 발생을 방지할 의무[307]가 있거나 자기의 행위로 인하여 위험발생의 원인을 야기한 자가 그 위험발생을 방지하지 아니한 때에는 그 발생된 결과에 의하여 처벌한다."고 하여 작위의무(보증인적 지위의 발생근거)에 대해 어떤 기준에 따라 확정할 것인가에 견해가 대립된다. 다만, 형법에는 부진정부작위범의 처벌에 관한 규정은 없다.

(1) **형식설** 법령, 법률행위(계약, 사무관리), 선행행위(사회상규, 신의성실, 관습) 등의 형식에 따라 작위의무가 발생한다는 전통적 견해이다.[308]

(2) **기능설(실질설)** 작위의무를 법익보호를 위한 보호의무와 위험발생을 감시해야 할 안전의무로 구별하고, 이 범위 내에서 작위 의무의 범위를 확정하려는 견해이다.[309] 기능설(실질설)에 따른 보증인적(保證人的) 지위의 유형으로는,

① **특정한 법익에 대한 보호의무**(부작위범과 희생자 간의 보호관계 존재)

■ 법적으로 규율되는 밀접한 자연적 연분 관계	가족, 부모와 자식 간, 동거한 부부간
■ 생명 내지 위험공동체 관계	함께 등산 중인 사람들 간
■ 보호 내지 보조의무의 사실상 인수관계	수영교사와 깊은 물에서 수영을 배우는 학생

② **특정한 위험원에 대한 책임**(위험 원인을 통제할 의무자)

■ 선행 행위로 인한 보증인 지위	자동차를 운전하다 타인에게 상해를 입힌 자의 피해자 구조의무
■ 지배하고 있는 위험원인의 감독을 위한 보증인 지위	건축공사감독, 도사견 주인
■ 제3자의 감독의무에 따른 보증인 지위	어린아이, 소년, 정신병자 등을 감독할 의무 있는 부모, 후견인, 교육권자

(3) **절충설** 형식설과 기능설의 관점을 절충하여 작위의무(보증의무)를 파악하려

---

307) 위험발생을 방지할 의무란 보증인의무라 하고, 보증인의무를 발생시키는 지위를 보증인지위라 한다. 보증인의무는 법적 의무일 것을 요하므로 도덕적 의무로는 충분하지 않고, 또 행위자의 신분상 지위로 인해 특별히 주어진 것이기 때문에 모든 사람이 다 같이 부담하는 부조의무와 같은 법적 의무나 경범죄처벌법 제1조 제7호(요부조자등신고불이행), 제36호(재해·화재·교통사고 시 공무원 원조불응), 소방법 제48조(화재의 통지)와 제49조(관리자 등의 소화의무) 등의 일반적인 법적 의무는 이에서 제외된다. 이 점에서 부진정부작위범의 보증인의무는 모든 사람이 다 같이 적용되는 과실범의 주관적 주의의무와도 개념상 구별된다. 또한 보증인지위는 작위의무의 기초가 되는 사실적·규범적인 여러 사정을 말하나, 작위의무는 이로부터 발생하는 결과방지의무를 말한다. 보증인지위는 구성요건의 표지이나, 작위의무는 위법성의 표지라는 점에서 양자는 형법상 지위가 다르다.

308) 유기천, 총론, 122면 이하; 황산덕, 총론, 70면 이하; 정영석, 총론, 108면; 남흥우, 총론, 95면 이하.

309) Armin Kaufmann, *Die Dogmatik der Unterlassungsdelikte*, 1959, S. 283ff.

는 견해이다. 형식설은 보증인적 지위를 축소시키고, 기능설은 보증의무를 확대시키므로 양설을 절충하여 보증의무를 파악하는 것이 타당하다.310)

[부작위범의 종류]

진정부작위범	부진정부작위범(보증인 지위)
[1] 구성요건이 부작위에 의해서만 실현되므로 거동범의 성격이다.	[1] 작위범의 구성요건을 부작위에 의해 실현하는 경우(부작위에 의한 작위범)
[2] 누구든지 행위주체가 될 수 있어 신분범이 아니다.	[2] **보증인 지위에 있는 자만**이 행위주체가 될 수 있어 신분범이다.
[3] 행위자가 부작위를 통해 법률이 요구하는 작위를 하지 않아 **명령규범위반**의 성격이다.	[3] 부작위에 의하여 구성요건적 결과가 발생하므로 결과범의 성격을 갖는다.
[4] 부작위에 의한 부작위범이다.	[4] 행위자가 부작위를 통하여 법률이 금지하는 결과를 발생시켰으므로 **금지규범위반**의 성격이다.
■ 제116조 다중불해산죄	■ 제250조 어머니가 영아에게 젖을 주지 아니하여 아사(굶어 죽음)시킨 경우
■ 제319조 제2항 퇴거불응죄	■ 제187조 철로상의 위험상태를 제거치 않아 기차를 전복하게 한 전철수
■ 제145조 제2항 집합명령위반죄	■ 제347조 과오납을 모른 척 수령한 상점주인
■ 제103조 제1항 전시군수계약불이행죄	
■ 제107조 제1항 전시공수계약불이행죄	

제19조
독립행위의 경합(동시법)

동시 또는 이시의 독립행위가 경합한 경우에 그 결과발생의 원인이 된 행위가 판명되지 아니한 때에는 각 행위를 미수범으로 처벌한다.

해설

[의의] **독립행위의 경합**(獨立行爲競合)이란 동시 또는 이시의 독립행위기 경합한 경우에 그 결과발생의 원인이 된 행위가 판명되지 아니한 때를 말한다. 이 경우에 각 행위에 대해서 미수범(제25조)으로 처벌한다.

[사례] 을과 병이 싸우는 것을 갑이 말렸다는 이유로 을은 이마로 갑의 얼굴을 1회 받은 후 얼굴과 가슴을 5-6회 때리고, 병은 이에 가세하여

---

310) 진계호·이존걸, 총론, 188면.

주먹으로 갑의 왼쪽 뺨을 1회 때렸으며, 을·병 중 한 사람이 그곳에 있던 유리병 조각을 들고 갑의 코를 내리찍어 47일간의 치료를 요하는 비골개방성골절상을 입게 되었는데, 흉기로 갑의 얼굴을 찍은 것이 을과 병 중 어느 한 사람의 소행일 가능성이 없는 상황이라면 상해죄에 있어서의 동시범은 2인 이상이 가해행위를 하여 상해의 결과를 가져올 경우에 그 상해가 어느 사람의 가해행위로 인한 것인지 분명치 않다면 가해자 모두를 공동정범으로 본다는 것이므로 가해행위를 한 것 자체가 분명치 않은 사람에 대해서는 동시범으로 다스릴 수 없다.311)

▓ 학설

1. 동시범(제263조)의 개념과 특성

동시범이란 2인 이상의 자가 범죄행위를 했다 하더라도 공동실행의 의사가 아무에게도 없는 경우를 말한다. 동시범은 단독정범이 병립한 형태에 불과하므로 각자는 자기가 실행한 행위에 대해서만 책임을 지나(각각 정범 책임), 결과발생의 원인이 된 행위가 판명되지 아니한 때에는 각 행위를 **미수범**으로 처벌하고(제19조), 동시범의 독립행위가 경합하여 **상해죄**(傷害罪: 제263조)의 결과를 발생하게 한 경우에 있어서 원인이 된 행위가 판명되지 아니한 때에는 **공동정범**(共同正犯)의 예에 의한다(상해죄의 예외 인정). 상해의 동시범은 의사의 연락이 없어도 각자를 기수의 공동정범으로 처벌한다.

『**미수범(제25조)**』
범죄의 실행에 착수하여 행위를 종료하지 못하였거나 결과가 발생하지 아니한 때에는 미수범(未遂犯)으로 처벌한다. 미수범의 형은 기수범(旣遂犯)보다 감경할 수 있다.

---

311) 대판 1984. 5. 15. 84도488.

『본 조의 특별취급』

동시범 중에서도 특히 "그 원인이 된 행위가 판명되지 아니한 불분명한 독립행위의 경합"에 대해서 특별히 취급한 규정이다. 반면 원인행위가 분명한 동시범(다수인이 공동의 범행 결의 없이 하나의 구성요건해당적 결과를 실현하는 범죄)의 경우에는 그 원인행위에 따라 각각 정범(正犯)으로 처벌된다.

2. 동시범의 성립요건

『동시(同時) 또는 이시(異時)의 독립행위가 경합한 경우』

동시범	두 사람 이상의 행위자가 서로 의사의 연락 없이 같은 대상에 대해 동시 또는 이시(**異時**)에 범행하는 경우 ☞ 행위자가 두 사람 이상이라는 점에 단독정범과 구별되고, 의사의 연락이 없이 이루어진다는 점에서 공동정범 · 합동범과도 구별된다.
성립요건	■ 두 사람 이상의 실행행위가 있어야 한다. ■ 행위자 사이에 의사의 연락이 없어야 한다. ■ 행위객체가 동일해야 한다. ■ 행위의 장소 · 시간은 다르더라도 상관없다. ■ 결과발생의 원인이 된 행위가 판명되지 않아야 한다. 이에 대한 입증책임은 검사에게 있다.
처벌	동시범의 처벌요건을 갖추었을 때 각 행위자는 결과에 대한 '미수범'의 책임을 진다.
상해의 동시범의 특례	형법 제263조는 상해의 동시범을 공동정범의 예에 따라 처벌한다고 규정함으로써 본 조의 예외(例外)를 인정한다.

3. 동시범의 법적 성질

(1) **법률상 책임추정설**[312] 각 행위자의 행위가 결과발생의 원인인 것으로 추정하는 규정이라는 설이다.

(2) **거증책임전환설**[313] 상해의 결과에 대한 입증곤란을 구제하려는 정책적 예외규정으로 거증책임을 피고인에게 전환하여 검사의 입증곤란에서 생기는 불합리를 제거하고 집단적 상해를 방지하려는 형사정책적 고려해서 인정된 설이다.

(3) **이원설**[314] 절차상으로는 거증책임의 전환규정인 동시에 실체상으로는 공동정범의 범위를 확장시키는 일종의 의제라는 설이다.

---

312) 이건호, 각론, 273면; 강구진, 각론(Ⅰ), 70면.

313) 유기천, 각론(상), 60면; 서일교, 각론, 36면; 이재상, 각론(Ⅰ), 54면.

314) 정성근, 총론, 518면; 정영석, 각론, 223면; 김종원, 각론(상), 64면; 진계호 · 이존걸, 총론, 586면.

4. 동시범의 적용범위

(1) 본 조가 '상해의 결과가 발생'한 경우를 요건으로 한 점으로 비추어 보아 상해죄와 폭행치상죄에 적용된다.

(2) **상해치사죄**는 동시범의 특례가 적용되지 않는다.[315] 그러나 사망의 결과에 대하여 인과관계가 있고 예견 가능성이 있는 한 상해치사죄의 경우에도 본 조가 적용된다.[316] 판례도 폭행치사[317] 또는 상해치사[318]의 경우에도 본 조가 적용됨을 판시하고 있다.

(3) **강간치상죄 · 강도치상죄**는 폭행과 상해의 죄에 관한 특례규정이므로 상해 또는 폭행치상의 요소를 포함하더라도 그 보호법익을 달리한 강간치상죄나 강도치상죄에는 적용되지 않는다고 해야 한다.[319] 판례도 강간치상죄에는 동시범의 특례가 적용되지 않는다고 판시하고 있다.[320]

5. 동시범과의 관련 문제

(1) **합동범과의 관계** 합동범이란 2인 이상이 합동(의사의 공동이 필요함)하여 죄를 범한 경우를 말한다. 본 죄는 위험성과 집단범죄가 되어 피해자에게 구체적 위험이 증가하므로 가중 처벌하고 있다. 합동범의 본질은 공모공동정범설 · 가중적 공동정범설 · 현장설(통설 · 판례)이 있다. 동시범은 **공동**

---

315) 이형국, 총론, 325면.

316) 진계호 · 이존걸, 총론, 586면.

317) 대판 1970. 6. 30. 70도991(피고인과 원심공동피고인들이 각기 폭행을 가하고 그로 인해 평소 혈압증세가 심한 피해자가 흥분되고 이에 따르는 혈압의 상승으로 뇌출혈을 일으켜 사망케 한 사실이 인정되므로 피고인과 원심공동피고인들의 각 폭행치사는 형법 제263조의 규정에 의하여 공동정범의 예에 의하여 처벌된다.).

318) 대판 1985. 5. 14. 84도2118(갑은 을과 병 그리고 정과 뱃놀이로 술이 만취된 상태에서 술을 더 마시려고 갑과 을이 앞서 가다가 갑이 마루에 걸터앉아 있던 피해자 A의 앞을 지나면서 그의 발을 건 것이 발단이 되어 시비 끝에 화가 난 갑이 A를 밀어 나무기둥에 뒷머리를 부딪치게 하고, 뒤따라 들어오던 병이 그 장면을 보고 요설을 하면서 A에게 달려들어 멱살을 잡고 흔들다가 밀어 또다시 뒷머리를 토방 시멘트바닥에 부딪치게 하고, 다시 부엌 근처에 있던 삽으로 A의 얼굴 우측 부위를 1회 때렸는데, A는 뒷머리를 장독대 모서리에 부딪쳐 결국 뇌저부경화동맥열상을 입게 하여 사망에 이르게 한 경우 동시범이 특례를 규정한 형법 제263조는 상해치사죄에도 적용된다. 따라서 갑, 을, 병은 상해치사죄의 공동정범이 성립한다.).

319) 진계호 · 이존걸, 총론, 587면.

320) 대판 1984. 4. 24. 84도372(친구 간인 갑과 을은 우연히 만난 병 여와 이야기를 하다가 을이 잠시 나가자 갑은 병 여를 강간했고, 그 후 돌아온 을도 갑이 화장실을 간 사이에 병 여를 강간했다. 이로 인해 병 여는 회음부 찰과상을 입었으나 누구의 강간행위로 인한 것인지는 밝힐 수가 없었던 경우 형법 제263조의 동시범은 상해와 폭행죄에 관한 특별규정으로서 동 규정은 그 보호법익을 달리하는 강간치상죄에는 적용할 수 없다. 따라서 갑과 을은 단지 강간죄로밖에 처벌할 수 없다.).

실행의 의사가 결여된 것이나 합동범은 **의사의 공동**을 요한다. 따라서 양 범죄는 구별된다.

(2) **소송법상의 취급** 형사소송법 제11조 제3호는 동시범을 관련 사건으로 취급한다.

판례

[**판례 1**] 공동피고인이었던 갑은 술에 취해 있던 A의 어깨를 주먹으로 1회 때리고 쇠스랑 자루로 머리를 2회 강타하고 가슴을 1회 밀어 땅에 넘어뜨렸고, 그 후 3시간가량 지나서 을이 A의 멱살을 잡아 평상에 앉혀 놓고 A의 얼굴을 2회 때리고 손으로 2-3회 A의 가슴을 밀어 땅에 넘어뜨린 다음, 나일론 슬리퍼로 A의 얼굴을 수회 때렸는데, 위와 같은 두 사람의 이시적인 상해행위로 인하여 A가 그로부터 6일 후 뇌출혈을 일으켜 사망한 경우 형법 제19조와 같은 법 제263조의 규정취지를 새겨 보면 본건의 경우와 같이 이시의 상해의 독립행위가 경합하여 사망의 결과가 일어난 경우에도 그 원인이 된 행위가 판명되지 아니한 때에는 공동정범의 예에 의한다.[321]

[**판례 2**] 갑은 2시간 전에 을의 폭행으로 부상을 당하여 의자에 누워 있던 병을 밀어 땅바닥에 떨어지게 함으로써 병이 사망케 되었는데, 갑과 을 중 누구의 행위로 사망하였는지 알 수 없는 경우 시간적 차이가 있는 독립된 상해행위나 폭행행위가 경합하여 사망의 결과가 일어나고 그 사망의 원인이 된 행위가 판명되지 않은 경우에는 공동정범의 예에 의하여 처벌할 것이므로, 2시간 남짓한 시간적 간격을 두고 피고인이 두 번째의 가해행위인 이 사건 범행을 한 후, 피해자가 사망하였고 그 사망의 원인을 알 수 없다고 보아 피고인을 폭행치사의 동시범으로 처벌한 원심판단은 옳고 거기에 동시범의

---

321) 대판 1981. 3. 10. 80도3321.

법리나 상당인과관계에 관한 법리를 오해한 위법도 없다.[322]

4. 위법성 일반론(違法性 一般論)

(1) 위법성의 의의

위법성(違法性)이란 구성요건에 해당하는 행위가 전체 법질서(형법뿐만 아니라
민법·행정법 등 성문법과 관습법·사회상규·조리·보편적 법사상 등 불문법을 포함
한 광의 개념[323])의 입장과 객관적으로 모순·충돌하는 성질을 말한다. 범죄는 구
성요건에 해당하는 위법·유책한 행위이다. 따라서 위법성은 범죄성립요건의 하
나이다.

그런데 형법은 위법성을 적극적인 범죄의 성립요건으로 규정하지 않고 위법성조
각사유만을 소극적으로 규정하고 있다(제20조 내지 제24조).

1) **위법성과 불법** 구성요건은 불법유형이다. 그러므로 구성요건상의 불법
은 곧 위법성을 의미한다. 여기서 양자 모두는 법질서와 모순되므로
구별할 필요가 없다는 견해[324]와 다음과 같이 구별해야 한다는 통설적
견해로 타당하다.[325]

① 개념	위법성	행위가 전체 법질서와의 충돌을 의미하므로 행위와 법질서 사이의 관계 개념이다.
	불법	구성요건에 해당하고 위법하다고 평가된 행위 자체를 의미하는 실체 개념이다.
② 정도	위법성	형법을 넘어 전체 법질서의 영역과도 연관된 보편성을 가진다.
	불법	형법적 불법·민법적 불법 등과 같이 세분화된 특수성을 가진다. [사례] 살인과 절도, 단순상해와 중상해, 고의범과 과실범, 미수와 기수 사이에는 위법인 점은 같다. 그러나 불법인 점은 질적·양적 차이가 성립한다.
③ 판단	위법성	법질서 전체에 대한 충돌 여부에 관한 동일한 판단을 함으로써 개별적 위법성은 존재하지 않는다.
	불법	충돌의 종류와 정도에 따라 양적·질적으로 세분화하여 개별적 판단 때문에 불법의 개별성이 인정된다.

---

322) 대판 2000. 7. 8. 2000도2466.

323) 임웅, 총론, 158면.

324) 차용석, 총론강의(Ⅰ), 398면; Mezger, *Ein Studienbuch*, 8. Aufl, S. 83.

325) 진계호·이존걸, 총론, 297면.

2) 구성요건해당성 및 책임과의 관계

①	구성요건해당성	구체적인 행위가 특정한 범죄의 행위반가치와 결과반가치를 실현하여 구성요건을 실현했다는 평가(위법성의 징표다.)를 말한다.
	위법성	구성요건에 해당하는 행위(금지 또는 요구규범을 위반한 행위)가 전체 법질서에 위배한다는 평가이다. 다만 위법성조각사유가 있을 때에는 위법성은 배제된다.
②	위법성	법질서 전체의 입장에서 내리는 행위에 대한 반가치판단이다. 위법성 판단은 행위자가 아닌 구성요건에 해당하는 행위(行爲)를 중점 평가한다.
	책임	일반적인 당위 규범위반에 대한 개인적인 비난 가능성이다. 책임판단은 행위 및 행위자의 특별한 사정도 고려한다. 행위자(行爲者)를 중점 평가한다.
구별실익		㉠ 위법성이 조각되는 행위: 공범불성립(간접정범의 성립), 정당방위 불가능 ㉡ 책임이 조각되는 행위: 공범성립 가능(제한적인 종속형식), 정당방위 가능

(2) 위법성의 본질

행위가 무엇에 반할 때 위법이냐에 관해 형식적·실질적 위법성론이 대립한다. 그러나 단지 입법의 기준이 될 뿐이라는 점에서 양론은 대립개념이 아니라 상호관계를 갖는다고 하겠다.326)

1) **형식적 위법성론**(形式的違法性論)이란 위법성의 평가기준을 형식적인 법률규정 그 자체에 두고 이를 위반하면 위법이라는 견해이다.327) 법규범의 형식은 명령·금지로 되어 있다.

   그러므로 위법성의 본질은 법에 규정된 작위·부작위 의무의 침해가 있다는 것을 이유로 한다. 예컨대 살인죄는 형법 제250조에 위반된 것 때문이 아니라 그 전제인 **규범**('사람을 살해해서는 안 된다.')에 **반**하므로 위법한 것이다. 따라서 위법유형인 구성요건해당행위가 있으면 위법성조각사유가 없는 한 항상 형식적으로 위법행위로 된다.

2) **실질적 위법성론**(實質的 違法性論)이란 위법성을 그 규범의 근저에 놓여 있는 실질적 기준에 따라 위법성의 의미를 파악하려는 견해이다.

   이 설도 위법성의 실질적 기준이 권리를 침해했다는 설,328) 문화규범을 위반했다는 설,329) 법익을 침해했다는 설,330) 사회상규에 위반했다는 설331) 등으로 세분된다.

---

326) 진계호·이존걸, 총론, 299면.

327) K. Binding, *Die Normen und ihre übertretung*, S. 7ff.

328) Feuerbach, *Lehrbuch*, S. 36ff.

329) M. E. Mayer, *AT*, 2. Aufl., S. 179f.

330) Liszt, *Lehrbuch*, 13. Aufl., S. 179f.; Jescheck, *Lehrbuch*, S. 186ff.

(3) 위법성의 평가방법

위법성의 평가방법에 관해 양론이 대립되나, 이는 법규범의 구조논쟁에서 비롯된 것이다.

1) **주관적 위법성론**(主觀的 違法性論)이란 위법성은 개인의 의사에 직접 영향을 미치기 위한 명령의 형태로 나타나는 주관적인 의사결정규범에 대한 위반을 의미한다는 견해[메르켈(A. Merkel), 페르넥크(Ferneck), 도나(Dohna) 등에 의해 주장된 이론]이다.

이에 의하면 법규범의 수명자(受命者)는 법규범의 명령·금지를 이해하고 이에 따라 의사를 결정할 능력자[책임무능력자(예: 정신병자)의 행위는 자연현상으로 보아 처음부터 위법판단의 대상이 될 수 없다. 따라서 이런 자의 침해행위에 대한 정당방위는 할 수 없고 긴급피난만 가능하다.]여야 한다. 그리고 위법성 판단과 책임판단이 결합하여 귀책 가능성이 위법성의 본질이다.

2) **객관적 위법성론**(客觀的 違法性論)이란 법규범을 그것에 의하여 행위의 위법성을 측정하는 평가규범으로 보고, 객관적인 평가규범에 위반하는 것이 위법이라는 통설적인 견해[리스트(Liszt), 나글러(Nagler), 힙펠(Hippel), 슈미트(Schmidt), 메츠거(Mezger) 등에 의해 주장]로 타당하다.[332]

이에 의하면 모든 법규범은 인간행위를 사회질서의 관점에서 평가하는 평가규범이라고 해야 한다. 그리고 법의 의사결정규범으로서의 성질은 책임(책임무능력자의 행위도 법규범에 의해 위법이라고 평가되는 한 위법성이 인정되어 정당방위가 가능하다.)의 단계에서 책임비난을 가능하게 할 뿐이다.

(4) 위법성조각사유(違法性阻却事由)

1) 의의 및 성격

① **의의** 위법성조각사유란 구성요건에 해당하는 행위에 대하여 위법성을 배제하는 **특별한 사유**를 말한다. 위법하지 아니한 행위는 적법·정당한 것이다. 이를 정당화 사유 또는 허용규범이라고도 한다.

---

331) 유기천, 종론, 175면; 남흥우, "위법성의 이론", 형사법강좌 Ⅰ, 206면.

332) 진계호·이존걸, 종론, 300면.

<table>
<tr><td rowspan="2">특별한
사유</td><td>㉠ 형법상
위법성조각사유</td><td>정당행위(제20조), 정당방위(제21조), 긴급피난(제22조), 자구행위(제23조), 피해자승낙(제24조),
명예훼손죄 사실의 증명(제310조)</td></tr>
<tr><td>㉡ 특별법상
위법성조각사유</td><td>인공임신중절(모자보건법 제8조), 현행범의 체포(형사소송법 제212조), 점유자의 자력구제(민법
제209조)</td></tr>
</table>

② **성격** 구성요건해당성과 위법성의 관계를 어떻게 이해할 것인가에 대한 견해가 있다.

    ㉠ 위법성조각사유(소극적 구성요건표지이론)가 있으면 위법성을 부정하는 데 그치지 않고 처음부터 구성요건해당성이 부정된다는 견해[333]

    ㉡ 구성요건해당성과 위법성조각사유는 원칙과 예외의 관계에 있다고 해야 한다[334]는 견해이다.

2) 위법성조각사유의 일반원리

① **일원론**(一元論) 모든 개별적인 위법성조각사유를 통일된 원리에 의해 획일적으로 설명하려는 견해이다.

    ㉠ **목적설** 구성요건에 해당하는 행위가 국가공동생활에 있어서 정당한 목적을 위한 상당한 수단이라고 인정될 때 위법성이 조각된다는 견해이다.[335]

    ㉡ **사회상당성설** 사회생활에 있어서 역사적으로 형성된 사회윤리적 질서, 즉 사회적 상당성이 위법성조각사유의 일반원리라는 견해이다.[336]

    ㉢ **이익형량설** 이익의 형량(교량)에 의하여 경미한 이익을 희생시키고 우월한 이익을 유지시키는 것이 사회 전체의 이익에 합치되어 위법성이 조각된다는 견해이다.[337]

② **다원설**(多元說) 개별적인 위법성조각사유를 설명하거나 위법성조각사유를 형태별로 분류하여 그 형태에 적용하는 원리를 결합하려

---

333) 심재우, "구성요건의 본질", 82면 이하 참조.

334) 유기천, 총론강의, 177면; 정영석, 총론, 121면; 이재상, 총론, 213면; 진계호·이존걸, 총론, 301면.

335) Dohna, *Der Aufbau der Verbrechenslehre*, S. 30f; Liszt/Schmidt, *Lehrbuch*, S. 187f.

336) 황산덕, 총론, 147면; 김종원, "위법성조각사유의 일반원리에 관한 소고", 차용석 박사 화갑기념논문집, 1994, 181면; Welzel, Strafrecht, S. 58.

337) Sauer, *Allgemeine Strafrechtslehre*, 1955, S. 58.

는 견해이다.

  ⑦ **이분설** 피해자의 승낙과 추정적 승낙에 의한 행위는 **이익흠결의 원칙**에 따라 위법성이 조각되고, 그 밖의 공무원의 직무집행행위 · 징계행위 · 정당방위 · 긴급피난 · 의무충돌 등은 **우월적 이익의 원칙**에 따라 위법성이 조각된다는 견해이다.[338]

  ⑥ **삼분설** 위법성조각사유의 일반원리를 삼분한 설이다.

    (a) 정당방위 · 방어적 긴급피난 · 자구행위 · 현행범체포의 경우에는 공격의 피해자에 의한 책임성의 원칙이,

    (b) 추정적 승낙 · 정당행위 중 특히 법률상 침해권한이 규정된 경우는 공격의 피해자에 의한 이익한정의 원칙이,

    (c) 공격적 긴급피난의 경우에는 연대성의 원칙이 위법성조각사유의 일반원리가 된다는 견해이다.[339]

  ⑥ **개별화설** 행위반가치론에서 도출되는 목적의 정당성과 수단의 적합성의 원칙, 긴급성의 원칙, 보충성의 원칙과 결과반가치론에서 도출되는 이익흠결의 원칙, 우월적 이익의 원칙 등이 상호 다양하게 결합되어 위법성조각사유의 일반원리로 작용한다고 보는 다수설의 견해로 타당하다.[340]

3) 위법성조각사유의 효과

⑦ 행위자에 대한 효과	행위자의 행위는 위법성이 조각되어 불가벌(형벌 및 보안처분)이 된다. 이 점에서 책임조각사유가 존재하는 경우에는 형벌은 과할 수 없지만 보안처분은 가능한 것과 차이점이다.
⑥ 상대방에 대한 효과	정당화된 행위자의 행위에 대하여 상대방은 정당방위를 하지 못한다. 이 점에서 책임 없는 자의 공격에 대해서는 정당방위가 가능한 것과 차이점이다.
⑥ 공범에 대한 효과	위법성이 조각되는 정범의 행위에 관여한 공범자의 행위의 가벌성도 없다(공범의 종속성). 이 점에서 책임 없는 정범의 행위에 가담한 자에게는 공범의 성립이 가능한 것과 차이점이다(제한적 종속형식).

4) **위법성조각사유의 경합**이란 한 개의 구성요건해당행위가 수 개의 위법성조각사유에 해당하는 경우를 말한다. 예컨대 차량에 불을 지르고 도

---

338) 유기천, 총론강의, 177면; 이형국, 총론, 165면; 배종대, 총론, 251면; Mezger, *Ein Studienbuch*, S. 127; Mezger/Blei, *AT*, S. 122.

339) Jakobs, *AT*, S. 287.

340) 임웅, 총론, 175면; 손동권, 총론, 165면; 이재상, 총론, 216면; 정성근 · 박광민, 총론, 206면; 김일수 · 서보학, 총론, 274면 이하; 진계호 · 이존걸, 총론, 303면.

주한 사람을 붙잡는 행위는 현행범체포로서 정당행위(제20조), 정당방위(제21조), 긴급피난(제22조)이 동시에 성립할 수 있다. 만일 그 행위가 수리비에 대한 청구권을 보전하기 위한 것이었다면 자구행위(제23조)도 동시에 성립할 수 있다. 이 경우 위법성조각사유가 경합할 때 적용 면에서 전부 또는 선택적이냐에 가능성 문제가 발생한다.

| 해결원리 | 원칙 | 위법성조각사유는 원칙적으로 서로 독립 별개의 것으로 존재하고 있어 그것이 서로 경합하는 경우에는 어느 선순위로 우선 적용되는 것이 아니고 **병렬적으로 적용**될 수 있을 뿐이다.[341] |
| | 예외
특별관계 | 위법성조각사유의 규정에 관한 문언과 목적 때문에 어느 하나의 위법성조각사유가 **특별규정**으로써 일반적 성격을 띤 다른 규정을 배제할 수 있다.
[사례 A] 정당방위나 긴급피난도 법령에 의한 행위이지만, 일반법으로서의 성격을 갖는 정당행위(제20조)에 대한 특별규정이라는 성격 탓으로 인하여 **우선적으로 적용**되는 경우가 이에 해당한다.[342]
[사례 B] 경찰관이 정당방위 또는 현행범체포를 위하여 무기를 사용하는 행위는 경찰관직무집행법 제11조가 매우 엄격한 요건하에서 허용하고 있기 때문에 형법 제21조 또는 형소법 제212조에 대하여 경찰관집무집행법 제11조도 특별관계에 있다.[343]
[사례 C] 형법 제20조 후단의 "기타 사회상규에 위배되지 아니한 행위"라는 규정에 의하여 여타의 위법성조각사유에 해당하지 아니한 경우일지라도 위법성조각사유로 보아야 할 경우도 있다. |

5) 위법성조각사유의 착오

| 위법성조각
사유의 착오 | 위법성조각사유의 존재
또는 한계에 관한 착오 | ㉠ 형법 **제16조의 금지착오**로 이해된다.
㉡ 행위자가 행위 시에 사태는 제대로 인식하였으나 법에 대한 행위자의 태도가 법질서에 반한다는 점에 대한 평가규범의 착오로서 금지착오의 경우와 책임이 동일하기 때문이다. |
| | 위법성조각사유의 전제
사실에 관한 착오 | ㉠ **구성요건적 착오로 보는 견해**: 이러한 착오는 고의를 조각하고 과실범의 규정이 있는 경우에 과실범으로 처벌된다.
㉡ **위법성의 착오로 보는 견해**: 고의는 성립하고, 다만 착오를 회피할 수 없으면 책임이 조각되지만, 그 착오가 회피할 수 있었으면 단지 형을 감경할 뿐이다. |

(5) 주관적 정당화 요소

위법성조각사유가 성립하기 위해서는 객관적 정당화 상황과 주관적 정당화 사정(행위자가 정당화 사정이 존재한다는 사실을 인식하고 행위를 하는 것, 정당방위에서 의사 등)이 필요하다.

---

341) 신동운, 총론, 320면; 임웅, 총론, 239면; 김일수 · 서보학, 총론, 275면.

342) 김일수 · 서보학, 총론, 276면. 정당방위와 긴급피난이 경합하는 경우에는 특별관계에 있는 정당방위규정이 우선적으로 적용된다고 하여 정당방위는 긴급피난에 대하여 특별관계에 있다(임웅, 총론, 241면)와 위법성조각사유가 경합할 경우에는 위법성이 조각된다는 결론에는 변함이 없기 때문에 중복된 정당화 사유로 이해하면 그만이라는 부정설(배종대, 총론, 253면)이 대립된다.

343) 민법상의 정당방위 · 긴급피난(민법 제761조) 및 자력구제(민법 제209조)는 형법상의 정당방위 · 긴급피난 · 자구행위에 대한 특별규정이라는 견해(김일수 · 서보학, 총론, 276면)와 '민사책임과 형사책임의 분리원칙'에 따라서 각각 독립적으로 적용된다는 견해(임웅, 총론, 239면)가 대립하고 있다.

1) **주관적 정당화 요소의 의의** 주관적 정당화 요소란 객관적 정당화 상황이 존재한다는 것과 이에 근거하여 행위를 한다는 **행위자의 인식**을 말한다. 예컨대 정당행위 의사(제20조), 정당방위 의사(제21조), 긴급피난 의사(제22조), 자구행위 의사(제23조), 피해자 승낙에 의한 행위라는 인식(제24조) 등이 이에 해당한다.

2) **주관적 정당화 요소의 요부와 내용**

① 주관적 정당화 요소의 요부

㉠ **불요설** 주관적 정당화 요소의 필요성을 부인하고, 객관적 정당화 상황만 있으면 위법성조각사유가 인정된다는 견해이다.[344]

㉡ **필요설** 객관적 정당화 상황 이외에 주관적 정당화 요소가 있어야 위법성조각사유가 인정된다는 견해로 타당하다.[345] 형법이 위법성조각사유에 대하여 방위하기 위한 행위, 피난하기 위한 행위, 또는 승낙에 의한 행위라고 규정한 것은 주관적 정당화 요소를 명문으로 요구한 것으로 보아야 한다(형법규정). 그리고 결과반가치 및 행위반가치도 조각되어야 정당화될 수 있고 행위반가치는 주관적 정당화 요소에 의해서 조각될 수 있다(인적불법론)는 이유로 한다.

② **주관적 정당화 요소의 내용** 위법성조각사유(정당화 사유)가 성립하기 위해서는 주관적 정당화 요소가 필요하다. 이에 대해 각 설이 대립된다.

㉠ **인식요구설** 주관적 정당화 요소는 정당화 상황의 인식 속에서 행동하면 인정되는 것이다. 그러므로 특별하게 어떤 성질이 부여된 의사방향은 필요 없다.[346]

㉡ **의사요구설** 주관적 정당화 요소는 각 허용규범이 내포하고 있는 정당화 사유의 실현의사를 내용으로 한다.

㉢ **인식·의사요구설** 주관적 정당화 요소는 정당화 상황의 인식 이외에 특정한 정당화 의사도 구비해야 한다는 다수설로 타

---

344) 차용석, 강의, 596면.

345) 유기천, 총론, 183면; 정영석, 총론, 139면; 황산덕, 총론, 160면; 이형국, 총론, 159면; 이재상, 총론, 220면; 김일수, 총론, 268면; 박상기, 총론, 150면; 진계호 · 이존걸, 총론, 306면.

346) 이형국, 총론, 159면; 안동준, 총론, 103면; 정성근 · 박광민, 총론, 209면.

당하다.347)

    ⓔ **성실한 검토요구설** 주관적 정당화 요소는 개개의 정당화 목적에 추가하여 객관적 정당화 상황의 존재 여부에 대한 성실한 검토를 필요로 한다.348)

    ⓜ **개별검토설** 주관적 정당화 요소는 객관적 정당화 상황에 대한 인식 이외에 어떤 목적·동기가 필요한가의 여부는 개별적인 위법성조각사유에 따라서 결론을 달리해야 한다.349)

3) 주관적 정당화 요소를 결한 경우의 효과

① **문제점** 사례, 갑이 손괴의 의사로 을의 안방 유리창을 깼으나 연탄가스로 사망 직전인 을의 목숨을 구한 경우(우연피난)처럼 **객관적 정당화 상황**은 존재하나 **주관적 정당화 요소**가 없이 행위를 한 경우를 어떻게 취급할 것인가가 문제이다. 이에 대한 학설이 대립된다.

② **학설 대립**

    ㉠ **무죄설(위법성조각설)** 위법성조각사유의 성립에는 주관적 정당화 요소가 필요 없기 때문에 행위자가 존재하는 객관적 정당화 상황을 알지 못하고 행위를 한 경우에도 위법성이 조각된다는 견해이다.350) 따라서 사례에서 갑은 손괴죄의 죄책을 지지 않는다.

    ㉡ **기수범설** 위법성조각사유는 모든 객관적 요건과 주관적 요건이 충족된 때에만 성립하는 것이므로 객관적 정당화 상황이 존재한다고 하여 결과반가치를 부정할 수 없고, 이 경우에는 구성요건적 결과까지도 발생했으므로 기수가 된다는 견해이다.351) 따라서 사례에서 갑은 손괴기수의 죄책을 진다.

    [판례: 긴급피난에 있어서 피난의사라는 주관적 요소가 필요함을 전제로 주관적 정당화 요소(피난의사)를 결한 때에는 긴급피난의 성립을 인정할 수 없다.]352)

---

347) 김일수·서보학, 총론, 280면; 임웅, 총론, 177면; 오영근, 총론, 324면; 손동권, 총론, 143면; 진계호·이존걸, 총론, 307면.

348) 이재상, 총론, 218면; 임웅, 총론, 179면.

349) 이재상, 총론, 213면; 손해목, 총론, 406면.

350) 차용석, 총론강의, 586면.

351) 이재상, 총론, 219면; 김성천·김형준, 총론, 236면.

ⓒ **불능미수범설** 객관적 정당화 상황이 존재함으로써 결과반가치
는 배제되나 행위반가치는 그대로 존재하므로 불능미수의 규정
을 유추 적용하여 처벌해야 한다는 다수설의 견해로 타당하
다.353) 따라서 사례에서 갑은 손괴의 불능미수가 된다.

(6) 가벌적 위법성론

1) **가벌적 위법성론의 의의** 가벌적 위법성론(원류는 "법관은 사사로운 일을 취
급하지 않는다."는 고대 로마 법언이다.)이란 행위가 형식적으로는 어떤 구성
요건에 해당하는 것처럼 외관을 보일지라도 당해 구성요건이 예정하는
정도의 **실질적 위법성**을 구비하지 못한 때에는 **구성요건해당성** 또는 **위
법성이 부정**[현대의 인권보장, 형벌의 국민 신뢰에 따른 피해가 경미한 때는 형벌
의 겸억주의(국가형벌권의 자기억제)에 따른 사상적 배경이다.]된다는 이론이다.

2) **가벌적 위법성론의 평가** 가벌적 위법성론은 실질적 위법성의 결여 때
에 위법성을 조각시키는 **포괄적 규정**(우리 형법 제20조의 "사회상규에 위배
되지 아니하는 행위는 벌하지 아니한다."라는 문언만 존재)이 없고, 일본(선고유
예제도가 없다.)에서 경미사건에 대한 형벌권 제한의 필요성에서 대두된
이론이다.

   그 체계적 지위에 대해서는 구성요건해당성의 부정설, 위법성조각설로
대립되며, 가벌적 위법성 유무의 판단은 피해법익과 침해행위의 경미
성에 기준을 두고 있다.

   그러나 가벌적 위법성론은 위법성 개념을 상대화하고 위법성과 불법을
혼동하고 있으며, 경미사건은 구성요건해당성배제사유(사회적 상당성이론
을 해석하는 원리)를 이용하여 처리하면 된다.354) 우리 형법상으로는 **제
20조와 선고유예제도**에 의해서 형벌의 겸억주의(국가 형벌권의 자기억제)

---

352) 대판 1980. 5. 20. 80도306(피고인 김계원에게 당시 과연 그와 같은 위난을 피하려는 의사, 즉 '피난의사'
가 있었는가 여부를 따져 본다. 일건기록을 살펴보면 …… (중략) …… 피난의사를 인정할 수 없으므로, 그
렇다면 설사 그 당시의 사태가 소론 현재의 위난이 존재하는 상태였다고 가정하더라도 소위 피난의사가 있었
다고 인정할 수 없는 이상 이건 긴급피난의 성립을 인정할 수 없다.).

353) 박상기, 총론, 142면; 이형국, 총론, 160면; 정성근 · 박광민, 총론, 211면; 김일수 · 서보학, 총론, 282면;
임웅, 총론, 181면; 손동권, 총론, 168면; 안동준, 총론, 104면; 오영근, 총론, 326면; 신동운, 총론, 248
면; 진계호 · 이존걸, 총론, 308면.

354) 김일수 · 서보학, 총론, 283면.

를 관철할 수 있기 때문에 불필요한 이론이다.355)

<table>
<tr><td>제20조
정당행위

법령에 의한 행위 또는 업무로 인한 행위 기타 사회상규에 위배되지 아니하는 행위는 벌하지 아니한다.</td></tr>
</table>

■ 해설

[의의] 정당행위란 사회상규356)에 위배되지 아니하여 국가적 · 사회적으로 정당시되는 행위를 말한다. 형법상 정당방위 · 긴급피난 · 자구행위 · 피해자의 승낙 등은 **특별한 개별적** 위법성조각사유이고, 정당행위는 **일반적 · 포괄적** 성격을 가진 위법성조각사유이다.

[사례] 학교장이 학생에 대하여 징계 또는 처벌하는 경우

『**벌하지 아니한다**』 구성요건에는 해당하나, 위법성이 조각되어 처벌되지 않는다는 의미이다.

『**정당행위**』 본 행위는 구성요건에 해당하지만 정당화되어 처벌되지 않는다는 것이 다수설이다(위법성조각사유설).

『**정당행위의 정당화 근거**』 구체적인 개개의 구성요건적 행위가 법질서 전체의 이념이나 선량한 풍속 기타 사회질서의 관점에 비추어 용인될 수 있을 때 위법성이 조각된다.

---

355) 정성근 · 박광민, 총론, 197면; 이형국, 총론, 163면; 임웅, 총론, 171면; 손해목, 총론, 399면; 오영근, 총론, 313면.

356) 사회상규란 국가질서의 존엄성을 기초로 한 국민 일반의 건전한 도의감을 말한다(대판 1956. 5. 6. 56형상42).

1. 정당행위의 법적 성질

정당행위는 **"벌하지 아니한다."**에 대한 그 의미 내지 이유가 무엇인지에 대한 학설이 대립된다.

(1) **구성요건해당성배제사유설** 정당행위는 처음부터 적법행위이므로 위법성 판단 이전의 문제이며, 처음부터 구성요건에 해당하지 않는다.[357] 본 설로 보면 정당행위는 이익·의무의 충돌이 있는 경우로 위법성 심사를 거치지 않고 구성요건에도 해당하지 않는 행위라는 것은 정당행위의 문제 상황을 너무 좁게 보는 데 문제점이 있다.

(2) **구성요건해당성 및 위법성조각사유설** 형법 제20조의 포섭범위가 지나치게 넓으므로 그 속에는 구성요건에는 해당하지만 사회상규에 위배되지 않아 위법성이 조각되는 경우와 사회상당성이 있어 처음부터 구성요건도 해당하지 않는 경우가 포함된다.[358] 본 설은 사회상당성과 사회상규의 구별이 불분명하다는 문제점이 있다.

(3) **위법성조각사유설** 행위는 구성요건에는 해당하지만 위법성이 조각된다.[359] 앞의 두 가지 설의 문제점으로 보아 본 설이 타당하다 하겠다.[360]

---

357) 염정철, 총론, 230면.

358) 황산덕, 총론, 146면.

359) 이형국, 연구Ⅰ, 266면; 김일수, 원론, 580면; 배종대, 총론, 269면.

360) 이형국, 연구Ⅰ, 266면; 김일수, 원론, 580면; 배종대, 총론, 269면; 진계호·이존걸, 총론, 312면.

2. 정당행위의 유형

<table>
<tr><td rowspan="2">(가) 법령에 의한
직무집행행위</td><td>

(1) 공무원의 직무집행 행위

① 법령에 의한 직무집행 행위

  ㉠ 형법상 형벌집행행위

  ㉡ 형사소송법상의 강제수사처분이나 법원이 행하는 강제처분

  ㉢ 경찰관직무집행법상의 경찰관이 행하는 각종 행위

  [위법성조각사유로, 공무집행이 사무적·지역적인 직무관할권의 범위 내일 것,[361] 법령의 형식적 요건·적정절차를 준수했을 것,[362] 공무집행행위가 필요성·비례성의 원칙을 충족할 것, 공무원으로서의 직무집행의사가 있을 것]

② 상관의 명령에 의한 직무집행행위

  ㉠ 상관의 직무상 명령 행위는 정당한 행위로서 위법성이 조각된다.

[위법성이 조각되기 위해서는 부하의 신분·직무에 대한 감독권한이 있을 것, 명령은 부하의 직무에 관한 것일 것, 명령은 가능·적법할 것 등이다. 따라서 불법 명령에 복종할 수 없다. 군 상관의 명령이 범죄행위이면[363] 책임을 지고, 위법 명령에 정당방위를 할 수 있다(**상관은 간접정범 또는 형법 제34조 제2항에 처벌 함**).]

  ㉡ 부하가 불법한 명령의 집행을 참고 견디어야 할 이유가 없으므로 상관의 직무범위를 벗어난 위법명령에 의한 부하의 행위는 원칙적으로 위법성을 조각하지 않고, 다만 기대 불가능성에 의한 책임조각사유가 될 뿐이다(통설).[364]

  ㉢ 상관의 명령일지라도 범죄를 행하라는 지시는 직무상의 명령이 아니므로 이에 대하여 부하는 복종할 의무가 없다.[365]

  ㉣ 구속력이 없는 위법명령에 복종한 행위에 대해서는 위법성은 물론 책임도 조각되지 않는다.[366]

</td></tr>
<tr><td>

(2) 징계행위

① 본 행위는 사회상규에 위배되지 아니하여 징계권의 적정한 행사로 정당시되는 행위다.

  ㉠ 친권자·후견인의 징계행위(민법 제915조)

  ㉡ 학교장의 학생에 대한 징계 또는 처벌행위(교육법 제76조)

  ㉢ 소년원장·소년감별소장의 훈계 또는 근신행위(소년원법 제13조)

② 정당화 요건

  ㉠ 그 방법이 지나치게 가혹하지 않을 것[367]

  ㉡ 징계행위로 인하여 피해자에게 상해를 입히지 않을 것[368]

  ㉢ 징계권자의 성욕을 만족시키기 위한 행위가 아닐 것[369]

  ㉣ 징계사유가 없으면 징계권을 행사하지 않을 것[370]

③ 체벌의 허용한계

  ㉠ 친권자의 징계행위로서 체벌허용(異論 없음), 친권자의 일신전속권임.

  ㉡ 정당방위나 긴급피난과 같은 위법성조각사유에 해당될 때에는 교사의 징계행위로서의 체벌 허용[371][372]

  ㉢ 부모의 징계권이 교사에게 위임되었다고는 볼 수 없다.[373]

</td></tr>
</table>

---

361) 대판 1951. 4. 5. 4283형상11.

362) 대판 1971. 3. 9. 70도2406.

363) 부하는 복종할 의무가 없다(대판 1955. 1. 28. 54형상201).

364) 유기천, 총론, 192면; 정영석, 총론, 143면; 황산덕, 총론, 148면; 이재상, 총론, 283면; 정성근, 총론, 249면; 배종대, 총론, 271면; 진계호·이존걸, 총론, 314면.

365) 대판 1955. 1. 28. 54형상201.

366) 대판 1980. 5. 20. 80도306; 대판 1988. 2. 23. 87도2358; 대판 1997. 4. 17. 전원합의체판결 96도3376.

367) 대판 1969. 2. 4. 68도1793.

368) 대판 1978. 3. 14. 78도203.

369) BGHSt. 13. 138(위탁한 소녀의 옷을 벗기고 채찍질을 한 자는 교육목적 이외에 성적 욕망과 함께 작용한 음란행위이다.).

370) 대판 1980. 9. 9. 80도762.

④ 교사의 체벌 범위

　㉠ 통설과 구 판례에서 교사의 체벌을 허용하고 있으나, 새로운 시각은 체벌을 허용될 수 없다는 시각이다.

　㉡ 교사의 체벌은 정당방위나 긴급피난과 같은 다른 위법성조각사유에 해당하지 않는 한 징계권의 행사로써 허용될 수 없다고 해야 한다.[374]

　따라서 소년원원생에 대한 체벌도 정당한 징계권의 행사로 볼 수 없다고 해야 한다.[375]

(3) 사인의 현행범인 체포행위

■ 형사소송법 제212조에 의한 현행범인은 누구든지 영장 없이 사인이 직접 체포할 수 있다. 이는 법령에 의한 행위로 위법성이 조각된다(공적 기능의 예외적 인정). 그러나 협박·체포 또는 도주의 저지 등과 현행범인에 대한 살인, 상해 그리고 타인의 주거에 침입하는 행위 및 사인의 무기 사용은 제한된다.

(4) 노동쟁의 행위

① 헌법 제33조, 노동쟁의조정법 제3조에 의한 법령행위는 정당행위이다. 따라서 쟁의행위(동맹파업, 태업 등)는 위법성이 조각된다. 그러나 기업 내부의 해결문제에 한정되며,[376] 폭력·파괴행위(노동조합법 제2조, 노동쟁의조정법 제2조, 제13조)나[377] 사업장 정상운영을 정지·폐지·방해 행위(노동쟁의조정법 제13조)는 용인되지 않는다.

② 노동쟁의 행위의 정당성: 쟁의주체가 단체교섭의 주체로 될 수 있는 자일 것, 근로조건의 향상을 위한 노사 간의 자치적 교섭일 것, 쟁의행위는 근로조건 개선요구에 사용자가 거부했을 때 할 것, 조합원의 찬성결정 및 노동쟁의신고 등의 절차를 거칠 것, 수단과 방법이 사용자의 재산권과 조화를 이룰 것, 폭력행사가 아닐 것,[378] 사용자에게 부당한 결과를 초래할 우려가 있는지의 여부 등 구체적 사정을 살펴서 그 정당성 유무를 가려 형사상 죄책 유무를 판단해야 한다.[379]

③ 노동쟁의행위는 근로조건의 유지 및 개선 등 근로자의 경제적 지위향상을 목적으로 기업 내부에서 해결 가능한 문제에 한정된다.[380]

④ 노동쟁의행위의 수단은 동맹파업·태업 등의 방법에 의해야 한다. 폭력 및 파괴행위[381]나 사업장 등의 안전보호시설의 정상적인 유지운영을 정지·폐지·방해 행위는 용인되지 않는다.

(5) 기타 행위

① 모자보건법에 의한 인공임신중절수술(동법 제14조)

② 전염병예방법에 있어서 제1조 전염병과 제2조 전염병에 대한 의사의 신고 행위(동법 제4조 제1항)

③ 승마투표권의 발매와 그 적중자에게 일정한 금액의 교부행위(한국마사회법 제38조, 제41조) 및 법률로써 인정된 복표발행(주택건설촉진법 제17조)

④ 정신병자를 보호할 법률이나 계약상의 의무 있는 자가 취한 감호, 강제입원 등은 형법상 낙태죄(제269조), 업무상 비밀누설죄(제317조), 복표에 관한 죄(제248조), 감금죄(제276조)에 해당되나 위법성이 조각된다.

(좌측 난외: 법령에 의한 행위)

---

371) 대판 2004. 6. 10. 2001도5380.

372) 초·중등교육법 제18조 및 동법 시행령 제31조도 체벌 포함. 다만, 교사의 폭행이나 상해는 허용될 수 없다는 김일수·서보학 369면; 배종대 258면.

373) 김일수, 원론, 594면.

374) 이재상, 총론, 279면; 김일수·서보학, 총론, 340면; 배종대, 총론, 258면; 진계호·이존걸, 총론, 317면(초·중등교육법 시행령 제31조는 초·중등교육법 제18조의 징계권을 구체적으로 "학교 내의 봉사, 사회봉사, 특별교육이수, 퇴학처분"의 권한으로 명시한 점에 비추어 체벌이 포함되지 않는 것으로 이해된다. 뿐만 아니라 인간의 존엄과 가치를 존중하는 헌법정신과 교육목적에 비추어 볼 때에도 타당하다고 볼 수 없다.).

375) 진계호·이존걸, 총론, 317면.

376) 대판 1947. 11. 25. 4280형상116.

377) 대판 1971. 5. 24. 71도399.

378) 대판 1998. 1. 20. 97도588.

379) 대판 1992. 9. 22. 92도1855.

380) 대판 2006. 12. 7. 2006도1855; 대판 1947. 11. 25. 4280형상116.

381) 대판 1971. 5. 24. 71도399.

	(1) 의사의 치료 행위
	1) 학설 대립
	① **위법성조각설:** 의사의 치료행위로 인하여 환자의 신체를 상해할 때에는 상해죄의 구성요건에 해당하나 정당행위로서 위법성이 조각된다는 종래의 통설.[382] 무면허의사의 치료행위도 위법성이 조각된다.[383]
	② **구성요건해당조각설:** 의사의 치료행위는 신체상해행위가 아니고 건강을 회복·유지하는 행위이므로 상해죄의 구성요건해당성을 조각하는 행위이다.[384] 그러나 **성공한 치료행위**와 **실패한 치료행위**에 대해 이견이 있다. 전자의 경우에는 환자의 승낙 유무나 의술에 적합하였느냐를 불문하고 상해죄의 객관적 구성요건을 결한다. 왜냐면 치료의사에 의한 치료행위는 고의가 없고, 의술의 법칙에 적합한 치료행위는 주의의무에 위반하였다고 볼 수 없다. 반면 후자의 경우는 결과불법에 대한 것에 부정할 수는 없다. 이는 의술에 반하고 실패한 치료행위는 정당한 업무행위로 볼 수 없다는 뜻에서 상해죄 또는 과실상해죄의 구성요건해당성과 위법성을 조각할 수 없다. 그렇다면 의사의 치료행위는 구성요건해당성의 문제이며,[385] 업무로 인한 위법성이 조각되는 것은 아니라고 하겠다.[386]
(나) 업무로 인한 행위	**2) 관련 문제**
	– 환자의 신병치료에 대한 반항 시, 치료 강요는 전염병 기타 법적 근거를 가질 때를 제외하고 강요 때는 강요죄(제324조)가 성립하고, 거세·단종·불임수술 등과 같은 것은 업무로 인한 정당행위라기보다 피해자의 승낙 내지 사회상규에 반하지 아니한 행위로서 위법성이 조각된다.
	(2) 변호사 또는 성직자의 직무행위
	① 변호사의 변론행위
	– 법정에서 변론행위는 정당한 업무행위로 명예훼손죄(제307조)나, 업무상 비밀누설죄(제317조)가 성립하지 않는다.
	② 성직자의 범죄불고지
	– 신자의 고해성사로 알게 된 비밀을 성직자가 고발이나 묵비로 국가보안법상의 불고지죄(제10조) 또는 도주죄의 방조(제145조 제1항)가 성립하더라도 업무로 인한 정당행위가 되어 위법성이 조각된다. 다만, 범인을 은닉·도피 때는 정당화가 될 수 없다.[387]
	(3) 위임사무의 처리
	■ 민사상
	– 위임계약에 의한 위임사무처리자(민법 제680조)가 선량한 관리자의 주의로써 사무를 처리하면(민법 제681조) 업무로 인한 행위가 되어 위법성이 조각된다. 반면, 변호사가 아닌 자가 각종 사건(소송사건, 비송사건, 가사사건, 심판사건, 행정기관에 대한 불복신청사선, 수사사건 등)에 관하여 감정·대리·중재·화해·청탁을 하거나 이런 행위를 알선함으로써 변호사법의 벌칙조항(제90조 제2호)에 해당되면 위임에 따라 선량한 관리자로서 임무를 다할 때라도 위법성이 조각되지 않는다.[388]
업무로 인한 행위	**(4) 안락사**
	1) 의의: 죽음에 직면한 중환자의 고통을 덜어 주기 위한 인위적으로 죽음을 앞당겨 사망케 하는 것으로, 생명을 자연사하도록 하는 안락사와 생명을 단축시키는 안락사가 있다. 전자는 임종의 고통 제거 방법이고, 후자는 소극적(생명연장 중단조치), 간접적(고통제거 부수효과), 적극적(생명 단절) 등이 있다.
	2) 학설(위법성조각의 근거)
	① 위법성조각설(긴급피난이나 이에 기초한 의무충돌)
	② 위법성조각설(허용된 위험의 이론)

---

382) 유기천, 총론, 193면; 남흥우(8인 공저), 총론, 154면; 배종대, 총론, 263면; 정영석, 총론, 145면; 진계호, 총론, 205면; 황산덕, 총론, 170면.

383) 대판 1978. 11. 14. 73도2388(의료법 제66조에 의해 처벌되는 것은 별개의 문제다.).

384) 이재상, 총론, 288면; 이형국, 연구 I, 273면; 김일수, 원론, 600면.

385) 김일수·서보학 375면; 안동준 138면; 이형국 170면.

386) 이재상, 총론, 282면.

387) 대판 1983. 3. 8. 82도3248.

388) 김일수, 원론, 599면; 진계호, 총론, 305면.

| 업무로 인한 행위 | ③ 위법성조각설(치료행위의 중지가 본인의 긴급피난행위에 기인한 것으로 볼 수 있는 범위 내일 때)
④ 위법성조각설(환자의 요청이 있을 때는 진료거부권의 행사, 의식이 없었을 때에는 의료업무행위로 인한)
⑤ 위법성조각설(사회상규에 위배되지 아니하는 행위가 되기 때문)[389]
    – 자연사적인 안락사는 살인죄의 구성요건해당성이 없다고 해야 한다.[390] 반면, 생명 단축의 안락사는 동기나 고의의 내용이 선한 목적을 위해 행해지면 안락사의 형태에 관계없이 위법성이 조각된다는 통설이다.[391]
3) 위법성조각의 요건
① 죽음에 임박(의사진단결정과 행위 시 표준)하고 현대의학상 치료가 불가능할 것
② 격렬한 육체적 고통으로 신음할 것
③ 본인이 사망에 대한 진지한 부탁 · 애원이 있을 것(의사표현이 불가능할 때는 추정승낙으로 판단)
④ 원칙상 의사가 시행할 것(긴급 시는 의학적 지식자도 가능)
⑤ 안락사의 수단 · 방법이 사회상규에 위배되지 않을 것(방법이 잔인, 비윤리, 비인도적일 때는 위법성이 조각되지 않음) |
| (다) 사회상규에 위배되지 아니하는 행위 | **(1) 사회상규의 개념**
① 의의: 평균인이 건전한 사회생활을 함에 있어서 공정하며 옳다고 승인한 정상적인 행위규칙을 말한다.
② 판례: 국가질서의 존엄성을 기초로 한 국민일반의 건전한 도의감 또는 윤리감정이라고 한다.[392]
③ 사회상규에 위배되지 아니하는 행위: 법질서 전체의 정신이나 그 기저를 이루는 사회윤리에 비추어 용인될 수 있는 범위 내의 행위를 말한다. 판단기준으로는 법익형량, 법익균형성 · 목적과 수단의 정당성, **사회상당성,**[393] 법익형량 · 목적과 수단의 정당성 · 보호법익의 결여 등이다.
(2) 사회상규에 반하지 않는 정당행위[394]의 기준
사회상규에 위배되지 아니하는 행위의 판단기준으로는 법익형량,[395] 법익균형성 · 목적과 수단의 정당성,[396] 법익균형 · 목적과 수단의 정당성, 사회상당성,[397] 법익형량 · 목적과 수단의 정당성 · 보호법익의 결여[398] 등이 제시되고 있다. 그러나 사회상규에 반하지 않는 정당행위라고 하기 위해서는,
① 행위의 동기나 목적의 정당성
② 행위수단이나 방법의 상당성
③ 보호이익과 침해이익과의 법익균형성
④ 긴급성
⑤ 다른 수단이나 방법이 없다는 보충성 등을 갖추었느냐를 구체적인 경우에 합목적적 · 합리적으로 판단하여 결정해야 한다.[399]
(3) 사회상규성이 인정되는 행위
① **행위동기가 부당하지 않는 경미한 법익침해**(예: 의료법에 위반되지 않는 범위 내의 일반인의 치료행위, 사회생활상 일반적으로 인정되는 정도의 과대광고 또는 치료유사행위, 의학적 상식을 벗어나지 아니한 오진으로 인한 수술행위[400])
② **소극적 저항행위**(예: 폭행이나 강제행위를 피하기 위해 팔꿈치를 뿌리치면서 가슴을 잡고 벽에 밀어붙인 행위[401])
③ **징계권 없는 자의 징계행위**(예: 징계권이 없는 일반인이 소아에 대한 징계행위도 객관적으로 징계범위를 벗어나지 않으면서 주관적인 교육목적으로 한 행위[402])
④ **자기 또는 타인의 권리실행행위**(피해자에게 치료비를 요구하고 의무를 이행하지 않으면 고소하겠다.[403]) |

---

389) 이재상, "안락사의 형태와 허용한계", 581면; 김일수, 원론, 602면; 진계호 · 이존걸, 총론, 330면.

390) 박상기, 총론, 150면; 이재상, 총론, 263면.

391) 유기천, 총론, 194면; 진계호, 총론, 262면; 정영석, 총론, 162면; 정성근, 총론, 323면; 이형국, 연구Ⅰ, 276면; 차용석, 강의(Ⅰ), 493면.

392) 대판 1956. 4. 6. 4289형상42.

393) 대판 1971. 6. 21. 71도827.

394) 대판 1986. 10. 28. 86도1764; 대판 1987. 1. 2. 86도1809.

395) 박동희, 총론, 94면 이하.

396) 이재상, 총론, 291면; 이형국, 연구Ⅰ, 285면 이하.

397) 황산덕, 총론, 151면; 대판 1971. 6. 21. 71도827.

[판례 1] 공무원이 그 직무를 수행할 때, 상관은 부하에게 범죄행위 등 위법한 행위를 하도록 명령할 권한이 없다. 부하는 직속상관의 적법한 명령에 복종할 의무는 있으나, 가혹행위와 같은 명백한 위법·불법명령인 때는 직무상의 명령으로 볼 수 없으므로 복종할 의무가 없다.404)

[판례 2] 교사가 학생이 자신에게 욕을 한 것으로 오인하고 학생을 구타하여 상해를 입혔다면, 이는 징계권의 범위를 일탈한 폭력행위가 된다.405)

[판례 3] 상관이 부하에게 군인정신을 환기시키기 위해 하는 일이라 하더라도, 부하에 대한 감금과 구타행위는 징계권 내지 훈계권의 범위를 넘어선 것이므로 위법하다.406)

[판례 4] 저항권은 재판권 행사에서 주장할 수 없으므로 무허가 집회 및 시위 행위를 정당행위로 볼 수 없다.407)

[판례 5] 모체의 건강에 대한 염려, 기형아 출산의 위험으로 인한 부득이한 산부인과 의사의 낙태수술행위는 정당행위 내지 긴급피난을 구성한다.408)

[판례 6] 사제(司祭)가 범인을 고발하지 않는 것에 그치지 않고 은신처 마련, 도피자금 제공 등 범인을 직접적으로 은닉·도피케 한 행위는 사제의 정당한 직무에 속하지 않는다.409)

---

398) 박상원, "사회상규에 위배되지 않는 행위", 65면.

399) 대판 1986. 10. 28. 86도1764; 대판 1987. 1. 2. 86도1809; 대판 2000. 4. 25. 98도2389; 대판 2001. 2. 23. 2000도4415; 대판 2002. 12. 26. 2002도5077.

400) 대판 1986. 6. 10. 85노2133.

401) 대판 1982. 2. 23. 81도2958.

402) 대판 1978. 12. 13. 도2617; 대판 1978. 4. 11. 도3149.

403) 대판 1971. 11. 9. 71도1629.

404) 대판 1988. 2. 23. 87도2358; 同 1980. 5. 20. 80도306.

405) 대판 1980. 9. 9. 80도762.

406) 대판 1984. 6. 12. 84도799; 同 1984. 6. 26. 84도603.

407) 대판 1980. 8. 26. 80도1278.

408) 대판 1976. 7. 13. 75도1205; 同 1978. 11. 14. 78도2388.

409) 대판 1983. 3. 8. 82도3248.

제21조
정당방위

① 자기 또는 타인의 법익에 대한 현재의 부당한 침해를 방지하기 위한 행위는 상당한 이유가 있는 때에는 벌하지 아니한다.
② 방위행위가 그 정도를 초과한 때에는 정황에 의하여 그 형을 감경 또는 면제할 수 있다.
③ 전항의 경우에 그 행위가 야간 기타 불안스러운 상태하에서 공포, 경악, 흥분 또는 당황으로 인한 때에는 벌하지 아니한다.

해설

[의의] **정당방위**란 자기 또는 타인의 법익에 대한 현재의 부당한 침해를 방위하기 위한 **상당한 이유**가 있는 행위를 말한다. 긴급피난 · 자구행위와 함께 긴급행위로서 위법성조각사유의 하나이다.

[사례] 야간에 절도범으로 오인받은 자가 군중들의 무차별 구타를 방어하기 위하여 손톱깎이 칼로 상해를 입힌 경우

민법 (제761조 제1항) **정당방위**	타인의 불법행위에 대하여 자기 또는 제3자의 이익을 방위하기 위하여 부득이 타인에게 손해를 가한 자는 배상할 책임이 없다. 그러나 피해자는 불법행위에 대하여 손해의 배상을 청구할 수 있다.
견해	민법상 정당방위 · 긴급피난 · 자력구제는 형법상 정당방위 · 긴급피난 · 자구행위에 대한 특별규정이다(김일수 · 서보학, 총론, 276면). 반면 민사책임과 형사책임의 분리 원칙에 따라서 각각 독립적으로 적용된다(임웅, 총론, 239면).

①항: 『정당방위』

정당방위	위법한 침해에 대한 반격행위(긴급행위)	부정 대 정의
긴급피난	위난에 대한 피난행위　　　　(긴급행위)	정 대 정
정당방위	침해가 급박 · 계속 중인 경우에 인정	
자구행위	침해 자체는 종료하고 원상회복이 불가능한 때 한해 인정	

Ⅰ. 정당방위(正當防衛)

1. 정당방위의 본질

(1) **자기보호원리** 누구도 자신에 대한 침해를 방관할 필요는 없다.
(2) **법질서수호원리** 법은 불법에 양보할 필요가 없다.

2. 정당방위의 성립요건

본 죄의 성립요건으로는 '**자기 또는 타인의 법익**', '**현재의 부당한 침해**', '**방위 행위의 상당한 이유**'가 필요하다.

(1) 자기 또는 타인의 법익을 방위하기 위한 행위
  ① **자기 또는 타인의 법익** 자기의 법익에 한하지 않고 타인의 법익을 방어하기 위한 정당방위도 가능하다. 여기서 타인의 법익이란 자기 이외의 자연인·법인 또는 단체의 모든 법익을 총칭한다.
  법익으로는 형법상 법익(생명·신체·자유·명예·재산·주거평온)은 물론 민법상 법익(점유나 인격권의 대상이 되는 사생활의 영역), 또는 헌법상 법익(정치생활의 자유, 교육을 받을 권리, 공민권행사, 노동조합활동의 자유·단결권)도 정당방위의 대상이 된다. 특히 국가기관의 유효한 공적 활동을 기대할 수 없는 긴박상태에서 예외적으로 국가기밀누설이나 공무집행방해에 대한 국가적 법익과, 공연음란이나 음란문서판매에 대한 사회적 법익도 정당방위를 인정하고 있는 통설이다.[410]
  ② **방어하기 위한 행위** 공격에 대한 **방위**하기 위한 **행위**로 방어하기 위함이란 방위자의 주관에 있어서 **방위의사**가 있어야 한다는 통설적 입장이다.

(2) 현재의 부당한 침해
  ① **침해** 타인의 법익에 대한 실해 또는 위험을 발생시키는 인간의 행위로, 고의·과실 및 책임 없는 행위의 공격을 말한다. 사람에 의해 사주(使嗾)된 동물에 의한 침해도 정당방위가 가능하다(대물방위). 또한 유

---

410) 유기천, 총론, 183면; 황산덕, 총론, 159면; 정영석, 총론, 139면.

아에게 젖을 주지 않고 아사시키려는 모(母)에게 협박을 가해 젖을 주게
한 행위도 정당방위이다(부작위에 의한 침해, 다만 부작위한 침해는 침해자에게
보증인적 지위가 인정된 때만 가능하고, 불능범에 대해서는 침해가 될 수 없다.).

② **현재의 침해** 법익에 대한 침해가 급박한 상태, 진행 중, 아직 계속되고
있는 경우를 말한다. 즉, 범죄의 실행을 종료하였으나 법익 침해의 상
태가 계속 중인 때를 말한다. 침해의 판단 기준으로는 객관적인 상황
에 의해 급박한 침해가 이루어진 침해 시를 기준으로 한다. 쟁투하다
가 패주하는 피해자가 소지했던 식도를 탈취하여 급박한 상태를 모면
키 위해 반항한다 하여 그를 찔러 죽인 행위,411) 피해자의 침해행위에
대하여 자기의 권리를 방위키 위한 부득이한 행위가 아니고 그 침해행
위에서 벗어난 후 분을 풀려는 목적에서 나온 공격행위412) 등은 정당
방위가 되지 않는다. 절도범을 추격하여 도품(盜品)을 탈취하는 행위에
대해서 자구행위413)가 아닌 정당방위414)라고 해야 한다. 왜냐하면 범
죄가 형식적 기수에 달한 후라도 법익침해가 현장에서 계속되는 상태
에 있으면 현재의 침해가 될 수 있기 때문이다.

③ **부당한 침해** 법익의 침해가 객관적으로 법질서와 모순되는 위법을 말
한다. 형법상의 불법뿐만 아니라 법질서의 전체에 반하는 실질적 위법
을 말한다. 따라서 객관적으로 구성요건해당성이 없는 침해행위(예: 과
실에 의한 재물손괴나 남의 집 담벼락에 무단으로 벽보를 붙이는 행위 또는 화장실
에 몰래 카메라를 설치해 두고 훔쳐보는 행위)나, 책임능력이 없는 자(형사미성
년자나 정신병자)나 고의·과실이 없는 자의 침해도 그 위법성만 인정되
면 정당방위가 가능하다(주관적 위법성론에 의하면 이 경우에는 정당방위를 할
수 없고 긴급피난을 할 수 있을 뿐이다.). 적법한 침해는 위법하다고 할 수
없으므로 정당행위·정당방위·긴급피난 등에 의한 침해에 대해서는
긴급피난이 가능할 뿐 정당방위는 허용되지 않는다. 그리고 싸움의 경

---

411) 대판 1959. 7. 24. 4291형상556.

412) 대판 1996. 4. 9. 96도241; 대판 1986. 2. 11. 85도2642.

413) 정영석, 총론, 136면; 남흥우, 총론, 130면; 백남억, 총론, 130면.

414) 황산덕, 총론, 157면; 유기천, 총론, 181면; 박동희, 총론, 100면; 이형국, 연구(Ⅰ), 307면; 이재상, 총론,
226면; 정성근, 총론, 257면; 배종대, 총론, 290면; 진계호·이존걸, 총론, 343면.

우에는 원칙적으로 판례[415]가 정당방위를 인정하지 않는다.

그러나 추상적·일률적으로 판단하기 어렵고 싸움의 과장과 부당의 정도 등을 구체적으로 판단해야 한다. 따라서 일방적으로 공격을 당하던 상대방이 자신을 보호하기 위한 저항수단으로 유형력을 행사한 경우,[416] 상대방의 예상 밖의 초과행위로 나온 경우,[417] 또는 싸움이 중지되었다가 새로이 도발한 별개의 가해행위를 방위하기 위한 자상(刺傷)[418]의 경우에는 정당방위가 가능하다.

(3) 상당한 이유

상당한 이유(사회상규에 비추어 당연시되는 행위를 의미)란 침해에 대한 방위가 사회상규에 비추어 상당한 정도를 넘지 아니하고 당연시되는 것을 말한다. 그리고 정당방위에 있어서 상당한 이유라 함은 방위의 필요성에 제한되지 않고, 사회윤리적 제한도 상당한 이유에 포함된다. 방위행위는 침해를 즉시 그리고 효과적으로 제거함에 족한 정도의 방위여야 한다.

방위자는 침해를 방위하기 위한 수단 가운데 가능한 한 공격자에게 피해가 가장 적은 방법을 선택해야 한다. 따라서 예의가 없음을 꾸짖으면서 멱살을 잡고 밖으로 끌고 나가려고 한다는 이유만으로 발로 복부를 차서 사망케 한 때에는 상당성을 인정할 수 없다.[419] 그러나 강제추행범의 혀를 깨물어 혀 절단 상을 입힌 때에는 상당성을 인정한다.[420] 결국 상당성에 대한 판단은 침해되는 법익의 종류·정도·침해의 방법·침해행위의 완급과 방위행위에 의한 침해될 법익의 종류 등 일체의 구체적 사정을 참작하여 객관적으로 하여야 한다.[421]

(4) 정당방위의 사회 윤리적 제한

다음의 각 경우에는 정당방위가 사회 윤리적으로 제한된다는 다수설이다.

① **책임 무능력자**(유아·정신병자·명정자 또는 착오에 의한 공격)의 침해에 대

---

415) 대판 1984. 5. 22. 83도3020; 同 1993. 8. 24. 92도1329.
416) 대판 1984. 9. 11. 84도1440; 대판 1999. 10. 12. 99도3377; 대판 2003. 5. 30. 2003도1246.
417) 대판 1968. 5. 68도370.
418) 대판 1957. 3. 8. 4290형상18.
419) 대판 1965. 7. 20. 4289형상421; 대판 1984. 9. 25. 84도1611.
420) 대판 1989. 8. 8. 89도358.
421) 대판 1984. 4. 24. 84도242.

한 방위(소극적인 보호방위만 허용, 법수호의 의미가 없는 이들의 침해에 대한 방위는 권리남용에 해당)

② **보증관계에 있는 사람**(부부나 가족과 같은 긴밀한 인적 관계에 있는 사람)**의 침해에 대한 방위**

③ **지극히 불균형(경미한)한 침해에 대한 방위행위**(예: 맥주병 몇 개를 훔친 절도범을 사살한 경우422))

④ **도발한 침해에 대한 방위**(예: 정당방위를 할 수 있는 구실을 잡으려는 목적으로 행해진 도발행위에 의하여 유발된 침해에는 권리남용에 해당되므로 정당방위가 안 됨)

판례

[**판례 1**] 정당방위는 침해행위에 의하여 침해되는 법익의 종류 · 정도 · 침해의 방법 · 침해행위의 완급과 방위행위에 의하여 침해될 법익의 종류 등 일체의 구체적 사정을 참작하여 방위행위가 사회적으로 상당한 것이었다고 인정할 수 있는 것이어야 한다.423)

[**판례 2**] 강제추행범의 혀를 깨물어 혀 절단 상을 입힌 경우에도 정당방위가 성립한다.424)

[**판례 3**] 정당방위의 성립요건: 침해행위에 의해 침해되는 법익의 종류 · 정도 · 침해방법 · 침해행위의 완급과 방위행위에 의해 침해되는 법익의 종류 · 정도 등 일체의 구체적 사정을 참작하여 방위행위가 사회적으로 상당한 것으로 인정되어야 한다.425)

[**판례 4**] 교통사고의 위험에 처한 아버지를 위해 운전자에게 상해를 입힌 아들의 행위는 정당방위가 성립한다.426)

[**판례 5**] 피고인이 피해자를 살해하려고 먼저 반격한 이상, 피해자의 반격이

---

422) RGSt. 23. 116.
423) 대판 1984. 4. 24. 84도242.
424) 대판 198. 8. 8. 89도358.
425) 대판 1984. 6. 12. 84도683; 同 1986. 3. 15. 66도63.
426) 대판 1986. 10. 14. 86도1091.

있었다고 하여 피해자를 살해한 피고인의 행위는 정당방위에 해당
되지 않는다.427)

[판례 6] 피해자의 침해행위에 대해 자기의 권리방위를 위해 부득이한 것도
아니고, 그 침해행위에서 벗어난 후에 분풀이할 목적에서 나온 공
격행위는 정당방위가 될 수 없다.428)

[판례 7] 정당방위에서 방위의사는 행위자의 주관을 표준으로 하는 동시에
객관적으로 사회통념에 비추어 방위의사를 추정할 수 있는 경우라
야 한다. 또 방위행위는 사회통념상 침해를 방위하는 데 필요한 행
위로 인정될 만한 정도여야 한다.429)

②항: 『일반적 과잉방위』

[의의] 과잉방위란 현재의 부당한 침해에 대한 방위행위가 상당성(相當性)의
정도를 초과한 경우를 말한다.

[사례] 이유 없이 집단구타를 당한 자가 더 이상 도피하기 어려운 상황에서
이를 방위하기 위하여 곡괭이자루를 마구 휘두른 결과 사망 또는 상
해를 입힌 경우(대판 1985. 9. 10. 85도1370)

Ⅱ. 과잉방위(過剩防衛)

1. 과잉성의 인식요부(過剩性 認識要否)

상당성의 정도가 초과한 것인지를 방위자의 주관적 기준으로 판단할 것이 아
니라 객관적(客觀的)으로 판단해야 하기 때문에 상당성의 정도가 초과한 것을 인
식(認識)한 경우이건 아니건 관계없다.

---

427) 대판 1983. 9. 13. 83도1467.
428) 대판 1986. 2. 11. 85도2642.
429) 대판 1955. 8. 5. 4288형상124.

2. 과잉방위의 태양(態樣)

(1) **고의의 과잉방위와 과실의 과잉방위** 정당방위에 있어서의 상당한 이유는 객관적 기준에 의하여 결정할 것이고, 상당성의 초과를 인식하였는가의 여부는 문제가 되지 않으므로 고의(예: 몽둥이로 침해하는 상대방에 대하여 도끼로 반격하는 것을 인식한 때) 때나 과실(예: 몽둥이로 침해하는 상대방에 대하여 몽둥이로 방위할 의사로 반격을 하였으나 실은 공포·흥분 등으로 인하여 도끼로 반격하고 있음을 부주의로 인식하지 못한 경우) 때 모두를 과잉방위로 보아야 한다.

(2) **질적 과잉방위와 양적 과잉방위** 과잉방위는 상당성의 정도를 초과하여 강한 반격을 한 경우(질적 방위: 손으로 방위할 수 있는 것을 권총으로 방위한 경우)와 침해를 인지한 자에 대하여 계속되는 반격행위가 연속된 일련의 방위행위로 인정될 수 있는 때에만(양적 방위: 침해하는 상대방을 넘어뜨려서 이미 침해를 중지하였음에도 불구하고 계속 방위행위로 인정될 때) 인정된다.

3. 과잉방위의 효과

정황에 의하여 그 형을 감면 또는 면제할 수 있다(제21조 제2항). 제21조 제2항은 제3항의 특별한 정황이 없을 때에 적용된다. 본 항은 과잉방위에 대해 고려할 만한 일반적 정황이 있는 때이다. 그리고 임의적 감면 또는 불가벌의 근거로는 과잉방위는 위법성이 조각되지 않고 책임을 감소·소멸할 뿐이라는 견해이다.[430]

    [판례 8] 이유 없이 집단구타를 당한 자가 더 이상 도피하기 어려운 상황에서 이를 방위하기 위하여 곡괭이자루를 마구 휘두른 결과 사망 또는 상해를 입힌 것처럼 반격적 행위 정도가 지나친 경우이다.[431]

    [판례 9] 야간에 여러 사람으로부터 집단적으로 구타를 당할 때, 이를 방위하기 위해 식도로 자상(刺傷)을 입힌 경우는 불가벌(不可罰)의 과잉방위가 성립한다.[432]

    [판례 10] 과잉방위에 해당하더라도 그 행위가 야간에 술에 취한 피해자의

---

430) 황산덕, 총론, 163면; 남흥우(8인 공저), 총론, 181면; 정영석, 총론, 141면; 박동희, 총론, 106면; 이재상, 총론, 237면; 김일수, 원론, 531면; 배종대, 총론, 300면; 박상기, 총론, 176면; 진계호·이존걸, 총론, 358면.
431) 대판 1985. 9. 10. 85도1370.
432) 대판 1959. 10. 30. 4296형상396.

불의의 행패와 폭행으로 인한 불안한 상태에서 공포, 경악, 흥분 또는 당황에 기인한 것이라면 무죄이다.433)

③항: 『특별한 과잉방위』

야간(夜間) 기타 불안스러운 상태하에서 공포(恐怖), 경악(驚愕), 흥분(興奮) 또는 당황(唐慌)으로 인한 때에는 벌하지 아니한다. 이와 같이 본 항은 특별한 정황이 있을 때를 말한다.

Ⅲ. 오상방위(誤想防衛)

1. **의의** 오상방위(착각방위)란 정당방위 상황이 존재하지 않음에도 불구하고 이것이 있는 것으로 오신하고 방위에 나아간 경우를 말한다.

[사례] 집배원을 강도로 오인하고 방위행위를 한 경우, 부당한 침해에 대비하여 선제공격을 하는 것도 정당방위라고 믿고 이를 행하는 경우 등을 들 수 있다.

2. 법적 성질과 처리

오상방위는 정당방위가 아니므로 위법성이 조각되지 않는다. 다만 오상방위는 위법성조각사유의 **객관적 전제사실에 착오**가 있는 경우에 해당한다. 따라서 이를 어떻게 취급할 것인가에 대한 학설이 대립된다.

(1) **엄격책임설** 구성요건적 고의(상대방에 대해 반격한다는 인식)는 있기 때문에 사실의 착오로 볼 수 없다. 다만 동기원인인 사실적 '**전제**'에 대한 착오로 허용되지 않는 행위를 허용된다고 오신한 것이다. 그러므로 **위법성의 착오**가 되어 고의는 조각되지 않는다. 그 착오가 불가피한 경우에는 **책임이 조각**된다. 그리고 회피할 수 있었던 경우에는 그 정도에 따라 **책임이 감경**될 뿐이다.

(2) **제한적 책임설** 구성요건의 착오와 같이 취급하여 고의는 조각되지만 오신에 과실이 있으면 과실범으로 처벌된다는 다수설이 타당하다.434)

---

433) 대판 1974. 2. 6. 73도2380.

Ⅳ. 오상과잉방위(誤想過剩防衛)

1. **의의** 오상과잉방위란 정당방위 상황이 없음에도 불구하고 그것이 존재한다고 오신하고 상당성을 넘는 방위행위를 한 경우를 말한다.

[사례] 갑이 을을 놀라게 할 작정으로 몽둥이를 드는 것을 을은 자기를 공격하는 것으로 오인하고 방위의사로 도끼를 몽둥이로 오인하고 도끼를 가지고 반격한 경우, 서로 언쟁 중에 흥분한 갑이 갑자기 손을 들자 을은 자기를 구타하려는 것으로 오인하고 신체를 방위할 의사로 소지한 칼로 갑을 자상한 경우 등을 들 수 있다.

2. 법적 성질과 처리

   (1) **오상방위 취급설** 상당성 초과를 인식한 경우에는 과잉방위로, 착오로 이를 인식하지 못한 경우는 오상방위로 취급해야 한다는 견해이다.[435]

   (2) **결과적 가중범의 인정설** 과잉부분을 고의로 행하였다면 고의범이, 과잉부분을 과실로 행하였다면 결과적 가중범이 된다는 견해이다.[436]

   (3) **결국** 오상과잉방위는 정당방위 상황이 존재치 않은 경우로 오상방위의 일종이라고 해야 한다.[437] 다만 그 처리를 엄격책임설에 따라 고의범의 금지착오로 보는 견해[438]가 있으나, 제한책임설에 따라 과실범으로 인정함이 타당하다.[439]

Ⅴ. 과잉오상방위(過剩誤想防衛)

과잉오상방위란 방위행위의 과잉에 대해 행위자의 착오가 존재하는 경우로서 오상에 의한 과잉방위라고도 한다. 과잉오상방위는 정당방위 상황이 존재한다. 그러나 오상과잉방위는 정당방위 상황이 존재하지 않는다는 점이 구별된다.

---

434) 진계호 · 이존걸, 총론, 360면.
435) 차용석, 총론강의(Ⅰ), 625면.
436) 손동권, 총론, 165면.
437) 진계호 · 이존걸, 총론, 361면.
438) 정성근 · 박광민, 총론, 239면.
439) 이재상, 총론, 236면; 배종대, 총론, 300면; 김일수, 총론, 398면; 진계호 · 이존걸, 총론, 361면.

- ■ 과잉오상방위의 본질
(1) **오상방위 처리설** 과잉방위의 본질은 고의범성에 있고, 오상방위의 본질은 과실범성에 있으므로 오상방위로 처리해야 한다는 견해가 있다.[440]
(2) **과잉방위 처리설** 정당방위 상황이 존재하므로 과잉방위로 처리함이 타당하다.[441]

제22조
긴급피난

① 자기 또는 타인의 법익에 대한 현재의 위난을 피하기 위한 행위는 상당한 이유가 있는 때에는 벌하지 아니한다.
② 위난을 피하지 못할 책임이 있는 자에 대해서는 전항의 규정을 적용하지 아니한다.
③ 전조 제2항과 제3항의 규정은 본 조에 준용한다.

해설

[의의] **긴급피난**(緊急避難)이란 자기 또는 타인의 법익에 대한 현재의 위난을 피하기 위한 상당한 이유가 있는 행위를 말한다. **우월적 법익**을 위한 긴급피난은 '위법성조각사유'이고, **동 가치 법익** 사이의 긴급피난은 '책임조각사유'라는 것이 다수설이다.

[사례] 강도의 추격을 피하여 허가 없이 남의 집에 뛰어 들어가는 경우

민법(제761조 제2항) **긴급피난**	타인의 불법행위에 대하여 사기 또는 제3지의 이익에 **급발한 위난을 피하기 위하여 부득이** 타인에게 손해를 가한 자는 배상할 책임이 없다. 그러나 피해자는 불법행위에 대하여 손해의 배상을 청구할 수 있다.
견해	민법상 정당방위 · 긴급피난 · 자력구제는 형법상 정당방위 · 긴급피난 · 자구행위에 대한 특별규정이다(김일수 · 서보학, 총론, 276면). 반면 민사책임과 형사책임의 분리 원칙에 따라서 각각 독립적으로 적용된다(임웅, 총론, 239면).

---

440) 차용석, "오상과잉방위", 33면.

441) 진계호 · 이존걸, 총론, 361면.

①항: 『긴급피난』

긴급피난	위난에 대한 피난행위	정 대 정
정당방위	위법한 침해에 대한 반격행위	부정 대 정의

▓ 학설

Ⅰ. 긴급피난(緊急避難)

1. 긴급피난의 본질

긴급피난은 긴급 상황 아래에서 정당한 제3자의 법익을 침해하는 경우이기 때문에 피난행위가 적법인지 위법인지 또한 그 처벌의 근거는 무엇인지 학설이 대립되고 있다.

(1) **방임행위설** 긴급피난은 현재의 위난(긴급 상황)을 정당한 제3자의 법익을 침해하여 그 책임을 전가하는 것이므로 위법도 적법도 아닌 법으로부터 방임된 행위로서 위법성이 조각된다는 견해이다.[442]

(2) **책임조각설** 긴급피난은 무관한 제3자의 법익을 침해하는 것이기 때문에 위법하나 적법행위로서의 기대 가능성이 없기 때문에 책임이 조각된다는 견해이다.[443]

(3) **위법성조각설** 보호받는 이익과 침해된 이익을 교량(較量)하여 보호받는 이익의 우월성이 인정된 때에 피난행위가 정당화된다는 견해이다.[444]

(4) **이분설**(二分說) 긴급피난에는 위법성조각적 긴급피난과 책임조각적 긴급피난이 포함된다는 견해이다.

   ① 사물에 대한 긴급피난은 위법성조각사유이고, 생명·신체에 대한 긴급피난은 책임조각사유라는 견해이다.[445]

---

442) Beling, Grundzüge, S. 15.

443) 박문복, 총론, 263면; 백남억, 총론, 208면.

444) 유기천, 총론, 187면; 정영석, 총론, 132면; 남흥우, 총론, 136면; 염정철, 총론, 265면; 이형국, 연구Ⅰ, 321면, 이재상, 총론, 244면; 김종원, 긴급피난(중), 고시연구, 1975. 5. 5면.

② 우월적 법익을 위한 긴급피난은 위법성조각사유이고, 동 가치 법익 사이의 긴급피난은 책임조각사유라는 **다수설**의 견해이다.446)

2. 긴급피난의 성립요건

본 죄의 성립요건으로는 '**자기 또는 타인의 법익에 대한 현재의 위난**', '**위난을 피하기 위한 행위**', '**상당한 이유**'가 필요하다.

(1) 자기 또는 타인의 법익에 대한 현재의 위난

① **자기 또는 타인의 법익** 긴급피난의 보호대상으로는 자기 또는 타인의 법익이며, 타인이란 자기 이외의 자연인·법인 또는 단체를 총칭한다. 법익도 법률로 보호되는 것이면 생명·신체·자유·명예·재산에 한정할 필요가 없고 경제적 손실을 방지하기 위한 긴급피난도 허용된다.

민법상 법익(예: 과실행위에 기한 재물손괴의 금지)이 긴급피난이 되는 것은 당연하다. 그러나 노동자의 단결권이나 헌법상 기본권을 보전키 위한 긴급피난은 원칙적으로 노동조합법이나 형법 제20조의 문제이다. 이는 법령에 의한 정당행위이기 때문이다. 특히 사회적·국가적 법익의 위난이 동시에 개인적 법익에 대한 현재의 위난을 포함하는 때에 한하여 긴급피난이 허용된다고 보겠다.447) 근본적으로 긴급피난은 개인적 법익을 보전하기 위해서 인정되기 때문이다.

② **현재의 위난** 현재의 위난이므로 과거나 미래는 해당되지 않는다. 위난이란 법익에 대한 실해 또는 위험이 있는 상태를 말한다(즉, 법익침해가 발생할 개연성이 있는 상태). 위난의 원인은 사람행위뿐만 아니라 동물 또는 자연현상으로도 야기될 수 있다. 기근, 사회적 사정(인플레·물자부족·노동조건 등) 등, 법령의 제한에 따라 현저한 생산액의 감소로 그 법령위반행위448)와 처가 임신 중 쌀이 떨어져 절도한 남편에 대하여449) 현재성과 상당성이

---

445) 황산덕, 총론, 168면; 이건호, 개론, 113면.

446) 정성근, 총론, 227면; 차용석, 강의(Ⅰ), 566면; 김일수, 원론, 536면; 배종대, 총론, 308면; 손해목, 긴급피난, 고시연구, 1988. 5. 17면; 허일태, 긴급피난, 고시계, 1991. 5. 40면 이하; 진계호, 총론, 331면.

447) 정성근, 총론, 281면; 배종대, 총론, 311면은 국가적 법익에 대해서는 긴급피난을 인정치 않고 있다.

448) 일대판 昭 11. 2. 10. 형집 15. 103면.

없다고 하여 긴급피난을 부정하였다.

그리고 자초위난(예: 실화자가 화재의 위험으로부터 긴급피난)의 경우에는 피난행위의 남용이 없거나 적법행위에 대한 기대 가능성이 없는 한 긴급피난을 인정해야 한다. 위난은 법익침해가 즉시 또는 곧 발생할 것으로 예견되는 경우로 일시적이건 계속적이건 상관없다.

(2) 위난을 피하기 위한 행위

① **피난행위** 우월적 법익을 보호하기 위해서 피난 주체가 침해법익을 부득이 침해하는 행위를 말한다.

② **피난 주체** 긴급피난의 의미와 효과를 이해할 능력자이다. 책임능력 유무와는 상관없다.

③ **침해객체의 대상** 보호객체에 대하여 경미한 침해가치를 갖는 모든 객체는 원칙적으로 침해객체의 대상이 될 수 있다.

④ **주관적 피난의사** 피난의사란 현재의 위난을 피하고자 하는 위난자의 주관적 의사를 말한다.

(3) 상당한 이유

상당한 이유란 피난행위가 사회상규에 비추어 당연시되는 것을 말한다. 긴급피난은 정 대 정의 관계로서 제3자의 법익까지 피해를 주면서 인정하기 때문에 정당방위보다 엄격한 요건이 요구되고 있다.

① **보충성의 원칙** 피난행위가 위난에 빠져 있는 법익을 보호키 위한 유일한 수단 또는 다른 방법이 없는 유일한 경우여야 한다. 따라서 피난행위가 현재 위난을 피하는 데 가장 적당한 방법과, 피난행위가 피해자(상대방)에게 여러 방법 중 가장 경미한 피해를 주어야 한다.

② **균형성의 원칙** 긴급피난은 위난으로부터 보호(保護)될 이익이 침해(侵害)될 이익보다 본질적으로 우월(優越)적 관계에 있어야 한다. 이는 법익의 가치ㆍ침해의 정도 및 보호의 가치를 종합적으로 검토하여 결정되어야 한다. 법익의 가치는 양적(예: 사물 대 사물) 및 질적(예: 생명이나 신체의 법익과 사물의 법익간의 가치)으로 모두 고려되어야 한다.

---

449) 일최판 昭 23. 6. 12. 판례체계, 943면.

침해의 정도는 법익 간에 본질적인 차이가 없는 동종 법익 간에는 그 법익에 대한 위험의 크기가 이익형량에 있어서의 기준이 된다.[450] 이익형량에 있어서는 보호법익의 절대적 가치보다 구체적 상황에 있어서 보호할 가치(예: 구급차량이 교통사고의 잠재적 위험성이 있는 도로법규의 위반행위를 하는 것은 허용됨)에 중점을 두어야 한다.

③ **적합성의 원칙** 피난행위는 사회윤리(예: 생명을 구하기 위하여 승인을 받지 않고 타인의 신장을 강제로 취거하는 경우)나 법정신(예: 부당하게 기소된 피고인이 무죄판결을 받기 위해 위증을 교사한 경우)에 비추어 위난을 피하기 위한 적합한 수단이어야 한다.

3. 긴급피난의 효과

이상의 요건을 구비한 때에는 위법성조각적 긴급피난은 위법성조각, 책임조각적 긴급피난은 책임조각이 될 뿐이다.

②항: 『긴급피난의 특칙』
위난을 피하지 못할 책임이 있는 자에게는 긴급피난이 허용(許容)되지 않는다.

4. 위난을 피하지 못할 책임이 있는 자

직무상 또는 업무상 위난을 피할 수 없는 특별한 의무가 있는 자를 의미하는데, 군인·경찰관·소방관·의사·선장 등을 말한다. 법이 이자들의 이익보다 **부과된 의무**를 더욱 중시한 것이기 때문이다. 따라서 특별의무자는 그가 감수할 위험을 초과하지 않는 한 자신의 생명을 구하기 위해 타인의 생명을 침해할 수 없다. 그렇다고 이자들은 위험인수의무는 단지 위험의무일 뿐 희생의무(예: 소방관이 진화작업 중 자신의 생명에 위난을 당했을 때는 긴급피난이 가능하다.)는 아니다.

③항: 『과잉피난』
과잉피난은 상당성을 결한 경우로 긴급피난이 될 수 없어 위법성 내지

---

450) 이재상, 종론, 249면; 허일태, 긴급피난, 51면.

책임이 조각되지 않는다. 다만 정황에 따라 형을 감경·면제할 수 있다. 특히나 긴급피난이 야간(夜間) 기타 불안스러운 상태하에서 공포(恐怖), 경악(驚愕), 흥분(興奮) 또는 당황(唐慌)으로 인한 때에는 벌하지 아니한다. 규범합치적 행위에 대한 **기대 가능성**이 희박하기 때문이다.

Ⅱ. 과잉피난(過剩避難)과 오상피난(誤想避難)

1. 과잉피난

과잉피난이란 피난행위가 **상당성**을 결한 경우를 말한다. 과잉피난은 긴급피난이 아니므로 **위법성 내지 책임**이 조각되지 않는다(2분설). 다만 정황에 따라 형을 감경·면제할 수 있고(제22조 제3항·제21조 제2항), 긴급피난이 야간 기타 불안스러운 상태에서 공포·경악·흥분 또는 당황으로 인한 때에는 벌하지 아니할 뿐이다(제22조 제3항). 규범합치적 행위에 대한 **기대 가능성**이 희박하기 때문이다.

2. 오상피난

오상피난이란 **자기 또는 타인의 법익**에 대한 **현재의 위난**이 없음에도 불구하고 그러한 사실이 존재한다고 오신하여 피난행위를 한 경우를 말한다. 오상피난은 긴급피난이 아니므로 **위법성이 조각**되지 아니한다. 오상피난은 오상방위처럼 위법성조각사유의 객관적 전제사실에 대한 착오에 해당한다. 법적 성질은 엄격책임설(**위법성 착오**)이 아니고, 제한책임설(**사실의 착오**)이다(다수설).

Ⅲ. 의무의 충돌(義務의 衝突)

1. 의무충돌의 법적 성질

① 구성요건해당성 자체의 조각설(박상기, 총론, 200면)
② 법으로부터 자유로운 영역설(Arthur Kaufmann)

③ 위법성조각 또는 책임조각설(진계호 · 이존걸, 총론, 377면)

2. 위법성조각의 근거

① 형법에 의무충돌에 관한 직접적인 규정이 없으므로 의무충돌은 초법규적 위법성조각사유로서 위법성을 조각한다는 견해[451]
② 의무충돌은 긴급피난과는 달리 법익교량 대신 의무교량을 기준으로 삼기 때문에 긴급피난의 일종으로 볼 수 없고, 형법상 사회상규에 반하지 않는 정당행위로서 위법성이 조각된다는 견해[452]
③ 의무충돌도 긴급피난과 같이 **긴급 상황**에서의 법익보호를 위한 행위이고, 의무충돌은 구조적으로 유사하다는 점에서 **긴급피난**의 일종 내지 특수한 경우로서 **위법성을 조각**한다는 견해[453] 등이 대립되고 있다.

3. 의무충돌의 요건

의무충돌이 위법성을 조각시키려면 다음의 요건을 충족해야 한다.

(1) 위법성조각의 요건
① **둘 이상의 법적 의무의 충돌** 충돌하는 의무는 단순한 도덕적 · 종교적 의무가 아닌 법적 의무(실정법상 또는 관습상 인정된 법은 물론 명시적 및 묵시적인 법적 효력 등 광범위하게 인정된 법)이다.
[사례] 언론인의 취재원 은닉을 위한 증언거부처럼 언론기본법(제8조)은 물론 증언의무위반죄도 성립되지 않는다(취재원 은닉 의무와 증언거부 의무의 충돌로 증언의무위반죄에 대하여 위법성이 조각된다.).
② **높은 가치의 의무이행** 높은 가치의 의무와 낮은 가치의 의무가 충놀한 성우에 높은 가치의 의무를 이행하고 낮은 가치의 의무를 태만히 한 때에는 위법성이 조각된다(의무형량 원칙). 이때 높은 가치의 여부는 위험의 정도와

---

451) 손해목, "의무의 충돌(하)", 월간고시, 1988. 8. 116면.
452) 황산덕, 총론, 152면; 차용석, 강의(Ⅰ), 482면; 김일수, 원론, 609면; 안동준, 총론, 121면; 임웅, 총론, 217면.
453) 이재상, 총론, 226면; 이형국, 총론, 401면; 정성근 · 박광민, 총론, 256면; 배종대, 총론, 326면; 김성천 · 김형준, 총론, 284면; 신동운, 총론, 284면; 진계호 · 이존걸, 총론, 378면.

행위자의 목적 및 의무에 대한 일반인의 가치관을 종합하여 판단해야 한다.

[사례 1] 의사 갑이 치료 중이던 환자 을과 병이 동시에 빈사상태에 처하 자 병원 내에 1개뿐인 심폐기를 을에게만 부착시키고 치료한 결과 병이 사망한 경우(의사 갑은 병에 대해 부작위에 의한 살인죄의 구성요건에 해당하는 행위를 하였으나 의무충돌에 의한 행위이기 때문에 위법성이 조각된다.).

[사례 2] 사례 1에서 의사 갑이 환자 을을 치료하기 위하여 이미 병에게 부착되어 있던 심폐기를 제거하여 이를 을에게 부착시킨 결과 병이 사망한 경우(이 경우는 의무충돌이 아닌 긴급피난의 문제이다. 생명에는 동 가치의 이익 사이에 긴급피난의 요건인 우월적 이익의 원칙이 적용될 수 없어 위법성이 조각되지 않는다.).

③ **주관적 정당화 사유** 의무의 충돌이 위법성을 조각하기 위해서는 행위자에게 **의무의 충돌에 대한 인식**(주관적 정당화 요소다.)과 높은 가치의 의무의 하나를 이행한다는 것을 인식해야 한다.

[사례] 물에 빠진 두 아들 중 저능아인 큰아들을 미워한 나머지 아버지가 작은아들만 구출한 때에도 구명의 인식으로 행위를 한 이상 정당화된다(아버지가 이런 구명에 대한 인식이 없이 행위를 했다면, 생명에는 동 가치의 이익 사이에 긴급피난의 요건인 우월적 이익의 원칙이 적용될 수 없어 위법성이 조각되지 않아 불능미수로 이해하여야 한다.454)).

(2) 책임조각의 요건

의무충돌이 책임조각을 시키려면 다음의 요건이 충족되어야 한다.

① **법적 서열의 착오** 행위자가 충돌하는 의무의 법적 서열에 착오를 일으킨 때에는 의무의 의미에 대한 착오로 정당한 이유가 인정될 때 책임이 조각된다.455)

[사례] 높은 가치의 의무를 이행하는 것으로 착각하고 낮은 가치의 의무를 이행하는 경우

② **부득이 낮은 가치의 의무이행** 행위자가 낮은 가치의 의무임을 알면서도

---

454) 진계호·이존걸, 총론, 380면.

455) 이형국, 연구 I, 335면; 정성근, 총론, 291면.

부득이한 사정을 극복할 수 없어 이를 행한 때에는 **기대 불가능성**에 의한 책임이 조각된다('불가능한 경우에는 의무를 부담시킬 수 없다.').

[사례] 화재가 발생한 건물 속에 어린이가 있는 것을 소방관이 알았지만 어린이를 구하는 것이 도저히 불가능하므로 가재도구만 반출한 경우

③ **확신범** 법질서와 사회의 일반적 가치관에 따라 **어떤 의무의 가치가 높은 것**을 알면서도 종교적·윤리적인 신념에 따라 **낮은 가치의 의무를 이행**한 확신범[확신범(確信犯)이란 범죄의 동기가 종교·도덕·정치상의 신념에 기초되는 것을 말한다. 확신범은 도덕적으로 파렴치한 종류의 일반적 범죄와는 달리 취급을 하게 된다.]도 일반적으로 위법·유책하다는 것이 통설이다.

[사례] A목사가 정신질환이 있는 갑 환자를 치료하기 위해 사탄을 물리친다는 이유로 지나친 금식을 강요하여 갑 환자가 아사(餓死)로 사망한 경우

④ **동 가치 또는 의무의 형량이 불가능한 경우** 동 가치의 의무나 의무형량이 불가능한 의무가 충돌한 때에도 **위법성조각사유**라는 것이 다수설이다.456) 그러나 의무형량이 불능한 의무충돌은 물론, 동 가치 의무가 충돌한 때에는 **책임조각사유**가 될 뿐이라고 해야 한다.457)

[사례] 물에 빠진 두 아들 중에서 한 아들만 구하거나, 병원에 찾아온 두 환자 중 한 사람만 구한 경우

---

456) 남흥우(8인 공저), 총론, 195면; 김일수, 원론, 612면; 이재상, 총론, 259면; 이형국, 연구Ⅰ, 334면; 단, 같은 가치의 의무가 충돌한 때에는 위법성이 조각되고, 해결할 수 없는 의무가 충돌한 때에는 책임이 조각된 다는 견해도 있다(박재윤, 전게논문, 36면).

457) 차용석, 강의(Ⅰ), 475면; 정성근, 총론, 291면; 손해목, 전게논문(하), 114면; 진계호·이존걸, 총론, 382면.

4. 긴급피난과 의무충돌의 비교

	긴급피난(형법 제22조)	의무충돌(법규 없음)
의의	**긴급피난**이란 자기 또는 타인의 법익에 대한 현재의 위난을 피하기 위한 행위는 상당한 이유가 있는 때에는 벌하지 아니한다. 다만, 긴급피난 행위로부터 생긴 해를 피하려는 해의 정도를 초과하지 않아야 한다. 이것을 긴급피난의 균형성 또는 법익권형(法益權衡)의 원칙이라고 한다. 피난 행위가 필요 이상으로 행해진 경우나, 법익권형의 원칙을 깨뜨린 경우를 과잉피난이라 하여 정상에 따라 그 형이 경감 또는 면제된다.	■ **의무의 충돌**이란 일반적으로 의무자에게 동시에 이행해야 할 둘 또는 그 이상의 법적 의무가 존재하여 의무자가 그중 어느 한 의무를 이행하고 다른 의무를 이행하지 못한 것이 형벌법규에 저촉되는 경우를 말한다. [사례] 아버지가 물에 빠진 두 명의 아들 중에서 한 아이를 구하다가 다른 아이를 물에 빠져 죽게 한 경우 이 경우 행위자가 고가치(高價値)의 의무 또는 동 가치(同價値)의 의무 충돌 중 어느 하나를 이행하게 되면 그 **위법성조각사유**가 아니면 **책임조각사유**가 될 뿐이다(19세기 말 Binding). ■ **긴급피난 유사설** 긴급피난의 일종 내지 특수한 경우이다.[458]
사례	강도의 추적을 피하여 허가 없이 남의 집에 뛰어 들어가는 경우 주거침입죄(형법 제319조)	의사의 긴급환자 치료차 제한속도 위반 때, 구급진료거부금지의무(의료법 제16조)와 제한속도준수의무(도로교통법 제15조)
차이점	① 현재의 위난을 요건으로 한다.	① 반드시 필요치 않는다.
	② 위난의 원인이 문제 되지 않음.	② 법적 의무의 충돌이 필요하다.
	③ 위난을 감수할 수 있다.	③ 의무 이행이 강제된다.
	④ 피난행위는 작위이다.	④ 의무불이행 행위는 부작위이다.
	⑤ 상대적 최소피난의 원칙이나 적합성의 원칙이 적용된다.	⑤ 상대적 의무 원칙이나 적합성이 적용되지 않는다.

Ⅳ. 이익교량의 원리(利益較量의 原理)

민법상 긴급피난(민법 제761조 제2항)	형법상 긴급피난(형법 제22조)
급박한 위난을 피하기 위하여 부득이 타인에게 손해를 가한 경우에는 배상할 책임이 없다.	자기 또는 타인의 법익에 대한 현재의 위난을 피하기 위한 행위는 상당한 이유가 있는 때에는 **벌하지 아니한다**. 다만, 긴급피난 행위로부터 생긴 해(害)를 피하려는 해의 정도를 초과하지 않아야 한다. 이것을 긴급피난의 균형성 또는 법익권형(法益權衡)의 원칙이라고 한다. 피난 행위가 필요 이상으로 행해진 경우나, 법익권형의 원칙을 깨뜨린 경우를 **과잉피난**이라 하여 정상에 따라 그 형이 경감 또는 면제된다.
개가 물어뜯으려고 덤벼들 때에, 부득이 그 개(10만 원)를 죽인 경우	개가 물어뜯으려고 덤벼들 때에, 부득이 그 개(10만 원)를 죽인 경우
■ 위난이 타인의 물건에 의하여 생길 것 ■ 책임을 모면하는 것은, 위험을 생기게 한 물건 그것을 훼손하였을 경우에 한한다.	■ 긴급피난 성립요건 참조
10만 원의 손해배상 책임이 없다.	재물손괴죄(형법 제366조)로 벌하지 않는다.

---

458) 이재상, 총론, 226면; 이형국, 총론, 401면; 정성근, 총론, 288면.

[판례 1] 정박 중 태풍을 만나 공유수면점용허가를 받지 않고 선박을 대피시킨 경우, 선박과 선원들의 안전을 위해 사회통념상 가장 적절하고 필요불가결하다고 인정되는 조치를 취했다면 형법상 긴급피난을 구성한다.[459)

제23조
자구행위

① 법정절차에 의하여 청구권을 보전하기 불능한 경우에 그 청구권의 실행불능 또는 현저한 실행 곤란을 피하기 위한 행위는 상당한 이유가 있는 때에는 벌하지 아니한다.
② 전항의 행위가 그 정도를 초과한 때에는 정황에 의하여 형을 감경 또는 면제할 수 있다.

해설

[의의] 자구행위(自救行爲)란 권리자가 자력에 의해서 침해된 권리를 구제 또는 실현하는 일체의 행위를 말한다. **법정절차**를 밟고서는 청구권을 보전하기 불가능, 실행불능, 현저한 실행곤란을 피하기 위한 행위로서 **상당한 이유**가 있는 한 처벌되지 않는 위법성조각사유의 규정이다.

[사례] 채무를 변재하지 않고 도주하는 채무자를 채권자가 붙잡는 경우

①항: 『자구행위』

자구행위	위법한 침해에 대한 자력보호행위	부정 대 정의
정당방위	위법한 침해에 대한 반격행위	부정 대 정의

---

459) 대판 1987. 1. 20. 85도221.

<table>
<tr><td colspan="3" align="center">긴급행위(緊急行爲)</td></tr>
<tr><td>사전적(事前的)
피해발생예방책</td><td></td><td>사후적(事後的)
권리보전행위</td></tr>
<tr><td>■ 정당방위</td><td></td><td>■ 자구행위</td></tr>
<tr><td>■ 긴급피난</td><td></td><td></td></tr>
</table>

형법	자구행위(제23조)
민법	**[자력구제(제209조)]** 점유자는 그 점유를 부정히 침탈 또는 방해하는 행위에 대하여 자력으로써 이를 방위할 수 있다. 부동산(不動産)일 때는 점유자는 침탈 후 즉시 가해자를 배제하여 이를 탈환할 수 있고, 동산(動産)일 때는 점유자는 현장에서 또는 추적하여 가해자로부터 이를 탈환할 수 있다.
견해	민법상 정당방위·긴급피난·자력구제는 형법상 정당방위·긴급피난·자구행위에 대한 특별규정이다(김일수·서보학, 총론, 276면). 반면 민사책임과 형사책임의 분리 원칙에 따라서 각각 독립적으로 적용된다(임웅, 총론, 239면).

학설

자구행위의 위법성조각근거에 대해서는 견해가 대립된다.

Ⅰ. 자구행위(自救行爲)

1. 자구행위의 법적 성질

(1) **권리보전행위설** 자구행위는 사인(私人)인 권리자가 자기의 권리를 보전하는 수단으로 허용되며, 이는 정당한 이익보호를 위한 적법한 권리행사로 간주된다는 견해이다.[460]

(2) **긴급행위설** 자구행위는 권리나 법익에 대한 불법침해로 인한 법질서의 침해상태를 신속히 보호할 수 없을 때 인정되는 행위로서, 정당방위·긴급피난과 함께 긴급행위로 정당화된다는 견해이다.[461]

(3) **국가권력 대행 행위설** 자구행위는 국가권력의 도움을 얻을 수 없는 예외적인 긴급 상태에서 사인 스스로 자기의 권리를 보전하는 행위로, 일종의 국가권력의 대행 행위라는 차원에서 정당화된다는 **다수설**이다.[462] 자구행

---

460) 황산덕, 총론, 170면.
461) 남흥우, 총론, 128면.

위의 법적 성질은 위법성조각사유의 일반원리인 법질서 수호원칙과 자기
보호원칙에 있다고 할 수 있다.

2. 자구행위의 성립요건

본 죄의 성립요건으로는 '**법정절차에 의하여 청구권을 보전하기 불가능한 경
우일 것**', '**청구권의 실행불능 또는 현저한 실행곤란을 피하기 위한 행위 일
것**', '**상당한 이유**'가 필요하다.

(1) 법정절차에 의하여 청구권을 보전하기 불가능한 경우

① **청구권**(채권적 · 물권적 · 무체재산권 등과 같은 재산적 청구권 외에도 친족권 · 상속권
등의 절대권에서도 발생할 수 있다는 다수설, 다만 보전이 가능한 청구권만 보호대상이
므로 생명 · 신체 · 자유 · 정조 · 명예 등과 같은 것은 범위가 아니다. 따라서 명예훼손
자에 대한 폭행은 자구행위에 해당되지 않는다는 판례다.)이란 타인에게 일정한 작
위 또는 부작위를 요구하는 사법상의 권리를 말한다. 청구권은 자기의 권
리이므로 타인의 청구권을 위한 구제행위는 허용되지 않는다. 다만, 청구
권 실행을 위임받은 자는 자구행위를 할 수 있다(예: 주인이 사환에게 여관비
를 지불치 않고 도망한 손님을 붙들게 하여 금액을 보전하는 경우).

② **청구권에 대한 침해** 침해가 불법한 경우에만 자구행위를 할 수 있다. 절
도 범인이 도주 후 추적을 이탈했거나 수일 후 도품(盜品)을 탈환한 때에
는 과거행위로 자구행위만이 가능하다.

③ **법정절차에 의한 청구권보전의 불가능** 법정절차(경찰 기타 국가기관에 의한 구
제절차도 포함)란 통상 **민사소송법상**의 가압류 · 가처분 등의 보전절차를 말
한다. 자구행위는 법정절차에 의한 청구권보전이 불가능한 긴급 상황에서
만 허용된다. 청구권의 보전이 불가능한 긴급 상황이란 장소 또는 시간관
계로 보아 공적 구제를 강구할 여유가 없거나, 후일 공적 수단에 의해서도
그 실효성이 없는 급박한 사정이 있는 경우를 말한다.

(2) 청구권의 실행불능 · 현저한 실행곤란을 피하기 위한 행위

① **청구권의 실행불능 또는 현저한 실행곤란** 자구행위는 법정절차에 의한 청

---

462) 권문택, 자구행위, 형사법강좌 I, 275면; 이재상, 총론, 236면; 이형국, 연구 I, 349면; 김일수, 원론, 555면.

구권의 보전이 불가능하고, 즉시 자력으로 구제하지 않으면 청구권의 내용을 실현할 수 없는 긴급사정까지 있어야 한다(이중의 긴급성). 이 중 어느 하나라도 가능하면 자구행위는 허용되지 않는다.
② **피하기 위한 행위** 피하기 위한 행위(단순히 입증의 곤란을 피하기 위한 자구행위는 인정되지 않는다. BGHSt, 17, 328)란 공권적 구제가 불가능한 긴급 상황에서 청구권을 보전·구제하기 위해 필요한 조치(예: 재물탈환·손괴·감금·강요·주거침입·저항 등)를 취하는 것을 말한다. 다만 폭행·협박의 부분에는 별도로 폭행죄·협박죄가 성립한다는 견해다.
③ **자구의사** 청구권의 보전 또는 실행이 가능한 것을 알면서 자력을 행사할 때에는 자구행위가 될 수 없으므로 자구의사는 자구행위의 **주관적 정당화 요소**가 된다.

(3) 상당한 이유

상당한 이유란 자구행위가 객관적으로 사회상규에 비추어 당연시되는 것을 말한다. 그 기준은 권리침해행위와 제반사정(예: 행위자의 성질·구제수단의 성질과 순서·구제행위자의 성질·법익의 장소·긴급성의 정도·기타 법질서 전체 입장)**을 고려하여 결정된다. 상당성의 판단기준으로는 다음과 같다.**
① **보충성의 원칙** 청구권의 보전이 불가능한 때만 가능하므로 상대방에게 가장 적은 피해를 주는 방법을 선택해야 한다.
② **균형성의 원칙** 청구권보다 훨씬 큰 손해를 입히는 심한 불균형은 용납되지 않는다. 따라서 재물탈환 시 절도범의 살해는 자구행위가 안 된다.
③ **적합성의 원칙** 자구행위의 수단이 사회 윤리적 견지에서 용인될 수 있는 경우라야 한다. 따라서 권리남용이나 사회윤리에 반할 때는 상당성을 인정치 않는다.

3. 자구행위의 효과

자구행위의 요건을 구비하면 비록 그 행위가 구성요건에 해당돼도 **위법성이 조각**되어 범죄가 성립하지 않는다. 따라서 자구행위는 위법한 행위가 아니므로 정당방위가 성립하지 않는다.

②항: 『과잉자구행위』
　　　자구행위가 상당성을 초과한 경우를 과잉자구행위라고 하는데, 이때는
　　　자구행위가 될 수 없어 위법성이 조각되지 않고 정황에 따라 그 형을
　　　감경 또는 면제할 수 있다.

Ⅱ. 과잉자구행위와 오상자구행위

1. **과잉자구행위**(過剩自救行爲)란 자구행위가 상당성을 초과한 때를 말한다.
[사례] 사기범을 찾아내 감금·폭행 등으로 피해액의 일부를 강취한 행위
과잉자구행위는 상당성을 초과했으므로 위법성이 조각되지 않는다. 다만
정황에 따라 그 형을 감경 또는 면제할 수 있다(제23조 제2항). 그러나 과잉방
위나 과잉피난처럼 형법 제21조 제3항(행위가 야간 기타 불안스러운 상태하에서
공포, 경악, 흥분 또는 당황으로 인한 때에는 벌하지 아니한다.)이 준용되지 않는다.

2. **오상자구행위**(誤想自救行爲)란 자구행위는 객관적 전제상황(보전할 청구권
또는 청구권 보전)을 위한 긴급사정이 객관적으로 존재하지 아니함에도 불구
하고 존재한다고 오인(위법성조각사유의 전제 사실에 관한 착오)하여 자구행위로
나온 경우를 말한다. 그 법적 효과는 **구성요건적 착오**이다. 따라서 **고의가
조각**된다. 이 경우에 과실범이 성립되는 경우에는 과실범이 될 뿐이다(제
한적 책임설).

판례

[판례 1] 채권자의 강제적 채권추심은 자구행위가 아니다.463)
[판례 2] 타인의 공사방해는 자구행위를 구성하지 않는다.464)
[판례 3] 소유권을 내세워 소송계속 중인 건조물의 자물쇠를 쇠톱으로 절단
　　　　　　하고 침입한 행위는 자구행위에 해당하지 않는다.465)

---

463) 대판 1966. 7. 26. 66도469.
464) 대판 1970. 7. 21. 70도996.
465) 대판 1985. 7. 9. 85도707.

[**판례 4**] 물품을 대준 화랑이 대금을 지불하지 않고 문을 닫자 문을 뜯어내고 물건을 꺼내 온 경우, 자구행위가 성립하지 않는다.[466]

제24조
피해자 승낙

처분할 수 있는 자의 승낙에 의하여 그 법익을 훼손한 행위는 법률에 특별한 규정이 없는 한 벌하지 아니한다.

■ 해설

[**의의**] **피해자 승낙**(被害者 承諾)이란 법익 주체가 타인에게 자기의 법익에 의한 침해를 허용하는 것을 피해자 동의(同意)라고 하고, 일정한 요건 아래에서 구성요건해당행위의 위법성을 조각시키는 동의를 피해자의 승낙(承諾)이라 한다. 피해자의 동의에 의한 행위 중 형법상 의미를 갖는 **동의**(同意)가 처음부터 **구성요건을 조각**하는 경우(피해자 양해)와 **위법성만을 조각**하는 경우(피해자 승낙)가 있다.

[**사례**] 헌혈이나 장기이식에 있어서 장기를 제공하는 경우를 들 수 있다.

『**처분할 수 있는 자**』 보호법익의 주체자로서 피해자의 동의자(피해자의 양해자＋피해자의 승낙자)를 말한다. 다만 법률에 특별한 규정으로 되어 있는 자에 대해서는 동의를 득해도 처벌된다. 승낙에 의한 행위 자체가 범죄 구성요건으로 되어 있기 때문에 피해자의 승낙은 위법성을 조각하지 못한다.

『**법익을 훼손한 행위**』 보호법익의 주체자인 동의권자에 반한 행위를 하거나, 법률에 특별한 규정을 위반한 행위를 한 경우를 말한다. 예컨대 양해를 얻지 않고 주거에 들어가는 경우, 형법 제252조 제1항(촉탁·승낙살인), 제269조 제2항(촉탁·

---

466) 대판 1985. 7. 9. 85도707.

승낙낙태)의 경우를 들 수 있다.

『**법률에 특별한 규정**』 승낙에 의한 행위 자체가 범죄 구성요건으로 되어 있는 때에는 피해자의 승낙은 위법성을 조각하지 못한다. 이는 행위의 반윤리성에 의하여 승낙이 제한되는 형법상 특별규정이다. 예컨대 형법 제252조 제1항(촉탁ㆍ승낙살인), 제269조 제2항(촉탁ㆍ승낙낙태) 등의 규정을 말한다.

『**벌하지 아니한다**』 승낙의 성립요건을 구비한 행위는 구성요건에는 해당하나 위법성이 조각되어 범죄가 성립되지 않는다. 따라서 처벌되지도 않는다.

■ 『**피해자 동의**』

① 피해자의 **양해**	피해자의 동의가 **구성요건해당성** 자체를 **조각**하는 경우를 피해자의 **양해**라고 한다. [사례] 주거자의 양해를 얻어 그 주거에 들어가는 행위, 스스로 몸을 바치는 여자와의 성관계는 처음부터 주거침입죄(제319조 제1항)ㆍ절도죄(제329조)ㆍ강간죄(제297조)의 구성요건에 해당하지 않는 경우
② 피해자의 **승낙**	법익의 주체가 타인에게 자기의 법익을 침해할 것을 허용한 경우에는 일정한 요건 아래에서 구성요건해당 행위의 위법성을 조각시키는 동의를 피해자의 **승낙**이라 한다. 일정한 요건하에서 위법성만을 조각시키는 **위법성조각사유**이다. [사례] 처분할 수 있는 자의 승낙에 의하여 그 법익을 훼손한 행위는 법률에 특별한 규정이 없는 한 벌하지 않는다고 하여 위법성조각사유의 하나로 규정함

■ 『**피해자 동의에 대한 형법의 태도**』

범죄성립	[피해자의 동의가 있어도 범죄 성립] ■ 13세 미만의 부녀에 대한 간음ㆍ추행죄(제305조) ■ 피구금부녀에 대한 간음죄(제303조) ■ 촉탁ㆍ승낙에 의한 살인죄(제252조 제1항) ■ 촉탁ㆍ승낙에 의한 낙태죄(제269조 제2항) ■ 업무상낙태죄(제270조 제1항)
형의 감경	[개인적 법익과 공공적 법익을 동시에 보호해야 하는 때에는 피해자의 동의가 구성요건에 해당하나, 형의 감경] ■ 보통살인죄에 대한 촉탁ㆍ승낙살인죄(제252조 제1항) ■ 일반건조물방화죄에 대한 자기소유일반건조물방화죄(제166조 제1항) ■ 일반물건방화죄에 대한 자기소유일반물건방화죄(제167조 제2항) ■ (촉탁ㆍ승낙에 의한 낙태죄, 업무상낙태죄)부동의낙태죄에 대한 동의낙태죄(제366조) ■ 살인죄에 대한 자살교사ㆍ방조죄(제252조 제2항)
구성요건 해당성 조각	[개인적 법익인 구성요건에서의 원칙] ■ 주거침입죄(제319조)　　■ 비밀침해죄(제316조) ■ 절도죄(제329조)　　■ 횡령죄(제355조 제1항) ■ 재물손괴죄(제366조)
위법성조각	■ 피해자의 승낙에 의한 행위(제24조)

Ⅰ. 양해(諒解)

양해의 성격 내지 형법상의 취급을 두고 견해가 대립된다.

1. 의의 피해자의 동의가 구성요건해당성 자체를 조각하는 경우를 양해라 한다.

2. 양해에 대한 법적 성질

(1) **사실성질설** 양해(내적 의사로 족함)는 순수하게 사실적 성격을 갖는다. 따라서 피해자(행위능력이나 판단능력은 요하지 않는다.)는 자연적 의사능력만으로 양해가 가능하고, 행위자는 이를 인식할 필요가 없다. 따라서 의심스러운 동작을 양해한 정신병자인 여인을 납치한 것은 피랍자의 의사에 반하는 납치죄에 해당되지 않는다고 판시하고 있다.[467]

(2) **개별검토설** 다수설로, 양해의 의미와 목적에 따라 개개의 구성요건의 내용과 보호법익을 고려하여 개별적으로 양해의 성질을 판단해야 한다.[468] 이에 의하면 구성요건이 자연적 행동·의사결정의 자유·사실상의 지배관계의 침해 때는 피해자에게 자연적 의사능력만 필요하고(예: 강간·주거안정·점유 등은 양해가 외부에 표시되거나 행위자가 인식 불요), 그 밖의 경우엔 피해자에게 자연적 통찰력·판단능력 또는 법률행위능력이 있어야 유효한 양해다(예: 의료적 침해·모욕 등은 양해가 외부에 표시되거나 행위자가 인식해야 한다.).

---

467) BGHSt 23, 1(3).

468) 이형국, 연구Ⅰ, 359면; 이재상, 총론, 270면; 정성근, 총론, 308면; 심헌섭, 양해·승낙·추정적 승낙, 고시계, 1977. 2. 81면.

3. 양해의 유효요건

(1) 법익을 임의로 처분할 수 있는 자일 것

① 자유와 관련된 죄(강간죄·감금죄)와 재물지배와 관련된 죄(절도죄) 등에는 양해자에게 자연적 의사능력만으로 족하다. 행위능력·판단능력과 관련된 죄(모욕죄·주거침입죄)는 양해자에게 양해가 유효하다.

② 외부적 명예, 주거평온은 개인 의사로 좌우될 법익에 그치지 않고 공동체의 이익과도 관련되어 침해에 대한 규범적인 의미 인식이 필요하다.

(2) 법익침해에 대한 동의이며, 행위자는 양해사실을 인식할 것

① 강간죄·감금죄·절도죄 등에는 묵시의 동의도 족하다.

   [사례] 지갑에서 현금을 꺼내 가는 것을 현장에서 목격하고도 만류치 않은 것은 묵시적 의사가 있다고 하여 절도죄의 성립을 부인하였다.

② 모욕죄·주거침입죄·배임죄 등에 있어서는 행위자에게 양해가 있다는 사실에 대한 인식을 필요로 한다.

(3) 양해의 시기는 행위 시에 있을 것

4. 양해의 효과

이상의 요건을 구비한 양해는 **구성요건해당성**이 배제된다. 이 점에서 위법성조각사유인 승낙과 구별된다. 행위자에게 양해가 있다는 객관적 사실에 대한 인식이 결여된 때는 결과발생이 있더라도 불능미수(제27조)로 취급된다. 또한 양해가 없음에도 있는 것으로 오신한 때는 구성요건적 착오로 고의가 조각된다.

Ⅱ. 승낙(承諾)

위법성조각의 근거를 두고 견해가 대립된다.

1. 의의 법익 주체가 타인에게 자기의 법익을 침해할 것을 허용한 경우에는

일정한 요건하에서 구성요건해당행위의 위법성을 조각시키는 동의를 피해자의 승낙이라고 한다.

2. 승낙에 대한 법적 성질(승낙의 위법성조각의 근거)

(1) **법률행위설** 피해자의 승낙은 일종의 법률행위이다. 따라서 피해자의 승낙은 행위자에게 침해의 권리를 부여하고, 그 권리의 실행이 불법일 수는 없으므로 위법성을 조각한다는 견해이다.[469]

(2) **이익포기설** 피해자의 승낙을 이익포기의 징표로 보고 처분권을 가진 피해자가 보호받는 이익을 스스로 포기한 때에는 사회가 개입할 여지가 없다는 독일의 다수설·판례[470]이다.

(3) **법률정책설** 개인의 방해받지 않는 권리의 행사는 자유주의적 법치국가에 있어서 사회적 가치로 인정되어야 하므로 법익의 보호에 대한 사회적 이익과 **개인의 자유**를 교량(이익교량설)하여 후자가 중요하다고 인정될 때에는 그 침해에 대하여 피해자의 승낙이 있으면 **위법성이 조각**된다는 견해로 우리나라의 다수설이다.[471]

(4) **사회상당성설** 피해자의 승낙이 법질서 전체의 정신이나 그 기저를 이루고 있는 사회윤리에 비추어 상당한 행위(사회상당설)라고 용인될 수 있기 때문에 **위법성이 조각**된다는 견해이다.[472]

3. 승낙의 성립요건

(1) **법익을 처분할 수 있는 자의 유효한 승낙이 있을 것**

① 피해자의 승낙자는 원칙적으로 법익의 주체인 처분권자인 피해자이고, 법정대리인도 가능하다.

② 피해자의 승낙능력은 피해자의 법익의 의미와 그 침해의 결과를 인식하고 이성적으로 판단할 수 있는 자연적 통찰능력과 판단능력(민법상 행위능력과 구별)이다. 형법은 독자적으로 기준을 제시하고 있다.

---

469) Zitelmann, "Ausschluβ der Widerrchtlichkeit", AcP, 99, 1906.

470) BGHSt 17, 359(360).

471) 이재상, 총론, 273면; 정성근·박광민, 총론, 279면; 안동준, 총론, 128면; 임웅, 총론, 252면; 신동운, 총론, 295면; 이형국, 총론, 201면; 최우찬, "피해의 승낙", 고시계, 1999. 10, 112면; 진계호·이존걸, 총론, 396면.

472) 정영일, 총론, 267면; 황산덕, 총론, 176면; 박동희, 총론, 116면; 권문택, 피해자의 승낙, 새법정, 1974. 2. 19면.

[예: 미성년자의 간음죄(제305조)에서 13세 미만, 아동혹사죄(제274조)에서 16
세 미만, 약취유인죄(제287조)에서 미성년 등이다.]

③ 승낙의 유효성은 자유의사에 의한 진지하고 유효한 승낙이어야 한
다. 하자 있는 승낙(농담 · 기망 · 착오 · 폭행 · 협박 · 강제 등)과 흠결상
태의 승낙은 유효하지 않는다.

④ 승낙의 표시방법은 민법상의 법률행위에 의한 의사표시와 같은 외
부적 표시를 필요로 하지 않으나, 어떤 방법으로든지 승낙이 있다
는 것을 최소한 인식(명시든 묵시든)할 수 있도록 표시하면 족하다(절
충설).473)

⑤ 승낙의 시기는 법익침해 전에 있어야 한다. 사후 승낙은 위법성이
조각되지 않는다.

⑥ 승낙의 대상법익으로는 개인적 법익에 한한다. 다만, 생명[예: 살인에
대한 승낙은 위법성조각은커녕 승낙에 의한 살인죄(제252조)와 신체(예: 보험사
기를 위한 상해와 같이 사회상규나 윤리적으로 제약을 받음)]에 대한 것은
법익으로 처분될 수 없다.

(2) 승낙에 의한 행위는 사회상규에 위배되지 않을 것

① 사회상규(제20조)가 당연히 요구되는 요건이다. 따라서 위법성이 조
각되는 피해자의 승낙이라 하기 위해서는 처분할 수 있는 사람의
승낙뿐만 아니라 그 승낙이 윤리적 · 도덕적으로 사회상규에 반하
는 것(예: 채권자가 채무불이행의 대신으로 채무자의 신체를 상해한 경우)이
아니어야 한다.474)

② 승낙에 의한 행위여야 하는데, 승낙에 의한 행위(승낙의 범위 안에서
행할 것)란 피해자의 승낙이 있었다는 사실을 인식(주관적 정당화 요
소)하면서 행하는 것을 말한다.

③ 승낙이 있었으나 행위자가 인식하지 못한 행위 때는 결과불법은 탈
락하지만 행위불법은 남아 있어 불능미수가 될 뿐 위법성이 조각되
지 않는다.

---

473) 이형국, 총론, 202면; 정성근 · 박광민, 총론, 280면; 김일수 · 서보학, 총론, 260면; 이재상, 총론, 270면;
박상기, 총론, 209면; 배종대, 총론, 345면.

474) 대판 1986. 12. 10. 85도1892.

④ 승낙이 없었으나 승낙이 있는 것으로 오인한 오상피해의 승낙은 위
법성조각사유의 객관적 전제사실에 관한 착오의 문제가 된다.

(3) 법률에 특별한 규정이 없을 것(형법상의 특별규정에 의한 제한의 예)

① 승낙에 의한 행위 자체가 범죄의 구성요건으로 되어 있을 때에는
피해자의 승낙은 위법성을 조각하지 못한다[예: 촉탁·승낙살인(제252
조 제1항), 촉탁·승낙낙태(제269조 제2항) 등].

② 병역의무를 기피하거나 감면받을 목적으로 한 신체훼손(병역법 제86
조), 근무를 기피할 목적으로 한 신체상해(군형법 제41조) 등이 있다.

4. 승낙의 효과

이상의 요건을 구비한 승낙은 구성요건에는 해당하나 위법성이 조각되어 범
죄가 성립되지 않고 처벌되지 않는다.

Ⅲ. 추정적 승낙(推定的承諾)

1. **의의** 부재중인 옆집의 화재를 소화하기 위해 대문을 파괴하고 침입하는
경우처럼, 현실적으로는 피해자의 승낙이 없었더라도 행위 당시에 모든
객관적 사정에 비추어 피해자나 승낙권자가 행위의 내용을 알았거나, 승
낙을 하는 것이 가능했을 거라고 기대되는 경우를 말한다.

피해자 승낙	적법	침해행위 당시에 현실적인 승낙이 있음
추정적 승낙	적법	침해행위 당시에 현실적인 승낙이 없음

피해자양해	피해자의 동의가 없으면 가벌적 범죄행위이다. 본 행위는 일반적·추상적 판단만으로도 범죄성이 부정될 수 있고, 형법적 평가 이전의 정상적인 사회질서의 범주로 인정되어 처음부터 **구성요건해당성** 자체가 부정된다.
추정적 승낙	피해자의 동의가 없으면 가벌적 범죄행위이다. 본 행위는 승낙의 근거·내용·승낙에 의한 행위 등을 구체적·실질적 판단까지 함으로써 비로소 그 허용 여부가 결정되기 때문에 구성요건에는 해당하나 **위법성이 조각**될 뿐이다.

2. 추정적 승낙의 법적 성질

(1) 긴급피난설 피해자에게 발생되는 이익충돌에 중점을 두어 추정적 승낙을 긴급피난의 일종으로 보는 견해이다.[475]

(2) 사무관리설 추정적 승낙은 피해자의 이익을 위한 것이므로 민법상의 사무관리 규정에 의하여 위법성이 조각된다는 견해이다.[476]

(3) 승낙대용물설 추정적 승낙은 행위자가 피해자의 가상적 의사에 따라서 행동하는 경우이므로 현실적인 승낙이 있는 경우와 같이 취급되는 승낙의 대용물이라는 견해이다.[477]

(4) 독자적 위법성조각사유설 추정적 승낙은 피해자의 승낙 가능성과 연결되면서 긴급피난과 피해자의 승낙의 중간에 위치하는 독자적 구조를 가진 **위법성조각사유**라는 **통설적** 견해로 가장 타당하다고 생각된다.[478]

(5) 사회상당성설 추정적 승낙에 의한 행위는 사회생활상의 상당한 행위로서 사회상규에 반하지 않는 정당행위이기 때문에 **위법성이 조각된다**는 견해이다.[479]

3. 추정적 승낙의 유형

(1) 피해자의 이익으로 추정되는 경우 행위자가 피해자의 높은 기치의 이익을 구조하기 위하여 낮은 가치의 이익을 침해하는 경우이다(예: 부재중인 이웃 집에 들어가 넘쳐흐르는 수돗물을 단속해 주는 경우).

(2) 행위자나 제3자의 이익을 위한 경우 행위자가 자기나 제3자의 이익을 위하여 행위를 하였지만 피해자의 승낙이 추정되는 경우이다(예: 친구 집에 방문하여 기다리던 중 탁자 위에 있는 담배를 피운 경우).

---

475) Bockelmann, AT, S. 105f; Welzel, Strafrecht, S. 92.

476) Baumann, AT, S. 339f; Hippel, Deutsches Strafrechll, S. 249; Noll, AT, S. 119.

477) Blei, AT, S. 127; Schönke/Schröder/Lenckner, StGB, § § 32ff. Rdn. 56.

478) 이형국, 총론, 205면; 이재상, 총론, 272면; 정성근 · 박광민, 총론, 285면; 임웅, 총론, 236면; 안동준, 총론, 132면; 심헌섭, "양해 · 승낙 · 추정적 승낙", 91면; 진계호 · 이존걸, 총론, 402면.

479) 김일수, 총론, 315면; 이기헌, "추정적 승낙", 형사판례연구(6), 1998. 123면.

4. 추정적 승낙의 성립요건

(1) 피해자의 승낙과 공통되는 요건

① 피해자가 해당 법익을 처분할 능력(자연적 의사능력, 판단능력)이 있어야
한다.

② 대상법익은 개인이 처분 가능할 수 있어야 한다. 따라서 추정적 승낙도
개인적 법익에 한하여 허용된다.

③ 승낙의 추정은 행위 시에 있어야 한다. 추후의 승낙을 기대하고 행위를
하는 것만 가지고는 불충분하다.

④ 추정적 승낙에 의한 행위는 사회 윤리적으로 용납될 수 없거나 법령에 저
촉되는 것이어서는 안 된다.

(2) 추정적 승낙에 특유한 요건

① 추정적 승낙은 현실의 승낙을 얻는 것이 불가능(극복할 수 없는 장애로 피해자
의 승낙을 제때에 얻을 수 없는 상황)할 것

② 추정적 승낙은 행위 당시의 객관적 정황으로 보아 피해자가 이 사실을 알
았다면 틀림없이 승낙할 것으로 기대되는 경우일 것

③ 행위자는 피해자의 승낙을 추정함에 있어서 자기의 행위가 피해자의 진의
에 반하였는지의 여부에 대해 모든 정황을 고려한 양심적 심사(주관적 정당
화 요소)를 한 후에 이에 근거하여 행동할 것

④ 피해자가 반대의사를 명백히 한 이상 추정은 불가능할 것[480]

5. 추정적 승낙의 효과

(1) **위법성조각** 이상의 요건을 구비한 추정적 승낙은 형법 제20조의 사회상
규에 위배되지 아니하는 행위로서 **위법성이 조각**되어 범죄로 되지 아니
한다. 구성요건해당성을 배제하는 양해는 반드시 현실적으로 존재해야 하
며 추정될 수 있는 것만으로는 부족하기 때문에 추정적 양해는 인정되지
않는다.[481] 따라서 절도죄 · 주거침입죄 · 강도죄 등에서 추정적 승낙만으

---

480) 이재상, 총론, 274면; 배종대, 총론, 349면; 오영근, 총론, 430면; 이형국, 총론, 207면; 임웅, 총론, 259
면; 심헌섭, "양해 · 승낙 · 추정적 승낙", 92면.

로 양해의 효과를 인정할 수는 없다.

(2) 추정적 승낙의 착오

추정적 승낙의 착오란 행위자의 주관적 판단과 객관적인 상황이 부합되지 않는 경우를 말한다.

① 추정적 승낙의 요건을 구비된 것으로 오인하고 행위를 한 때는 오상 추정적 승낙으로서 위법성조각사유의 전제사실에 대한 착오의 문제가 된다. 그 법적 효과는 구성요건적 착오를 유추 적용하여 고의를 조각하고 과실범의 처벌문제만 남는다(제한적 책임설).

② 추정적 승낙의 요건이 구비되었는데 행위자가 신중히 검토하지 아니하여 그 상황을 인식하지 못하고 행위를 한 경우는 행위자에게 행위불법은 인정되지만 결과불법은 인정되지 않기 때문에 불능미수가 된다.

판례

[판례 1] 위법성이 조각되는 피해자의 승낙은, 개인적 법익을 훼손하는 경우에 법률상 이를 처분할 수 있는 사람의 승낙을 말할 뿐만 아니라 그 승낙이 윤리적·도덕적으로 사회상규에 반하는 것이 아니어야 한다.[482]

[판례 2] 강간치상죄는 강간죄와 마찬가지로 폭행 또는 협박으로 부녀자를 강간하려 한 때에 성립하는 고의범으로서 피해자가 성교행위를 승낙하고 있는 때에는 구성요건해당성이 없어 범죄가 성립할 수 없음은 물론, 피해자가 겉으로는 승낙하지 않고 있다고 하더라도 내심의 진의는 승낙하고 있는 것이라고 행위자가 오신하여 성교를 하려고 한 과정에서 입힌 때에도 강간치상죄의 고의는 조각되므로 같은 죄로 처벌할 수 없다.[483]

[판례 3] 산부인과 전문의 수련과정 2년 차인 의사가 자신의 시진·촉진결과

---

481) 배종대, 총론, 334면; 이형국, 총론, 207면; 임웅, 총론, 238면; 정성근·박광민, 총론, 287면; 반대설로는 오영근, 총론, 432면.

482) 대판 1985. 12. 10. 85도1892.

483) 부산고법 1991. 8. 20. 91고합1291.

등을 과신한 나머지 초음파검사 등 피해자의 병증이 자궁 외 임신인
지, 자궁근종인지를 판별하기 위한 정밀한 진단방법을 실시하지 아
니한 채 피해자의 병명을 자궁근종으로 오진하고 이에 근거하여 의학
에 대한 전문지식이 없는 피해자에게 자궁적출술의 불가피성만을
강조하였을 뿐 위와 같은 진단상의 과오가 없으면 당연히 설명받았을
자궁 외 임신에 관한 내용을 설명받지 못한 피해자로부터 수술승낙을
받았다면 위 승낙은 부정확 또는 불충분한 설명을 근거로 이루어진 것
으로서 수술의 위법성을 조각할 유효한 승낙이라고 볼 수 없다.[484]

[판례 4] 폭행에 의하여 사람을 사망에 이르게 하는 따위의 일에 있어서 피
해자의 승낙은 범죄성립에 아무런 장애가 될 수 없는 윤리적 · 도덕
적으로 허용될 수 없는, 즉 사회상규에 반하는 것이라고 할 것이므
로 피고인들의 행위가 피해자의 승낙에 의하여 위법성이 조각된다
는 상고논지는 받아들일 수가 없다.[485]

[판례 5] 종친회의 결의서의 피위조명의자 중 피고인의 형제 2명이 승낙한
경우 피고인의 아들이나 위 형제들의 아들들에 대해 추정적 승낙을
인정할 여지가 있다.[486]

[판례 6] 다른 주주들의 인장이 대표이사에게 보관되어 회사운영이 대표이사
에게 위임되어 있는 경우 업체분리를 위한 형식상의 광산매각에 관한
주주총회결의에 관해 다른 주주들의 추정적 승낙이 있다고 보았다.[487]

[판례 7] 사립학교법인이 사채 등의 원리금 상환을 위해 봉급명세서 등을 2
중으로 작성한 경우 명의자들의 추정적 승낙이 있었던 때에 해당하
지 않는다.[488]

[판례 8] 건물소유주라고 주장하는 피고인과 그것을 점유 관리하는 피해자
사이에 소유권 분쟁이 계속되고 있는 경우라면 피고인의 건물침입
에 대한 피해자의 추정적 승낙을 인정할 수 없다.[489]

---

484) 대판 1993. 7. 27. 92도2345.
485) 대판 1985. 12. 10. 85도1892.
486) 대판 1993. 3. 9. 92도3101.
487) 대판 1979. 9. 25. 79도1300.
488) 대판 1993. 7. 27. 92도2160.

5. 책임 일반론(責任 一般論)

(1) 서설(序說)

1) **책임의 의의** 형법상 책임이란 구성요건에 해당하는 위법한 행위를 한 자에 대하여 가해지는 비난 가능성을 말한다. 어떤 행위가 구성요건에 해당하고 위법성을 가진 때에도 그 사실에 대해 형법상 책임(행위자의 비난 가능성)이 없을 때에는 범죄가 성립하지 않는다. 따라서 행위자의 책임문제는 행위의 위법성이 확정된 후에 제기되는 문제이다.

위법성	행위가 법질서의 당위규범(**금지규범 또는 명령규범**)에 배치되었을 때 내려지는 객관적 판단으로서 **행위자의 개인적 특수성을 고려하지 않는다.**
책임성	법질서가 요구하는 심적 태도에 배치되는 행위자의 심정이 행위에 드러났을 때 내려지는 행위자에 대한 주관적 판단으로서 **행위자의 개인적 특수성이 고려된다.**
위법성과 책임관계	위법성이 일반적인 당위(Sollen)를 문제 삼는 것이라면, 책임은 행위자가 다르게 행위를 할 수 있었다고 하는 개인적인 기능(Können)을 문제 삼는 것이라고 할 수 있다.490)

2) 책임의 기초

① **법적 책임** 형법상 책임은 법규범과 관련된 법적 책임(광의의 도덕적·윤리적 책임은 포함하지 않으며, 형사책임은 법적 기준에 의해 판단되고 법원의 법적 절차에 따라 확정된다.)이다. 따라서 윤리적·도덕적 신념 때문에 법에 반함을 알면서도 그러한 행위를 해야 할 권리 또는 의무가 있다고 믿고 행위를 한 확신범(確信犯)도 형사책임을 인정하기 때문이다.491)

② **개별적 행위책임** 책임의 기초를 **인격책임**492)과 **개별적인 행위책임**493)이라는 설로 대립된다. 전설(前說)은 행위자를 비난하기 위해서는 그 성격 또는 인격도 고려해야 한다는 이유이다. 후설(後說)의 경우에는 형법은 **행위형법**이지 행위자형법이 아니다. 즉 책임비난의 대상이 되

---

489) 대판 1989. 9. 12. 89도889.

490) 임웅, 총론, 242면.

491) 이재상, 총론, 294면.

492) 황산덕, 총론, 181면 이하(행위는 행위자의 인격의 일면이며, 인격의 전체 구조와 관련되어 있는 것만은 사실인데, 누범·금지착오에서의 정당한 이유의 판단이나 양형 등에 행위자의 인격이 중요한 의미를 가지며, 특히 성격의 소치로 상습범이 된 경우에 형이 가중되는 것도 이 때문이다.).

493) 책임을 인격책임으로 이해하면 행위자로서는 어쩔 수 없는 인격형성도 책임의 대상에 포함되어 위험성이 책임에 포함되는 결과가 되고, 현재의 형사소송절차에서는 이러한 인격은 확정될 수 없다. 그러므로 책임의 기초는 어디까지나 개별적인 행위책임이지 인격책임이 아니라고 해야 한다(진계호·이존걸, 총론, 409면; Eser, *Strafrecht Ⅰ*, S. 142; Schönke/Schröder/Lenckner, *StGB*, Vor § 13. Rdn. 106).

는 **불법**(비난받을 만한 행위자의 인격으로 인한 것이 아니다.)은 어떤 특정한 법질서에 의해서 금지된 작위나 명령에 반하는 부작위로 인해 성립되기 때문이다.

3) 책임주의

① **의의** 책임주의란 책임 없으면 형벌도 과할 수 없고, 형벌을 과하는 경우에도 형벌의 종류와 정도는 책임에 상응해야 한다는 원칙을 말한다.[494] “책임 없으면 형벌 없다.”(nulla poena sine culpa)라는 표어로 이해되는 근대형법상의 기본원칙이기도 하지만, 오늘날에는 헌법상 원칙으로 간주되기도 한다.[495] 책임 이외의 특정목적을 위한 처벌은 인간의 존엄과 가치를 규정한 헌법 제10조나 법치국가원리에 반하기 때문이다.[496]

② **책임주의 내용**

㉠ **형벌근거책임** 책임주의는 책임(결과책임 · 우연책임 · 연대책임 · 연좌책임은 불인정) 없으면 형벌을 과할 수 없다는 원칙이다. 책임능력이 있는 자만이 규범의 금지 · 명령에 따라 행위를 할 수 있기 때문에 행위 시에 책임능력이 존재해야 한다(행위와 책임의 동시존재).

㉡ **양형책임** 책임주의는 책임 없으면 형벌도 없다는 의미 이외에 형벌을 과하는 경우에도 “형벌의 종류와 정도는 책임(양형에도 일반적인 기준이 된다.)에 상응해야 한다.”는 요청도 포함하고 있다. 따라서 불법이 있더라도 책임 없는 행위자를 처벌해서는 안 되며, 책임이 불법의 정도에 못 미칠 때에는 책임한도 내에서 처벌해야 한다(불법과 책임의 일치).

㉢ **책임의 한계** 책임의 완전한 인식이 불가능하다. 이 외에도 형법상 결과책임의 잔재(예: 상해죄의 동시범의 특례, 인식 없는 과실, 결과적 가중범, 양형에서 결과의 고려, 책임 없는 자에 대한 보안처분 등)가 아직도 존재하고 있다는 점이다.

---

494) 배종대, 총론, 366면(책임주의에 대신하여 비례성원칙을 제시함).

495) 신치재, “책임과 기대가능성”, 현대의 형사법학, 1990, 409면.

496) 신동운, 총론, 322면; 김일수 · 서보학, 총론, 82면.

(2) 책임의 근본이론

책임의 근거에 관해 '자유의사'497)와 관련하여 견해가 대립되고 있다.

  1) 책임의 근거

   ① **도의적 책임론** 책임의 근거를 자유의사에 두고, 책임은 자유의사를
      가진 자가 자유로운 의사에 의하여 적법한 행위를 할 수 있었음에
      도 불구하고 위법한 행위를 하였기 때문에 행위자에게 가해지는
      윤리적 · 도덕적 비난이라는 견해이다.

책임의 근거	
㉠ 비결정론	범죄는 인간의 자유의사의 산물이다.
㉡ 의사책임론	자유의사를 기초로 한다.
㉢ 행위책임론	개개의 위법행위에 따라 책임을 문제로 삼는다.

      책임의 근거에 의하면 책임무능력자(자유의사가 없는 자)는 범죄무능
      력자가 되어 형벌을 과할 수 없기 때문에 책임능력(범죄능력을 의미)
      은 형벌(일반인에게 과함)과 보안처분(책임무능력자에게 과함)에서 질적
      으로 구별된다(이원설). 책임은 행위에 표현된 범위 내에서만 문제
      가 된다. 그러므로 범죄와 형벌 간에는 비례적 균형이 이루어져야
      한다. 구파(고전학파)는 자유의사를 전제로 한 책임론으로서 행위자
      보다 행위에 중점을 둔다(객관주의 책임론). 그리고 형벌은 응보형주
      의 책임론(도의적 관념에 기한 응보로 이해함)이다.

   ② **사회적 책임론** 도의적 책임론이 책임의 근거를 '자유의사'에 두는
      것은 주관적 환상에 불과하다고 비판하면서 범죄는 어디까지나 소
      질과 환경에 의해 필연적으로 결정된 행위자의 사회적 위험성이
      있는 성격의 소산이므로 책임의 근거는 사회적으로 위험한 행위자
      의 반사회적 성격에 있다는 견해이다.

책임의 근거	
㉠ 성격책임론	책임의 근거를 개개의 행위가 아닌 반사회적 성격에 둔다.
㉡ 행위자책임론	사회적으로 위험한 성격의 행위자에게만 책임을 문제 삼는다.

---

497) 대판 1968. 4. 30. 68도400("형법 제10조에서 말하는 사물을 변별할 능력 또는 의사를 결정할 능력은 자
    유의사를 전제로 한 의사결정의 능력에 관한 것"이라고 판시함으로써 자유의사를 간접적으로 긍정하고 있다.).

책임의 근거에 의하면 사회적으로 위험한 성격은 책임능력자이건 · 책임무능력자이건 다 같이 가질 수 있다. 그러므로 책임무능력자도 사회방위처분으로써 보안처분을 피할 수 없다. 그리고 책임능력은 사회방위처분인 점에서 성질상 차이가 없다(일원설). 또한 책임은 반사회적 성격을 대상으로 하여 논하므로 범죄와 형벌 간의 균형이 요구되지 않고, 행위자의 반사회성에 대응한 형벌의 개별화가 요청된다. 신파(근대학파)는 사회방위의 견지에서 행위보다 행위자를 중시한다(주관주의 책임론). 그리고 형벌은 목적형주의의 책임론(사회방위의 목적 달성을 위한 수단으로 이해함)이다.

③ **인격적 책임론** 인간은 소질과 환경의 영향을 받으면서도 어느 정도 이를 지배할 수 있는 주체적 존재로 이해하여 구체적인 행위와 그 행위의 배후에 잠재되어 있는 행위자의 인격형성 내지 생활결정에 책임의 근거가 있다는 견해이다.[498] 이에 의하면 책임판단의 제1차적인 대상은 행위이지만, 행위는 주체성을 가진 행위자의 인격의 현실화이므로 제2차적으로 인격형성 과정을 조사하여 인격형성책임을 인정해야 한다는 것이다.

④ **결어** 책임이 인간의 자유의사(존재론적 의미가 아닌 규범적 의미로 판단해야 한다.)를 전제로 한다는 것은 기본적으로 타당해야 한다. 따라서 형사책임에 있어서의 자유의사는 소질과 환경에 제약을 받지만, 사회 윤리적 규범과 가치 관념에 따라 결단을 내릴 수 있는 자기결정능력을 의미한다. 그리고 책임은 이러한 상대적 자유의사를 근거로 하여 인정된다고 할 수 있다(상대적 자유의사론).[499]

---

498) 박정근, 인격책임의 신이론, 1986, 61면 이하; Mezger, *studienbucb*, S. 181; Bockelmann, *Studien zum Täterstrafrecbt*, 2 Teil, 1940, S. 153.

499) 이형국, 총론, 214면; 임웅, 총론, 249면; 정성근 · 박광민, 총론, 299면; 배종대, 총론, 370면; 이재상, 총론, 292면; 손해목, 총론, 586면; 진계호 · 이존걸, 총론, 412면.

2) 책임의 본질

책임의 본질에 대해서는 책임요소가 무엇인가에 대해 견해가 대립되고 있다.

① **심리적 책임론** 심리적 책임론은 모든 객관적·외적 요소는 위법성에 속하고 주관적·내적 요소는 책임에 속한다. 그리고 책임은 결과에 대한 행위자의 심리적 관계로 보아 심리적 사실인 **고의 또는 과실만** 있으면 책임이 있다는 종래 견해이다.[500] 이에 의하면 고의 또는 과실이 **책임형식**이 되고, **책임능력**은 범행에 대한 심리적 관계가 아니므로 책임조건일 뿐 책임의 구성부분이 아니라고 한다.

② **규범적 책임론** 규범적 책임론은 책임을 사실관계로 보지 않고 평가적 가치관계로 이해하여, 구체적 사정 아래에서 행위자가 적법행위를 할 수 있었음에도 그렇게 하지 않았을 때 비난이 가능하다.

그러므로 **적법행위의 기대 가능성**이 책임의 본질이 된다는 견해로 오늘날 통설적 지위를 차지하고 있다. 프랑크(Frank)가 주장하고 골드슈미트(Goldschmidt), 마이어(M. E. Mayer), 프로이덴탈(Freudental), 슈미트(E. Schmid) 등에 의해 발전되었다.

<table>
<tr><td colspan="2" align="center">책임의 구성요소에 대한 견해</td></tr>
<tr><td>㉠ 복합적 책임개념설</td><td>고의설: 심리적 요소로서 고의·과실과 규범적·평가적 요소인 책임능력 및 책임조각사유의 부존재로서의 기대 가능성이 책임요소가 되고, 다만 위법성의 인식은 책임고의의 한 요소로 이해되었다. 프랑크에 의해 주장된 규범적 책임론의 초기의 견해이다.[501]</td></tr>
<tr><td>㉡ 순수한 규범적 책임개념설</td><td>책임설: 고의와 위법성의 인식을 분리한다. 후자를 독자적인 책임표지로 재구성함으로써 책임능력, 위법성의 인식, 기대 가능성만이 책임요소가 된다는 견해이다.[502]</td></tr>
<tr><td>㉢ 신복합적 책임개념설</td><td>다수설: 책임능력, 위법성의 인식, 심정반가치라는 책임형식으로서의 고의·과실, 기대 가능성(면책사유의 부존재)이 책임요소가 된다는 견해이다.[503]</td></tr>
</table>

③ **예방적 책임론** 예방적 책임론이란 규범적 책임론이 주장하는 비난 가능성이라는 책임개념은 형벌의 전제로서 필요조건에 불과하다. 그리고 처벌의 필요성 여부에 대해서는 아무런 근거를 제시하지

---

[500] Buri와 Liszt, 특히 Liszt의 영향에 의한 것으로 평가되고 있다(Vgl. Achenbach, bistoris).

[501] Frank, Auflbau des Schulbegriff, 1907, S. 11f.

[502] 황산덕, 총론, 187면; 이건호, 개론, 138면; 정성근·박광민, 총론, 304면; 성시탁, "책임론의 발전과 고의", 단국대 논문집 4집, 1970, 139면 이하.

[503] 이재상, 총론, 296면; 김일수·서보학, 총론, 373면; 이형국, 총론, 211면; 배종대, 총론, 338면; 박상기, 총론, 203면; 안동준, 총론, 147면; 진계호·이존걸, 총론, 414면.

못한다. 그러므로 책임의 내용을 형벌의 예방목적에 의하여 보충하거나 대체해야 한다는 견해(책임을 형벌의 목적을 달성키 위한 수단으로 파악하므로 기능적 책임 개념이다.)이다.

이 견해는 **형법**과 **형사정책**의 관계를 혼동함으로써 **일반예방**에 대한 관계에서 책임주의가 가지고 있는 제한적 기능을 무의미하게 만들 위험성이 있다. 또 형벌과 보안처분, 형벌과 기타 제재의 차이점을 흐리게 하여 급기야는 형벌 자체의 존재를 부인하게 된다. 그리고 무엇이 질서에 대한 신뢰를 안정시키는가에 대한 **명확한 기준**이 없다. 그러므로 **책임개념을 입법자나 법관의 재량**에 맡겨 범죄의 성립 여부를 불명확하게 한다.[504]

(3) 책임능력

1) 책임능력의 의의와 본질

① **책임능력의 의의** 책임능력이란 행위자가 스스로 사물을 변별하고 의사를 결정할 수 있는 능력을 말한다. 그러므로 책임능력에는 사물변별능력(지적요소: 자기가 하고자 하는 행위가 어떠한 의미를 가지고 있는가를 통찰할 수 있는 능력)과 의사결정능력(의적요소: 통찰에 맞추어 자기의 의사를 결정할 수 있는 능력)이 포함된다.

오늘날 규범적 책임론에 의하면 책임은 구성요건에 해당하고, 위법한 행위를 한 자에 대해 그와는 달리 적법하게 행위를 하는 쪽으로 의사를 결정할 수 있었다는 비난 가능성에 책임비난의 근거가 있다.

형법은 책임능력에 관한 규정이 없고, 다만 형사미성년자(제9조), 심신장애자(제10조), 농아자(제11조) 등 책임능력 결함자에 대한 규정만 있다.

② **책임능력의 본질** 도의적 책임론과 사회적 책임론이 대립하고 있다.

㉠ **도의적 책임론** 도의적 책임론이란 책임능력을 행위의 시비·선악을 분별하고 이에 따라 행위를 할 수 있는 유책행위능력 내지 범죄능력으로 파악한다. 따라서 책임능력이 요구되는 시점은

---

504) 이재상, 총론, 294면 이하; 배종대, 총론, 364면 이하; 임웅, 총론, 251면 이하; 정성근·박광민, 총론, 305면 이하; 신동운, 총론, 330면 이하 참조.

범죄 행위 시이다.

ⓛ **사회적 책임론** 사회적 책임론이란 책임능력을 사회방위처분인 형벌이 효과를 거둘 수 있는 형벌능력(수형능력, 형벌적응능력)으로 파악한다. 따라서 책임능력이 요구되는 시점은 재판 때 또는 형벌 부과 때이다.

ⓒ **검토** 사회적 책임론은 전과가 많은 상습범은 형벌적응능력이 없다. 그러므로 책임무능력자가 된다. 명정자는 책임능력자가 된다는 문제가 있다.

사회적 책임론에 의하면 책임능력은 형벌을 과할 때 존재하면 충분하므로 형법이 14세 미만자와 심신상실자를 책임무능력자로 규정한 이유를 설명할 수 없다. 더군다나 우리 형법(제9조 내지 제11조)은 행위 때를 기준으로 하여 책임능력을 문제로 삼고 있다. 따라서 책임능력을 유책행위능력·범죄능력으로 보는 도의적 책임론이 타당하다.505)

2) 책임능력의 규정방법

① 입법태도

㉠ 생물학적 방법	ⓐ **생물학적 방법**이란 형법이 행위자의 비정상적인 상태를 기술하고 그러한 상태가 있으면 바로 책임능력이 없다고 하는 방법이다. ⓑ **책임능력의 유무** 의사 등 전문가의 감정에 의한다. ⓒ **책임무능력의 규정** 프랑스 형법 제64조, 미국의 더럼규칙(Durham Rule)506)에 "피고인의 불법행위가 정신병 또는 정신장애의 결과인 때에는 책임이 없다."
㉡ 심리학적 방법	ⓐ **심리학적 방법**이란 행위자가 사물을 변별하거나 의사를 결정할 능력이 없으면 책임능력이 없다고 하는 방법이다. ⓑ **책임능력의 유무** 법관이 판단한다. ⓒ **책임무능력의 규정** 영미법에서의 "피고인이 정신병에 의한 의식장애로 인하여 그가 하고 있는 행위의 의미와 성질을 알지 못하였거나 또는 그가 하고 있는 것이 악이라는 것을 모른 때에는 책임능력이 없다."는 1840년대 이래 책임능력의 전통적인 기준이 된 맥노튼 규칙(M'Naghten Rule)507)이 이에 해당한다.
㉢ 혼합적 방법	ⓐ **혼합적 방법**이란 행위자의 비정상적인 상태는 생물학적 방법으로 규정하고, 동시에 이러한 요소가 사물변별과 의사결정에 미치는 영향은 심리적 방법에 의하도록 하여 책임능력을 판단하는 방법이다. ⓑ **책임능력의 유무** 의사 등 전문가의 생물학적 감정을 기초로 법관이 심리적 방법에 의한 검토를 통하여 법률적으로 판단한다. ⓒ **책임무능력의 규정** 독일 형법 제20조, 스위스형법 제10조, 미국의 모법 형법전 제4장 제1조 제1항 등이 취하고 있다.

---

505) 이재상, 총론, 300면; 정성근·박광민, 총론, 308면; 임웅, 총론, 253면; 송동권, 총론, 230면; 안동준, 총론, 149면; 진계호·이존걸, 총론, 416면.

② **현행형법의 태도** 우리 형법 제10조 제1항은 "심신장애(생물학적 요인
으로서의 정신장애)로 인하여 사물을 변별할 능력(시비의 판단력)이 없
거나 의사를 결정할 능력이 없는(심리학적 요인) 자의 행위는 벌하지
아니한다."라고 규정하고 있다. 따라서 우리 형법은 책임능력의 판
단기준으로 '**생물학적 요소**'와 '**심리학적 요소**'를 포함시킨 혼합적
방법을 취하고 있다고 할 수 있다.

**제9조
형사미성년자**

14세 되지 아니한 자의 행위는 벌하지 아니한다.

해설

[의의] **형사미성년자**(刑事未成年者)란 호적이 절대적 기준이 아닌 실제 나이(증
거에 의한 실제 연령의 입증 가능)로 만 14세가 되지 아니한 자(14세 미만인
자)를 말한다. 형사미성년자는 특별규정을 제외하고는 범행에 대하여
형사 처분을 받지 아니함을 뜻한다(절대적 책임무능력자).
[사례] 초등학생 3학년인 갑은 문방구점에 들어가 3만 원 정도의 학용품을
훔쳤다. 갑에 대해서는 '절도죄'로 처벌할 수 없다. 다만 보호처분은
가능하다.

『**14세 되지 아니한 자**』
(1) 14세 미만인 자란 13세부터 1세까지를 뜻한다.

---

506) Durham v. United States, 94 US App. D.C. 228, F 2d. 862, 1954.

507) M'Naghten이란 환상을 가진 정신병자가 Robert Peel을 죽이겠다는 결심을 하고, 자기는 신으로부터 그런
계시를 받고 필을 죽여야 할 사명을 가졌다고 하여 필을 쏜다는 것이 그의 비서를 쏘아서 살해한 사건에서
이는 완전히 의식이 없기 때문에 책임능력이 없다는 이유로 무죄판결을 내렸는데, 여기서 확립된 원칙이 바로
M'Naghten Rule로, 이 원칙은 그 후 약 100년간 영미에 있어서 형사책임의 기본원칙이 되어 오고 있다.

(2) 14세의 판단은 호적(戶籍: 가족관계의등록등에관한법률)이 아닌 실제 연령을 기준으로 한다.508)

(3) 절대적 책임무능력이다. 이를 판단하는 데는 개인의 지적·도덕적·성격적·발육상태를 고려하지 않는다.

『벌하지 아니한다.』

필요적 책임조각 사유이다(① 형법상 책임조각사유 해당자: 심신상실자·심신미약자·농아자·강요된 행위·형사미성년자, ② 형법상 위법성조각사유 해당자: 법령행위·정당행위·피해자의 승낙·정당방위·긴급피난·자구행위).

■ 조각사유란 특별한 예외적 사정으로 위법성 및 책임성을 배제하는 것

[소년법의 특별규정]

(1) **제59조**(사형 및 무기형의 완화) 범죄 당시 18세 미만인 소년에 대하여 사형 또는 무기형으로 처할 경우에는 15년의 유기징역으로 한다.

(2) **제60조 제1항**(부정기형) 소년이 법정형으로 장기 2년 이상의 유기형에 해당하는 죄를 범한 경우에는 그 범위에서 장기와 단기를 정하여 선고한다. 다만, 장기는 10년, 단기는 5년을 초과하지 못한다. 여기의 소년은 범행일시가 아닌 사실심인 **판결 선고 시**를 기준으로 한다.509)

---

508) 민법 제158조(연령의 기산점에 출생일을 산입한다.), 형법 제83조(기간의 계산에는 연 또는 월로써 정한 기간은 달력의 수를 차례로 세는 역수로 계산한다.).

509) 대판 2000. 8. 18. 2000도2701.

■ 『소년법에서의 보호처분 유형』

보호처분		내 용
현행법		① 사회보호법, ② 소년법, ③ 가정폭력범죄의처벌등에관한특례법에서 보호처분을 하고 있다.
소년법 제32조·제33조		■ 10세 이상 19세 미만자의 범법자에 대한 보호처분(판사의 재량)
	1호	보호자 또는 보호자를 대신하여 소년을 보호할 수 있는 자에게 감호 위탁(6개월, 단 6개월 연장 가능)
	2호	수강명령(12세 이상, 100시간 이내)
	3호	사회봉사명령(14세 이상, 200시간 이내)
	4호	보호관찰관의 단기보호관찰(1년)
	5호	보호관찰관의 장기보호관찰(2년, 단 1년 연장 가능)
	6호	'아동복지법'에 따른 아동복지시설이나 그 밖의 소년보호시설에 감호위탁(6개월, 단 6개월 연장 가능)
	7호	병원, 요양소 또는 '보호소년등의처우에관한법률'에 따른 소년 의료 보호 시설에 위탁(6개월, 단 6개월 연장 가능)
	8호	1개월 이내의 소년원 송치
	9호	단기 소년원 송치(6개월 이내)
	10호	장기 소년원 송치(12세 이상, 2년 이내)

■ 『소년범과의 관계』

연령별	내 용	해당법
10세 미만	보호처분 및 형벌의 대상이 되지 않는다.	
10세 이상	우범소년이란 ① 집단적으로 몰려다니며 주위사람들에게 불안감을 조성하는 성벽(性癖)이 있고, ② 정단한 이유 없이 가출하며, ③ 술을 마시고 소란을 피우거나 유해환경에 접하는 성벽이 있는 소년으로 그의 성격이나 환경에 비추어 앞으로 형벌 법령에 저촉되는 행위를 할 우려가 있는 10세 이상의 소년을 말한다. [우범소년]	소년법 제4조제 1항 제3호
10세 이상~14세 미만	보호처분의 대상이고, 형벌의 대상은 아니다. [촉법소년]	소년법 제4조 제1항 제2호
14세 이상~19세 미만	보호처분과 형벌의 대상이 된다. 형벌을 과할 때는 특례가 주어진다[소년이 법정형으로 장기 2년 이상의 유기형에 해당하는 죄를 범한 경우에는 그 형의 범위 안에서 장기와 단기를 정하여 선고한다. 다만, 장기는 10년 단기는 5년을 초과하지 못함(제60조 제1항).]. 상대적 부정기형의 선고가 가능하다. [범죄소년]	소년법 제60조 제1항 소년법 제3장 소년법 제4조 제1항 제1호 소년법 제2조
범행 당시 18세 미만	형벌은 과할 수 있으나, 사형·무기형은 과할 수 없다. 죄를 범할 당시 18세 미만인 소년에 대하여 사형·무기형을 처해야 할 경우는 15년의 유기징역으로 감경한다.	소년법 제59조
상대적 부정기형	"장기 5년 단기 3년의 징역에 처한다."는 식으로 형기의 상·하한을 정하여 선고하는 자유형을 말한다. 단, "정신을 차릴 때까지 징역에 처한다."는 식으로 절대적 부정기형을 금지하고 있다. 소년이 법정 장기형 2년 이상의 유기형에 해당하는 죄를 범한 때에는 그 법정형기의 범위 내에서 장기와 단기를 정하여 선고한다. 다만, 장기는 10년, 단기는 5년을 초과하지 못한다(소년법 제60조).그러나 **특정강력범죄의처벌에관한특례법 제4조 제2항**은 특정강력범죄를 범한 18세 미만 소년에 대하여 부정기형을 선고할 때에는 소년법 제60조 제1항 단서의 규정에 불구하고 장기는 15년, 단기는 7년을 초과하지 못하도록 규정한다.	

■ 『미성년자의 법령별 연령 기준』

미성년자에 대한 용어 구분	① 민법(미성년자: 만20세 미만자), ② 소년법(소년범: 14세 이상~19세 미만), ③ 근로기준법(연소자: 18세 미만), ④ 청소년보호법(청소년: 만 19세 미만)		
미성년자의 법령별 연령 기준	민법	만 20세 미만	법정 대리인이 필요하다.
	형법	만 14세 미만	형사미성년자
	소년법	만 19세 미만	소년범일 경우에 특별취급을 받는다.
	근로기준법	만 15세 미만	취업이 제한된다.
		만 15세 이상~18세 미만	부모 동의: 직접근로계약을 체결 가능
			근로기준시간: 1일 7시간(1주 40시간)
	주민등록법	만 17세 이상	주민등록증 발급, 군 지원 입대
	도로교통법	만 18세 이상	자동차 운전면허 시험에 응시할 수 있다.
	청소년보호법	만 19세 미만	술·담배 판매가 금지된다.

제10조
심신장애자

① 심신장애로 인하여 사물을 변별할 능력이 없거나 의사를 결정할 능력이 없는 자의 행위는 벌하지 아니한다.
② 심신장애로 인하여 전항의 능력이 미약한 자의 행위는 형을 감경한다.
③ 위험의 발생을 예견하고 자의로 심신장애를 야기한 자의 행위에는 전 2항의 규정을 적용하지 아니한다.

해설

[의의] 심신장애자(心神障礙者)란 정신병·정신병질·의식장애·정신박약으로 인한 정신 기능의 장애를 의미한다.[510]

[사례] 심한 만성형 정신분열증에 따른 망상의 지배로 말미암아 아무런 관계도 없는 생면부지의 행인들의 머리를 이유 없이 도끼로 내리쳐 상해를 가한 경우(심신상실자), 정신분열증세와 방화에 대한 억제하기 어려운 충동으로 말미암아 6일간에 8차에 걸쳐 연속방화를 한 경우(심신미약자)

①항: 『심신상실자』 벌할 수 없다.

---

510) 이형국, 연구 Ⅱ, 397이하; 이재상, 총론, 308면; 정성근, 총론, 347면.

책임능력 판단법: 책임능력이란 인격적 적성(능력)이므로 책임능력은 책
임비난을 전제로 된다는 다수설의 견해이다.511)

I. 심신상실자 개념(心神喪失者 槪念)

1. 생물학적 요소(심신장애)

① **의의 정신병**(신체적·병적 질환을 거쳐 정신활동이 파괴된 병적 정신장
애: 정신분열증512)·조울증·간질·알코올·약품중독·치매 및 창상성 뇌손상 등)를
말한다. 일시적·영속적이든, 지적·정신적 장애든 불문하나 중병으로서
심신상실로 인정될 때 책임무능력자로 된다.), **정신병질**(선천성 성격이상:
중증의 충동장애, 심한 신경쇠약 등)을 말한다. **의식장애**(병적 이유에 기하지
아니하고 자기의식과 외계의식 사이의 정상적인 연관이 단절된 경우를 말
한다. 수면상태·명정상태·혼수상태·심한 과로 상태), **정신박약**(선천적인 지능
박약: 정도에 따라 백치·치우·노둔으로 구분, 이 경우에는 심신상실의 경우와
심신미약의 경우가 있다.)을 의미한다.
② **판단방법** 심신장애의 판단은 사실문제로 의심이 있는 경우에는 반드시 정
신과 의사의 감정이 원칙(거치지 않으면 심리미진이 된다.)이나, 심신장애에 의
심이 없는 경우는 감정 없이 판단할 수 있다.

2. 심리적 요소(사물판별능력 또는 의사결정능력의 흠결)

① **의의 사물변별능력**(법과 불법을 구별할 수 있는 통찰능력으로서 지적 능력을 의미하
나,513) 기억능력의 유무는 시비변별 능력유무를 판단하는 중요한 자료는 될 수 있으나,
피고인이 술에 취해 기억이 없다고 한 진술은 범행부인의 취지에 불과하다.514))과 **의**

---

511) 이형국, 연구Ⅱ, 394면; 정성근, 총론, 343면; 김선수, "책임능력의 내용과 비판기준에 관한 연구", 김종원
교수화갑기념논문집, 1991, 214면; 진계호, 총론, 386면.

512) 대판 1980. 5. 27. 80도656.

513) 대판 1975. 11. 25. 75도2782.

514) 대판 1961. 2. 28. 4294형상25; 동지 대판 1988. 9. 13. 88도1284; 대판 1985. 5. 28. 85도361; 대
판 1966. 12. 27. 66도1572.

사결정능력(불법의 통찰에 따라 자신의 행위를 지배할 수 있는 조정능력으로서 의지
적 능력을 의미한다. 사물변별능력은 의사결정능력을 전제로 한다. 따라서 사물변별능
력이 없을 때에는 당연히 의사결정능력도 없는 것이 된다. 의사결정능력이 있을 때에는
사물변별능력의 유무를 별도로 검토해야 하며, 양자 중 하나가 없으면 심신상실자가 된
다.)을 말한다.

② **판단방법** 사물변별능력 또는 의사결정능력의 여부는 행위 시를 기준으로
한다. 그리고 구체적인 구성요건실현과의 관계에서도 검토되어야 한다.

3. 심신상실자에 대한 효과

① **필요적 책임조각** 심신상실의 행위는 벌하지 아니한다(제10조 제1항). 즉 심
신상실자의 행위는 책임능력이 없어 책임이 조각된다. 그러나 위험의 발
생을 예견하고 자의로 심신장애를 야기한 자(원인에 있어서 자유로운 행위)는
이를 적용하지 않는다(제10조 제3항).

② **치료감호** 심신상실자가 '금고 이상의 형'에 해당하는 죄를 범하고 치료감
호시설에서 치료와 재범의 위험이 있다고 인정되는 때는 치료감호에 처한
다(치료감호법 제2조 제1항 제1호).

『**사물을 변별할 능력**』시비의 판단력으로 행위의 불법(不法)을 통찰할 수 있
는 능력을 말한다.

『**의사를 결정할 수 있는 능력**』불법의 통찰에 따라 자신의 행위를 조종할 수
있는 능력을 말한다.

『**심신장애 여부 판단**』판단 기준은 범행 시(犯行 時)를 기준으로 하며, 사실판
단이 아닌 법관의 법적 판단이다. 만약 오류가 있으면 상고이유가 된다.515)

---

515) 대판 1954. 12. 17.

[판례 1] 음주가 반드시 심신장애상태를 초래하는 것은 아니다.516)

[판례 2] 범행의 동기와 방법 등에 관해 소상하게 진술하고 있을 뿐만 아니라 그 진술에 혼란스러운 흔적을 찾아볼 수 없으므로 심신상실 상태라 할 수 없다.517)

[판례 3] 피고인이 평소 간질병증세가 있더라도 범행 당시에는 간질병이 발작하지 않았다면 이는 심신상실이나 심신미약의 경우에 해당하지 않는다.518)

[판례 4] 형법 제10조 ①, ②항이 정하고 있는 심신상실자와 심신미약자는 어느 것이나 심신장애상태에 있는 사람을 말한다. 양자는 그 장애정도의 강약에 차이가 있을 뿐, 정신장애로 인해 사물의 시비 또는 선악을 변별(辨別)할 능력이 없거나 그 변별한 바에 따라 행동할 능력이 없는 경우와 정신장애가 위와 같은 능력을 결여하는 정도에 이르지 않았으나 그 능력이 현저하게 감퇴된 상태를 말한다.519)

②항: 『심신미약자』 심신장애로 인하여 사물을 변별할 능력이나 의사를 결정할 능력이 미약한 한정책임능력자로서 필요적으로 감경(減輕)한다. 형벌 이외에 보안처분을 과할 수 있다.

Ⅱ. 심신미약자 개념(心神微弱者 概念)

1. **의의** 심신미약자란 심신장애로 인하여 사물을 변별하거나 의사를 결정할 능력이 미약한 자를 말한다(혼합적 판단). 한정책임능력자는 책임이 감경될 뿐이므로 책임능력자와 책임무능력자의 중간형태가 아닌 **책임능력자**이다.

　① **생물학적 요소** 심신미약도 심신장애의 일종이다. 다만 심신상실과는

---

516) 대판 1967. 6. 13. 67도645.
517) 대판 1978. 1. 31. 77도3428; 同 1975. 11. 25. 75도2782.
518) 대판 1983. 10. 11. 83도1897.
519) 대판 1984. 2. 28. 83도3007; 同 1985. 5. 28. 85도361.

장애의 정도(경미한 뇌성마비, 가벼운 정신분열상태, 가벼운 간질, 보통 이상으로 술 취한 상태, 보통의 중독, 보통의 최면상태, 보통 이상의 노이로제, 보통 이상의 충동장애가 있는 상태 등)에 차이가 있을 뿐이다. 단, 절도충동조절의 장애로 인한 절취행위는 형의 감면사유인 심신장애에 해당치 않는다는 판례[520]다.

② **심리적 요소** 심신미약의 심리적 요소는 사물을 변별할 능력 또는 의사를 결정할 능력이 미약할 것을 필요로 한다. 이러한 능력의 미약 정도에 대한 판단은 법적·규범적인 면에서 심신상실과 같고, 전문가의 감정이 중요하겠으나 궁극적으로는 법관이 판단해야 할 법률 문제이다.[521]

2. 심신미약자에 대한 효과

① **원칙** 심신미약자의 행위는 형을 감경한다(제10조 제2항). 심신미약자는 책임능력자에 해당되나 책임감경이 인정되므로 그 형을 감경한다(필요적 감경). 그러나 원인에 있어서 자유로운 행위의 이론은 한정책임능력에 관해서도 적용된다.

② **예외** 심신미약자가 '금고 이상의 형'에 해당하는 죄를 범하고 치료감호시설에서 치료와 재범의 위험이 있다고 인정되는 때는 치료감호에 처한다(치료감호법 제2조 제1항 제1호).

◼ 판례

[판례 1] 범행 전후 사정을 비교직 시리에 맞게 기억하다 하여 반드시 범행 당시 사물을 변별할 능력을 갖추고 있었다고 할 수 없다.[522]

[판례 2] 정신분영증세와 방화에 대한 억제하기 어려운 충동으로 말미암아 불과 6일 사이에 8회에 걸친 연속된 방화를 감행한 경우 이는 심신미약 상태이다.[523]

---

520) 대판 1995. 2. 24. 94도3163.
521) 대판 1968. 4. 30. 68도400.
522) 대판 1969. 10. 14. 69도1265.

[판례 3] 사물을 변별할 능력 또는 의사를 결정할 능력은 자유의사를 전제로
한 의사결정의 능력에 관한 것이다. 그 능력의 유무와 정도는 감정
사항에 속하는 사실 문제라 할지라도 그 능력에 관한 확정된 사실
이 심신상실 또는 심신미약에 해당하는 여부는 법률문제에 속한다.
따라서 심신장애로 인한 심신상실 또는 심신미약에 대한 판단은 반
드시 감정인의 의학적 감정결과에 구속되는 것은 아니다.[524]

Ⅲ. 농아자(聾啞者)

(1) **의의** 농아자란 청각과 발음기능에 모두 장애가 있는 자를 말한다. 청각기
능과 발음기능의 장애는 선천적·후천적이든 불문한다.
(2) **효과** 농아자의 행위는 형을 감경한다(제11조). 농아자는 정신발육이 불충
분한 것이 보통이므로 책임을 감경하여 형을 감경한다(필요적 감경). 그러
나 농아교육의 발달로 보통인과 별 차이가 없는 자가 많아 일률적으로 한
정책임능력자로 하는 것은 타당치 않아 형법 제11조의 규정을 삭제하고
일반적인 심신상실이나 심신미약의 규정에 의해 처리함이 타당하다.[525]

③항:『**원인에 있어서 자유로운 행위**』 책임능력자와 동일하게 처벌한다.

『**위험의 발생을 예견하고 자의로 심신장애를 야기한 자**』 범행 시에 책임무능
력 내지 한정책임무능력 상태에 있었음에도 불구하고, 범인이 고의(故意) 또는
과실(過失)로 자기 자신을 이와 같은 책임능력 흠결상태(심신장애: 심신상실 또는 심
신미약)에 빠뜨리고(자기 자신을 도구로 이용한 죄), 그러한 상태에서 구성요건적 결
과를 실현한 경우로, 책임능력자와 동일하게 처벌되며, 또한 간접정범(間接正犯:
타인을 도구로 이용한 죄)과 동일한 범죄구조를 갖는다. [사례] 사람을 살해할 목적으로
음주·대취하여 그 상태에서 타인을 살해한 경우(고의) 또는 폭행의 의사는 없으나 과음하면

---

523) 대판 1984. 2. 28. 83도3007.
524) 대판 1975. 11. 25. 75도2782; 同 1968. 4. 6. 68도400.
525) 진계호·이존걸, 총론, 425면.

폭행의 주벽이 발동한다는 것을 알면서 과음한 결과 폭행한 경우(과실)가 그것이다.

『**자의로**』 고의의 작위범·부작위범, 과실로 인한 작위범·부작위범이 모두 포함된다.

『**심신장애**』 심신상실은 물론 심신미약까지 모두 포함된 개념이다.

『**위험의 발생**』 구성요건 해당적 결과의 발생을 의미한다.

『**인과관계 및 처벌**』 심신장애 야기와 실행행위 및 위험발생 사이에 인과관계가 있으면 책임능력자의 행위와 동일하게 처벌된다. 만약 인과관계가 없으면 경우에 따라 예비 또는 미수로 처벌할 뿐이다. 그리고 심신장애상태에서의 행위가 원인에 있어서 자유로운 행위로 인정되지 않고, 심신상실의 책임조각사유 또는 심신미약의 책임감경사유에 해당하는 경우라도 '재범의 위험성'이 있으면, 보안처분의 일종인 치료감호처분의 대상이 된다.

Ⅳ. 원인에 있어서 자유로운 행위

1. 의의

(1) **개념** 원인에 있어서 자유로운 행위란 행위자가 고의(사람을 살해할 목적으로 음주·대취하여 그 상태에서 타인을 살해한 경우) 또는 과실(폭행의사는 없었으나 과음하면 폭행의 주벽이 발동한다는 것을 알면서 과음한 결과 폭행한 경우)로 자기를 심신장애 또는 심신미약의 상태에 이르게 한 후 그러한 상태에서 범죄를 실행하는 것을 말한다.
형법 제10조 제1항·제2항의 경우는 고의 또는 과실 없이 심신장애 상태에 빠져 범행을 저지른 자이기 때문에 형을 벌하지 않거나 감경한 것이고, 제10조 제3항은 행위자가 정상 상태에서 고의 또는 과실로 책임능력 결함상태를 만들어 범행을 했다는 점에서 책임능력자와 동일하게 처벌한다.

(2) **특성**　원인에 있어서 자유로운 행위는 원인설정행위 시(음주행위)에는 책임
은 있으나 구성요건적 실행행위(살인 행위)가 없다. 실행행위 시에는 실행
행위는 있으나 책임이 없다는 특성이 있다.

2. 가별성의 근거

형법은 제10조 제3항에 "위험의 발생을 예견하고 자의로 심신장애를 야기한
자의 행위에는 전 2항(심신상실자는 책임조각·심신미약자는 책임감경)의 규정을 적용
하지 아니한다."라고 규정하여 가별성을 입법으로 해결하고 있으나 그 근거에
대한 견해는 대립하고 있다.

(1) **불가별설**(不可罰說)　벨링(Beling) 이래 범죄삼원론(범죄란 구성요건해당성+위
법성+유책성)의 행위다. 그러나 책임요소의 하나인 책임능력은 반드시 행
위 시에 존재해야 한다. 또한 형법상 행위는 내부적 의사와 외부적 표시
가 통일체가 되어야 한다. 그러므로 원인에 있어서 자유로운 행위는 책임
과 행위의 동시존재의 원칙에 반하므로 벌할 수 없다.526) 이에 의하면 책
임무능력 상태하의 결과실현행위는 형법상 행위가 아니고 원인행위(음주행
위)는 구성요건해당성이 없는 **예비행위**에 불과하다.

(2) **가별설**(可罰說)

① **원인설정행위에서 찾는 견해**(구성요건모델)　원인에 있어서 자유로운 행
위는 자신을 도구로 이용하는 **간접정범**과 기본적으로 법적 구조가 동
일하므로 **원인행위가 바로 실행행위 또는 그 착수행위**이며, 책임무능
력 상태에서의 행위는 원인행위에 기인한 결과에 지나지 않기 때문에
원인행위가 책임능력 상태에서 이루어진 이상 처벌할 수 있다는 종래
의 다수설이다.527)

책임능력이 있었던 원인행위(음주하기 전) 자체를 이미 불법(살해목적, 폭
행의사)의 실체를 갖춘 구성요건적 행위로 보며, 그 원인행위에 가별성

---

526) Katsenstein, *Die Straflosgkeit der actio libera in causa*, 1901, S. 50ff.

527) 종래의 다수설로, 정영석, 총론, 172면; 백남억, 총론, 178면; 이건호(8인 공저), 총론, 216면; 남흥우, 총론,
162면; 황산덕, 총론, 198면; 염정철, 총론, 328면; 김일수, 총론, 367면; 권문택, "원인에 있어서 자유로
운 행위", 고시계, 1970. 1. 20면; 손해목, "원인에 있어서 자유로운 행위", 고시계, 1969. 3. 63면.

의 근거가 있다는 견해(행위와 책임능력 동시 존재의 원칙 관철)이다. 이는 실행행위 정형성을 무시한 점(예비행위와의 구별 곤란)과 간접정범에서 도구(도구는 책임능력자인 경우도 있다는 점)의 이용이 모호한 점이다.

② **책임능력결함 상태에서의 실행행위에서 찾는 견해**(반무의식상태설) 현대 심리학상 의식과 무의식의 관계는 일도양단적(一刀兩斷的) 관계가 아니라 일종의 **반무의식 상태하**에 있는 것이라고 전제한 후, 한편으로는 원인설정행위(음주행위)는 예비행위에 지나지 않으나, 한편 반무의식 상태에서의 행위를 실행행위(살인행위 또는 폭행행위)로 볼 수 있고 가벌성을 안정할 근거가 된다는 견해이다.[528]

그러나 반무의식 상태(의식과 무의식 사이의 중간형태)를 범죄 실현단계에서 실행행위의 중간영역이라는 점을 설명하기 곤란하고, 반무의식적 상태의 행위를 실행행위로 인정하면 대부분의 경우에 책임능력이 인정되어 법적 안정성을 해친다.

③ **원인설정행위와 실행행위의 불가분적 연관에서 찾는 견해**(예외모델) 원인설정행위(음주행위)는 실행행위(살인행위 또는 폭행행위) 또는 그 착수행위가 될 수 없지만 책임능력 없는 상태에서의 실행행위와 불가분의 연관을 갖고 있으므로 원인설정행위에 **책임비난의 근거**가 있다는 견해로[529] 타당하다고 보아야 한다.

3. 유형

(1) **고의에 의한 원인에 있어서 자유로운 행위** 행위자가 의도적으로 책임능력 결함 상태를 야기하고 이 상태에서 의도했던 구성요건에 해당하는 행위를 행한 경우를 말한다.

① 사람을 상해할 의사로 음주 후 취중에서 이를 행한 경우이다(고의적 작위범).

---

528) 유기천, 총론, 138면, 140면.

529) 이재상, 총론, 313면; 이형국, 총론, 225면; 배종대, 총론, 373면; 정성근 · 박광민, 총론, 323면; 안동준, 총론, 139면; 임웅, 총론, 286면; 김성천 · 김형준, 총론, 346면; 오영근, 총론, 459면; 신동운, 총론, 350면; 조준현, 총론, 228면; 진계호 · 이존걸, 총론, 428면.

② 전철수가 기차를 충돌시킬 의사로 음주 후 잠들어 버림으로써 충돌하여 사고가 일어난 경우이다(고의적 부작위범).

③ 확정적 고의가 아닌 미필적 고의라도 족하다.

④ 책임무능력 상태에서 범한 범죄에 대한 고의는 특정범죄에 대한 것이어야 한다.

(2) **과실에 의한 원인에 있어서 자유로운 행위** 범행 고의는 없었지만 과실로 책임능력결함 상태를 유발시키고 이 상태에서 과실범의 구성요건이 실현될 것을 예견할 수 있었음에도 불구하고 부주의로 예견하지 못하여 범행의 결과를 야기한 경우를 말한다.

① 과실은 책임능력결함 상태의 초래뿐만 아니라 그 태양에 따라서는 일정한 범행의 결과발생 가능성과도 관련되어 있어야 한다(이중과실).

② 고의로 책임능력결함 상태에 빠지게 한 때에도 이 상태에서 과실범의 구성요건을 실현했다면 과실로 인한 원인에 있어서 자유로운 행위라고 볼 수 있다. 그 사례로는,

- 자동차를 운전해야 한다는 것을 생각하지 않고 고의 또는 과실로 음주하여 대취된 상태에서 사고를 낸 경우(과실에 의한 작위범)

- 조금만 음주하면 대취하는 전철수가 분수없이 과음하여 잠들어 버림으로써 열차를 충돌케 한 경우(과실에 의한 부작위범)

4. 실행의 착수시기

실행의 착수시기에서 '고의에 의한 원인에 있어서 자유로운 행위'에 대한 견해가 대립되고 있다.

(1) **원인행위시설**(주관설) 행위와 책임의 동시존재의 원칙을 유지하려는 견해로 원인설정행위 시에 실행의 착수가 있다는 견해이다.[530]

(2) **실행행위시설**(객관설) 행위와 책임의 동시존재의 원칙에 대한 예외를 인정하려는 견해로 책임능력결함 상태에서의 구성요건에 해당하는 행위를 한 때에 실행의 착수가 있다는 견해이다.[531]

---

530) 이건호(8인 공저), 총론, 213면 이하; 정영석, 총론, 172면; 황산덕, 총론, 198면; 오도기, "원인에 있어서 자유로운 행위", 고시계, 1985. 12. 49면.

(3) **결정적 개시시설**(절충설) 원인설정행위과정을 완전히 종료하고 책임능력
상태에서의 실행행위에로의 진행이 결정적으로 개시된 때에 실행의 착수
가 있다는 견해이다.532)

5. 형법의 규정

형법 제10조 제3항은 "위험의 발생을 예견하고 자의로 심신장애의 상태를 야
기한 자의 행위에는 전 2항 규정(심신상실로 인한 면책 또는 심신미약으로 인한 형의 감
경)을 적용하지 아니한다."고 규정하고 있다.

(1) **요건** ① 형법 제10조 제3항에 해당하기 위해서는 '행위자가 위험발생을
예견'(고의·과실로 위험발생 예견 + 위험발생의 예견 가능성이 인정되는 경우(과실)도
포함)할 것을 요한다. ② **자의**(고의만 의미.533) 고의 및 과실534))로 **심신장애**(심
실상실과 심신미약이 모두 포함) 상태를 야기해야 한다. 판례도 과실로 야기한
경우까지 포함하는 것으로 해석하고 있다.535)
(2) **효과** 원인에 있어서 자유로운 행위에 해당하면 그 행위는 **책임능력자**의
행위와 같이 처벌된다.

▨ 판례

[판례 1] 피해자를 살해할 의사를 가지고 범행을 공모한 후에 대마초를 흡연
하고 범행에 이르렀다면 대마초 흡연 시에 이미 범행을 예견하고도

---

531) 이재상, 총론, 286면; 정성근, 총론, 373면; 배종대, 총론, 387면; 박상기, 총론, 228면; 이형국, 총론, 286
면; 김성천·김형준, 총론, 348면; 인동준, 총론, 154면; 이기연, "원인에 있어서 자유로운 행위", 고시계,
1993. 10. 40면; 임웅, "원인에 있어서 자유로운 행위", 고시계, 1990. 8. 37면.

532) 김일수·서보학, 총론, 387면.

533) 이재상, 총론, 317면; 배종대, 총론, 361면; 박상기, 총론, 236면; 오여근, 총론, 461면; 이정원, 총론, 218면.

534) 다수설로, 김일수·서보학, 총론, 388면; 이형국, 총론, 228면; 임웅, 총론, 266면; 정성근·박광민, 총론,
327면; 손동권, 총론, 243면; 신동운, 총론, 359면; 조준현, 총론, 236면; 진계호·이존걸, 총론, 432면.

535) 대판 1992. 7. 28. 92도999(형법 제10조 제3항은 …… 고의에 의한 원인에 있어서 자유로운 행위만이 아
니라 과실에 의한 원인에 있어서 자유로운 행위까지도 포함하는 것으로서 위험의 발생을 예견할 수 있었는
데도 자의로 심신장애를 야기한 경우도 그 적용대상이 된다고 할 것이어서, 피고인이 음주운전을 할 의사를 가
지고 음주만취한 후 운전을 결행하여 교통사고를 일으켰다면 피고인은 음주 시에 교통사고를 일으킬 위험성
을 예견하였는데도 자의로 심신장애를 야기한 경우에 해당하므로 위 법조항에 의하여 심신장애로 인한 감경
등을 할 수 없다.).

자의로 심신장애를 야기한 경우에 해당하여 형법 제10조 제3항에
의해 심신장애로 인한 감경할 수 없다.[536]

[판례 2] 음주운전을 할 의사를 갖고 음주 만취한 후 운전을 결행하여 교통사
고를 일으켰다면 음주 시에 교통사고를 일으킬 위험성을 예견하였는
데도 자의로 심신장애를 야기한 경우에 해당하여 심신장애로 인한
감경을 할 수 없다.[537]

[판례 3] 스스로 차를 운전하여 술집에 가서 술을 마신 후 운전을 하다가 교
통사고를 일으켰다면 음주할 때 교통사고를 일으킬 수 있다는 위험
성을 예견하고도 자의로 심신장애를 야기한 경우(고의와 과실의 조
합)에 해당하여 심신미약으로 인한 형의 감경을 할 수 없다고 판시
하였다.[538]

학설 『원인에 있어서 자유로운 행위의 태양(態樣)』

고의	작위범	행위자가 책임능력의 결함상태를 조성하려는 의도와 이 상태에서 실행행위를 하려는 고의를 가지고 심신장애상태를 유발하여 작위형태로 구성요건을 실현하는 범죄 **[사례]** 특정인을 살해하려고 일부러 술을 먹고 취한 상태에서 그를 살해한 경우
	부작위범	행위자가 책임능력의 결함상태를 조성하려는 의도와 이 상태에서 실행행위를 하려는 고의를 가지고 심신장애상태를 유발하여 부작위형태로 구성요건을 실현하는 범죄 **[사례]** 전철수(전철기를 조작하는 철도 공무원)가 기차를 충돌시킬 의도로 일부러 술을 먹고 잠들어 버려 기차를 충돌케 한 경우
과실	작위범	행위자가 책임능력의 결함상태에서 행한 행위를 예견(豫見)할 수 있었음에도 예견치 못한 채 부주의(不注意)로 심신장애를 야기하여 작위형태로 구성요건을 실현하는 범죄 **[사례]** 음주한 후에는 폭행하는 습벽(버릇) 있는 자가 폭행의 고의를 갖지 않고 술을 마셨으나, 버릇이 발동하여 폭행한 경우
	부작위범	행위자가 책임능력의 결함상태에서 행한 행위를 예견(豫見)할 수 있었음에도 예견치 못한 채 부주의(不注意)로 심신장애를 야기하여 부작위형태로 구성요건을 실현하는 범죄 **[사례]** 조금만 음주해도 대취하는 전철수가 분수없이 술을 마시고 잠들어 버림으로써 기차를 충돌케 한 경우
실행의 착수시기		원인 설정 행위설(통설)

---

536) 대판 1996. 6. 11. 96도857.
537) 대판 1992. 7. 28. 92도999.
538) 대판 1995. 6. 13. 95도826.

농아자의 행위는 형을 감경한다.

▦ 해설

[의의] **농아자**(聾啞者)란 청각과 발음기능에 모두 장애가 있는 자를 말한다. 두 기능은 선천적·후천적이든 불문한다. 농아자는 정신발육이 불충분한 것이 보통이므로 책임을 감경하여 형을 감경한다(필요적 감경).

[사례] 벙어리 갑이 을을 폭행한 경우로, 갑은 폭행죄로 처벌되지만 형을 감경받는다.

『**농아자(聾啞者)**』 농(聾): 귀머거리(청각기능), 아(啞): 벙어리(발음기능) - 농아자란 귀머거리임과 동시에 벙어리인 자로 선천적, 후천적임을 불문한다.

『**농아자 판단**』 사실판단이 아닌 법관의 법률 진단으로 하며, 오류가 있으면 상고 이유가 된다.

『**농아자 판단 시기**』 범행 시를 기준으로 한다.

『**농아자 처벌**』 필요적으로 감경한다(예: 형법 제54조, 제55조 참조).

책임능력	책임 무능력자	형사미성년자(제9조)	벌하지 않는다.
		심신상실자(제10조 제1항)	
	한정 책임능력자	심신미약자(제10조 제2항)	필요적으로 감경한다.
		농아자(제11조)	

■ 해설

[의의] **강요된 행위**(强要된 行爲)란 저항할 수 없는 폭력이나 자기 또는 친족의 생명 신체에 대한 위해를 방어할 방법이 없는 협박에 의하여 강제로 이루어진 행위를 말한다. 이는 강제 상태하에서는 행위자에게 적법행위에 대한 기대 가능성이 없다는 것을 이유로 책임이 조각된다. 구법하에서 초법규적 책임조각사유로 인정된 것을 현행법에서 명문화한 것이다.

[사례] 북괴에 납북된 어부가 납북되어 있는 동안에 행한 국가보안법위반행위, 18세 소년이 취직할 수 있다는 감언에 속아 일본에 건너가 지리나 인정 등이 생소한 일본국에서 조총련 간부들의 감시 내지 감금하에 강요에 못 이겨 공산주의가 북한에 간 것을 서약한 행위 등을 들 수 있다.

『**저항할 수 없는 폭력**』 저항을 억압하기 위하여 행사되는 유형력(有形力)의 행사, 절대적 폭력(육체적으로 어떤 행위를 절대적으로 하지 못하게 하는 경우)과 강제적 폭력(피강요자의 의사형성에 작용하여 그로 하여금 강요된 사실을 하지 않을 수 없게 하는 간접적인 유형력의 행사)이 있으나, 강제적 폭력에 의한다(통설[539] · 판례[540]). 피강요자가 강제에 대항할 수 없는 폭력을 말한다. 폭력의 표준(구체적 정황＋피강요자의 능력)이다.

---

539) 정영석, 총론, 209면; 황산덕, 총론, 216면; 정성근, 총론, 386면; 이재상, 총론, 353면; 이형국, "기대가능성의 형법적 기능", 고시계, 1982. 3. 73면; 염정철, "기대가능성", 고시계, 1967. 7. 33면.
540) 대판 1983. 12. 13. 83도2276.

『**방어할 방법이 없는 협박**』 방어할 방법이 없다는 것은 강요하는 대로 범죄를 하는 이외에 위해를 피할 수단·방법이 없는 경우를 말한다. 여기서 협박은 사람을 외포(畏怖: 두려움)하게 할 목적으로 위해를 가할 것을 고지(告知)하는 것으로 자기 또는 친족의 생명이나 신체에 한한다.

『**강요된 행위**』 폭행(暴行)이나 협박(脅迫)에 의하여 피강요자의 의사결정이나 활동의 자유가 침해되어 강요자가 요구하는 일정한 행위를 하는 것으로, 폭행이나 협박과 강요된 행위 사이에는 인과관계(因果關係)가 있어야 한다.

『**친족**』 민법 제777조 친족의 범위(8촌 이내의 혈족, 4촌 이내의 인척, 배우자)의 적용으로, 사실상의 부부와 사생자(私生子) 등도 친족에 포함된다(통설).[541]

『**생명 신체에 대한 위해**』 위해(자기 또는 친족의 생명·신체에 대한 것)란 위험과 해악을 모두 포함한 개념이다. 생명 신체에 대한 위해란 살해하거나 신체의 완전성을 현저히 침해하는 것을 말한다.

학설

I. 강요된 행위

강요된 행위와 면책적 긴급피난은 다 같이 유사한 성격을 지닌 책임조각사유라는 점에서 그 구별에 법적 성격이 다르다.

1. 법적 성질

① **강요된 행위**는 긴급피난의 한 형태 내지 그 특수한 경우라는 견해가 있

---

541) 정영석, 총론, 210면; 황산덕, 총론, 220면; 김일수·서보학, 총론, 452면; 이형국, 총론, 247면; 이재상, 총론, 347면; 정성근·박광민, 총론, 366면; 배종대, 총론, 414면; 손해목, 총론, 671면; 임웅, 총론, 328면.

다.542) 긴급피난과 강요된 행위는 다 같이 긴급 상태에서 위난을 피하기 위한 행위로서 본질이 같다는 것을 이유로 한다.

② **강요된 행위**[(요건): 폭행·협박으로 인한 강제상태에 있을 것+(성립): 강제상태 때문에 적법행위의 기대 가능성이 없다는 점]와 **긴급피난**[(요건): 자기 또는 타인의 법익에 대한 현재의 위난+(성립): 상충하는 이익간의 균형 여부]은 유사한 성격을 지닌 책임조각사유이지만, 양자는 성질상 구별된다고 해야 한다.543)

	강요된 행위	면책적 긴급피난
성립요건	불법·부당한 원인에 의한 강요상태	자기 또는 타인의 법익에 대한 현재의 위난
기준	강요된 상태에서 적법행위에 대한 기대 가능성	충돌하는 이익 사이의 균형

2. 성립요건

(1) 강제상태

① **저항할 수 없는 폭력** 저항을 억압하기 위해 행사되는 유형력으로, **절대적 폭력**(육체적으로 어떤 행위를 절대적으로 하지 못하게 하는 경우로, 약한 여자가 강한 남자에게 손목을 잡힌 채 끌려가는 경우)과 **강제적 폭력**(피강요자의 의사형성에 작용하여 그로 하여금 강요된 사실을 하지 않을 수 없게 하는 간접적인 유형력의 행사로, 사람에게 매질이나 고문을 하여 그 의사결정 내지 행동의 자유를 침해함으로써 강요자가 요구하는 일정한 행우를 하게 하는 경우)이 있다.

본 조의 폭력에 절대적 폭력(의사 없는 도구)이 포함된다는 견해가 있으나,544) 여기의 **폭력**은 강제적 폭력에 한정된다.545) 판례도 같은 취지이다.546) **폭력의 수단**(사람이든 물건이든, 직접적이든 간접적이든 사람의 의사형성에 영향을 미치면 된다. 예컨대 감금행위547)·경포(警砲)·마취제사용·맹견사주 등)에는

---

542) Hans Welzel, *Strafrecht*, s. 181; Jescheck, *Lehrbuch*, 2. Aufl., S. 365; Schönke/Schröder, *StGB*, 14. Aufl., S. 429.

543) 정성근·박광민, 총론, 364면; 이형국, 총론, 246면; 이재상, 총론, 345면; 김일수·서보학, 총론, 422면; 임웅, 총론, 294면; 배종대, 총론, 413면; 진계호·이존걸, 총론, 464면.

544) 유기천, 총론, 247면; 박동희, 총론, 126면 이하.

545) 정영석, 총론, 209면; 황산덕, 총론, 216면; 정성근, 총론, 386면; 이재상, 총론, 353면; 이형국, "기대가능성의 형법적 기능", 고시계, 1982. 3. 73면; 염정철, "기대가능성", 고시계, 1967. 7. 33면.

546) 대판 1983. 12. 13. 83도2276(형법 제12조의 저항할 수 없는 폭력은 심리적 의미에 있어서 육체적으로 어떤 행위를 절대적으로 하지 아니할 수 없게 하는 경우와 윤리적 의미에 있어서 강압된 경우를 말한다고 하고 있다.).

547) 대판 1972. 5. 9. 71도1178.

제한이 없다. 피강요자가 강제에 대항할 수 없는(불가능) 경우여야 한다. **저항의 불가능 여부**는 폭력의 강도와 성질 및 구체적 정황과 피강요자의 능력 등 종합적인 판단이 필요하다. 판례도 같은 취지이다.[548]

② **자기·친족의 생명·신체에 대한 위해를 방어할 방법이 없는 협박** 협박이란 상대방으로 하여금 외포심을 일으킬 만한 해악의 고지를 말한다. 협박의 수단은 명시적·외형적 수단임을 요하지 않는다.[549] 판례도 같은 취지이다.[550] **위해**(자기 또는 친족의 생명·신체에 대한 것[551])란 해악을 모두 포함한 개념이다. 생명·신체에 대한 위해란 살해하거나 신체의 완전성을 현저히 침해하는 것을 말한다.

친족의 범위는 민법 제777조 친족(친족관계의 존재 여부는 강요된 행위 당시가 표준)의 범위(8촌 이내의 혈족, 4촌 이내의 인척, 배우자)의 적용으로, 사실상의 부부와 사생자(私生子) 등도 친족에 포함된다(통설).[552] **'방어할 방법이 없다.'**란 강요하는 대로 범죄를 하는 이외에 위해(危害)를 피할 수단·방법이 없는 경우(방어의 불가능)를 말한다. **방어의 불가능 여부**는 협박 자체의 강도 및 성질 그리고 구체적 정황과 피강요자의 능력을 고려한 종합적 판단을 뜻한다.

③ **자초한 강제상태** 행위자가 강제상태를 스스로 야기한 경우에는 저항할 수 없는 폭력이나 방어할 방법이 없는 협박에 해당하지 않는다. 이 경우에는 적법행위에 대한 기대 가능성이 없다고 할 수 없기 때문이다. 판례도 같은 취지이다.[553]

---

548) ① 대판 1969. 2. 18. 68도1178(물리적 힘의 열세로 인한 경우뿐만 아니라 비록 폭력을 제거할 힘은 있더라도 이를 거부할 입장이 못 되는 경우), ② 대판 1972. 5. 9. 71도1178(18세 소년이 취직할 수 있다는 심인에 속아 일본에 건너가 지리나 인정 등이 생소한 일본국에서 조총련 간부들의 감시 내지 감금하에 강요에 못 이겨 공산주의가 북한에 간 것을 서약한 행위는 강요된 행위라고 하였다.).

549) 대판 1969. 1. 28. 68도1815.

550) 북한지역에 거주하는 자의 부득이한 부역행위(대판 1960. 10. 7. 4292형상829); 국가보안법 위반 행위(대판 1956. 3. 6. 4288형상392; 대판 1956. 3. 16. 4288형상304); 북괴에 납북된 어부가 납북되어 있는 동안에 한 국가보안법위반행위(대판 1960. 10. 7. 4292형상829; 대판 1967. 10. 4. 67도1115; 대판 1968. 11. 5. 68도1334; 대판 1968. 12. 17. 68도1329; 대판 1969. 2. 18. 68도1809; 대판 1971. 12. 14. 71도1657; 대판 1972. 12. 28. 71도1304; 대판 1972. 3. 28. 71도1558; 대판 1976. 9. 14. 75도414).

551) 대판 183. 12. 13. 83도2276.

552) 정영석, 총론, 210면; 황산덕, 총론, 220면; 김일수·서보학, 총론, 452면; 이형국, 총론, 247면; 이재상, 총론, 347면; 정성근·박광민, 총론, 366면; 배종대, 총론, 414면; 손해목, 총론, 671면; 임웅, 총론, 328면.

(2) 강요된 행위

① **강요된 행위**란 폭력·협박에 의해 피강요자의 의사결정이나 활동의 자유가 침해되어 강요자가 요구하는 일정한 행위를 하는 것을 말한다. 판례도 같은 취지이다.[554]

② **강요된 행위의 요건**으로는 **객관적 요건**(피강요자의 행위는 구성요건에 해당하고 위법해야 하고, 폭행·협박 사이에 인과관계가 인정되어야 한다.)과 **주관적 요건**(피강요자는 강요된 상태에서 부득이 위난을 피한다는 인식을 가지고 행동해야 한다.)이 있다. 전자의 경우 인과관계가 없는 때에는 행위자는 책임이 조각되지 않고, 오히려 강요자와 공범관계가 성립한다. 후자의 경우 인식이 없는 때에는 다른 요건이 갖추었다고 할지라도 기대 가능성이 없다고 할 수 없으므로 강요된 행위에 해당되지 않는다.

3. 법적 효과

(1) **피강요자의 책임** 강요된 행위는 적법행위의 기대 가능성이 없으므로 책임이 조각되어 벌하지 아니한다.

(2) 강요자의 책임

① **피강요자의 면책 여부에 따른 책임** 면책되지 않은 경우(강요자는 피강요자와 공범관계 성립)와 면책되는 경우[제한적 종속형식을 따르면 교사범 책임[555]과 간접정범 책임이라는 견해가 있으나, 행위자를 자유 없이 행위를 하는 도구로 이용한 때에는 강요자는 강요된 행위의 간접정범이 된다고 해야 한다(통설).]에 따라 다르다.

② **강요행위 자체에 관한 책임** 강요자는 자신의 강요 또는 강요수단·방법 자체가 구성요건에 해당할 때에는 피강요자의 처벌 여부와 관계없이 폭행죄·협박죄·강요죄에 해당될 수 있다. 그리고 이러한 형사책임과 피강요자의

---

553) 대판 1973. 1. 30. 72도2585(자의로 북한에 탈출한 이상 그 구성원과의 회합은 예측하였던 행위이므로 강요된 행위라고 할 수 없다.); 대판 1971. 2. 23. 70도2629; 대판 1973. 9. 12. 73도1684(북한으로 원선하자고 상의하여 월선조업을 하다가 납치되어 대한민국의 각종 정보를 북괴에 제공한 사실을 강요된 행위로 볼 수 없다.).

554) 대판 1990. 3. 27. 89도1670(성장교육 과정을 통해 형성된 내재적인 관념 내지 확신으로 인해 행위자의 의사결정이 사실상 강제되는 때에는 강요된 행위가 될 수 없다.).

555) 박정근, "강요된 행위", 법정, 1965. 10. 22면.

행위에 대한 형사책임은 법조경합, 실체적 경합, 상상적 경합이 될 수 있다.

판례

[판례 1] 북괴에 납북된 피고인들이 앞으로 대한민국으로 돌아갈 수 있을 것인 지조차 명백히 알 수 없는 상태에서 그들 요구대로 강연을 하는 등 북괴의 활동을 찬양 고무하고 정보를 제공한 경우에 강요된 행위이다.556)

[판례 2] 피고인들이 반국가단체인 노동당에 가입한 후 그들로부터 금원과 책자 등을 받았고, 그들에게 식사를 제공하고 자신의 위치 등을 알려주었더라도, 수류탄과 따발총으로 무장한 공비 9명이 말을 안 들으면 싹 밀어 버린다 하고 산간 독립가옥인 피고인의 집 한 방에다 피고인 등 가족들을 몰아넣고 위협을 하며 강요를 당한 경우에 강요된 행위라고 하였다.557)

[판례 3] 북괴에 간 것이 자의에 의한 것이 아니었다고 하더라도 북괴로부터 무전기와 난수표, 다액의 공작금을 받고 남한에 잠입한 후 수사기관에 자수하지 아니한 점 등에 비추어 보면 피고인의 북괴지역에서의 행위 내지 남한에서의 간첩방조행위가 강요된 행위 내지 기대 가능성이 없는 행위라고 볼 수 없다.558)

Ⅱ. 기대 가능성

1. **의의** 기대 가능성(기대 가능성이 없는 경우에는 책임이 조각됨)이란 행위 시의 구체적 사정에 비추어 행위자에게 위법행위 대신에 적법행위를 할 것을 기대할 수 있는 가능성을 말한다. 형사미성년자(제9조)와 심신상실자(제10조 제1항)와 같은 책임무능력자의 행위를 벌하지 않는 것은 기대 불가능성을 이유로 하는 책임조각사유이다.

556) 대판 1971. 12. 14. 71도1657.
557) 대판 1970. 2. 10. 69도1976.
558) 대판 1968. 9. 24. 68도841.

2. 기대 가능성 이론

책임의 본질은 심리적 사실관계가 아니라 고의와 과실에 공통되는 평가적 요소로서 기대 가능성에 있다는 것이 규범적 책임론이다. 책임의 본질인 불법에 대한 비난 가능성은 적법행위의 기대 가능성을 전제로 한다. 따라서 기대 가능성이 없으면 책임비난도 불가능하다. 기대 불가능성을 일반적인 초법규적 책임조각사유로 이해하는 견해는 독일은 물론 우리나라의 통설·판례559)다.

- ■ 이론의 발전과정
- ① 1897. 3. 23. 독일국제법원은 '라이넨횡거(Leininfänger)' 사건560)에서 기대 가능성을 이유로 무죄를 선고함으로써 기대가능성이론의 **단서**가 되었다.
- ② 프랑크(Frank)는 책임능력과 고의·과실 이외에 부수사정의 정상성도 병존하는 책임요소가 되어야 한다고 주장하였다.561)
- ③ 골드슈미트(Goldschmidt)는 의무위반성을 고의·과실과 병립하는 규범적 요소로 내세움으로써 기대가능성이론의 기초를 닦는 데 기여하였다.562)
- ④ 프로이덴탈(Freudenthal)은 적법행위에 대한 기대 가능성은 윤리적 책임동기로서 고의·과실의 구성요소가 되고 기대 가능성이 없는 경우에는 고의책임·과실책임을 조각시킨다고 하였다.563)

---

559) 판례가 자기의 범죄사실을 은폐하기 위해 행한 위증도 기대 가능성이 없기 때문에 벌할 수 없고(대판 1961. 7. 13. 61형상194) 어뢰작업 중 납북되어 북괴지역에서 한 찬양·고무행위는 살기 위한 부득이한 행위로서 기대 가능성이 없고(대판 1967. 10. 4. 67도1115), 입학시험응시자가 우연한 기회에 출제된 시험문제를 알게 되어 그에 대한 답을 암기하여 답안지에 기재한 경우에 암기한 답을 답안지에 기재해서는 안 된다는 것을 일반 수험생에게 기대하는 것은 보통의 경우에 불가능하다고 무죄를 선고한 것(대판 1966. 3. 22. 65도1164) 등은 모두 기대 가능성을 일반적인 책임조각사유로 인정한 것이다.

560) RGSt, 30, 25(이 사건은 피고용인 마부가 꼬리를 고삐에 감는 악습이 있는 말을 마차에 사용하는 것은 위험하므로 고용주에게 다른 말로 교체해 줄 것을 수차 요구했으나 고용주가 이를 거절하고 그 말을 그대로 사용할 것을 명령하므로 할 수 없이 그대로 했던바 그 말이 꼬리를 고삐에 감게 되어 마차를 조종할 수 없게 되고, 그 결과 통행인에게 상해를 입힌 사건이다. 이에 대해 제국법원은 피고인이 수차 악습 있는 말의 교체를 요구했으나 고용주가 이를 거절한 사실과 피고인이 만일 그 말의 사용을 거절하면 생계에 위협을 받게 된다는 사실 등을 고려하여 피고인에게 그 말을 사용하지 아니할 것을 기대할 수 없다는 이유로 무죄를 확정했다.).

561) 프랑크에 의하면, 예컨대 상점의 회계원과 우편배달부가 각각 횡령죄를 범한 경우에 회계원은 지위가 높고 가족도 적으나 사치를 위해서 이를 범했다고 한 데 대하여, 배달부는 적은 월급으로 신병의 처와 많은 자식을 부양하기 위해서 부득이 범했다고 하는 경우에 양자는 타인의 재물을 위법으로 영득한 고의에 관해서는 구별이 없으나 의심할 여지없이 전자의 책임은 가중되는 데 반해, 후자의 책임은 감경된다고 한다. 즉 배달부에 대해서는 적법행위의 기대는 적으나 회계원에 대해서는 그 기대가 크다고 한다. 이와 같이 같은 범죄에 있어서도 행위자의 심리 면에 있어 구별될 때에는 이에 부수되는 제반의 사정 여하가 구체적인 형사책임의 정도에 영향을 준다고 하여 책임을 부수사정에 따라 경중 또는 조각되는 것이라 주장하였다(Frank, *Uber den Aufbau des Scbulbegriffs*, 1907).

562) Goldschmidt, *Der Notstand, Ein Scbuldproblem*, österr. Z., 1913, S. 144ff.

⑤ 슈미트(Eb Schmidt)는 법률의 규정이 없는 경우에도 적법한 행위를 기대
할 수 없는 때에는 책임비난의 가능성이 없어진다고 하여 골드슈미트와
프로이덴탈에 의하여 주장된 초법규적 책임조각이론을 **완성**하였다.564)

3. 기대 가능성의 체계적 지위

① **고의·과실의 구성요소설** 기대 가능성을 책임의 **심리적 요소**인 고의·과실
의 구성요소로 파악하여 기대 가능성이 없으면 고의·과실이 조각되어
책임도 조각된다는 견해이다.565)
② **독립된 책임요소설** 기대 가능성을 책임능력, 고의·과실 등과 병렬적 위치
에서 적극적으로 책임을 구성하는 독립된 책임요소라는 견해이다.566)
③ **소극적 책임요소설** 기대 가능성은 책임의 적극적 요소가 아니므로 책임능
력과 책임조각이 존재하면 원칙적으로 책임이 인정되지만, 예외적으로 기대
가능성이 없는 때에는 책임이 조각된다는 견해567)로 다수설이다.

4. 기대가능성이론의 기능

■ 초법규적 책임조각사유의 인정 여부
① **부정설** 법률에 규정이 없는데도 초법규적 책임조각사유를 인정하면 책임개
념을 사람에 따라 상대화시켜 법적용의 불균형을 가져오며, 형법의 일반예방
기능을 약화시킨다. 또한 판결의 자연법화를 가져와 형법의 해체를 초래하므
로 기대 불가능성을 초법규적 책임조각사유로 인정할 수 없다는 견해이다.568)

---

563) Freudenthal, *Schuld und Vorwurf im geltenden Strafrecht*, 1922, S. 3ff.

564) Liszt/Schmidt, *Lehrbuch, 26. Aufl.*, 1932, S. 221ff.

565) Freudenthal, *Schuld und Verwurf im geltenden Strafrecht*, 1922, S. 10ff; Liszt/Schmidt, *Lehrbuch*, S. 212ff.

566) 이형국, 총론, 240면; 임웅, 총론, 287면; 오영근, 총론, 470면; 손동권, 총론, 263면; 심재우, "규범적 책
임론과 기대가능성", 고시연구, 1979. 9. 24면.

567) 이건호, 공저, 270면; 정영석, 총론, 205면; 배종대, 총론, 402면; 정성근·박광민, 총론, 356면; 이재상,
총론, 340면; 손해목, 총론, 664면; 박상기, 총론, 262면; 안동준, 총론, 166면; 김성천·김형준, 총론,
376면; 권문택, "기대가능성", 고시계, 1972. 12. 16면; 염정철, "기대가능성", 고시계, 1967. 7. 31면;
진계호·이존걸, 총론, 455면.

568) 황산덕, 총론, 김일수·서보학, 총론, 409면; 배종대, 총론, 403면; 박상기, 총론, 239면; 신동운, 총론,
416면; 안동준, 총론, 167면; 이정원, 총론, 252면.

② **긍정설** 실정법에서 기대 불가능한 사정을 모두 규정한다는 것은 입법적으로 불가능하고, 형법해석의 엄격성은 주로 **구성요건의 확장해석**에 대한 것이지 책임조각에까지 타당한 것은 아니므로 기대 불가능성은 초법규적 책임조각사유가 된다는 견해로 타당하다.[569]

5. 기대 가능성의 판단기준

(1) **행위자표준설** 기대 가능성의 유무를 행위 당시에 행위자가 처했던 사정하에서 그의 능력을 표준으로 적법행위의 기대가 가능하였는가의 여부에 따라 판단해야 한다는 견해이다.[570]

(2) **평균인표준설** 기대 가능성의 유무를 사회일반의 평균인이 행위자의 입장에 있었을 경우 적법행위의 가능성이 있었는가의 여부에 따라 판단해야 한다는 견해[571]로 타당하며, 판례도 같은 입장이다.[572]

(3) **국가표준설** 기대 가능성의 유무를 적법행위를 기대하고 있는 국가가 법질서 내지 현실을 지배하는 국가이념에 따라 판단해야 한다는 견해이다.[573]

---

569) 김성천·김형준, 총론, 378면; 이재상, 총론, 341면; 이형국, 총론, 244면; 임웅, 총론, 290면; 정성근·박광민, 총론, 360면; 손동권, 총론, 266면; 오영근, 총론, 480면; 진계호·이존걸, 총론, 456면.

570) 김성천·김형준, 총론, 381면; 이형국, 총론, 242면; 박상기, 총론, 262면; 배종대, 총론, 411면; 심재우, "규범적 책임과 기대가능성", 30면.

571) 유기천, 총론, 213면; 황산덕, 총론, 216면; 정영석, 총론, 206면; 이재상, 총론, 344면; 김일수·서보학, 총론, 412면; 임웅, 총론, 289면; 정성근·박광민, 총론, 357면; 신동운, 총론, 419면; 오영근, 총론, 472면; 진계호·이존걸, 총론, 457면.

572) 대판 2004. 7. 15. 전원합의체판결 2004도2965(피고인이 그의 양심상의 결정에 반하여 현역입영에 응할 것을 기대할 가능성이 있는지 여부는 사회적 평균인의 관점에서 판단하여야 하는바, 사회적 평균인의 관점에서는 여호와의 증인이 현역입영에 응하는 것이 불가능하다고 보기는 어려우므로 적법행위의 기대 가능성이 없다고 볼 수 없다.).

573) 좌백, 총론, 290면; 평아, 총론강의, 113면; 청유, 통론Ⅰ, 324면.

6. 기대 가능성으로 인한 책임조각사유[574]

<table>
<tr><td colspan="2" align="center">(1) 형법상 책임조각사유</td></tr>
<tr><td>① 형법총칙</td><td>[책임조각사유]
■ 강요된 행위(제12조), ■ 과잉방위(제21조 제2항), ■ 과잉피난(제21조 제3항)
[책임조각·감경사유]
■ 과잉방위(제21조 제2항), ■ 과잉피난(제22조 제3항, 제21조 제2항),
■ 과잉자구행위(제23조 제2항)</td></tr>
<tr><td>② 형법각칙</td><td>[책임조각사유]
■ 친족 간의 범인은닉·증거인멸(제151조 제2항, 제155조 제4항)
[책임감경사유]
■ 단순도주죄(제145조)의 형이 도주원조죄(제147조)의 형보다 경한 것
■ 위조통화취득 후 지정행사죄(제210조)의 형이 위조통화행사죄(제207조 제4항)의 형보다 경한 것</td></tr>
</table>

<table>
<tr><td colspan="2" align="center">(2) 초법규적 책임조각·감경사유</td></tr>
<tr><td>① 면책적 긴급피난</td><td>면책적 긴급피난이란 긴급피난의 요건을 완전히 충족하지 못하여 위법성이 조각되지 않지만 행위자에게 달리 적법행위의 기대 가능성이 없어서 책임이 조각·감경되는 경우이다.[575]
■ 긴급피난의 의사로 행위를 했으나 보충성의 요건을 충족하지 못한 경우
■ 동등한 이익이나 비교형량이 곤란한 이익을 침해한 경우
■ 다른 가족들의 생명에 위협을 줄 정도로 장기적으로 음주폭행을 일삼는 한 형제를 다른 형제들이 살해한 경우
■ 고대 그리스 철학자 카르네데스(Karneades)가 생각한 널빤지에 탄 두 사람 중에서 힘센 자가 약한 자를 떠밀어 익사시키고 살아난 경우</td></tr>
<tr><td>② 구속력 있는 위법명령에 따른 행위</td><td>■ 수명자가 명령의 위법을 몰랐을 때에는 금지착오로서 회피 가능성이 없으면 책임이 조각된다.
■ 수명자가 명령의 위법함을 알면서 부득이 이를 행한 때에는 강요된 행위에 해당되는 경우에 책임이 조각된다.
■ 강요된 행위는 아니나 저항이 기대될 수 없는 경우에는 기대 불가능성에 기초한 초법규적 책임조각사유이다.</td></tr>
<tr><td>③ 면책적 의무의 충돌</td><td>■ 낮은 가치의무와 높은 가치의무가 충돌한 경우 의무자가 기대 불가능성을 이유로 부득이한 사유로 낮은 가치의 의무를 이행한 경우 초법규적 책임조각사유가 된다.
■ 개인적인 종교·윤리관으로 인하여 낮은 가치의 의무를 이행한 확신범의 경우에 위법성이나 책임이 조각되지 않는다는 것이 통설이다.
■ 법적대적·법질서침해행위로 인정되지 않는 종교적 확신범은 사정에 따라 기대 불가능성에 의한 책임조각사유가 되는 수가 있다고 해야 한다.
■ 동 가치 또는 의무형량이 불가능한 의무충돌의 경우에도 책임조각사유가 된다(수영교사가 물에 빠진 두 아이 중 익사의 위험성이 임박한 아이를 구하지 않고 자신의 아들을 구한 경우).</td></tr>
<tr><td>④ 생명·신체 이외의 법익에 대한 강요된 행위</td><td>■ 자기 또는 친족의 생명·신체 이외의 자유·정조 또는 재산에 대한 위해를 방어할 방법이 없는 협박에 의하여 강요된 행위는 처벌해야 한다. 그러나 그러한 강제상태 아래에서 부득이 행한 경우 적법행위에 대한 기대 가능성이 없으면 초법규적으로 책임이 조각 또는 감소된다.</td></tr>
</table>

---

574) 진계호·이존걸, 총론, 458면 이하.

575) 우리 형법 제22조 제3호는 "과잉방위가 야간 기타 불안스러운 상태에서 공포·경악·흥분 또는 당황으로 인한 때에는 벌하지 아니한다."고 하는 불가벌(면책)의 규정(제21조 제2항·제3항)을 긴급피난의 경우에 준용하고 있는데, 이에 의해 불가벌(면책)되는 경우가 면책적 긴급피난으로 평가될 수 있다.

7. 기대 가능성에 관한 착오

① **기대 가능성의 존재 또는 한계에 관한 착오**란 행위자가 스스로 판단할 성질이 아닌 착오로 '위법한 상사의 명령을 받은 사람이 그 명령에 따르면 기대 가능성이 없어서 책임이 조각된다고 착오'한 경우이다.

② **기대 가능성의 기초가 되는 사정에 관한 착오**란 적법한 행위의 기대가 불가능한 사정이 존재하지 않은데도 존재한다고 오신한 경우이다. '자기의 생명에 대한 방어할 방법이 없는 **협박**이 존재하지 않은데도 존재한다고 오신하고 위법행위를 한' 경우이다.

③ **위와 같은 착오**는 고유한 종류의 착오로 **위법성 착오**와 같이 취급해야 한다.[576)

▨ 판례

[판례 1] 제12조의 저항할 수 없는 폭력(暴力)은 심리적 의미에서 육체적으로 어떤 행위를 절대적으로 하도록 만드는 경우와 윤리적 의미에서 강압된 경우를 말한다. 협박(脅迫)은 자기 또는 친족의 생명, 신체에 대한 위해를 달리 막을 방법이 없는 경우를 말한다. 강요(强要)는 피강요자의 자유로운 의사결정을 하지 못하게 하면서 특정행위를 하게 하는 것을 말한다.[577)

[판례 2] 강요행위가 되려면 반드시 유형력(有形力)의 협박을 받을 것을 요건으로 하지 않는다.[578)

[판례 3] 북한에 납북된 피고인들의 북한에 대한 찬양·고무행위는 강요된 행위이며, 적법행위에 대한 기대 가능성(행위자가 적법 행위를 할 것이라고 기대할 수 있는 가능성)이 없다.[579)

[판례 4] 상사(上司)의 지시에 의한 군용물의 불법매각 행위는 강요된 행위가

---

576) 이재상, 총론, 424면; 진계호·이존걸, 총론, 462면.
577) 대판 1983. 12. 13. 83도2276.
578) 대판 1968. 11. 26. 68도1309; 同 1969. 3. 25. 69도94.
579) 대판 1971. 12. 28. 71도1304; 同 1971. 12. 1. 71도1657.

아니다.580)

[판례 5] 단체 사이의 상하관계에서 오는 구속력 때문에 이루어진 행위라는
사유만으로는 그 행위를 강요된 행위라 볼 수 없다.581)

[판례 6] 모자보건법이 일정한 경우 인공임신중절수술을 허용하고 있더라도
의사의 낙태거절에 대한 기대 가능성이 전혀 없는 것은 아니다.582)

[판례 7] 상사의 범법행위에 가담한 부하는 가담하지 않을 수 있는 기대 가능
성이 있다.583)

제2절 미수범(未遂犯)

Ⅰ. 일반이론

1. **제25조 제1항 장애미수** 장애미수란 행위자가 자기의 의사에 반하여 범죄
를 완성하지 못한 경우를 말한다(외부적 장애로 범죄 미완성).
[사례] 甲이 권총으로 탄환을 장전하여 乙을 살해코자 발사하였으나 탄환
의 불량으로 불발하여 그쳤다. 형을 임의적으로 감경할 수 있다.

2. **제26조 중지미수** 중지미수란 범죄의 실행에 착수한 자가 아직 범죄가 완
성되기 전에 자의(自意)로 범행을 중지하거나, 결과의 발생을 방지하는 경
우를 말한다.
[사례] 살인하고자 상대방을 음독시켰으나 뒤에 후회하고 자발적으로 의
사의 협력을 얻어 생명을 건진 경우 형을 필요적으로 감면한다.

3. **제27조 불능미수** 불능미수란 행위자의 고의에 의해 표상된 구성요건 표지
가 처음부터 충족될 수 없기 때문에 결과발생은 불가능하지만 위험성(危險
性)으로 인하여 미수범으로 처벌되는 경우를 말한다.

---

580) 대판 1983. 12. 13. 83도2543.
581) 대판 1986. 9. 23. 86도1547.
582) 대판 1985. 6. 11. 84도1958.
583) 대판 1985. 5. 27. 86도614.

[사례] 사람을 살해하려고 권총방아쇠를 당겼으나 그것이 물총이었던 경우로, 형을 임의적으로 감면한다.

4. **제28조 음모·예비 (豫備)**란 특정범죄의 실현을 목적으로 행해지는 준비행위로서 아직 실행의 착수에 이르지 아니한 일체의 행위를 말한다.

[사례] 예비는 살인을 위해 독약을 구입하거나, 방화를 위해 인화물질을 준비하는 경우이다.

음모(陰謀)란 일정한 범죄의 실행을 목적으로 2인 이상이 합의를 이루는 것을 말하므로 단순히 범죄의사의 표시나 교환과는 다르다.

[사례] 음모는 살인을 착수하기 이전에 2인이 모여 살인 계획을 세우는 것을 말한다. 예비죄와 음모죄는 실행의 착수 이전의 행위이다.

5. **제29조 미수범의 처벌** 예비·음모와 같이 형법 각본조에 처벌한다는 특별규정이 있는 경우에만 처벌한다.

Ⅱ. 관련 법조문

본 절에서 미수범에 대한 규정으로는 미수범(제25조), 중지범(제26조), 불능범(제27조), 음모·예비(제28조), 미수범의 처벌(제29조)로 되어 있다.

> **제25조**
> **미수범(장애미수)**
>
> ① 범죄의 실행에 착수하여 행위를 종료하지 못하였거나 결과가 발생하지 아니한 때에는 미수범으로 처벌한다.
> ② 미수범의 형은 기수범보다 감경할 수 있다.

해설

[의의] **미수범**(未遂犯)이란 '범죄의 실행에 착수하여 행위를 종료하지 못하였

거나 결과가 발생하지 아니한 때'에 성립하는 범죄를 말한다. 즉 범죄 실행의 착수는 하였으나 그 범죄의 기수(旣遂)에 이르지 못한 경우를 미수라고 한다. 미수범은 실행의 착수가 필요하다. 그러나 예비·음모는 실행의 착수가 필요치 않다. 미수범은 결과의 발생이 없다. 기수는 결과의 발생이 있다.

[사례] 강간 목적으로 피해자를 차에 태워 주행하여 외포케 하고 시속 50킬로미터를 운행하여 여관 앞까지 강제 연행한 후 강간하려다 미수에 그친 경우(대판 1983. 4. 26. 83도323)

①항: 장애 미수(障碍未遂)를 뜻한다.

②항: 미수범의 처벌 규정을 뜻하며, 또다시 제29조에서도 미수범의 처벌할 죄는 각본조(各本條)에서 정한다는 뜻이다.

미수범의 체계		
형법 제25조	일반규정	장애미수
형법 제26조	특수유형	중지미수
형법 제27조	특수유형	불능미수

범죄 실현의 단계				
1단계	2단계	3단계	4단계	5단계
범죄 결의	예비 음모	미수	기수	범행종료
범죄를 실현하려는 의지	예비란 특정범죄의 실행을 목적으로 행해지는 준비행위로 예비행위가 범죄로서 처벌되는 경우이다. 음모란 일정한 범죄의 실행을 목적으로 2인 이상이 합의를 이루는 것	미수란 범죄의 실행에 착수하여 실행행위를 종료하지 못하였거나 종료했더라도 결과가 발생하지 아니한 경우(형법 제25조, 제26조, 제27조)	기수란 행위가 범죄 구성요건의 모든 요소를 충족한 경우(대부분 범죄가 여기서 끝남)	범행종료란 범죄의 기수가 성립한 후 보호법익에 대한 침해행위가 실질적으로 끝난 경우 (목적범에 있어서 목적)
불벌(不罰)	형법 각본조에 처벌한다는 특별규정이 있는 경우에만 처벌한다.		처벌	공소시효 기산점(형소법 제252조)
			기수 이후 종료 이전까지 공범성립과 정당방위 가능	

학설

1. 미수범의 처벌근거

**범죄의 결과가 발생하지 않았음에도 처벌하는 이유는 무엇인가에 대한 견해
가 대립된다.**

(1) **객관설** 미수범의 처벌근거는 행위자의 의사에 있는 것이 아니라 결과불법의
발생에 대한 높은 개연성 때문에 처벌된다. 이는 포이어바하(Feuerbach)
이래 객관주의 범죄이론에서 주장된 견해이다.[584]

(2) **주관설** 미수의 처벌근거를 행위에 의하여 외부에 표시된 범죄적 의사 내
지 법적대적 의사에 있다는 주관주의 범죄이론 또는 행위반가치를 강조
한 견해이다.[585]

(3) **절충설** 미수범의 처벌근거는 범죄의사에 있지만, 미수의 가벌성은 행위자
의 법적대적 의사의 실행이 법질서의 효력과 법적 안정성을 침해한다는
인상을 일반인에게 주었을 때(**인상설**) 인정된다는 견해이다.[586]

형법상 미수범의 형은 기수범의 형보다 감경할 수 있도록 하고(제25조 제2
항), 미수범의 처벌할 죄는 각본조에 규정하며(제29조), 결과발생이 불가능
하더라도 위험성이 있을 때는 불능미수(제27조)를 벌하는 것은 미수범에
관하여 주관주의적 위험형법과 객관주의적 침해형법을 절충했다고 볼 수
있다. 따라서 미수범의 처벌근거는 절충설이 타당하다고 생각된다.[587]

2. 미수범의 성립요건

형법 제25조에 규정한 미수범의 성립에는 주관적 요건인 범행결의와 객관적

---

584) Liszt/Schmidt, *Lehrbuch*, S. 182; Hippel, *Strafrecht*, 2.Bd., 1930, S. 419.

585) Welzel, *Strafrecht*, S. 192f; Stratenwerth, *AT*, Rdn. 652ff; Lackner, *StGB*., S. 116; Baumann, *AT*, S. 507; Schmidhäuser, *AT*, 2. Aufl, S. 593.

586) ① 절충설을 인상설과 동일시하여 찬동하는 학자로는 김성천 · 김형준, 총론, 407면; 이형국, 총론, 272면; 김일수 · 서보학, 총론, 515면; 배종대, 총론, 423면; 임웅, 총론, 306면; 손동권, 총론, 343면; 안동준, 총론, 177면; 이정원, 총론, 256면; 조준현, 총론, 253면. ② 절충설은 주관적 요소와 객관적 요소를 다 고려해야 한다는 의미이지 인상설을 의미하는 것은 아니라고 하여 절충설과 인상설을 구별하는 학자들은 손해목, 총론, 844면; 이재상, 총론, 354면; 정성근 · 박광민, 총론, 382면.

587) 진계호 · 이존걸, 총론, 487면.

요건인 실행의 착수 및 범죄의 미완성이다.

(1) **주관적 요건** 미수범에도 기수범처럼 **고의**가 있어야 한다. 만약 처음부터 미수에 그치겠다는 단순한 미수의 고의는 인정되지 않는다.[588] 따라서 과실범의 미수는 있을 수 없다. 확정적 고의는 물론 미필적 고의도 미수범의 고의가 된다. 가중적 구성요건에 대한 미수범은 가중사유에 대한 인식이 있어야 한다. 미수범의 고의는 확정적 행위의사라야 한다.

함정수사에서 행위자의 의사는 기수의 의사가 아니므로 원칙적으로 불가벌이다.[589] 그리고 범죄의 태양에 따라 고의 이외에 특별한 주관적 구성요건을 필요로 하는 경우에는 이에 대한 인식도 필요하다(예: 목적범에 있어서 목적이나, 불법영득 의사이다.).

(2) **객관적 요건** 미수범이 성립하기 위해서는 첫째, 실행의 착수(범죄의 직접개시)가 있어야 한다. 둘째, 특수한 경우(간접정범, 원인에 있어서 자유로운 행위, 공동정범과 공범, 격리범)에는 실행의 착수가 문제 될 수 있다. 셋째, 범죄가 완성에 이르지 않아야 한다. 여기서 첫째의 경우에는 객관설, 주관설, 절충설이 있다.

① **객관설** 구성요건에 해당하는 객관적 · 외부적인 행위를 표준으로 하여 실행의 착수를 정하려는 견해로, **형식적 객관설**(행위자가 엄격한 의미에서의 구성요건에 해당하는 행위 또는 그 행위의 일부가 개시되었을 때 실행의 착수가 있다는 견해로 이에 의하면 절도죄는 절도의사로 서랍이나 장롱의 문을 여는 정도로는 아직 실행의 착수가 없고, 재물을 손으로 잡을 때, 살인죄는 총의 방아쇠를 당길 때 비로소 실행의 착수가 있다고 한다. 범인의 결정적 범의표현이 범죄구성요건의 실현단계에 돌입하는 순간 실행의 착수가 있다는 판례[590]도 이에 속한다.)과 **실질적 객관설**(구성요건적 행위와 필연적 결합관계에 있는 행위를 한 때,[591] 법익에 대한 제1의 침해 내지 현실적 위험성이 발생한 때,[592] 실행의 착수가 있다는 견해이다. 보호법익에 대한 직접적인 위험을 야기한 때 또는 법익침해에 밀접한 행

---

588) 이형국, 연구Ⅱ, 498면; 정성근, 총론, 469면; 이재상, 총론, 364면.

589) 김일수, 원론, 424면; 이재상, 총론, 364면.

590) 대판 1956. 11. 30. 4289형상217.

591) Frank, *StGB*, 18. Aufl. § 43 Ⅱ 2, S. 87.

592) M. E. Mayer, *AT*, 2. Aufl., 1923, S. 353; 독일 다수의 판례(*RGHSt* 53, 217: 54, 182; 59, 389 또 BGHSt 2, 380; 6, 98; 20, 150; 22, 8).

위가 있을 때 실행의 착수가 있다고 보는 판례593)도 이에 속한다.)이 있다.

② **주관설** 행위자의 표상에 따라 실행의 착수유무를 판단해야 한다는 입장에서 범의의 성립이 그 수행적 행위에 의하여 확정적으로 인정될 때594) 실행의 착수가 있다는 견해이다. 간첩죄의 착수시기에 대하여 일관하여 간첩목적으로 남한에 침입한 때 실행의 착수가 있다고 판시595)하고 있다.

③ **절충설** 행위자의 주관적인 범죄계획에 비추어(주관적 기준) 범죄의사의 분명한 표현이라고 볼 수 있는 행위가 보호법익에 대한 직접적인 위험을 발생시킨 때(객관적 기준) 실행의 착수가 있다는 다수설적 견해596)로, 두 설을 모두 고려한 이 견해가 타당하다.597)

■ **절충설에 의한 실행의 착수시기의 판단기준**

1) **구성요건적 행위의 개시** 구성요건의 일부실현(예: 사기를 위해 기망행위를 한 때) 또는 결합범의 일부를 이루는 행위개시 시(예: 강간죄의 폭행·협박 시) 실행의 착수가 인정된다.

2) **구성요건실현을 위한 직접적 행위** 구성요건적 행위가 개시되지 아니한 때(예: 절취할 재물의 물색 시·접근 시)에도 직접 구성요건실현을 위한 직접적 행위가 있으면 실행의 착수를 인정할 수 있다.

3) **범행계획의 고려** 구성요건실현을 위한 직접적 행위(예: 살인을 위해 권총을 겨냥한 때)가 있었는가는 범인의 전체적인 범죄계획에 따라 판단되어야 한다.

3. 특수한 경우의 실행의 착수

(1) **간접정범** 간접정범의 실행의 착수 시기는 ① 이용자가 피이용자를 이용

---

593) 대판 1966. 5. 3. 66도383; 대판 1983. 3. 8. 82도2944; 대판 1985. 4. 23. 85도464.

594) 정영석, 총론, 219면; 이건호, 개론, 154면 이하.

595) 대판 1969. 10. 28. 69도1606; 대판 1961. 9. 28. 4294형상232; 대판 1958. 12. 26. 4291형상462.

596) 유기천, 총론, 257면; 황산덕, 총론, 227면; 김일수, 총론, 421면; 손해목, 총론, 851면; 이형국, 연구 II, 501면; 정성근, 총론, 474면; 이재상, 총론, 367면; 박상기, 총론, 325면; 안동준, 총론, 181면; 임웅, 총론, 302면; 김종원, "실행의 착수", 법정, 1977. 5. 35면; 성시탁, "실행의 착수", 고시계, 1985. 5. 33면; 박동희, "미수" 고시연구, 1977. 10. 60면.

597) 진계호, 총론, 450면.

하기 시작한 때,598) ② 피이용자의 실행행위 시,599) ③ 이용자의 이용행위가 끝나고 피이용자가 이용자의 행위권을 벗어나 독자적으로 행위를 진행하기 시작한 때,600) ④ 피이용자가 선의(善意)의 도구인 경우에는 이용자의 이용 행위 시에, 피이용자가 악의(惡意)의 도구인 경우에는 피이용자의 실행 행위 시에 **실행의 착수**가 있다고 보는 견해(절충설)가 타당하다고 생각된다.601)

간접정범에 있어서 피이용자의 행위는 이용자 행위의 당연한 연장으로 본다. 그러나 악의의 도구를 이용하는 경우에는 피이용자가 행위 지배를 하고 있으므로 의사지배도 없는 자의 실행 착수를 인정할 수 없다.

(2) **원인에 있어서 자유로운 행위** 본 행위 실행의 착수 시기는 **객관설**(통설)602)(책임능력결함 상태하의 실행행위 시라는 것), **주관설**603)(간접정범과 동일한 논리구조로 보아 책임능력결함 상태의 원인을 설정한 때), **절충설**604)[책임능력결함 상태로 돌입하기 전 단계(반무의식 상태)에서 구성요건행위를 실행한 때]이 대립된다. 책임능력결함 상태에서의 행위는 책임능력이 없지만 원인행위와의 불가분의 연관이 있다.

따라서 행위와 책임의 동시존재에 대한 예외로 원인에 있어서 자유로운 행위에 있어서의 실행행위도 있다고 본다. 따라서 고의의 **작위범**은 책임능력결함 상태에서의 실행행위 시에, 고의의 **부작위범**은 의무에 반한 부작위의 개시 시에 각각 실행의 착수가 있다고 본다.605)

(3) **공동정범과 공범** 공동정범자 개인의 행위를 기준으로 판단할 것이 아니고 공동정범자의 전체 행위를 기준으로 실행의 착수를 정한다.606) 따라서 공

---

598) 유기천, 총론, 134면; 이재상, 총론, 371면; 박상기, 총론, 317면; 안동준, 총론, 182면; 임웅, 총론, 303면; 오영근, "간접정범", 고시계, 1992, 10, 102면.

599) 이형국, 총론, 277면; 신동운, 총론, 623면.

600) 김일수, 한국형법(Ⅱ), 168면; 김성천 · 김형준, 총론, 420면; 박상기, 총론, 399면; 손동권, 총칙론, 415면; 손해목, 총론, 967면; 이정원, 총론, 316면.

601) 김종원(공저), 총론, 284면; 정성근 · 박광민, 총론, 389면; 배종대, 총론, 445면; 진계호 · 이존걸, 총론, 497면.

602) 이재상, 총론, 329면; 박상기, 총론, 228면; 배종대, 총론, 446면; 손해목, 총론, 855면; 정성근, 총론, 500면; 안동준, 총론, 182면.

603) 정창운, 총론, 228면; 이건호(8인 공저), 총론, 213면 이하.

604) 김일수, 원론, 657면.

605) 진계호 · 이존걸, 총론, 498면.

606) 정성근, 총론, 475면; 배종대, 총론, 397면; 임웅, 총론, 303면.

동자 중 1인이 공동적 범죄계획에 따라 실행에 착수한 때 다른 공동자가 아직 구체적 실행에 나가지 아니한 때도 실행의 착수가 인정된다. 형사책임의 문제는 다른 공동정범자가 실행행위의 분담이 있을 경우에 한한다. 교사범과 종범(협의의 공범)은 정범이 실행행위로 나아갈 때 실행의 착수가 인정된다.607)

(4) **격리범**(隔離犯)이란 구성요건해당행위와 이에 의한 결과발생이 시간적 또는 장소적으로 상위(相違)한 범죄로, 독물을 우송하여 사람을 살해한 때가 이에 해당한다. 격리범의 실행의 착수 시기는 **객관설**(결과가 발생한 접근·밀접한 행위를 한 때; 독물이 상대방에게 배달된 때), **주관설**(원인행위를 개시한 때: 독물을 탁송한 때), **절충설**(행위자의 범죄행위를 고려하여 원인행위가 개시된 때)이 있으나, 절충설이 타당하다 하겠다.608)

4. 미수범의 처벌

우리 형법은 미수범을 형법 각본조에 특별규정이 있는 경우에만 처벌토록 하고 있다(제29조). 따라서 미수범의 처벌은 원칙적으로 기수범과 동일하고 경우에 따라 형을 감경(임의적으로)할 수 있다. 감경할 수 있는 형은 주형에 한하고, 부과형과 보안처분은 감경할 수 없다.609) 그리고 징역형과 벌금형이 병과된 때에는 모두를 감경할 수 있다.

5. 미수범과 관련 문제

(1) **거동범과 미수** 거동범은 행위가 종료하면 기수가 되므로 **실행미수**는 있을 수 없다. 그러나 **착수미수**는 있을 수 있다(긍정설).610) 형법도 주거침입죄(거동범)의 미수를 처벌한다. 판례도 주거침입죄의 미수를 인정하고 있다.611)

---

607) 진계호·이존걸, 종론, 498면.

608) 진계호·이존걸, 종론, 498면.

609) 대판 1977. 9. 13. 77도2028.

610) 손해목, 종론, 857면; 이형국, 종론, 281면; 김성천·김형준, 종론, 418면; 오영근, 종론, 534면; 손동권, 종론, 352면; 이정원, 종론, 252면.

611) 대판 1995. 9. 15. 94도2561(주거로 들어가는 문의 시정장치를 부수거나 문을 여는 등 침입을 위한 구체적 행위를 시작하였다면 주거침입죄의 실행의 착수는 있었다고 보아야 하고, 신체의 극히 일부분이 주거 안으로

그러나 미수는 범죄의 실행에 착수하여 이를 완성하지 못한 경우이므로, 구성요건상 결과의 발생을 필요로 하는 거동범의 경우에는 미수를 인정할 수 없다고 본다.[612] 따라서 거동범의 예로 주거침입죄(제319조 제1항)와 퇴거불응죄(제319 제2항)의 미수범처벌규정(제322조)은 입법 개정이 요구된다.

(2) 부작위범과 미수

① **부진정부작위범** 결과범의 성격을 가지고 있어 미수가 성립할 수 있다.

② **진정부작위범** 미수범 처벌규정이 있는 한 미수를 인정할 수 있다(긍정설).[613] 그러나 본 범죄는 **결과의 발생을 요건**으로 하지 않아 요구되는 행위를 하지 않으면 범죄는 곧 완성된다. 따라서 본범에 대한 미수는 생각할 여지가 없다.[614] 그럼에도 형법은 퇴거불응죄의 미수를 벌하는 규정을 두고 있다(제322조, 제319조 제2항). 이는 입법 개정이 요구된다.

(3) **결과적 가중범과 미수** 결과적 가중범도 **과실범**과 같이 중한 결과발생으로 인해 범죄가 성립한다. 또 중한 결과발생이 없으면 결과적 가중범이 성립하지 않는다. 따라서 미수의 개념을 인정할 여지가 없다.[615] 현행형법은 결과적 가중범의 요건으로 중한 결과에 대한 **과실**을 요구한다(제15조 제2항). 그러므로 결과발생 전에 결과적 가중범 전체의 **미수**는 있을 수 없다(결과적 가중범은 결과의 발생이 있으면 전체적으로 고의행위가 미수라 할지라도 전체가 기수범이 된다.). 예컨대 강도에 착수한 자가 아직 재물을 탈취하기 전에 피해자를 치사시킨 경우에는 강도행위는 **미수**다. 그러나 강도치사죄(제338조 후단)는 **기수**다.

(4) **공범의 미수** 정범이 미수에 그친 때에는 정범의 미수죄에 대한 공범(교사범과 방조범)도 미수죄이다. 그러나 정범이 실행의 착수에도 이르지 아니한 때에는 공범도 미수에 불과하다. 다만 **교사범**에 **한하여** 제31조 제2항과 제3항에 의해 예비·음모에 준하여 처벌한다.

들어갔지만 사실상 주거의 평온을 해하는 정도에 이르지 않았다면 주거침입죄의 미수에 그친다.

612) 정영석, 총론, 222면; 이재상, 총론, 365면; 정성근·박광민, 총론, 392면; 안동준, 총론, 183면.

613) 박상기, 총론, 301면; 손동권, 총론, 352면.

614) 이재상, 365면; 이형국, 총론, 281면; 정성근·박광민, 총론, 474면.

615) 정영석, 총론, 22면; 황산덕, 총론, 141면; 이재상, 총론, 357면; 김일수, 총론, 599면; 박상기, 총론, 347면; 배종대, 총론, 431면.

범 죄	미수범 성부	내 용
거동범	미성립	실행미수
	성립	착수미수. 형법과 판례
진정 부작위범	미성립	일부학설
	성립	형법규정. 불능범은 예외로 미수 가능
부진정 부작위범	성립	결과범의 부작위에 의한 미수 가능
결과적 가중범	미성립	결과의 발생이 없을 때
	성립	결과의 발생이 있을 때
과실범	미성립	
환각범(오상범)	미성립	환각범이란 행위자가 사실상 허용되고 있는 행위가 금지되거나 처벌된다고 오인한 경우를 말한다. 그러나 이런 경우에 형법상의 구성요건적 고의를 인정할 수 없다.
공범	성립	공범독립성설(정범이 미수인 경우)
	미성립	공범종속성설

판례

[예비죄 인정]

[판례 1] [살인예비] 권총을 교부하면서 사람을 살해하라고 한 행위[616]

[판례 2] [허위문서행사죄의 예비] 가짜 군인이 근인복장을 갖추고 허위신분증을 항상 휴대하고 도처에 배회한 사실[617]

[판례 3] [관세포탈죄의 예비] 한국에 밀수입할 목적으로 물건을 싣고 항해하는 도중에 공해상에서 체포된 경우[618]

[판례 4] [국가보안법위반죄의 예비] 갑이 일방적으로 반국가단체인 조총련 간부에게 집 살 돈을 송금해 달라는 내용의 편지를 써서 재일동포에게 전달을 부탁했으나, 위 재일동포가 김포공항에서 출국하려다가 검거되어 그 연락목적을 이루지 못한 경우[619]

[판례 5] [절도죄의 예비] 잘 아는 피해자에게 전화채권을 사 주겠다며 골목길로 유인하여 돈을 절취하려고 기회를 엿본 행위,[620] 갑은 소를

---

616) 대판 1950. 4. 18. 428형상8.
617) 대판 1956. 11. 2. 4289형상240.
618) 대판 1966. 9. 27. 66도99.
619) 대판 1973. 6. 26. 73도548.
620) 대판 1983. 3. 8. 82도2944.

흥정하고 있는 피해자의 뒤에 접근하여 자신이 들고 있던 가방으로 돈이 들어 있는 피해자의 주머니를 스치면서 지나간 행위,621) 길에 세워 놓은 자동차 안에 있는 물건을 훔칠 생각으로 자동차 유리창을 통해 그 내부를 손전등으로 비추어 본 행위,622) 열쇠고리의 장식을 뜯는 행위623)

[판례 6] [히로뽕제조의 예비] 갑은 히로뽕제조원료 구입비로 일정금액을 을에게 제공하였는데, 을이 구입할 원료를 물색하던 중 적발된 경우624)

[판례 7] [소송사기의 예비] 갑은 타인명의로 등기명의인들에게 소유권보전등기 및 이전등기의 말소등기소송을 제기한 경우625)

[판례 8] [예비죄 종범의 처벌 여부] 정범이 실행착수에 이르지 않고 예비단계에 그친 경우에는 이에 가공하더라도 예비의 공동정범이 되는 때를 제외하고는 종범으로 처벌할 수 없다.626)

[예비죄 부정]

[판례 9] 밀항을 위해 도항비를 주기로 약속하였으나, 그 후에 밀항을 포기하였다면, 이것은 밀항의 음모에 지나지 않는다.627)

[미수죄]

[판례 10] [실행의 착수시기] 실행의 착수는 범인의 결정적 범의표현(犯意表現)이 범죄구성요건의 실현단계에 돌입하는 순간에 있다(절충설).628)

[판례 11] [절도죄의 실행착수시기] 행위의 방법·태양(態樣)·주변환경 등에 비추어 타인의 재물에 대한 '사실상의 지배'를 침해하는 데 밀접한 행위가 개시된 경우(밀접행위설),629) 금품을 절취하기 위해 고속버

---

621) 대판 1986. 11. 11. 86도1109.

622) 대판 1985. 4. 23. 85도464.

623) 대판 1989. 2. 28. 88도1165.

624) 대판 1983. 11. 22. 83도2590.

625) 대판 1983. 10. 25. 83도1566.

626) 대판 1979. 5. 22. 79도552; 同 1976. 5. 25. 75도1549.

627) 대판 1986. 6. 24. 86도437.

628) 대판 1956. 11. 30. 4289형상217.

스 선반 위에 놓인 손가방의 한쪽 열쇠를 연 경우,[630] 절도의 목적
으로 건조물에 침입한 자가 절취한 물건을 물색하다가 발각된 경
우,[631] 소매치기가 피해자의 양복 상의주머니로부터 금품을 절취하
려고 그 호주머니에 손을 뻗쳐 더듬은 경우,[632] 소매치기가 피해자
의 빈 주머니에 손을 넣어 금품을 절취하려 한 경우,[633] 피해자소
유 자동차 안에 들어 있는 밍크코트를 발견하고, 이를 절취할 생각
으로 공범이 차 옆에서 망을 보는 사이 오른쪽 앞문을 열려고 손잡
이를 잡아당기다가 피해자에게 발각된 경우,[634] 범인들이 함께 담
을 넘어 마당에 들어가 그중 1명이 그곳에 있는 구리를 찾기 위해
담에 붙어 걸어가다가 붙잡힌 경우[635]

[**판례 12**] [야간주거침입절도죄의 실행착수시기] 야간에 절도 목적으로 주거
에 침입한 경우,[636] 야간에 절도 목적으로 출입문에 장치된 자물
통고리를 절단하고 출입문을 손상한 뒤 집 안으로 침입하려다 발
각된 경우[637]

[**판례 13**] [사기죄의 실행착수시기] 소송사기는 부실한 청구를 목적으로 하는
소(訴)를 제기하는 경우,[638] 대여금 채권자가 채무자에 대해 승소
확정판결을 받은 대여원리금채권을 그 판결확정 후에 전액을 받고
서도 형식상 그 판결정본을 소지하고 있음을 기회로 집행관에게
그 집행절차를 수임케 하여 채무자소유의 동산에 압류집행을 하도
록 한 경우,[639] 피고인이 피해자에게 임야를 매수한 사실이 없음에
도 매수하였다고 하고, 또 시가 1,300,000원 상당의 위 임야를

---

629) 대판 1983. 3. 8. 82도2944; 同 1986. 12. 23. 86도2256.
630) 대판 1983. 10. 25. 83도2432.
631) 대판 1984. 3. 13. 84도71.
632) 대판 1984. 12. 11. 84도2524.
633) 대판 1986. 12. 23. 86도2256.
634) 대판 1986. 12. 23. 86도2256.
635) 대판 1989. 9. 12. 89도1153.
636) 대판 1984. 12. 26. 84도2433.
637) 대판 1986. 9. 9. 86도1273.
638) 대판 1974. 3. 26. 74도196.
639) 대판 1988. 4. 12. 87도2394.

18,000,000원가량 된다고 속여 채권최고액 10,000,000원의 근저당 설정등기를 마친 다음, 그 한도 안에서 판지(販地)의 외상거래를 요청한 경우640)

[판례 14] [공갈죄의 실행착수] 피해자의 고용인을 통해 피해자가 경영하는 기업체의 탈세사실을 국세청이나 정보부에 고발한다는 말을 전달한 경우641)

[판례 15] [배임죄의 실행착수] 업무상 임무에 위배되는 행위로 재산상 이득을 취득하여 조합에 손해를 가할 의사로 각 조합원으로부터 구매신청서를 받은 경우,642) 대물변제로 양도한 부동산을 다시 이중으로 매도하고 계약금과 중도금을 수령한 경우643)

[판례 16] [감금·강간죄의 실행착수] 피고인은 피해자가 자동차에서 내릴 수 없는 상태를 이용하여 강간하려고 결의하고, 주행 중인 자동차에서 탈출 불가능하게 하여 외포(畏怖)케 하고 50킬로미터를 순행하여 여관 앞까지 강제 연행한 후 강간하려다 미수에 그친 경우, 이 협박은 감금죄의 실행착수인 동시에 강간미수죄의 실행착수이다.644)

[판례 17] [살인죄의 실행착수] 피고인이 살의(殺意)를 가지고 전후(前後) 3회에 걸쳐 33개의 유독환약을 피해자 공복 시 복용케 하며 엄동(嚴冬)에 사람의 인적이 드문 산장에 실신케 하여 피해자를 그대로 방치한 경우,645) 피해자를 살해하기 위해 낫을 들고 피해자에게 접근한 경우646)

[판례 18] [공문서위조죄의 실행착수] 수입면장을 위조하도록 그 용지에 관인을 찍어 교부한 경우647)

---

640) 대판 1974. 6. 11. 73도2319.
641) 대판 1969. 7. 29. 69도984.
642) 대판 1966. 9. 27. 66도912.
643) 대판 1984. 8. 21. 84도691.
644) 대판 1983. 4. 26. 83도323.
645) 대판 1955. 9. 23. 4288형상221.
646) 대판 1986. 2. 25. 85도2773.
647) 대판 1966. 11. 29. 66도875.

[판례 19] [간첩죄와 국가보안법의 실행착수시기] 간첩목적으로 외국 또는 북한에서 국내에 침투 또는 월남하는 경우에는 기밀탐지가 가능한 국내에 침투 상륙하는 행위[648](통설은 '간첩행위 개시 시'를 기준)

[판례 20] [간첩미수죄] 지령에 따라 군사기밀을 탐지·수집하는 행위[649]

[판례 21] [탈출죄의 실행착수] 우리나라 내륙에서 반국가단체가 지배하는 지역으로 탈출하려는 탈출죄의 실행착수는 탈출할 목적으로 일반인의 출입이 통제된 지역까지 들어가 휴전선을 향하여 북상하는 정도[650]

[판례 22] [방화죄의 실행착수시기] 불이 방화목적물 내지 도화물체에 점화된 경우[651](독립연소설)

[판례 23] [현주건조물방화죄의 실행착수시기] 거주하는 가옥의 일부로 된 우사(牛舍)에 대한 방화[652]

[판례 24] [관세법위반죄(관세포탈죄)의 실행착수시기] 관세를 포탈할 범의로 선박을 이용하여 물품을 영해 안에 반입한 경우,[653] 수입한 원재료로 수출품을 제조, 유출한 후에 그 수출증명에 의해 그 소요량만큼의 원자재를 사후에 수출하면서 관세면제를 받게 되어 있는 자가 수출허가전량을 수출하는 것처럼 가장하여 수출면장까지 받아 선적하려다 적발된 경우,[654] 관세를 포탈할 의도로 정당하지 않는 수입경로인 미 군사우편을 이용하여 소포물로 우송하고 또 그 우송과정에서도 소포의 내용물을 책자라고 허위 신고한 경우[655]

[기수죄]

[판례 25] [방화죄의 기수시기] 화력이 매개물을 떠나 스스로 연소할 수 있는 상태[656](학설은 효용상실설과 중요부분 연소개시설로 나눈다.)

---

648) 대판 1984. 9. 11. 84도1381.
649) 대판 1974. 11. 12. 74도2662.
650) 대판 1987. 5. 26. 87도712.
651) 대판 1960. 7. 22. 67도925.
652) 대판 1967. 8. 29. 67도925.
653) 대판 1984. 7. 24. 84도832.
654) 대판 1971. 7. 27. 70도1290.
655) 대판 1983. 8. 23. 83도1496.

[판례 26] **[간첩죄의 기수시기]** 간첩으로서 군사기밀을 탐지·수집하는 행위[657]

[판례 27] **[절도죄의 기수시기]** 타인의 소지를 침해하여 재물을 자기의 소지
로 옮긴 때, 즉 자기의 사실적 지배에 둔 때[658]

[판례 28] **[위증죄의 기수시기]** 심문진술이 종료한 때[659]

[판례 29] **[밀수죄의 기수시기]** 비행기가 비행장에 착륙하여 행위자가 밀수
품을 가지고 비행기에서 내린 때[660]

[판례 30] **[사기죄의 기수시기]** 피고인이 피해자로 하여금 지급보증인의 책
임을 지게 하여 채권자로부터 융자를 받거나, 이미 받은 융자금의
변제 기일을 연장받기 위해 피해자인 은행으로부터 지급 보증서
를 교부받아 채권자에게 교부한 때[661]

[판례 31] **[소송사기의 기수시기]** 소송판결이 확정된 때[662]

[판례 32] **[배임죄의 기수시기]** 부동산매도인으로서 매수인에 대해 그 명의
의 소유권이전 등기절차에 협력할 의무가 있는 자가 그 임무에 위
반하여 다시 차용금의 담보로 제공하여 제3자 명의로 가등기를
해 준 때[663]

[판례 33] **[횡령죄의 기수시기]** 타인 소유의 부동산을 보관 중인 명의신탁자
가 신탁관계에 위반하여 이를 담보로 제공하고 근저당권설정등기
를 마친 때[664]

[판례 34] **[재물편취죄의 기수시기]** 주식편취에 관해서 주식회사가 주권을
발행하기 전이면 이 주식이 표창하는 재산적 이익이 처분된 때에
부당이득죄가 성립하나, 주권발행 후이면 그 주식이 기명주식 또
는 무기명주식이냐에 따라 각 양도방법에 의하여 교부되는 때,[665]

---

656) 대판 1970. 3. 24. 70도330.
657) 대판 1963. 12. 12. 63도312.
658) 대판 1984. 5. 15. 83도3242.
659) 대판 1974. 6. 25. 74도1231.
660) 대판 1971. 4. 28. 71도160.
661) 대판 1982. 4. 13. 80도2667.
662) 대판 1983. 4. 26. 83도188.
663) 대판 1985. 10. 8. 83도1375.
664) 대판 1985. 9. 10. 85도86.

귀속재산에 대한 소유권을 확정적으로 취득한 때, 귀속재산에 대한 매매계약을 체결하고 그 대금의 일부를 납부한 후 나라로부터 이것을 인도받아 사실상 지배할 수 있는 상태에 이른 때[666]

[판례 35] [특수절도죄의 기수시기] 타인의 소지를 침해하여 재물이 자기의 소지로 이동한 때, 즉 자기의 사실상 지배 밑에 둔 때[667]

[판례 36] [대마관리법 제19조 제1항 제2호, 제3호 위반죄의 기수시기] 대마를 매매한 때[668]

[판례 37] [강간치상죄의 기수시기] 강간의 기수 · 미수를 묻지 않고 피해자에게 상해를 입힌 때[669]

[판례 38] [관세포탈죄의 기수시기] 보세장치장에 유치된 유세품을 수입면허 없이 보세장치장에서 무단방출한 때[670]

제26조
중지범(중지미수)

범인이 자의로 실행에 착수한 행위를 중지하거나 그 행위로 인한 결과의 발생을 방지한 때에는 형을 감경 또는 면제한다.

해설

[의의] **중지범** 중지미수란(中止未遂) 범죄의 실행에 착수한 자가 미처 범죄가 완성되기 전에 자기의 의사로써 이를 중지하거나 결과의 발생을 방지한 경우를 말한다. 결과의 불발생 또는 실행행위의 미완료라는 점에서

---

665) 대판 1984. 12. 26. 84도2303.
666) 대판 1970. 5. 26. 69도902.
667) 대판 1964. 12. 8. 64도577.
668) 대판 1983. 12. 27. 83도2629.
669) 대판 1984. 7. 24. 84도1209.
670) 대판 1984. 6. 26. 84도782.

미수범(장애미수)과 같으나, 미수를 자의(自意)로 했다는 점에서 구별되고, 결과발생이 가능했다는 점에서 불능미수(不能未遂)와 구별된다.

[사례] 피고인 甲이 강간하려다가 피해자 乙이 다음번에 만나 친해지면 응해 주겠다는 간곡한 부탁으로 그 목적을 이루지 못한 후 피해자를 자신의 차에 태워 집까지 데려다 준 경우에 객관설 · 프랑크공식 · 절충설에 따라 중지미수가 된다.

미수범의 형량		
형법 제25조	장애미수	형의 임의적 감경
형법 제26조	중지미수	**형의 필요적 감면**
형법 제27조	불능미수	형의 임의적 감면

『**범인이 자의로＝自意性**』 범죄 성립의 주관적 요건이다. 여기에는 자율적 동기와 타율적 동기(動機)로 나눈다. **자율적 동기**란 사정의 변경이 없음에도 후회 · 동정 · 공포 · 양심의 가책 등 내적 동기에 의해 자율적으로 중지한 때이다. 이 경우에 자의성이 인정(認定)되어 **중지미수**가 된다(예: 강간미수범이 피해자가 성교를 약속하므로 중지한 경우에 자의성이 인정됨671)). **타율적 동기**란 행위상황이 행위자에게 결정적으로 불리하게 변화되어 범행을 중지한 때이다. 이 경우에는 자의성이 부정(否定)되어 **장애미수**로 된다(예: 적진으로 도주하려다가 길을 잃고 헤매던 중 체포된 경우).672)

그리고 자의성에 대한 판단기준으로는 객관적 · 외부적 사실을 기준으로 결정되지 않고 **행위자가 주관적으로 인식한 사실**을 기초로 판단된다. 따라서 객관적으로 장애사실(예: 경찰이 다가오는 소리를 낙엽이 떨어지는 소리로 알고 중지한 경우)이 있었으나 이를 모르고 자의로 중지한 경우와 객관적으로 결과발생이 불가능하지만(예: 치사량 미달의 독약을 먹인 후 자의로 해독제를 먹인 경우) 가능하다고 오인하고 자의로 중지한 경우는 자의성이 인정되어 **중지미수**로 된다.

『**형을 감경 또는 면제**』 필요적으로 감면한다는 뜻이다. 따라서 장애미수와

---

671) 대판 1985. 11. 12. 85도2002.
672) 대판 1978. 7. 25. 78도1364.

불능미수에 비해 미수범 중에서 가장 관대히 취급하고 있다.

▓ 학설

1. 중지범의 법적 성질

형법은 중지미수(형을 필요적 감면), 장애미수(형의 임의적 감경), 불능미수(형의 임
의적 감면)로 규정하고 있는데 중지미수를 관대히 취급한 이유에 대해 견해가 대
립된다.

(1) **형사정책설** 중지미수를 관대히 취급한 이유는 이미 미수단계에 이른 행위
    자에게 행위를 중지하거나 결과발생을 방지하기 위한 충동을 주어 범죄의
    기수를 방지하려는 형사정책적인 고려에 있다.[673] 이미 범죄 실행에 나아
    간 자라도 범행에서 물러날 수 있는 황금의 다리를 놓아준다는 뜻으로 황
    금다리이론이라고도 한다.

(2) **은사설**(恩赦說) 공적설 또는 보상설로, 결과발생을 방지함으로써 법의 세
    계로 돌아온 것은 미수의 불법과 일반의 법의식에 대한 행위자의 부정적
    작용을 회복시킨 것이므로 미수에 대한 가벌성이 소멸 또는 감소된 것으
    로 보아 '자의에 의한 중지의 공적을 보상'하려는 데 중지미수를 특별 취
    급하는 이유가 있다는 견해이다(다수설).[674]

(3) **형벌목적설** 중지미수는 형벌의 목적인 일반예방이나 특별예방의 목적에
    비추어 처벌이 불필요 내지 그 필요성이 경감되었기에 중지미수를 특별
    취급한다는 견해이다.[675]

(4) **법률설** 중지미수를 관대하게 취급한 이유는 범죄성립요건의 하나를 소멸
    또는 감소함에 있다는 견해이다.

    ① **위법성(불법) 소멸·감소설** 미수범에서 고의는 주관적 불법요소가 되

---

673) 신동운, 총론, 459면; 안동준, 총론, 189면; 이정원, 총론, 256면.

674) 손해목, 총론, 871면; 이재상, 총론, 372면; 이형국, 총론, 286면; 정성근·박광민, 총론, 396면.

675) 김성천·김형준, 총론, 431면; 손동권, 총론, 356면; 유이모, "중지미수의 법적 성격", 김종원 화갑기념논문
    집, 369면; 정현미, "중지미수의 형의 감면근거", 법학논집 7-1, 81면; Rudolphi, SK, § 24, Rdn. 4;
    Schmidhauser, Strafrecbt, AT, S. 358; Schönke/Schröder/Eser, StGB, § 24, Rdn. 2.

기 때문에 중지미수의 자의적 중지의사도 위법성을 감소·소멸시키는 주관적 요소가 된다는 견해이다(평야, 형법(Ⅱ), 334면; 평장, 총론, 140면).

② **책임소멸·감소설** 중지미수에서 자의의 범행중지는 자기행위의 가치를 부정하는 규범의식의 각성 또는 중지행위에 나타난 행위자의 인격태도로 인하여 책임이 감소되거나,[676] 또는 책임이 감소·소멸된다는 견해이다.[677]

(5) **결합설** 중지미수를 형사정책설이나 법률설로는 명확히 설명하기 어렵기 때문에 양설을 결합해서 생각해야 한다는 설이다. 우리나라 **다수설**로 "형의 감경은 책임비난이 감소되기 때문이고, 형면제는 형사정책설에 의하여 설명하는 **책임감소설과 형사정책설의 결합**"이라고 보는 견해[678]이며, 타당하다.

2. 중지범의 성립요건

중지미수가 성립하기 위해서는 주관적 요건으로 자의성이 있어야 하고, 객관적 요건으로는 실행의 중지 또는 결과의 방지가 필요하다.

(1) 주관적 요건(自意性)

① **객관설** 외부적 사정과 내부적 동기를 엄격히 구분해 외부적 사정으로 인한 범죄의 미완성은 장애미수이고(예: 절도가 금품을 물색 중에 발각되어 도망한 경우), 내부적 동기로 인한 범죄의 미완성은 중지미수(예: 단도로 찌르려는 순간에 후회하고 중지한 경우)라는 견해[679]이다.

② **주관설** 후회·동정·양심의 가책·연민 기타 윤리적 동기로 중지한 경우에만 중지미수(예: 방화 직후 후회하고 소화한 경우)이고, 그 외의 동기로 중지한 경우에는 장애미수(예: 절도가 금품을 물색 중 발각될 염려가 있어 후일을 기하고 일시적으로 그 행위를 중지한 경우)라는 견해이다.

③ **프랑크의 공식(Frankische Formel)** 행위자가 할 수 있었음에도 불구하고

---

676) 정영석, 총론, 210면.

677) 김종원(공저), 총론, 293면.

678) 백남억, 총론, 258면; 황산덕, 총론, 232면; 이형국, 총론, 286면; 오영근, 총론, 558면; 성시탁, "중지범", 110면; 진계호·이존걸, 총론, 504면.

679) Hippel, *Lehrbuch des deutschen Strafrechts*, 1932, S. 156.

하기를 원하지 않아서 중지한 경우가 자의에 의한 중지미수이고, 하려고
하였지만 할 수가 없어서 중지한 경우는 장애미수라는 견해[680]이다.

④ **규범설** 범인이 범행을 중지하게 된 내심의 태도를 중지미수를 인정하는
형법의 관점에서 규범적으로 평가하여 중지사유가 형법의 목적과 일치
하는 범위 안에서 중지미수를 인정해야 한다는 견해이다.[681]

⑤ **절충설** 범행 당시의 객관적 사정과 행위자의 내부적 원인을 종합하여
일반사회 관념상 범죄수행에 장애가 될 만한 사유가 있는 경우엔 장애
미수, 그러한 사유가 없음에도 자기의사에 의해서 중지한 경우가 중지
미수라는 **통설적** 견해이다.[682] **판례**도 강제적 장애사유가 없음에도 자
율적 동기로 중지하면 자의성이 인정되나, 범인의 의사와 관계없이 사
태를 현저히 불리하게 만든 장애사유로 타율적으로 중지하면 자의가
되지 않는다고 하였다.[683]

(2) 객관적 요건(실행의 중지 또는 결과발생의 방지)

중지미수가 성립하기 위해서는 객관적으로 실행행위를 중지하거나(착수미수),
그 행위로 인한 결과의 발생을 방지하여야 한다(실행미수).

① **착수미수와 실행미수의 구별** 착수미수란 범죄 실행에 착수하였으나 실
행행위 자체를 종료하지 못한 경우이고, 실행미수는 실행행위를 종료
하였으나 결과가 발생하지 아니한 경우를 말한다.

그러나 어느 시점에 실행행위가 종료하는가에 주관설, 객관설, 절충설
이 있다. **주관설**(범행계획설)은 행위자의 주관적 의사를 표준으로 하여
착수 시의 행위자의 계획이 실행을 계속하도록 되어 있는 때에는 객관
적으로 결과발생의 가능성이 있는 행위가 종료하여도 실행은 종료되었
다고 볼 수 없다는 견해이고,[684] **객관설**은 행위자의 의사 여하를 묻지

---

680) Frank, *Das Strafgesetzbuch für das Deutsche Reich*, 18. Aufl., 1981. § 46 Anm. 11; 백남억, 총론,
253면; 이건호, 개론, 162면; 황산덕, 총론, 234면; 정영석, 총론, 227면; 임웅, 총론, 321면.

681) 박상기, 총론, 353면; 정성근·박광민, 총론, 400면; 김일수·서보학, 총론, 537면.

682) 유기천, 총론, 260면; 신동운, 총론, 467면; 오영근, 총론, 564면; 김종원, 총론(8인 공저), 297면; 이형국,
연구Ⅱ, 532면; 이재상, 총론, 375면; 배종대, 총론, 440면; 손동권, 총칙론, 358면; 안동준, 총론, 190면;
이정원, 총론, 269면; 진계호·이존걸, 총론, 507면; 오경식, "범행중지의 자의성과 공동정범의 행위귀속",
법정고시, 1996. 10. 81면.

683) 대판 1985. 11. 12. 85도2002.

않고 객관적으로 결과발생의 가능성이 있는 행위가 있으면 실행행위는 종료된 것으로 보는 견해이며, **절충설**(折衷說)은 행위자의 의사와 행위 당시의 객관적 사정을 종합하여 결과 발생에 필요한 행위가 끝났다고 인정되는 때 실행행위는 종료한 것으로 보는 견해[685]로 타당하다고 본다.[686]

② **착수미수의 중지** 실행에 착수한 행위를 실행행위의 종료 전에 자의로 중지한 경우로, 실행행위의 중지가 있어야 하고(예: 강간을 하려고 옷을 벗기다가 애원하는 바람에 불쌍히 여겨 행위를 그만둔 경우), 범행의 종국적 포기가 있어야 하며, 실행행위의 중지와 함께 결과도 발생하지 않아야 한다.

③ **실행미수의 중지** 실행행위 그 자체는 종료했으나 이로 인한 결과의 발생을 자의로 방지한 경우를 말한다(예: 독약을 다 먹여 놓고 갑자기 양심의 가책을 느껴 의사로 하여금 생명을 건지게 한 경우). 행위자가 결과발생을 방지했다고 하기 위해서는 결과발생의 방지를 위한 적극성(보통 능동적 후회) · 상당성(객관적인 면) 및 직접성(행위자가 요청해 제3자의 도움도 무방)이 있어야 하고, 방지행위로 인하여 현실적으로 결과가 발생하지 않아야 하며, 방지행위와 결과 불발생 사이에는 인과관계가 있어야 한다.

■ 자의성(自意性)에 대한 학설정리

① 객관설	■ 외부적 사정에 의하여 범죄 미완성	장애미수
	■ 내부적 사정에 의하여 범죄 미완성	중지미수
② 주관설	■ 회오 · 동정 · 연민 기타 윤리적 동기에 의하여 중지한 경우	중지미수
	■ 기타의 경우	장애미수
③ Frank의 공식	■ 나는 그것을 할 수 있지만 하지 않겠다.	중지미수
	■ 나는 그것을 하고 싶지만 할 수가 없다.	장애미수
④ 절충설(통설)	■ 범행수행에 장애가 될 만한 사유가 없음에도 불구하고 임의로 중지한 경우	중지미수
	■ 기타의 경우	장애미수

---

684) 이형국, 연구 II, 528면; 이재상, 총론, 385면.

685) 김일수, 총론, 437면; 정성근, 총론, 487면; 배종대, 총론, 403면; 김종원, "종지미수범(상)", 88면 이하.

686) 진계호, 총론, 463면.

3. 중지미수의 처벌

중지미수범은 형을 감면 또는 면제한다. 장애미수가 형의 임의적 감경사유임
에 대하여 중지미수는 형의 필요적 감면사유이다. 형법 제26조에 착수미수와
실행중지의 두 가지 태양을 중지미수에 포함시키고 있다. 중지미수도 미수의 한
태양이므로 각본조에 미수범처벌의 규정이 있는 때에만 처벌할 수 있다(제29조).

4. 예비의 중지미수

(1) **1설** 예비단계에서는 중지미수가 없다.
(2) **2설**(다수설) 실행의 착수 이전에 중지한 경우에도 중지미수의 형이 예비죄
의 형보다 경한 경우에 중지미수 규정을 준용한다.
(3) **3설** 예비의 중지에 대해서도 중지미수의 규정을 준용해야 하며 그 감면
의 대상도 기수의 형이 아니라 예비·음모 자체의 형이다.

5. 가중적 미수

가중적 미수란 중지범이 범행을 중지하였으나 다른 죄명에 해당하는 결과가
발생한 경우를 말한다. 예컨대 사람을 살해하려고 칼로 찌른 뒤 자의로 살인의
중지행위가 이미 상해의 기수로 되어 있는 경우이다.
(1) **법조 경합인 경우** 살인행위를 중지했으나 상해의 결과가 발생한 때에는 중
한 죄의 중지미수로 처벌된다(법조경합은 본래 일죄로서 경죄는 중죄에 흡수된다).
(2) **상상적 경합인 경우** 명예훼손과 위증이 상상적 경합이면 형법 제40조(일
개의 행위가 수 개의 죄에 해당하는 경우에는 가장 중한 죄에 정한 형으로 처벌한다.)
에 의해 해결한다(상상적 경합은 본래 수죄이나 어느 한 범죄의 중지는 다른 범죄
에 영향을 주지 않는다.).

6. 중지미수와 공범

(1) **성립요건** 형법 제26조는 단독범의 중지미수에 관한 규정이다. 따라서 공
범의 중지미수에 관한 규정은 없다. 그렇다면 공범의 경우에도 단독범의

중지미수 요건이 그대로 적용될 수 있는가가 문제 된다. 그러나 공범은 행위구조가 단독범과 다르다. 때문에 공범과 중지미수의 성립요건에 관해서는 특별한 고찰이 필요하다.

	실행의 착수	결과발생의 방지
간접정범	이용자를 기준	피용자의 행위를 중시
공동정범	계획된 전체 행위기준	다른 정범도 중지시켜 결과발생을 방지
교사범	정범의 착수 시 기준	정범의 실행을 방지
종범	정범의 착수 시 기준	방조행위의 철회로도 결과방지 가능

(2) 중지미수의 효과가 미치는 범위 자의로 중지한 자에게만 미친다.

(3) 공동정범 자의로 중지한 자(중지미수), 다른 공동정범자(장애미수)

(4) 교사범 · 종범

　－ 정범이 자의로 중지: 정범(중지미수), 공범(장애미수의 공범)

　－ 공범이 중지한 경우: 정범(장애미수), 공범(중지미수의 공범)

판례

[중지미수]

[판례 1] [중지미수의 의의] 중지미수는 실행에 착수하고 그 범죄가 완성되기 전에 자기의 자유로운 의사에 따라 범죄의 실행행위를 중지하는 것을 말한다.[687]

[판례 2] [중지미수와 장애미수의 구분] 중지미수는 장애미수에 대칭되는 개념으로서 중지미수와 장애미수를 구분하는 데는 범죄의 미수가 자의에 의한 중지이냐 또는 어떤 장애에 의한 미수이냐를 반드시 가려야 한다.[688]

[판례 3] [자의에 의한 중지미수] 일반 사회통념상 장애미수로 보이는 것을 제외한 것이다.[689]

---

687) 대판 1985. 11. 12. 85도2002.
688) 대판 1985. 11. 12. 85도2002; 同 1984. 2. 14. 83도2967.
689) 대판 1985. 11. 12. 85도2002.

[**판례 4**] [중지미수를 부정한 사례] 범행발각을 두려워해서 자신이 분담하기
로 한 실행행위를 하지 않는 경우,690) 기밀을 탐지하던 중 경찰관
이 피고인의 행적을 탐문하고 갔다는 말을 전해 듣고 지령사항의
수행을 유보하다가 체포된 경우691)

[**판례 5**] 특정범죄가중처벌등에관한법률에 중지미수에 관한 본 조의 적용을
배제하는 명문규정이 없는 한 동법 제5조의 4 ①항 위반죄에 본
조가 적용된다.692)

제27조
불능범(불능미수)

실행의 수단 또는 대상의 착오로 인하여 결과의 발생이 불가능하더라도 위험성이 있는 때에는 처벌한다.
단, 형을 감경 또는 면제할 수 있다.

해설

[**의의**] **불능범**(不能犯)이란 결과발생이 사실상 불가능하지만 위험성(危險性)으
로 인하여 미수범으로 처벌되는 경우를 말한다. **불능미수**(예: 치사량 미
달의 독약을 가지고 사람을 죽일 수 있다고 오신하고 먹인 경우)는 결과발생의
위험성이 있기 때문에 미수범으로 처벌된다. **불능범**(예: 기도술에 매혹된
사람이 기도로 사람을 살해할 수 있다고 믿고 사람을 죽일 목적으로 열심히 기도
하는 경우)은 행위 자체의 성질상 또는 행위대상인 객체의 성질상 위험
성이 없기 때문에 미수범으로 처벌할 수 없다. 그러나 불능미수나 불
능범은 결과발생이 사실상 불가능하다는 점에서 같다. 불능미수는 실
행의 착수시기를 기준으로 하여 처음부터 결과발생의 가능성이 없었
다는 점에서 가능성이 존재한 장애미수 · 중지미수와 구별된다.

---

690) 대판 1986. 1. 21. 85도2339.
691) 대판 1984. 9. 11. 84도1381.
692) 대판 1986. 3. 11. 85도2831.

[**사례**] 치사량에 못 미치는 농약을 우물에 혼입한 경우나, 치사량에 미달한 농약을 먹게 하여 사람을 살해코자 한 경우 등이 이에 해당한다.

『**실행의 '수단 또는 대상'의 착오**』 **수단의 착오**란 수단의 불가능성으로, 행위자가 선택한 수단으로는 결과의 발생이 불가능하여 행위가 기수로 될 수 없는 경우를 의미한다(예: 소화제로 낙태를 기도하거나 설탕으로 사람을 살해하려고 한 경우). **대상의 착오**란 객체의 불가능성으로, 행위자가 범죄의 객체로서 인식했던 대상이 행위자의 인식과는 달리 그 범죄의 객체로 될 수 없는 경우를 말한다. 여기서 대상(객체)의 착오는 구성요건적 착오에서의 객체의 착오와 구별된다. 객체의 불가능성의 원인은 사실적인 것이건(예: 사체에 대한 살인행위), 법률적인 것이건(예: 피해자가 승낙한 재물에 대한 절취) 묻지 않는다.

『**결과발생의 불가능**』 범죄가 기수에 이를 수 없음을 의미한다(예: 살인하려고 설탕을 넣어서 먹이거나, 시체를 산 사람으로 알고 총을 쏘는 경우).

『**위험성(危險性)이 있는 때**』 "구성요건을 실현할 가능성이 있는 때라고 해야 한다."693) 불능미수는 결과발생이 불가능하다는 점에서 장애미수와 다를 뿐 위험성이라는 점에서는 같다고 보아야 하기 때문이다.694)

학설

1. 불능범의 위험성에 대한 판단기준

(1) **구객관설** 법관이 사후에 인식한 사정을 기초로 하여 결과발생이 개념적으로 불가능한 **절대적 불능**은 불능범(예: 사체에 대한 살해행위나 독살의 의사로 설탕을 먹인 경우)이고, 구체적·특수한 경우에만 불가능한 **상대적 불능**은 미수(예: 독살의 의사로 설탕을 먹인 경우(수단의 절대적 불능), 시체를 산 사람으로

---

693) 김종원(8인 공저), 총론, 302면.
694) 진계호, 총론, 473면.

오인하고 발포한 경우(객체의 절대적 불능), 치사량 미달의 독약으로 살해를 기도한 경우(수단의 상대적 불능), 사정거리 밖에 있는 사람을 향해 발포한 경우(객체의 상대적 불능)]이라는 견해이다. 현재 이 학설을 주장하는 사람은 없다.

(2) **사실적 불능, 법률적 불능** 결과발생의 불능을 사실적 불능은 미수범이고,[695] 법률적 불능은 불능범(예: 잉태하지 않은 부녀에 대한 낙태수술은 불능범이라는 것)[696]이라는 프랑스 학자의 견해이다. Roux(루): 법률적 불능을 절대적 불능, 사실적 불능을 상대적 불능. Garrand(가로): 법률적 불능을 구성요건의 흠결, 사실적 불능을 단순한 사실의 흠결로 본다.

(3) **구체적 위험설**(신객관설) 일반인의 입장(행위 시에 행위자가 특히 인식하고 있었던 사정과 일반인이 인식할 수 있었던 사정을 기초)에서 일상 경험법칙에 따라 판단하여 결과발생의 구체적인 위험성이 인정되면 불능미수(예: 장탄된 것으로 생각하고 발사했지만 탄환이 없던 경우나 치사량 미달의 독약으로 살해하는 경우 등에는 구체적 위험성이 있으므로 미수가 된다.)이고, 구체적 위험성이 없으면 불능범(예: 착탄거리 밖에 있음을 일반인이 알 수 있는 사람에 대한 저격이나 사자임을 알고 있는 경우에 사체에 대한 살해 행위는 불능미수범이 된다.)이 성립한다는 견해이다.[697]

(4) **주관설** 주관적으로 범죄의사가 확실하게 표현된 이상 객관적으로 절대불능인 경우라도 미수범이 되지만, 미신범은 미수범에서 제외된다는 견해[698]로 불가벌적 불능범을 인정치 않는다는 독일에 적합한 이론 및 판례[699]이다.

(5) **추상적 위험설** 행위 시에 행위자가 인식한 사정을 기초로 하여 일반인의 관점에서 결과발생의 가능성을 판단하여 결과발생이 가능하면 불능미수(예: 독약으로 알고 설탕을 먹인 경우 또는 음식물에 유황분말을 넣어 살해하려고 한 경우), 결과발생이 불가능하면 불능범(예: 설탕이 살인력이 있는 줄 알고 설탕을

---

695) 상대적 불능과 절대적 불능의 구별과 같은 의미이다. Roux, *cousis de droit criminel francuis*, 2eed; Tonnel, Droit Penal, 1927, p, 117ets.
696) 법률적 불능은 구성요건의 흠결과 같은 의미로, 사실적 불능은 단순히 사실상의 범죄요건이 결여된 의미로 보는 견해이다. Garraud, *Précis de droit criminel*, 14éd, 1934, p, 215ets.
697) 김종원, 총론(8인 공저), 304면; 이재상, 총론, 403면; 배종대, 총론, 415면; 박상기, 총론, 373면; 안동준, 총론, 204면.
698) 유병진, 총론, 161면; 신동욱, "미수범의 이론구조", 고시계 1974. 6. 30면.
699) RGSt 1, 451(사체에 대한 살인 행위); RGSt 8, 198(회임치 않은 부녀에 대한 낙태행위).

먹인 경우)이라는 다수설적인 견해이며,700)**판례**701)이다. 위험성 판단의 기초를 행위자의 주관에 두는 점에서 주관적이지만, 위험성 판단의 주체를 일반인에 두는 점에서는 객관적이다(**주관적 객관설**). 행위자의 주관적 사정을 그대로 판단의 대상으로 하는 점은 주관적이다(**주관적 위험설**).

(6) **인상설** 행위자의 법적대적 의사의 실현이 법질서나 법적 평화에 대한 일반인의 신뢰를 침해하고 교란시키는 인상을 줄 때에 위험성을 인정할 수 있어서 불능미수가 된다는 견해이다.702)

2. 불능미수와 구별개념

(1) **불능범** 불능범(예: 기도술에 매혹된 사람이 기도로 사람을 살해할 수 있다고 믿고 사람을 죽일 목적으로 열심히 기도하는 경우)의 자체 성질상 또는 행위대상인 객체의 성질상 위험성이 없기 때문에 미수범으로 처벌할 수 없다. **불능미수**(예: 치사량 미달의 독약을 가지고 사람을 죽일 수 있다고 오신하고 먹인 경우)는 결과발생의 위험성이 있기 때문에 미수범으로 처벌된다. 그러나 불능미수나 불능범은 결과발생이 사실상 불가능하다는 점에서 같다. 불능미수는 구성요건적 착오(존재하는 구성요건적 사실을 인식하지 못한 경우와 존재하지 않는 사실을 존재한다고 오인한 경우)이다.

(2) **환각범**(幻覺犯)이란 행위자가 실존하지 아니하는 금지규범에 자기의 행위가 해당한 것으로 오신(예: 동성애가 형법에 위반된 것으로 행위자가 금지규범 그 자체의 존재를 잘못 아는 경우)하는 경우이다.

(3) **미신범**(迷信犯)이란 비과학적인 미신을 믿고 초자연력에 의존하여 범죄를 실현하려는 행위(예: 주술에 의한 살인기도)를 말한다. 미신범은 결과발생의 위험성이나 결과에 대한 희망뿐이고 고의가 없어 불가벌적인 행위이다. 그러나 불능미수는 위험성으로 인하여 미수범으로 처벌된다는 점에서 구별된다.

---

700) 정영석, 총론, 238면; 황산덕, 총론, 240면; 이건호, 개론, 168면; 정성근·박광민, 총론, 415면; 임웅, 총론, 334면; 김성천·김형준, 총론, 465면; 손동권, 총칙론, 379면; 정영일, "불능미수", 고시연구, 1998. 5. 62면.

701) 대판 1978. 3. 28. 77도4049(독약으로 알고 설탕을 먹인 경우 또는 음식물에 유황분말을 넣어 살해하려고 한 경우는 미수이나, 설탕이 살인력이 있는 줄 알고 설탕을 먹인 경우는 불능범이다.).

702) 이형국, 총론, 302면; 손해목, 총론, 914면; 신양균, "불능미수의 법적 성격"(김종원 교수 화갑논문집), 425면 이하; 이명복, "불능미수범의 연구", 사법행정, 1991. 3. 41면 이하.

(1)	불능미수	불능범
공통점	결과발생이 사실상 불가능하다.	
차이점	결과발생의 위험성이 있기 때문에 미수범으로 처벌한다.	위험성이 없기 때문에 미수범으로 처벌할 수 없다. [예: 기도술에 매혹된 사람이 기도로 사람을 살해할 수 있다고 믿고 사람을 죽일 목적으로 열심히 기도하는 경우]

(2)	불능미수	환각범
의의	행위자가 실제로 존재하지 아니하는 불법구성요건의 객관적 요소를 있는 것으로 받아들이는 것으로. 결과발생의 **위험성**이 있으면 미수범으로 처벌	구성요건 자체가 존재치 않음. 즉 행위자가 실존하지 아니하는 금지규범에 자기의 행위가 해당한 것으로 오신하는 경우, 즉 법률상 죄가 되지 않는 행위를 죄가 된다고 오신하며 하는 행위(착각범. 오상범. 망상범) [예: 동성애가 형법에 위반된 것으로 행위자가 금지규범 그 자체의 존재를 잘못 아는 경우]

(3)	불능미수	미신범
의의	결과발생의 위험성이 있기 때문에 미수범으로 처벌	비과학적인 미신을 믿고 초자연력에 의존하여 범죄를 실현하려는 행위로 결과발생의 위험성은 물론 결과의 희망뿐 고의가 없어 불가벌이다. [사례] 사람을 죽이기 위해 계속 주문을 외운다든가 부적을 소지하고 다니는 경우이다.

(4)	불능미수	구성요건의 흠결이론 (= 사실의 흠결)
의의	결과발생의 위험성이 있기 때문에 미수범으로 처벌	구성요건은 존재하나 구성요건적 사실이 존재하지 않음. 즉 범죄의 주체 · 객체 · 수단 또는 행위상황이 흠결된 때는 불가벌적 불능범이 된다는 이론이다.703) 그러나 수단과 대상의 착오에 관하여 구성요건의 흠결이 있는 경우에도 위험성이 있으면 처벌된다.704)

(5)	불능미수	사실의 착오
의의	실행의 수단이나 대상의 착오로 인해 결과발생이 불가능함에도 이를 가능하다고 오인한 것, 즉 존재치 않는 사실을 존재한다고 인식한 경우(적극적 착오)	존재하는 구성요건적 사실을 인식하지 못한 사실의 착오(소극적 착오)

학설

1. 불능범(제27조)의 법적 성질

형법 제27조는 불능범이라고 하면서도 "실행의 수단 또는 대상의 착오로 인하여 결과 발생이 불가능하더라도 위험성이 있으면 처벌한다."고 규정하고 있다. 그러나 불능범의 관계에서 제27조는 견해가 불일치하고 있다.

  (1) 미수범과 불능범의 동의어설 법률의 표제가 불능범으로 되어 있는 이상 불능범과 불능미수를 동의어로 이해해야 한다는 견해이다.705)

---

703) 유기천, 총론, 272면.
704) 우리나라 형법은 위험성을 척도로 하여 처벌한다.

(2) **별개의 용어 및 불능범과 구별설** 불능미수라는 용어를 쓰지 않고 흠결미수,706) 특별한 미수,707) 준불능범708) 등 별개의 용어를 주장하면서 불능범과 구별하자는 견해이다.

(3) **불능미수범설** 제27조는 제25조의 장애미수, 제26조의 중지미수와 구별되는 별개의 미수형태인 불능미수를 규정하고 있다는 견해이며,709) 타당하다.

2. 불능범의 성립요건

중지미수의 성립에는 실행에 착수할 것, 실행의 수단 또는 대상의 착오로 인해 결과발생이 불가능할 것, 위험성이 있을 것을 필요로 한다.

(1) **실행의 착수** 불능미수도 미수범이므로 행위자가 고의를 갖고 실행에 착수해야 한다. 실행의 착수시기는 미수범에 대한 일반이론대로 적용된다.

(2) **결과발생의 불가능**(예: 살인하려고 설탕을 넣어서 먹이는 경우) 불능미수는 실행의 수단착오(예: 소화제로 낙태를 기도하거나, 설탕으로 사람을 살해하려고 한 경우) 또는 대상의 착오[예: 사체에 대한 살인행위(사실적인 경우), 피해자가 승낙한 재물에 대한 절취(법률적인 경우)]로 인하여 결과의 발생이 불가능(예: 범죄가 기수에 이를 수 없음을 의미한 경우로 살인하려고 설탕을 넣어서 먹이거나, 시체를 산 사람으로 알고 총을 쏘는 경우)해야 한다.

(3) **위험성** 불능미수로 처벌되기 위해서는 결과발생이 불가능하더라도 위험성이 있어야 한다. 위험성은 불능미수와 불능범을 구별하는 기준이 되는데 이에 대한 설명은 위에서 제시한 '**위험성에 대한 판단기준**'을 참고하기 바란다.

---

705) 배종대, 총론, 464면.

706) 박정근, "형법 제27조의 범죄정형과 미수범의 신체계", 법정, 1968. 5. 38면; 동, "흠결미수", 고시계, 1969. 1. 22면.

707) 정영석, 총론, 225면.

708) 유병진, 총론, 160면; 동 162면 이하.

709) 김종원(8인 공저), 총론, 306면 이하; 이형국, 연구 Ⅱ, 543면; 정성근, 총론, 493면; 이재상, 총론, 396면; 손해목, "불능범", 고시계, 1966. 8. 43면; 진계호 · 이존걸, 총론, 518면.

3. 불능미수의 처벌

불능미수범은 "형을 감경 또는 면제할 수 있다."(제27조 단서) 이는 협의의 장애미수(제25조)가 임의적 감경사유이고, 중지미수(제26조)가 필요적 감면사유임에 반하여, 불능미수는 형의 임의적 감면사유를 밝힌 것이다. 불능미수범도 일종의 미수범이므로 그 처벌도 형법 각본조에 미수범을 처벌한다는 규정이 있는 경우에만 가능하다(제29조).

판례

[판례 1] [불능미수의 의의] 결과발생 위험성이 있는 경우[710]

[판례 2] [불능미수(불능범)의 위험성 판단기준] 피고인이 행위 당시에 인식한 사정을 놓고, 이것을 객관적으로 일반인이 판단하여 결과발생이 가능한가의 여부[711](추상적 위험설)

[판례 3] [불능미수를 인정한 사례] 치사량 미달의 농약을 우물에 넣은 경우,[712] 치사량에 미달하는 극약으로 사람을 살해하려는 경우,[713] 히로뽕의 제조를 시도하였으나 기술부족으로 완제품을 제조하지 못한 경우[714]

[판례 4] [불능미수를 부정한 사례] 수입자동승인품목을 제한 또는 금지품목으로 잘못 알고 반제품인 양 가장하여 수입허가신청을 한 경우[715]

---

710) 대판 1985. 3. 26. 85도206.
711) 대판 1978. 3. 28. 77도4049.
712) 대판 1973. 4. 30. 73도354.
713) 대판 1984. 2. 28. 83도3331.
714) 대판 1985. 3. 26. 85도206.
715) 대판 1983. 7. 12. 82도2114.

범죄의 음모 또는 예비행위가 실행의 착수에 이르지 아니한 때에는 법률에 특별한 규정이 없는 한 벌하지 아니한다.

해설

[의의] ① **예비**(豫備)란 특정범죄의 실현을 목적으로 행해지는 준비행위로서 아직 실행의 착수에 이르지 아니한 일체의 행위를 말한다.

② **음모**(陰謀)란 일정한 범죄의 실행을 목적으로 2인 이상이 합의를 이루는 것을 말하므로 단순히 범죄의사의 표시나 교환과는 다르다.

③ **선동**(煽動)이란 특정한 행위를 실행시킬 목적을 가지고 문서 혹은 도화(圖畵) 또는 언동에 의하여 사람에 대하여 그 행위를 실행시킬 결의를 조장시킬 힘이 있는 자극을 주는 것(예: 정부에 대한 반대를 조직하거나 고무하는 범죄에 국한된다.)으로 상대방이 인지한 것을 필요로 하며, 반드시 공연히 행해짐을 요하지 않는 것을 말한다.

④ **선전**(宣傳)이란 어떤 사물이나 사상·주의 등을 많은 사람에게 퍼뜨려 인식시키는 일(예: '북한은 인민공화국이기 때문에 민주주의 국가다.'라고 사람들에게 퍼뜨리는 말)로 선동과 상이하지만 행위를 실행시킬 결의를 자의적 판단에 두는 것을 말한다.

[사례] (1) **예비**는 살인을 위해 독약을 구입하거나, 방화를 위해 인화물질을 준비하는 경우이다.

(2) **음모**는 살인을 착수하기 이전에 2인이 모여 살인 계획을 세우는 것을 말한다. 예비죄와 음모죄는 실행의 착수 이전의 행위이다.

『**법률에 특별한 규정**』 법률에 예비와 음모를 처벌한다고 규정되어 있는 경우를 뜻한다.

법률에 특별한 규정

구분	범죄 분류	형법 규정
1 유형	예비·음모	**국가적 법익 침해죄** ■ 제111조 제3항 외국에 대한 사전죄 ■ 제147조 도주원조죄 ■ 제148조 간수자의 도주원조죄
		사회적 법익 침해죄 ■ 제164조 제1항 현주건조물등방화죄 ■ 제165조 공용건조물등방화죄 ■ 제166조 제1항 일반건조물등방화죄 ■ 제172조 제1항 폭발성물건파열죄 ■ 제172조의 2 제1항 가스·전기등방류죄 ■ 제173조 제1항 가스·전기등공급방해죄 ■ 제173조 제2항 공용가스·전기등공급방해죄 ■ 제177조 제1항 현주건조물등일수죄 ■ 제178조 공용건조물등일수죄 ■ 제186조 기차·선박등교통방해죄 ■ 제187조 기차등전복죄 ■ 제192조 제2항 음용수유해물혼입죄 ■ 제193조 제2항 수도음용수유해물혼입죄 ■ 제195조 수도불통죄 ■ 제207조 제1, 2, 3항 통화위조등죄 ■ 제214조 유가증권위조등죄 ■ 제215조 자격모용에 의한 유가증권작성죄 ■ 제218조 제1항 우표·인지위조등죄
		개인적 법익 침해죄 ■ 제250조 살인·존속살해죄 ■ 제253조 위계등에의한촉탁·승낙살인죄 ■ 제289조 국외이송을위한약취·유인·매매죄 ■ 제333조 강도죄
		■ 제31조 제3항 실패한 교사(교사자만)와 제31조 제2항 효과 없는 교사(교사자와 피교사자)의 경우 예비·음모에 준하여 처벌함[기도된 교사＝실패한 교사(교사를 받은 자가 범죄의 실행을 승낙하지 아니한 때)＋효과 없는 교사(교사를 받은 자가 범죄의 실행을 승낙하고 실행의 착수에 이르지 않은 때)]
2 유형	예비 음모 선동 선전	**국가적 법익 침해죄** ■ 제87조 내란죄 ■ 제88조 내란목적살인죄 ■ 제92조 외환유치죄 ■ 제93조 여적죄 ■ 제94조 모병이적죄 ■ 제95조 시설제공이적죄 ■ 제96조 시설파괴이적죄 ■ 제97조 물건제공이적죄 ■ 제98조 간첩죄 ■ 제99조 일반이적죄
3 유형	예비 음모 선동	**사회적 법익 침해죄** ■ 제119조 폭발물사용죄

🔳 학설

1. 예비죄

예비죄란 예비행위가 범죄가 되어 처벌되는 경우이다.

(1) 음모와 구별기준
　　① **음모**가 인적 준비행위이고 **예비**는 물적 준비행위라는 견해716)이다.
　　② **음모**는 **예비**에 선행하는 범죄발전의 한 단계라는 견해로 **다수설**717) 및 **판례**718)이다.
　　③ **음모**는 심리적 준비행위임에 반하여 **예비**는 그 이외의 준비행위로서 시간적 선후 관계는 없다는 견해719)로 타당하다.720)

(2) 형법 제28조에 대한 형법적 취급
　　① **원칙적 불벌이유** 예비가 기수에 달하기에는 아직 먼 거리에 있어 상대적으로 위험성이 적고, 범죄적 내용이 희박하여 범죄완성에 실질적으로 기여치 못한 행위라는 이유(실체법적), 범죄 고의를 명확하게 입증하기 어렵다는 이유(소송법적), 행위자에게 범의를 번복하게 하려는 이유(형사정책적)이다.
　　② **예외적 처벌이유** 피침해 법익의 중대성·행위의 위험성 및 중요법익을 가능한 한 폭넓게 보호하려는 데 예외적 처벌이유이다.

2. 예비죄의 법적 성격

기본범죄와 예비죄의 관계에 대한 견해 대립이 있다.

---

716) 정영석, 총론, 201면.
717) 이형국, 연구Ⅱ, 470면; 정성근, 총론, 455면; 차용석, "예비죄" 고시계, 1985. 5. 65면; 백형구, "예비죄", 고시연구, 1988. 5. 84면.
718) 대판 1986. 6. 24. 86도437(일본으로 밀항하고자 도항비로 일화 100만 엔을 주기로 약속한 바 있었으나, 그 후 이 밀항을 포기하였다면 이는 밀항의 음모에 지나지 않는 것으로 밀항의 예비 정도에는 이르지 아니한 것이다.).
719) 권문택, "예비죄", 형사법강좌Ⅱ, 548면; 김일수, 원론, 783면.
720) 진계호·이존걸, 총론, 474면.

(1) **발현형태설** 현행형법이 예비행위를 독립된 범죄유형으로 규정하지 않고 "……죄를 범할 목적으로"라는 부대형식을 취한 점으로 보아 예비는 기본범죄의 발현형태에 지나지 않는다는 견해로 **다수설**[721]이며 타당설[722]이다. 그리고 예비죄의 독자적인 실행행위성에 대해서는 부정설(실행행위는 기본범죄에 대한 실행만을 의미하므로 예비행위에 대한 실행행위성을 인정하기 곤란하며, 예비행위는 무정형 및 무한정하므로 실행행위 개념을 생각할 수 없다는 견해[723])과 **긍정설**(기본범죄에만 실행행위성을 인정하는 것은 실행행위의 상대적 및 기능적 성격을 무시한 것이며, 예비죄도 수정된 구성요건인 이상 이에 대해 실행행위성을 인정해야 한다는 견해로 **다수설**[724] 및 타당설[725]이다.)로 나누고 있다.

(2) **독립범죄설** "범죄의 미수범은 처벌한다."의 형식으로 구성요건을 실체화하지 않은 미수범과는 달리, 예비죄는 대개 "…… 죄를 범할 목적으로 예비한 자는 ……에 처한다."의 형식으로 규정되었기 때문에 예비죄는 기본범죄(자체가 불법의 실질을 갖는다.)에서 독립한 별개의 범죄라는 견해[726]이다. 그리고 예비죄의 독자적인 실행행위성을 인정한다.

(3) **이분설** 예비죄의 규정이 "…… 죄를 범할 목적으로"라는 규정[727](발현형태)과, "……의 목적으로 ……을 준비한 자"라고 하여 '준비한다'는 독자적 유형이 있는 경우[728](독립범죄)로 보는 견해[729]이다.

---

721) 이형국, 연구Ⅱ, 482면; 정성근, 총론, 457면; 이재상, 총론, 364면; 안동준, 206면; 임웅, 총론, 309면; 백형구, "예비죄", 80면; 차용석, "예비죄", 72면.

722) 진계호, 총론, 437면(우리 형법에도 범죄단체조직죄(제114조)와 같이 예비행위를 독립된 범죄로 처벌하는 규정이 있지만 이때에도 형법은 "…… 죄를 범할 목적으로"라는 예비죄로 규정하는 대신, 완전히 독립된 별개의 범죄로 하고 있어서 우리형법에서는 이분설을 취할 근거가 없다.).

723) 이형국, 연구Ⅱ, 491면.

724) 정성근, 총론, 457면; 이재상, 총론, 410면; 안동준, 총론, 206면; 임웅, 총론, 310면; 백형구, "예비죄", 80면; 차용석, "예비죄", 72면.

725) 진계호, 총론, 437면.

726) 김일수, 원론, 786면; 배종대, 총론, 475면; 권문택, "예비죄", 557면.

727) 일본형법 제201조.

728) 일본형법 제153조.

729) 平野, 형법(Ⅱ), 340면; Jescheck, *Lehrbuch*, S. 472; Rudolphi, S. 133(예비죄를 예비행위에까지 처벌을 확대한 비독립적인 형태의 예비와 실질적으로는 다른 범죄의 예비에 해당하는 일정한 행위를 독립된 범죄로 처벌하는 형식의 예비로 구별하여 설명하자는 독일의 견해이다.).

3. 예비죄의 성립요건

(1) **주관적 요건** ① 예비적 고의 → 예비죄가 성립하기 위해서는 예비에 대한 고의만이 필요하다. 예비의 고의 내용에 대한 견해로, 실행의 고의설(예비의 고의는 기본적 구성요건에 관한 고의라는 견해[730])과 예비의 고의설(예비의 고의를 실행의 고의와 구별하여 예비의 고의는 예비행위에 대한 고의라는 견해[731])이 있는데 예비의 고의설이 타당하다고 하겠다.[732] ② 기본범죄를 범할 목적 →예비죄는 목적범이므로 예비에 대한 고의 이외에 기본범죄를 범할 목적이 있어야 한다. 이때 기본범죄에 대해서는 확정적 인식을 요한다는 것이 **다수설**[733]이다. 따라서 막연히 일정한 범죄를 하겠다는 의사만으로는 아직 일정한 범죄를 범할 목적이 있다고 할 수 없다는 **판례**[734]다.

(2) **객관적 요건** 외부적 준비행위→예비죄가 성립하기 위해서는 주관적 요건 외에 다시 외부적 준비행위(실행의 착수 이전의 단계에 머물러야 한다. 실행의 착수 이후에는 미수, 기수에 흡수되기 때문)가 있어야 한다. 수단·방법에는 제한이 없으나, 예비행위는 적어도 범죄 실행의 착수에 시간적·장소적으로 밀접하게 관련되어야 하고, 특정범죄의 실현을 위한 준비행위라는 것이 객관적으로 명확하고 또 그에 적합한 행위(따라서 살인도구로 장난감 권총을 구입하는 행위와 같이 결과발생이 불가능한 불능예비는 예비가 될 수 없다.[735])임을 요한다.[736]

그리고 외부적 준비행위는 물적 예비에 제한되어야 한다는 견해[737]와 인적 예비도 예비행위에 포함(예: 알리바이조작을 위한 대인접촉이나 장물을 처분할 사람의 확보 등)시켜야 한다는 **통설**[738]이 있다. 또한 자기예비와 타인예비

---

730) 이형국, 연구Ⅱ, 482면; 정성근, 총론, 457면; 안동준, 총론, 207면; 황산덕, "예비죄", 고시계, 1966. 7. 84면; 백형구, "예비죄", 81면.

731) 김일수, 원론, 446면; 이재상, 총론, 411면; 권문택, "예비죄", 550면; 차용석, "예비죄", 70면.

732) 진계호, 총론, 438면.

733) 이형국, 연구Ⅱ, 483면; 김일수, 총론, 447면; 이재상, 총론, 412면.

734) 대판 1959. 9. 1. 4292형상387(실해의 용도에 제공하기 위한 흉기를 준비하였다 하더라도 그 흉기로써 실해할 대상자가 확정되지 아니한 한 살인예비죄로 처벌할 수 없다.); 대판 1995. 7. 31. 4292형상308.

735) 김일수, 원론, 795면; 이재상, 총론, 412면 이하; 백형구, "예비죄", 70면; 차용석, "예비죄", 73면.

736) 백형구, "예비죄", 82면.

737) 정성근, 총론, 458면; 백형구, "예비죄", 82면.

738) 이형국, 연구Ⅱ, 475면; 이재상, 총론, 413면; 황산덕, "예비죄", 83면; 권문택, "예비죄", 547면; 차용석,

가 있는데, 타인예비에 대해서는 인정할 것인가에 대한 **긍정설**(형법 제31조
제2, 제3항에 타인예비인 교사의 미수를 예비로 처벌하는 규정이 있다는 이유로 타인
예비도 자기예비와 같이 예비개념에 포함시킬 수 있다는 견해[739])과 **부정설**(자기예비
는 예비개념에 포함되나, 타인예비는 포함시킬 수 없다는 다수설[740]이며 타당하다.[741])
로 나눈다.

4. 예비죄의 처벌

예비행위는 원칙적으로 처벌되지 않고, 법률에 특별한 규정이 있을 때에만 예
외적으로 처벌하고 있다. 예비죄는 기본범죄에 비해 상대적으로 경하게 처벌된다.
다만, 내란죄(제90조) · 외환죄(제101조) · 방화죄(제175조) · 통화위조죄(제213조)의 예
비에 있어서 실행의 착수 전에 자수하면 그 형을 감경 또는 면제한다(필요적 감면).

5. 예비죄와 관련 문제

(1) **예비죄의 중지** 예비의 중지란 이미 예비행위를 한 자가 예비행위를 자의
　　로 중지하거나, 실행의 착수를 포기하는 것을 말한다.

	예비의 중지	중지미수
유사점	예비행위 자체를 자의로 중지	예비행위를 거쳐 실행의 착수 후에 자의로 중지
차이점	예비의 경우는 몇 개의 경우만 자수 때 필요적 감면. 예비중지는 감면규정 없음.	형을 감경 또는 면제
처벌의 불균형을 시정할 점	예비의 중지에 중지미수규정을 적용할 수 없는가에 학설이 대립되고 있다. (1) 준용부정설: 예비의 중지에 대해서는 중지미수의 규정을 준용할 수 없다는 견해[742] (2) 준용인정설: 형의 균형상 예비의 중지도 중지미수의 규정을 준용해야 한다는 설로, 형의 필요적 감면 대상을 '예비죄'의 법정형으로 하자는 견해[743]와 예비의 형이 중지미수의 형보다 중한 때(제90조, 제101조)에는 중지미수규정을 준용해야 한다는 **다수설**[744]이 있다.	

"예비죄", 61면.

739) 차용석, "예비죄", 68면.

740) 김일수, 원론, 788면; 이형국, 연구Ⅱ, 482면; 이재상, 총론, 414면; 정성근, 총론, 457면; 백형구, "예비
　　죄", 79면(형법은 예비죄를 "…… 죄를 범할 목적으로"라고 규정하여 예비자 스스로 실행할 의사를 요하여
　　자기예비만을 인정하고 있다는 것을 이유로 한다.).

741) 진계호, 총론, 440면(준비행위와 준비에 도움을 주는 행위는 구별되어야 하며, 예비행위의 무정형, 무한정을
　　제한한다는 의미에서도 타인예비는 예비의 개념에 포함시킬 수 없다는 부정설이 타당하다.).

742) 남흥우, 총론, 207면[예비죄에는 제26조와 같은 규정이 없고, 각본조에 보완적 독립죄로 규정되어 있고, 각
　　별로 법정형을 설정하고 있다. 또한 각칙 우선원칙에 의하여 각본조의 규정은 총칙에 우선하는 점을 이유로
　　한다. 이에 의하면 예비를 처벌하면서 형의 면제를 인정하지 않는 경우(예: 자수자에 대한 감면규정이 없는
　　때)에는 형벌균형차원에서 그 죄의 중지미수에 대해서도 면제를 부정해야 한다는 판례(대판 1966. 4. 21. 61
　　도152; 대판 1966. 7. 12. 66도617)의 태도이다.].

(2) **예비죄의 공범** 기본범죄가 실행의 착수에 이르지 아니한 예비죄에 대해 공동정범과 교사범·종범이 성립할 수 있는가이다.

예비죄의 공동 정범	부정설	2인 이상이 공동하여 기본범죄를 실현하려고 했으나, 가벌적 예비단계에 그친 경우에는 예비죄의 실행행위성을 부인하여 예비죄의 공동정범을 부정하는 견해다.
	인정설	예비죄의 구성요건은 기본적 구성요건의 수정된 구성요건이며, 이에 해당한 행위는 실행행위성을 인정할 수 있으므로 예비죄의 공동정범을 인정해야 한다는 **통설**745) 및 **판례**746)다.
예비죄에 대한 교사범·종범		형법 제31조 제2항에 기도된 교사에 해당할 때는 예비·음모에 준하여 처벌하는 특별규정이 있으나, 규정이 없는 종범에 대해 예비죄의 종범이 성립할 수 있는가에 대하여.
	긍정설	정범을 교사·방조했으나 정범이 가벌적인 예비단계에 그친 경우에 예비죄에도 종범이 가능하다는 **다수설**747)이다.
	부정설	정범을 교사·방조했으나 정범이 가벌적인 예비단계에 그친 경우에 예비죄에 대한 종범의 성립을 부정하는 견해748) 및 **판례**749)이며, 타당하다.750)

(3) 해석상의 문제

| 예 비 죄 의 미수 | 예비죄의 미수범이 가능한가에 관해 이론상 가능하다. 그러나 처벌규정이 없다는 긍정설이 있다.751) 예비죄의 미수는 있을 수 없다는 부정설이 타당하다.752) 예비는 미수 전 단계이므로 예비의 실행행위성을 인정한다고 하여 미수까지 긍정하는 것은 아니기 때문이다. |
| 예 비 죄 의 죄수 | 1개의 범죄를 실현하기 위해 수 개의 예비행위가 있더라도 1개의 예비죄만 성립한다. 예비행위 이후 실행의 착수로 나아가면 기본범죄의 미수·기수만 성립한다. |

---

743) 백남억, 총론, 259면; 임웅, 총론, 314면(이 견해는 살인예비중지의 경우 살인예비죄의 형이 10년 이하의 징역이므로 5년 이하의 징역 또는 형 면제가 된다.).

744) 정영석, 총론, 217면; 김종원(8인 공저), 총론, 298면; 이형국, 연구Ⅱ, 487면; 동 "예비죄에 관한 고찰", 형사법의 제 문제, 1983, 101면; 정성근, 총론, 460면; 이재상, 총론, 391면(이 견해의 예로, 살인중지미수로서 형감경의 경우에는 무기 또는 2년 6개월 이상의 징역이 되어 살인예비죄의 형인 10년 이하의 징역보다 중하다. 그러므로 준용할 필요가 없다. 다만 형면제의 경우에는 균형상 준용되어 살인예비중지의 형은 10년 이하의 징역 또는 형면제가 된다.).

745) 김일수, 총론, 449면; 이형국, 연구Ⅱ, 488면; 정성근, 총론, 460면; 이재상, 총론, 414면; 박상기, 총론, 341면; 배종대, 총론, 479면; 안동준, 총론, 209면.

746) 대판 1976. 5. 25. 75도1549(정범이 실행의 착수에 이르지 아니한 예비의 단계에 그친 경우에는 이에 가공하는 행위가 예비의 공동정범이 될 때를 제외하고는 종범으로 처벌할 수 없다.); 대판 1978. 2. 28. 77도340; 대판 1979. 5. 22. 79도552.

747) 유기천, 총론, 303면; 염전철(8인 공저), 총론, 356면; 정성근, 총론, 462면; 김일수, 총론, 451면; 권문택, "예비죄의 종범", 고시계, 1978. 5. 71면 이하; 자용식, "예비죄", 고시계 1985. 5. 75면; 긍정설에 대한 이유로, 정범이 예비죄로 처벌된다면 이의 방조자를 종범으로 처벌하는 것은 공범종속성설상 낭언하고, 예비죄도 각칙의 특별구성요건에 규정되어 있으므로 예비행위 또한 당해 예비죄의 실행행위이다. 따라서 이에 대한 공범의 성립은 가능하다. 정범은 예비죄로 처벌＝그 공범도 처벌해야 한다는 논리.

748) 정영석, 총론, 226면; 이형국, 연구Ⅱ, 491면; 이재상, 총론, 416면; 황산덕, "예비죄", 고시계, 1966. 7. 91면; 백형구, "예비죄", 92면[부정설에 대한 이유로, 종범이 정범에 종속하려면 정범의 실행행위가 있어야 하는데, 예비죄에는 이러한 실행행위가 없고, 방조의 방법에도 제한이 없다. 또한 예비행위도 정형성이 없으므로 예비의 종범을 처벌한다면 처벌범위가 부당하게 확대될 위험이 있고, 법감정에도 반한다는 것이다.].

749) 대판 1976. 5. 25. 75도1549.

750) 진계호, 총론, 443면(형법상 예비죄를 기본범죄의 한 발현형태로 보나, 형법상 예비죄의 종범에 대한 처벌규정이 없다는 점으로 보나 부정설이 타당하다.).

751) 이형국, 총론, 266면.

[판례 1] 행사할 목적으로 미리 준비한 물건들과 옵셋인쇄기를 사용하여 한 국은행권 100권을 사진 찍어 그 필름 원판 7매와 이를 확대하여 현상한 인화지 7매를 만들었음에 그친 경우 통화위조의 착수에 이르지 아니한 예비단계에 불과하다.[753]

[판례 2] 피고인이 히로뽕 제조 원료의 구입비로 300만 원을 공동피고인에게 제공했는데 공동피고인이 그로써 구입할 원료를 물색 중 적발된 경우 히로뽕제조에 착수했다고 볼 수 없고 그 예비단계에 불과하다.[754]

[판례 3] 밀수입할 목적으로 물건을 싣고 오는 도중 공해상에서 피검된 경우 동 물품에 대한 관세포탈의 예비에 불과하다.[755]

[판례 4] 위조문서인 신분증을 항상 휴대하고 다닌 것만으로는 위조문서행사의 착수가 있었다고 볼 수 없다.[756]

[판례 5] 피고인이 사람이 현존하는 선박에 몰래 침입하여 휘발유를 갑판에 뿌리고 라이터로 점화하려고 하였으나 불이 아직 방화목적물 내지 그 도화물체에 점화하지 아니한 이상 방화의 착수로 논단하지 못할 것이라고 판시하였다.[757]

[판례 6] 권총 등을 교부하면서 사람을 살해하라고 한 자는 피교사자의 범죄 실행결의의 유무와 관계없이 그 행위 자체가 독립하여 살인 예비죄를 구성한다.[758]

[판례 7] 간첩이라 함은 적국의 지령 기타 의사 연락하에 군사상 기밀사항을 탐지·수집하는 것을 의미하므로 적측과 아무런 연락 없이 편면적으로 군사에 관한 정보를 수집하였다면 군사상 기밀누설의 예비행

---

752) 손해목, 총론, 836면; 이재상, 총론, 408면; 박상기, 총론, 341면; 임웅, 총론, 349면; 김일수·서보학, 총론, 554면; 신동운, 총론, 516면.
753) 대판 1966. 12. 6. 65도1317.
754) 대판 1983. 11. 22. 83도2590.
755) 대판 1967. 9. 5. 67도840.
756) 대판 1956. 11. 2. 4287형상240.
757) 대판 1960. 7. 22. 4293형상213(현주건조물방화예비죄).
758) 대판 1950. 4. 18. 4283형상10.

위라고 본다.759)

[판례 8] 살해의 용도에 공하기 위한 흉기의 준비행위는 대상자가 확정되지
아니한 한 살인예비죄로 다스릴 수 없다.760)

▓ 해설

[의의] 미수범의 처벌 미수범(未遂犯)의 처벌이란 범죄의 실행에 착수하여 행
위를 종료하지 못하였거나 결과가 발생하지 아니한 경우를 미수라 하
고(제25조), 기수에 도달되지 못한 범죄를 미수범이라 한다. 미수도 예
비·음모와 같이 형법 각본조에 처벌한다는 **특별규정이 있는 경우에
만** 처벌한다(제28조·제29조). 미수범의 처벌은 원칙적으로 기수범과 동
일하고 경우에 따라 형을 감경할 수 있다(임의적 감경).

[사례] 미수범의 종류에는 **제25조 제1항 장애미수**(甲이 권총으로 탄환을 장전하여
乙을 살해코자 발사하였으나 탄환의 불량으로 불발에 그쳤다. 형을 임의적으로 감
경할 수 있다.), **제26조 중지미수**(살인하고자 상대방을 음독시켰으나 뒤에 후회
하고 자발적으로 의사의 협력을 얻어 생명을 건진 경우 형을 필요적으로 감면한
다.), **제27조 불능미수**(사람을 살해하려고 권총방아쇠를 당겼으나 그것이 물총
이었던 경우로, 형을 임의적으로 감면한다.)

『**미수범 처벌의 각본조**』 형법 각 조문을 뜻한다.

---

759) 대판 1959. 5. 18. 4292형상34.
760) 대판 1959. 9. 1. 4292형상387.

■ 미수범 처벌의 각본조

장별	본 조 규정	종류	범죄군
1장	제89조	제87조 내란죄 제88조 내란목적살인죄	내란죄
2장	제100조	제92조 외환유치죄 제93조 여적죄 제94조 모병이적죄 제95조 시설제공이적죄 제96조 시설파괴이적죄 제97조 물건제공이적죄 제98조 간첩죄 제99조 일반이적죄	외환죄
4장	제111조 제2항	제111조 외국에 대한 사전죄	국교죄
6장	제119조 제3항	제119조 폭발물사용죄	폭발물죄
7장	제124조 제2항	제124조(특수공무원의) 불법체포감금죄	공무원 직무죄
8장	제143조	제140조 제1항 공무상봉인표시무효죄 　　　　　제2항 공무상비밀침해죄 　　　　　제3항 기술적수단이용공무상비밀침해죄 제140조의 2 부동산강제집행효용침해죄 제141조 제1항 공용서류등무효죄 　　　　　제2항 공용물파괴죄 제142조 공무상보관물무효죄	공무방해죄
9장	제149조	제145조 제1항 단순도주죄 　　　　　제2항 집합명령위반죄 제146조 특수도주죄 제147조 단순도주원조등죄 제148조 간수자의 도주원조죄	도주와 범인은닉죄
12장	제162조	제160조 분묘발굴죄 제161조 제1항 사체등손괴 · 유기 · 은닉 · 영득죄 　　　제2항 분묘발굴 · 사체등손괴 · 유기 · 은닉 · 영득죄	신앙죄
13장	제174조	제164조 제1항 현주건조물등방화죄 제165조 공용건조물등방화죄 제166조 제1항 일반건조물등방화죄 제172조 제1항 폭발성물건파열죄 제173조 제1, 2항 가스 · 전기등공급방해죄 제172의 2 제1항 가스 · 전기등방류죄	방화 · 실화죄
14장	제182조	제177조 제1항 현주건조물일수죄 제177조 제2항 현주건조물일수치사상죄 제178조 공용건조물일수죄 제179조 제1항 일반건조물일수죄	일수 · 수리죄
15장	제190조	제185조 일반교통방해죄 제186조 기차 · 선박등의교통방해죄 제187조 기차등의전복죄	교통방해죄
16장	제196조	제192조 제2항 음용수독물등혼입죄 제193조 제2항 수도음용수독물등혼입죄 제195조 수도불통죄	음용수죄

■ 미수범 처벌의 각본조

장별	본 조 규정	종류	범죄군
17장	제202조	제198조 아편등제조·수입·판매·판매목적소지죄 제199조 아편흡식기제조·수입·판매·판매목적소지죄 제200조 세관공무원의아편등수입·수입허용죄 제201조 제1항 아편흡식죄 　　　　 제2항 아편흡식등장소제공죄	아편죄
18장	제212조	제207조 제1항 내국통화위조·변조죄 　　　　 제2항 내국유통외국통화위조·변조죄 　　　　 제3항 외국통용외국통화위조·변조죄 　　　　 제4항 위조·변조통화행사등죄 제208조 위조·변조통화취득죄 제211조 제1항 통화유사물제조등죄 　　　　 제2항 통화유사물등판매죄	통화죄
19장	제223조	제214조 제1항 유가증권위조·변조죄 　　　　 제2항 유가증권기재의위조·변조죄 제215조 자격모용에의한유가증권작성죄 제216조 허위유가증권작성등죄 제217조 위조유가증권행사죄 제218조 제1항 인지·우표의위조·변조죄 　　　　 제2항 위조·변조인지또는우표의행사죄 제219조 위조인지·우표등의취득죄 제222조 우표등의유사물제조죄	유가증권·인지·우표죄
20장	제235조	제225조 공문서위조·변조죄 제226조 자격모용에의한공문서작성죄 제227조 허위공문서작성등죄 제227조의 2 공전자기록위작·변작죄 제228조 공정증서원본등부실기재죄 제229조 위조·변조등공문서행사죄 제230조 공문서등부정행사죄 제231조 사문서위조·변조죄 제232조 자격모용에 의한 사문서작성죄 제232조의 2 사전자기록위작·변작죄 제233조 허위진단서등작성죄 제234조 위조·변조등사문서행사죄	문서죄
21장	제240조	제238조 제1항 공인등위조죄 　　　　 제2항 위조공인등행사죄 제239조 제1항 사인위조·부정사용죄 　　　　 제2항 위조사인행사죄	인장죄
24장	제254조	제250조 제1항 보통실인죄 　　　　 제2항 존속살인죄 제251조 영아살해죄 제252조 제1항 촉탁·승낙에의한살인죄 　　　　 제2항 자살교사·방조죄 제253조 위계·위력에 의한 촉탁살인죄	살인죄
25장	제257조 제3항	제257조 제1항 단순상해죄 　　　　 제2항 존속상해죄	상해·폭행죄

장별	본 조 규정	종류	범죄군
29장	제280조	제276조 제1항 단순체포감금죄 　　　　제2항 존속체포감금죄 제277조 제1항 중체포감금죄 　　　　제2항 중존속체포감금죄 제278조 특수체포감금죄 제279조 상습체포감금죄	체포·감금죄
30장	제286조	제283조 제1항 단순협박죄 　　　　제2항 존속협박죄 제284조 특수협박죄 제285조 상습협박죄	협박죄
31장	제294조	제287조 미성년자약취·유인죄 제288조 제1항 추행·간음·영리목적약취·유인죄 　　　　제2항 추업사용목적부녀매매죄 　　　　제3항 상습추행·간음·영리목적 약취·유인, 추업사용 목적부녀매매죄 제289조 제1항 국외이송목적약취·유인·매매죄 　　　　제2항 피인취·유인·매매자국외이송죄 　　　　제3항 상습국외이송목적약취·유인·매매·이송죄 제291조 결혼을위한약취·유인죄 제292조 제1항 제288조 또는 제289조의 약취·유인·매매·이 　　　　송된자의수수·은닉죄 　　　　제2항 제287조 또는 제291조의 약취 또는 유인된자를 　　　　수수·은닉죄 제293조 제1항 상습 피약취·유인·매매·국외이송된자의 수수·은 　　　　닉죄 　　　　제2항 추행·간음·영리목적·약취·유인·매매·국외 　　　　이송된자의수수·은닉죄	약취·유인죄
32장	제300조	제297조 강간죄 제298조 강제추행죄 제299조 준강간죄·준강제추행죄	강간·추행죄
36장	제322조	제319조 제1항 주거침입죄 　　　　제2항 퇴거불응죄 제320조 특수주거침입죄 제321조 신체·주거수색죄	주거죄
37장	제324조의 5 제325조 제3항	제324조 제1항 단순강요죄 제324조의 2 인질강요죄 제324조의 3 인질상해·치상죄 제324조의 4 인질살해·치사죄 제325조 제1항 점유강취죄 　　　　제2항 준점유강취죄	권리행사방해죄

■ 미수범 처벌의 각본조

장별	본 조 규정	종류	범죄군
38장	제342조	제329조 단순절도죄 제330조 야간주거침입절도죄 제331조 특수절도죄 제331조의 2 자동차등불법사용죄 제332조 상습절도죄 제333조 강도죄 제334조 특수강도죄 제335조 준강도죄 제336조 인질강도죄 제337조 강도상해·치상죄 제338조 강도살인·치사죄 제339조 강도강간죄 제340조 제1항 해상강도죄 　　　　 제2항 해상강도상해치상죄 　　　　 제3항 해상강도살해치사강간죄 제341조 상습강도죄(제333조)· 　　　　 상습특수강도죄(제334조) 　　　　 상습인질강도죄(제336조) 　　　　 상습해상강도죄(제340조 제1항)	절도·강도죄
39장	제352조	제347조 단순사기죄 제347조의 2 컴퓨터등사용사기죄 제348조 준사기죄 제348조의 2 편의시설부정이용죄 제350조 공갈죄 제351조 상습사기죄(제347조) 　　　　 상습컴퓨터등사용사기죄(제347조의 2) 　　　　 상습준사기죄(제348조) 　　　　 상습편의시설부정이용죄(제348조의 2) 　　　　 상습부당이득죄(제349조) 　　　　 상습공갈죄(제350조)	사기·공갈죄
40장	제359조	제355조 제1항 단순횡령죄 　　　　 제2항 단순배임죄 제356조 업무상횡령·배임죄 제357조 배임수증죄(배임수재죄, 배임증재죄)	횡령·배임죄
42장	제371조	제366조 재물·문서손괴죄 제367조 공익건조물파괴죄 제369조 특수손괴죄	손괴죄

■ 미수범 처벌규정이 없는 범죄

장별	종 류
3장	국기에 관한 죄
5장	공안을 해하는 죄
10장	위증과 증거인멸죄
11장	무고의 죄
22장	성풍속에 관한 죄
23장	도박과 복표에 관한 죄
25장	* 단순상해죄와 존속상해죄를 제외한 상해죄
26장	과실치사상죄
27장	낙태의 죄
28장	유기와 학대의 죄
33장	명예에 관한 죄
34장	신용·업무와 경매에 관한 죄
35장	비밀침해의 죄
40장	점유이탈물횡령죄
41장	장물에 관한 죄

제3절 공범(共犯)

Ⅰ. 일반이론

1. 공범의 의의

(1) **개념** 범죄는 1인이 단독으로 실행할 수도 있고(단독범 또는 단독정범), 2인 이상의 자가 협력하여 실행할 수 도 있다(공범＝임의적 공범).

(2) **특질** 공범(주관적으로 의사 강화＋객관적으로 행위를 이용 및 보충)은 공범자 행위 전체를 포괄하여 결과에 대한 인과관계(因果關係)를 따지며, 그에 따라서 책임을 진다. 따라서 공범은 다른 공범자의 행위로 인하여 결과가 발생할 때도 기수(旣遂)책임을 면하지 못한다는 점이 있다.

(3) **우리 형법**은 범죄를 구별하는 분리방식을 취함(범죄의 다수참가 형식)

정범	공동정범(제30조)
	간접정범(제34조)
공범	교사범(제31조)
	종범(제32조)

2. 공범의 종류

(1) 임의적 공범 우리나라의 **형법상 공범**으로 광의의 공범을 말한다. 이에는 공동정범(제30조) · 교사범(제31조) · 종범(제32조)의 세 가지가 포함된 개념이다.[761]

광의의 공범 (형법상 공범)	공동정범(제30조)
	교사범(제31조)
	종범(제32조)
협의의 공범 (가담범)	교사범(제31조)
	종범(제32조)

(2) 필요적 공범 형법 각칙의 개별적 구성요건 자체가 이미 2인 이상의 참가를 전제로 하고 있는 공범형태를 말한다. 여기에는 집합범과 대향범이 있다.

<table>
<tr><td rowspan="3">집
합
범</td><td colspan="2">■ 의의: 다수인이 동일방향으로 집합적 행동을 함으로써 성립하는 범죄(군중범죄, 다중범, 집단범)</td></tr>
<tr><td>■ 다수인에게 동일한 법정형 부과</td><td>● 소요죄(제115조)</td></tr>
<tr><td>■ 참가자의 기능 · 지휘 · 역할 및 행위태양에 따라 법정형에 차이</td><td>● 내란죄(제91조)</td></tr>
<tr><td rowspan="4">대
향
범</td><td colspan="2">■ 의의: 2인 이상의 참가자가 상호 대립방향의 행위에 의한 동일한 목표를 실현함으로써 성립하는 범죄(대립범, 대향범, 회합범)</td></tr>
<tr><td>■ 대향자 쌍방의 법정형이 같은 경우</td><td>● 간통죄(제241조 제1항)
● 도박죄(제246조 제1항)
● 아동혹사죄(제274조)
● 부녀매매죄(제288조 제2항)</td></tr>
<tr><td>■ 대향자 쌍방에 대한 법정형이 다른 경우</td><td>● 수뢰죄의 수뢰자와 증뢰자(제129조, 제133조)
● 의사등낙태죄와 의사와 부녀(제269조 제1항, 제270조 제1항)
● 배임수증죄의 배임수재자와 배임증재자(제357조 제1항, 제2항)
● 도주죄의 도주자와 도주원조자(제145조 제1항, 제147조)</td></tr>
<tr><td>■ 대향자 일방만이 처벌되는 경우</td><td>● 음화등판매죄(제243조)
● 촉탁승낙살인죄(제252조 제1항)
● 자살관여죄(제252조 제2항)
● 범인은닉죄(제151조 제1항)</td></tr>
</table>

---

761) 유기천, 총론, 276면; 황산덕, 총론, 243면; 정영석, 총론, 241면; 정성근, 총론, 506면.

<table>
<tr>
<td>합
동
범</td>
<td>■ 1인으로도 범죄가 성립하나, 2인 이상의 관여로 형이 가중되는 범죄인 합동범에 대하여 부진정필요적 공범762) 또는 필요적 공범763)에 해당한다는 견해가 있으나, 필요적 공범에 부진정이란 용어를 사용할 필요가 없고, 합동범은 다수인이 가담하는 모든 경우를 포함하는 것이 아니라는 점에서 필요적 공범과는 성질을 달리하므로 공동정범의 특수한 경우에 불과하다고 해야 한다.764)</td>
<td>● 특수도주죄(제146조)
● 특수절도죄(제331조 제2항)
● 특수강도죄(제334조 제2항)</td>
</tr>
</table>

① **필요적 공범의 내부참가자 공범규정 적용 여부** 필요적 공범은 집합범이건 대향범이건 구성요건이 수인의 협력에 의해 비로소 성립하고, 각자에 적용될 형벌도 각칙에 별도로 규정되어 내부참가자 사이에는 임의적 공범을 전제로 하는 총칙의 공범규정(공동정범·교사범·종범)이 적용될 여지가 없다(통설).765)

② **필요적 공범의 외부 관여자 공범규정 적용 여부** 집합범(소요죄나 내란죄)이라도 집단 외에서 자금이나 정보제공, 타인의 범죄가담 권유 때는 공범규정이 적용된다(통설). 다만 집단의 구성원이 아닌 자가 필요적 공범의 공동정범이 된다는 것은 부당하므로 공동정범을 제외한 교사·방조에 관한 규정만 적용된다고 해야 한다.766)

대향범 중 **동일한** 법정형과 **상이한** 법정형이 규정된 경우에는 공동정범·교사범·종범의 규정이 적용된다. 단, 대향자 중 **일방만**이 처벌된 경우에서 처벌되지 않는 대향자에 대한 외부 관여자의 행위는 불벌이다(예: 음화매수의 교사행위). 판례도 유사한 취지임을 살펴볼 수 있다.767)

③ **필요적 공범에서 공범과 신분에 관한 규정의 적용 여부** 필요적 공범은 총칙상의 공범이 아니고 그 특별구성요건 자체에 의해 처벌되기 때문

---

762) 필요적 공범을 진정필요적 공범과 부진정필요적 공범으로 나누어 합동범을 부진정필요적 공범으로 보는 견해이다(김종원, "필요적 공범", 고시계 1968. 2. 71면 이하).

763) 합동범은 현장에서 합동하는 2인 이상의 정범을 필요로 하므로 필요적 공범에 해당한다는 견해이다(유기천, 각론강의(상), 215면; 김일수·서보학, 총론, 621면; 배종대, 총론, 520면; 임웅, 총론, 340면; 오영근, 총론, 602면).

764) 이형국, 총론, 306면; 이재상, 총론, 420면; 안동준, 총론, 225면; 정성근·박광민, 총론, 493면; 진계호·이존걸, 총론, 533면.

765) 대판 1971. 3. 9. 70도2536(뇌물수수죄는 필요적 공범으로서 형법총칙의 공범이 아니므로 이에 형법 제30조를 따로 적용하여야 하는 것이 아니다.).

766) 이재상, 총론, 421면; 배종대, 총론, 471면; 진계호·이존걸, 총론, 534면.

767) 대판 2001. 12. 28. 2001도5158(매도, 매수와 같이 2인 이상의 서로 대향된 행위의 존재를 필요로 하는 관계에 있어서는 공범이나 방조범에 관한 형법 총칙규정의 적용이 있을 수 없다. 따라서 매도인에게 따로 처벌규정이 없는 이상 매도인의 매도행위는 그와 대향적 행위의 존재를 필요로 하는 상대방의 매수행위에 대하여 공범이나 방조관계가 성립되지 아니한다.).

에 형법 제33조(공범과 신분)가 적용되느냐의 문제이다. 집합범(내란죄, 소요죄)의 경우는 원래 신분을 요하는 범죄가 아니므로 적용(필요적 공범도 공범과 신분에 관한 형법 제33조 적용)되지 않는다. 대향범(도박죄, 간통죄, 뇌물죄)도 필요적 공범 상호 간에는 적용되지 않는다. 다만, 제3자가 필요적 공범에 가담하는 경우에는 적용될 가능성이 있다.[768]

3. 정범과 공범의 구별

정범과 공범의 구별은 공동정범과 간접정범의 **정범성**을 확정한다. 교사범 · 종범의 구별기준과 정범과 공범(공범의 종속성과 독립성)의 문제를 해결하기 위한 논리적 전제가 된다는 데 그 필요성이 있다.

(1) **정범의 개념** 형법상 정범에는 **단독정범 · 공동정범 및 간접정범**이 포함된다는 데 이론이 없으나, 정범의 개념의 파악에는 제한적 정범개념이론과 확장적 정범개념이론으로 대립되고 있다.[769]

 ① **제한적 정범개념이론** 직접 구성요건해당행위를 한 자만이 정범이고, 구성요건에 해당하지 않은 행위로 가공한 자는 정범이 될 수 없다는 견해이다. 이에 의하면 정범만이 가벌적이나, 교사범(제31조)과 종범(제32조)의 처벌규정은 구성요건 밖의 행위에까지 가벌성을 확장한 것이라고 한다.

  ■ 장점: 범죄의 참가형태를 분명하게 구별하므로 죄형법정주의의 요청에 부합한다.

  ■ 단점: 구성요건의 전부 또는 일부를 행하지 않은 간접정범과 공동정범의 정범성을 인정할 수 없다.

 ② **확장적 정범개념이론** 결과에 대한 모든 조건에 똑같은 가치를 인정하

---

768) (1) 상습도박죄(제246조 제2항)에서 상습자는 신분자(가중적 신분으로 양형의 근거)이지만 제33조의 본문은 적용되지 않고 단서만 적용될 수 있다. 따라서 상습도박자를 교사 · 방조해도 단순도박죄의 교사 · 방조로 처벌된다. (2) 뇌물죄(제129조)의 경우 공무원인 신분은 구성적 신분이므로 비신분자인 제3자가 이에 가공하면 제33조 본문에 따라 수뢰죄의 공동정범 또는 교사범 · 방조범의 규정이 적용된다. (3) 간통죄(제241조)는 진정신분범이며 상간자도 함께 처벌되므로 필요적 공범에 해당하여 공범자 상호 간에는 제33조가 적용되지 않으나, 제3자가 관여한 때 그 가담자에게는 제33조가 적용된다.

769) 제한적 정범개념과 확장적 정범개념이라는 표현은 짐멜에 의한 것이다(Zimmerl, "Grundsätzliches zur Teilnahmelehre", *ZStW* 49, 1929, S. 41).

려는 조건설을 기초로 하여 구성요건적 결과발생에 조건을 설정한 자
는 그것이 구성요건해당행위인가의 여부를 가리지 않고 모두 정범이라
는 견해이다. 이에 의하면 교사범과 종범은 정범으로 처벌할 것이지만,
공범규정에 의해 특별취급을 받을 뿐이라는 것이다.

- ■ 장점: 제한적 정범개념이론의 난점을 극복하고 간접정범의 정범성을
  인정한다.
- ■ 단점: 우리형법은 교사범과 정범을 구별하면서도 양자의 법정형이
  동일하여 형벌축소사유도 아니므로 공범에 대한 형법규정에도 합
  치되지 않는다.

(2) 정범과 공범의 구별기준(형태적으로 유사한 간접정범과 교사범 및 공동정범과 방
조범이 문제 되기 때문에 구별하자는 것이다.)

① **객관설** 제한적 정범개념에 기초하여 행위의 객관적 의의를 표준으로
정범과 공범을 구별하자는 태도이다.

　1) 형식적 객관설 구성요건해당행위를 직접 행한 자는 정범, 실행행위
이외의 방법으로 범행에 참여한 자는 공범이라는 견해770)이다(예:
갑과 을을 살해할 의사로 을은 병을 붙잡고 갑이 칼로 병을 찔러 살해한 경우
에 갑은 정범, 을은 공범(종범)이 된다.).

　2) 실질적 객관설 행위가담의 **위험성** 정도에 따라 정범과 공범을 구별
하는 설이다. 행위의 경중에 따라 필연설, 동시설, 우수설, 인과성의
매개방법구별설로 나눈다.771)

② **주관설** 확정적 정범개념에 따라 구성요건의 실현에 기여한 각 행위를
행위자의 주관에 의해서만 가능하므로 정범과 공범을 구별할 수 있다
는 태도이다.

　1) 의사설(고의설) 자기범죄를 실현하려는 정범의사를 갖고 행위를 한

---

770) 비르크마이어가 주장이며, 1930년대까지의 통설적 견해이다(Birkmeyer, *Teilnahme, Vergleichende Darstellung*, 1908. S. 21). 이에 의하면 갑과 을이 병을 살해할 의사로 을은 병을 붙잡고 갑이 칼로 병을 찔러 살해한 경우에 갑은 정범이고, 을은 공범이 된다는 것이다.

771) (1) 필연설은 인과관계론의 원인설을 근거로 결과발생에 대한 필요불가결한 행위를 한 자는 정범, 단순가담자는 공범. (2) 동시설은 행위수행의 시간적 연관을 기준으로 행위 시에 가담한 자는 정범, 그 전후에 가담한 자는 공범. (3) 우세설은 법익침해에 대해 가치적으로 우세한 영향을 미쳤으면 공동정범, 종속적 영향을 미쳤으면 종범. (4) 인과성의 매개방법구별설은 거동범에 관한 한 형식적 객관설을 취하고 결과범에 있어서는 물리적으로 매개한 인과성이 인정되면 정범, 심리적으로 매개된 인과성일 경우에는 공범.

자는 정범, 타인범죄에 가담하려는 공범의사를 갖고 행위를 한 자
는 공범이라는 견해이다.

2) **이익설**(목적설) 자기의 이익 또는 목적을 위해서 행위를 하면 정범,
타인의 이익 또는 목적을 위해서 행위를 하면 공범이라는 견해이다.

③ **행위지배설** 행위실현에 행위 지배를 가진 자는 정범, 그렇지 아니한
자는 공범이라는 견해이다.

1) **목적적 행위지배설**(벨첼) 고의범과 과실범을 구별하는 설로, 과실범
은 정범과 공범이 존재치 않으며 부주의로 구성요건적 결과를 야기
한 자는 모두 정범이다. 고의범은 구성요건을 실현할 의사로 목적
적 행위지배가 있으면 정범, 정범의 행위에 지원이나 범의를 자극
하는 데 불과하면 공범이다.772)

2) **규범적 행위지배설**(록신) 행위지배의 유무에 따라 정범과 공범을 구
별하는데, 스스로 행위를 하는 직접정범의 경우는 실행지배, 피이용
자를 도구로써 이용하는 간접정범은 의사지배, 분업적으로 행위를
하는 공동정범은 기능적 행위지배에 의해 각각 정범성이 인정되고, 이
상의 행위지배 없이 단지 타인에게 범의를 유발·원조함에 그친 때는
경우에 따라 교사범 또는 종범이 된다는 견해773)이며, 타당하다.774)

4. 공범의 종속성과 처벌근거

(1) **공범의 종속성** 공범(협의)에서 교사범과 종범은 정범의 존재를 그 전제조
건으로 하는 것(공범의 종속성)을 말한다.

① **공범의 종속성 유무** 협의의 공범인 교사범과 종범은 정범을 교사 또는
방조하여 정범에게 범죄를 실행하게 한다. 이때 공범은 정범에 송속
또는 독립하여 성립하는가에 학설이 있다.

---

772) 황산덕, 총론, 252면; 염정철, 총론(8인 공저), 김종수, "공모공동정범이론", 1973, 79면 이하; Welzel,
Strafrecht, S. 99; Maurach, *Strafrecht*, § 47 Ⅲ A.

773) 이형국, 연구Ⅱ, 579면; 정성근, 총론, 515면; 김일수, 총론, 456면; 배종대, 총론, 486면; 박상기, 총론,
381면; 손해목, 총론, 994면; 안동준, 총론, 218면; 임웅, 총론, 346면; Roxin, *Täterschaft und
Tatberrschaft*, S. 127ff.

774) 진계호·이존걸, 총론, 543면.

1) **공범종속성설**(객관주의 범죄론의 입장) 공범은 정범의 실행행위를 전제로 하여 그에 가공하는 것이므로 필연적으로 정범의 범죄성과 가벌성에 종속한다고 보는 **통설**775) 및 **판례**776)의 견해이다. 이에 의하면 공범의 교사행위·방조행위가 있더라도 정범이 실행행위로 나가지 않는 한, 공범은 성립할 수 없다. 다만 교사행위·방조행위는 예비·음모에 불과하다.

2) **공범독립성설**(주관주의 범죄론의 입장) 교사행위·방조행위 그 자체가 이미 반사회적인 범죄로서의 실질을 갖고 있어, 정범의 실행행위가 없더라도 교사·방조행위 자체가 실행행위로서 독립된 범죄를 구성한다는 견해777)이다. 이에 의하면 공범은 정범의 성립과는 달리 독립하여 성립한다. 따라서 피교사자가 실행에 착수하지 않았다 하더라도 교사행위는 미수로 처벌한다. 그러므로 미수에 그친 공범, 기도된 교사도 미수범으로 처벌받아야 하므로 교사범과 간접정범도 구별할 필요가 없게 된다. 피교사자의 책임능력 여부는 구별할 필요가 없어 간접정범은 교사범에 흡수되기 때문이다.

3) **양 학설의 해석상의 차이점** 공범의 미수,778) 간접정범,779) 공범과 신분,780) 자살관여죄781)의 경우를 살펴볼 수 있다.

---

775) 유기천, 총론, 281면; 황산덕, 총론, 246면; 박동희, 총론, 202면; 이형국, 연구Ⅱ, 565면; 이재상, 총론, 432면; 정성근, 총론, 528면; 박상기, 총론, 386면; 배종대, 총론, 434면; 임웅, 총론, 350면; 김성천·김형준, 총론, 493면; 김종원, "공범의 구조", 673면.

776) 대판 1970. 3. 10. 69도2492(종범의 범죄는 정범의 범죄에 종속하여 성립하는 것이므로, 사기방조죄는 정범인 본범의 사기 또는 사기 미수의 증명이 없으면 사기방조죄가 성립할 수 없다.); 대판 1974. 6. 25. 74도1231; 대판 1978. 2. 28. 77도3406.

777) 이건호, 개론, 175면; 염정철(8인 공저), 총론, 326면.

778) (**공범과 미수**): (1) 범종속성설에 따르면 공범의 성립 때에 정범은 실행에 착수할 것을 요하므로 미수범의 공범은 있어도 공범의 미수범은 있을 수 없다. (2) 공범독립성설에 따르면 공범은 정범의 성립과 관계없이 독립하여 성립되므로 미수의 공범, 공범의 미수도 미수범으로 처벌받으며, 기도된 교사도 교사의 미수로 된다. (3) 공범종속성설에 따르면 신분의 연대성을 규정한 제33조 본문은 당연규정으로 본다. 그러나 공범종속성설에 의하면 신분의 개별성을 규정한 제33조 단서를 원칙적 규정으로 본다.

779) (**간접정범**): (1) 공범종속성설 – 정범의 실행행위가 있어야 공범이 성립하므로 타인을 단순히 도구로 이용한 간접정범에 있어서는 피이용자의 행위를 정범의 행위로 볼 수 없으므로 이용자는 정범이 된다. (2) 공범독립성설 – 교사행위·방조행위가 있는 이상 공범은 성립할 수 있으므로 이용자는 정범이 아니라 공범이다.

780) (**공범과 신분**): (1) 공범종속성설 – 신분의 연대성을 규정한 제33조 본문을 당연규정으로 본다. (2) 공범독립성설: 신분의 개별성을 규정한 제33조 단서를 원칙적 규정으로 본다.

781) (**자살관여죄**): (1) 공범종속성설 – 자살이 범죄가 아님에도 그 교사자·방조자를 처벌하는 특별규정으로 본다. (2) 공범독립성설 – 자살의 공범을 처벌하는 것은 형법이 종속성설을 취하지 않는 증거가 된다고 한다.

② **공범의 종속성 정도** 마이어(M. E. Mayer)는 공범의 종속형식을 4가지로 분류하고 있다.782)

　　1) **최소한의 종속형식** 정범의 행위가 구성요건에 해당하면 그것이 위법·유책하지 않더라도 공범이 성립한다는 입장이다. 타인의 위법하지 않은 행위를 이용한 때는 이용자는 간접정범으로 보아야 한다.

　　2) **제한적 종속형식** 정범의 행위가 구성요건에 해당하고 위법하면 비록 유책하지 않더라도 공범이 성립한다는 **다수설**783)의 입장이며, 타당하다.784) 따라서 책임무능력자를 교사한 경우에도 교사자는 공범의 책임을 진다. 독일형법의 종속 규정형식이다.785)

　　3) **극단적 종속형식** 정범의 행위가 구성요건에 해당하고, 위법·유책해야만 공범이 성립한다는 견해786)이다. 정범이 범죄의 성립요건을 구비한 때 공범이 성립한다.

　　4) **초극단적 종속형식** 정범의 행위가 구성요건에 해당하고 위법·유책할 뿐만 아니라, 신분에 의한 형의 가중·감경 및 가벌성의 조건까지도 갖추어야 공범이 성립한다는 입장787)이다.

(2) **공범의 처벌근거** 공범은 정범에 종속하여 성립하는데도 정범과 동일한 형(제30조·제31조 제1항) 또는 필요적 감경형(제32조 제2항)으로 처벌된다. 이에 대해서 견해가 대립된다.

　① **책임가담설** 공범은 정범(유책한 범죄행위 야기)의 책임에 가담했기 때문에 처벌된다는 견해788)이다.

　② **불법가담설** 공범은 정범으로 하여금 범행을 저지르게 하여 정범의 사

---

782) M. E. Mayer, *AT*, S. 391ff.

783) 이형국, 연구Ⅱ, 566면 이하; 김일수, 총론, 516면; 정성근, 총론, 530면; 이재상, 총론, 435면; 배종대, 총론, 435면; 손해목, 총론, 1053면; 박상기, 총론, 385면 이하; 안동준, 총론, 222면; 임웅, 총론, 351면.

784) 진계호·이존걸, 총론, 548면.

785) 독일형법 제26조와 제27조(교사범과 종범이 성립하기 위한 정범의 행위는 "고의에 의하여 범한 위법한 행위임을 요한다."고 규정한다.).

786) 정영석, 총론, 235면.

787) 본 입장은 정범에게 일신전속적 처벌조각사유인 친족상도례 등이 있는 때에도 공범의 성립을 부인하면 부당하기에 이 형식을 취하는 학자는 없다.

788) H. Mayer, *AT*, 1953, S. 318ff; Vgl, Jescheck, *Lehrbuch*, S. 557(이 설은 극단적 종속형식과 경부되어 주장된 것으로써, 책임의 연대성을 인정함으로써 개인책임의 원칙에 반하고, 제한적 종속형식하에서는 책임 없는 정범에 대한 공범의 성립도 가능하다고 보므로 이 설을 지지한 자는 없다.).

회와의 일체성을 해체시킴으로써 법적 평화를 침해했기 때문에 처벌된
다는 견해이다.789)

③ **야기설** 공범의 가벌성을 정범의 불법에서 도출되는 것이 아니고, 정범
의 불법으로부터 완전히 독립되었다는 점에서 출발한다.

1) **순수야기설** 공범은 정범의 불법행위와 관계없이 스스로 공범구성요
건의 불법을 야기한 것이므로 처벌된다는 견해이다.790)

2) **종속야기설**(수정된 야기설) 공범이 정범의 법익침해행위를 야기·촉
진했다는 점에 처벌의 근거가 있지만, 공범의 불법의 근거와 처벌
의 정도는 정범의 불법에 종속한다는 견해이다(**통설**).791)
우리 형법은 이 설이 정범 실행의 착수가 없음에도 기도된 교사의
가벌성을 인정하는 근거를 설명치 못하고, 또 미수의 교사의 불가
벌성을 설명치 못한 점이 비판의 대상이 된다.

3) **혼합야기설** 공범은 법익침해라는 결과무가치(결과불법)를 직접 실현
할 수 없으므로 정범의 결과무가치에 종속한다. 그리고 행위무가치
(행위불법)는 공범 자신의 교사·방조행위에서 독자적으로 인정된다
는 견해792)로, 타당하다고 본다.793)

Ⅱ. 관련 법조문

본 절에서 공범에 대한 규정으로는 공동정범(제30조), 교사범(제31조), 종범(제32
조), 공범과 신분(제33조), 간접정범, 특수한 교사, 방조에 대한 형의 가중(제34조)

---

789) Trechsel, *Des Strafgrund des Teilnahme*, 1967, S. 54ff; Samson, SK, Vor § 26. Rdn. 6(제한종속
형식의 변형시킨 것으로, 교사범의 처벌근거는 설명할 수 있으나 종범의 처벌근거를 설명치 못해 공범의 통일
적 처벌근거가 미흡하다. 또한 함정수사의 불가벌성을 설명할 수 없다는 난점이 있다.).

790) Schmidhäuser, *AT*, 2. Aufl., 1975, S. 532ff; Lüderssen, *Zum Strafrung des Teilnahme*, 1967, S.
911ff.(이에 의하면 공범과 정범의 의존관계는 순수한 사실관계이고, 공범은 타인에 가담하여 법익침해를 하
도록 하였기에 공범 고유의 행위무가치가 인정되어 불법을 근거로 볼 수 없다. 불법은 행위무가치와 결과무가
치가 있을 때에 완전한 불법이 된다. 그런데 행위무가치만으로 공범의 처벌근거를 찾는 것은 타당치 않고 공
범의 종속성을 인정한 형법의 태도에도 맞지 않다.)

791) 이형국, 연구Ⅱ, 570면; 이재상, 총론, 429면; 배종대, 총론, 437면; 손해목, 총론, 1060면; 박상기, 총론, 384
면; 안동준, 총론, 224면 이하; 김성천·김형준, 총론, 496면; 이정원, 총론, 308면; 조준현, 총론, 321면.

792) 정성근, 총론, 555면; 임웅, 총론, 354면; 김일수, "공범의 처벌근거", 129면.

793) 진계호·이존걸, 총론, 550면.

으로 되어 있다.

제30조
공동정범

2인 이상이 공동하여 죄를 범한 때에는 각자를 그 죄의 정범으로 처벌한다.

■ 해설

[의의] **공동정범**(共同正犯)이란 2인 이상의 자가 공동하여 범죄를 실행하는
경우를 공동정범이라 한다. 본죄의 특성은 분업적 행위실행과 기능적
역할분담의 원리에 의하여 지배된다.[794]

[사례] 갑·을·병이 공동으로 강도를 하는 데 있어서 갑은 망을 보고, 을은 총
으로 협박하고, 병이 재물을 탈취한 경우로 세 사람이 분담했던 모든 행
위가 통일된 전체로서 특수강도죄(제344조)가 구성한다. 따라서 갑·을·
병 각자는 그 전체에 대해 책임(일부실행·전부책임)을 지며 정범(공동정
범)으로 처벌된다. 판례도 같은 취지이다.[795]

		A. 개념정리	
(1)	**단독정범**	1인이 단독으로 범죄를 실행한다.	
	공동정범	2인 이상이 공동으로 범죄를 실행한다.	
(2)	**동시범**	의사의 연락이 없이 범죄를 실행한다.	
	공동정범	의사의 연락을 하여 범죄를 실행한다.	
(3)	**간접정범**	단독적 행위지배 내지 의사지배	자기를 위하여 타인의 행위를 이용하는 것이 유사하다
	공동정범	기능적 행위지배 내지 실행지배	
(4)	**협의의 공범**	교사범 또는 종범이다.	공동정범·교사범·종범과 함께 광의의 공범이다.
	공동정범	정범이다.	
(5)	**필요적 공범**	2인 이상이 범죄를 실현할 것으로 예정된 필요적 공범이다.	
	공동정범	1인이 범죄를 실현할 것을 예상한 구성요건인데, 2인 이상이 공동하여 실현하는 임의적 공범이다.	

---

794) Wessels, *AT*, S. 131.

795) 대판 1983. 2. 22. 82도3103, 82(특수강도죄의 범행을 모의한 이상 범행의 실행에 가담하지 아니하고, 공
모자들이 강취해 온 장물의 처분을 알선만 하였다 하더라도 특수강도죄의 공동정범이 된다 할 것이므로 장물
알선죄로 의율 할 것이 아니다.).

B. 정범과 공범의 구별

(1)	정범	자기의 범죄를 스스로 행하는 자
	공범	타인의 범죄를 교사·방조하는 자로서 타인의 범행에 고의로 가담하는 자

C. 범죄 참가 형태

(2)	정범	단독정범	1인이 단독으로 범죄 실행
		공동정범(제30조)	2인 이상의 자가 협력하여 범죄 실행
		간접정범(제34조)	생명 있는 타인을 도구로 이용하여 범죄 실행. 제1항은 간접정범, 제2항은 특수간접정범
	공범	교사범(제31조)	타인으로 하여금(타인을 도구로 이용하여 죄를 범함) 범죄를 결의하게 하여 이를 실행하게 한 자
		방조범(제32조)	정범(정범에게 구성요건의 실행을 가능케 하거나 용이하게 하는 행위 또는 정범에 의한 법익침해를 강화하는 행위)을 방조하는 자

D. 정범의 종류

(3)	정범	직접정범	행위자 자신이 직접 범죄 실행
		간접정범	타인을 도구로 이용하여 간접적으로 범죄 실행
		단독정범	직접정범의 행위자가 1인의 사람
		공동정범	직접정범의 행위자가 2인 이상의 사람
		동시범	제19조 참조

E. 공범의 종류

(4)	공범	최광의 공범	임의적 공범	공동정범(제30조)
				교사범(제31조 제1항)
				방조범(제32조 제1항)
			필요적 공범	집합범
				대항범
				합동범

F. 필요적 공범의 분류

(5)	진정 필요적 공범	집합범	특수한 공동정범설(통설 및 판례) 다수의 행위자가 같은 목적을 위해 같은 방법으로 작용하는 경우	▪ 내란죄(제87조): 다수자의 법정형이 상이한 경우 ▪ 소요죄(제115조): 다수자의 법정형이 동일한 경우
		대항범	2인 이상의 참여자가 다른 방향에서 동일한 목표를 실현하는 경우	▪ 대항자 쌍방의 법정형이 같은 경우 [간통죄(제241조), 아동혹사죄(제274조), 도박죄(제246조), 부녀매매죄(제288조 제2항)] ▪ 대항자 쌍방의 법정형이 다른 경우 [수뢰자와 증뢰자(제129조, 제133조), 낙태죄의 수자의 의사와 부녀(제269조 제1항, 제270조 제1항), 배임수증죄(제357조)] ▪ 대항자 일방만 처벌되는 경우[음화등반포죄(제243조)]

<table>
<tr><td colspan="4" align="center">F. 필요적 공범의 분류</td></tr>
<tr>
<td rowspan="2" align="center">(5)</td>
<td rowspan="2" align="center">부진정
필요적
공범</td>
<td rowspan="2" align="center">합동범</td>
<td>2인 이상이 합동하여 범죄를 성립한 경우로,
(가) 공동의사주체설에 의해 공모공동정범이 포함(공모공동정범설)
(나) 현장에서 실행행위의 분담이 있어야 한다(현장설).
(다) 본질상 공동정범과 같지만 집단범죄를 효율적으로 대처하기 위해 특별히 형이 가중했다는 것(가중적 공동정범설)
(라) 형법상 합동의 개념은 가중적 공동정범설과 현장설의 중간이라는 설(현장적 공동정범설)</td>
</tr>
<tr>
<td>■ 형이 가중
특수도주죄(제146조),
특수절도죄(제331조 제2항),
특수강도죄(제334조 제2항)
■ 기타
특수주거침입죄(제320조),
특수폭행죄(제261조)
특수협박죄(제284조)
특수손괴죄(제369조)
특수공무집행방해죄(제144조)
해상강도죄(제340조)</td>
</tr>
</table>

<table>
<tr><td colspan="3" align="center">G. 정범과 공범의 구별설</td></tr>
<tr>
<td rowspan="2">객관설</td>
<td>형식적 객관설</td>
<td>구성요건을 스스로 실현한 자(정범)
단순범행 가담자(공범)</td>
</tr>
<tr>
<td>실질적 객관설</td>
<td>범죄에 대한 행위기여의 비중에 따라 정범과 공범을 구별하는 견해. 행위지배설의 기초된 학설</td>
</tr>
<tr>
<td rowspan="2">주관설</td>
<td>이익설</td>
<td>행위결과를 자기의 목적 및 이익(정범)
행위결과를 타인의 목적 및 이익(공범)</td>
</tr>
<tr>
<td>고의설</td>
<td>정범의사(행위를 자기의 범죄로 실현시키려는 의사)[정범]
공범의사(타인의 범죄로서 행위를 야기하거나 촉진하는 의사)[공범]</td>
</tr>
<tr>
<td rowspan="3">행위지배설</td>
<td>실행지배</td>
<td>직접 정범의 행위지배는 구성요건에 해당하는 실행행위 그 자체에 대한 지배 의미</td>
</tr>
<tr>
<td>의사지배</td>
<td>간접정범의 행위지배는 피이용자에 대한 의사지배형태</td>
</tr>
<tr>
<td>기능적
행위지배</td>
<td>공동정범의 행위지배는 각각의 기능적 행위지배가 결합하여 공동의 행위 지배를 구성한다. 이러한 특수성으로 전체 범죄의 한 부분을 수행하는 기능을 담당한 사람도 정범으로 처벌한다.</td>
</tr>
</table>

■ 학설

Ⅰ. 공동정범의 본질

공동정범은 무엇을 공동으로 하는가를 놓고 견해가 대립된다.

1. **범죄공동설**(객관주의) 수인이 공동하여 **특정한 범죄를 실현**하는 것을 공동정범이라는 견해이다. 형법 제30조의 규정(2인 이상이 공동으로 죄를 범한 때)에 충실한 입장이다. 이 설도 고의 공동설[796]과 부분적 공동설[797]로 나뉜다.

2. **행위공동설**(주관주의: 범죄를 반사회적 징표로 이해) 수인이 **행위를 공동으로 하**

---

796) 백남억, 총론, 227면(동일한 고의범만을 공동으로 실현하는 것이라는 견해).

797) 정영석, 총론, 245면 이하(수인의 공동행위자의 죄가 각각 개별적인 경우에도 구성요건적으로 중첩하는 범위 내에서 공동정범의 성립을 인정한다는 견해).

여 각자의 범죄를 수행하는 것이 공동정범(수인이 한 개 또는 특정한 범죄를 공동으로 실행하는 것이 아니라 수인이 자연적 의미의 행위를 공동으로 하여 범죄를 수행한다는 것)이라는 견해이며, **판례**도 이에 입각하고 있다.[798] 이 설도 사실공동설 또는 전 구성요건적 행위공동설[799]과 구성요건적 행위공동설[800]로 나뉜다.

3. 양설의 차이점

내 용	범죄공동설	행위공동설
(가) 이종·수 개의 구성요건 사이의 공동정범	수인 일죄에 한해서 공동정범의 성립 인정⇒이종·수 개의 구성요건 간의 공동정범 부정	수인이 자연적 의미의 행위를 공동하여 범죄수행⇒이종·수 개의 구성요건 간의 공동정범도 인정
(나) 승계적 공동정범	구성요건 전부에 대한 방조를 인정할 뿐임⇒승계적 공동정범 부정	범죄사실의 일부분을 행하더라도 공동정범 인정⇒승계적 공동정범 인정
(다) 부분적 공동정범·과실범의 공동정범	특정범죄에 대한 고의의 공동을 요함⇒부분적 공동정범·과실범의 공동정범 부정	행위를 공동으로 한 공동정범을 인정하므로⇒부분적 공동정범·과실범의 공동정범 인정
(라) 고의범과 과실범의 공동정범	특정범죄에 대한 고의의 공동을 요함⇒고의범과 과실범의 공동정범 부정	고의를 달리하는 경우에도 공동정범을 인정하므로⇒고의범과 과실범의 공동정범 인정
차이점	■ 책임원칙에 충실(범죄행위의 정형성을 강조), 형사정책적인 합목적성을 결여	■ 형사정책적인 합목적성을 충족(공동정범의 성립을 확대), 책임원칙을 지해시킬 위험성

Ⅱ. 공동정범의 성립요건

공동정범의 성립요건으로서는 **주관적 요건**(공동실행의 의사)과 **객관적 요건**(공동실행의 사실)이 있어야 한다.

1. 주관적 요건

(1) **공동실행의 의사** 공동범행의 의사(공동가공의 의사·의사의 연락)라고도 한다. 이런 의사는 **기능적 행위지배**의 본질적 전제조건이며, 이를 근거로 일부실행·전부책임이 가능하게 된다. 공동실행의 의사는 타인의 범행을 인식하고, 공동의사로 특정한 범죄행위를 하기 위해 일체가 되어 서로 다른 사람

---

798) 대판 1962. 3. 29. 4294형상598; 대판 1962. 6. 14. 62도57.

799) 정영석, 총론, 230면; 염정철, 총론, 445면; 이건호, 개론, 178면(전 법률적·전 구성요건적인 자연적 의미로 이해함).

800) 이재상, 총론, 461면; 정성근, 총론, 538면; 김종원, "공동정범의 본질", 법정, 1977. 6. 54면(구성요건에 해당하는 행위로 이해함).

의 행위를 이용해 자기의 의사를 실행에 옮기는 것을 내용으로 하여야 한다.801) 그리고 공동실행의 의사가 공동자 각자에게 상호적으로 존재해야 한다.802)

---

1) 공동실행의 의사가 없는 경우 동시범이나 편면적 공동정범이 될 수 없다.

① 동시범	2인 이상의 자가 범죄행위를 했다 하더라도 공동실행의 의사가 아무에게도 없는 경우에는 동시범이 된다. 동시범은 단독정범이 병립한 형태에 불과하여 각자는 자기가 실행한 행위에 대해서만 책임을 진다. 다만, 결과발생의 원인이 된 행위가 판명되지 아니한 때는 각 행위를 미수범으로 처벌하고(제19조), 상해죄(제263조)는 공동정범의 예에 의한다.
② 편면적 공동정범	공동실행의 의사는 공동행위자 상호 간에 존재해야 하는데, 어느 일방에게만 공동실행의 의사가 있는 경우를 편면적 공동정범이라 한다. 이는 공동행위자 상호 간에 의사의 연락이 없는 경우로 편면적 공동정범은 종범 또는 동시범이 될 수 있으나, 공동정범은 되지 않는다는 **다수설**이다.803) 판례도 같은 입장이다.804) [사례] 갑이 강도의 의사로써 을을 포박했는데 인적에 놀라 도주하였다. 그 후 병이 갑과 공범의 의사로써 갑의 포박한 행위를 이용하여 금품을 탈취한 경우이다. [판례] 범죄행위의 공모자 중 어떤 사람이 다른 행위자가 실행행위에 이르기 전에 그 공모관계에서 이탈한 때에도 그 이후의 다른 공모자의 행위에 대해서는 공동정범이 성립하지 않는다.805)

2) 공동실행의사의 방법

공동실행의 의사는 명시적이든 묵시적이든,806) 직접적·간접적이든 상관없고,807) 순차로 상호 연락이 있어도 무방하다.808) 범인 전원이 동일한 일시·장소에서 모의하지 않고 순차적으로 범행계획에 대한 연락이 이루어짐으로써 그 범의 내용에 대하여 포괄적 또는 개별적 의사 연락이나 인식이 있었으면 전원에 대한 공모관계가 성립한다.809)

3) 공동실행의사의 범위

공동정범은 공동실행의사의 범위 안에서만 성립하므로, 공동정범 중 1인이 공동의사의 범위를 초과한 과잉행위에는 책임이 없다.810) 이 외에도 수 개의 판례에서 공동실행의사의 범위를 정하고 있다.811)

4) 공동실행의사의 시기

공동의사가 공동자 사이에 상호적으로 존재하는 한 그 의사의 형성시기는 실행행위 이전이건, 도중이건, 후이건 간에 불문한다.812) 공동정범은 공동의사의 성립시기에 따라 공모공동정범, 우연적 공동정범, 승계적 공동정범으로 구분된다.813)

---

801) 대판 2003. 3. 28. 2002도7477.

802) 대판 1985. 5. 14. 84도2118.

803) 황산덕, 총론, 265면; 백남억, 총론, 295면; 남흥우, 총론, 233면; 이형국, 연구Ⅱ, 593면; 이재상, 총론, 463면; 정성근, 총론, 540면; 배종대, 총론, 440면.

804) 대판 1985. 5. 14. 84도2118(공동정범은 행위자 상호 간에 범죄행위를 공동으로 한다는 공동가공의 의사를 가지고 범죄를 공동 실행하는 경우에 성립하는 것으로서, 여기서의 공동가공의 의사는 공동행위자 상호 간에 있어야 하며 행위자 일반의 가공의사만으로는 공동정범관계가 성립할 수 없다.); 대판 2000. 7. 28. 2000도2466.

805) 대판 1986. 1. 21. 85도2371; 대판 1972. 4. 20. 71도2277.

806) 대판 1979. 9. 25. 79도1698; 대판 1986. 1. 28. 85도2421.

807) 대판 1961. 7. 13. 4294형상194.

808) 대판 1985. 3. 12. 83도2197; 대판 1985. 11. 12. 85도2002; 대판 1980. 11. 25. 80도2224; 대판 1981. 7. 7. 80도2544.

809) 대판 1993. 4. 23. 92도2628.

810) 다만 대법원은 강도의 공동정범 중 1인이 상해를 입힌 이상 다른 공동정범도 강도상해죄의 공동정범으로서의 죄책을 면할 수 없다고 하여(대판 1985. 9. 24. 85도1686) 상해에 대한 고의가 없는 자도 강도상해죄의 공

(2) **승계적 공동정범**이란 선행자의 범행 도중 그와의 사후적 의사 연락하에
후행자가 선행자의 공동 또는 단독으로 나머지 범행을 수행한 경우를 말
한다. 승계적 공동정범에서 공동정범의 성립 가능성과 후행자의 책임범위
가 문제 된다.

[사례] 갑이 강도의사로써 병을 항거불능의 상태에 빠뜨린 후, 우연히 그
곳을 지나가던 을에게 범행의사를 알리고 을과 공동하여 병의 재
물을 탈취한 경우이다.

1) 공동정범의 성립 여부

① 부정설	승계적 공동정범의 경우 선행자(갑)와 후행자(을) 사이에는 공동정범이 성립할 수 없고, 후행자는 종범이 될 수 있을 뿐이라는 견해[814]이다(범죄공동설).
② 긍정설	실행행위 도중에 공동의사가 성립한 경우에도 공동정범이 성립할 수 있다고 보는 견해이다.[815] 판례도 같은 취지이다.[816]

2) 성립범위

승계적 공동정범의 성립을 인정하는 때에도 후행자에게 어느 범위에서 공동정범의 성립을 인정할 것인가에 견해가 나뉜다.

① **전부인정설**	후행자는 선행자의 행위를 포함한 행위 전체에 대하여 공동정범의 책임을 져야 한다는 견해이다.[817] [앞의 예의 경우 갑·을은 강도죄의 공동정범이 되고, 을은 갑의 단독적 행위부분에 대해서도 책임을 져야 한다.]
② **제한인정설**	후행자에게 그가 가담한 이후의 행위에 대해서만 공동정범의 책임을 져야 한다는 다수의 견해이며,[818] 타당하다.[819] 또한 **판례**도 같은 취지이다.[820]

동정범이 될 수 있음을 명백히 하였다. 특수절도범의 1인이 폭행한 경우의 준강도죄의 공동정범(대판 1969. 12. 26. 69도2038; 대판 1972. 1. 31. 71도2073)과 강도살인죄의 공동정범에 대해서도 같은 태도를 유지하고 있다(대판 1984. 2. 28. 83도3162).

811) (1) 강도의 공범자 중 1인이 강도의 기회에 피해자에게 폭행을 가하여 상해를 입힌 경우 다른 공범자가 구체적으로 상해에 관하여 공모하지 않았더라도 강도상해죄의 공동정범이 된다(대판 1990. 12. 26. 90도2362; 대판 1981. 7. 28. 81도1590). (2) 강도의 공범자 중 1인의 강도 기회에 피해자에게 폭행 또는 상해를 가하여 살해한 경우에 다른 공범자는 살해에 대하여 공모한 바가 없다고 하여도 강도치상죄가 된다(대판 1988. 9. 13. 88도1046). (3) 절도의 공모공동정범 중 1인이 준강도행위를 하였으면 다른 공모자도 준강도죄의 죄책을 진다(대판 1967. 6. 20. 67도598; 대판 1972. 1. 13. 72도2073).

812) 대판 1961. 7. 21. 4294형상213.

813) (1) 공모공동정범 – 공동의 범행결의가 실행행위 착수 이전에 성립한 경우, (2) 우연적 공동정범 – 공동의 범행결의가 실행행위 시에 성립한 경우, (3) 승계적 공동정범 – 공동의 범행결의가 실행행위의 일부종료 후 그 기수 이전에 성립한 경우.

814) 공동정범의 성립에는 공동실행의 의사와 공동실행의 사실을 요하고 의사의 연락은 공동행위 이전에 존재해야 함을 이유로 한다.

815) 이재상, 총론, 411면; 임웅, 총론, 363면; 대판 1984. 7. 10. 83도2018(공동정범의 성립에 필요한 의사의 연락은 반드시 실행행위 이전에 존재할 필요가 없기 때문이라는 이유로 들고 있다.).

816) 대판 1997. 2. 14. 96도1959(공범자가 공갈행위의 실행에 착수한 후 그 범행을 인식하면서 그와 공동의 범의를 가지고 그 후의 공갈행위를 계속하여 재물의 교부나 재산상의 이익의 취득에 이른 때에는 공갈죄의 공동정범이 성립한다고 판시하였다.).

(3) **과실범의 공동정범** 2인 이상이 공동과실로 과실범의 구성요건적 결과를 발생케 한 경우에 과실범의 공동정범이다. 그러나 이에 대해서 긍정설과 부정설로 나뉜다.

1) 긍정설 과실범도 공동정범의 성립이 가능하다는 견해이다. 다만 그 이론적 근거에 대해 견해가 나뉜다.

① **행위공동설**	공동정범은 특정한 범죄의 공동이 아니라 행위의 공동이 있으면 족하다. 그리고 공동의사도 행위를 공동으로 할 의사이면 족하므로 과실범의 공동정범도 인정된다는 견해이며,[821] **판례**이다.[822]
② **공동행위주체설**	공동행위를 하겠다는 의사결합에 의하여 공동행위주체가 성립되면 실행행위는 공동행위주체의 행위가 되며, 각자가 실행행위를 분담하는 이상 과실로 결과를 낸 경우에도 공동책임을 져야 한다는 견해이다.[823]
③ **과실공동 · 행위공동설**	과실행위를 함께한다는 의사연락은 불필요하지만, 과실범의 구성요건인 주의의무위반과 구성요건을 실현하는 행위공동이 있으면 과실범의 공동정범이 성립한다는 견해이다.[824]
④ **과실공동 · 기능적 행위 지배설**	주의의무위반의 공동과 기능적 행위지배가 있으면 의사연락이 없어도 과실범의 공동정범이 성립한다는 견해이다.[825]

2) 부정설 과실범에는 공동정범의 성립이 부정된다는 견해이다. 다만 그 이론적 근거에 대해 견해가 나뉜다.

① **범죄공동설**	동일한 고의범의 범위 내에서만 공동정범을 인정할 수 있으므로 과실범의 공동정범은 인정할 수 없다. 다만, 동시범이 될 뿐이라는 견해이다.[826]
② **목적적 행위지배설**	과실범에는 목적적 행위지배가 없기 때문에 공동정범이 성립할 수 없다는 견해이다.[827]
③ **기능적 행위지배설**	과실범에는 공동범행의사에 기초한 실행행위의 기능적 역할분담이 없기 때문에 동시범으로 될 뿐 공동정범이 성립할 수 없다는 견해이며,[828] 타당하다.[829]

---

817) 황산덕, 총론, 266면; 정영석, 총론, 253면; 권문택, "승계적 공동정범", 고시계, 1972. 4. 40면; 김종원, "승계적 공동정범", 사법행정, 1969. 7. 25면(선행자의 범행의사에 가담한 후행자는 당연히 범행 전체에 대한 공동의사를 전제하기 때문이라고 한다.).

818) 유기천, 총론, 271면 이하; 이건호, 개론, 183면; 배종대, 총론, 481면; 박상기, 총론, 400면; 김일수, 총론, 483면; 이재상, 총론, 413면; 정성근, 총론, 566면; 임웅, 총론, 363면; 안동준, 총론, 230면.

819) 진계호 · 이존걸, 총론, 560면(후행자의 행위에 관해서 의사연락이 있기 전인 참가 이전의 부분에 대해서도 구성요건해당성을 인정하는 것은 형법의 자기책임의 원칙에 반할 뿐만 아니라, 후행자가 선행자의 행위를 인식했다고 하더라도 공동범행의사를 소급시키는 것은 타당치 않다. 선행자의 선행행위에 대해서 후행자의 기능적 행위지배가 있었다고 보기가 어렵기 때문이다.).

820) 대판 1982. 6. 8. 82도884(연속된 히로뽕 제조행위 도중에 공동정범으로 범행에 가담한 자는 비록 그가 범행에 가담할 때에 이미 이루어진 종전의 범행을 알았나 하더라도 그 가담 이후의 범행에 대해서만 공동정범으로 책임을 진다. 따라서 이 사건에서 갑의 제조행위 전체가 포괄하여 하나의 죄가 된다고 할지라도 피고인에게 그 가담 이전의 제조행위에 대해서까지 유죄를 인정할 수는 없다고 할 것이다.).

821) 이건호, 개론, 182면; 염정철(8인 공저), 총론, 352면.

822) 대판 1962. 3. 29. 1961형상598; 대판 1979. 8. 21. 79도1249; 대판 1982. 6. 8. 82도781.

823) 유기천, 총론, 288면.

824) 이재상, 총론, 470면.

825) 정성근, 총론, 558면; 심재우, "과실범의 공동정범", 고시계, 1980. 4. 38면; 정진연, "과실의 공동정범에 관한 연구", "형사법의 제문제", 1983, 133면 이하.

826) 정영석, 총론, 253면; 정창운, 총론, 300면; 남흥우, 총론, 231면 이하; 백남억, 총론, 295면; 박정근, "과실의 공동정범", 사법행정, 1966. 8. 16면.

| 판례태도 | (1) **부정설** 처음엔 "과실범에 있어서는 의사연락의 관념을 논할 수 없으므로 고의범과 같은 공동정범이 있을 수 없고 과실범에 교사·방조도 있을 수 없다."고 하였다.[830]
(2) **긍정설** 1962년 이래 행위공동설의 입장에서 "2인 이상이 어떠한 과실행위를 서로의 의사연락 아래 범죄가 되는 결과를 발생케 한 경우에는 과실범의 공동정범이 성립한다."고 하였다.[831]
(3) **현재는 긍정설** 형법 제30조에 '공동하여 죄를 범한 때'의 죄라 함은 고의범이고 과실범이고를 불문한다고 할 것이고, 따라서 두 사람 이상이 어떠한 과실행위를 서로의 의사 연락하에 이룩하여 범죄가 되는 결과를 발생케 한 것이라면 여기에 과실범의 공동정범이 성립된다.[832] |

2. 객관적 요건

(1) 공동의 실행행위 공동정범의 객관적 요건은 실행행위의 공동이다. 실행행위란 전체적인 공동의 범행계획을 실현하기 위해 공동참가자들이 분업적 공동작업 원리에 따라 상호 간의 역할을 분담해 각각 실행단계에서 본질적 기능을 수행하는 것을 말한다.

1) 공동실행 행위의 정도	공동정범은 구성요건을 단독으로 실현하는 것이 아니라 공동으로 실현하는 것이므로 각자가 모든 구성요건요소를 충족함을 필요치 않고, 구성요건의 일부만을 실행해도 된다. 단, 전체 계획에 비추어 결과를 실현하는 데 불가결한 요건이 되어야 한다. [판례: 강도죄 또는 강간죄에서 폭행에 가담한 자는 스스로 재물을 취거하거나 간음하지 않아도 강도죄 또는 강간죄의 공동정범이 된다.[833] 의사연락 후 망보는 자에게는 기능적 행위지배가 있다고 할 수 있다.[834] 단순히 훔쳐 오면 팔아 주겠다고 한 것만으로는 공동정범의 성립을 인정할 수 없다.[835]]		
2) 공동실행 행위의 태양	① 동시적으로 동종 행위를 분담한 경우: 갑·을이 병을 타살하는 경우		
	② 동시적으로 이종 행위를 분담하는 경우: 갑·을이 강도의 의사로, 갑은 폭행을 가하고 을은 재물을 탈취하는 경우		
	③ 일시적으로 동종 행위를 분담한 경우: 갑·을이 살해의 의사로 갑이 먼저 병에게 치사량의 반을 복용시키고 을이 나머지 반을 복용시키는 경우		

---

827) 황산덕, 총론, 271면.

828) 김일수, 원론, 859면; 이형국, 연구Ⅱ, 595면; 배종대, 총론, 444면; 임웅, 총론, 367면.

829) 진계호·이존걸 총론, 562면(공동정범의 본질과 관련하여 과실의 공동에는 공동정범의 본질인 기능적 행위지배를 인정할 수 없고, 책임주의와 관련하여 과실의 공동정범을 인정하면 타인의 과실에도 책임을 지게 되어 개인책임의 원칙에 반하기 때문에 기능적 행위지배설에 따른 부정설이 타당하다. 기능적 행위지배는 공동의 결의에 기초한 역할분담을 의미하므로 공동의 범행결의가 불가능한 과실범에 있어서는 공동정범이 성립될 수 없기 때문이다. 따라서 과실범의 공동정범을 부정한 입장에서 결과발생의 원인이 된 행위가 판명된 때는 각자의 행위에 따라 처벌되고, 판명되지 아니한 때는 형법 제19조에 따라 모두 미수로 처벌된다. 그러나 과실범의 미수는 처벌할 수 없으므로 결국 불가벌이 된다. 다만 과실상해행위만은 제263조와 관련하여 모두 과실치상죄(제266조)로 처벌된다.).

830) 대판 1956. 12. 21. 4289형상276.

831) 대판 1978. 9. 26. 78도2082.

832) 대판 1979. 8. 21. 79도1249.

833) 대판 1984. 6. 12. 84도780; 대판 1986. 1. 21. 85도2411.

3) 공동실행 　행위의 방법	공동실행행위는 작위에 한하지 않고, 부작위에 의해서도 성립될 수 있다. [사례] 갑과 구조의무가 있는 수영교사 을이 공모하여 수영교습생 병을 익사시킬 의도로 갑이 먼저 병을 깊은 곳으로 유인하고 을이 이를 구조하지 아니한 경우
4) 현장성의 　여부	범죄계획의 수행에 필수적인 역할분담을 한 이상 실행행위의 분담은 무전기ㆍ전화로 실행행위를 지휘 또는 협력하는 것과 같이 반드시 현장에서 이루어져야 하는 것은 아니다.836)
5) 공동실행 　행위의 시기	공동실행행위는 실행의 착수 이후부터 실질적 종료 이전까지의 실행단계에 있어야 하므로, 실행단계 이전의 예비ㆍ음모 단계에서의 기여행위는 공동의 실행행위로서 미흡하다.837) 행위자 상호 간에 범죄의 실행을 공모하고 공모자가 실행에 착수한 후 그 공모관계에서 이탈하였더라도 다른 공범자가 의해 그 범죄가 기수에 이른 때에는 이탈자는 그 범죄의 기수로 처벌받으며,838) 중지미수가 되지 않는다.

(2) **공모공동정범**(共謀共同正犯)이란 2인 이상의 자가 공모하여 그 공모자 중 일부만이 범죄의 실행에 나아가고(부하들), 실행행위를 분담하지 아니한 공모자(거물ㆍ간부)에게도 공동정범이 성립한다는 이론이다. **판례**에 의해서 인정된 이론으로 집단적ㆍ조직적ㆍ지능적 범죄의 배후조정자인 거물ㆍ간부를 부하들과 같이 **공동정범으로 취급**한 것이다.839) 판례도 공동정범을 인정하는 태도이다.840)

1) **학설의 대립** 공모공동정범에 있어서 직접 실행행위를 하지 않은 자에

---

834) 대판 1968. 4. 30. 68도407; 대판 1971. 4. 6. 71도311.

835) 대판 1975. 2. 25. 74도2228; 대판 1980. 6. 24. 80도629.

836) Jescheck, *Lehrbuch*, S. 554; Roxin, *LK*, § 25 Rdn. 152; *RGSt* 54, 152.

837) 김일수ㆍ서보학, 총론, 596면; Vgl. Jescheck, *Lehrbuch*, S. 564; Roxin, *LK*, § 25 Rdn. 127.

838) 대판 2002. 8. 27. 2001도513.

839) 일대판 명 29. 3. 3. 형록 2, 3, 10면(일본의 경우 최초는 공갈사안에 공모사실이 있는 이상 어느 사람이 실행행위를 당하였더라도 그것은 공모자 일체의 행위에 다름없다.); 일대판 대 11. 4. 18. 형집 1, 233면(대심원은 "지능적 범죄의 수행에는 그 구성요건인 행위에 대하여 신체적 가공을 필요로 할 뿐만 아니라 정신적 가공을 요구하는 경우우가 많다."는 이유에서 공갈죄와 같은 지능범에 한해 공모공동정범을 인정했다.); 일대판 소 11. 5. 28. 형집 15, 715면(후에는 방화죄ㆍ절도죄ㆍ강도죄ㆍ살인죄 등 강력범에까지 확대하였다.); 일 최판 소 24. 11. 15. 형집 3, 11, 1791면(특히 전후에는 공모자가 실행자의 범행 시에 자택에서 취침하고 있었을 경우에도 그 성립을 인정하였다.); 조고판 대 5. 4. 22. 조고록 3, 382면(마침내 모든 범죄에 공모공동정범을 인성하기에 이르렀다. 우리의 경우 일제강점기에는 일본의 판례에 의해 당연히 공모공동정범이 인정되었다.), 해방 후에도 대법원은 계속하여 공모공동정범을 인정하고 있다.

840) 판례는 "2인 이상이 범죄에 공동 가공하는 공범관계에서 공모는 법률상 어떤 정형을 요구하는 것이 아니고 2인 이상이 공모하여 어느 범죄에 공동 가공하여 그 범죄를 실현하려는 의사의 결합만 있으면 되는 것으로서, 비록 전체의 모의과정이 없었더라도 수인 사이에 순차적으로 또는 암묵적으로 상통하여 그 의사의 결합이 이루어지면 공모관계가 성립하고, 이러한 공모가 이루어진 이상 실행행위에 직접 관여하지 아니한 자라도 다른 공모자의 행위에 대해 공동정범으로서의 형사정책임을 진다."고 하여(대판 2006. 2. 23. 2005도8645; 대판 2004. 6. 24. 2004도520) 공모공동정범을 일관하여 인정하고 있다(대판 1955. 6. 24. 4288형상145; 대판 1965. 6. 24. 55형상145; 대판 1967. 9. 19. 67도1027; 대판 1969. 3. 31. 69도224; 대판 1971. 4. 30. 71도496; 대판 1976. 7. 27. 77도2720; 대판 1980. 5. 27. 80도907; 대판 1983. 3. 8. 82도3248; 대판 1983. 10. 11. 83도1942; 대판 1984. 9. 11. 84도1383; 대판 1988. 4. 12. 87도2368; 대판 1988. 9. 13. 88도1114; 대판 2002. 6. 28. 2002도868; 대판 2004. 4. 27. 2004도482; 대판 2005. 3. 11. 2004도5446).

계도 공동정범의 성립을 인정해야 할 것인가, 인정한다면 책임주의에
반하지 않는가에 대한 학설이 대립되고 있다.

① 긍정설	공모공동정범을 이론상 인정할 수 있다는 견해이다. 공모공동정범은 공동정범으로서 그 죄의 정범으로 처벌하게 된다(**제30조**).
	1) 공동의사주체설 2인 이상의 이심별체(異心別體)인 개인이 일정한 범죄를 범하려는 공동목적하에 동심일체(同心一體)를 이루면 여기에 공동의사주체가 형성되어 그중의 일부가 범죄를 실행해도 그 실행행위는 공동의사주체의 행위가 되어 단순공모자도 실행자에 종속하여 공동정범으로 처벌되어야 한다는 견해이며,841) 일본의 초야(草野) 판사가 창시했으며,842) 판례도 일관하여 취하고 있다.843)
	2) 간접정범유사설 실행행위를 하지 않은 단순한 공모자라 하더라도 타인과 공동하여 타인의 행위를 이용하여 자신의 범죄의사를 실행한 점에서 간접정범과 유사한 정범성을 가진 공동정범의 한 형태가 된다는 견해이다.844) 일본 최고재판소가 취한 태도며,845) 우리나라 **판례도** 있다.846)
	3) 적극이용설 공모자의 이용행위를 실행행위와 가치적으로 동일시할 수 있는 적극적 이용행위에 국한시켜 이를 실행행위의 한 형태로 인정하려는 견해이다.847)
② 부정설	형법 제30조의 해석상 실행행위를 분담한 때에만 공동정범의 객관적 요건이 충족되므로 공모공동정범의 개념은 인정할 수 없고, 공모자는 그 가공의 정도에 따라 교사범 또는 방조범의 책임을 질뿐이라는 우리나라의 **통설**848) 및 일본의 **다수설**849)이다.
③ 제한 인정설	공모공동정범을 일정한 범위에서 제한하여 공동정범으로 인정하려는 견해이다.
	1) 목적적 행위지배설 공모자가 다른 공모자로 하여금 구성요건적 행위의 전부를 실행하도록 주선하는 것은 구성요건적 행위를 직접 실현한 것은 되지 않지만, 그것으로 충분한 목적적 행위지배가 있었다고 인정되므로 공모공동정범을 인정해야 한다는 견해이다.850)
	2) 기능적 행위지배설 구성요건실현에 필요한 기능을 분담하여 행위 지배를 하는 경우는 공동정범이 된다는 견해로 타당성이 인정된다.851) 즉 단순히 공모에 참여하였다는 이유만으로는 공동정범이 될 수 없지만, 실행행위를 분담하지 않은 경우에도 범죄를 계획·지휘하거나 범죄의 실행자를 지정·실행케 하는 때와 같이 전체 계획의 중요한 기능을 담당한 공모자는 공동정범으로 처벌되어야 한다고 본다(예: 망을 보면서 무전으로 지시하는 행위와 같이 배후에 수괴나 두목의 모의·지시·조종하는 행위는 구성요건적 결과발생에 기능적인 행위 지배를 하고 있다고 보기 때문이다.).

---

841) 정창운, 총론, 1966, 299면.

842) 草野, 총칙강의, 1938, 194면.

843) 대판 1983. 3. 8. 83도3248; 대판 1983. 10. 11. 83도1942; 대판 1988. 3. 22. 87도2539.

844) 藤木, 총론, 1980, 284면.

845) 일최판 1958. 5. 23. 형집 12. 8, 11718면(공동정범에 대한 대표적인 판결이라고 할 수 있는 연마사건(練馬事件)이다.).

846) 대판 1988. 4. 12. 87도2368(공모공동정범이 성립하려면 두 사람 이상이 공동의 의사로 특정한 범죄행위를 하기 위해 일체가 되어 서로가 다른 사람의 행위를 이용하여 각자 자기의 의사를 실행에 옮기는 것을 내용으로 하는 모의를 하여 그에 따라 범죄가 실행한 사실이 인정되어야 한다.).

847) 김종수, "공모공동정범", "형사법강좌Ⅱ", 1984, 751면(이에 의하면 공모는 단순한 의사연락 정도로는 부족하고 공모자 간에 자타구속적인 강도의 것이어야 하고, 단순한 공모자의 행위는 예비·방조 등 실행행위를 용이하게 하는 것이거나 범죄 실행에 중요한 역할을 하는 것이어서 공모자가 실행행위를 적극 이용하였다고 볼 만한 행위가 필요하다고 해석한다.).

848) 유기천, 총론, 228면; 정영석, 총론, 285면; 이건호, 개론, 185면; 남흥우, 총론, 243면; 염정철(8인 공저), 총론, 364면; 정성근, 총론, 553면; 이형국, 연구Ⅱ, 604면; 김일수, 원론, 866면; 배종대, 총론, 448면; 김성천·김형준, 총론, 506면; 이정원, 총론, 352면; 임웅, 총론, 372면; 권문택, "공모공동정범에 관하여", 고시계, 1977. 6. 28면; 박정근, "공모공동정범", 사법행정, 1968. 8. 45면; 신동욱, "공모공동정범에 관한 약간의 고찰", 고시연구, 1975. 12. 58면.

2) 공모관계의 이탈

실행의 착수가 있기 이전에 공모를 한 수인 중 1인이 공모관계에서 이탈한 경우에 잔류자가 행한 범죄에 공동정범을 인정할 것인가의 문제가 있다.

① **판례** 공모공동정범을 인정하는 판례이다. 그렇지만 "공모자 중의 어떤 사람이 다른 공모자의 **실행행위에 이르기 전**에 그 공모관계에서 이탈한 때에는 그 이후의 다른 공모자의 행위에 관하여 공동정범으로서의 책임을 지지 않는다고 할 것이고 그 이탈의 표시는 반드시 명시적임을 요하지 않는다 할 것이다."라고 하여[852] 이 경우 공동정범을 부인(否認)하였다.

② **학설** 공범관계의 이탈에 대하여 **범행지배설**에 따라 공동정범을 인정할 수 없다. 그러나 이탈 전의 행위 기여가 정범의 실행에 인과관계의 유무에 따라 있었다면 교사 내지 방조범의 성립이 가능하다는 견해가 있다.[853]

그러나 **기능적 행위지배설**의 관점에서 이탈자가 공모자 가운데 평균적 일원에 불과한 때는 이탈의 표시만으로 공동정범 관계가 해소된다. 그렇지만 주모자인 때에는 이탈의 표시만으로는 부족하고 실행에 미친 영향력을 제거하기 위한 진지한 노력이 필요하다고 해야 한다.[854]

3) 관련 문제

① 합동범의 본질

㉠ **공모공동정범으로 보는 경우** 공모공동정범이 성립과 동시에 합동범이 인정될 경우도 있다.

---

849) 牧野, 木村, 小野, 團藤이 공모공동정범을 부정하고 있다(團藤, 총론, 1979, 371면).

850) 황산덕, 총론, 271면; 平野, 총론, 1952, 155면.

851) 이재상, 총론, 468면; 손해목, 총론, 1022면; 조준현, 총론, 329면; 김종원, "공모공동정범의 공동정범성(하)", 사법행정, 1975. 7. 28면; 심헌섭, "공동정범과 기능적 행위지배", 고시연구, 1974. 9. 62면; 진계호·이존걸, 총론, 570면.

852) 대판 1995. 7. 11. 95도955.

853) 손동권, "중지(미수)범의 특수문제", 형사판례연구, 5, 97면; 오영근, 총론, 647면.

854) 이재상, 총론, 469면 이하; 김일수·서보학, 총론, 593면.

ⓛ **현장설에 따르는 경우** 공모공동정범과 합동범이 교차하는 경우
는 발생하지 않는다.

② 합동범에 대한 조항

㉠ **형법** 내란죄 제87조에 수괴(제1호), 모의에 참여한 자(제2호)의
규정이 별도로 있으므로 공모공동정범의 일반이론에 의하지 않
고 **제87조**에 의해 처벌된다.

ⓛ **형사소송법 제254조 제4항**에 의해 공모공동정범의 경우 공모
가 죄가 될 수 있는 사실에 해당하기 때문에 공소장의 공소사
실과 유죄판결의 이유 중의 범죄사실에는 일시 · 장소 · 방법을
명시해야 한다.

(3) 합동범

1) **의의** 합동범(合同犯)이란 '2인 이상이 합동(집단적)하여' 일정한 죄를 범
한 때에는 단독범이나 공동정범보다 형벌이 가중(법익침해가 현실적 위험
성이 현저히 증대되기 때문)되는 경우를 말한다. 특수도주(제146조), 특수절
도(제331조 제2항), 특수강도(제334조 제2항)가 이에 해당한다. 그 밖에도
특별법인 성폭력범죄처벌및피해자보호에관한법률상의 특수강간죄 · 특
수강제추행죄 · 특수준강간죄 · 준강제추행죄(동법 제6조 1항 · 2항 · 3항)가
있다.

2) 본질

- **합동범** 2인 이상이 합동(合同)하여 죄를 범하는 것
- **공동정범** 2인 이상의 자가 공동(共同)하여 죄를 범하는 것
- **사례:** 절도죄의 공동정범은 6년 이하의 징역이고, 절도죄의 합동범은 1년 이상 10년 이하의 징역에 처해진다. 여기에서 형벌가중의 근거가 되는 합동(合同)의 의미가 무엇인가에 대해 견해가 대립된다.

① 공모공동정범설	**공모공동정범**의 개념을 원칙적으로 부정하면서 합동범의 경우에만 예외적으로 실행공동정범 이외에 공모공동정범이 인정된다는 견해이다.[855] 이에 의하면 형법은 집단의 수괴나 배후거물과 같은 무형적 공동정범과 공모공동정범을 처벌하기 위해 합동범의 규정을 둔 것이다. 따라서 합동범의 경우에만 실행공동정범과 공모공동정범이 포함된다고 해석하게 된다. 그러나 공동정범을 제한하려는 의도는 좋으나 합동을 공모라고 해석하는 것은 합동의 의미와 거리가 먼 해석이라는 비판이 가해지고 있다.
② 가중적 공동정범설	**합동범**은 그 본질이 총칙상의 공동정범과 동일하지만, 절도·강도·도주 등의 범죄는 다수인이 행하는 경우가 많고 이에 대해서는 강력히 대응해야 할 필요가 있기 때문에 이러한 범죄의 공동정범에 대해서는 합동범으로 규정하여 가중 처벌하는 것이라는 견해이다.[856] 이 설은 **합동범**에서 "2인 이상이 '합동'하여"라는 문언을 **공동정범**에서 "2인 이상이 '공동'하여"라는 문언과 동일한 의미로 해석한다. 그러나 집단범죄의 대책문제는 합동범으로 규정한 절도·강도·도주에 국한되는 것은 아니고, 합동과 공동을 같은 내용으로 보아야 할 실정법적 근거가 있는 것도 아니라는 비판이 있다.
③ 현장설	**합동**이란 총칙상의 공동개념보다 좁은 개념으로서 시간적·장소적 협동을 의미한다는 통설적 견해이며,[857] 타당하다.[858] 그리고 **판례**의 변화[859]를 살펴볼 수 있다. 그러나 이 설에 의하면 합동범의 성립요건으로서 '현장에서의' 실행행위의 분담을 필요로 한다. **합동범의** 형벌이 가중되는 이유는 현장에서 시간적·장소적으로 협동하는 경우 현실적 위력이 현저하게 증가하기 때문이라는 것이다. 그러나 역사적 해석을 중시하지만 특수도주죄가 현행형법에 신설되었고, 현장설에 따르면서 합동범을 필요적 공범으로 보는 경우에는 **제30조의 공동정범**에 관한 규정이 적용되지 않는다. 따라서 합동을 하지 않고 기능적 행위 지배를 한 배후거물은 교사·방조로만 처벌될 뿐이라는 비판이 가해지고 있다.
④ 현장적 공동정범설	**합동범**은 주관적 요건(공모)과 객관적 요건(현장에서의 실행행위의 분담)을 필요로 한다고 한다. 그러면서도 배후거물이나 두목이 현장에 있지 않으면서도 합동범에 '**기능적 범행지배**'를 하여 정범요소를 갖추었다면 합동범의 공동정범으로 규율할 수 있다는 견해이다.[860] 그러나 배후두목은 합동범의 교사범이나 기타 범죄단체조직죄 등으로 처벌하면 된다. 그럼에도 현장에 없는 사람까지 합동범이라고 하여 처벌범위를 확대할 필요가 없다는 비판이 있다.

---

855) 김종수, "공모공동정범", 법조, 1952, 20면 이하(형법은 집단의 수괴나 배후거물과 같은 무형적 공동정범과 공모공동정범을 처벌하기 위하여 합동범의 규정을 둔 것이며, 합동범의 경우에만 실행공동정범과 공모공동정범이 포함된다고 해석하게 된다.).

856) 황산덕, 총론, 273면; 김종원, 각론(상), 194면.

857) 이형국, 총론, 339면; 박상기, 총론, 411면; 배종대, 총론, 520면; 임웅, 총론, 377면; 이태언, 총론, 471면; 유기천, 각론(상), 215면; 강구진, 각론(Ⅰ), 287면; 정영석, 각론, 335면; 전선근, 각론, 347면; 이재상, 각론, 258면.

858) 진계호, 총론, 511면[법문상 합동(合同)과 공동(共同)은 명백히 구별되어 있을 뿐만 아니라, 합동을 공모와 같은 의미로 해석하여 이를 근거로 공모공동정범에 대한 법적 근거를 마련했다고 하는 것은 부당한 확장해석이다. 또 합동범의 입법 유래를 보면 우리 형법이 합동범을 특별히 규정한 이유는 수인이 현장에서 행동을 함께할 경우(현장설)의 위험성에 대처하려는 데 있다고 보기 때문이다.].

859) (1) **가중적 공동정범설**: 대판 1960. 2. 29. 4294형상952(주관적 요건으로서의 공모와 객관적 요건으로서의 실행의 분담이 있으면 합동이 있다.); 대판 1956. 5. 1. 4289형상35; 대판 1960. 6. 15. 4293형상60(반드시 동일한 장소에서 공동으로 범죄를 수행하여야만 합동이 되는 것은 아니다.). (2) **현장설**: 대판 1969. 7. 22. 67도1117; 동지, 대판 1976. 7. 27. 75도2720(실행행위에 있어서는 시간적으로나 장소적으로 합동관계가 있다고 볼 수 있는 것이라야 한다.); 대판 1973. 5. 22. 73도480; 대판 1975. 10. 7. 75도263; 대판 1981. 9. 8. 81도2159; 대판 1989. 3. 14. 88도837. (3) **가중적 공동정범설**: 대판 1998. 5. 21.

3) 합동범의 공범관계 합동범에서도 공동정범 · 교사범 · 종범이 성립할 수 있는가에 대한 견해가 있다.

① 합동범과 협의의 공범	합동범에 대한 교사범 · 종범은 모두 가능하다(예: 갑이 을과 병에게 둘이 현장에 가서 물건을 훔쳐 올 것을 교사했거나 방조했다면 합동절도죄의 교사범 또는 방조범이 성립한다. 이때는 반드시 2인 이상이 범행 현장에 있어야 한다.). **[판례 변화]** 갑 · 을 · 병 3인이 소를 절취하여 운반하기로 공모하고 갑이 그 공모내용대로 국도 상에 대기시켜 두었던 트럭에 을 · 병 등이 절취해 온 소를 싣고 간 경우→갑은 합동절도 방조범(최근 판례: 1998. 5. 21. 98도321), 갑은 일반절도 공동정범(종전판례: 1976. 7. 27. 75도2720 최근 판례로 인해 폐기됨)
② 합동범과 공동정범	합동범의 공동정범을 인정할 것인가에 대한 긍정설[861]과 부정설[862]이 있다. 판례는 합동범의 공동정범뿐만 아니라 공모공동정범도 인정한다.
③ 합동범의 비신분성	합동범은 범죄의 주체에 제한이 있는 것이 아니므로 신분범이 아니다. 따라서 형법 제33조가 적용되지 않는다.

Ⅲ. 공동정범의 처벌

(1) **형법 규정**	공동정범은 각자를 그 죄의 정범으로 처벌한다(제30조). 따라서 참가자 전원의 법정형이 같다. 공동정범의 일부만을 실행한 자라도 공동의 범행결의 안에서 발생한 결과 전체에 대해 정범의 책임을 진다.
(2) **책임의독립성**	① 공동정범은 공동의사의 범위 안에서만 성립한다. ② 공동정범 중 어느 1인이 공동의사 범위를 초과한 때는 그 부분은 단독정범이 된다. ③ 공동정범 중 다른 공동자가 행한 초과부분에 대해 고의 없는 공동자가 그 결과를 예견할 수 있었다면 결과적 가중범의 공동정범이 성립할 수 있다. ④ 공동정범의 책임조각사유 · 인적조각사유는 그 사유가 존재한 자에게만 적용된다. ⑤ 공동정범의 양형은 동일한 법정형의 범위 내에서 각자에게 다를 수 있다.

전원합의체판결 98도321(3인 이상의 범인이 합동절도의 범행을 공모한 후 적어도 2인 이상의 범인이 범행 현장에서 시간적, 장소적으로 협동관계를 이루어 절도의 실행행위를 분담하여 절도범행을 한 경우에는 위와 같은 공동정범의 일반이론에 비추어 그 공모에는 참여하였으나, 현장에서 절도의 실행행위를 직접 분담하지 아니한 다른 범인에 대해서도 그가 현장에서 절도범행을 실행한 위 2인 이상의 범인의 행위를 자기 의사의 수단으로 하여 합동절도의 범행을 하였다고 평가할 수 있는 정범성의 표지를 갖추고 있다고 보이는 한, 그 다른 범인에 대하여 합동절도의 공동정범의 성립을 부정할 이유가 없다고 할 것이다.).

860) 김일수 · 서보학, 총론, 617면 이하.

861) 정성근 · 박광민, 총론, 559면; 김일수 · 서보학, 총론, 619면; 이중상, "합동범의 공동정범의 성립가능성", 법조, 1998. 10. 174면 이하; 이호중, "합동절도의 공동 정범", 형사판례연구(7), 130면 이하; 손동권, 총칙론, 443면(합동범에 대해서도 공동정범의 일반이론이 적용되어야 하고, 합동범의 가중요건은 위법요소이므로 이에 가담한 자는 합동범의 공동정범이 된다.).

862) 이재상, 각론, 258면; 이형국, 각론연구(Ⅰ), 410면; 임웅, 총론, 377면; 배종대, 총론, 493면; 박상기, 총론, 377면; 하태훈, "기능적 행위지배와 합동범", 고시계, 1998. 7. 95면; 진계호 · 이존걸, 총론, 576면(합동범은 공동정범에 대한 특별규정이므로 시간적 · 장소적으로 협동한 자만이 합동범의 정범이 될 수 있고, 합동범에 대해서는 **공동정범**의 규정이 적용될 수 없다고 해야 한다. 예컨대 절도현장에서 직접 실행행위를 분담한 갑 · 을은 **특수절도죄**가 성립하지만, 현장에 가지 않은 병에게는 **일반절도의 공동정범** 또는 **특수절도의 교사범 내지 방조범**이 성립할 뿐이다.).

Ⅳ. 공동정범과 관련 문제

<table>
<tr>
<td rowspan="20">(1) 공동정범의 착오</td>
<td>

공동정범의 착오란 공모한 범죄와 다른 공동자가 실행한 범죄가 일치하지 않는 경우를 말한다. 여기에는 구체적 사실의 착오와 추상적 사실의 착오가 있다.

</td>
</tr>
<tr>
<td>

■ **구체적 사실의 착오**(具體的 事實의 錯誤)

공동정범 중 한 사람이 동일한 구성요건 안에서 착오가 발생한 구체적 사실의 착오를 한 경우에 공동정범의 고의는 조각되지 않고, 발생사실에 대한 공동정범이 성립한다. [사례] 갑과 을이 공모하여 A를 살해하기로 했으나, 을이 객체의 착오 또는 방법의 착오에 의해 B를 살해한 경우

① **법정적 부합설**(통설 및 판례) 갑과 을은 B에 대한 살인죄의 공동정범

② **구체적 부합설** 을이 방법의 착오를 하였을 경우에 갑은 A에 대한 살인미수죄와 B에 대한 과실치사죄의 상상적 경합

</td>
</tr>
<tr>
<td>

■ **추상적 사실의 착오**(抽象的 事實의 錯誤)

① **질적 초과** 공모사실과 발생사실이 전혀 별개의 구성요건에 속하는 경우에는 그 초과부분에 대해서는 공동정범이 성립하지 않고 실행자는 단독정범이 된다.

[사례] 갑과 을이 절도를 공모하여 실행에 착수했는데 을이 강간을 한 경우 ⇨ 절도죄는 공동정범만 성립, 강간은 을의 단독정범

② **양적 초과** 공모사실과 발생사실이 별개의 구성요건에 속하지만 죄질을 같이하는 경우에는 죄질이 부합하는 범위 내에서 공동정범 성립. 그 죄책은 각자의 고의 또는 과실의 범위 내 책임

1) **공모내용에 미달한 경우** 갑과 을이 강도를 공모했으나 을이 절도에 그친 경우⇨갑과 을은 절도죄의 공동정범과 강도예비·음모죄의 상상적 경합

2) **공모내용을 초과한 경우** 갑과 을이 절도를 공모했는데 을이 강도를 한 경우⇨절도 부분은 공동정범이 성립하고 갑은 절도죄, 을은 강도죄의 공동정범

3) **결과적 가중범을 실현한 경우** 공동자가 실현한 범죄가 결과적 가중범인 때에 그 행위를 담당하지 않은 다른 공동자가 초과된 실행부분에 대한 결과적 가중범의 공동정범이 성립할 수 있는가에 대한 판례의 입장이다.

■ **[판례]** 행위공동설의 입장에서 결과적 가중범의 공동정범을 인정하면서, 결과적 가중범의 공동정범은 기본행위를 공동으로 할 의사가 있으면 성립하고 결과를 공동으로 할 의사는 필요 없다.863)

■ **[판례]** 기본행위에 대한 공동이 있는 이상 다른 공동자는 중한 결과에 대한 예견 가능성을 불문하고 모두 결과적 가중범의 공동정범을 인정한다.864)

■ **[판례]** 결과적 가중범의 공동정범의 성립에 공동자 각자의 예견 가능성이 필요하다고 한다.865)

■ **[다수설]** 판례 중에는 공동자에게 중한 결과에 대해 과실유무와 관계없이 모두 결과적 가중범의 공동정범을 인정한 입장이나 타당할 수 없고, 과실범의 공동정범은 인정할 수 없어 고의범인 기본죄에 대해서만 공동정범이 성립하며, 중한 결과에 대해 공동자 각자의 과실을 개별적으로 검토하여 과실 있는 경우에 동시범이 될 뿐이다. 그 사례는 다음과 같다.866)

</td>
</tr>
</table>

---

863) 대판 1997. 10. 10. 97도1720.

864) 예컨대 ① 강도합동범 중 1인이 공모한 대로 과도를 들고 강도를 하기 위하여 피해자의 거소에 들어가 피해자를 향해 칼을 휘둘러 상해를 입힌 경우에 대문 밖에서 망을 본 다른 공동자는 구체적으로 상해를 가할 것까지 공모하지 않았더라도 상해의 결과에 대해 공범책임을 진다(대판 1998. 4. 14. 98도356; 대판 1990. 10. 12. 90도1887).
　② 패싸움 중 한 사람이 칼로 찔러 상대방을 죽게 한 경우에 다른 공범자가 그 결과인식이 없다 하여 상해치사죄의 책임이 없다고 할 수 없다(대판 1978. 1. 17. 77도2193).
　③ 공범 중 수인이 강간의 기회에 상해의 결과를 야기하였다면 다른 공범자가 그 결과의 인식이 없었더라도 강간치상죄의 책임이 없다고 할 수 없다(대판 1984. 2. 14. 83도3120).

865) 예컨대 ① 강도의 공범자 중 1인이 강도의 기회에 피해자에게 폭행 또는 상해를 가하여 살해한 경우에 다른 공모자가 살인의 공모를 하지 아니하였다고 하여도 그 살인행위나 치사의 결과를 예견할 수 없었던 경우가

(2) **공동정범과 신분**	공동정범자 중에 책임조각사유, 형의 가중감경사유, 인적 처벌조각사유가 있는 자가 있을 때에는 그 사유는 그자에게만 적용하고(제33조 단서), 신분관계로 인하여 성립될 범죄에 비신분자가 가공하는 행위도 공동정범으로 될 수 있다(제33조 제1항). **판례**[867]도 동일하다.
(3) **공동정범의 미수**	공동정범 중 1인이 미수에 그쳤더라도 타인이 기수에 달하였을 때에는 공동정범의 특질상 공동정범 전원이 기수의 책임을 진다. 또 공동정범 중 1인이 자의로 범죄를 중지하더라도 타인이 범행을 계속하여 결과를 발생시키면 **중지자**도 기수의 책임을 진다.
(4) **공동정범과 자수범**	자수범은 일방적인 이용관계이고, 공동정범은 상호 이용관계이므로 자수범에 있어서는 공동정범이 성립할 수 없다는 설[868]과 형법 제33조 및 공범에 관한 학설에 따라 긍정한다는 설이 있다. 특히 강간죄(제297조)는 폭행·협박만은 공동으로 할 수 있기 때문에 자수범이라 할 수 없다. 따라서 공동정범의 성립이 가능하다.
(5) **공범의 경합**	공범의 한 유형에 해당하는 행위를 한 자가 또 다른 유형에 속하는 행위를 한 경우에는 가벼운 유형은 무거운 유형에 흡수되므로, 처음에 교사 또는 방조했던 자가 후에 공동정범으로 된 때는 모두 공동정범에 흡수되어 공동정범으로 처벌된다.

V. 동시범

동시범이란 2인 이상의 자가 의사의 연락 없이 동시 또는 이시에 동일한 객체의 범죄를 실현하는 경우를 말한다.

아니면 강도치사죄의 죄책을 면할 수 없다(대판 1991. 11. 12. 91도2156).
② 부진정결과적 가중범인 특수공무방해치사상죄에 있어서 공무집행을 방해하는 과정에서 일부 집단원이 고의로 방화행위를 하여 사상의 결과를 초래한 경우에 다른 집단원이 그 방화행위로 인한 사상의 결과를 예견할 수 있는 상황이었다면 특수공무방해치사상의 죄책을 면할 수 없으나 그 방화행위 자체에 공모 가담한 바 없는 이상 방화치사죄로 의율할 수 없다(대판 1990. 6. 26. 90도765).
③ 피해자의 신체를 상해하거나 피해자의 신체에 대하여 폭행을 가하는 기회에 피고인 중 1인이 피해자를 살해한 경우 다른 피고인이 살인의 공모를 하지 않았더라도 그 살인행위나 치사의 결과를 예견할 수 없었다고 할 수 없는 이상 상해치사의 죄책을 면할 수 없다(대판 1993. 8. 24. 93도1674; 대판 1984. 10. 5. 84도1544).

866) 진계호·이존걸, 총론, 579면(사례: 갑과 을이 강도를 공모하였는데 을이 피해자 병을 살해한 경우⇨[판례]에 의하면 강도치사죄의 공동정범이, [다수설]에 따르면 강도치사죄의 동시범이 된다.).

867) 대판 1961. 12. 28. 4294형상564(비공무원이 공무원과 공동하여 수뢰죄의 공동정범으로 될 수 있고, 비점유자가 점유자와 함께 공동하여 횡령죄의 공동정범이 될 수 있다.).

868) 강간죄의 공동정범의 성립 여부에 대해 강간죄(제227조)는 스스로가 아니면 할 수 없다는 점에서 자수범이라 하여 공동정범의 성립 가능성을 부인하는 견해가 있다. 그러나 폭행·협박만은 공동으로 할 수 있기 때문에 자수범이라고 할 수 없어서 공동정범의 성립이 가능하다고 해야 한다(진계호, 형법, 316면).

1. 동시범의 개념과 특성

(1) 동시범의 개념

	■ 동시범 · 단독범 · 공동정범 · 합동범 · 간접정범 · 공범	
①	동시범	행위자가 2인 이상
	단독범	행위자가 1인
②	동시범	행위자 간 의사연락이 없이 각자가 단독으로 실행행위를 실현함
	공동정범 합동범	공동자 상호 간에 공동실행의 의사를 가지고(행위자 간 의사연락이 있음) 분업적 협력에 의하여 구성요건 실현
③	동시범	자기를 위하여 타인의 행위를 단순한 도구로 이용하지 못함
	간접정범	자기를 위하여 타인의 행위를 도구로 이용함
④	동시범	단독범의 병립관계이므로 각자 개별로 독립하여 인과관계를 논하여 책임범위를 정한다.
	공범	수인의 행위를 포괄하여 인과관계를 논하므로 자기가 직접 구성요건에 해당하는 행위를 하지 않아도 공범자의 행위 전체에 책임을 진다.

(2) **동시범의 특성** 동시범이 공범인 경우에는 수인의 행위를 포괄하여 인과관계를 논하게 되므로 자기가 직접 구성요건에 해당하는 행위를 하지 않더라도 공범자의 행위 전체에 대해 책임을 부담한다. 그러나 동시범은 단독범의 병립관계이므로 각자 개별로 독립하여 인과관계를 논하여 책임범위를 정하게 된다.

2. 동시범의 성립요건

형법 제19조는 "동시(同時) 또는 이시(異時)의 독립행위가 경합한 경우에 그 결과발생의 원인이 된 행위가 판명되지 아니한 때에는 각 행위를 미수범으로 처벌한다." 규정하고 있다.

(1) **2인 이상의 실행행위가 있을 것**	실행행위에 이르지 못한 예비 · 음모는 동시범이나 공범에 포함되지 않는다.
(2) **행위자 간 의사연락이 없을 것**	'독립행위가 경합한 경우'이다. 이 점에서 의사연락이 필요한 공범(특히 공동정범)과 구별된다. 판례도 같은 취지이다.869)
(3) **행위객체가 동일할 것**	수인이 서로 다른 객체의 다른 범죄를 실현하면 동시범이 아닌 단독범이다.
(4) **행위 장소와 시간이 동일할 필요는 없다.**	실행의 착수, 실행의 종료, 결과발생 모두가 정확하게 동시일 필요가 없다. 범행 장소가 떨어져 있는 격리범도 동시범의 성립이 가능하나.
(5) **결과발생의 원인이 된 행위가 판명되지 않을 것**	결과발생의 원인이 된 행위(입증책임: 검사)가 판명된 경우에는 각자는 자기의 고의 또는 과실의 범위 내에서만 책임을 진다.

---

869) 대판 1997. 11. 28. 97도1740; 동지 대판 1985. 12. 10. 85도1892(상호의사의 연락이 있어 공동정범이 성립한다면 독립행위경합 등의 문제는 아예 제기될 여지가 없다.).

3. 동시범의 성립범위

(1) 의의	동시범의 성립범위는 공동정범의 성립범위에 따라 결정되며, 공동정범의 성립범위는 결국 공동정범의 주관적 요건으로서의 의사의 연락(**공동실행의 의사**)에 따라 다르다.
(2) 학설	**1) 범죄공동설** 공동실행의 의사를 고의의 공동으로 보는데, 범의의 공동이 아닌 고의범 상호, 과실범 상호, 고의범과 과실범 상호 간에는 공동정범이 성립치 않고 동시범이 성립한다. **2) 행위공동설** 공동실행의 의사를 전 법률적 · 지연적인 행위를 공동으로 할 의사이면 족하므로, 고의의 공동정범은 물론, 과실의 공동정범, 고의범과 과실범 간의 공동정범을 인정할 수 있어 행위를 공동으로 할 의사를 결한 행위자 간에만 동시범이 성립한다.
(3) 동시범의 성립 여부	**1) 과실범의 공동정범** 행위공동설 · 공동행위주체설 · 기능적 행위지배설의 일부에서는 과실범의 공동정범을 긍정한다. **판례**도 긍정한다.[870] **2) 편면적 공동정범** ① **행위공동설** 수인 수죄(數人數罪)를 긍정하기 때문에 공동실행의 의사는 반드시 양면적일 필요가 없다. 다만 공동의 의사를 가진 자에게만 공동책임을 진다. ② **범죄공동설** 공동실행의 의사는 고의의 공동을 의미하므로 의사연락은 공동자 상호 간에 존재해야 한다. 그러므로 편면적 공동정범의 경우는 공동정범의 성립을 부정하고 동시범 또는 종범이 성립할 뿐이라고 한다. 그러나 공동행위자 각자를 결과 전체에 대한 정범으로 처벌하는 이유는 공동실행의 의사가 상호 간에 전제되어 있고 이러한 의사에 기하여 결과가 실현되었다는 데 있다. 그러므로 공동행위자 상호 간에 의사의 연락이 없는 편면적 공동정범은 부정하는 것이 **통설**이며, 타당하다고 하겠다.[871]

4. 동시범의 취급

(1) 원인행위가 판명된 경우	각 행위자는 독립하여 자기 책임의 한도 내에서 그 원인행위에 따라 정범(正犯)으로 처벌된다.
(2) 원인행위가 판명되지 않은 경우	① 각 행위를 미수범으로 처벌한다(제19조). ② 고의 행위 간에 경합한 때는 미수범 처벌규정이 있는 때에 한해 미수범으로 처벌한다. ③ 고의행위와 과실행위가 경합한 때에는 고의행위는 미수범으로 처벌하고, 과실행위는 불가벌이다. ④ 과실 행위 간에 경합한 때는 모두 불가벌이다.

---

870) 대판 1962. 3. 29. 4294형상598; 대판 1979. 8. 21. 79도1249; 대판 1982. 6. 8. 82도781.

871) 진계호 · 이존걸, 총론, 585면.

5. 동시범의 특례

(1) 형법 규정	형법 제263조(형법 제19조의 예외규정이다.)는 상해죄의 동시범에 대하여 "독립행위가 경합하여 상해의 결과를 발생하게 한 경우에는 그 원인이 된 행위가 판명되지 아니한 때에는 공동정범의 예에 의한다."라고 규정하고 있다. 본 규정은 상해죄에 관한 한 비록 독립행위가 경합된 경우라도 **미수범**으로 처벌하지 않고 각자를 공동정범으로 처벌한다는 뜻이다.
(2) 법적 성질	본 규정의 법적 성질에는 법률상 책임추정설,[872] 거증책임전환설,[873] 이원설[874] 등이 있다. 그러나 법률상의 추정이나 의제를 인정하는 것은 형사소송법상의 기본원칙인 자유심증주의와 실체적 진실주의에 반하므로 거증책임전환설이 타당하다고 해야 한다.[875]
(3) 적용범위	형법 제263조 동시범의 특례가 적용하려면 독립행위경합·상해결과발생·원인행위 불판명 등을 요한다. 본 조가 '상해의 결과가 발생'한 경우를 요건으로 한 점에 따라 상해죄와 폭행치상죄에 대해서 적용된다는 것은 당연하다. 그러나 두 가지 경우는 문제가 있다. ① **상해치사죄** 동시범의 특례가 상해치사죄에는 적용되지 않는다는 **부정설**[876]과 사망의 결과에 대하여 인과관계가 있고 예견 가능성이 있는 한 적용된다는 **긍정설**이 타당하다.[877] 판례도 폭행치사[878] 또는 상해치사[879]의 경우에도 **본조가 적용됨**을 판시하고 있다. ② **강간치상죄·강도치상죄** 본 조는 폭행과 상해의 죄에 관한 특례규정이므로 상해 또는 폭행치상의 요소를 포함하더라도 그 보호법익을 달리하는 강간치상죄나 강도치상죄에는 적용되지 않는다고 해야 한다.[880] 판례도 강간치상죄에는 **동시범의 특례가 적용되지 않는다**고 판시하고 있다.[881]
(4) 상해죄의 동시범 취급	상해의 동시범에 있어서는 의사의 연락이 없어도 각자를 기수의 **공동정범**으로 처벌한다.
(5) 동시범과 관련 문제	① **합동범과의 관계** 합동범이란 2인 이상이 합동하여 죄를 범한다. 따라서 2인 이상이 합동하여 죄를 범하는 때에는 일반에 대한 위험성이 커지고 집단범죄가 되어 피해자에 대한 구체적 위험도 증가하기 때문에 가중처벌의 이유가 있다. 합동범(공동실행 의사가 필요함)에 대한 학설 중 통설 및 판례는 **현장설**을 취하고 있다. ② **소송법상 취급** 형사소송법 제11조 제3호에서 동시범은 관련 사건(關聯事件)으로 취급된다.

---

872) 이건호, 총론, 273면; 강구진, 각론(Ⅰ), 70면(각 행위자의 행위가 결과발생의 원인인 것으로 추정하는 법률상 책임을 추정한다는 것이다.).

873) 유기천, 각론(상), 60면; 서일교, 각론, 36면; 이재상, 각론(Ⅰ), 54면(상해의 결과에 대한 입증곤란을 구제하려는 정책적 예외규정으로 거증책임을 피고인에게 전환하여 검사의 입증곤란에서 생기는 불합리를 제거하고 집단적 상해를 방지하려는 형사정책적인 고려에서 인정된 것이다.).

874) 정성근, 총론, 518면; 정영석, 각론, 223면; 김종원, 각론(상), 64면(절차상으로는 거증책임의 전환규정인 동시에 실체상으로는 공동정범의 범위를 확장시키는 일종의 의제라는 것).

875) 진계호·이존걸, 총론, 586면.

876) 이형국, 총론, 325면(상해치사죄는 동시범의 예외규정이고 상해의 결괴를 발생케 한 경우라고 규정하므로 이를 넘어 상해치사의 경우에도 적용한다는 것은 유추해석금지의 원칙에 반한다는 이유로 한다.).

877) 진계호·이존걸, 총론, 586면.

878) 대판 1970. 6. 30. 70도991(피고인과 원심공동피고인들이 각기 폭행을 가하고 그로 인해 평소 혈압증세가 심한 피해자가 흥분되고 이에 따르는 혈압의 상승으로 뇌출혈을 일으켜 사망케 한 사실이 인정되므로 피고인과 원심공동피고인들의 각 폭행치사는 형법 제236조의 규정에 의하여 공동정범의 예에 의하여 처벌된다.).

879) 대판 1985. 5. 14. 84도2118(갑은 을·병·정과 뱃놀이로 술이 만취된 상태에서 술을 더 마시려고 갑과 을이 앞서 가다가 갑이 마루에 걸터앉아 있던 피해자 A의 앞을 지나면서 그의 발을 건 것이 발단이 되어 시비 끝에 화가 난 갑이 A를 밀어 나무기둥에 뒷머리를 부딪치게 하고, 뒤따라 들어오던 병이 그 장면을 보고 욕설을 하면서 A에게 달려들어 멱살을 잡고 흔들다가 밀어 또다시 뒷머리를 토방시멘트바닥에 부딪치게 하고, 다시 부엌 근처에 있던 삽으로 A의 얼굴 우측 부위를 1회 때렸는데, A는 뒷머리를 장독대 모서리에 부딪쳐 결국 뇌저부경화동맥파열상을 입게 하여 사망에 이르게 한 경우 동시범의 특례를 규정한 형법 제263조는

[판례 1] [공동정범의 본질] 분업적 역할분담에 의한 기능적 행위지배에 있다.[882]

[판례 2] [**공동정범의 성립요건**] 전원이 일정한 시간·장소에 집합하여 모의할 필요는 없고, 그중 1인 또는 2인 이상을 통해 릴레이식으로 범의의 연락이 있고 그 범의의 내용에 대해 포괄적 또는 개별적 의사연락이나 인식이 있는 경우(주관적 성립요건)와 그 후 실행행위에 직접 가담하지 않더라도 다른 공모자가 분담 실행한 행위가 필요하다(객관적 성립요건).[883] 공범 상호 간에 간접적 또는 순차적 방법에 의해 의사연락이 있거나, 그에 대한 인식으로 공모관계가 성립한다.[884]

[판례 3] [**공동정범에서 '모의'의 의의**] 반드시 사전에 이루어질 필요가 없고 사전모의가 없더라도 우연한 장소에서 여러 사람이 각자 상호 간의 행위를 인식하고 묵시적으로 의사를 투합하여 서로 연락하고 범행에 공동 가공하는 것을 말한다.[885]

[판례 4] [**공모실행의사의 존재시기**] 공동실행의사는 범죄 실행 시에 있으면 된다.[886]

[판례 5] [공동정범에서 범죄사실의 지시 방법과 그 정도] 공동정범에는 직접적 실행행위의 분담을 요하는 경우와 분담을 요하지 않는 경우(공모공동정범)가 있다. 그러므로 범죄사실적시에서 그중 어느 것인가를 구체적이고 정확하게 예시해 주어야 한다.[887]

상해치사죄에도 적용된다. 따라서 갑·을·병은 상해치사죄의 공동정범이 성립한다.).

880) 진계호·이존걸, 총론, 587면.

881) 대판 1984. 4. 24. 84도372(친구 간인 갑과 을은 우연히 만난 병 여와 이야기를 하다가 을이 잠시 나가자 갑은 병 여를 강간했고, 그 후 돌아온 을도 갑이 화장실을 간 사이에 병 여를 강간했다. 이로 인해 병 여는 회음부찰과상을 입었으나 누구의 강간행위로 인한 것인지는 밝힐 수가 없었던 경우 형법 제263조의 동시범은 **상해와 폭행죄**에 관한 특별규정으로서 동 규정은 그 **보호법익을 달리하는** 강간치상죄에는 적용할 수 없다. 따라서 갑·을은 단지 **강간죄**로밖에 처벌할 수 없다.).

882) 대판 1989. 4. 11. 88도1247.

883) 대판 1980. 11. 25. 80도2224 - 1.

884) 대판 1983. 3. 8. 82도2873.

885) 대판 1987. 10. 13. 87도1240.

886) 대판 1985. 8. 20. 84도1373.

887) 대판 1989. 6. 27. 88도2381.

[판례 6] [강도상해죄의 공동정범의 성립요건] 기본행위인 재물강취에 대한
　　　　인식이 있어야 하고, 강도의 고의가 없는 자에게는 강도상해죄에
　　　　대한 책임을 지울 수 없다.888)

[판례 7] [행위자 일방의 가공의사와 공동정범] 공동가공의사는 행위자 상호
　　　　간에 있어야 하며, 일방의 가공의사만으로는 공동정범이 성립하지
　　　　않는다.889)

[판례 8] [과실범의 공동정범] 고의범이나 과실범을 불문하고 의사연락이 있
　　　　으면 공동정범은 성립한다.890)

[판례 9] [포괄일죄의 일부가담과 공동정범의 성립범위(승계적 공동정범)] 포
　　　　괄일죄의 일부에 공동정범으로 가공한 자는 가공행위 이전에 이루
　　　　어진 범행을 알았다 하더라도 가담 이후의 범행에 대해서만 공동정
　　　　범의 책임을 진다.891)

[판례 10] [암묵적인 의사연락과 공동정범] 우연히 만난 자리에서 서로 협력
　　　　하여 공동범의를 실현하려는 의사가 묵시적으로 상통하여 범행에
　　　　공동 가공하면 공동정범이 성립한다.892)

[판례 11] [실행행위에 가담하지 않은 공모자의 죄책] 여러 사람이 공동하여
　　　　범죄의 실행을 모의하고 그 공동의사를 실행하기 위하여 모의자
　　　　가운데 일부만이 실행행위를 담당하여 범죄를 수행한 경우에도 공
　　　　모자는 정범이 된다.893)

[판례 12] [공동정범의 본질과 종범의 구별기준] 공동정범의 본질은 분업적
　　　　역할분담에 의한 기능적 행위지배에 있기 때문에 공동정범은 공동
　　　　의사에 의한 기능적 행위지배에 있음에 반해, 종범은 그 행위지배
　　　　가 없는 점에서 양자가 구별된다.894)

[판례 13] [폭력행위등처벌에관한법률 제2조 제2항의 공동범과 형법 제30조

---

888) 대판 1976. 12. 14. 76도3267.
889) 대판 1985. 5. 14. 84도2118.
890) 대판 1982. 6. 8. 82도781.
891) 대판 1982. 6. 8. 82도884.
892) 대판 1984. 12. 26. 82도1373.
893) 대판 1984. 9. 11. 84도1383.
894) 대판 1989. 4. 11. 88도1247.

공동정범의 차이] (1) 폭력행위등처벌에관한법률 제2조 제2항의 "2인 이상이 공동하여"는 여러 사람의 공범관계가 존재하는 것을 요건으로 하여, 여러 사람이 동일 장소에서 동일 기회에 서로 다른 자의 범행을 인식하고 이를 이용하여 범하는 경우, (2) 형법 제30조의 공동정범은 공범자 전원 간에 범죄에 대한 공동가공의 의사가 있는 경우(즉, 범죄자 상호 간에 의사연락이 있고 그 일부가 범죄를 실행하는 경우) 그 전원이 공동일체로서 범죄를 실행한 것이 되어 직접 실행행위를 분담하지 않은 자도 공범으로 책임을 진다.895)

[판례 14] **[불가벌적 사후행위에 대한 공동정범]** 불가벌적 사후행위에 대해서도 공범이 성립한다.896)

[판례 15] **[공모공동정범의 의의]** 공모공동정범은 공동범행의 인식으로 범행을 실행하는 것으로 공동의사주체로서 집단 전체가 하나의 범죄행위를 실행함으로써 성립하고, 공모자 모두가 실행행위를 분담하여 실행할 필요는 없다. 실행행위를 분담하지 않아도 공모에 의해 여러 사람 간의 공동의사주체가 형성되어 범죄의 실행행위가 있으면 실행행위를 분담하지 않았더라도 공동의사주체로서 정범의 죄책을 면할 수 없다.897)

[판례 16] **[공모공동정범의 성립요건]** 공모공동정범에서 모의는 사전모의를 필요로 하거나 범인 전원이 일정한 시간과 장소에 집합하여 행할 필요는 없다. 그 가운데 한 사람 또는 두 사람을 릴레이식으로 하거나 또는 암묵리에 서로 의사가 상통해도 된다. 그러나 그 모의의 내용만은 두 사람 이상이 공동의 의사로 특정한 행위를 이용하여 각자 자기의 의사를 실행에 옮기는 것을 내용으로 하는 것이어야 한다. 그에 따라 범죄를 실행한 사실이 인정되어야만 공모공동정범이 성립한다. 이와 같은 공모에 참여한 사실이 인정되는 이상 직접 실행행위에 관여하지 않았더라도 다른 사람의 행위를 자기의사의 수단으로 하여 범죄를 하였다는 점에서, 자기가 직접 실행행위

---

895) 대판 1986. 6. 10. 85도119.
896) 대판 1977. 5. 18. 77도2193.
897) 대판 1983. 3. 8. 82도3248.

를 분담한 경우와 형사책임의 성립에 차이를 둘 이유가 없다.898)

[판례 17] [공모공동정범] 공동범행인식으로 범죄를 실행하는 것으로 공동의사주체로서 집단 전체 가운데 하나의 실행행위가 있음으로써 성립한다.899) 공모는 범죄를 실현하려는 의사의 결합만으로 충분하다.900)

[판례 18] **[실행행위를 분담하지 않은 공모자의 죄책]** '2인 이상이 공동하여 죄를 범한 때'라 함은 반드시 범죄의 구성요건에 해당하는 행위의 전부 또는 일부의 실행에 공동 가공한 경우만을 가리키는 것이 아니다. 여러 명이 공동하여 범죄 실행을 모의하고, 그 공동의사를 실행하기 위해 모의자 중의 일부만이 실행행위를 담당하여 범죄를 수행한 경우에도 공모자는 모두 그 정범이 된다.901)

[판례 19] **[공모공동정범의 책임을 면하는 경우]** 공모공동정범에서도 다른 공모자가 실행행위에 이르기 전에 그 공모관계에서 이탈한 때에는 공동정범의 책임을 지지 않으며, 이 경우에도 이탈의 의사표시는 반드시 명시적일 필요는 없다.902)

[판례 20] **[합동절도죄의 성립요건]** 주관적 요건인 '공모'와 객관적 요건인 '실행행위의 분담'이 있어야 하고, 그 실행행위에서는 시간적으로나 장소적으로 협동관계에 있어야 한다.903)

[판례 21] [공범들의 행위 중 결과발생의 원인이 된 행위가 불명한 경우 형법 제19조 및 제263조의 적용 여부] 2인 이상이 상호 의사연락 없이 동시에 범죄구성요건에 해당하는 행위를 하였을 때는 원칙적으로 각자에 대해 그 죄를 논해야 하나, 그 결과발생의 원인이 된 행위가 분명하지 않을 때는 각 행위자를 미수범으로 처벌한다(독립행위의 경합). 이 독립행위가 경합하여 특히 상해의 결과를 발생하게 하고 그 결과발생의 원인이 된 행위가 밝혀지지 않은 경우에는 공동정

---

898) 대판 1988. 9. 13. 88도1114.
899) 대판 1983. 3. 8. 82도3248.
900) 대판 1985. 11. 12. 85도2002.
901) 대판 1984. 9. 11. 84도1383.
902) 대판 1972. 4. 20. 71도2277.
903) 대판 1989. 3. 14. 88도837.

범의 예에 따라 처단(동시범)하는 것이므로, 공범관계에서 공동가
공의 의사가 있으면 이는 동시범 등의 문제가 제기될 수 없다.904)

[판례 22] [필요적 공범과 협력자 전원의 책임 요부] 필요적 공범은 법률상
범죄 실행이 다수인의 협력을 필요로 하는 것을 가리키는 것으로
서, 이러한 범죄성립에는 행위공동을 필요로 하는 것에 불과하고
반드시 협력자 전원의 책임을 요하지 않는다.905)

**제31조
교사범**

① 타인을 교사하여 죄를 범하게 한 자는 죄를 실행한 자와 동일한 형으로 처벌한다.
② 교사를 받은 자가 범죄의 실행을 승낙하고 실행의 착수에 이르지 아니한 때에는 교사자와 피교사자를
음모 또는 예비에 준하여 처벌한다.
③ 교사를 받은 자가 범죄의 실행을 승낙하지 아니한 때에도 교사자에 대해서는 전항과 같다.

해설

[의의] **교사범**(敎唆犯)이란 타인으로 하여금 범죄를 결의케 하여 이를 실행하
게 한 자를 말한다. 교사범은 실행한 자와 동일한 법정형으로 처벌한
다(제31조 제1항).

[사례] 갑이 친구인 을에게 K사장 집에 수억짜리 금괴가 있다고 알려 주자
을은 복면을 하고 그날 저녁 11시경쯤 실행에 착수하는 경우, 수태한
부녀에게 분만 후 영아를 살해하려면 수분 동안 호흡을 못 하게 엎어
두면 된다고 알려 주자 실행에 착수한 경우, 강도를 결의한 자에게 흉
기를 휴대하여 특수 강도를 범하도록 한 경우 등이다.

---

904) 대판 1985. 12. 10. 85도1892.
905) 대판 1987. 12. 12. 87도1699.

<table>
<tr><th colspan="4" style="text-align:center">구별개념</th></tr>
<tr><td rowspan="2">(1)</td><td>교사범</td><td>타인을 교사하여 죄를 범한 경우로 행위지배에 관여하지 않는다는 점이다.</td></tr>
<tr><td>공동정범</td><td>2인 이상의 자가 공동하여 범죄를 실행한 경우로, 행위지배에 관여하여 실행행위를 분업적으로 분담 실행한다는 점이다.</td></tr>
<tr><td rowspan="2">(2)</td><td>교사범</td><td>타인을 교사하여 죄를 범한 경우로, 행위지배에 관여하지 않는다는 점, **타인을 도구로 이용한 점**에서 간접정범과 유사하다.
정범의 범죄를 전제로 하는 **공범**인 점에서 간접정범과 다르다.</td></tr>
<tr><td>간접정범</td><td>**생명 있는 도구**를 이용하여 범죄를 실행하는 경우로, 어느 행위로 인하여 처벌되지 않거나 과실범으로 처벌되는 자를 의사지배에 의하여 자신의 범죄를 실행한 경우이다.</td></tr>
<tr><td rowspan="2">(3)</td><td>교사범</td><td>타인을 교사하여 죄를 범한 경우로, **행위지배**에 관여하지 않는다는 점에서 종범과 공통된다.
교사범은 범죄의 **결의가 없는 타인**에게 이를 생기게 하는 것을 말한다.</td></tr>
<tr><td>종범</td><td>종범이란 정범을 방조한 자로, 방조란 정범에게 구성요건의 실행을 가능케 하거나 용이하게 하는 행위, 또는 정범에 의한 법익침해를 강화하게 하는 행위를 말한다.
따라서 종범은 **타인의 결의를 전제**로 하여 그 실행의 유형적 또는 무형적으로 돕는 데 불과하다.</td></tr>
<tr><td rowspan="2">(4)</td><td>각칙의 교사</td><td>타인의 범죄를 교사하는 행위가 형법 각칙상 독립된 특별구성요건으로 규정되어 있는 경우에는 **형법 제31조**의 규정이 적용되지 않는다.
[사례] 타인을 교사하여 자살하게 하거나 또는 부녀를 매개하여 간음하게 한 자는 자살 또는 음행매개에 대한 교사를 한 것이 아니고 자살관여죄(제252조 제2항) 또는 음행매개죄(제242조)의 실행행위를 한 것이 된다.</td></tr>
<tr><td>총칙(제31조)
교사범</td><td>① 타인을 교사하여 죄를 범하게 한 자는 죄를 실행한 자와 동일한 형으로 처벌한다.
② 교사를 받은 자가 범죄의 실행을 승낙하고 실행의 착수에 이르지 아니한 때에는 교사자와 피교사자를 음모 또는 예비에 준하여 처벌한다.
③ 교사를 받은 자가 범죄의 실행을 승낙하지 아니한 때에도 교사자에 대해서는 전항(교사자와 피교사자를 음모 또는 예비에 준하여 처벌)과 같다.</td></tr>
</table>

①항: 『**실행한 자와 동일한 형**』 '실행한 자'란 정범을 말하고, '동일한 형'이란 법정형을 뜻한다.

②항: 『**교사를 받은 자가 범죄의 실행을 승낙하고 실행의 착수에 이르지 아니한 때**』 '**효과 없는 교사**'로 피교사자가 교사를 승낙하기만 하고 아무런 행위를 하지 않는 경우와 실행에 착수하였으나 그것이 미수에 그친 경우를 말한다.

③항: 『**교사를 받은 자가 범죄의 실행을 승낙하지 아니한 때**』 '**실패된 교사**'로 피교사자가 범죄의 실행을 승낙하지 않거나, 범행결의를 하고 있는 경우를 말한다.

②항과 ③항을 통틀어 기도된 교사(企圖된 教唆)라 한다.

<table>
<tr><td colspan="2">■ 기도된 교사의 처벌에 대한 학설</td></tr>
<tr><td>① 공범독립성설</td><td>공범의 가벌성은 정범과 독립하여 교사자 자신의 행위에 의해 결정되는데, 교사자의 교사행위가 있는 이상 피교사자의 범죄 실행이 없어도 교사의 미수가 된다. 따라서 기도된 교사는 당연히 교사의 미수로서 교사한 범죄의 미수범으로 처벌하게 된다.</td></tr>
<tr><td>② 공범종속성설</td><td>정범의 범죄가 기수에 달했거나 적어도 실행에 착수해야 교사범이 성립한다. 따라서 피교사자가 실행에 착수하여 범죄를 완성치 못하였을 경우에만 교사범으로 처벌할 수 없다.</td></tr>
<tr><td>③ 절충설</td><td>양설을 절충하여 실패한 교사 때는 교사자를, 효과 없는 교사 때는 교사자와 피교사자를 각각 음모 또는 예비에 준해서 처벌한다(제31조 제1항, 제2항).906)</td></tr>
</table>

▨ 학설

1. 교사범의 성립요건

교사범이 성립하기 위해서는 공범종속성설에 의해 교사자의 교사행위(교사자의 교사의사)와 피교사자의 실행행위(범죄결의)가 있어야 한다. 그리고 교사범을 처벌하기 위해서는 성립요건(成立要件) 외에 위법성(違法性)과 유책성(有責性)을 구비하여야 한다.

(1) 교사자의 교사행위

  1) **교사행위** 정범이 범죄를 행할 의사가 처음부터 없었던 것을 범행의 결의를 가지게 하는 것을 말한다.

<table>
<tr><td colspan="2">A. 교사행위</td></tr>
<tr><td>① 피교사자가 이미 범죄의 결의를 가지고 있을 때</td><td>교사범이 성립되지 않는다.</td></tr>
<tr><td>② 교사 행위 시 교사에 의한 범죄행위의 객체에 대한 존재 여부</td><td>객체 출현 조건의 교사행위는 가능907)하다.</td></tr>
<tr><td>③ 이미 범죄결의를 가진 정범에게 가중적 구성요건 또는 중죄를 실현하도록 교사하면,</td><td>(가) 전체의 방조와 초과부분에 대한 교사의 상상적 경합이 된다는 견해908)가 있다.
(나) 그러나 전체 범죄에 대한 교사범이 성립909)한다고 해야 한다.</td></tr>
<tr><td>④ 범죄결의를 가진 자에게 그 결의보다 경미한 죄를 범한 경우</td><td>방조만 성립하고 교사는 되지 않는다. 위험감소의 경우로서 객관적 귀속이 부정되기 때문이다.</td></tr>
</table>

---

906) 대판 1950. 4. 18. 4283형상10(권총 등을 교부하면서 사람을 살해하라고 한 것은 그 행위 자체가 독립하여 살인 예비죄를 구성하는 것이다.).

907) 예컨대, 수태한 부녀에 대해 분만 후 영아를 살해하라고 교사한 경우이다.

908) Jescheck, *Lehrbuch*, S. 624; Samson, *SK*, § 26 Rdn. 4; Schönke/Schröder/Cramer, *StGB*, S. 358; Stratenwerth, *AT*, S. 246.

909) 이재상, 총론, 482면; 김일수, 원론, 899면; 배종대, 총론, 462면; 진계호, 총론, 537면(중죄에 대한 결의를 가지게 하여 불법이 크게 증가되었기 때문. 예컨대 강도를 결의한 자에게 흉기를 휴대하여 특수 강도를 범하

■ 교사행위의 수단과 방법에는 제한이 없다	(1) 명령 · 지시 · 설득 · 애원 · 이익제공 · 동기착오의 유발로서의 기망 · 위협 등의 수단을 불문하며, 명시적[910] · 묵시적[911] · 암시적이든 상관없다. 다만 강요 · 위력 또는 기망의 수단에 의한 때에는 의사지배가 인정되면 **간접정범**이 성립한다. (2) 교사는 특정범죄에 대한 결의를 갖게 할 것을 요한다. 따라서 막연히 죄를 범하라는 것과 같이 범죄일반에 대한 교사는 교사가 될 수 없다.
① 부작위에 의한 교사	부작위에 의해서는 정범의 결의를 방해하지 않을 수 있어도 결의를 야기할 수는 없다. 따라서 부작위에 의한 교사는 불가능하다.[912]
② 과실에 의한 교사	교사는 타인에게 범죄의 결의를 일으키게 하는 것이다. 따라서 과실에 의한 교사를 인정한 것은 교사의 본질에 반하므로 부정함이 타당하다.[913]
③ 공동교사	교사행위는 2인 이상이 공동으로 할 수도 있다(예: 갑과 을이 공동하여 병을 교사한 경우). 이때 교사자들 상호 간에는 공동교사의 고의가 있어야 하며, 이러한 의사가 결여되면 **동시교사**가 될 뿐이다.

2) 교사자의 고의

(가) 이중의 고의	(1) 교사자의 고의는 미필적 고의로도 족하다. (2) 교사자의 고의는 피교사자에게 범죄결의를 갖게 하는 교사행위에 대한 고의(교사의 고의)와 피교사자로 하여금 범죄를 실행하도록 하는 실행행위에 대한 고의(정범의 고의)가 필요하다.
(나) 특정된 고의	(1) 교사자의 고의는 피교사자와 교사하는 범죄에 대한 특정이다. (2) 불특정자에 대한 교사는 선동이 될 뿐이다. (3) 피교사자가 특정되면 인원에 불문하며, 교사자가 피교사자의 신원을 알 필요도 없다(예: 어떤 수형자가 얼굴도 모르는 옆방의 수형자에게 탈출을 교사하는 것도 교사범이 된다.). (4) 특정범죄에 대한 고의는 정범이 범하게 될 특정구성요건행위에 대한 인식을 의미한다(예: 목적범이나 신분범을 교사할 때에는 정범이 그러한 목적 · 신분을 갖고 있음도 인식해야 한다.).

도록 한 때에는 특수강도의 교사행위가 된다.).

910) 대판 1969. 4. 22. 69도255(산림 내에서 부정 임산물 등의 제재를 업으로 하여 오던 자에 대하여 구체적으로 도벌하여 해태 상자를 생산하여 달라고 부탁하고 그 도벌자금을 제공한 경우에는 산림법위반의 교사죄가 성립한다.).

911) 대판 1967. 12. 19. 67도1281(대리응시자들의 시험장의 입장은 시험 관리자의 승낙 또는 그 추정된 의사에 반한 불법침입이라 아니 할 수 없다. 따라서 피고인이 대리응시자에게 시험장 입장을 교사한 이상 주거침입교사죄가 성립된다.).

912) 이형국, 연구Ⅱ, 628면; 이재상, 총론, 475면; 배종대, 총론, 462면; 김일수, "교사범", 95면; 차용석, "부작위에 대한 교사(상)", 고시연구, 1970. 10. 90면; 진계호 · 이존걸, 총론, 606면(부작위에 의한 교사도 가능하다는 긍정설도 있으나, 부정설이 타당하다.).

913) 진계호 · 이존걸, 총론, 606면(따라서 의사는 업무상과실치사상죄의 정범으로 처벌될 뿐이다.).

(다) 기수의 고의	(1) 교사자의 고의는 구성요건 결과를 실현(범죄의 기수)할 의사가 있어야 한다. 미수의 교사가 아니어야 한다(예: 빈 금고인 줄 알면서 피교사자에게 그 금고 안에 있는 돈을 절취하라고 교사한 경우처럼 처음부터 미수에 그치게 할 의사로 행한 교사). (2) 미수의 교사도 가벌적이라는 견해가 있으나,914) 불가벌이라고 해야 한다.915) 즉 교사의 미수는 처벌되지만 미수의 교사는 불가벌이다.
(라) 함정교사	(1) **함정교사**란 타인을 처벌할 목적으로 범죄를 사주하여 그 범죄가 기수에 이르기 전에 체포하는 것을 말한다.916)(예: 적발하기 어려운 마약범죄·밀수범죄 등에 있어서 수사기관이 정보원을 몰래 침투시켜 이 정보원이 마약 구입자인 것처럼 가장하여 마약을 판매하도록 사주하고, 마약을 꺼내 놓는 순간 범인을 체포하는 경우이다.) (2) 미수의 교사가 문제 되는 것은 주로 함정교사 또는 함정수사가 가벌적 행위인가 하는 점이다. (3) 함정교사도 교사의 고의가 있고 정범의 실행행위가 미수에 그쳤으므로 교사의 미수처럼 가벌적이라는 견해917)와 함정교사는 교사의 고의가 없기 때문에 교사범이 성립하지 않는 것으로 통설이며 타당하다.918)

(2) 피교사자의 실행행위

1) 피교사자의 실행결의 피교사자는 교사에 의해 범행의 결의가 있어야 한다. 정범이 범죄의 실행을 승낙하지 아니한 때에는 교사범은 성립하지 않는다. 다만 교사자는 형법 제31조 제3항에 의하여 예비·음모에 준하여 처벌한다.

① 과실범에 대한 교사	(가) **행위공동설**은 행위공동이 있으면 족하고 고의는 문제 되지 않는다는 이유로 과실범(정범의 결의가 없는 과실범에 대한 교사는 있을 수 없다.)에 대한 교사를 인정한다. (나) **형법**은 과실범으로 처벌되는 자를 이용하는 행위를 간접정범(제34조 제1항)으로 처벌하고 있다.
② 편면적 교사	피교사자가 교사받고 있다는 사실을 알지 못한 경우를 편면적 교사라 하는데, 이 경우에 교사범 성립을 인정한 견해919)도 있으나, 피교사자의 범행결의를 위한 적극적 작용을 하는 교사범의 구조적 특징상 편면적 방조는 가능하나, 편면적 교사는 불가능하다고 해야 한다.920)

---

914) 미수의 교사도 고의가 있고 정범의 실행행위가 미수에 그쳤다는 것을 이유로 교사의 미수와 같다는 것이다(백남억, 총론, 303면; 남흥우, 총론, 238면; 김종원, "교사범"(상), 39면).

915) 처음부터 미수에 그치게 할 의사를 가졌음에 불과한 미수의 교사는 구성요건의 결과발생에 대한 인식·의욕이 없기 때문이라는 것(이형국, 연구Ⅱ, 627면; 정성근·박광민, 565면; 이재상, 총론, 477면; 김성천·김형준, 총론, 536면; 김일수·서보학, 총론, 683면; 배종대, 총론, 552면; 신동운, 총론, 587면; 오영근, 총론, 669면; 이정원, 총론, 341면; 임웅, 총론, 447면; 진계호·이존걸, 총론, 607면).

916) 대판 1983. 4. 12. 82도2433(함정수사라 함은 본래 범의를 가지지 아니한 자에 대하여 수사기관이 사술이나 계략 등을 써서 범죄를 유발케 하여 범죄인을 수사하는 방법을 말하는 것이므로 범의를 가진 자에 대하여 범행의 기회를 주거나 범행을 용이하게 한 것에 불과한 경우는 함정수사라고 할 수 없다.); 대판 1963. 8. 12. 63도190; 대판 1982. 6. 8. 82도884; 대판 1998. 3. 24. 98도329).

917) 교사자의 고의를 피교사자가 범죄의 실행행위에 나온다는 것을 인식하거나 또는 범죄를 실행할 결의를 일으킬 의사로 족하다(남흥우, 총론, 238면; 염정철, 총론, 475면; 김기두, "아장·쁘로쁘까되르; 함정교사", 고시계, 1961. 11. 80면).

918) 교사자의 고의에는 피교사자에게 범죄의 결의를 생기게 할 뿐만 아니라 실행행위로 인한 결과발생에 대한 인식을 요한다(정성근·박광민, 총론, 566면; 이재상, 총론, 485면; 배종대, 총론, 463면; 이형국, 총론, 352면 이하; 김일수·서보학, 총론, 638면; 진계호·이존걸, 총론, 608면).

919) 염정철(8인 공저), 총론, 369면.

920) 정성근·박광민, 총론, 566면; 김일수·서보학, 총론, 639면; 진계호·이존걸, 총론, 609면.

2) 피교사자의 실행행위

① 교사범의 종속성	(가) 교사범의 종속성으로 인해 정범의 실행행위가 있어야 교사범이 성립할 수 있다. (나) 교사범의 성립에는 정범의 범죄행위가 인정되는 것이 그 전제요건이 된다.[921] (다) 교사범·방조범의 범죄사실 적시에 있어서는 그 전제요건이 되는 정범의 범죄구성요건이 되는 사실을 전부 적시해야 하고, 이 기재가 없는 교사범·방조범의 사실적시는 죄가 되는 사실의 적시라고 할 수 없다.[922]
② 실행행위	(가) 피교사자의 실행행위는 반드시 기수와는 상관없이 실행에 착수한 것이면 족하다. 따라서 **실행행위가 없을 때**나 교사행위와 실행행위 간에 **인과관계가 없는 때**는 형법 제31조 제2항에 의한 예비·음모에 준하여 처벌을 받을 뿐 교사범은 성립하지 않는다. (나) 정범의 실행행위는 구성요건에 해당하고 위법해야 한다. 그러나 유책할 것까지는 필요치 않는다(제한적 종속형식). (다) 목적범이나 신분범의 경우에는 정범에게 목적 또는 신분이 있어야 한다.

③ **교사의 미수** 피교사자의 실행행위가 있는 이상 기수·미수를 가리지 않고 교사범이 성립할 수 있다. 문제는 실행행위가 미수에 그친 교사의 미수이다. 교사의 미수에는 협의와 광의의 두 가지의 경우가 있다.

(가) 협의의 교사 미수	(A) 협의의 교사 미수란 피교사자가 실행에 착수하였으나 미수에 그친 경우를 말한다. (B) 정범인 피교사자가 미수범이 되는 것에 종속하여 교사자는 미수죄의 교사범이 된다. [사례 A] 피교사자가 자의로 실행행위를 중지 또는 결과발생을 방지한 때⇨피교사자만이 중지미수가 되고, 교사자는 장애미수의 교사범이 된다. [사례 B] 교사자의 자의에 의해 피교사자의 실행행위를 중지 또는 결과 발생을 방지하는 것이 피교사자에게는 의외의 장애가 된 때⇨피교사자는 장애미수가 되고, 교사자는 중지미수의 교사범이 된다. [사례 C] 정범이 불능인 경우⇨교사자는 불가벌이 된다.
(나) 광의의 교사 미수	(A) **광의의 교사**란 협의의 교사 미수 이외에 **기도된 교사(실패한 교사＋효과 없는 교사)**를 말한다. (B) **실패한 교사**란 교사자의 교사가 있었으나 피교사자가 범죄 실행을 승낙하지 않거나 이미 범행결의를 하고 있는 경우를 말한다. (C) **효과 없는 교사**란 교사자의 교사에 대하여 피교사자가 범행을 승낙하였으나 실행행위에 나아가지 아니한 경우를 말한다. ■ 기도된 교사에 대한 처벌 ㉠ **공범독립성설** 교사행위 자체가 교사자의 실행행위가 되므로 실패한 교사와 효과 없는 교사도 **교사의 미수**가 되어 당연히 교사한 범죄의 **미수범**으로 처벌된다. ㉡ **공범종속성설** 피교사자의 실행행위가 있어야 교사자의 실행행위도 인정되므로 피교사자의 실행행위가 없는 실패한 교사와 효과 없는 교사는 교사의 미수범으로서 처벌할 수 없게 된다. ㉢ **형법의 태도는 공범종속설**의 당연한 귀결이라는 견해도 있으나, 양자의 가벌성을 모두 인정한 것은 **공범독립성설**의 입장이고,[923] 미수가 아닌 예비·음모로 가벌성을 낮춘 것은 **공범종속성설**의 입장이라고 할 수 있으므로 기도된 교사에 대한 형법의 태도는 양설을 절충한 입법이라고 해석된다.[924] ㉣ **형법은 실패한 교사**에서는 교사자만을, 효과 없는 교사에서는 교사자와 피교사자를 각각 음모 또는 예비에 준하여 처벌하고 있다(제31조 제1, 제2항).

(3) 위법성과 책임 교사범을 가벌하려면 성립요건 구비와 위법성(교사행위 자

---

921) 대판 2000. 2. 25. 99도1252; 동지 대판 1998. 2. 24. 97도183.

922) 대판 1981. 11. 24. 81도2422.

923) 정성근·박광민, 총론, 568면.

924) 배종대, 총론, 560면; 김일수·서보학, 총론, 644면; 박상기, 총론, 447면; 손해목, 총론, 1083면; 이재상, 총론, 436면; 안동준, 총론, 255면.

체) 및 책임성(교사자에게 책임 전가)이 있어야 한다(교사범 성립의 전제). 따라서 교사행위 자체가 위법성조각사유, 교사자에게 책임능력이 없거나 책임조각사유가 있을 때에는 교사범은 성립되지 않는다.

2. 교사의 착오

(1) 실행행위에 대한 착오 실행행위의 착오란 교사자가 교사한 범죄와 정범이 실행한 범죄가 일치하지 않는 경우를 말한다.

1) 구체적 사실의 착오

① **구체적 부합설**	피교사자 객체의 착오와 방법의 착오는 교사자에게는 방법의 착오가 된다. 따라서 교사한 범죄의 미수와 발생사실에 대한 과실 간에는 상상적 경합이 성립한다. [사례] 갑이 을에게 병을 살해할 것을 교사했는데 을이 착오를 일으켜 정을 살해한 경우⇨병에 대한 살인미수의 교사와 정에 대한 과실치사의 상상적 경합이 된다. 그러나 과실에 대한 교사는 불가능하므로 **교사자 갑**은 살인미수의 교사범으로 처벌된다.
② **법정적 부합설**	피교사자 객체의 착오·방법의 착오를 불문하고 교사자의 고의에는 영향이 없으므로 발생사실에 대한 교사범이 성립한다. [사례] 갑이 을에게 병을 살해할 것을 교사했는데 을이 착오를 일으켜 정을 살해한 경우⇨병에 대한 살인미수의 교사와 정에 대한 과실치사의 상상적 경합이 된다. 그러나 과실에 대한 교사는 불가능하므로 **교사자 갑**은 정에 대한 살인죄의 교사범이 된다.

2) 추상적 사실의 착오

① **교사내용보다 적게 실행한 경우**	(가) **공범종속성의 원칙** 교사자는 피교사자가 실행한 범죄에 대한 교사범이 성립한다. [사례] 특수강도를 교사했는데 단순강도를 실행한 경우⇨단순강도죄의 교사범이 성립한다. 단, 실행한 범죄의 형보다 교사한 범죄의 예비·음모에의 형이 중한 경우에는 교사자가 교사한 범죄의 예비·음모(제31조 제2항)와 피교사자가 실행한 범죄의 교사범의 상상적 경합이 성립한다. 그리고 형이 중한 예비·음모의 책임을 진다. (나) **공범종속성 원칙의 예외** 강도를 교사했으나 절도를 범한 경우⇨절도죄의 교사범과 강도죄의 예비·음모의 상상적 경합에 의해 형이 중한 강도의 예비·음모에 의해 처벌된다.
② **교사내용보다 많게 실행한 경우**	(가) **질적 초과**(피교사자가 교사받은 범죄와 전혀 다른 범죄 실현)**원칙** 피교사자의 범행이 교사의 고의에서 벗어난 것이다. 따라서 교사자는 교사책임을 지지 않는다. 예비·음모의 규정이 있는 경우에 한하여 교사한 범죄의 예비·음모로 처벌된다. [사례] 강도를 교사했는데 강간을 한 경우⇨강도의 예비·음모죄만 인정한다. (나) **질적 초과 예외** 질적 초과가 본질적이지 않는 경우에는 교사한 범죄의 교사범이 성립한다. [사례] 사기를 교사했는데 기망을 근거로 공갈을 한 경우⇨사기죄의 교사범이 성립한다. (다) **양적 초과의 원칙** 실행한 범죄와 교사한 범죄가 동질이지만 그 정도를 초과한 경우이다. 이 경우에는 교사자는 초과부분에 대해서 책임을 지지 않고 교사한 범죄의 교사범으로 처벌된다. [사례] 절도를 교사했는데 강도를 실행한 경우⇨절도죄의 교사만 된다. (라) **양적 초과의 예외** 피교사자가 중한 범죄 또는 결과적 가중범을 실현한 경우 교사자에게 중한 결과에 대한 예견 가능성이 있는 때에는 결과적 가중범의 교사범이 성립한다.[925] [사례] 상해를 교사했는데 살인을 실행한 경우⇨살인죄의 교사범이 성립한다.

---

925) 대판 1993. 10. 8. 93도1873; 대판 1997. 6. 24. 97도1075; 대판 2002. 10. 25. 2002도4089.

(2) **피교사자에 대한 착오** 피교사자의 책임능력에 대한 인식은 고의의 내용에 포함되지 않는다. 이에 대한 착오는 교사범의 고의를 조각하지 않는다. 따라서 피교사자를 책임능력자로 알고 교사했으나 책임 무능력자였던 경우, 또는 그 반대의 경우에는 언제나 교사범이 성립한다.

3. 교사범의 처벌

(1) 정범의 형과 동일한 형(법정형)으로 처벌한다(제31조 제1항). 그러나 정범과 교사범의 선고형이 반드시 동일해야 하는 것은 아니다.926)

(2) 교사범과 신분

①	진정신분범에서 비신분자도 진정신분범의 교사범이 될 수 있다(제33조).
②	신분자가 비신분자를 교사한 때는 진정신분범에 대한 간접정범이 성립할 뿐이다.
③	부진정신분범에 있어서 가감적 신분은 신분자에게만 영향을 미친다. 따라서 공범에게는 영향을 미치지 않는다(제33조 단서). [사례] 갑이 을을 교사하여 을의 부 병을 살해한 경우⇨을은 존속살인이 정범이지만 갑은 보통실인죄의 교사범이 된다. 반면 갑이 을을 교사하여 갑의 부 병을 살해하게 하였을 경우⇨갑만 존속살인죄의 교사범으로 처벌된다.

4. 교사범과 관련된 문제

(1) 교사의 교사

1) 간접교사	간접교사란 교사자와 피교사자 간에 한 사람의 중간교사자가 개입되어 있는 경우를 말한다. 유형은 2가지다. (가) 피교사자로 하여금 다시 제3자를 교사하여 범죄를 실행케 한 경우[사례] 갑이 을에게 병으로 하여금 정을 살해하도록 한 경우 (나) 타인을 교사했는데 피교사자가 직접 범죄를 실행하지 않고 다시 제3자를 교사하여 실행케 한 경우 [사례] 갑이 을에게 정을 살해할 것을 교사했는데 을이 정을 살해하도록 교사한 경우 (다) 간접교사의 가벌성에 대해 두 설이 대립되고 있다. ① **부정설** 간접교사의 가벌성을 부정하는 견해927)이다. ② **인정설** 형법은 교사방법에 제한을 두지 않으며, 간접교사자와 교사자 사이에 질적 차이를 발견할 수 없으므로 간접교사의 가벌성을 인정함이 타당하며,928) **판례**929)도 같은 태도이다.

---

926) 대판 1955. 9. 27. 4288형상220[교사범의 형이 정범의 형보다 중할 수도 있고, 교사범의 처벌을 위해서 반드시 정범이 먼저 처벌될 것을 요한 것도 아니다. 또한 처벌상 종속성을 가진 것도 아니다. 특수교사(자기의 지휘, 통솔을 받는 자를 교사) 때는 정범에 정한 형의 장기 또는 다액의 2분의 1까지 가중한다는 제34조 제2항의 규정도 있다.].

927) 백남억, 총론, 304면; 남흥우, 총론, 239면; 정영석, 총론, 244면; 황산덕, 총론, 283면; 명형식·정갑동, 총론, 222면; 박정근, "미수의 교사와 교사의 미수", 법정, 1969. 9. 40면(단순한 교사행위를 교사하는 것에 불과한 간접교사를 처벌하는 것은 법적 확실성을 해칠 우려가 있다는 것을 이유로 한다.).

928) 배종대, 총론, 559면; 임웅, 총론, 406면; 손해목, 총론, 1094면; 이재상, 총론, 482면; 김일수·서보학, 총론, 643면; 김성천·김형준, 총론, 539면; 오영근, 총론, 667면; 정성근·박광민, 총론, 571면; 진계호·이존

<table>
<tr><td rowspan="2">2) 연쇄교사</td><td>연쇄교사란 교사범이 직접 정범을 교사한 것이 아니라 중간에 여러 명을 거쳐서 교사한 경우를 말한다.
① **부정설** 연쇄교사의 가벌성을 부정하는 견해[930]이다.
② **인정설** 연쇄교사의 가벌성을 부인할 이유가 없다는 것이 통설이다. 이 설은 연쇄교사도 교사의 교사가 거듭되는 것에 불과하고, 간접교사의 경우와 마찬가지로 재간접교사자가 바로 앞의 간접교사자도 행위사정을 알 것이라고 교사하였고, 중간교사자들과 정범의 실행행위 사이에 **인과관계**가 있는 한 연쇄교사를 가벌할 수 있다는 이유이다.</td></tr>
</table>

(2) 예비·음모의 교사

① **불가벌** 범죄 실행에 이르게 하려는 고의 없이 단지 예비에만 그치게 할 의사로 교사한 때이다.

② **예비죄의 교사로 처벌** 최종적으로 목표한 범죄 실행에 이르게 할 의사로 예비행위를 교사한 자이다.

(3) **공범의 경합** 교사자와 피교사자가 공동으로 하여 죄를 범한 때는 법조경합에 의해 공동정범만 성립하고 교사행위는 흡수된다. 피교사자의 범죄를 방조한 때는 교사범으로 처벌할 뿐이다.

▓ 판례

[**판례 1**] [교사범·방조범의 범죄사실 적시방법] 교사범·방조범의 범죄사실 적시에서는 그 전제요건이 되는 정범의 범죄구성요건이 되는 사실 전부를 적시해야 하고, 이러한 기재가 없는 교사범, 방조범의 사실 적시는 죄가 되는 사실의 적시가 아니다.[931]

[**판례 2**] [교사범의 성립을 인정한 판례] 치과의사가 환자의 대량유치를 위해 치과기공사에게 진료행위를 하도록 지시한 것은 무면허의료행위의 교사에 해당한다.[932] 지방 행정서기를 교사하여 무허가건물을 허가받은 건물인 것처럼 가옥대장에 등재케 한 경우,[933] 범행의 요

걸, 총론, 615면.

929) 대판 1974. 1. 29. 73도3104(교사의 교사를 교사범으로 처벌한다. 갑이 을에게 범죄를 저지르도록 요청한다 함을 알면서 갑의 부탁을 을에게 전달하여 을로 하여금 범의를 야기하게 하는 것은 교사에 해당한다.); 대판 1967. 1. 24. 66도1586).

930) 유기천, 총론, 299면.

931) 대판 1981. 11. 24. 81도2422.

932) 대판 1986. 7. 8. 86도749.

청을 전달한 경우,934) 대리시험응시를 교사한 경우에 주거침입교사
죄가 성립한다.935)

[판례 3] [교사범의 성립을 부인한 판례] 연소한 자에게 밥값을 구해 오도록
한 경우,936) 피고인이 그 자녀들에게 조총련간부로 있는 친형에게
단순한 안부편지를 쓰게 한 것은 반국가단체의 구성원과 의사연락
을 하도록 교사한 것은 아니다.937) 권총을 주면서 사람을 살해하라
고 한 것은 그 행위 자체가 독립하여 살인예비죄를 구성한다.938)

[판례 4] [함정수사의 의의] 원래 범의를 가지고 있지 않는 자에 대해 수사
기관이 사술(詐術)이나 계략 등을 써서 범죄를 유발케 하여 범죄인
을 검거하는 수사방식을 말한다.939)

제32조
종범

① 타인의 범죄를 방조한 자는 종범으로 처벌한다.
② 종범의 형은 정범의 형보다 감경한다.

해설

[의의] **종범**(從犯)이란 정범을 방조(정범에게 구성요건의 실행을 가능 또는 용이하게
한 행위, 정범에 의한 법익침해를 강화하는 행위)한 자를 말한다.

[사례] 아파트 경비원이 물건을 훔쳐 가는 도둑을 그대로 방치한 경우이다.

---

933) 대판 1983. 12. 13. 83도1458.
934) 대판 1974. 1. 29. 73도3104.
935) 대판 1967. 12. 19. 67도1281.
936) 대판 1984. 5. 15. 84도418.
937) 대판 1971. 2. 23. 71도45.
938) 대판 1950. 4. 18. 4283형상10.
939) 대판 1987. 6. 9. 87도915.

<table>
<tr><td colspan="3" align="center">구별개념</td></tr>
<tr><td rowspan="2">(1)</td><td>종범</td><td>(가) 직접 범죄의 실행행위를 하지 않고 정범의 실행행위에 가담할 뿐이란 점에서 교사범과 유사하다.
(나) 조언 · 충고 · 격려 등 언어에 의한 지적 · 정신적 방법(무형적 종범 또는 언어종범)에 의한 행위는 외형상 교사범과 유사하다.
(다) 이미 범죄를 결심하고 있는 자에게 그 결의를 강화하거나 실행을 쉽게 하도록 하는 점에서 교사범과 구별된다.</td></tr>
<tr><td>교사범</td><td>(가) 직접 범죄의 실행행위를 하지 않고 정범의 실행행위에 가담한 범죄이다.
(나) 타인으로 하여금 범죄를 결심하여 이를 실행하게 하는 범죄이다.</td></tr>
<tr><td rowspan="2">(2)</td><td>종범</td><td>[종래 견해]
'망보는 행위'
(가) 형식적 객관설에 의하면 구성요건해당행위를 하지 않고 그 이외의 방법으로 방조한 자를 종범이라 한다.
(나) 실질적 객관설에 의하면 조건을 준 데 그친 자를 종범이라 한다.
(다) 주관설에 의하면 자기의 범죄를 실현하려는 의사나 자기의 목적 또는 이익을 위해 행하지 않았을 때 종범이다.
(라) 결론으로 공동의사에 기한 기능적 행위지배가 없는 때를 종범이라 한다.</td><td rowspan="2">범죄는 주관과 객관을 결합한 전체로서 파악해야 하므로 공동정범의 본질은 분업적 역할분담에 의한 기능적 행위지배에 있다고 해야 한다.[940]
따라서 공동의사에 기한 기능적 행위지배가 있으면 공동정범이고, 공동 의사에 기한 기능적 행위지배가 없으면 종범이다.
[판례] 공동정범의 본질은 분업적 역할분배에 의한 기능적 행위지배에 있으므로 공동정범은 공동의사에 의한 기능적 행위지배가 있고, 종범은 그 행위지배가 없는 점에서 양자가 구별된다.[941]</td></tr>
<tr><td>공동정범</td><td>'망보는 행위'
(가) 형식적 객관설에 의하면 구성요건해당행위를 한 자를 공동정범이라 한다.
(나) 실질적 객관설에 의하면 구성요건실현에 원인을 준 자를 공동정범이라 한다.
(다) 주관설에 의하면 자기의 범죄를 실현하려는 의사로 행하였거나 자기의 목적 또는 이익을 위해 행했을 때를 공동정범이라 한다.
(라) 결론으로 공동의사에 기한 행위지배가 있는 때를 공동정범이라 한다</td></tr>
</table>

①항: 『**타인의 범죄를 방조한 자**』 방조범 또는 종범이라 한다.

'방조'란 정범의 구성요건 실행을 가능케 하거나 용이하게 하는 행위 또는 정범에 의한 법익침해를 강화하는 것을 말한다. 방조범은 공범이며 정범에 종속한다는 **공범종속성설**에 입각한다고 볼 수 있다.

②항: 『**종범의 형은 정범의 형보다 감경한다.**』 필요적 감경사유로 본다. 그러나 형법은 특별히 종범의 필요적 감경에 대해서 예외적으로 규정(제34조 제2항)을 두고 있다. 즉 자기의 지휘 · 감독을 받는 자를 방조하여 형법 제34조 제1항의 결과를 발생하게 한 자는 **정범의 형**으로 처벌한다.

---

940) 진계호 · 이존걸, 총론, 617면.

941) 대판 1989. 4. 11. 88도1247; 동지 대판 1997. 1. 24. 96도2474.

1. 종범의 본질과 처벌근거

(1) 종범의 본질

① **공범독립성설** 방조행위는 반사회적 악성의 징표이다. 따라서 정범의 행위와 관계없이 방조행위 그 자체를 범죄의 실행으로 본다.

② **공범종속성설**(형법 태도) 방조행위 그 자체는 범죄의 실행행위가 아니다. 따라서 방조행위가 범죄로 되려면 정범의 실행행위가 있어야 한다. 형법은 종범의 성립요건으로 정범의 범죄 실행을 요구하고 있다. 종범의 처분은 정범의 법정형을 표준으로 하여 그 형보다 감경한다.

(2) 종범의 규정(총칙상 제32조)**이 적용되지 않는 경우** 정범의 실행을 방조하는 행위가 각직상의 득별구성요건으로 규정된 때에는 총칙상 제32조의 규정이 적용되지 않는다(교사범의 경우와 같다.). 도주방조(제147조), 아편흡식 등 장소제공(제201조 제2항), 자살방조(제252조 제2항) 등이 이에 해당한다.

2. 종범의 성립요건

종범이 성립하기 위해서는 종범의 방조행위와 정범의 실행행위가 있어야 한다 (공범종속성설). 종범의 방조행위에는 종범의 방조 고의와 정범 고의를 필요로 한다. 종범을 처벌하려면, 종범은 구성요건과 위법성 및 유책성이 구비되어야 한다.

(1) 종범의 방조행위

① **방조행위** 종범의 방조행위란 정범이 범행을 한다는 정을 알면서 그 실행행위를 용이하게 하는 직접·간접의 행위를 말한다(예: 피고인 갑이 내원한 환자들에게 내과치료만 하고 정신과적인 치료를 한 바가 없음에도 공동피고인 을의 요청에 따라 진료기록부에 정신과적인 치료를 한 것으로 기재하였다면 갑은 정범인 을의 진료비 편취범행을 용이하게 한 방조행위에 해당한다.).942)

1) 수단 및 방법 제한이 없고, 정신적 방조(언어방조 또는 무형적 방조; 범

---

942) 대판 2003. 10. 23. 2003도256.

죄실행의 방법을 조언하거나 감시자의 근무계획 등의 정보제공과 같은 기술적 조언 또는 정범에게 두려움을 없게 하여 주고 안정감을 일으켜서 정범의 결의를 강화케 하는 경우)이건 물질적 방조(거동종범 또는 유형적 종범: 범행도구의 대여, 범죄장소의 제공 또는 범죄에 필요한 자금의 제공 등)이건 불문한다.943)

방조행위의 수단과 관련된 문제	
(가) 부작위에 의한 방조	부작위에 의한 교사는 인정되지 않으나, 부작위에 의한 방조(형법상 방조행위는 작위든 부작위든 방조 성립)는 가능하다. [사례] 경비원이 물건을 훔쳐 가는 도둑을 방치한 경우이다. 그러나 부작위한 방조가 성립하기 위해서는 종범이 정범의 행위로 결과의 발생을 방지할 **보증인적 지위**가 있어야 한다.944) [사례] 보증인적 지위가 없어 부작위에 의한 방조행위로 볼 수 없는 판례로, 피고인이 피고인의 고모 집 거실에서 친구들로부터 피해자들을 강간하자는 제의를 받고도 이를 제지하지 않은 채 안방에서 잠을 잠으로써 사실상 피고인의 고모 집을 범행 장소로 이용하게 하는 결과를 초래했지만 범행 모의 과정에 전혀 참여를 하지 않은 피고인이 친구들의 범행을 제지할 법적인 의무가 없다고 판시하였다.945)
(나) 공동종범	방조행위는 2인 이상이 공동으로 할 수 있다. 다만, 방조자 상호 간에 **의사연락**과 **기능적 역할 분담**이 있어야 한다. [사례] 공모공동정범이론에서는 공동종범에도 공모공동종범을 인정하였고,946) 실행행위를 담당하지 않은 공모자도 방조자로서 그 종범이 되는 것으로 본다.947)

2) 방조행위의 시기 방조행위는 정범의 실행행위의 착수 前(예비행위의 방조, 정범결의의 강화), 後(실행행위가 종료하고 결과가 발생하기 전)에 걸쳐 가능하다.948) 종범은 정범의 실행행위 중에 이를 방조하는 경우는 물론이고, 실행의 착수 이전에 장래의 실행행위를 예상하고 이를 용이하게 하는 행위를 하여 방조한 경우에도 정범이 그 실행행위에 나아갔다면 성립한다.949)

---

943) 대판 1982. 9. 14. 80도2566; 대판 1986. 12. 86도198.

944) 대판 1985. 11. 26. 85도1906(종범의 방조행위는 작위에 의한 경우뿐만 아니라 부작위에 의한 경우도 포함한다. 따라서 법률상 정범의 범행을 방지할 의무가 있는 자가 그 범행을 알면서도 방지하지 아니하여 범행을 용이하게 한 때는 부작위에 의한 종범이 성립한다.).

945) 서울고법 2005. 9. 21. 2005노985.

946) 일본 대판 昭 10. 10. 24. 형집 14, 1267면(수인이 공동하여 정범을 방조할 것을 공모하고 그중의 1인이 방조행위를 하도록 하여 그 공동방조의 고의를 수행케 한 때는 그 방조행위를 하지 아니하였을지라도 같이 정범을 방조한 것으로 종범의 형책을 면할 수 없다.).

947) 일본 대판 昭 4. 10. 28. 형집 8, 528면.

948) 대판 1983. 3. 8. 82도2873.

949) 대판 1997. 4. 17. 96도3377; 대판 2004. 6. 24. 2002도995.

<table>
<tr><td colspan="2" align="center">방조행위의 시기와 관련된 문제</td></tr>
<tr>
<td>(가) 방조행위의 성립형태</td>
<td>
㉠ 수반적 종범: 방조행위가 정범의 실행행위와 동시에 있는 경우
㉡ 우연적 종범: 정범의 실행행위 시에 우연히 있는 경우
㉢ 예비적 종범: 정범의 실행행위 이전에 있는 경우. 다만 예비적 종범의 경우에는 정범의 실행행위가 있어야 방조범이 성립한다(종범의 종속성).
㉣ 계속범의 종범: 실행행위가 종료되지 않고 계속되는 경우
㉤ 승계적 종범: 정범의 실행행위 도중에 가담하여 남은 실행행위의 부분을 방조하는 경우
</td>
</tr>
<tr>
<td>(나) 범죄기수 후 종료 전 종범</td>
<td>
㉠ 실행행위가 완료되어도 결과발생 전에는 방조행위가 가능하다.
㉡ 정범의 행위가 일단 기수가 된 후에는 방조가 있을 수 없다는 견해도 있으나,[950] 범죄의 기수와 종료는 구별되며 기수가 된 후라도 그 종료 이전에는 종범의 성립이 가능하다고 해야 한다.[951]
[사례] 방화에 의해 건물에 불이 붙은 후에 휘발유를 뿌려 그 건물을 전소토록 돕는 것은 방화죄의 종범이 된다.
㉢ 범죄가 종료된 후에는 종범이 성립할 수 없다.
[사례] 범죄종료 이후에 범인은닉이나 증거인멸은 사후종범이 아니라 독립된 범죄유형이 된다(제151조·제156조).
</td>
</tr>
</table>

3) 방조행위의 인과관계 종범의 성립에 방조행위와 정범에 의한 구성요건의 실현 사이에 **인과관계**가 필요한가에 대한 견해가 대립된다.

<table>
<tr>
<td>(가) 불요설</td>
<td>종범의 성립에는 방조행위와 정범에 의한 구성요건의 실현 사이에 인과관계가 필요 없다는 설이다.[952]</td>
</tr>
<tr>
<td>(나) 필요설</td>
<td>공범의 처벌근거는 타인의 불법을 야기하고 촉진하는 데 있다. 따라서 방조행위가 정범의 범죄실행을 용이하게 해 줌으로써 구성요건적 결과 발생에 기여했다는 합법칙적 연관이 있어야 한다는 설[953]로 타당하다.[954]</td>
</tr>
</table>

② **종범의 고의** 종범은 방조의 고의(정범의 실행을 방조한다는 인식)와 정범의 고의(정범자의 범행이 기수에 달한다는 인식)가 있어야 한다.

---

950) 염정철(공저), 총론, 398면; 정영석, 총론, 249면.

951) 이재상, 총론, 487면; 김종원, "종범", 고시계, 1977. 6. 31면; 진계호·이존걸, 총론, 622면.

952) Baumann, *AT*, 8. Aufl., 1977, S. 599f; Wessels, *AT*, 15. Aufl, 1985, S. 159(방조행위가 정범의 실행행위를 용이하게 하면 되고, 반드시 그것에 대한 원인적일 필요는 없다. 또한 종범은 정범의 범행결과에 대한 위험증대의 관점에서 파악하면 된다는 이유이다.).

953) 이재상, 총론, 497면; 이형국, 연구Ⅱ, 642면.

954) 진계호, 총론, 553면[공범의 처벌근거가 타인의 범죄행위를 야기 또는 촉진했다는 데 있다. 따라서 정범의 범죄행위에 어떤 원인도 제공치 않은 사람을 공범으로 처벌할 이유가 없다. 불요설에 의할 경우 종범을 구체적 또는 추상적 형상 속에서 독자적인 공범으로 보게 되어 기도된 종범의 가벌성까지 인정할 위험성이 있기 때문이다. 예컨대 갑이 을에게 범죄에 사용할 흉기를 제공했으나 을이 사용치 않고 죄를 범한 때에는 갑의 물질적 방조는 처벌할 수 없다. 그러나 갑이 그것으로 인해 을의 범의를 강화하여 정신적 방조를 했다는 증명이 있을 때는 종범의 성립을 인정하게 된다. 이때 정범의 실행행위와 직접 관련이 없는 행위를 도와준 데 지나지 않는다면 방조행위가 될 수 없다. 간첩인 줄 알면서 그에게 숙식을 제공한 경우(대판 1965. 8. 17. 65도388; 대판 1967. 1. 31. 66도1661), 간첩의 심부름으로 안부편지나 사진을 전달한 경우(대판 1966. 7. 12. 66도470)만으로는 간첩죄의 방조행위가 되지 않는다.].

(가) **이중고의**	㉠ 종범은 정범의 실행을 방조한다는 인식(방조의 고의)과 정범의 행위가 구성요건에 해당하는 행위인 점에 대한 인식(정범의 고의)이 필요하다. ㉡ 방조범에 있어서 정범의 고의는 정범에 의하여 실현되는 범죄의 구체적 내용을 인식할 것을 요하는 것은 아니고 미필적 인식 또는 예견으로 족하다.955)
(나) **특정된 고의**	㉠ 종범의 고의는 구체적인 것이어야 한다. 따라서 종범의 고의는 특정한 피방조자와 특정한 범죄에 대한 인식이 있어야 하나, 피방조자가 특정되어 있는 한 피방조자의 신원을 명확히 알고 있어야 하는 것은 아니다. ㉡ 정범의 범행의 본질 요소에 대한 인식이 있는 이상 정범의 일시·장소·객체 또는 구체적 상황까지 인식할 필요도 없다.956)
(다) **기수의 고의**	㉠ 종범의 고의는 정범의 행위가 기수에 달할 것을 알고 바라는 것이어야 한다. 단순히 미수에 그치게 할 의사로 방조한 미수의 방조는 방조행위가 될 수 없다. ㉡ 정범의 범죄가 실현될 수 없는 수단을 제공한 경우에도 방조행위가 될 수 없다. 따라서 낙태의뢰를 받은 약사가 효과 없는 약을 낙태약이라고 속이고 교부할 때에는 낙태방조가 되지 않는다.
(라) **편면적 방조**	종범이 성립하기 위해서는 종범(방조의 고의)과 정범(고의) 사이에 의사일치를 요건으로 하지 않는다. 따라서 정범이 방조행위를 인식하지 못한 편면적 종범도 가능하다. [사례] 갑이 방 안에서 을을 구타할 때 을이 도망치지 못하도록 갑과 을이 모르는 사이에 방문을 잠근 경우가 이에 해당한다. **판례**도 편면적 방조범을 인정하고 있다.957)
(마) **과실에 의한 방조**	고의에 의한 방조행위만 인정하므로 과실에 의한 방조는 인정하지 않는다. [사례] 범죄에 사용되는지 모르고 경솔히 흉기를 제공한 경우이다.

(2) 종범의 실행행위

① **종범의 종속성** 방조죄는 정범의 범죄에 종속하여 성립한다. 그러므로 종범은 ㉠ 정범의 실행행위 중에 이를 방조하는 경우, ㉡ 실행의 착수 전에 장래의 실행행위를 예상하고 이를 용이하게 하는 행위를 하여 방조하는 경우, 방조의 대상이 되는 정범의 실행행위에 대한 착수가 없는 이상 방조죄만이 독립하여 성립할 수 없다.958)

② **정범의 실행행위** 종범의 종속성으로 인하여 정범의 실행행위가 있어야 한다. 공범의 종속성에 관한 제한적 종속형식에 의하면 정범의 실행행위는 구성요건에 해당하고 위법해야 하지만 유책할 것까지는 없다. 따라서 정범의 실행행위에 대한 범죄의 증명이 없으면 종범도 성립하지

---

955) 대판 2005. 4. 29. 2003도6056(금괴를 부가가치세 영세율이 적용되는 수출원자재 명목으로 구입한 후 실제로는 시중에 판매 처분하고 허위로 수출신고를 하여 이를 근거로 관세를 부정 환급받은 정범의 범행에 대하여, 정범이 설립한 위장수출회사의 직원인 피고인이 미필적으로나마 정범의 범행을 인식 또는 예견하고 그 실행행위를 용이하게 하였다고 볼 여지가 있다고 한 사례).

956) 대판 1977. 9. 28. 76도4133(방조범이 성립하는 데에는 그 방조행위가 정범의 실행행위에 대하여 간접적이거나 직접적이거나를 가리지 아니하며 간접적으로 정범을 방조하는 경우 정범이 누구인지 그 소재나 실존유무를 확정할 필요는 없다.).

957) 대판 1974. 5. 28. 74도509.

958) 대판 1979. 2. 27. 78도3113.

않는다.959) 피방조자인 정범의 실행행위는 고의에 의한 것이어야 하고, 과실범에 대한 방조는 간접정범(제34조 제1항)이 될 뿐이다.

③ **예비의 방조** 정범을 방조했으나 정범이 예비에 그친 때에 예비죄의 방조가 가능하다는 견해960)와 정범이 실행에 착수하지 않은 때는 구성요건적 불법이 실현되었다고 할 수 없어 종범이 성립할 실행행위가 있다고 볼 수 없다. 그러므로 예비는 독립된 구성요건이 아니라 기수라는 구성요건의 수정형식에 불과하다. 따라서 예비에 대한 종범은 인정할 수 없다고 해야 하며,961) **판례**962)도 같은 취지이다.

④ **기도된 방조** 실패한 방조와 효과 없는 방조963)를 총칭한 것이다.

　1) **공범독립성설** 기도된 방조도 이론적으로 종범의 미수로 취급한다.

　2) **공범의 종속성** 기도된 방조는 정범행위가 미수에 그쳤을 때에 한하여 인정된다.

　3) **기도된 교사와 기도된 방조의 차이점** 기도된 교사(企圖된 敎唆)는 교사를 받은 자가 범죄 실행승낙 후 실행을 착수하지 않았을 때는 교사자와 피교사자는 예비 또는 예비에 준하여 처벌한다(제31조 제2항). 교사를 받은 자가 범죄 실행에 승낙하지 않았을 때는 교사자만 음모 또는 예비에 준하여 처벌한다(제31조 제3항). 그러나 기도된 방조(企圖된 幇助＝효과 없는 방조＋실패한 방조)는 이를 처벌할 형법규정이 없어 **미수 · 예비 · 음모**로도 처벌할 수 없다.964)

---

959) 대판 1970. 3. 10. 60도2492(사기방조죄는 정범인 본범의 사기 또는 사기미수의 증명이 없으면, 사기방조죄도 그 증명이 없음에 돌아간다.).

960) 김일수 · 서보학, 총론, 649면; 안동준, 총론, 210면(정범이 예비죄로 처벌되는 이상 공범을 종범으로 처벌하는 것은 공범종속성설의 당연한 결론이다. 그리고 예비와 미수의 구별은 공범의 성립에 영향이 없다. 예비죄도 각칙에 규정되어 있으므로 예비행위의 실행행위성을 인정할 수 있다는 이유이다.).

961) 이재상, 총론, 499면; 배종대, 총론, 471면; 임웅, 총론, 417면; 박상기, 총론, 468면; 손해목, 총론, 836면; 이형국, 총론, 269면; 진계호 · 이존걸, 총론, 625면.

962) 대판 1976. 5. 25. 75도1549; 대판 1978. 2. 28. 77도3406; 대판 1979. 11. 27. 79도2201.

963) 기도된 방조란 방조가 피방조자에 의해 거부된 실패한 방조, 범행종료 후에 시도되었거나 시도된 방조행위가 정범의 범행결의나 범행실행에 전혀 영향을 미치지 못한 효과 없는 방조를 말한다.

964) 이형국, 연구 II, 642면; 이재상, 총론, 499면; 배종대, 총론, 471면; 정성근 · 박광민, 총론, 582면; 최우찬, "종범", 고시연구, 1991. 11. 140면.

(3) 위법성과 책임

　　① **방조행위의 위법성·책임** 종범이 성립요건을 구비했어도 가벌성을 가
　　　지려면 방조행위가 위법하고 방조자에게 책임을 지울 수 있어야 한다.
　　　다만 방조행위 자체가 위법성조각사유, 방조자의 책임무능력, 책임조
　　　각사유가 있을 때에는 방조범이 성립하지 않는다.

　　② **의무충돌** 방조행위가 민사상(民事上)과 형사상(刑事上) 의무충돌이 있을
　　　때 문제가 발생한다.

　　　[사례] 소유자로부터 보관 중인 권총을 강도용으로 사용한다는 정을
　　　알면서 반환요구를 받고 반환한 때에 강도죄의 종범 성립 여부

　　　　■ 의무충돌에 있어서 의무의 비중을 교량하여 보다 강한 의무 이행이
　　　　요구되나, 특별법우선의 원칙에 따라 형법상 의무가 민법상 의무보
　　　　다 우월하다. 따라서 보관자가 권총을 반환했다면 위법하므로 강도
　　　　죄의 종범이 인정된다고 해야 한다.965) 다만, 그것이 강요된 행위
　　　　로서 기대 가능성이 없다거나(제12조), 법률의 착오에 의하여 민법
　　　　상 의무이행이 우월하다고 오인한 데 정당한 이유가 있으면(제16조)
　　　　책임조각이 인정될 것이다.

3. 종범의 처벌

(1) **필요적 감경** 종범의 형은 정범의 형보다 감경(법정형)한다(제32조 제1항). 정
　　범이 미수에 그친 때에는 종범은 이중으로 형이 감경될 수 있다. 종범의
　　선고형이 정범의 선고형보다 무거울 수도 있다. 판례도 같은 취지이
　　다.966)

(2) 필요적 감경의 예외

　　① **특수 종범**(형을 가중한다.)의 경우인 자기의 지휘·감독을 받은 자를 방

---

965) 진계호, 형법총론, 557면.

966) 대판 1986. 9. 23. 86도1429(형법 제98조 제1항의 **간첩방조죄**는 정범인 **간첩죄**와 대등한 독립죄로서 간
　　첩죄와 동일한 법정형으로 처단하게 되어 있다. 그러므로 형법 총칙 제32조 소정의 감경대상이 되는 종범과
　　는 그 실질이 달라 종범 감경을 할 수 없다. 따라서 그 **가중규정**인 국가보안법 제4조 제1항 제2호의 반국가
　　단체의 간첩방조죄에 대해서도 그 정범인 반국가단체의 간첩죄와 동일한 법정형으로 처단해야 하고 형법 총
　　칙 제32조에 의한 종범 감경을 할 수 없다.).

조하여 결과를 발생하게 한 자는 **정범**의 형으로 처벌한다(제34조 제2항).

② **간첩방조**(제98조 제1항)967)나 관세법위반(동법 제182조 제1항)968)처럼 종범에게 정범과 같은 형을 과하도록 규정된 때는 종범은 감경하지 않는다.

4. 종범과 관련된 문제

(1) **방조의 착오** 종범의 착오란 방조자가 의도한 사실과 정범의 실행 행위의 사이에 불일치가 있는 경우를 말한다. 종범의 착오에 대해서는 원칙적으로 교사의 착오에 관한 이론이 적용된다.

① **정범의 양적 초과** 정범의 양적 초과부분에 대해서는 종범은 책임을 지지 않는다.969) 단, 결과적 가중범의 경우에는 결과를 예견할 수 있었으면 결과적 가중범의 종범이 된다.

② **정범의 질적 초과** 종범에 있어서는 종범의 미수(효과 없는 방조와 실패한 방조)를 처벌하지 않는다. 따라서 정범의 질적 초과에 대해서는 종범은 언제나 처벌받지 않는다.

③ **정범이 종범의 인식보다 적게 실행한 경우** 종범은 정범의 실행행위 범위 안에서 처벌받게 된다.

(2) 방조와 공범

① **방조의 방조**(간접방조)와 그 이상의 연쇄방조도 방조범에 대한 방조에 그치는 것이 아니라 정범에 대한 방조로 처벌된다.

[사례] 정범 갑의 살인행위에 사용한 권총을 구입·제공하려는 방조범 을에게 부족한 권총구입자금을 마련하여 준 병은 갑의 살인행위에 대한 방조범이 된다. 판례도 간접방조를 인정한 태도이다.970)

---

967) 대판 1958. 12. 29. 4291형상441(간첩방조죄는 본범인 간첩죄와 동등한 독립죄로서 간첩 본범에 대한 형과 동일한 형으로 처단한다. 형법총칙 제32조에서 말하는 감경할 종범의 예외에 속한다.).

968) 대판 1978. 9. 26. 78도2052(특정범죄가중처벌등에관한법률 제6조 제6항 소정의 관세법 위반행위의 종범을 처벌함에 있어서 형법 제32조 제2항을 적용하지 않는 것은 정당하다.).

969) 대판 1985. 2. 26. 84도2987.

970) 대판 1977. 9. 28. 76도4133(형법이 방조행위를 종범으로 처벌하는 이유는 정범의 실행행위를 용이하게 하는 점에 있으므로 그 방조행위가 정범의 실행에 대하여 간접적이거나 직접적이거나를 가리지 아니하고 정범이 범행을 한다는 점을 알면서 그 실행행위를 용이하게 한 이상 종범으로 처벌함이 마땅하며, 간접적으로 정범을 방조하는 경우 방조자에 있어 정범이 누구에 의하여 실행되는가를 확지할 필요는 없다.).

② **교사의 방조**에 대해서는 방조행위가 실행행위가 아니라는 이유로 불법을 주장한 견해도 있다.[971] 그러나 교사의 방조는 결국 정범에 대한 방조에 해당한다고 보아 정범의 실행행위가 있는 한 정범에 대한 방조범이 성립한다고 해야 한다.[972]

③ **방조의 교사** 방조행위를 교사한 자도 실질적으로 정범을 방조한 것이다. 그러므로 정범에 종속하여 종범이 성립하는 경우에 한하여 교사자에게 종범이 성립한다.

(3) **공범의 경합** 종범은 공동정범 또는 교사범과 보충관계에 있다.[973] 따라서 방조범이 더 나아가 정범의 실행행위를 분담하였거나 교사행위에까지 이르면 방조범의 성립은 공동정범 또는 교사범에 흡수된다.

(4) **종범과 신분** 형법 제33조의 공범과 신분에 관한 규정은 종범에도 적용된다. 따라서 비신분자도 신분자를 방조하여 진정신분범의 종범이 될 수 있다(제33조 본문). 부진정신분범을 방조한 비신분자는 보통 범죄의 종범이 된다(제33조 단서). [사례] 존속살해범을 방조한 자는 보통살인죄의 종범으로 처벌된다.

판례

[판례 1] [형법상 방조행위의 의의] 정범이 범행한다는 정을 알면서 그 실행행위를 하는 직·간접적 행위를 말한다.[974]

[판례 2] [종범의 종속성] 방조죄라는 정범의 범죄에 종속하여 성립하기 때문에 정범의 실행행위 착수가 없는 한 방조죄만이 독립하여 성립하지 않는다.[975]

---

971) 백남억, 총론, 312면; 남흥우, 총론, 242면; 황산덕, 총론, 287면.

972) 임웅, 총론, 416면; 김일수·서보학, 총론, 650면; 배종대, 총론, 556면; 손해목, 총론, 1100면; 이재상, 총론, 444면; 정성근·박광민, 총론, 586면; 진계호·이존걸, 총론, 629면.

973) 대판 1981. 3. 24. 81도74(피고인이 범죄사실을 공동정범으로 의율하고 있는 이상 특별한 사정이 없는 한, 피고인이 종범에 불과하다는 주장에 대해서는 반드시 그 당부를 판단할 필요가 없다.).

974) 대판 1986. 12. 9. 86도198.

975) 대판 1979. 2. 27. 78도3113.

[판례 3] [방조범의 공소사실 기재] 방조범의 공소사실을 기재하는 데 그 전
　　　　　제요건이 되는 정범의 범죄구성요건을 충족하는 구체적 사실을 기
　　　　　재하여야 공소사실의 기재가 있다고 할 것이다.976)

[판례 4] [편면적 종범] 정범의 범죄 행위 없이 방조범만은 성립하지 않는다.977)

[판례 5] [공동정범 간의 방조] 공동정범 중의 1인이 다른 공동정범을 도피하
　　　　　게 하거나 도피를 방조한 경우는 범죄 도피죄와 범인도피방조죄의
　　　　　책임을 져야 한다.978)

[판례 6] [예비의 종범] 정범이 예비의 단계에 그친 경우에는 이에 가공한 행위
　　　　　가 예비의 공동정범이 될 때를 제외하고는 종범으로 처벌할 수 없다.979)

[판례 7] [방조범의 성립을 인정한 사례] 범죄에 소요되는 자금을 제공하는
　　　　　경우,980) 간호보조원의 무면허진료행위가 있은 후에 의사가 이를
　　　　　진료부에 기재하는 것은 무면허의료행위의 방조이다.981) 정범이 변
　　　　　호사법 위반행위를 하려 한다는 것을 알면서 피해자를 정범에게 소
　　　　　개하고 교섭한 것은 방조행위에 속한다.982) 은행지점장이 정범인
　　　　　부하직원의 범행을 알면서도 그들의 배임행위를 방치한 경우,983)
　　　　　부동산소개업자로서 부동산의 등기명의수탁자가 그 명의신탁자의
　　　　　승낙 없이 이것을 제3자에게 매각하여 불법 영득하려는 정을 알면
　　　　　서도 그 범행을 도와주기 위해 수탁자에게 매수할 자를 소개해 주
　　　　　어 횡령행위를 용이하게 한 경우984)

[판례 8] 자동차운전면허가 없는 자에게 승용차를 제공하여 무면허운전을 하
　　　　　게 하면 도로교통법위반(무면허운전)의 방조행위가 된다.985)

---

976) 대판 1982. 5. 25. 82도715
977) 대판 1974. 5. 28. 74도509.
978) 대판 1950. 1. 14. 4290형상1293.
979) 대판 1986. 5. 25. 75도1549.
980) 대판 1957. 5. 10. 4290형상343.
981) 대판 1982. 4. 27. 82도122.
982) 대판 1982. 9. 14. 80도2566.
983) 대판 1984. 11. 27. 84도1906.
984) 대판 11988. 3. 22. 87도2585.
985) 대판 2000. 8. 18. 2000도1914.

[판례 9] 의사인 피고인이 입원치료를 받을 필요가 없는 환자들이 보험금 수령
　　　　을 위하여 입원치료를 받으려고 하는 사실을 알면서 입원치료를 받도록
　　　　한 후 입원확인서를 발급하여 준 경우에는 사기방조죄가 성립한다.986)

[판례 10] [방조범의 성립을 부정한 사례] 입영기피를 결심한 자에게 '잘되겠
　　　　지, 몸조심해라.' 하고 악수를 나누는 행위,987) 망을 보는 행위를
　　　　공동정범으로 봄,988) 선장이 소속선원들로부터 각자 소지한 일화
　　　　(日貨)의 신고를 받고도 이를 징수 보관하지 않은 것은 밀수행위의
　　　　방조가 아니다.989) 단순히 노무를 제공하는 종업원이 고용주가 무
　　　　허가도매행위를 하고 있다는 사실을 알고 있는 경우,990) 3, 4명의
　　　　노무자를 데리고 축사청소 등 단순노무에 주로 종사할 뿐 모장의
　　　　경영문제에까지는 관여하지 않은 축산목장의 관리인에게 업주의
　　　　정화시설설치의무 위반행위의 방조991) 등을 들 수 있다.

[판례 11] [부작위에 의한 방조범] 방조행위는 작위뿐만 아니라 부작위에 의
　　　　한 경우도 포함된다. 법률상 정범의 범행을 의무 있는 자가 그 정
　　　　을 알면서도 방지하지 않고 범행을 용이하게 한 때는 부작위에 의
　　　　한 종범이 성립한다.992) 은행지점장이 정범인 부하직원들의 범행
　　　　을 인식하면서 그들의 은행에 대한 배임행위를 방치한 것은 배임
　　　　죄의 방조범이 된다.993)

[판례 12] [예비의 방조] 정범이 실행의 착수에 이르지 아니한 예비의 단계에
　　　　그친 경우에는 이에 가공하는 행위가 예비의 공동정범이 되는 경
　　　　우를 제외하고는 이를 종범으로 처벌할 수 없다.994) 예비행위의 방
　　　　조행위는 방조범으로서 처단할 수 없는 것이고 그와 같은 법리는

---

986) 대판 2006. 1. 12. 2004도6557.
987) 대판 1983. 4. 12. 82도43.
988) 대판 1968. 4. 30. 68도407.
989) 대판 1978. 3. 28. 77도2269.
990) 대판 1978. 8. 22. 78도1170.
991) 대판 1990. 12. 11. 90도2178.
992) 대판 1985. 11. 26. 85도1906.
993) 대판 1984. 11. 27. 84도1906.
994) 대판 1979. 5. 25. 76도1549.

특정범죄가중처벌등에관한법률 및 관세법에 규정된 무면허수입 등 예비죄의 방조행위에 있어도 동일하다.[995]

제33조
공범과 신분

신분관계로 인하여 성립될 범죄에 가공한 행위는 신분관계가 없는 자에게도 전 3조의 규정을 적용한다. 단, 신분관계로 인하여 형의 경중이 있는 경우에는 중한 형으로 벌하지 아니한다.

해설

[의의] **공범**(共犯)**과 신분**(身分)이란 행위자의 신분이 범죄의 성립이나 형의 가감에 영향을 미치는 경우에 비신분자와 신분자가 공범관계에 있을 때 이를 어떻게 처리할 것인가의 문제를 말한다.

[사례] 형법상 뇌물죄에서 수뢰자(收賂者)는 반드시 '**공무원 및 중재인**'이라는 신분이 있는 자만이 단순수뢰죄의 주체가 될 수 있다.

[**발생이유**] 공범과 신분의 문제는 공범의 종속성과 공범의 독립성 때문에 발생한다.

(가) **공범종속성설** 신분자와 비신분자 사이의 공범관계는 성립할 수 있고, 형벌에는 가감이 필요 없다.⇒형법 제33조의 본문 적용[비신분자가 신분자에게 가담하여 신분범의 공동정범(제30조), 교사범(제31조), 종범(제32조)이 될 수 있다.]

(나) **공범독립성설** 신분자와 비신분자 사이의 공범관계는 불가능하다. 따라서 진정신분범에서 비신분자가 신분자에게 가공한 행위는 범죄가 되지 않는다.⇒형법 제33조의 단서 적용(신분관계로 형의 경중이 있을 때에는 중한 형으로 벌하지 않는다.)

---

995) 대판 1979. 11. 27. 79도2201.

(다) **우리 형법 제33조의 본문(本文)은 공범종속성설**을, 단서(但書)는 **공범독립성설**을 절충하고 있다고 볼 수 있다.

(라) **형법 제33조**는 적극적 신분인 진정신분범과 부진정신분범에 비신분자가 가공한 경우만을 규정하고, 신분자가 비신분자에게 가공한 경우와 소극적 신분과 공범의 문제에 관해서는 규정이 없어 형법 제33조로는 공범과 신분에 관한 문제를 완전히 해결한 규정이라 볼 수 없다.

『**신분관계로 인하여 성립될 범죄**』 여기에는 학설이 대립된다. ① 진정신분범설(통설), ② 진정·부진정신분범설(소수설), ③ 위법·책임신분설이다.

① **진정신분범설(통설)**은 제33조 본문은 진정신분범의 공범의 성립과 그 과형에 관한 규정이고, 제33조 본문의 신분관계로 인하여 성립될 범죄는 **진정신분범에 국한**된다는 통설적인 입장이다.[996] 그 이유로는 부진정신분범에서의 신분은 범죄의 구성에는 영향을 미치지 않고 형벌을 가감하는 기능을 가질 뿐, 별도로 제33조 단서에서 규정하고 있기 때문이라는 것이다(예컨대 처와 자가 부를 살해한 경우 비신분자인 처는 부진정신분범인 존속살해죄의 공범이 아니라 형법 제33조 단서에 의해 <u>보통살인죄의 공범</u>이 성립한다.).

② **진정·부진정신분범설(소수설)**은 제33조 본문은 진정·부진정신분을 불문하고 공범의 성립에 관한 규정이고, 단서는 부진정신분범의 과형에 관한 규정이라는 소수설 입장으로 타당하다고 볼 수 있다.[997] 그 이유로는 일단 신분관계가 문제 된 범죄는 진정·부진정을 가리지 않고 제33조 본문을 적용하여 비신분자에게도 범죄성립을 인정하되, 신분관계로 형의 경중이 있는 때는 비신분자를 위해서 '중한 형으로 벌하지 아니한다.'(제33조 단서)는 배려를 하면 된다는 것이다(예컨대 처와 자가 부를 살해한 경우 비신분자인 처도 부진정신분범인 <u>존속살해죄의 공범</u>이 성립한다.).

③ **위법·책임신분설**은 신분을 위법성과 관계되면 위법신분으로, 법적 비난과 관계되는 책임신분으로 분류한 후 위법신분은 구성적·가감적이든 제

---

[996] 이형국, 연구 Ⅱ, 650면; 이재상, 총론, 497면; 김일수·서보학, 총론, 657면; 박상기, 총론, 473면; 손해목, 총론, 1111면; 안동준, 총론, 265면; 배종대, 총론, 562면; 임웅, 총론, 423면; 이인규, 총론, 613면; 김종원, "공범과 신분", 1976. 1. 53면; 권문택, "공범과 신분", 787면.

[997] 백남억, 총론, 316면; 염정철, 총론, 489면; 정영석, 총론, 270면; 신동운, "공범과 신분", 고시계, 1991. 12. 45면 이하; 진계호·이존걸, 총론, 635면.

33조 **본문의 신분**으로 보아 이에 가공한 공범에 연대적으로, 책임신분은 구성적·가감적이든 제33조 **단서의 신분**으로 보아 개별적으로 책임을 물어야 한다는 견해이다.998) 따라서 가감적 신분일지라도 그의 법적 성질이 위법신분이면 그 공범에 대해 본문을 적용한다[예컨대 간수자의 도주원조죄(제148조)에 가공한 일반인(비신분자)은 단순도주죄의 공범이 아니라 간수자를 위법신분으로 보기 때문에 본문을 적용하여 <u>간수자도주원조죄의 공범</u>이 된다.]

『**전(前) 3조(條)**』 제32조(종범), 제31조(교사범), 제30조(공동정범)를 뜻하며, 종범과 교사범은 비신분자가 진정신분범을 교사·방조한 때에는 제33조 본문이 적용되어 비신분자는 진정신분범의 교사범 또는 방조범이 된다는 뜻이고(예컨대 공무원이 아닌 자가 공무원을 교사·방조하여 뇌물을 받게 하면 수뢰죄(제129조)의 교사범·방조범이 성립한다.) 공동정범은 형법 제33조는 비신분자의 공동정범에 대해서는 원래 공동정범이 될 수 없는 자를 예외적으로 **공동정범**이 될 수 있도록 한 특별규정이다. 즉 신분 없는 자도 공동정범이 될 수 있음을 입법적으로 해결한 것이다.

『**신분관계로 인하여 형의 경중이 있는 경우**』 가감적 신분을 의미하므로 단서(但書)는 부진정신분범을 규정한 것이다.

『**중한 형으로 벌하지 아니한다.**』 공범독립성설(신분자와 비신분자 사이의 공범관계는 불가능하다.)의 입장을 반영한 것이라고 할 수 있다.

▓ 학설

1. 신분의 의의와 종류

(1) **형법 제33조의 신분관계** 남녀의 성별, 내·국인의 구별, 친족관계, 공무원의 자격과 같은 관계뿐만 아니라, 널리 일정한 범죄행위에 관련된 범인의 인적 관계의 특수한 지위 또는 상태를 지칭한다.999) 여기서는 범죄에

---

998) 정성근·박광민, 총론, 594면; 박양빈, "공범과 신분", 고시연구, 1993. 3. 177면.
999) 대판 1994. 12. 23. 93도1002.

대한 인적 표지와 행위자 관계적 표지로 나누어 살펴볼 수 있다.

1) 특수한 인적 표지	[신분이란 범인에 대한 범인의 특수한 인적 표지로서] ① **범인의 인적 성질**(人的 性質) 연령, 성별, 내·외국인의 구별, 심신장애 등과 같은 정신적·육체적 또는 법적 특성을 의미한다. ② **범인의 특수한 지위**(地位) 친족·공무원·의사·직계존비속·타인의 사무를 처리하는 자, 타인의 재물을 보관하는 자, 선서한 증인 등과 같은 사람의 사회적 지위 내지 인간적 관계를 의미한다. ③ **범인의 특수한 상태**(狀態) 위의 인적 성질이나 지위에 해당하지 않는 업무성·상습성·누범과 같은 일신상의 특별한 상태를 의미한다.
2) 행위자 관련 표지	신분에 해당하는 표지는 행위자(行爲者)에 관련된 표지에 한하고, 누구에게나 존재할 수 있는 행위에 관련된 표지는 신분의 개념에 포함되지 않는다.1000) 따라서 주관적 불법요소인 고의·목적·불법영득의 의사 또는 동기 등과 같은 행위 관련 표지는 신분개념에 들어가지 않는다. 반면 보증인적 지위와 작위의무는 행위자표지로서 신분에 포함된다.1001)
3) 신분의 계속성여부	① 신분은 계속성을 가질 것을 요한다는 견해가 있다.1002) [이유로는 행위자 관련 요소와 행위 관련 요소를 구별하는 데에 계속성이라는 요소가 유용하다. 그리고 신분에 계속성을 요하지 않는다고 하게 되면 목적을 신분이라고 하는 판례와 같은 부당한 해석이 나오게 된다.] ② 신분은 반드시 계속성을 가질 필요는 없다고 해야 한다.1003) [이유로는 범인의 인적 성질·인적 지위는 계속적 성질을 가진 것이지만 범인의 인적 상태는 계속성을 요건으로 하지 않기 때문이다.]

(2) 신분의 종류 전통적인 형식적 분류방법은 신분이 범죄에 미치는 영향에 따라 구성적 신분, 가감적 신분 및 소극적 신분으로 분류하고 있다.

1) **구성적 신분**	행위자에게 일정한 신분이 있어야 범죄가 성립하는 경우로, 신분이 범죄성립 여부를 결정하게 된다는 점에서 범죄구성적 신분이라고 하며, 진정신분범에서의 신분의 경우가 이에 해당한다.	○ 수뢰죄(제129조)나 허위공문서작성죄(제227조)에서의 '공무원' ○ 위증죄(제152조)에서 '선서한 증인' ○ 업무상비밀누설죄(제317조)에서 '의사·한의사' 등 ○ 횡령죄(제355조 제1항)에서 '타인의 재물을 보관하는 자' ○ 배임죄(제355조 제2항)에서 '타인의 사무를 처리하는 자'
2) **가감적 신분**	신분자이건 비신분자이건 일정한 행위를 하면 범죄는 성립하나 신분자가 그 행위를 한 경우에는 형벌이 가중 또는 감경되는 경우의 신분을 말한다(형벌가감적 신분).	'부진정신분범에서의 신분이 이에 해당한다.' ○ 업무상횡령·배임죄(제356조)에서 '업무자는 가중적 신분이다.' ○ 영아살해죄(제251조)나 영아유기죄(제272조)에서 '직계존속은 감경적 신분'
3) **소극적 신분**	소극적 신분이란 신분으로 인하여 범죄의 성립 또는 형벌이 조각되는 경우의 신분을 말한다.	
	① 일반인에게 금지된 행위를 특정한 신분자에 대해서만 허용한 **위법 조각적 신분**	○ 의료법에 저촉되지 않는 의사 신분 ○ 변호사에 저촉되지 않는 변호사 신분
	② 신분자의 행위도 위법행위가 되지만 특정한 신분의 존재로서 **책임 조각적 신분**	○ 형사미성년자(제9조)에서 14세 미만의 형사미성년자인 신분 ○ 범인은닉죄(제151조 제2항)와 증거인멸죄(제155조 제4항)에서 '친족·호주 또는 동거가족인' 신분
	③ 신분의 존재가 형의 면제사유로 되는 **형벌 조각적 신분**	○ 친족상도례(제328조, 제344조, 제354조, 제361조, 제365조)에서 친족의 신분

1000) 이형국, 연구Ⅱ, 647면; 이재상, 총론, 503면; 정성근, 총론, 586면.

1001) 이형국, 연구Ⅱ, 650면; 정성근, 총론, 587면; 백형구, "신분과 신분범", 118면.

1002) 임웅, 총론, 419면; 오영근, 총론, 713면; 권문택, "공범과 신분", 형사법강좌Ⅱ, 783면; 성시탁, "공범과 신분", 고시계, 1978. 2. 66면.

1003) 이형국, 연구Ⅱ, 648면; 정성근·박광민, 총론, 590면; 이재상, 총론, 503면; 배종대, 총론, 522면; 백형구, "신분과 신분범", 118면; 진계호·이존걸, 총론, 631면.

2. 형법 제33조의 해석론

(1) 제33조 본문의 해석

형법 제33조는 본문에서 "신분관계로 인하여 성립될 범죄에 가공한 행위는 신분관계가 없는 자에게도 전 3조(제30조 공동정범·제31조 교사범·제32조 종범)의 규정을 적용한다."고 규정하고 있다. 이것은 **비신분자도 신분범의 공범이 될 수 있다는 의미이다.** 그러나 여기서 두 가지의 문제 되는 경우가 있다.

첫째. 신분관계로 인하여 성립될 범죄의 의미⇨	진정신분범뿐만 아니라 부진정신분범도 포함되는가의 여부가 문제
둘째. 전 3조(공동정범·교사범·종범)⇨	간접정범도 포함될 수 있는가의 여부가 문제

① 신분관계로 인하여 성립될 범죄의 의미(견해 대립)

	제33조 본문	진정신분범의 공범의 성립과 그 과형에 관한 규정이라는 견해
1) 진정신분범설	단서	부진정신분범이 공범의 성립과 그 과형에 관한 규정이라는 견해
	결론	제33조 본문의 신분관계로 인하여 성립될 범죄는 진정신분범에 국한된다는 통설적 견해이다.1004) **[이유]** 부진정신분범에서의 신분은 범죄의 구성에는 영향을 미치지 않고 형벌을 가감하는 기능을 가질 뿐이고, 별도로 제33조 단서에서 규정하고 있기 때문이다. **[사례]** 처와 자가 부를 살해한 경우⇨비신분자인 처는 부진정신분범인 존속살해죄의 공범이 아니다. 형법 제33조 단서에 의해 보통살인죄의 공범이 성립한다.]
2) 진정·부진정신분범설	제33조 본문	진정·부진정신분범을 불문하고 공범의 성립에 관한 규정이라는 견해
	단서	부진정신분범의 과형에 관한 규정이라는 견해이다.1005)
	결론	**[이유]** 진정·부진정신분범이건 간에 제33조 본문을 적용하여 일단 비신분자에게도 범죄성립의 확대를 인정한다. 다만 신분관계로 인하여 형의 경중이 있는 때에 비신분자에게 지나치게 가혹한 처벌이 가해지는 것을 막기 위해 '중한 형으로 벌하지 아니한다.'(제33조 단서)는 배려를 가한 것으로 해석하지 않을 수 없기 때문이다. **[사례]** 처와 자가 부를 살해한 경우⇨비신분자인 처도 부진정신분범인 존속살해죄의 공범이 성립하게 된다.
3) 위법·책임신분 설	제33조 본문	신분을 위법성과 관계되는 신분은 위법성신분으로, 법적 비난에 관계되는 신분은 책임신분으로 분류한다. 그런 다음 위법신분은 구성적이든, 가감적이든 제33조 본문의 신분으로 본 견해
	단서	본문에 가공한 공범에 연대적으로, 책임신분은 구성적이든, 가감적이든 제33조 단서의 신분으로 보아 개별적으로 책임을 물어야 한다는 견해이다.1006)
	결론	**[이유]** 가감적 신분일지라도 그의 법적 성질이 위법성이라면 그 공범에 대하여 본문을 적용한다. **[사례]** 간수자의 도주원조죄(제148조)에 가공한 일반인(비신분자)은⇨단순도주원조죄의 공범이 아니다. 간수자를 위법신분으로 보기 때문에 본문을 적용하여 간수자도주원조죄의 공범이 된다고 한다.

1004) 이형국, 연구Ⅱ, 650면; 이재상, 총론, 497면; 김일수·서보학, 총론, 657면; 박상기, 총론, 473면; 손해

② '前 3條'[제32조(종범), 제31조(교사범), 제30조(공동정범)]의 의미

1) 비신분자가 신분자에게 가공한 경우	① 교사범·방조범	비신분자가 진정신분범을 교사·방조한 때에는 제33조 **본문이 적용**되어 비신분자는 진정신분범의 교사범 또는 방조범이 된다. [사례] 공무원이 아닌 자가 공무원을 교사·방조하여 뇌물을 받게 하면 수뢰죄(제129조)의 교사범·방조범이 성립한다.
	② 공동정범	㉠ 형법 제33조는 비신분자의 공동정범에 대해서는 본래 공동정범이 될 수 없는 자를 예외적으로 공동정범이 될 수 있도록 한 **특별규정**이다.[1007] ㉡ '강간죄는 여자가 남자와 공동으로 실행이 가능한 것'처럼 비신분자는 단독으로는 신분범의 결과불법을 실현할 수 없다. 그러나 신분자와 공동으로는 결과불법을 실현하는 것은 가능하다. 따라서 형법 제33조는 교사범·종범은 물론 공동정범에 대해서도 **당연한 규정**이다.[1008] ㉢ 형법 제33조는 위와 같은 논란을 불식하고 '전 3조' 가운데 공동정범을 포함시킴으로써 신분 없는 자도 공동정범이 될 수 있음을 **입법적으로 해결**하였다. [사례] 비공무원도 공무원과 함께 뇌물을 받으면 수뢰죄의 공동정범이 된다.
	③ 간접정범	㉠ 형법 제34조 제1항의 규정이 간접정범을 "교사 또는 방조의 예에 의하여 처벌한다."고 했으므로 교사·방조에 적용되는 제33조 본문이 간접정범에도 적용되어 비신분자는 진정신분범의 간접정범이 **될 수 있다**고 해석하는 견해도 있다.[1009] 판례도 같은 취지이다.[1010] ㉡ 형법 제33조 본문은 비신분자가 진정신분범의 공동정범이 될 수 있다는 규정이지, 비신분자가 단독으로 진정신분범의 정범이 될 수 있다는 의미는 아니다. 그러므로 비신분자는 신분범의 간접정범이 **될 수 없다**는 통설이다.[1011] [이유: 비신분지에게는 진정신문범의 정범적격이 결여되어 있기 때문이다.]
2) 신분자가 비신분자에게 가공한 경우	① 교사범 ② 간접정범	㉠ 신분관계로 인하여 성립될 범죄에 가공한 것이므로 본문이 적용되어야 한다는 견해가 있다.[1012] [사례] 공무원(신분자)이 비공무원(비신분자)을 교사하여 뇌물을 받게 한 경우에도 형법 제33조 본문의 가공한 행위에 포함될 수 있다. **교사범 성립**, 간접정범 불성립 ㉡ 진정신분범의 신분은 구성요건요소이고, 비신분자의 행위는 구성요건 해당성이 없으므로, 신분 없는 고의 있는 도구를 이용한 **간접정범이 성립**한다고 해야 한다는 통설이다.[1013] [사례] 공무원이 비공무원을 교사하여 뇌물을 받게 한 때에는 수뢰죄의 간접정범이 되고, 형법 제33조 본문이 적용되지 않는다(즉 교사범이 불성립).

목, 총론, 1111면; 안동준, 총론, 265면; 배종대, 총론, 562면; 임웅, 총론, 423면; 인인규, 총론, 613면; 김종원, "공범과 신분", 법정, 1976. 1. 53면; 권문택, "공범과 신분", 787면.

1005) 백남억, 총론, 316면; 염정철, 총론, 489면; 정영석, 총론, 270면; 신동운, "공범과 신분", 고시계, 1991. 12. 45면 이하; 진계호·이존걸, 총론, 635면.

1006) 정성근·박광민, 총론, 594면; 박양빈, "공범과 신분", 고시연구, 1993. 3. 177면.

1007) 이형국, 연구Ⅱ, 651면; 이재상, 총론, 506면; 남흥우, "공범과 신분", 사법행정, 1966. 9. 13면; 백형구, "신분과 신분범", 고시계, 1989. 5. 125면.

1008) 정성근, 총론, 597면; 정영석, 총론, 270면; 황산덕, 총론, 290면; 차용석, "공범과 신분", 고시연구, 1986. 5. 33면.

1009) 유기천, 총론, 135면; 정성근, "공범과 신분"(중), 월간고시, 1986. 9. 109면; 차용석, "공범과 신분", 고시연구, 1986. 5. 35면.

1010) 대판 1962. 5. 17. 4293형상297; 대판 1973. 10. 23. 72도1599; 대판 1978. 12. 26. 78도2777; 대판 1986. 8. 19. 85도2228(문서의 작성권한 없이 당해사무를 담당하는 보조공무원이 상사에게 허위보고를 하여 허위공문서를 작성케 한 경우 허위공문서작성죄의 간접정범이 성립한다.).

2) 제33조 단서의 해석

형법 제33조 단서에 "신분관계로 인하여 형의 경중이 있는 경우에는 중한 형으로 벌하지 아니한다."고 규정하고 있다. 여기의 '**신분관계로 인하여 형의 경중이 있는 경우**'란 의미는 가감적 신분(加減的 身分)을 의미하므로 단서 규정은 부진정신분범(不眞正身分犯)을 뜻한다. 다만 문제는 '**중한 형으로 벌하지 아니한다.**'의 해석 방법이다.

1) 비신분자가 신분자에게 가공한 경우	① 가중적 신분의 경우	■ **가중적 신분**[예: 존속살해죄(제250조 제2항)] ㉠ 단서 규정의 법적 성격을 부진정신분범의 공범의 성립과 과형에 관한 것으로 보는 통설적 견해이다. [사례 A] 갑과 을이 공동으로 을의 부 병을 살해한 경우⇨갑은 보통살인죄, 을은 존속살해죄의 공동정범 [사례 B] 갑이 을을 교사·방조하여 을의 부 병을 살해한 경우⇨갑은 보통살인죄의 교사범·종범, 을은 족속살해죄의 정범 ㉡ 단서 규정의 성격을 부진정신분범의 과형으로 보는 소수견해이다. [사례 A] 갑과 을이 공동으로 을의 부 병을 살해한 경우⇨갑과 을은 동일하게 본문의 규정에 따라 존속살해죄의 공동정범 [사례 B] 과형은 단서의 규정에 따라 개별적으로 작용하여⇨갑은 보통살인죄의 형, 을은 존속살해죄의 형
	② 감경적 신분의 경우	■ **감경적 신분**[예: 영아살해죄(제252조)] ㉠ 단서규정은 **책임개별화**를 뜻하므로 가중사유와 같이 감경사유도 항상 신분자 일신에 한하고 공범에게는 미치지 않는다는 통설적 견해이다. [사례 A] 갑과 을이 공동으로 을의 직계비속인 영아를 살해한 경우⇨갑은 보통살인죄, 을은 영아살해죄의 공동정범 [사례 B] 갑이 을을 교사·방조하여 을의 직계비속인 영아를 살해한 경우⇨갑은 보통살인죄의 교사범·종범, 을은 영아살해죄의 정범 ㉡ 단서의 규정이 형의 경중이 있는 경우에 경한 형으로 벌토록 규정하고 있다. 그러므로 비신분자의 형은 경감되어야 한다는 소수견해가 있다.[1014] [사례 A] 갑과 을이 공동으로 을의 직계비속인 영아를 살해한 경우⇨갑은 영아살해죄의 공동정범 혹은 교사범·종범이 된다.
2) **신분자가 비신분자에게 가공한 경우**		㉠ 제33조 단서규정은 부진정신분범에 있어서 비신분자가 신분자의 행위에 가공한 경우에 대한 것이다. ㉡ 신분자가 비신분자의 범행에 가공하여 부진정신분범을 범한 경우, 비신분자 처벌에 관하여 신분이 정범에게 있는 경우에 적용한다는 이유로 단서의 규정을 적용할 수 없다는 소수설[1015]은 공범종속성설에 따라 비신분자에게 가공한 신분자도 비신분자에 종속하여 보통범죄의 공범이 성립한다. [사례 A] 갑이 을을 교사하여 갑의 부를 살해한 경우⇨갑은 보통살인죄의 교사범이 된다 [사례 B] 갑이 을을 교사하여 갑의 부를 살해한 경우⇨책임개별화를 규정한 단서 규정이 적용된다고 해야 한다.[1016] 따라서⇨갑은 존속살해죄의 교사범이, 을은 보통살인죄의 정범이 된다.

<hr>

1011) 손해목, 총론, 1112면; 이형국, 총론, 371면; 이재상, 총론, 499면; 배종대, 총론, 574면; 김일수·서보학, 총론, 658면; 임웅, 총론, 425면; 정성근·박광민, 총론, 598면; 안동준, 총론, 265면; 조준현, 총론, 345면.

1012) 염정철, "공범과 신분", 새법정, 1974. 4. 45면.

1013) 백남억, 총론, 317면; 황산덕, 총론, 254면; 이형국, 연구Ⅱ, 651면; 이재상, 총론, 507면; 정성근, 총론, 596면; 권문택, "공범과 신분", 형사법강좌Ⅱ, 793면; 성시탁, "공범과 신분", 고시계, 1978. 2. 70면; 남흥우, "공범과 신분", 13면; 김종원, "공범과 신분", 56면; 차용석, "공범과 신분", 32면; 진계호·이존걸, 총론, 638면.

3. 소극적 신분과 공범관계

형법 제33조에는 소극적 신분(위법조각적 신분·책임조각적 신분·처벌조각적 신분)에 대한 규정이 없다.[1017] 따라서 소극적 신분과 공범의 관계는 공범종속성이라는 일반이론으로 해결해야 한다.

(1) 위법조각적 신분과 공범
　① **비신분자가 신분자에 가공한 경우** 위법조각적 신분을 가진 자의 행위(의사의 의료행위)에 비신분자가 가공한 때에는 신분자의 행위는 적법하므로 비신분자가 관여한 것이 되어서는 범죄가 성립하지 않는다는 것이 원칙이다.[1018]
　　[사례] 의사 아닌 자가 의사에게 지시하여 환자를 치료한 경우
　　○ 비신분자의 가공행위가 위법하면 범죄가 성립한다. 따라서 의사 무면허자가 의사 면허 있는 자와 공동으로 의료행위를 하면 의사 무면허자는 의료법상 위반죄(본 법 제66조 제3호)가 성립한다.
　② **신분자가 비신분자에게 가공한 경우** 위법조각적 신분자가 비신분자의 범죄에 가담한 경우에는 정범인 비신분자의 불법 효과가 신분자에게도 연대적으로 미친다. 그러므로 신분자에게도 제33조 본문의 취지에 따라 그 죄의 공동정범·교사범·종범이 성립한다.
　　[사례] 의료인도 의료인이 아닌 자의 의료행위에 공모하여 가공하면 의료법 제25조 제1항의 무면허의료행위의 공동정범이 성립한다.[1019]

(2) 책임조각적 신분과 공범
　① **비신분자가 신분자에게 가공한 경우** 비신분자가 책임조각적 신분자의

1014) 권문택, "공범과 신분", 형사법강좌Ⅱ, 791면; 신동운, "공범과 신분", 고시계, 1991. 12. 47면.

1015) 백남억, 총론, 276면; 황산덕, 총론, 292면.

1016) 진계호·이존걸, 총론, 639면.

1017) 독일형법 제50조 제2항, 스위스형법 제26조, 그리스형법 제49조 제2항 등은 특수한 인간관계 또는 성질에 의하여 범죄가 성립하지 않는 때에는 그러한 관계·특성을 구비하는 정범자 또는 공범자에 대해서만 이를 고려한다는 취지의 규정을 두고 있다.

1018) 염정철(8인 공저), 총론, 460면; 이재상, 총론, 510면; 이형국, 연구Ⅱ, 652면; 김일수, 원론, 925면; 정성근, 총론, 600면; 백형구, "신분과 신분범", 129면; 성시탁, "공범과 신분", 74면.

1019) 대판 1986. 2. 11. 85도448; 동지 대판 2001. 11. 30. 2001도2015.

행위에 가담한 때에는 신분자의 행위는 책임이 조각되어 범죄가 성립되지 않고, 비신분자의 행위는 해당범죄의 공동정범·교사범 또는 종범이 성립한다.

[사례] 비신분자가 범인의 친족을 교사하여 범인을 은닉케 하면 범인의 친족은 책임이 조각되어 범인은닉죄가 성립되지 않는다. 다만 취하는 형식에 따라 다르다.

○ 공범의 제한 종속형식: 교사자인 비신분자는 범인은닉죄의 교사범이 성립한다.

○ 극단종속형식: 비신분자는 범인은닉죄의 간접정범이 성립한다.

② **신분자가 비신분자에게 가공한 경우** 책임조각적 신분자가 비신분자의 행위에 가담한 때는 비신분자는 해당범죄의 정범이 된다. 반면 가담한 신분자는 책임이 조각된다.

[사례] 형사미성년자가 타인을 교사하여 절도하게 한 경우⇨타인은 절도죄의 정범, 형사미성년자는 절도죄의 책임이 조각된다.

(3) 처벌조각적 신분과 공범

① **비신분자가 신분자의 범죄에 가공한 경우** 비신분자가 처벌조각적 신분자의 범죄에 가담한 때는 신분자는 처벌이 조각되고, 비신분자는 해당범죄의 공동정범·교사범 또는 종범이 성립한다.

[사례] 비신분자가 신분자를 교사해 절도죄를 범한 경우⇨신분자는 처벌할 수 없다. 그러나 비신분자는 절도죄의 교사범이 성립한다.

② **신분자가 비신분자의 범죄에 가공한 경우** 처벌조각적 신분자가 비신분자의 범죄에 가공한 때는 제한종속형식에 따라 신분자는 처벌이 배제되고, 비신분자는 해당범죄의 정범으로 처벌된다.

[사례] 친족(신분자)이 제3자(비신분자)에게 자기 가족의 재물에 대한 절도를 교사한 경우

○ 비신분자(제3자)는 절도죄의 정범이 되고,

○ 제한종속형식에 따라 범죄의 직·간접을 막론하고 신분자(친족)는 절도 교사죄의 형벌이 조각된다.

[판례 1] 비신분자와 신분자가 공모하여 상호신용금고위반죄를 범한 경우 비
신분자도 일단 업무상배임으로 인한 상호신용금고법 제39조 제1항
제2호 위반죄가 성립한 다음 형법 제33조 단서에 의하여 중한 형이
아닌 단순배임죄(제355조 제2항)의 형으로 처벌되었다.[1020]

[판례 2] 처가 아들과 공동하여 남편을 살해한 경우 처에게도 존속살해죄의
공동정범으로 처벌되었다.[1021]

[판례 3] 은행원이 아닌 자가 은행원과 공모하여 업무상 배임죄를 저지른 때
에는 신분관계 없는 자를 배임죄로 처벌해야 한다고 하여 소수설을
취했다.[1022]

[판례 4] 비신분자가 군인·군무원 등과 함께 군형법 제41조 위반행위를 한
경우 동 위반죄의 공동정범이 된다.[1023] 비신분자가 신분 있는 자
의 직무유기행위에 가공한 경우 직무유기죄의 공동정범이 된다.[1024]
정부관리기업체의 과장대리급 이상의 직원이 아닌 직원도 다른 과
장대리급 이상의 직원과 함께 뇌물수수죄의 공동정범이 된다.[1025]
공무원이 아닌 자가 공무원과 공동하여 허위공문서작성죄를 범한
때에는 공무원 아닌 자도 형법 제33조·제30조에 의하여 허위공문
서작성죄의 공동정범이 된다.[1026]

[판례 5] 신분관계가 없는 자가 신분관계가 있는 자와 공모하여 업무상 배임
죄를 저지르면 신분관계가 없는 자는 형법 제33조 단서에 의하여
단순배임죄의 형으로 처단해야 한다.[1027]

[판례 6] 자기의 명의로 의료기관을 개설하고 있는 의사가 다른 의사의 명의

1020) 대판 1997. 12. 26. 97도2609.
1021) 대판 1961. 8. 2. 4294형상284.
1022) 대판 1986. 10. 28. 86도1517.
1023) 대판 1992. 12. 24. 92도2346.
1024) 대판 1997. 4. 22. 95도748.
1025) 대판 1992. 8. 14. 91도3191.
1026) 대판 2006. 5. 11. 2006도1663.
1027) 대판 1999. 4. 27. 99도883.

로 개설된 의료기관에서 자신이 직접 의료행위를 하거나 무자격자
를 고용하여 자신의 주관하에 의료행위를 하게한 경우 중복하여 의
료기관을 개설한 경우에 해당한다.1028)

[판례 7] 변호사가 아닌 자에게 고용된 변호사에 대하여 변호사법 제109조
제2호, 제34조 제4항(변호사가 아닌 자가 변호사를 고용하여 법률
사무소를 개설 및 운영하는 행위를 처벌하는 규정)을 바로 적용하
여 처벌할 수 없고, 변호사가 아닌 자에게 고용되어 법률사무소의
개설 및 운영에 관여한 변호사의 행위가 일반적인 형법 총칙상의
공모, 교사, 방조에 해당된다고 하더라도 변호사를 변호사 아닌 자
의 공범으로서 처벌할 수 없다.1029)

제34조
간접정범, 특수한 교사, 방조에 대한 형의 가중

① 어느 행위로 인하여 처벌되지 아니하는 자 또는 과실범으로 처벌되는 자를 교사 또는 방조하여 범죄행
위의 결과를 발생하게 한 자는 교사 또는 방조의 예에 의하여 처벌한다.
② 자기의 지휘, 감독을 받는 자를 교사 또는 방조하여 전항의 결과를 발생하게 한 자는 교사인 때에는 정
범에 정한 형의 장기 또는 다액에 그 2분의 1까지 가중하고 방조인 때에는 정범의 형으로 처벌한다.

해설

[의의] (1) **간접정범**(間接正犯)이란 어느 행위로 인하여 처벌되지 아니하는 자
또는 과실범으로 처벌되는 자(생명 있는 도구를 이용하여 범죄를 실행)를 교
사 또는 방조하여 범죄행위의 결과를 발생하게 한 자는 교사 또는 방
조의 예에 의하여 처벌한다(제34조 제1항).

[사례] 의사가 환자를 살해하기 위하여 독약인지 모르는 간호사로 하여금 독
약을 투여케 하는 경우, 정신이상자를 충동하여 사람을 살해하는 경우

1028) 대판 2003. 10. 23. 2003도256.
1029) 대판 2004. 10. 28. 2004도3994.

등을 들 수 있다. 정신이상자나 간호사는 살인죄에 이용된 도구이고 범행매개자이다.

[의의] **(2) 특수한 교사 · 방조(特殊한 敎唆 · 傍助)** 자기의 지휘 · 감독을 받는 자를 교사 또는 방조하여 전항의 결과(간접정범)를 발생케 하는 경우에, 교사인 때는 정범에 정한 형의 장기 또는 다액의 2분의 1까지 가중하고, 방조인 때는 정범의 형으로 처벌한다(제34조 제2항).

[사례] 상관이 부하를 교사 · 방조하여 허위공문서를 작성케 한 경우이다.

①항: 『**어느 행위로 인하여 처벌되지 아니하는 자**』 범죄의 성립요건인 구성요건해당성 · 위법성 또는 책임이 없어 범죄가 성립하지 않는 자를 말한다. 즉 구성요건해당성이 없는 행위, 구성요건에 해당하지만 위법하지 않은 행위, 구성요건에 해당하고 위법하지만 책임이 없는 행위 등을 이용하는 경우에 **간접정범**이 성립한다.

『**과실범으로 처벌되는 자**』 피이용자의 행위가 과실범의 구성요건에 해당하지 않는 경우와 피이용자의 행위가 과실범의 구성요건에 해당하는 행위를 이용한 경우로 구성요건해당성이 없는 행위의 도구를 이용함으로써 간접정범이 된다. 고의 있는 이용자는 피이용자에 대한 의사지배가 가능하므로 **간접정범**이 된다.

『어느 행위로 인하여 처벌되지 아니하는 자 란』
[제34조 제1항 전단]

1) 구성요건에 해당하지 않는 행위 이용	① **객관적 구성요건에 해당하지 않는 행위이용**[1030) ② **고의 없는 타인의 행위이용**[1031) [사례] 의사가 고의 없는 간호사를 시켜 환자에게 독악이 든 주사를 놓게 하여 그를 실해한 경우 ③ **신분 없는 또는 목적 없는 고의 있는 도구 이용**[1032) [사례] 공무원이 정을 알고 있는 비공무원인 처로 하여금 뇌물을 받게 한 경우
2) 구성요건에 해당하지만 위법하지 않는 행위의 이용	① **정당행위(제20조) 이용** [사례] 갑이 국가기관에 허위 사실을 신고해 형식상 적법영장에 의해 을이 구속된 때에는 갑은 체포감금죄의 간접정범이 된다. [BGHSt 3, 4.] ② **정당방위 행위의 이용** [사례] 갑이 을을 실해하기 위하여 을을 사주하여 병을 공격하게 하고 병의 정당방위 행위를 이용하여 을을 실해한 경우 ③ **긴급피난 행위의 이용** [사례] 임부에게 낙태수술을 하여 그 임부의 생명에 위험을 발생시킨 자가 의사에게 낙태를 부탁하고 그 의사의 긴급피난 행위를 이용하여 낙태시킨 경우
3) 구성요건에 해당하고 위법하지만 책임이 없는 행위의 이용	① **책임무능력자의 도구이용**[1033) ② **위법성의 착오자의 도구이용**[1034) ③ **강요된 행위자의 이용**[1035) [사례] 군대·경찰과 같이 강력한 명령복종관계 또는 범죄조직 내의 상관의 구속적 명령에 의한 행위를 이용한 경우에 이용자는 간접정범이 된다.
4) 형벌 조각적 행위이용	■ 인적 처벌조각사유가 있는 자 이용[1036) [사례] 갑으로 하여금 부인 을의 물건을 절취케 한 경우

1030) 구성요건해당성이 없는 자살이나 자상을 강요하여 살인 또는 상해의 목적을 달성할 경우: [1] 이용자는 의사지배에 의하여 피강요자의 강요상태를 장악하여 자신의 의도를 실현하면, 살인죄 또는 상해죄의 간접정범이 된다(대판 1987. 1. 20. 86도2395). [2] 이용자의 의사지배가 인정되지 않는 경우, 자살의 경우는 자살관여죄(제252조 제2항)로, 자상의 경우에는 상해죄의 간접정범은 물론 그 교사범도 성립되지 않는다(대판 1965. 12. 10. 4298형상826: 범죄를 구성하지 않는 행위에 가공한 행위에 대해서는 간접정범이 성립되지 않는다.).

1031) 피이용자의 고의 없는 행위는 구성요건해당성이 없는 경우로 이를 이용한 때에도 간접정범이 된다. 범죄사실의 인식이 없는 타인을 이용한 경우에 간접정범이 된다(대판 1955. 2. 25. 4286형상39).

1032) 진정신분범에서 신분은 구성요건요소이므로 이를 결한 자의 행위는 구성요건해당성이 없는 행위로 된다. 이때 피이용자에게 고의가 없는 때에는 고의 없는 도구를 이용한 것으로 이용자는 간접정범이 된다.

1033) 피이용자가 책임무능력자인 유아(5-6세) 또는 심신상실자를 이용한 때는 이용자(다만 이용자는 피이용자에 대한 책임무능력 상태를 인식하고 이용해야 됨)의 행위지배가 인정되어 이용사는 간집정범이 되나, 피이용지가 형사미성년자(12-13세) 또는 정신이상자라도 변별능력이 있는 때는 행위지배를 인정할 수 없어 교사범이 된다(RGSt 61. 265: 피고인이 13세 소년을 이용하여 방화한 사건에 대해 "피이용자인 소년이 행위 시에 완전하지 않아도 충분한 이성을 가지고 있었으므로 간접정범이 아니고 교사범이 된다."고 판시함).

1034) 회피할 수 없는 위법성의 착오에 빠진 자를 인식하면서 이용하거나, 처음부터 의도적으로 이러한 착오를 유발하여 이용한 때도 간접정범이 성립한다.

1035) 피강요자의 강요된 행위(제12조)는 저항이나 회피할 수 없는 강요로 인하여 자유로 의사결정에 따라 행동할 수 없다. 따라서 이때는 강요자의 의사지배가 인정되므로 이용자는 간접정범이 된다. 다만 피강요자에게 자유로운 의사형성의 여지가 있는 때에는 교사범이 된다.

1036) 인적 처벌조각사유가 있는 자를 이용한 경우에는 피이용자에게 조각적 신분이 있을 뿐 반드시 의사지배를 받는 것이 아니므로 이용자는 간접정범이 아니고 교사범이 성립한다고 해야 한다(진계호, 총론, 529면).

<table>
<tr><td colspan="2">『과실범으로 처벌되는 자란』
[제34조 제1항 후단]</td></tr>
<tr><td>(가) 피이용자의 행위가 과실범의 구성요건에 해당하지 않는 경우</td><td>■ 구성요건해당성이 없는 행위의 도구를 이용함으로써 간접정범이 된다.</td></tr>
<tr><td>(나) 피이용자의 행위가 과실범의 구성요건에 해당하는 행위를 이용한 경우</td><td>■ 고의 있는 이용자는 피이용자에 대한 의사지배가 가능하므로 간접정범이 된다(제34조 제1항 후단).
[사례] 의사가 고의로 간호사의 과실행위를 이용하여 환자를 사망케 한 때는 살인죄의 간접정범이 되고, 간호사는 업무상과실치사죄가 된다.1037)</td></tr>
</table>

②항: 『자기의 지휘, 감독을 받는 자를 교사 또는 방조하여 전항(前項)의 결과 (간접정범)를 발생하게 한 자란』 특수간접정범(다수설)을 뜻한다. 즉 특수한 교사와 방조를 말한다. 본 항은 이용자의 피이용자에 대한 특별관계(자기의 지휘·감독을 받는 자)로 행위불법이 높은 사안을 가중 처벌한 규정이다.

■ **자기의 지휘·감독을 받는 자의 범위** 법령·계약·사무 관리에 의할 뿐만 아니라 사실상의 지휘·감독을 받는 사람도 포함된다[예: 상관이 부하를, 친권자가 미성년자를, 공장주가 직공을, 가주(家主)가 가정부를, 의사가 간호사를 이용하는 경우].

『**특수한 교사·방조란**』 자기의 지휘, 감독을 받는 자를 교사 또는 방조를 하는 것을 의미한다.

■ **특수한 교사자 처벌** 정범에 정한 형의 장기 또는 다액의 2분의 1까지 가중한다.

■ **특수한 방조자 처벌** 정범의 형으로 처벌한다.

1037) 정성근, 총론, 609면; 이형국, 연구 Ⅱ, 618면; 김일수, 총론(하), 304면; 임웅, "간접정범", 40면.

Ⅰ. 간접정범의 개념 및 본질

1. 구별개념

구별개념		
①	간접정범	(가) 의사지배를 정범성 표지로 삼는 정범형태로 직접정범과 유사하다. (나) **생명 있는 타인을 도구로 이용**하는 의사 지배적 정범이다.
	직접정범	(가) 의사지배를 정범성 표지로 삼는 정범형태로 간접정범과 유사하다. (나) 행위자 스스로 또는 **생명 없는 타인을 도구로 이용**하여 실행지배를 하는 정범이다.
②	간접정범	(가) 행위 지배를 하고 있다는 점에서 공동정범과 함께 정범의 일종이다. (나) 실행행위에 대한 직접적인 행위지배가 아닌 의사지배에 의한 간접적인 행위지배이다.
	공동정범	(가) 행위 지배를 하고 있다는 점에서 간접정범과 함께 정범의 일종이다. (나) 기능적 행위 지배를 한다.
③	간접정범	(가) 타인을 이용하여 죄를 범한 점에서 교사범과 유사하다. (나) **이용자에게 의사지배가 있다.**
	교사범	(가) 타인을 이용하여 죄를 범한 점에서 간접정범과 유사하다. (나) **이용자에게 의사지배가 없이** 단지 타인에게 범의를 유발함에 그친다(의사 지배설).1038)

2. 간접정범의 본질

간접정범은 타인을 이용하여 자신의 범죄를 실현한다는 점에서 교사범과 유사하다. 그리고 행위 지배를 한다는 점에서 직접정범과 성질을 같이한다. 따라서 정범과 공범의 한계선상에 놓여 있는 개념이라 할 수 있다. 이에 정범설과 공범설로 나뉜다.

① 정범설(正犯說)

  1) **확장적 정범설** 구성요건적 결과발생에 원인을 제공한 자는 모두 정범이라고 보는 설로, 간접정범은 당연히 정범으로 본다. 교사범·방조범 등 공범도 구성요건적 결과발생에 조건을 준 자이므로 정범에 해당한다. 형법의 공범규정은 공범을 정범보다 경하게 처벌하는 형벌축소사유에 불과하다. 따라서 간접정범과 공범은 본질적으로 정범이 된다.

1038) 김일수, 총론, 470면 이하; 이재상, 총론, 440면; 이형국, 총론, 341면; 정성근, 총론, 603면 이하; 배종대, 총론, 452면; 임웅, "간접정범", 31면; 심재우, "간접정범", 27면.

2) **공범종속성설** 공범종속설은 도구이론(道具理論)에 의해 직접정범(물적 도구나 생명 없는 도구를 이용하는 것)과 간접정범(생명 있는 타인을 도구로 이용하는 것)은 별 차이가 없어 간접정범도 정범이 된다는 설이다. 따라서 타인의 실행행위에 종속하여 성립하는 공범과는 구별된다. 종래는 공범종속성설을 기초로 하여 간접정범의 정범성(正犯性)을 인정하여 왔다.

3) **행위지배설** 본 설은 정범과 공범의 구별기준에 관한 **통설**적 입장인 행위지배설을 토대로 간접정범은 단순히 범행을 야기·촉진한 공범이 아니라 피이용자의 범행행위를 지배하였기 때문에 정범이 된다는 이론이다. 즉 **간접정범**(우월적 지위에서 조정의사에 의하여 피이용자를 조정·장악하여 범행을 실행)과 **직접정범**(범행의 진행을 직접 조종·장악하여 스스로 실행)은 규범적으로 동일한 행위지배라고 평가되므로 간접정범도 행위지배를 하는 정범이라고 한다.

② 공범설(共犯說)

1) **제한적 정범설** 구성요건에 해당하는 행위를 직접 실행한 자만이 정범이 된다고 보는 설로, 이러한 요소가 결여되는 간접정범의 정범성을 부정하고, 공범의 일종으로 본다.

2) **공범독립성설** 공범은 피이용자의 행위가 범죄로 되느냐를 불문하고 자기의 범죄수행을 위해서 타인을 이용하는 행위가 있으면 성립한다는 설로, 간접정범의 개념 자체를 부정하고 이를 공범의 일종으로 본다.

③ **검토**(檢討) 형법이 제34조 제1항에 간접정범에 대한 독립규정을 두면서 그 처벌은 교사 또는 방조의 예에 의하도록 하기 때문에 간접정범의 본질을 정범 또는 공범으로 한 것은 명백하지 않다.

따라서 형법 제34조 제1항은 형식상으로 간접정범형식의 교사범·종범을 규정한 것이고, 실질상으로는 일종의 **공범**형태를 명문화했다고 본다.[1039] 반면 형법 제34조의 규정에도 불구하고 간접정범은 공범이 아니고 **정범**으로 해석해야 한다는 견해이다.[1040] 전설(前說)의 공범설은 타당할 수 없다.

1039) 차용석, "간접정범", 형사법의 제 문제, 1983, 160면.

1040) 유기천, 총론, 131면; 황산덕, 총론, 258면; 남흥우, 총론, 247면; 이형국, 연구 Ⅱ, 608면 이하; 이재상, 총론, 440면; 정성근, 총론, 604면; 김일수, 원론, 830면; 배종대, 총론, 452면; 박정근, "간접정범", 고시계, 1966. 10. 69면; 손해목, "간접정범에 관한 연구", 법정, 1975. 8. 183면 이하; 심재우, "간접정범",

간접정범이 정범인가(정범으로 처벌하는가), 공범인가(공범으로 처벌하는가)가에 따라 결정되는 것이 아니라 간접정범의 본질이 **정범성**을 갖추었는가에 의해 결정되어야 하기 때문이다. 후설(後說)의 공범과 구별되는 정범의 표지는 행위지배이다. 따라서 행위지배를 하고 있는 이용자의 이용형태를 기준으로 정범성을 판단해야 하므로 **행위지배설**이 타당하다고 생각된다.[1041)

3. 간접정범의 성립범위

간접정범은 공범종속설에 의해서만 인정된다. 그러므로 그 성립범위도 종속성의 정도에 관해서 어떤 종속형식을 취하느냐에 따라 교사범과 구별된다. 다만 종속형식에 따라 간접정범에 대한 의미를 찾을 수 있다.

1) **제한종속형식설** 피이용자의 행위가 구성요건에 해당하고 위법하면 행위자에게 책임이 없는 경우에도 공범(교사범)이 성립한다는 견해이다.[1042) 제34조 제1항에서는 처벌되지 않는 행위를 이용한 경우에 간접정범이 성립한다고 규정한 점으로 보아 이론상 본 설이 타당하다고 할 수도 있다.

2) **극단종속형식설** 피이용자의 행위가 범죄성립요건인 구성요건에 해당하고, 위법성 및 책임을 모두 구비한 경우에만 공범이 성립한다는 견해이다.

II. 간접정범의 성립요건

1. **피이용자의 범위** 간접정범의 피이용자는 어느 행위로 인하여 처벌되지 아니하는 자 또는 과실범으로 처벌되는 자이다.

   (1) **어느 행위로 인하여 처벌되지 아니한 자**(제34조 제1항 전단)

   범죄의 성립요건인 구성요건해당성·위법성 또는 책임이 없어 범죄가 성립하지 않는 자를 말한다. 즉 구성요건해당성이 없는 행위, 구성요

월간고시, 1982. 8. 24면; 이수성, "간접정범", 법정, 1976. 6. 64면; 임웅, "간접정범과 교사범의 구별" (상), 월간고시, 1984. 11. 113면; 오영근, "간접정범", 고시계, 1992. 10. 93면.

1041) 진계호·이존걸, 590면.

1042) 진계호, 총론, 525면(그러나 간접정범은 행위지배를 한다는 점에서 정범성이 인정되기 때문에 간접정범의 성립범위를 결정적으로 기준이 되는 것은 아니다. 종속의 형식은 간접정범의 성립범위에 간접적인 의미를 가질 뿐 간접정범과 교사범의 구별은 궁극적으로 행위지배의 유무에 따라 결정해야 하기 때문이다.).

건에 해당하지만 위법하지 않은 행위, 구성요건에 해당하고 위법하지
만 책임이 없는 행위 등을 이용하는 경우에 **간접정범**이 성립한다.

1) 구성요건에 해당하지 않는 행위 이용	① **객관적 구성요건에 해당하지 않는 행위이용**[1043) ② **고의 없는 타인의 행위이용**[1044) [사례] 의사가 고의 없는 간호사를 시켜 환자에게 독약이 든 주사를 놓게 하여 그를 살해한 경우 ③ **신분 없는 또는 목적 없는 고의 있는 도구 이용**[1045) [사례] 공무원이 정을 알고 있는 비공무원인 처로 하여금 뇌물을 받게 한 경우이다. 이에 대해서 다음과 같이 견해가 대립되고 있다. 　㉠ 고의 있는 도구를 이용한 때에는 모두 간접정범이 될 수 없고 공범(교사범)이 성립한다는 견해[1046) 　㉡ 신분 없는 고의 있는 도구를 이용한 때에는 간접정범을 인정하지만, 목적 없는 고의 있는 도구를 이용한 때에는 직접정범 또는 공범(교사범)이 될 수 있을 뿐이라는 견해[1047) 　㉢ 신분 없는 고의 있는 도구이건 또는 목적 없는 고의 있는 도구이건 막론하고 고의 있는 도구를 이용한 때에도 간접정범이 성립하고, 피이용자는 그 정을 알고 있을 때에 종범이 성립한다고 해야 한다.[1048) 판례도 12 · 12군사반란과 관련된 내란죄 사건에서 국헌문란의 목적 없는 피이용자를 이용한 경우에 간접정범을 인정하고 있다.[1049)
2) 구성요건에 해당하지 만 위법하지 않은 행위의 이용	① **정당행위(제20조) 이용** 타인의 정당행위를 도구로 이용하여 일정한 제3자의 법익을 침해하면 이용자는 간접정범이 성립한다. [사례] 갑이 국가기관에 허위 사실을 신고해 형식상 적법영장에 의해 을이 구속된 때에는 갑은 체포감금죄의 간접정범이 된다(BGHSt 3, 4). 갑이 폭행의사로 그 사정을 모르는 징계권자인 을에게 병을 징계토록 하는 경우도 간접정범이 성립한다. ② **정당방위 행위의 이용** 방위행위를 도구로 이용하여 공격자를 침해할 의사로 정당방위의 상황을 야기한 때도 그 이용자는 간접정범이 된다. [사례] 갑이 을을 살해하기 위하여 을을 사주하여 병을 공격하게 하고 병의 정당방위 행위를 이용하여 을을 살해한 경우에 병의 행위는 적법하지만 갑은 살인죄의 간접정범이 된다. ③ **긴급피난 행위의 이용** 타인의 긴급피난을 이용하여 법익을 침해한 때에도 간접정범이 성립한다. [사례] 임부에게 낙태수술을 하여 그 임부의 생명에 위험을 발생시키게 한 자가 의사에게 낙태를 부탁하고 그 의사의 긴급피난 행위를 이용하여 낙태시킨 경우에 낙태죄의 간접정범이 성립한다. 단, 자초위난에 대해서도 긴급피난이 가능하다고 할 때는 임부도 긴급피난에 의하여 위법성이 조각될 수 있다.[1050)

1043) 구성요건해당성이 없는 자살이나 자살을 강요하여 살인 또는 상해의 목적을 달성할 경우: [1] 이용자는 의사지배에 의하여 피강요자의 강요상태를 장악하여 자신의 의도를 실현하면, 살인죄 또는 상해죄의 간접정범이 된다(대판 1987. 1. 20. 86도2395). [2] 이용자의 의사지배가 인정되지 않는 경우, 자살의 경우는 자살관여(제252조 제2항)로. 자살의 경우에는 상해죄의 간접정범은 물론 그 교사범도 성립되지 않는다(대판 1965. 12. 10. 4298형상826, 범죄를 구성하지 않는 행위에 가공한 행위에 대해서는 간접정범이 성립되지 않는다.).

1044) 피이용자의 고의 없는 행위는 구성요건해당성이 없는 경우로 이를 이용한 때에도 간접정범이 된다. 범죄사실의 인식이 없는 타인을 이용한 경우에 간접정범이 된다(대판 1955. 2. 25. 4286형상39).

1045) 진정신분범에서 신분은 구성요건요소이므로 이를 결한 자의 행위는 구성요건해당성이 없는 행위로 된다. 이때 피이용자에게 고의가 없는 때에는 고의 없는 도구를 이용한 것으로 이용자는 간접정범이 된다.

1046) 임웅, 총론, 388면.

1047) 김일수 · 서보학, 총론, 576면 · 578면; 박상기, 총론, 416면 · 418면.

1048) 배종대, 총론, 536면; 정성근, 총론, 513면 · 511면; 이재상, 총론, 434면; 이형국, 총론, 343면; 손해목, 총론, 953면 · 955면; 진계호 · 이존걸, 총론, 594면.

1049) 대판 1997. 4. 17. 96도3376.

3) 구성요건에 해당하고 위법하지만 책임이 없는 행위의 이용	① **책임무능력자의 도구이용** 피이용자가 유아(3~6세) 또는 심신상실자와 같은 책임무능력자인 때에는 이용자의 행위지배가 인정되므로 이용자는 원칙적으로 간접정범이 된다. [사례 A] 갑이 사리분별을 할 수 없는 정신지체자 을을 시켜서 관공서에 불을 지르게 한 경우 갑은 방화죄의 간접정범이 된다. [사례 B] 피이용자가 정신지체자라 할지라도 시비의 변별능력이 있어 행위지배를 인정할 수 없으면 교사범이 될 뿐이다. 1051) ② **위법성 착오자의 도구이용** 1052) 회피할 수 없는 위법성의 착오에 빠진 자를 인식하면서 이용하거나, 처음부터 의도적으로 이러한 착오를 유발하여 이용한 때도 간접정범이 성립한다. ③ **강요된 행위자의 이용** 1053) [사례] 군대·경찰과 같이 강력한 명령복종관계 또는 범죄조직 내의 상관의 구속적 명령에 의한 행위를 이용한 경우에 이용자는 간접정범이 된다. 이때는 특수한 간접정범(제34조 제2항)으로 형이 가중될 것이고, 부하에게 자유로운 의사형성의 여지가 있는 때는 교사범이 된다.
4) 형벌 조각적 행위이용	■ **인적 처벌조각사유가 있는 자 이용** 인적 처벌조각사유로 인하여 처벌되지 아니하는 자의 행위를 이용한 경우 간접정범이 성립한다는 견해가 있다. 1054) 그러나 피이용자에게는 일정한 신분이 있다는 것뿐 의사지배를 받는 것이 아니므로 이용자는 교사범의 책임을 지게 된다. 1055) [사례] 갑으로 하여금 부인 을의 물건을 절취케 한 경우

(2) 어느 행위로 인하여 처벌되지 아니한 자(제34조 제1항 후단)

1) 피이용자의 행위가 과실범의 구성요건에 해당하지 않는 경우	■ 구성요건해당성이 없는 행위의 도구를 이용함으로써 간접정범이 된다.
2) 피이용자의 행위가 과실범의 구성요건에 해당하는 행위를 이용한 경우	■ 고의 있는 이용자는 피이용자에 대한 의사 지배가 가능하므로 간접정범이 된다(제34조 제1항 후단). [사례] 의사가 고의로 간호사의 과실행위를 이용하여 환자를 사망케 한 때는 살인죄의 간접정범이 되고, 간호사는 업무상과실치사죄가 된다. 1056)

2. 이용행위(利用行爲)

(1) 교사 또는 방조의 의미 형법 제34조 제1항은 "교사 또는 방조하여 범죄행위의 결과를 발생케 할 것"을 요한다고 규정하고 있는데, 이는 간접정

1050) 이재상, 총론, 435면.

1051) RGSt 61, 265(피고인이 13세의 소년을 이용하여 방화한 사건에 관하여 "피이용자인 소년이 행위 시에 완전하지 않아도 이성을 가지고 있었으므로 간접정범이 아니고 교사가 된다."고 판시하였다.).

1052) 초능학교 교상 갑은 교육위원회의 지시에 따라 교과내용으로 되어 있는 꽃 양귀비를 교과식물로 비치하기 위하여 생물교사 을에게 양귀비를 심는 것이 허용되는지를 문의했으나, 갑에 대해 앙심을 품고 있던 을은 갑이 곤경에 처하기 위해 얼마든지 허용된다고 거짓답변을 한 바람에 갑은 양귀비 종자를 구입하여 교무실 앞의 화단에 심어 마약류관리에관한법률 위반으로 단속대상이 된 경우 을은 정당한 이유가 있어 위법성의 착오에 해당하여 책임이 조각되는 갑을 도구로 이용한 경우로 마약류관리에관한법률 위반의 간접정범이 성립한다.

1053) 피강요자의 강요된 행위(제12조)는 저항이나 회피할 수 없는 강요로 인하여 자유로 의사결정에 따라 행동할 수 없다. 따라서 이때는 강요자의 의사지배가 인정되므로 이용자는 간접정범이 된다. 다만 피강요자에게 자유로운 의사형성의 여지가 있는 때에는 교사범이 된다.

1054) 손해목(8인 공저), 총론, 479면.

1055) 진계호·이존걸, 총론, 596면.

1056) 정성근, 총론, 609면; 이형국, 연구Ⅱ, 618면; 김일수, 총론(하), 304면; 임웅, "간접정범", 40면.

범이 피이용자를 범죄 실행에 이용하기 위해서는 그 수단(이용행위)으로 **교사 또는 방조행위**[1057])를 필요로 한다는 뜻이다. 여기서의 교사 또는 방조는 사주(使嗾)·이용(利用) 등의 넓은 의미이다.[1058] 그러나 교사 및 방조의 수단을 이용하더라도 **의사지배**가 있으면 간접정범이 된다.

[사례] 갑이 을에게 음식물을 배달하는데 갑도 모르게 병이 독약을 넣은 경우에 갑은 간접정범이 된다.

(2) **과실 또는 부작위에 의한 간접정범** 과실범에 대한 간접정범의 성립은 인정된다(제34조 제1항). 그러나 **과실**에 의한 간접정범(이때는 이용자의 우월적 의사지배에 기초한 행위지배가 없기 때문)은 성립될 수 없고, 과실범의 동시범이 성립될 뿐이다. 부작위에 의한 간접정범의 경우 **부작위범**을 도구로 이용한 간접정범은 가능하다.

[사례] 보증인을 체포·감금시켜 부작위하게 함으로써 결과발생의 위험을 야기한 경우.

그러나 **부작위**에 의한 간접정범(의사지배에 의한 행위지배가 없기 때문)은 성립될 수 없다(예컨대 정신병원 의사나 간호사가 어떤 환자가 다른 환자를 상해하는 것을 목격하고도 고의로 방치한 경우에는 부작위를 통한 직접정범이 성립될 뿐, 부작위에 의한 간접정범은 성립할 수 없다.[1059])).

(3) **간접정범의 실행의** 착수시기

① 이용자가 피이용자를 이용하기 시작한 때라는 견해[1060])

② 피이용자의 실행행위 시라는 견해[1061])

③ 이용자의 이용행위가 끝나고 피이용자가 이용자의 행위권을 벗어나 독자적으로 행위를 진행하기 시작한 때라는 견해[1062])

④ 피이용자가 선의의 도구인 때는 이용자의 이용행위 시, 피이용자가 악

1057) 교사 또는 방조의 의미, (1) 교사범·방조범은 행위지배가 없는 경우, (2) 간접정범은 행위지배가 있는 경우.

1058) 유기천, 총론, 132면; 황산덕, 총론, 258면; 정영석, 총론, 257면; 이형국, 총론, 346면; 이재상, 총론, 445면; 배종대 총론, 456면.

1059) 배종대, 총론, 542면; 정성근·박광민, 총론, 519면; 김일수, 총론, 582면.

1060) 유기천, 총론, 134면; 이재상, 총론, 483면; 박상기, 총론, 317면; 안동준, 총론, 182면; 임웅, 총론, 303면; 오영근, "간접정범", 고시계, 1992. 10. 102면.

1061) 이형국, 총론, 277면; 신동운, 총론, 623면.

1062) 김일수, 한국형법 Ⅱ, 168면; 김성천·김형준, 총론, 420면; 박상기, 총론, 399면; 손동권, 총칙론, 415면; 손해목, 총론, 967면; 이정원, 총론, 316면.

의의 도구인 때는 피이용자의 실행행위 시에 실행의 착수가 있다는 절
충설로 타당하다.[1063]

(4) **범죄성립의 결과발생** 범죄행위의 결과발생(구성요건해당사실의 실현)이 있어
야 하고, 실행에 착수한 행위가 범죄행위의 결과를 발생시키지 못하면 간
접정범의 미수범이 된다. 또한 피이용자의 행위는 이용행위와 결과발생
사이에 인과관계(인과관계가 없으면 간접정범의 불성립 내지는 미수로 된다.)가 존
재해야 한다.

Ⅲ. 간접정범의 처벌

1. 간접정범의 기수 처벌

1) 피이용자가 범죄결과를 발생시킨 경우에 이용자는 교사 또는 방조의 예에
   의하여 처벌된다(제34조 제1항).
2) 간접정범의 이용행위가 외형상 교사에 해당하면 정범과 동일한 형으로 처
   벌한다(제31조 제1항).
3) 간접정범의 이용행위가 외형상 종범에 해당할 때는 정범의 형보다 감경된
   다(제32조 제1항).
4) 객관주의 범죄론(간접정범 개념 인정)이면서 주관주의 범죄론의 입장에서 공
   범의 예에 따라 처벌한 절충적 태도로 볼 수 있고, 간접정범은 정범인데도
   공범으로 처벌한 것은 입법론상 부당하다.[1064]

2. 간접정범의 미수처벌

1) 형법 제34조 제1항이 간접정범을 "교사 또는 방조의 예에 의하여 처벌한
   다."라고 하여 간접정범이 공범이 되는 것이 아니라 정범이다.
2) 이용자는 이용행위를 마쳤으나 피이용자의 행위가 미수에 그친 간접정범

1063) 김종원(공저), 총론, 284면; 정성근·박광민, 총론, 389면; 배종대, 총론, 445면; 진계호·이존걸, 총론, 599면.
1064) 진계호·이존걸, 총론, 599면.

의 미수는 일반 미수 조항(제25조 내지 제27조)의 적용을 받고 교사의 미수
(제31조 제3항)로는 처벌되지 않는다.

Ⅳ. 간접정범과 관련 문제

1) 간접정범의 착오	**① 피이용자의 성질에 대한 착오** ■ 이용자가 피이용자에게 고의 또는 책임능력이 없는 것으로 오인했으나 피이용자가 고의 있는 책임능력자인 경우(예컨대 갑이 을을 살해하기 위하여 그 사정을 모르는 병에게 독이 든 음료수를 주어서 을을 독살시켰는데, 사실 병은 음료수에 독이 든 사실을 잘 알고 있었던 경우)⇒이용자에게 의사지배가 인정되지 않아 공범이 성립한다. ■ 이용자가 피이용자에게 고의 또는 책임능력이 있는 것으로 오인하고 교사·방조했으나 피이용자에게 고의 또는 책임능력이 없었을 때(예컨대 갑은 을이 책임능력자인 줄 알고 을을 교사하여 병을 살해했는데, 사실은 을은 책임무능력자인 경우)⇒피이용자에 대한 의사지배의 고의가 없고 단지 교사·방조의 고의로 행한 것이므로 공범이 성립한다. **② 실행행위의 착오** 이용자가 사주한 범죄와 피이용자가 실행한 범죄가 불일치한 경우이다. ■ 갑이 정신병자인 을을 사주하여 병을 살해하려고 하였으나, 을이 정을 병으로 오인하여 정을 살해한 경우 **[구체적 사실의 착오의 경우]** ㉠ **구체적 부합설**⇒피이용자의 착오는 객체의 착오든 방법의 착오든 이용자에게는 방법의 착오가 된다. 따라서 병에 대한 살인미수의 간접정범과 정에 대한 과실치사죄의 상상적 경합이 된다. ㉡ **법정적 부합설**⇒이용자의 고의는 조각되지 않고 발생사실인 정에 대한 살인죄의 간접정범이 성립된다. **[추상적 사실의 착오의 경우]** ㉠ 피이용자가 사주한 범위를 초과하여 실행한 경우⇒초과부분에 대해서는 의사지배가 없어 원칙적으로 사주한 부분에 대해서만 간접정범이 성립한다. [사례] 갑이 정신병자 을에게 병에 대한 상해만을 사주했는데 을이 병을 살해한 경우 상해죄의 간접정범이 된다. ㉡ 이용자에게 초과부분에 대한 미필적 고의가 있는 경우⇒실행행위 전체에 대한 간접정범이 성립한다. [사례] 갑이 정신병자 을에게 병에 대한 상해만을 사주했는데 을이 병을 살해한 경우 갑은 살인죄의 간접정범이 된다. ㉢ 이용자에게 중한 결과에 대한 예견 가능성이 있는 경우⇒결과적 가중범이 성립한다. [사례] 갑이 정신병자 을에게 병에 대한 상해만을 사주했는데 을이 병을 살해한 경우 갑에게 살인에 대한 예견 가능성이 있는 때에는 갑은 상해치사죄의 간접정범이 된다.
2) 간접정범과 신분범	1) 신분 있는 자가 신분 없는 자를 도구로 이용하여 신분범의 간접정범이 될 수 있다. 단 비신분자는 그 정을 알고 있는 경우에 한하여 종범이 된다. 2) [비공무원이 공무원을 이용하여 수뢰죄(제129조 제1항)의 간접정범이 될 수 있는가에 대한 견해 대립] ㉠ 형법 제34조 제1항이 간접정범은 공범의 예에 의하여 처벌한다고 규정하였기에 제33조가 적용되어 비신분자도 간접정범으로 진정신분범을 범할 수 있다는 견해도 있다.[1065] ㉡ 형법 제34조 제1항은 공범의 형에 의한다는 취지이고, 제33조는 비신분자가 신분자와 같이 신분범의 공동정범 또는 교사범·방조범이 될 수 있다는 것이지 비신분자가 단독으로 진정신분범의 정범이 될 수 있다는 것은 아니다. 간접정범은 정범에 속한다. 따라서 간접정범이 성립하려면 간접정범자에게 **정범적격**이 있어야 한다. 따라서 비신분자는 신분자를 이용하여 진정신분범의 간접정범이 될 수 없다는 것이 **통설**이다.[1066] 판례도 같은 입장을 취하고 있다.[1067]

1065) 유기천, 총론, 135면.

1066) 김일수, 총론, 479면; 이재상, 총론, 449면; 이형국, 총론, 348면; 임웅, 총론, 392면; 최우찬, "간접정범", 133면.

1067) 대판 2003. 1. 24. 2002도5939; 대판 1992. 11. 10. 92도1342(수표의 발행인이 아닌 자는 허위신고

| 3) 간접정범
과 자수범 | 1) 자수범(진정신분범)이란 정범 자신이 구성요건적 행위를 직접 실행하여야 그 범죄가 성립하고, 타인을 도구로 이용하는 간접정범의 형태로서는 실행할 수 없는 범죄를 말한다.
2) 자수범에 대해 간접정범이 성립할 수 없다. 또한 자수적 실행이 없는 공동정범도 간접정범이 성립할 수 없다. 다만 배후의 이용자는 교사범 또는 종범이 될 수 있을 뿐이다.
3) 허위공문서작성죄(제227조)는 자수범인가에 대한 긍정설1068)과 부정설1069)이 대립된다.
㉠ 간접정범 부인: 판례는 공무원이 아닌 자가 공무원을 기망하여 허위내용의 증명서를 작성케 한 후에 행사하였다 하더라도 허위공문서작성 및 동행사죄는 성립하지 않는다고 하여 공무원이 아닌 자의 간접정범을 부인하고 있다.1070)
㉡ 예외적 간접정범 인정: 보조공무원이 허위공문서를 기안하여 그 사정을 모르는 작성권자의 결재를 받아 공문서를 완성한 때에는 허위공문서작성죄의 간접정범이 된다.1071) |

Ⅴ. 특수교사 · 방조

형법 제34조 제2항에 "자기의 지휘 · 감독을 받는 자를 교사(특수교사) 또는 방조(특수방조)하여 전항의 결과(간접정범)를 발생케 한 자(특수간접정범설이 다수설)는 교사인 때는 정범에 정한 형의 장기 또는 다액의 2분의 1까지 가중하고, 방조한 것일 때는 정범의 형으로 처벌한다."고 규정하고 있다.

1) 법적 성질

① 일반인에 대하여 교사 · 방조한 것이 아니라 자기의 지휘 · 감독을 받은 자를 교사 · 방조하여 범죄를 실현했다는 점에서 교사범 · 종범의 특수한 경우를 규정한 것으로 보는 특수교사 · 종범설1072)

② 간접정범의 특수한 경우를 규정한 것으로 보는 특수간접정범설1073)

③ 제34조 제2항이 교사 또는 방조하여 전항의 결과를 발생케 한 자라고 규정하고, 제1항도 간접정범을 교사 · 방조한 자라고 규정한 점으로 보아 이 조항은 **특수교사 · 종범**과 **특수간접정범**을 모두 규정한 것으로 보아야 한다.1074)

의 고의 없는 발행인을 이용하여 간접정범의 형태로 부정수표단속법 제4조가 정한 허위 신고죄의 주체가 될 수 없다.).

1068) 황산덕, 총론, 261면; 김일수 · 서보학, 총론, 587.

1069) 이재상, 총론, 587면.

1070) 대판 1976. 8. 24. 76도151.

1071) 대판 1977. 12. 13. 74도1900; 대판 1981. 7. 28. 81도898; 대판 1983. 9. 27. 83도1404; 대판 1990. 10. 30. 90도1912; 대판 1992. 1. 17. 91도2837.

1072) 이건호, 개론, 196면; 남흥우, 총론, 256면; 황산덕, 총론, 262면.

1073) 김일수 · 서보학, 총론, 588면; 김성천 · 김형준, 총론, 527면.

1074) 정성근 · 박광민, 총론, 528면; 이재상, 총론, 446면; 박상기, 총론, 403면; 배종대, 총론, 550면; 이형국, 총론, 350면; 진계호 · 이존걸, 총론, 602면.

2) 지휘·감독의 근거 및 범위

① 지휘·감독을 받는 근거는 법령·계약·사무관리를 넘어 사회관습으로
보아 사실상 지휘·감독관계(상관이 부하를·친권자가 미성년자를·공장주가
직공을·가주가 가정부를·의사가 간호사를)가 있으면 충분하다.

② 이용자(지휘·감독자)는 피이용자(지휘·감독을 받는 자)가 자기의 지휘·감
독을 받는 사람임을 인식하고 있어야 한다.

판례

[**판례 1**] [간접정범의 성립] 범죄사실의 인식이 없는 타인을 이용하여 범죄를
실행케 한 자는 법률상 직접 공동정범으로 논할 수 없더라도 간접
정범으로서 단독으로 그 죄책을 부담하는 것이 당연하다.[1075]

[**판례 2**] [죄가 되지 않는 행위에 대한 가공행위] 범죄를 구성하지 않는 행위
에 가공한 행위는 간접정범이 성립하지 않는다.[1076]

[**판례 3**] [간접정범을 인정한 사례] 지방행정주사보가 초안한 허위기안문서에
허위사실을 기재하여 그 정을 모르는 총무과 직원으로 하여금 시장
직인을 날인케 하는 경우,[1077] 공문서작성을 보좌하는 공무원이 허
위의 문서초안을 그 정을 모르는 상사에게 제출하여 결재케 한 경
우,[1078] 식용류 제조의 범의 없는 자를 이용하여 무허가 튀김용 기
름을 제조한 경우[1079]

[**판례 4**] 경찰서 보안과장인 피고인이 갑의 음주운전을 눈감아 주기 위하여
그에 대한 음주운전자 적발보고서를 찢어 버리고, 부하로 하여금
일련번호가 동일한 가짜 음주운전 적발보고서에 을에 대한 음주운
전사실을 기재케 하여 그 정을 모르는 담당경찰관으로 하여금 주취

1075) 대판 1960. 1. 30. 4292형상817.
1076) 대판 1965. 12. 10. 4298형상826.
1077) 대판 1983. 9. 27. 83도1404.
1078) 대판 1986. 8. 19. 85도2728.
1079) 대판 1983. 5. 24. 83도200.

운전자 음주측정처리부에 을의 음주운전사실을 기재케 한 경우 을이
음주운전으로 인하여 처벌을 받았는지 여부와는 관계없이 허위공문
서작성 및 동행사죄의 간접정범으로서의 죄책을 면할 수 없다.[1080]

제4절 경합범(죄수론)

I. 총설

1. 죄수의 일반론

죄수론이라 범죄의 수가 1개 또는 수 개인가를 규명하는 이론이다. 죄수
론은 공범론(1개의 범죄에 대한 수인의 공동)이나 양형론(수죄가 성립할 때 이를
어떻게 처리하고 어떠한 형벌을 과할 것인가를 결정)과 구별된다. 그러나 양형론
은 죄수론을 전제로 하고 실제로는 역으로 양형론이 죄수론을 결정하는
표준이 되는 경우도 있기 때문에 죄수론은 범죄론과 형벌론 모두 관련된
문제이며 범죄론과 형벌론의 중간에 위치한 이론이라고 할 수 있다.[1081]
범죄의 수가 1죄인가 수죄인가를 논하는 실익은 **형의 적용**에서 중요한
차이가 있고, 형사소송법적으로도 **공소의 효력·기판력의 범위**를 결정하
는 데 중요한 의미를 갖는다는 점에 있다. 형법은 죄수론에서 **경합범**(제37
조 내지 제39조)과 **상상적 경합**(제40조)을 규정하고 있다. 누범규정(제35조 내
지 제36조)을 죄수론에서 취급하기보다는 형벌론에서 다룰 문제다.
죄수결정의 기준으로는 **행위표준설**(범죄의 본질을 행위에 있다고 보는 객관주의
범죄론의 입장에서 행위를 표준으로 하여 행위가 1개이면 일죄, 수 개이면 수죄라는
견해), **법익표준설**(범죄의 실질은 법익침해에 있다는 것을 전제로 하는 객관주의 범
죄론의 입장에서 보호법익의 수나 결과의 수를 기준으로 범죄의 수를 결정하는 견해),
의사표준설(범죄의 본질은 범죄의사의 표현에 있다는 주관주의 범죄론의 입장에서

1080) 대판 1996. 10. 11. 95도1706.
1081) 이재상, 총론, 513면; 김일수·서보학, 총론, 647면.

범죄의사가 1개이면 일죄, 수 개이면 수죄라는 견해[1082]), **구성요건표준설**(구성요건
해당사실의 단복을 기준으로 하여 구성요건해당사실이 1개이면 일죄이고 구성요건해당
사실이 수 개이면 수죄라는 견해)이 대립되고 있으나, 구성요건표준설이 다수
설[1083])이지만 죄수의 기준은 궁극적으로 행위·결과·범죄의사·구성요
건충족 횟수 등을 종합적으로 고려하여 구체적인 경우에 합목적적으로
결정하지 않을 수 없다.[1084] 판례가 모든 기준을 원용하고 있기 때문이다.
수죄가 경합된 경우의 처벌방법인 기본원칙으로는 병과주의(수죄의 형기를
합산하여 처벌하는 원칙), 가중주의(각 범죄에 대한 개별적 형벌을 확인한 다음 이들
가운데 가장 중한 죄에 정한 형을 가중하는 방법), 흡수주의(수죄 중 가장 중한 죄에
정한 형을 적용하고, 다른 경한 죄에 정한 형은 여기에 흡수시키는 원칙)가 있다.

2. 경합범(競合犯)

경합범에는 **법조경합, 상상적 경합, 실체적 경합**이 있다. ① 한 개 또는 수
개의 행위가 외관상 수 개의 형벌법규에 해당한 것처럼 보이지만, 형벌법규의
성질상 하나의 형벌법규만 적용되고, 타 법규는 배제되어 일죄만 성립하는 **법조
경합**, ② 1개의 돌을 던져 재물을 손괴하고 사람에게 상해를 입힌 경우처럼 한
개의 행위가 수 개의 죄에 해당하는 **상상적 경합**(제40조), ③ 같은 사람이 같은
장소에서 같은 방법으로 순차적으로 사람을 살해하거나 상해한 경우처럼 판결
이 확정되지 아니한 수 개의 죄 또는 판결이 확정된 죄와 그 판결확정 전에 범
한 죄인 **실체적 경합범**(제37조)이 있다.

경합범 중 단순 일죄(一罪)인 법조경합과 과형상(科刑上) 일죄(一罪)인 상상적
경합이 있고, 수죄(數罪)인 상상적 경합과 실체적 경합이 있다.

1082) 이건호, 개론, 204면.

1083) 유기천, 총론, 1980, 311면; 남흥우, 총론, 1980, 264면; 이형국, 연구Ⅱ, 715면; 이재상, 총론, 517면
이하.

1084) 정영석, 총론, 1987, 279면; 손해목(8인 공저), 총론, 498면; 동, "죄수론", 고시계, 1974. 5. 28면; 백형
구, "형법상 일죄의 기준과 분류", 150면; 진계호·이존걸, 총론, 648면.

一 罪 (일죄)	單純一罪 (단순일죄)	法條競合 (법조경합)	**특별관계, 보충관계, 흡수관계**
			■ 외관상 경합일 뿐 실질적으로 일죄이다.
		包括一罪 (포괄일죄)	**결합범, 계속범, 접속범, 연속범, 집합범**
			■ 수 개의 행위가 포괄적으로 1개의 구성 요건에 해당하여 일죄를 구성하는 경우로 법조경합 관계이다.
	科刑上 一罪 (과형상 일죄)	想像的 競合 (상상적 경합)	■ 1개의 행위가 수 개의 죄에 해당하는 경우에는 가장 중한 죄에 정한 형으로 처벌한다.
數 罪 (수죄)	想像的 競合 (상상적 경합) [제40조]		■ 1개의 행위로 수죄가 성립한다. ■ 실질적 수죄이고 과형상 일죄이다. ■ 1개의 행위가 수 개의 죄에 해당하는 경우에는 가장 중한 죄에 정한 형으로 처벌한다.
	實體的 競合 (실체적 경합) [제37조]		■ 수 개의 행위로 수죄가 성립한다. ■ **가중주의**를 원칙으로 하고, **흡수주의**와 **병과주의**를 예외적으로 가미하고 있다.

Ⅱ. 관련 법조문

본 절에서 경합범에 대한 형법 규정으로는 경합범(제37조), 경합범과 처벌 예 (제38조), 판결을 받지 아니한 경합범, 수 개의 판결과 경합범, 형의집행과 경합 범(제39조), 상상적 경합(제40조)으로 되어 있다.

제37조
경합범

판결이 확정되지 아니한 수 개의 죄 또는 금고 이상의 형에 처한 판결이 확정된 죄와 그 판결확정 전에 범한 죄를 경합범으로 한다. 〈개정 2004. 1. 20.〉

해설

[의의] **경합범**이란(실체적 경합: 競合犯) 판결이 확정되지 아니한 수 개의 죄 또 는 금고 이상의 형에 처한 판결이 확정된 죄와 그 판결확정 전에 범 한 죄를 말한다.

[**사례**] 같은 사람(인질범)이 같은 장소(은행)에서 같은 방법(권총)으로 순차적(1명
씩)으로 사람을 살해하거나 상해하는 경우이다.

구별개념	
경합범(競合犯)	상상적 경합범(想像的 競合犯)
① 수 개의 행위에 의한 수죄이다(실체법상 요건). 그리고 수 죄가 하나의 재판에서 같이 판결될 가능성이 있어야 한다. ② **수 개의 행위**를 기초로 하여 가중주의를 원칙으로 하고, 흡수주의와 병과주의를 가미하여 처벌하고 있다.	① 1개의 행위에 의한 수죄이다 ② **1개의 행위**를 전제로 하여 가장 중한 죄에 정한 형으로 처벌한다.
경합범(競合犯)	법조경합(法條競合)
수 개의 행위에 의한 수죄이다.	행위가 수 개일지라도 법조 사이에 외관상의 경합이 있을 뿐 일죄이다.

경합범의 종류	
① **동종 경합범**	한 행위자가 같은 범죄를 수차에 걸쳐 범한 경우 [사례] 협박범이 동일인에게 수회에 걸쳐 금전갈취를 위한 협박편지를 보낸 경우
② **이종 경합범**	한 행위자가 수 개의 행위로 상이한 범죄를 범한 경우 [사례] 강간범이 미수에 그치자 살의를 느껴 피해자를 살해한 경우
③ **동시적 경합범** [제37조 전단]	동일인이 수 개의 행위를 통해서 범한 수죄의 전부에 관하여 판결이 확정되지 않아 동시에 판결될 것을 필요로 하는 경우이다.
④ **사후적 경합범** [제37조 후단]	동일인이 범한 죄 중 일부에 관해서 확정판결이 있는 경우에 금고 이상의 형에 처한 판결이 확정 된 죄와 그 판결 확정 전에 범한 죄를 말한다.

[**예문**] 甲은 A, B, C, D, E 5개의 죄를 순차로 범하였는데 C죄에 대해서만
금고 이상의 형에 처한 판결이 확정되었다. 경합범의 관계는?

■ 도표[범죄 종료 시를 기준]

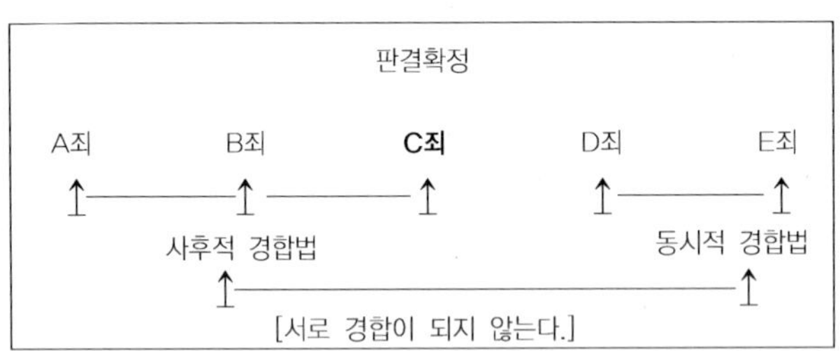

[설명]

(1) **제37조** 판결이 확정되지 아니한 수 개의 죄(동시적 경합범), 금고 이상의 형
에 처한 판결이 확정된 죄와 그 판결확정 전에 범한 죄(사후적 경합범)

(2) A, B는 판결확정 전에 범한 죄이고, C는 판결이 확정된 죄이다.

(3) A, B, C는 사후적 경합범이고, D, E는 판결이 확정되지 아니한 수 개의 죄에 해당하여 동시적 경합범이다. 만약 이때에 1월에 A죄, 2월에 B죄, 3월에 C죄, 4월에 D죄, 5월에 E죄를 범하고, 6월에 이 모두를 동시에 재판할 경우에는 A, B, C, D, E 죄는 동시적 경합범이 된다.

(4) **결론** A, B, C 죄 사이에 사후적 경합범이 인정되고, D, E 사이에도 동시적 경합범이 인정된다. 그러나 A, B, C 죄와 D, E 죄의 전체 사이에는 경합범이 되지 않는다.1085) 판결확정 후의 범죄는 그 전의 범죄와 경합관계에 있는 것이 아니다.1086)1087)

▥ 학설

1. 경합범(실체적 경합)의 요건

(1) 동시적 경합범

1) 동시적 경합범	동시적 경합범이란 판결이 확정되지 아니한 수 개의 죄를 말한다(제37조 전단). 이는 동일인이 수 개의 행위를 통하여 수죄의 전부에 대하여 판결이 확정되지 아니하여 동시에 판결될 것을 필요로 한다. 경합범의 성립요건은 다음과 같다. **① 수 개의 행위로 수 개의 죄를 범할 것** 1개의 행위로 수 개의 죄를 범하거나(상상적 경합) 수 개의 행위(행위의 단일성이 인정되지 않는 것)로 1개의 죄를 범한 때(단순일죄)에는 경합범이 될 수 없다. [사례] 갈취의 의사로 상대방을 협박하고 재물의 교부를 받은 경우 행위가 2개이지만 공갈죄의 1죄만이 성립한다. [판례] 동시적 경합범 중 수 개의 행위로 수 개의 죄를 범한 경우의 판례1088) **② 수 개의 죄는 모두 판결이 확정되지 않았을 것** 판결의 확정(주로 유죄·무죄의 확정판결을 의미하나 형의 면제, 형 집행의 면제, 형의 집행유예, 형의 선고유예 등과 같이 그 판결의 대상인 사건에 대하여 다시 공소를 제기할 수 없는 상태가 된 판결도 포함)이란 상소 등 통상의 불복절차로서는 다툴 수 없는 상태를 말한다.1089) [사례] 판결이 확정되지 않을 것을 요하므로 원래는 동시적 경합범 관계에 있었으나 검사가 1죄만을 기소하여 판결이 확정된 경우이다.1090) [판례] 동시적 경합범 중 수 개의 죄는 모두 판결이 확정되지 않았을 것 경우의 판례1091) **③ 수 개의 죄는 동시에 판결될 것** 수 개의 죄(같은 심판의 대상이 될 것)가 모두 판결이 확정되지 아니한 죄일지라도 그것이 같이 판결될 수 있는 상태에 있지 않으면 동시적 경합범이 될 수 없다. [사례] 판결이 확정되지 아니한 수 개의 죄 가운데 일부가 기소되지 않은 때에는 경합범이 성립될 수 없다(예: 갑이 범한 강도죄와 사기죄 중 강도죄만 기소한 경우).

1085) 대판 1960. 11. 19. 4293형상680(확정판결 전후에 걸친 범행에 대해서는 경합가중을 할 수 없고, 확정판결 이전의 범죄와 그 이후의 범죄를 구별하여 2개의 주문으로 처단하여야 한다.).

1086) 대판 1970. 2. 22. 70도2271(확정판결 전에 저지른 범죄와 확정판결 후에 저지른 범죄는 형법 제37조에서 말하는 경합관계에 있는 것이 아니다.).

1087) 이때에는 경합범에 관한 규정이 적용될 필요가 없고 두 형이 병과되는 것이므로 두 형의 합계가 어떤가는 문제 되지 않는다. 대판 1983. 10. 25. 83도2323(소년범에 대하여 형법 제37조 후단의 경합범에 해당한다. 하여 2개의 형을 선고하는 경우에 그 단기형의 합계가 징역 5년을 초과하더라도 소년법 제54조 제1항 단서의 규정에 저촉된다고 볼 수 없다.).

(2) 사후적 경합범

2) 사후적 경합범	사후적 경합범이란 금고 이상의 형에 처한 판결이 확정된 죄와 그 판결확정 전에 범한 죄를 말한다 (제37조 후단). [사례] 갑이 A, B, C, D, E의 죄를 순서대로 범하고 C의 죄에 대하여 금고 이상의 형에 처한 판결이 확정된 때에는 A, B, C의 죄는 사후경합범으로서 실체적 경합관계에 있게 된다. 그러나 판결확정 전후의 죄는 서로 경합범이 되지 않는다.1092) 따라서 A, B, C의 죄와 D, E의 죄는 경합범이 되지 않는다. ① **확정판결의 범위** 확정판결(집행유예나 선고유예가 확정된 경우도 포함되며, 형의 선고 실효 및 면소 간주, 일반사면 등도 포함)은 금고 이상의 형에 처하는 것이어야 한다. 따라서 벌금형 · 약식명령이 확정된 경우에는 확정판결 전후의 범죄를 동시적 경합범으로 처리하여 1개의 형을 선고할 수 있다. 판결이 확정된 죄라 함은 수 개의 죄 중의 어느 죄에 대하여 확정판결이 있었던 사실 자체를 의미한다. [판례] 사후적 경합범 중 확정판결의 범위 중 종래의 판례1093) 개정형법의 판례1094) ② **판결확정 전에 범한 죄** 판결이 확정된 죄와 그 판결확정 전에 범한 죄(선고한 판결의 확정)가 사후적 경합범이 된다. ③ **죄를 범한 시기** 범죄의 기수 시가 아니라 범죄의 종료 시를 기준으로 한다. 따라서 계속범에 있어서 위법상태가 계속 중에 확정판결이 있을 때에는 범죄가 종료치 않았으므로 사후적 경합범이 되지 않는다.

1088) 대판 1959. 7. 20. 4292형상140(간첩이 사람을 실해한 경우); 대판 1969. 6. 24. 69도692(횡령을 교사하여 장물을 취득한 경우); 대판 1970. 4. 28. 70도431; 대판 1987. 1. 20. 86도2360(강간한 후에 범행을 숨기기 위해 피해자를 실해한 경우); 1983. 1. 18. 82도2341(현주건조물을 방화한 후 탈출하려는 피해자들을 막아 타 죽게 한 경우); 대판 1988. 12. 13. 88도1807(주거에 침입하여 강간한 경우); 대판 2004. 1. 15. 2001도1429(녹동달오리골드라는 제품이 당뇨병 · 관절염 · 신경통 등의 성인병치료에 특효약이라고 허위광고를 하여 이에 속은 노인들로 하여금 고가에 구입하도록 한 경우에 형법 제347조 제1항의 사기죄와 무허가 의약품제조행위를 처벌하는 보건범죄단속에관한특별조치법 제3조 제1항 제2호 위반죄의 실체적 경합관계이다.); 대판 2004. 11. 12. 2004도5257(주취운전자가 음주측정에 불응한 경우에 주취운전은 도로교통법시행령이 정한 기준 이상으로 술에 '취한' 자가 행위의 주체인 반면, 음주측정거부는 술에 취한 상태에서 자동차 등을 운전하였다고 인정할 만한 상당한 이유가 있는 자가 행위의 주체란 점에서 주취운전과 음주측정거부의 각 도로교통법위반죄는 실체적 경합관계에 있다.); 대판 2005. 9. 30. 2005도4051(컴퓨터로 음란 동영상을 제공한 제1범죄 행위로 서버컴퓨터가 압수된 이후 다시 장비를 갖추어 동종의 제2범죄 행위를 하고 제2범죄 행위로 인하여 약식명령을 받아 확정된 경우).

1089) 대판 1983. 7. 12. 83도1200.

1090) 대판 1966. 6. 7. 66도526.

1091) 대판 1966. 6. 7. 66도526(판결이 확정되지 않을 것을 요하므로 본래는 동시적 경합범 관계에 있었으나 검사가 1죄만을 먼저 기소하여 판결이 확정되었다.); 대판 1974. 10. 8. 74도1301(경합범 중 1죄만 파기환송되고 다른 죄가 이미 확정된 때에는 동시적 경합범이 되지 않는다.).

1092) 대판 1970. 12. 22. 70도2271.

1093) 종래는 확정판결의 범위에 아무런 제한을 두지 않았으므로 벌금형을 선고한 판결이 확정된 경우(대판 1981. 5. 26. 81도736), 약식명령이 확정된 때(대판 1982. 4. 12. 80도537)에도 사후적 경합범이 성립할 수 있었다.

1094) 대판 2004. 1. 27. 2001도3178; 대판 2004. 2. 13. 2003도7554(2004. 1. 20. 법률 제7077호로 공포 · 시행된 개정형법에 의해 형법 제37조 후단의 "판결이 확정된 죄"를 "금고 이상의 형에 처한 판결이 확정된 죄"로 그 범위를 축소함에 따라 벌금 · 구류 · 약식명령 등은 경합범 판단기준에서 제외되었다. 그러나 경합범에 해당되는지 여부를 가리기 위해 한 해 1백만 건에 달하는 약식명령의 확정일자를 확인하는 절차도 필요 없게 되었다. 2004. 1. 20. 법률 제7077호로 공포 · 시행된 형법 중 개정 법률이 시행 당시 법원에 계속 중인 사건 중 위 개정법률 전에 벌금형에 처한 판결이 확정된 경우에도 적용된다. 이에 대해서 일반적으로 두 개의 형을 선고하는 것보다는 하나의 형을 선고하는 것이 피고인에게 유리하므로 개정된 형법 제37조 후단 "판결이 확정된 죄"가 "금고 이상의 형에 처한 판결이 확정된 죄"로 개정됨은 개정 법률을 적용하는 것이 오히려 피고인에게 불리하게 되는 등의 특별한 사정이 없는 한 형법 제1조 제2항을 유추 적용하여

2. 경합범의 법적 효과 [형법 제37조 · 제38조 · 제39조 경합범과 처벌 예]

(1) 동시적 경합범의 처분

판결이 확정되지 않은 수 개의 죄를 동시에 판결할 때 다음과 같이 한다.

1) 가중주의의 적용

① 각 죄에 정한 형이 사형 또는 무기징역이나 무기금고 이외의 동종의 형인 때는 가장 중한 죄에 정한 장기 또는 다액의 2분의 1까지 가중하되, 각 죄에 정한 형의 장기 또는 다액을 합산한 형기 또는 액수를 초과할 수 없다(**제38조 제1항 제2호**).

[사례] 甲죄의 법정형은 2년 이하의 징역 또는 2만 원 이하의 벌금이고, 乙죄의 법정형은 5년 이하의 징역 또는 5만 원 이하의 벌금인 경우 甲죄와 乙죄를 경합범으로서 동시에 판결할 때에 동시적 경합범의 처단형은 가장 중한 죄에 정한 장기 또는 다액에 그 2분의 1까지 가중하되, 각 죄에 정한 형의 장기 또는 다액을 합산한 형기 또는 액수를 초과할 수 없도록 되어 있으므로(제38조 제1항 제2호), 상한은 중한 乙죄의 장기(5년)의 2분의 1(2년 6개월)을 가중하면 7년 6개월 이하의 징역이며, 또한 '5만 원 ×2분의 1＝2만 5천 원'을 가중한 7만 5천 원 이하의 벌금에 처한다. 그러나 각 죄에 정한 형의 <u>장기 또는 다액을 합산한 금액(7년, 7만 원)을</u> 초과할 수 없으므로 7년 이하의 징역 또는 7만 원 이하의 벌금의 처단형이다.

② 다만 과료와 과료, 몰수와 몰수는 병과할 수 있다(제38조 제1항 제2호 단서).

③ 이 경우에 징역과 금고는 동종의 형으로 간주하여 징역형으로 처벌한다(제38조 제2항).

④ 유기자유형을 가중하는 때에는 50년을 넘지 못한다(제42조 단서).

⑤ 제38조 제1항 제2호에서 '**가장 중한 죄에 정한 장기 또는 다액에 2분의 1까지 가중**'한다는 문언의 취지는 경합범의 각 죄에 **선택형**이 규정되어 있을 경우에는 그중에서 처단할 형종(刑種)을 선택한 후 경합하여 이 선택될 형의 장기 또는 다액에 그 2분의 1까지를 가중한다는 의미이다.[1095]

위 개정 법률시행 당시 법원에 계속 중인 사건 중 위 개정법률 전에 벌금형에 처한 판결이 확정된 경우에도 적용되는 것으로 보아야 한다.).

⑥ 제38조 제1항 제2호는 **특별위반죄**와 **형법위반죄**의 경합범에도 적용된다.[1096]

⑦ **관세법**에 의한 벌칙위반자는 형법 제38조 제1항 제2호의 적용이 배제된다(동법 제278조 제4항 제3호). 따라서 형법 제37조 전단의 경합범 관계에 있는 관세법위반의 수 개의 죄에 대해서는 그 각 죄마다 따로 벌금형을 양정해야 한다.[1097]

⑧ 공직선거및선거부정방지법위반죄와 집회및시위에관한법률위반죄를 병합 심리한 다음 위 각 죄에 대하여 **형법상 경합범 처벌 예**에 관한 조항을 적용하여 하나의 형을 정하여 선고한 조치는 위법하다.[1098]

⑨ [판례] 가중주의와 관련된 사례[1099]

2) 흡수주의 가미

① 가장 중한 죄에 정한 형이 사형·무기징역·무기금고인 때에는 가장 중한 죄에 정한 형으로 처벌한다(제38조 제1항 제1호).

② 사형·무기징역에 다른 형을 병과 또는 가중한다는 것은 가혹할 뿐만 아니라 형사정책적 관점에서도 무의미하기 때문이다.

3) 병과주의의 가미

① 각 죄에 정한 형이 무기징역이나 무기금고 이외의 **이종의 형**(유기자유형과 벌금 또는 과료, 벌금과 과료, 자격정지와 구류와 같이 다른 종류의 형)인 때에는 병과한다(제38조 제1항 제3호). 예컨대 간통죄(장기 2년 이하의 징역)와 도박죄(500만 원 이하의 벌금·과료)가 경합범이면 2년 이하의 징역형에 500만 원 이하의 벌금·과료를 병과한다.

1095) 대판 1959. 10. 16. 4292형상279; 대판 1971. 2. 23. 71도1834.

1096) 대판 1959. 10. 24. 4292형상491.

1097) 대판 2005. 11. 10. 2005도6228.

1098) 대판 2004. 2. 13. 2003도3090.

1099) 대판 1985. 4. 23. 84도2890[甲죄의 법정형은 2년 이하의 징역 또는 2만 원 이하의 벌금이고, 乙죄의 법정형은 5년 이하의 징역 또는 5만 원 이하의 벌금인 경우 甲죄와 乙죄를 경합범으로 동시에 판결할 때에 동시적 경합범의 처단형은 가장 중한 죄에 정한 장기 또는 다액에 그 2분의 1까지 가중하되, 각 죄에 정한 형의 장기 또는 다액을 합산한 형기 또는 액수를 초과할 수 없도록 되어 있으므로(제38조 제1항 제2호), 상한은 중한 乙죄의 장기(5년)의 2분의 1(2년 6개월)을 가중하면 7년 6개월 이하의 징역이며, 또한 '5만 원×2분의 1＝2만 5천 원'을 가중한 7만 5천 원 이하의 벌금에 처한다. 그러나 각 죄에 정한 형의 **장기 또는 다액을 합산한 금액**(7년, 7만 원)을 초과할 수 없으므로 7년 이하의 징역 또는 7만 원 이하의 벌금 처단형이다. 한편 단기에 대해서는 명문을 두고 있지 않고 있으나 가장 중한 죄 아닌 죄에 정한 형의 단기가 가장 중한 죄에 정한 형의 단기보다 중한 때에는 제38조 제1항 제2호 규정의 취지에 비추어 그 중한 단기를 하한으로 한다.].

② 형법은 이종의 형에 대해서만 **예외적으로 병과주의**를 취하나, 병과해야
할 경우는 각 죄에 정한 형이 이종인 경우뿐만 아니라 1죄에 대하여
이종의 형을 병과할 것을 규정한 때에도 적용된다고 보아야 한다.1100)

(2) 사후적 경합범의 처분

1) 형의 선고

① 경합범 중 판결을 받지 아니한 죄가 있는 때에는 **그 죄와 판결이 확정**
된 죄를 동시에 판결할 경우와 형평을 고려하여 그 죄에 대하여 형을
선고한다. 이 경우 그 형을 감경 또는 면제할 수 있다(제39조 제1항)(예:
갑죄, 을죄가 있을 경우에 갑죄가 확정판결을 받은 경우에 남은 을죄에 대하여 형
을 선고한다는 뜻이다.).

② **'경합범 중 판결이 확정되지 아니한 죄가 있는 때'**란 이미 확정판결을
받은 죄가 있는 경우, 즉 제37조 후단의 경합범을 의미한다(예: 갑죄, 을죄,
병죄가 있을 경우에 갑죄가 확정판결을 받은 경우에 남은 을죄와 병죄를 뜻한다.).

③ [판례] 사후적 경합범의 처분 중 형의 선고와 관련된 판례1101)

2) 확정판결 전후에 범한 죄

① 중간에 확정판결이 있는 전후에 범한 죄는 경합범이 아니다. 이때에는
두 개의 주문(主文)에 의해 형을 선고해야 한다(사례: 갑이 범한 A, B, C,
D, E의 5죄 중 C의 죄에 대하여 확정판결이 있는 때는 A, B의 죄와 C의 죄는 경
합범이다. 그리고 D, E의 죄끼리도 경합범이지만, A, B, C의 죄와 D, E의 죄는 경
합범이 아니다. 그러므로 A, B의 죄에 대하여 징역 1년, D, E의 죄에 대하여 징역
1년에 처한다고 판결해야 한다.).1102)

② 위 사례의 경우 경합범의 규정 적용은 불가하고, 두 형이 병과되어 집

1100) 대판 1955. 6. 10. 4287형상210(경합범에 대한 형법 제38조 제1항 제2호의 규정은 경합범 중 일죄의 형
에 병과의 규정이 있는 경우에도 적용되는 것이므로 이러한 경합범에 대하여 단일형에 가중한 형을 선고하
여 타 형을 병과하지 않는 것은 위법이다.).

1101) 대판 2006. 3. 23. 2005도9678(피고인에게 유사수신행위의규제에관한법률 위반죄의 집행유예 전과 이외
에 사기죄의 징역형 전과가 있고, 위 두 전과가 모두 형법 제39조 제1항의 규정에 따라 동시에 판결할 경우
와의 형평을 고려하여야 할 대상이 되는 '판결이 확정된 죄'에 해당하는 경우, 사기죄의 판결문과 확정일에
관한 자료가 검찰 추송서에 첨부되어 제출되어 있고 원심의 공판과정에서도 그와 같은 변론이 이루어졌음이
명백히 나타나는 이상, 원심판결이 형법 제39조 제1항의 법령적용을 설시함에 있어서 단지 판결서에 위 사
기죄의 전과를 누락하였다는 사정만으로 원심이 위 규정에 정한 형평의 고려를 다하지 아니한 것으로 위법
하다고 할 수 없다.).

1102) 대판 1966. 11. 29. 66도1416; 대판 1967. 6. 20. 67도701.

행되므로 2형의 합계가 어떤가는 문제 되지 않는다. 따라서 소년에 대한 두 단기형의 합계가 5년을 초과해도 소년법 제60조 제1항 **단서의 규정**에 위반되지 않는다.[1103)]

3) 형의 집행과 경합범

경합범에 의한 판결의 선고를 받은 자가 경합범 중의 어떤 죄에 대해 **사면** 또는 형의 집행을 **면제**받은 때에는 다른 죄에 대해 **다시 형을 정한다**[그 죄에 대한 심판을 다시 한다는 뜻이 아니고, 형이 집행될 부분만 다시 정한다는 의미다(제39조 제3항). 예컨대 갑죄, 을죄, 병죄의 경합범에 의한 확정판결의 선고를 받은 자가 그 후 경합범 중에서 을죄에 형의 집행이 면제된 때에는 갑죄, 병죄에 대해서 형이 집행될 부분을 다시 정한다. 이 경우 형의 집행에 있어서는 이미 집행한 형기를 통산한다(제39조 제4항)].

▦ 판례

[**판례 1**] 예금통장과 인장을 절취한 행위와 저금 환급금 수령증을 위조한 행위는 각각 별개의 범죄라 할 것이므로 이를 경합범으로 인정하여 처단한 것은 정당하다.[1104)]

[**판례 2**] 횡령교사를 한 후 그 횡령한 물건을 취득한 때에는 횡령교사죄와 장물취득죄의 경합범이 성립된다.[1105)]

[**판례 3**] 피해자를 강간하려다 미수에 그친 다음 피해자를 살해하기로 마음먹고 피해자를 살해한 경우에는 강간 미수와 살인죄와의 경합범이 된다.[1106)]

[**판례 4**] 형법 제37조 전단의 경합범 관계에 있는 수 개의 죄를 검사가 각별히 공소를 제기한 결과 그 일부 사실에 대하여 먼저 확정판결이 있은 후에 잔여사실에 대하여 재판하게 되었을 경우에는 동법 제37조

1103) 대판 1983. 10. 25. 83도2323.
1104) 대판 1968. 12. 24. 68도1519.
1105) 대판 1969. 6. 24. 69도692.
1106) 대판 1970. 4. 28. 70도431.

후단의 경합죄로 인정하여 동법 제39조 제1항에 의하여 그에 대한 형을 선고하여야 한다.1107)

[판례 5] 확정판결 전후에 걸친 범행에 대해서는 경합가중을 할 수 없고, 확정판결 이전의 범죄와 그 이후의 범죄를 구별하여 2개의 주문으로 처단하여야 한다.1108)

[판례 6] 확정판결 전에 저지른 범죄와 확정판결 후에 저지른 범죄는 형법 제37조에서 말하는 경합관계에 있는 것이 아니다.1109)

[판례 7] 소년범에 대하여 형법 제37조 후단의 경합범에 해당한다 하여 2개의 형을 선고하는 경우에 그 단기형의 합계가 징역 5년을 초과하더라도 소년법 제54조 제1항 단서의 규정에 저촉된다고 볼 수 없다.1110)

[판례 8] 피고인의 2개의 전과에 대한 판결확정일자를 심리하여 그 일자를 확정하였더라면 이건 공소범죄사실과 위 판결이 확정된 죄와는 형법 제37조 후단의 경합범에 해당될 수도 있을 경우에 위 판결확정일자를 심리하지 아니한 원심은 심리미진 및 형법 제37조의 법리오해의 위법을 범한 것이다.1111)

1107) 대판 1966. 6. 7. 66도526.
1108) 대판 1960. 11. 19. 4293형상680.
1109) 대판 1970. 12. 22. 70도2271.
1110) 대판 1983. 10. 25. 83도2323.
1111) 대판 1981. 5. 26. 81도736; 1982. 4. 12. 80도537.

해설

[의의] 경합범과 처벌 예 경합범(競合犯)과 처벌(處罰) 예(例)란 판결이 확정되지 않은 수 개의 죄를 동시에 판결할 때에는 흡수주의(제38조 제1항 제1호: 가장 중한 죄에 정한 형이 사형 또는 무기징역이나 무기금고인 때에는 가장 중한 죄에 정한 형으로 처벌한다.), 가중주의(제38조 제1항 제2호: 각 죄에 정한 형이 사형 또는 무기징역이나 무기금고 이외의 동종의 형인 때에는 가장 중한 죄에 정한 장기 또는 다액에 그 2분의 1까지 가중하되 각 죄에 정한 형의 장기 또는 다액을 합산한 형기 또는 액수를 초과할 수 없다. 단 과료와 과료, 몰수와 몰수는 병과 할 수 있다.), 병과주의(제38조 제1항 제3호: 각 죄에 정한 형이 무기징역이나 무기금고 이외의 이종의 형인 때에는 병과한다.)에 따라 구별하여 처벌하는 것을 말한다.

제1항 제1호: [흡수주의] 가장 중한 죄에 정한 형이 사형 또는 무기징역이나 무기금고인 때에는 가장 중한 죄에 정한 형으로 처벌한다. 흡수주의를 인정하는 이유는 형의 가중이나 다른 형의 병과는 무의미하고 가혹하기 때문이다.

제1항 제2호[1112]: [가중주의] 각 죄에 정한 형이 사형 또는 무기징역이나 무기금고 이외의 동종의 형인 때에는 가장 중한 죄에 정한 장기 또는 다액에 그 2분의 1까지 가중하되[1113] 각 죄에 정한 형의 장기 또는 다액

1112) 특별법위반과 형법위반의 경합관계에도 적용된다(대판 1959. 10. 24. 4292형상491).

1113) 경합범의 각 죄에 선택형이 있는 때 먼저 처단할 형종(刑種)을 선택한 후 가장 중한 죄에 정한 선택된 형의 장기 또는 다액의 2분의 1까지를 가중한다는 뜻이다(대판 1959. 10. 16. 4292형상279; 대판 1971. 2.

을 합산한 형기 또는 액수를 초과할 수 없다. 단 과료와 과료, 몰수와 몰수는 병과할 수 있다. 甲죄의 법정형은 2년 이하의 징역 또는 2만 원 이하의 벌금이고, 乙죄의 법정형은 5년 이하의 징역 또는 5만 원 이하의 벌금인 경우 甲죄와 乙죄를 경합범으로서 동시에 판결할 때에 동시적 경합범의 처단형은 가장 중한 죄에 정한 장기 또는 다액에 그 2분의 1까지 가중하되, 각 죄에 정한 형의 장기 또는 다액을 합산한 형기 또는 액수를 초과할 수 없도록 되어 있으므로(제38조 제1항 제2호), 상한은 중한 乙죄의 장기(5년)의 2분의 1(2년 6개월)을 가중하면 7년 6개월 이하의 징역이며, 또한 '5만 원×2분의 1＝2만 5천 원'을 가중한 7만 5천 원 이하의 벌금에 처한다. 그러나 각 죄에 정한 형의 장기 또는 다액을 합산한 금액(7년, 7만 원)을 초과할 수 없으므로 7년 이하의 징역 또는 7만 원 이하 벌금의 처단형이다.

제1항 제3호: [**병과주의**] 각 죄에 정한 형이 무기징역이나 무기금고 이외 이종의 형인 때에는 병과[1114]한다[(예: 유기자유형과 벌금 또는 과료, 벌금과 과료, 자격정지와 구류와 같이 다른 종류의 형)인 때에는 병과한다(제38조 제1항 제3호)]. 예컨대 간통죄(장기 2년 이하의 징역)와 도박죄(500만 원 이하의 벌금·과료)가 경합범이면 2년 이하의 징역형에 500만 원 이하의 벌금·과료를 병과한다.

제2항: 제38조 제1항 제1호, 제2호, 제3호에서 징역과 금고는 동종(同種)의 형으로 간주하여 징역형으로 처벌한다. 유기자유형을 가중하는 때에는 50년을 넘지 못한다(제42조 단서).

■ **동시적 경합범의 처벌 사례**

[**예문**] 10년 이하의 징역인 A죄와 2년 이하의 징역인 B죄의 실체적 경합범을 동시에 판결할 경우에는 다음의 어떤 형이 적용되는가?

[**설명**]

(1) **제38조 제1항 제2호 전단** 경합범을 가중할 때는 가장 중한 죄에 정한 형

---

23. 71도1834).

1114) 병과해야 할 경우는 각 죄에 정한 형이 이종인 경우뿐만 아니라 일죄에 대하여 이종의 형 병과를 규정한 때에도 적용된다(대판 1955. 6. 10. 4287형상210).

(10년)의 장기 2분의 1까지 가중한다. 위 예문에서 10년 징역의 2분의 1은 5년이므로 가중은 15년이 된다.

(2) **제38조 제1항 제2호 후단** 각 죄에 정한 형의 장기를 합산(A죄 10년+B죄 2년)한 형기가 되는데, 위 예문에서 10년과 2년 징역의 합산은 12년이다. 전단에서 **가중**[가장 중한 죄에 정한 형(10년×1/2＝5년)의 장기 2분의 1(5년)까지 가중]은 15년이 되지만, 본 형기(A죄 10년+B죄 2년＝12년)를 초과할 수 없어, 결국 12년 이하의 징역에 처하게 된다.

판례

[판례 1] 날짜와 시간을 달리하여 각기 다른 목적으로 생아편을 소지한 행위는 각각 별개의 죄이다. 따라서 이 양자는 제37조에 규정된 경합범 관계에 있다.[1115]

[판례 2] 위조문서행사죄와 이로 인한 사기죄는 상상적 경합관계가 아니다.[1116]

[판례 3] 현주건조물에 방화하여 동 건조물에서 탈출하려는 자를 막아 타 죽게 한 경우, 현주건조물방화죄와 살인죄는 실체적 경합관계에 있다.[1117]

[판례 4] 약속어음 2매의 위조행위는 포괄일죄가 아니라 경합범이다.[1118]

[판례 5] 히로뽕판매행위와 제조행위는 각각 독립된 가벌적 행위이다. 따라서 판매행위가 판매목적의 제조행위에 흡수되는 불가벌적 사후행위라고 볼 수 없으므로 경합범으로 처단하여야 한다.[1119]

[판례 6] 상습범과 같은 이른바 포괄일죄는 그 중간에 별종의 범죄에 대한 확정판결이 끼여 있어도 그 때문에 포괄일죄가 둘로 나뉘는 것은 아니며, 또 이 경우에는 그 확정판결 전의 범죄로 다루어야 한다.[1120]

[판례 7] 법원이 동일한 범죄사실을 가지고 포괄일죄로 보지 않고 실체적 경

1115) 대판 1976. 7. 27. 76도1935.
1116) 대판 1981. 7. 28. 81도529.
1117) 대판 1983. 1. 18. 82도2341.
1118) 대판 1983. 4. 12. 82도2938.
1119) 대판 1983. 11. 8. 83도2031.
1120) 대판 1986. 2. 25. 85도2767.

합관계에 있는 죄수로 인정하였다고 하더라도 불고불리원칙에 위배
되는 것은 아니다.[1121]

해설

[예문] 甲은 A, B, C, D, E 5개의 죄를 순차로 범하였는데 C 죄에 대해서만
판결이 확정되었다.

[분석 A] **제39조 제1항** 경합범 중 판결을 받지 아니한 죄(그 죄: A, B, C＝사
후적 경합범), 판결이 확정된 죄(C죄)와 판결을 받지 아니한 죄(그
죄: A, B, C＝사후적 경합범), 동시에 판결할 경우(A, B, C,) 그
죄(판결을 받지 아니한 죄: A, B,)에 대하여 형을 선고한다. 이 경우
그 형(A, B)을 감경 또는 면제할 수 있다.

■ 도표[범죄 종료 시를 기순]

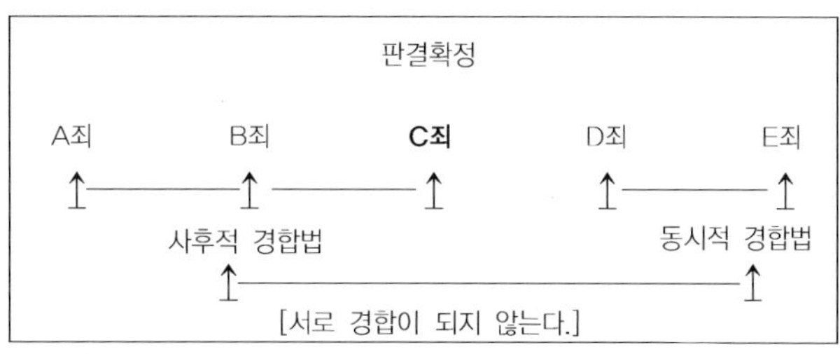

1121) 대판 1982. 6. 22. 82도938.

- A, B는 판결확정 전에 범한 죄이고, C는 판결이 확정된 죄이다.
- A, B, C는 사후적 경합범이고, D, E는 판결이 확정되지 아니한 수 개의 죄에 해당하여 동시적 경합범이다.
- A, B, C 죄 사이에 사후적 경합범이 인정되고, D, E 사이에도 동시적 경합범이 인정된다. 그러나 A, B, C 죄와 D, E 죄의 전체 사이에는 경합범이 되지 않는다.[1122) 판결확정 후의 범죄는 그 전의 범죄와 경합관계에 있는 것이 아니다.[1123)1124)

[분석 B] 제39조 제3항 경합범에 의한 판결의 선고를 받은 자(A, B, C; 사후적 경합범), **경합범**(A, B, C 죄) **중의 어떤 죄**(A죄를 사면받았다면)**에 대하여 사면 또는 형의 집행이 면제된 때 다른 죄**(B 죄, c 죄)**에 대하여 다시 형을 정한다. "다시 형을 정한다."의 의미는 그 죄에 대한 심판을 다시 한다는 뜻이 아니고, 형이 집행될 부분만 다시 정한다는 의미다.** 예컨대 갑죄, 을죄, 병죄의 경합범에 의한 확정판결의 선고를 받은 자가 그 후 경합범 중에서 을죄에 형의 집행이 면제될 때에는 갑저·병죄에 대해서 형이 집행될 부분을 다시 정한다. 이 경우 형의 집행에 있어서는 이미 집행한 형기를 통산한다(제39조 제4항).

[분석 C] 제39조 제4항 전 3항의 형(제1항, 제3항으로 A, B, C; 사후적 경합범), **형의 집행**(사형 내지 과료)**에 있어서, 이미 집행한 형기**(예: 제57조의 판결 선고 전 구금일수)**를 통산한다**(예: 갑죄에서 2년 징역확정판결을 받은 경우에 확정판결 선고 전 6개월간 미결 구금되어 있었다면 갑죄에 대한 2년 선고 시에 미결구금일수 6개월을 포함하여 2년을 선고하게 된다.).

[해설]

제1항: [형의 선고]

1122) 대판 1960. 11. 19. 4293형상680(확정판결 전후에 걸친 범행에 대해서는 경합가중을 할 수 없고, 확정판결 이전의 범죄와 그 이후의 범죄를 구별하여 2개의 주문으로 처단하여야 한다.).

1123) 대판 1970. 2. 22. 70도2271(확정판결 전에 저지른 범죄와 확정판결 후에 저지른 범죄는 형법 제37조에서 말하는 경합관계에 있는 것이 아니다.).

1124) 이때에는 경합범에 관한 규정이 적용될 필요가 없고 두 형이 병과되는 것이므로 두 형의 합계가 어떤가는 문제 되지 않는다. 대판 1983. 10. 25. 83도2323(소년범에 대하여 형법 제37조 후단의 경합범에 해당한다 하여 2개의 형을 선고하는 경우에 그 단기형의 합계가 징역 5년을 초과하더라도 소년법 제54조 제1항 단서의 규정에 저촉된다고 볼 수 없다.).

『경합범 중 판결을 받지 아니한 죄가 있는 때에는 그 죄란』이미 확정판결을 받은 죄가 있는 경우로 제37조 후단의 **사후적 경합범**을 뜻하나, 경합범을 동시에 판결할 수 없는 경우도 포함한다는 뜻이다(예: 갑죄, 을죄, 병죄에서 갑죄가 확정받은 경우에 을죄와 병죄를 뜻한다.).[1125]

『**판결이 확정된 죄란**』경합범 중 확정판결을 받은 경우이다(예: 갑죄, 을죄, 병죄에서 갑죄가 확정받은 경우에 갑죄만을 뜻한다.).

『**그 죄에 대하여 형을 선고한다.**』란 경합범 중 확정판결을 받은 죄에 대해서는 일사부재리의 원칙상 다시 판결을 할 수 없으므로 **확정판결을 받지 아니한 죄에 대해서만** 형을 선고할 수 있다는 뜻이다(예: 갑죄, 을죄, 병죄가 있을 경우에 갑죄가 확정판결을 받은 경우에 남은 을죄와 병죄를 다시 형만 정한다는 뜻이다.).

제2항: 삭제

제3항: [형의 집행과 경합범]

경합범에 의한 판결의 선고를 받은 자가 경합범 중의 어떤 죄에 대하여 사면 또는 형의 집행이 면제된 때에는 '**다른 죄에 대하여 다시 형을 정한다.**' 이것은 **경합범에 대하여 1개의 형이 선고되었을 때** 해당된다(예: 갑죄, 을죄, 병죄가 있을 경우에 갑죄가 사면 혹은 형 집행 면제를 받은 경우에 남은 을죄와 병죄를 다시 형만 정한다는 뜻이다.).

『**다른 죄에 대하여 다시 형을 정한다.**』란 그 죄에 대한 심판(審判)을 다시 한다는 뜻이 아니라, **형의 집행부분만** 다시 정한다는 의미이다 (예: 갑죄, 을죄, 병죄가 있을 경우에 갑죄가 확정판결을 받은 경우에 남은 을죄와 병죄를 다시 형만 정한다는 뜻이다.).

제4항: [형기 통산]

형의 집행에 있어서는 이미 집행한 형기도 통산한다는 의미이다(예: 갑죄에서 2년 징역확정판결을 받은 경우에 확정판결 선고 전 6개월간 미결 구금되어 있었다면 갑죄에 대한 2년 선고 시에 이미 집행된 미결구금일수 6개월의 형기를 포함하여 2년을 선고하게 된다.).

1125) 대판 1969. 3. 15. 69도169.

■ **사후적 경합범의 처벌**

(1) 형의 선고(제39조 제1항)

① 경합범 중 판결을 받지 아니한 죄가 있는 때에는 그 죄에 대하여 형을 선고한다(제39조 제1항).

② **'경합범 중 판결을 받지 아니한 죄가 있는 때'란** 이미 확정판결을 받은 죄가 있는 경우로 제37조 후단의 경합범을 의미한다. 또한 경합범을 동시에 판결할 수 없는 경우도 포함한다.[1126]

(2) 형의 집행(제39조 제1항, 제38조)

① 하나의 경합범에 대하여 2개 이상의 판결이 존재하게 된다(제39조 제1항). 따라서 이미 확정된 판결에 의하여 사형 또는 무기징역·무기금고가 선고된 경우에 다른 죄는 여기에 흡수된다.

② 그 밖의 경우 수 개의 판결은 제38조의 예에 따라 가중하거나 병과된 범위 내에서 형벌이 집행된다.

(3) 형의 집행과 경합범(제39조 제3항, 제4항)

① 경합범에 의해 판결의 선고를 받은 자가 어떤 죄에 대하여 사면 또는 형의 집행을 면제받은 때는 다른 죄에 대하여 다시 형을 정한다(경합범에 대하여 1개의 형이 선고 때)(제39조 제3항).

② **'다시 형을 정한다'**의 의미는 그 죄에 대한 심판을 다시 한다는 것이 아니고, 형의 집행부분만 다시 정한다는 의미다. 이때 형의 집행에 있어서는 이미 집행한 형기를 통산한다(제39조 제4항).

▨ 판례

[**판례 1**] 경합범이라 하더라도 별도로 공소제기가 되어 동시에 판결할 수 없을 때에는 각각 판결할 수밖에 없다.[1127]

1126) 대판 1969. 3. 15. 69도169.
1127) 대판 1969. 3. 15. 69도169.

제40조
상상적 경합

1개의 행위가 수 개의 죄에 해당하는 경우에는 가장 중한 죄에 정한 형으로 처벌한다.

해설

[의의] 상상적 경합(想像的 競合)이란 한 개의 행위가 수 개의 죄에 해당하는 경우를 말한다. 상상적 경합범 중 가장 중한 죄에 정한 형으로 처벌한다.
[사례] 1개의 돌을 던져 재물을 손괴하고 사람에게 상해를 입힌 경우를 말한다.

구별개념	
상상적 경합(想像的 競合)	법조 경합(法條 競合)
① 1개의 행위가 수 개의 죄에 해당한다. ② 수 개의 구성요건에 해당하는 수 개의 법익침해 또는 위태화가 있으므로 실질상 수죄이다.	① 1개의 행위로 1개의 죄에 해당한다. ② 단지 적용될 법조 사이에 외관상의 경합이 있을 뿐 법익의 침해는 단일하므로 일죄이다.
상상적 경합(想像的 競合)	실체적 경합범(競合犯)
① 1개의 행위로 수 개의 죄를 범하고 처분상 일죄로 취급된다. ② 우리 형법은 견연범(牽連犯)에 관한 규정이 없다. 따라서 그 취급상 견해가 대립된다. ㉠ 실체적 경합범이라는 견해1128) ㉡ 상상적 경합범이라는 견해1129) ㉢ 견연범은 원칙적으로 경합범에 해당하나 행위의 동일성이 인정되는 범위에서 상상적 경합범이 성립한다.1130) ㉣ 견연범은 법규정이 없는 만큼 죄수결정의 일반적 기준에 따라 실체적 경합, 상상적 경합 또는 포괄일죄가 될 수 있다고 해야 한다.1131)	① 수 개의 행위로 수 개의 죄를 범하고 수죄로 취급된다 (제37조 이하).

1128) 정영석, 총론, 283면; 배종대, 총론, 666면; 손동권, 총론, 507면.

1129) 유기천, 총론, 324면.

1130) 이재상, 총론, 530면.

1131) 오영근, 총론, 803면; 진계호 · 이존걸, 총론, 671면.

■ 학설

■ 수죄(數罪)

Ⅰ. 상상적 경합(想像的 競合)

1. 상상적 경합의 본질

상상적 경합에 대해 일죄(一罪)다 수죄(數罪)다 하며 견해가 대립되고 있으나, 수죄(數罪)라는 것이 **통설**[1132] 및 **판례**[1133]이며, 형법 제40조에 '수 개의 죄'로 명시하고 있기 때문에 실질적으로는 수죄이지만 과형상 일죄라는 통설이 타당하다.[1134]

2. 상상적 경합의 성립요건

상상적 경합은 1개의 행위가 수 개의 죄에 해당할 때 성립하므로(제40조) 행위의 단일성과 수 개의 죄라는 요건을 필요로 한다.

(1) 행위의 단일성(행위의 1개)
　① **행위단일성의 의미** 상상적 경합은 1개의 행위가 있어야 한다. 한 개의 행위라는 의미를 자연적 행위단일[1135] 또는 사회통념상 행위단일[1136]로 본 견해가 있으나, 법적 견지에서 구성요건적 행위단일성을 의미한다고 해야 한다.[1137]
　② **실행행위의 완전동일성** 폭탄 하나를 던져서 살인과 상해와 재물손괴의 결과가 발생한 경우처럼 수죄를 발생시킨 실행행위가 완전히 동일할

1132) 이형국, 연구Ⅱ, 727면; 김일수·서보학, 총론, 692면; 이재상, 총론, 538면; 배종대, 총론, 540면; 손동권, 총론, 506면; 박상기, 총론, 492면; 임웅, 총론, 507면.

1133) 대판 1961. 9. 28. 4294형상415.

1134) 진계호·이존걸, 총론, 672면.

1135) 정영석, 총론, 284면; 정성근·박광민, 총론, 628면; 손해목(공저), 총론, 506면.

1136) 오영근, 총론, 804면.

1137) 이재상, 총론, 531면; 배종대, 총론, 666면; 손동권, 총칙론, 507면; 이정원, 총론, 482면; 김성천·김형준, 총론, 571면; 정영일, 개론, 274면.

때는 1개의 행위를 인정한다.

1) 고의범과 과실범	
설명	고의범과 과실범 간에도 실행행위의 동일성이 인정되면 상상적 경합이 가능하다.
사례	폭탄을 던져 고의로 재물을 손괴하고 과실로 사람을 살해한 경우에 고의범인 재물손괴죄와 과실치사죄는 상상적 경합이다.
2) 수 개의 부작위범	
설명	수 개의 부작위범 간에 기대되는 행위의 동일성이 인정되면 상상적 경합이 된다.
사례	유아원의 유모가 갑(甲) 유아에게는 수유를 하지 않고, 을(乙) 유아에게는 옷을 갈아입히지 않았다. 그로 인하여 갑 유아는 굶어 죽고, 을 유아는 질병에 걸렸다.
주의	작위범과 부작위범 간에는 상상적 경합이 있을 수 없는데, 이는 행위의 동일성을 인정하지 않기 때문이다.

③ **실행의 부분적 동일성** 기망의 목적으로 문서를 위조하면 사기와 문서위조 간에는 상상적 경합이 되는 것처럼, 실행행위의 부분적 동일성이 인정되어도 1개의 행위가 된다.[1138] 그러나 **판례**는 실체적 경합(實體的 競合)을 인정하였다.[1139]

1) 결합범과 연속범	
설명	결합범은 실행행위의 일부가 같으면 상상적 경합이 인정된다. 연속범의 일부행위로 인하여 일어난 범죄에 대해서도 같다.
사례	결합범의 경우에 공무집행 중인 경찰관에게 폭행의사로 폭행을 가해 상해를 입힌 때에는 공무집행방해죄와 폭행치상죄의 상상적 경합이 된다. 연속범의 경우에 연속적 절도행위의 어떤 과정에서 재물손괴가 발생하였다면 절도죄 전체와 재물손괴죄는 상상적 경합이 된다. 판례도 같은 취지이다.[1140]
2) 결과적 가중범	
설명	결과적 가중범도 실행행위의 일부가 같으면 상상적 경합이 인정된다. 따라서 결과적 가중범에서 중한 결과를 고의로 발생시킨 경우에는 고의범과 결과적 가중범의 상상적 경합이 된다.
사례	살인 고의로 현주건조물에 방화해 살해하면 현주건조물방화치사죄와 살인죄의 상상적 경합이 된다.
3) 목적범	
설명	목적범은 목적을 달성하기 전까지의 여러 행위에 대해서 실행행위의 동일성이 인정되어 상상적 경합이 가능하다.
사례	사문서위조죄와 위조 사문서행사죄 및 사기죄는 상상적 경합이 된다. **판례**는 위조사문서행사죄나 위조통화행사죄와 사기죄,[1141] 문서위조죄와 동행사죄는[1142] 경합범으로 본다.[1143]
4) 계속범	
설명	계속범이 다른 범죄를 실현하기 위한 수단이 된 때에는 실행행위의 부분적 동일성이 인정되므로 상상적 경합이 된다.
사례	강간을 위한 감금 때는 상상적 경합이 된다.[1144]
주의	주거침입죄·미성년자약취유인죄·감금죄와 같은 계속범과 그중에 범한 범죄 간에 단지 동시성만 인정된 때는 실행행위의 동일성이 인정되지 않아 실체적 경합범이 된다. 주거침입기회에 범한 강간의 경우[1145]

1138) 배종대, 총론, 541면; 김일수, 원론, 1112면.

1139) 대판 1981. 7. 28. 81도529.

1140) 대판 1992. 7. 28. 92도917(절도범이 체포를 면탈할 목적으로 경찰관에게 폭행·협박을 한 때에는 준강도죄와 공무집행방해죄의 상상적 경합관계에 있으나, 강도범이 체포를 면탈할 목적으로 경찰관에게 폭행을 한 때에는 강도죄와 공무집행방해죄의 실체적 경합관계에 있다고 한다.).

1141) 대판 1979. 7. 10. 79도840.

1142) 대판 1981. 7. 28. 81도529; 대판 1983. 7. 26. 83도1378.

④ 연결효과에 의한 상상적 경합

설명	연결효과에 의한 상상적 경합이란 2개의 행위가 상호 간에 부분적 동일성은 없으나, 제3의 행위와는 각각 부분적 동일성이 있는 경우에 본래의 2개의 행위 간에도 경합을 인정할 수 있다는 것이다. 이에 대해 연결행위로 인하여 다른 두 개의 행위가 한 개로 될 수 없다는 견해[1146]와 연결효과에 의한 상상적 경합은 독일 판례가 개발한 이래 연결구실을 하는 제3의 행위의 불법내용이 다른 범죄들보다 경하지 않을 것을 조건으로 하여(예: 강도는 상해 및 재물손괴보다도 중함) 상상적 경합을 인정할 수 있다는 견해이다.[1147]
사례	강도가 폭행 중에 상해를, 재물강취 중에 재물손괴를 범한 경우에 상해와 재물손괴 사이에는 실행행위의 일치가 없었더라도 강도의 실행행위에 각각 연결되어 상상적 경합이 인정된다는 것이다.
주의	판례도 수뢰 후 허위공문서작성과 동행사죄 사이에는 실체적 경합관계이다. 그러나 양 죄와 수뢰후부정처사죄는 각각 상상적 경합관계에 있다. 그러므로 각 법정형을 비교하여 가장 중한 형으로 처단하면 된다. 따라서 경합범가중을 할 필요가 없다.[1148] 결국 연결효과에 의한 상상적 경합을 인정하고 있는 것이다.

(2) 수 개의 죄 상상적 경합은 1개의 행위가 수 개의 구성요건, 위법 및 유책해야 한다.

1) 이종(異種)의 상상적 경합

설명	한 개의 행위가 서로 다른 수 개의 구성요건에 해당하는 이종의 상상적 경합이 성립할 수 있다.
사례	재물손괴와 과실상해와 같은 결과범, 위증죄와 모욕죄와 같은 거동범 상호 간에 상상적 경합범이 가능하다.

2) 동종(同種)의 상상적 경합

설명	하나의 행위가 같은 구성요건을 수 개 실현하는 동종의 상상적 경합이 가능한가에 **의사표준설**(행위도 단일, 법적 판단도 동종)의 입장인 단순일죄(부정설)[1149]와 **법익표준설**의 입장에서 1개의 행위에 의해서 구성요건상 예기되는 수 개의 법익을 침해하였을 때에는 이에 따라 수 개의 구성요건적 평가를 하지 않을 수 없으므로 상상적 경합을 긍정한 설(인정설)[1150]이 있다. 그러나 **전속적 법익**(생명·신체·자유·명예 등과 국가적·사회적 법익 등)을 침해한 경우에는 상상적 경합이 성립하지만, **비전속적 법익**(재산죄·공공의 법익 등)을 침해한 경우(구성요건실현의 단순한 양적 증가에 불과하기 때문)에는 단순일죄가 될 뿐이라고 해야 한다.[1151] ㉠ **전속적 법익** 전속적 법익(생명·신체·자유·명예 등)을 침해한 경우에는 법익주체의 수에 상응하여 구성요건적으로 개별적인 고유가치가 인정되기 때문에 법익주체의 수에 따른 수 개의 구성요건적 해당성이 인정된다(상상적 경합이 가능). [사례] 1개의 행위로 수인을 살해 또는 상해한 때에는 그 주체의 수에 상응하는 살인죄 또는 상해죄의 상상적 경합이 성립한다. 국가적·사회적 법익에서도 그 법익이 구성요건적으로 개인의 고유법익을 보호해 주어야 할 경우에는 동일하다. [사례] 1개의 행위로 수인을 무고하거나 수인의 공무집행을 방해한 경우,[1152] 수인의 명의를 사용하여 문서를 위조한 경우,[1153] 수 개의 문서를 동시에 행사한 경우,[1154] 수인의 공무원에게 증뢰한 경우, 수인에게 위증을 교사한 경우 상상적 경합이 성립한다.

1143) 대판 1983. 7. 26. 83도1378(허위공문서작성죄와 동행사죄는 실체적 경합관계에 있다.); 대판 1981. 7. 28. 81도529(위조사문서행사죄와 이로 인한 사기죄는 상상적 경합관계에 있다고 볼 수 없다.).

1144) 대판 1983. 4. 26. 83도323.

1145) 대판 1983. 4. 12. 83도422.

1146) 이재상, 총론, 534면; 박상기, 총론, 497면; 손해목, 총론, 1145면; 오영근, 총론, 812면.

1147) 김일수·서보학, 총론, 695면; 배종대, 총론, 542면; 이형국, 총론, 428면; 임웅, 총론, 570면; 정성근·박광민, 총론, 630면; 이정원, 총론, 485면.

1148) 대판 1983. 7. 26. 83도1378(**허위공문서작성죄와 동행사죄**가 **수뢰후부정처사죄**와 각각 상상적 경합관계에 있을 때에는 **허위공문서작성죄**와 **동행사죄** 상호 간은 실체적 경합관계에 있다. 그러므로 상상적 경합관계에 있는 수뢰후부정처사죄와 대비하여 **허위공문서작성죄**와 **동행사죄**를 가장 중한 죄에 정한 형으로 처단하면 족하다. 별도로 경합가중을 할 필요는 없다.).

ⓛ **비전속적 법익** 비전속적 법익(재산죄 등)을 침해한 경우에는 구성요건적으로 개별적인 고유가치가 인정되지 않기 때문에 동종의 상상적 경합이 성립되지 않는다.
[사례] 수인의 소유에 속하는 재물을 1개의 행위에 의하여 손괴하거나 절취하여도 단순일죄에 불과하게 된다.
비전속적 법익(공공의 법익)에 있어서도 상상적 경합이 성립되지 않는다.
[사례] 1개의 행위로 수 개의 건조물에 방화한 경우에는 1개의 방화죄가 성립할 뿐이다.

3. 상상적 경합의 법적 효과

(1) 실체법적 효과

1) 기본적 효과	상상적 경합이 인정되면 수 개의 죄 중에서 가장 중한 죄(가장 중한 법정형)에 정한 형으로 처벌한다(제40조). 이때 형의 경중은 형법 제50조에 의한다. [사례] 공무집행방해죄와 상해죄의 상상적 경합이 성립하면 중한 죄인 상해죄의 형으로 처벌한다.
2) 제38조 제2항의 적용 여부	경합범에서 동종 형으로 간주한 징역과 금고는 징역형으로 처벌하도록 하고 있다(제38조 제2항). 그러나 징역과 금고가 상상적 경합이 될 때는 제38조 제2항이 준용되지 않는다.1155)
3) 형의 경중 비교	㉠ **중점적 대조주의** 중한 형만 비교하여 대조하면 된다. ㉡ **전체적 대조주의** 실질적 수죄로 본 상상적 경합의 본질상 상·하한을 모두 비교해야 한다는 전체적 대조주의가 타당하다(**통설**). 그리고 경한 죄에 병과형 또는 부가형이 있을 때에도 이를 병과해야 한다. [판례] 전체적 대조주의를 취하고 있다.1156)

(2) 소송법적 효과

1) 기판력	상상적 경합은 과형상 일죄이다. 따라서 상상적 경합관계에 있는 수 개의 죄 중에서 어떤 죄에 대한 확정판결이 있을 때는 전부에 기판력이 발생한다.1157)
2) 공소제기	수 개의 죄 중 일부에 대한 공소제기는 전체에 대해 그 효력이 미친다.
3) 판결이유	상상적 경합관계에 있는 수죄 중 일부만 유죄로 인정될 경우 무죄·공소기각 또는 면소판결의 부분은 판결주문에 표시할 필요가 없다.1158) 판결이유에서 설시하면 된다.1159)
4) 범죄사실과 적용 법조	상상적 경합은 실질상 수죄이므로 판결이유에 상상적 경합관계에 있는 모든 범죄의 범죄사실과 적용 법조를 기재해야 한다. 일부분이 무죄인 때에는 그 이유를 설시해야 한다.

1149) 이건호, 개론, 206면; 황산덕, 총론, 300면.

1150) 유기천, 총론, 322면; 성영식, 총론, 285면; 이형국, 총론, 429면

1151) 이재상, 총론, 585면; 김일수·서보학, 총론, 696면; 배종대, 총론, 668면; 임웅, 총론, 510면; 박상기, 총론, 493면; 정성근·박광민, 총론, 626면; 오영근, 총론, 809면; 손동권, 총칙론, 511면; 안동준, 총론, 320면; 이정원, 총론, 486면; 진계호·이존걸, 총론, 677면.

1152) 대판 1991. 9. 28. 4294형상415.

1153) 대판 1987. 7. 21. 87도564.

1154) 대판 956. 9. 7. 4289형상188.

1155) 대판 1976. 1. 27. 75도1543.

1156) 대판 1984. 2. 28. 83도3160(수죄의 법정형 가운데 상한과 하한이 모두 중한 형에 의하여 처벌해야 한다. 술에 취해 길을 가던 여자의 물건을 강취하고 강간하려다 미수에 그쳤으나 상해를 입었다. 그렇다면 하나의 행위가 강도강간미수와 강도상해에 해당하므로 강도강간미수와 강도상해죄의 상상적 경합에 해당한다.).

▨ 판례

[판례 1] 여러 개 문서의 일괄행사는 상상적 경합에 해당된다.1161)

[판례 2] 입시문제를 절취하여 이용한 경우 공용서류 등 무효죄와 위계에 의한 공무집행방해죄는 상상적 경합관계에 있다.1162)

[판례 3] 형법 제40조에서 말하는 한 개의 행위란 법적 평가를 떠나 사회관념상 행위가 사물자연의 상태로서 한 개로 평가되는 것을 말한다.1163)

[판례 4] 정당 당비의 대납행위가 공직선거법 제257조 제1항 제1호 위반죄에 해당하는 경우, 그 당비는 이를 기부받은 당원이 그 정당에 납부한 것으로 보아야 하므로, 이러한 당비 대납행위를 그 소속당원의 명의를 빌리거나 가장하여 스스로 정당에 정치자금을 기부하는 행위로서 정치자금법 제48조 제3호 위반죄에도 동시에 해당하여 위 공직선거법 위반죄와 상상적 경합관계에 있다고 볼 수는 없다.1164)

[판례 5] 소비자보호원을 비방할 목적으로 18회에 걸쳐서 출판물에 의하여 공연히 허위의 사실을 유포함으로써 출판물에 의한 명예훼손죄와 업무방해죄에 해당한 경우에 상상적 경합을 인정하였다.1165)

[판례 6] 업무상 과실로 인하여 교량을 손괴하여 자동차의 교통을 방해하고 그

1157) 대판 1990. 1. 25. 89도252(단일하고 계속된 범의 아래 같은 장소에서 반복하여 여러 사람으로부터 계 불입금을 편취한 소위는 피해자별로 포괄하여 1개의 사기죄가 성립하고 이들 포괄일죄 상호 간은 상상적 경합관계에 있다고 볼 것이므로 그중 일부 피해자들로부터 계 불입금을 편취하였다는 공소사실에 대하여 확정판결이 있었다면 나머지 피해자들에 대한 이 사건 공소사실에 대해서도 위 판결의 기판력이 미치게 된다고 할 것이다.).

1158) 대판 1983. 8. 23. 83도1288.

1159) 대판 1968. 3. 5. 68도105.

1160) 대판 1983. 4. 26. 83도323.

1161) 대판 1956. 9. 7. 4290형상309.

1162) 대판 1966. 4. 26. 66도30.

1163) 대판 1987. 2. 24. 86도2731.

1164) 대판 2007. 2. 22. 2006도7058.

1165) 대판 1993. 4. 13. 92도3035.

결과 자동차를 추락시켜 업무상 과실일반교통방해죄와 업무상과실
자동차추락죄에 해당하는 경우에 상상적 경합을 인정하였다.1166)

[판례 7] 특수공무방해죄의 기회에 고의로 공무원을 상해하여 상해죄와 특수
공무반해치상죄에 해당한 경우에 상상적 경합을 인정하였다.1167)

[판례 8] 상대방을 협박하여 법정중개수수료 상한을 초과한 금품을 받아 공갈
죄와 부동산중개업위반에 해당한 경우에 상상적 경합을 인정하였다.1168)

[판례 9] 수표를 발행하여 지급되지 아니하게 한 부정수표단속법 위반죄와
업무상 배임죄에 해당한 경우에 상상적 경합을 인정하였다.1169)

[판례 10] 무단으로 주차장의 용도를 변경하여 주차장법 위반죄와 건축법 위
반죄에 해당한 경우에 상상적 경합을 인정하였다.1170)

II. 상상적 경합범과 일죄, 법조경합, 포괄일죄

■ 일죄(一罪)

1. 일죄(一罪)의 의의

일죄(단순일죄 · 본래의 일죄 · 실질상 일죄 · 이론상 일죄)란 어떤 범죄행위가 1개의
구성요건에 1회 해당되는 경우를 말한다. 법조경합과 포괄일죄도 일죄로 취급된
다. 과형상 일죄는 상상적 경합의 경우처럼 본래는 수죄이나 과형상 일죄로 처
벌하기에 엄격한 차원에서 일죄라고 할 수 없다. 일죄에 대한 도식은 다음과 같다.

		법조경합 ⇒	특별관계, 부충관계, 흡수관계
일죄(一罪) ⇒	단순일죄 ⇒	포괄일죄 ⇒	결합범, 계속범, 집합범, 접속범, 연속범
	과형상 일죄 ⇒	상상적 경합	

1166) 대판 1997. 11. 28. 97도1740.
1167) 대판 1995. 1. 20. 94도2842.
1168) 대판 1996. 10. 15. 96도1301.
1169) 대판 2004. 5. 13. 2004도1299.
1170) 대판 2004. 11. 11. 2004도5601.

2. 법조경합(法條競合)

법 조 경 합	(1) 의의		**법조경합**이란 한 개 또는 수 개의 행위가 외관상 수 개의 구성요건에 해당하는 것처럼 보이지만 성질상 하나의 구성요건만 적용되고 다른 구성요건을 배제하기 때문에 단순일죄가 되는 경우를 말한다(판례의 입장도 같은 취지이다.).[1171]
법 조 경 합	(2) 태양[1172]	① 특별 관계	**특별관계**란 2개의 형벌법규가 서로 특별법과 일반법의 관계에 있는 경우 특별법우선의 원칙에 의해 특별법만 적용되고 일반법은 적용되지 않는 경우를 말한다(**"특별법은 일반법에 우선한다."**는 법리에 근거). ⓐ **특별관계가 인정되는 경우** 가중적·감경적 구성요건과 기본구성요건과의 관계이다. ㉠ 존속살해죄(제250조 제2항)의 경우에 존속살해죄가 적용되고 ⇒ 살인죄(제250조 제1항)는 적용되지 않는다. ㉡ 특수폭행죄(제261조)와 특수절도죄(제331조)는 ⇒ 폭행죄(제260조)나 절도죄(제329조)에 우선하여 적용된다. ㉢ 영아살해죄(제251조)와 촉탁·승낙살인죄(제252조 제1항)도 ⇒ 살인죄에 대한 특별관계에 있다. ㉣ 결합범인 강도죄(제333조)는 ⇒ 절도·폭행·협박죄에 대해 특별관계가 있다. 결과적 가중범인 상해치사죄(제259조)는 ⇒ 상해와 과실치사죄의 특별관계가 있다. ㉤ 일반형벌법규와 특별형벌법규와의 관계에서 야간에 폭행을 한 경우에 ⇒ 특별법인 폭력행위등처벌에관한법률 제2조의 적용을 받고 일반형법인 형법 제260조는 적용되지 않는다. ⓑ **특별관계가 될 수 없는 경우** 특별관계에 있어서 특별법의 구성요건을 충족하는 행위는 일반법의 구성요건을 충족하나, 일반법의 구성요건을 충족하는 행위는 일반법의 구성요건을 충족하지 못한다.[1173] 특별관계를 인정키 위해서는 특별형벌법규의 구성요건이 일반형벌법규의 그것을 포함하고 법익을 같이할 것을 요건으로 한다. [사례] 구 도로교통법 제74조의 업무상 과실건조물손괴죄의 규정은 형법 제189조 제2항, 제187조의 업무상 과실자동차파괴죄에 대해 보호법익이 다르고 행위가 손괴로 확대되었다는 점에서 특별관계가 될 수 없고[1174] 별개의 독립된 구성요건이다.
법 조 경 합	(2) 태양[1175]	② 보충 관계	**보충관계**란 어떤 형벌법규가 다른 형벌법규의 적용이 없을 때에 보충적(명시적, 묵시적)으로 적용되는 경우를 말한다(**"기본법은 보충법에 우선 한다."**는 법리에 근거). ⓐ **명시적 보충관계** 형법 법조문(명시적)으로 인정하는 보충관계로, 일반이적죄(제99조)는 외환유치죄(제92조)·여적죄(제93조)·모병이적죄(제94조)에 대해서, 일반건조물방화죄(제166조 제1항)는 현주건조물방화죄(제164조)·공용건조물방화죄(제165조)에 대해서, 일반물건방화죄(제167조)는 현주건조물방화죄·공용건조물방화죄·일반건조물반화죄와 명시적 보충관계다. ⓑ **묵시적 보충관계** 형벌법규의 해석에 의해 인정된 묵시적 보충관계로 불가벌적 사전행위와 침해방법에 따른 경우가 있다. ㉠ **불가벌적 사전행위:** 결과범죄로서 예비는 미수·기수에 대해, 미수는 기수에 대해 보충관계에 있으며, 처벌의 대상이 되지 않는다. ㉡ **침해방법** 가벼운 침해방법은 무거운 침해방법에 대하여 보충관계에 있다. 방조범은 교사범과 정범에 대해, 교사범은 정범에 대해, 부작위범은 작위범에 대해 보충관계에 있다.
법 조 경 합	(2) 태양	③ 흡수 관계	**흡수관계**란 어느 구성요건에 해당하는 행위의 불법·책임내용이 다른 행위의 것을 포함하면서 특별관계나 보충관계에 해당하지 않는 경우를 말한다(**"전부법은 부분법을 폐지한다."**는 법리에 근거하여 흡수법만 적용된다.). ㉠ **불가벌적 수반행위** 불가벌적 수반행위란 행위자가 특정한 죄를 범하면 일반적·전형적으로 다른 구성요건을 충족하고 그 구성요건의 불법이나 책임의 내용이 주된 범죄에 비해 경미하기 때문에 처벌이 별도로 고려되지 않는 경우를 말한다.[1176] [사례] 살인행위에 수반하는 상해·폭행 또는 재물손괴행위는 살인죄에 흡수된다.[1177] ㉡ **불가벌적 사전행위** 불가벌적 사전행위란 주된 범행에 앞서 그 범행의 실행에 영향을 미치고, 같은 법익에 대한 위해를 도모하는 법익침해행위를 말한다. [사례] 강간의 전 단계에서 행하는 강제추행은 강간에 흡수된다. ㉢ **불가벌적 사후행위** 불가벌적 사후행위란 범죄로 획득한 위법한 이익을 확보·사용·처분하는 행위는 별개의 구성요건에 해당하나, 그 불법은 주된 범죄에서 이미 평가되었기에 별도의 범죄를 구성하지 않는 경우 ⇒ 절도·횡령·사기한 재물을 손괴했을 때 별도로

| 법
조
경
합 | (2) 태양 | 흡수
관계 | 손괴죄가 구성되지 않는다.
■ **법적 성질**
ⓐ 불가벌적 사후행위와 주된 선행행위의 관계에 대해서는 보충관계로 보는 견해[1178]
ⓑ 실체적 경합에 해당하지만 인적 처벌조각사유로 보는 견해[1179]
ⓒ 법조경합에 해당하는 불가벌적 사후행위는 형식적으로는 구성요건에 해당하는 위법한 행위이지만, 이미 주된 범죄행위에 의해서 전형적으로는 충분히 예상될 수 있는 행위이므로 실질적으로는 흡수관계에 있다고 해야 한다.[1180]
■ **요건**
ⓐ 사후행위는 외관상 범죄의 구성요건에 해당해야 한다.
[사례] 절도범이 절취한 재물을 소비하거나 소지한 경우에 횡령죄나 장물죄의 구성요건에 해당하지 않으므로 불가벌적 사후행위가 아니다.
ⓑ 사후행위는 주된 범죄와 동일한 보호법익 또는 동일한 행위객체를 침해해야 하되 그 침해의 양을 초과해서는 안 된다.[사례 A] 절도·횡령·사기로 취득한 재물을 손괴하거나 반환거부행위는 불가벌적 사후행위이다.
[사례 B] 절취 또는 갈취한 물건으로 제3자를 기망하여 재산상 이익을 취득한 자는 별도의 사기죄가 구성한다.
ⓒ 주된 범죄가 공소시효의 완성, 소송조건의 결여 등으로 처벌할 수 없는 경우에 사후행위는 불가벌이다.
ⓓ 사후행위는 이에 가담한 제3자에 대한 관계에서는 주된 행위가 되어 정범이 불가벌적 사후행위로 처벌되지 않는 경우에도 그의 사후행위에 관여한 자는 그 사후행위의 공범으로 처벌될 수 있다. |

1171) 대판 2003. 4. 8. 2002도6033; 대판 2000. 7. 7. 2000도1899; 대판 1998. 3. 24. 97도2956(상상적 경합은 1개의 행위가 실질적으로 수 개의 구성요건을 충족하는 경우를 말하고, 법조경합은 1개의 행위가 외관상 수 개의 죄의 구성요건에 해당하는 것처럼 보이나 실질적으로 1죄만을 구성하는 경우를 말하며, 실질적으로 1죄인가 수죄인가는 구성요건적 평가와 보호법익의 측면에서 고찰하여 판단해야 한다.).

1172) 절도죄와 횡령죄처럼 성질상 양립할 수 없는 두 개의 구성요건에서 어느 하나만 적용되는 택일관계도 법조경합에 포함시켜야 한다는 견해(유기천, 총론, 1980, 311면; 정영석, 총론, 280면; 손해목(8인 공저), 총론, 499면; 정성근·박광민, 총론, 617면)와 같은 행위가 수 개의 법조에 해당하는 것으로 나타나는 법조경합과는 구별되어야 하므로 택일관계는 법조경합에 포함되지 않는다고 해야 한다(이형국, 연구Ⅱ, 721면; 이재상, 총론, 521면; 배종대, 총론, 536면; 김일수·서보학, 총론, 663면; 손해목, 총론, 1132면; 손동권, 총칙론, 499면; 진계호·이존걸, 총론, 651면).

1173) 대판 2005. 2. 17. 2004도6940; 대판 2003. 4. 8. 2002도6033; 대판 1993. 6. 22. 93도498.

1174) 대판 1983. 9. 27. 82도671.

1175) 절도죄와 횡령죄처럼 성질상 양립할 수 없는 두 개의 구성요건에서 어느 하나만 적용되는 택일관계도 법조경합에 포함시켜야 한다는 견해(유기천, 총론, 1980, 311면; 정영석, 총론, 280면; 손해목(8인 공저), 총론, 499면; 정성근·박광민, 총론, 617면)와 같은 행위가 수 개의 법조에 해당하는 것으로 나타나는 법조경합과는 구별되어야 하므로 택일관계는 법조경합에 포함되지 않는다고 해야 한다(이형국, 연구Ⅱ, 721면; 이재상, 총론, 521면; 배종대, 총론, 536면; 김일수·서부학, 총론, 663면; 손해목, 총론, 1132면; 손동권, 총칙론, 499면; 진계호·이존걸, 총론, 651면).

1176) 대판 1997. 4. 17. 96도3376.

1177) 대판 1982. 6. 22. 82도705; 대판 1996. 9. 24. 96도2151; 대판 1976. 12. 14. 76도3375; 대판 1978. 9. 26. 78도1787; 대판 1990. 1. 25. 89도1211; 대판 1997. 4. 17. 96도3376(낙태행위에 수반되는 상해행위, 자동차절취와 그 속의 휘발유절도, 강도행위에 수반되는 폭행 및 협박행위, 감금수단으로서 행사된 단순한 협박행위, 공갈죄의 수단으로서 한 협박, 상해를 가하면서 행한 협박행위, 사문서위조와 인장위조행위, 향정신성의약품을 수수한 후에 이를 소지하는 행위, 반란의 진행과정에서 그에 수반하여 일어난 지휘관 계엄지역 숙소이탈 및 불법진퇴 등).

1178) Schmidhäuser, *AT*, 1982, S. 440; Schrönke/Schröder/Stree, *StGB*, Vor § 52, Rdn. 112; Stradenwerth, *AT*, 1, 3. Aufl., S. 314.

1179) Maurach/Gössel/Zipf, *AT*, Tb. 2, 6. Aufl., 1984, S. 397.

3. 포괄일죄(包括一罪)

포 괄 일 죄	**(1) 의의**		**포괄일죄**(실체법상[1181] 및 소송법상[1182] 일죄로 가장 중한 죄의 1죄만 성립한다.)란 수 개의 행위가 포괄적으로 1개의 구성요건에 해당하여 일죄를 구성하는 경우를 말한다. 판례상 포괄일죄의 성립요건으로는 동일한 피해법익의 침해일 것,[1183] 범의의 단일 또는 계속적인 의사의 발동에 의할 것,[1184] 행하여진 수 개의 행위가 시간적 계속성이 인정될 것,[1185] 죄질이 동일할 것[1186] 등을 요구하고 있다.
	(2) 태양	① 결합범	**결합범**이란 개별적으로 독립된 범죄의 구성요건에 해당하는 수 개의 행위가 결합하여 일죄를 구성하는 경우를 말한다. ㉠ 강도죄(제333조)는 폭행죄 또는 협박죄와 절도죄 ⇒ 강도죄[1187] = (폭행죄 또는 협박죄 + 절도죄) ㉡ 강도강간죄(제339조는 강도죄와 강간죄) ⇒ 강도강간죄 = (강도죄 + 강간죄) ㉢ 강도살인죄(제338조)는 강도죄와 살인죄의 결합범 ⇒ 강도살인죄 = (강도죄 + 살인죄)[1188] ㉣ 준강도죄(제335조)는 ⇒ (절도죄 + 폭행 · 협박죄)[1189]의 결합범이다.
		② 계속범[1190]	**계속범**이란 일정시간 동안 위법상태가 계속되는 범죄 유형을 말한다. ■ 주거침입죄(제319조 제1항), 미성년자약취유인죄(제287조), 감금죄(제276조) 등이 이에 해당한다. 직무유기죄도 위법한 부작위상태가 계속되는 한 가벌적 위법상태가 계속 존재하는 계속범이다.[1191]
		③ 접속범	**접속범**이란 수 개의 행위가 동일한 기회에 시간적 · 장소적으로 근접한 상황에서 행하여지는 경우를 말한다. ㉠ 절도범이 문 앞에 차를 대기해 놓고 재물을 수차례 반출한 경우[1192]에 속한다. ㉡ 간첩죄(제98조), 범죄단체조직죄(제114조), 통화위조죄(제207조), 마약관련죄 등과 같이 구성요건이 반복된 수 개의 행위를 예상한 범죄도 포괄하여 일죄가 된다. ㉢ **접속범의 성립요건** 　ⓐ 반복된 행위의 시간적 · 상소적 접속성이 있을 것 　ⓑ 단일한 범의에 의한 행위의 단일성일 것 　ⓒ 피해법익의 동일성 등을 구비할 것
		④ 연속범	**연속범**이란 연속된 수 개의 행위가 시간적 · 장소적으로 계속된 상태에서 동일법익을 침해하는 것을 말한다. ㉠ 절도범이 창고에서 수일에 걸쳐 매일 밤 쌀을 1가마씩 절취하는 경우이다. ㉡ **연속범의 법적 성질** ⓐ 포괄일죄로 보는 견해[1193]로 소송경제를 고려하여 타당하다고 본다.[1194] ⓑ 접속범과는 다르기 때문에 수죄의 경합범으로 된다는 견해[1195] ⓒ 연속범을 단일행위에 의한 포괄일죄로 볼 수는 없으나 처분상의 일죄로 취급해야 한다는 견해[1196] ㉢ **연속범의 성립요건** ⓐ 침해법익이 동일해야 한다. ⓑ 침해방법의 동종성(연속된 다수의 행위들이 범행방법상 동일 또는 유사해야 한다.) ⓒ 수 개의 행위는 어느 정도 시간적 · 장소적 접착성이 있어야 한다. ⓓ 범의의 단일성(연속범은 주관적 요건으로 범의의 단일성이 인정되어야 한다.) 여기에는 범의의 단일성의 내용에 대해 전체 고의를 필요로 한다는 견해[1197]와 연속 고의로 족하다는 견해[1198]가 대립되나, 연속고의설이 타당하다. 판례도 연속범에 관하여 범의의 계속성이 인정되면 포괄일죄가 된다고 판시하고 있다.[1199] ㉣ **연속범의 법적 효과** ⓐ **실체법적 효과** 연속범은 형법상 포괄일죄가 되므로 행위자는 일죄로 처벌받는다. 상이한 구성요건을 실현한 때에는 중한 죄로 처벌받는다(예: 절도와 특수절도가 연속된 때에는 특수절도죄만 성립한다.). ⓑ **소송법적 효과** 연속범은 소송법적으로도 일죄이므로 판결의 기판력은 연속된 행위의 전부에 미친다.[1200](예: 범행 일부에 대해 약식명령이 확정되었다면 그 약식명령의 확정일이 아니라 발령 시를 기준으로 그 전의 범행에 대해서는 면소판결을 한다.)[1201]

1180) 이재상, 총론, 517면; 김일수 · 서보학, 총론, 661; 배종대, 총론, 653면; 박상기, 총론, 488면; 손해목, 총론, 1130면; 이형국, 총론, 422면; 안동준, 총론, 310면; 진계호 · 이존걸, 총론, 655면.

포괄일죄	유형	⑤ 집합범	**집합범**이란 다수의 동일한 행위가 동일한 의사에 의해서 반복되지만 포괄하여 일죄를 구성하는 경우를 말한다. 이에는 **상습범**(행위자의 동일한 범죄습벽에 의해 행해진 범죄) · **영업범**(행위자가 행위의 반복을 통해 수입을 얻는 형태의 범죄) · **직업범**(범죄의 반복이 직업적 · 경제적 활동이 된 형태의 범죄) 등이 있다. **집합범의 법적 성질**로는 경합범으로 취급해야 한다는 견해[1202]와 포괄일죄로 보는 통설이 타당하다.[1203] 판례도 영업범[1204]과 상습[1205]을 일관하여 포괄일죄로 판시하고 있다. ■ **동종의 범행을 직업적으로 하는 직업범** ⇒ A 주유소에서 가짜 등유를 3회 연속하여 판매한 경우에 포괄하여 사기죄가 성립함 ■ **상습적으로 하는 상습범**[1206] ⇒ 상습적으로 도박하는 경우에 포괄하여 상습도박죄(제246조 제2항)가 성립함 ■ **영업적으로 하는 영업범**[1207] ⇒ 음화 등을 반포하고 판매를 하는 경우에 포괄하여 음화 등 반포 판매죄(제243조)가 성립함 ■ **기타 동종행위의 반복을 예상하고 있는 범죄** ⇒ 무면허의료행위(동법 제25조)[1208]를 하는 경우에 포괄하여 무면허의법 위반죄가 성립함 ⇒ 마약법상 마약의 사용 내지 투약(동법 제6조)을 하는 경우에 포괄하여 마약법 위반죄가 성립함

1181) 포괄일죄는 하나의 죄로 형의 변경이 있을 때는 최후의 행위시법을 적용하면 되고(대판 1970. 8. 31. 70도1393. 보건범죄단속에 관한 특별조치법 시행 전후에 걸친 무면허의료행위는 포괄일죄이므로 그 행위 전체에 관하여 위 특별법을 적용할 것이고 신구법의 조문비교가 필요 없다.), 공범은 포괄일죄의 일부분에 대해서도 성립할 수 있다.

1182) 포괄일죄에 대한 공소의 효력과 판결의 기판력은 사실심리의 가능성이 있는 항소심 판결 선고까지 범해진 다른 사실에 대해서도 미친다(대판 1973. 8. 31. 73도1266. 상습특수절도 사실에 대한 공소의 효력과 판결의 확정력은 사실심리의 가능성이 있는 최후의 시점인 판결 선고 시를 기준으로 하여 가리게 된다. 그리고 그때까지에 행하여진 행위에 관해서는 공소의 효력과 판결의 기판력이 미치게 된다.). 대판 1983. 4. 26. 82도2829; 대판 1983. 12. 13. 83도2609. 이미 기판력이 발생한 포괄일죄의 일부분에 대하여 공소가 제기된 때는 면소판결을 해야 한다. 포괄적 범죄의 중간에 별종 범죄에 대한 확정판결이 개제될지라도 둘로 나뉘지 않는다. 이때는 확정판결 후의 범죄로 취급해야 한다는 판례의 태도다(대판 1986. 2. 25. 85도2767. 상습범과 같은 포괄적 일죄의 중간에 별종범죄에 대한 확정판결이 개제되어 있다고 하여 그 포괄적 일죄가 둘로 나누지 않는다. 이때는 그 확정판결 후의 범죄로 취급하여야 한다.).

1183) 대판 1960. 3. 9. 4292형상573.

1184) 대판 1960. 8. 3. 4293형상282; 대판 1960. 8. 3. 4293형상64; 대판 1970. 8. 31. 70도1398.

1185) 대판 1978. 12. 13. 78도2545.

1186) 대판 1960. 3. 9. 형상573; 대판 1975. 5. 27. 75도1184.

1187) 실행의 착수 시기(강도의사로 폭행 · 협박을 개시한 때를 실행의 착수를 인정할 수 있으나, 단지 재물탈취행위의 시작만으로는 실행의 착수를 인정할 수 없다.).

1188) 대판 1983. 6. 28. 83도1210(절취의 범행 중에 죄적을 인멸할 목적으로 사람을 살해한 경우에는 강노실인죄가 성립한다.).

1189) 대판 1996. 12. 6. 66도1392(절도가 체포를 면탈할 목적으로 추격하여 온 수인에 대하여 같은 기회에 동시 또는 이시에 폭행 또는 협박을 하였다 하더라도 준강도의 포괄일죄가 성립한다.).

1190) 계속범은 위법상태의 야기행위와 유지행위가 하나의 구성요건을 실현하는 것이므로 일련의 행위를 포괄하여 일죄가 된다. 그러므로 별도로 범죄를 구성하지 않는다(대판 1988. 2. 9. 87도58). 따라서 구성요건을 달리하는 횡령 · 배임 등의 행위와 사기의 행위는 포괄일죄를 구성할 수 없다.

1191) 대판 1997. 8. 29. 97도675(직무유기죄는 그 직무를 수행하여야 하는 작위의무의 존재와 그에 대한 위반을 전제로 하고 있는바, 그 작위의무를 수행하지 아니함으로써 구성요건에 해당하는 사실이 있었고 그 후에도 계속하여 그 작위의무를 수행하지 아니하는 위법한 부작위상태가 계속되는 한 가벌적 위법상태는 계속 존재하고 있다고 할 것이며, 형법 제122조 후단은 이를 전체적으로 보아 1죄로 처벌하는 취지로 해석되므

(3) 포괄일죄의 법적 효과

① 실체법상 효과

㉠ 포괄일죄는 실체법적으로 일죄이므로 한 개의 형별법규만 적용된다.

로 이를 즉시범이라고 할 수 없다.).

1192) 대판 1970. 7. 21. 70도1133(단일범으로서 절취한 시간과 장소가 접착되어 있고, 같은 관리인의 관리하에 있는 방 안에서 다른 2인 소유의 물건을 절취한 경우에는 1개의 절도죄가 성립한다.).

1193) 유기천, 총론, 1980, 318면; 이건호, 개론, 213면; 이형국, 연구Ⅱ, 723면 이하; 이재상, 총론, 531면 이하; 동지; 배종대, 총론, 537면 이하.

1194) 진계호·이존걸, 총론, 663면.

1195) 백남억, 총론, 360면; 정영석, 총론, 282면.

1196) 황산덕, 총론, 299면.

1197) 서보학, "연속범이론에 대한 형법적 고찰", 정성근 교수화갑기념논문집, 1997, 613면.

1198) 이재상, 총론, 525면; 손동권, 총칙론, 503면; 임웅, 총론, 503면; 진계호·이존걸, 총론, 665면.

1199) 대판 1978. 12. 13. 78도2545(뇌물을 준 장소와 시간이 일정하지 아니하고 또한 그 전체의 시간이 길다 할지라도 그 범의의 계속성이나 시간적 접속성을 인정하는 데 지장이 되지 아니하는 경우에는 포괄적 일죄로 다스림이 정당하다.); 대판 1974. 2. 26. 73도2497; 대판 1982. 10. 26. 81도1409.

1200) 대판 1996. 4. 23. 96도417.

1201) 대판 1994. 8. 9. 94도1318.

1202) 이재상, 총론, 527면; 박상기, 총론, 487면; 이형국, 연구Ⅱ, 486면; 안동준, 총론, 317면.

1203) 유기천, 총론, 315면; 정영석, 총론, 1983, 282면; 황산덕, 총론, 299면; 손해목(9인 공저), 총론, 502면; 배종대, 총론, 662면; 김일수·서보학, 총론, 689면; 오영근, 총론, 780면; 임웅, 총론, 505면; 손동권, 총칙론, 504면; 진계호·이존걸, 총론, 667면.

1204) ① 대판 1966. 9. 20. 66도928(무면허 의료행위는 그 범죄의 구성요건 성질상 동종행위의 반복이 예상되는 것이므로 반복된 수 개의 행위는 포괄적으로 한 개의 범죄로서 처단되어야 할 것이다.) ② 대판 2001. 8. 21. 2001도3312(약국개설자가 아님에도 단일하고 계속된 범의하에 일정기간 계속하여 의약품을 판매하거나 판매의 목적으로 취득함으로써 약사법 제35조 제1항에 위반된 행위를 한 경우, 이는 모두 포괄하여 일죄를 구성한다.) ③ 대판 2003. 12. 26. 2003도6288(약국개설자가 의료기관개설자와 처방전 알선의 대가로 금원을 제공하기로 공모하고 단일하고 계속된 범의하에 1년여 동안 1,846회에 걸쳐 담합행위를 한 경우에는 이는 모두 포괄하여 약사법 제75조 제1항 제1호, 제22조 제2항 제2호 소정의 일죄를 구성한다.)

1205) ① 대판 1982. 9. 28. 82도1669(상습범이라 함은 수다한 동종의 행위가 상습적으로 반복될 때 이를 일괄하여 하나의 죄로 처단하는 소위 과형상의 일죄를 말하는 것이니 동종의 수 개 행위에 상습성이 인정된다면 그중 형이 중한 죄에 나머지 행위를 포괄시켜 처단하는 것이 상당하고 상습범으로 인정하면서도 실질적인 경합범으로 보아 형법 제37조 및 제38조를 적용하여 경합 가중함은 위법하다.) ② 대판 1975. 5. 27. 75도1184(3번의 특수절도사실, 2번의 특수절도사실, 1번의 야간주거침입절도사실, 1번의 절도사실 등 7가지의 사실이 상습적으로 반복한 것으로 볼 수 있다면 이러한 경우에는 법정형이 가장 중한 상습특수절도죄에 나머지 행위를 포괄시켜 하나의 죄만이 성립한다.) ③ 대판 1984. 4. 24. 84도195(상습도박의 죄나 상습도박방조의 죄에 있어서의 상습성은 행위의 속성이 아니라 행위자의 속성으로서 도박을 반복해서 거듭하는 습벽을 말하는 것인바, 도박의 습벽이 있는 자가 타인의 도박을 방조하면 상습도박방조의 죄에 해당하는 것이며, 도박의 습벽이 있는 자가 도박을 하고 또 도박을 방조를 하였을 경우 상습도박방조의 죄는 무거운 상습도박의 죄에 포괄시켜 1죄로서 처단하여야 한다.)

1206) 대판 1961. 5. 10. 4194형상111; 대판 1966. 6. 28. 66도693; 대판 1966. 5. 24. 66도566; 대판 1983. 10. 11. 82도402.

1207) 대판 1960. 5. 31. 4293형상170.

1208) 대판 1966. 9. 20. 66도928.

ⓛ 구성요건을 달리하는 수 개의 행위가 포괄일죄가 될 때에는 가장 중한
죄의 일죄만 성립한다.

② 소송법상 효과

㉠ 포괄일죄는 소송법적으로도 일죄이다. 그러므로 포괄일죄에 대한 공소
의 효력과 판결의 기판력은 사실심리의 가능성이 있는 항소 심판 선고
까지 범하여진 다른 범죄사실에도 미친다.

㉡ 일부에 유죄가 선고된 이상 나머지 부분을 무죄라고 하여 판결주문에
서 무죄를 선고할 필요는 없다. 이를 이유에서 설시하지 않았다고 하
여 위법인 것은 아니다.1209)

㉢ 이미 기판력이 발생한 포괄일죄의 일부분에 대하여 공소가 제기된 때
에는 면소판결을 해야 한다.1210)

▓ 판례

[판례 1] 포괄일죄는 여러 개의 행위가 한 개의 구성요건에 해당하여 단순히
한 개의 죄를 구성하는 것으로, 여러 개의 행위가 결합하여 하나의
범죄를 구성하든지, 여러 개의 동종의 행위가 동일한 의사에 의하여
반복되든가 또는 하나의 동일한 법익에 대해 여러 개의 행위가 불
가분적으로 접속 · 연결하여 행해지는 것이다. 그러므로 어떤 경우
에도 구성요건에 해당하는 여러 개의 행위가 근원적으로 같은 종류
의 행위로서 구성요건을 같이해야 한다.1211)

[판례 2] 여러 개의 업무상 횡령행위라 하더라도 ㄱ 피해법익이 동일하고 범
죄의 태양(態樣)이 동일하며 단일범의의 발현에 기인하는 일련의
행위라고 인정될 때는 포괄하여 한 개의 범죄라고 본다.1212)

[판례 3] 폭력으로 피해자를 강요하며 돈을 횡령하였다는 자인서를 받아 낸

1209) 대판 1967. 8. 29. 67도703.
1210) 대판 1983. 4. 26. 82도2829; 대판 1983. 12. 13. 83도2609; 대판 1973. 8. 31. 73도1266.
1211) 대판 1985. 9. 24. 85도1686.
1212) 대판 1985. 8. 13. 85도1275.

뒤 이를 근거로 계속하여 갈취행위(喝取行爲)를 한 경우에는 포괄하여 공갈죄 한 개의 죄만을 구성한다.1213)

[판례 4] 상습범사건에서 공소효력과 판결의 확정력은 사실심리의 가능성이 있는 최후의 시점인 판결 선고 시를 기준으로 하여 가리게 되고, 그때까지 행해진 행위에 대해서는 공소효력과 기판력이 미치게 된다.1214)

1213) 대판 1985. 6. 25. 84도2083.
1214) 대판 1982. 12. 28. 82도2500; 同 1973. 8. 31. 73도1266.

제**3**편

刑罰論

제1장 형(刑)

제2장 보안처분(保安處分)

제1장 형(刑)

제1절 형의 종류와 경중(輕重)

Ⅰ. 총설

형벌이란 범죄에 대한 법률효과 또는 제재이다. 이런 법률효과에는 **형벌**(刑罰)**과 보안처분**(保安處分)이 있다. 그러나 형벌은 책임(責任)을 전제로 하며 과거의 행위에 대해 이루어지나, 보안처분은 미래의 위험성(危險性)을 전제로 하기 때문에 서로 다른 점이 있다. 형벌은 범죄에 대한 법률효과로 국가가 범죄자에 대한 법익박탈행위로서 공형벌(公刑罰)에 해당된다. 형벌은 범죄(犯罪)에 대한 제재가 아니고 범죄자(犯罪者)에 대한 제재이다. 따라서 **“범죄 없으면 형벌 없다.”**(nulla poena sine criminen)는 원칙에 입각하고 있다.

현행 형법 제41조에서 규정하고 있는 형벌의 종류에는 사형·징역·금고·자격상실·자격정지·벌금·구류·과료·몰수의 9종이다. 이를 박탈되는 법익의 종류에 따라 생명형(生命刑)·자유형(自由刑)·재산형(財産刑) 및 명예형(名譽刑)의 4가지 유형으로 구분할 수 있다. 생명형에는 사형이, 자유형에는 징역·금고·구류가, 재산형에는 벌금·과료·몰수가, 명예형에는 자격상실·자격정지가 있다.

사형(死刑)에는 교수(Hanging)와 총살(Shooting)형이, 징역(懲役)에는 유기와 무기형이, 금고(禁錮)에는 유기와 무기형이, 구류(拘留)에는 경범죄처벌법이나 단행법규에 1일 이상 30일 미만의 자유형이, 벌금(罰金)에는 상한이 없는 5만 원 이상의 재산형이, 과료(科料)에는 2천 원 이상 5만 원 미만의 재산형이, 몰수(沒收)에는 범죄의 반복을 막는 재산형으로 국고에 귀속시키는 형이 있다.

자격상실(資格喪失)에는 **사형 · 무기징역 · 무기금고**의 판결을 받으면 공무원이 되는 자격, 공무원의 선거권과 피선거권, 법률로 요건을 정한 공법상의 업무에 관한 자격, 법인의 이사 · 감사 또는 지배인, 기타 법인의 업무에 관한 검사역이나 재산관리인이 되는 자격의 상실이 되는 명예형이, 자격정지(資格停止)에는 **유기징역 · 유기금고**의 판결을 받으면 공무원자격, 공법상 선거권과 피선거권, 법률로 요건을 정한 공법상 업무에 관한 자격의 정지와 판결 선고로 공무원이 되는 자격, 공법상 선거권과 피선거권, 법률로 요건을 정한 공법상 업무에 관한 자격, 법인의 이사 · 감사 또는 지배인 기타 법인업무에 관한 검사역이나 재산관리인이 되는 자격의 전부 또는 일부를 정지시키는 명예형이 있다.

보안처분이란 위험한 행위자로부터 사회를 방위하기 위하여 부과되는 형벌과는 그 성격이 다른 형사제재수단을 말한다. 이는 행위 내에 나타난 **행위자의 장래 위험성** 때문에 행위자를 개선 내지 재사회화하기 위해서 과해진 처분이다. 보안처분에는 **대인적 보안처분과 대물적 보안처분**으로 구분된다.

대인적 보안처분이란 사람에 의한 장래의 범죄행위를 방지하기 위해서 특정인에게 선고되는 보안처분을 말한다. 사회보호법은 대인적 보안처분만을 규정하고 있다. 대인적 보안처분은 자유박탈보안처분과 자유제한보안처분으로 나눌 수 있다. 그리고 **대물적 보안처분이란** 범죄와 법익침해의 방지를 목적으로 하는 물건에 대한 국가적 예방수단을 말한다. 몰수 · 영업소의 폐쇄 또는 법인의 해산 등이 이에 해당한다.

현행 형법은 1995년의 개정형법을 통하여 **보호관찰 · 사회봉사명령** 또는 **수강명령**이라는 보안처분을 형의 **유예제도 및 가석방제도에 결부시키고 있다.** 그러면서도 보안처분을 총칙에 규정하지 않고 형법의 특별법인 **소년법 · 보호관찰등에관한법률 · 보안관찰법 · 치료감호법** 등에 두고 있다.

Ⅱ. 관련 법조문

  본 절에서는 형의 종류와 경중에 대하여 형의 종류(제41조), 징역 또는 금고의 기간(제42조), 형의 선고와 자격상실, 자격정지(제43조), 자격정지(제44조), 벌금(제45조), 구류(제46조), 과료(제47조), 몰수의 대상과 추징(제48조), 몰수의 부가성(제49조), 형의 경중(제50조)으로 구성되어 있다.

제41조
형의 종류

형의 종류는 다음과 같다.
1. 사형
2. 징역
3. 금고
4. 자격상실
5. 자격정지
6. 벌금
7. 구류
8. 과료
9. 몰수

■ 해설

[의의] **형벌의 종류(刑罰의 種類)**에는 사형, 징역, 금고, 자격상실, 자격정지, 벌금, 구류, 과료, 몰수의 9종이다. 이를 바탕되는 법익의 종류에 따라 생명형(生命刑: 사형), 자유형(自由刑: 징역·금고·구류), 재산형(財産刑: 벌금·과료·몰수) 및 명예형(名譽刑: 자격상실·자격정지)의 4가지 유형으로 구분할 수 있다.

생명형

- 생명형이란 수형자의 생명을 박탈하는 것을 내용으로 하는 형벌인 사형(死刑)을 말한다.
① **사형집행 방법** 근대 이래로 사형집행 방법에는 교수(Hanging, 絞首), 총살(Shooting, 銃殺), 참수 (Enihauptung, 斬首), 전기살(Electrocution, 電氣殺), 가스살(Lethal Gas) 외에도 교살(絞殺), 독살 (毒殺) 또는 석살(石殺) 등이 있었다. 우리나라 형법 제66조에 사형은 교도소(矯導所) 내에서 교수형 (絞首刑)을, 군형법 제3조에 사형은 총살형(銃殺刑)을 채택하고 있다.
② **사형범죄의 범위** 절대적 법정형[* 내란죄 내에 들어 있는 여적죄는 법정형으로 사형만 규정하고 있 다.] ■ 여적죄(제93조)와 상대적 법정형[* 법관의 재량에 의해 사형과 자유형을 선택적으로 과할 수 있다. ■ 내란죄(제87조 내지 제88조), ■ 외환죄(제92조 내지 제98조), ■ 폭발물사용죄(제119조), ■ 현주 건조물방화치사죄(제164조 제2항), ■ 살인죄(제250조), ■ 강도살인죄(제338조) 및 해상강도살인・치 사・강간죄(제340조 제3항)]

③ 사형존폐론
(가) 사형존치론자[■ 토마스 아퀴나스(St. Thomas Aquinas), ■ 루소(Rousseau), ■ 칸트(Immanuel Kant), ■ 헤겔(Hegel), ■ 롬부로조(Lombroso), ■ 포이어바흐(Feuerbach), ■ 페리(Ferr) 등]

(나) 사형존치 이유
　　㉠ 사형은 국민의 정의 관념에 부합한다.⇒국가사회 질서를 위한 극악한 자를 배제시킨다.
　　㉡ 가해자에게 사형의 위하력(威嚇力)이 없으면 피해 방지가 불가능하다.
　　㉢ 인간 생명의 애착은 사형이라는 위하력으로 효과가 있다.
　　㉣ 형벌의 본질은 응보다⇒극악범에게 사형은 당연하며 사회방위의 목적도 달성이 가능하다.
　　㉤ 국민성이나 사회현실이 사형존치의 불가피성을 요구하고 있다.

(다) 사형폐지론 사형폐지론자[■ 베카리아(Beccaria), ■ 나탈레(Natale), ■ 하워드(Howard), ■ 로밀 리(Romilly), ■ 페스탈로치(Pestalozzi), ■ 유고(Hugo), ■ 도스토옙스키(Dostoevski), ■ 톨스토 이(Tolstoi), ■ 카뮈(Camus), ■ 리프만(Liepmann), ■ 칼버트(Calvert), ■ 서덜랜드 (Sutherland), ■ 목촌귀이(木村龜二) 등]

(라) 사형폐지 이유
　　㉠ 사형은 위하적 효과가 없다.
　　㉡ 사형 집행방법은 야만적이고 잔혹하여 인도주의에 어긋난다.
　　㉢ 사형은 법관의 오판 시 회복이 불가능하다.
　　㉣ 형벌의 본질은 교육 또는 교정이다.⇒사형은 원시적이고 무의미한 형벌이다.
　　㉤ 사형은 피해자에 대한 손해배상 내지 구제에 도움이 되지 못한다.
　　㉥ 사형은 인간의 존엄과 가치인 생명권의 침해이다.⇒헌법정신에 반한다.
　　㉦ 범죄원인이 범인의 악성 및 사회 환경적 요인에도 있으나, 모두 범인의 책임으로 돌리는 불합 리한 형벌이다.

④ 사형에 대한 대법원 판례 및 헌법재판
(가) 대법원 판례
　　■ 군형법 제53조의 사형규정 위헌 여부
　　⇒ 상고심: 형법 및 군형법 등에 사형이라는 처벌의 종류를 규정한 것은 헌법에 위반된 조문이 아 니다.[1] 이후에도 판례에서 재인정함.[2]

---

1) 대판 1963. 2. 28. 62도241(현재 우리나라 실정과 국민의 도덕적 감정 등을 고려하며 국가의 형사상 정책으로 써 질서유지와 공공복리를 위함이다.).
2) 대판 1983. 3. 8. 82도3248; 대판 1985. 6. 11. 82도3248; 대판 1991. 2. 26. 90도2906; 대판 1994. 12. 19. 결정 94초123; 대판 1995. 1. 13. 94도2662; 대판 1996. 11. 28. 95헌바1.

생명형	(나) 헌법재판
	■ 헌법재판소 전원 합의부[1992. 4. 28. 특정범죄가중처벌법 제5조 3(도주 차량은 운전자의 가중
	처벌) 제2항 제1호에 대한 헌법소원사건]
	⇒ 위헌 결정3)(과실로 사람을 치상케 한 자가 구호 없이 도주나 고의로 유기함으로써 치사의 결과
	에 이르게 한 경우에 살인죄와 비교하여 그 법정형을 더 무겁게 한 것은 형벌체계의 정당성과
	균형을 상실한 것이다.)
	■ 사형에 대한 최초의 위헌 결정
	(다) 전망
	■ 헌법재판소의 위헌 결정은 형벌법규의 법정형도 비례성과 균형을 상실할 경우에 위헌이 될 수
	있음을 명문화하고 있다.

자유형	■ 자유형이란 일반적으로 수형자의 신체적 자유의 박탈을 내용으로 하는 형벌로, 형법상 자유형에는 징역, 금고, 구류의 3종이 있다.
	① **징역(懲役)** 수형자를 교도소 내에 구치(拘置)하고 정역(定役 : 강제노역)에 복무하게 하는 것을 내용으로 하는 형벌이다(제67조). 징역에는 유기(1개월 이상 30년 이하로 형을 가중할 때는 50년까지 가능하고, 형을 감경할 때는 처벌기간의 1/2까지 가능하다. 그리고 자격정지가 병과될 수 있다.)와 무기(종신형이 원칙이나, 20년이 경과한 후에 모범수로 인정되면 가석방이 되어 나올 수 있으며, 대통령의 사면 및 복권 조치로 나올 수도 있다. 그리고 자격상실이 병과될 수 있다.) 2종이 있다.
	② **금고(禁錮)** 수형자를 교도소 내에 구치(拘置)하여 사유를 박탈하는 것을 내용으로 하는 형벌이다(제68조). 금고에는 유기(1개월 이상 30년 이하로 형을 가중할 때는 50년까지 가능하고, 형을 감경할 때는 처벌 기간의 1/2까지 가능하다. 그리고 자격정지가 병과될 수 있다.)와 무기(종신형이 원칙이나, 20년이 경과한 후에 모범수로 인정되면 가석방이 되어 나올 수 있으며, 대통령의 사면 및 복권 조치로 나올 수도 있다. 그리고 자격상실이 병과될 수 있다.) 2종이 있다. 금고(과실범이나 정치범에 과해지는 형벌로 명예적 구금이라고 할 수 있다.)는 징역에 복무치 않으나, 행형법(行刑法) 제38조에 수형자가 신청하면 작업을 과할 수도 있다.
	③ **구류(拘留)** 교도소나 경찰서 유치장에 1일 이상 30일 미만의 기간 동안 구치(拘置)하는 형벌이다(제46조). 구류는 형법 제266조 제1항에 "과실로 인하여 사람의 신체를 상해에 이르게 한 때(과실치상죄)는 500만 원 이하의 벌금, 구류 또는 과료에 처한다."고 하여 아주 예외적인 때에만 적용하고 있고, 주로 경범죄처벌법이나 단행법규에 규정되어 있다.

재산형	■ 재산형이란 범인으로부터 일정한 재산을 박탈하는 것을 내용으로 하는 형벌로, 형법상 재산형에는 벌금, 과료, 몰수의 3종이 있다.
	① 벌금(罰金) 범인에게 일정금액의 지불을 강제로 부담시키는 것을 내용으로 하는 형벌이다(제45조). 벌금은 범인에게 금전 지급 의무 부담의 채권적 효과를 발생케 하는 데 있다.
	(가) 벌금 성질
	㉠ 벌금형은 일신전속적 형벌로 제3자에 의한 대납, 국가에 대한 채권과의 상계, 벌금상속, 벌금에 대한 공동연대책임도 질 수 없다.
	㉡ 피고인이 재판확정 후 사망으로 인한 상속재산에 벌금형을 집행할 수 있다(형소법 제478조).
	㉢ 재판확정 후 합병으로 인한 존속법인에 대해 벌금형을 집행할 수 있다(형소법 제479조).
	㉣ 재판확정 후 합병으로 인한 설립법인의 재산에 대해 벌금형을 집행할 수 있다(형소법 제479조).

---

3) 헌재결 1992. 4. 28. 90헌바24(헌법 제10조의 인간으로서의 존엄과 가치를 보장한 국가의 의무와 헌법 제11
조의 평등의 원칙, 헌법 제37조 제2항의 과잉금지의 원칙에 반한다.).

(나) 벌금 내용
　　㉠ 벌금은 5만 원 이상으로 한다(제45조). 다만 감경하는 경우에는 5만 원 미만으로 할 수 있다.
　　㉡ 벌금형의 양정에는 형법에 특별한 규정이 없어 일반규정(제51조)이 적용될 뿐이다.
　　㉢ 벌금은 판결확정일로부터 30일 이내에 납입해야 한다. 벌금을 납입하지 않은 자는 환형처분으로
　　　　1일 이상 3년 이하의 기간 동안 노역장에 유치할 수 있다(제69조, 제70조).
　　㉣ 벌금의 일부만 납입한 때는 벌금액과 유치기간의 일수에 비례하여 납입금액에 상당하는 일수를
　　　　공제한다(제71조).

(다) 징역형만을 법정형으로 규정한 것을 벌금형과 선택적으로 규정하여 벌금형의 적용범위를 확대하였다
　　(개정형법).
　■ 명예훼손죄(제307조 제2항), ■ 직권남용죄(제123조), ■ 공무집행방해죄(제136조), ■ 위계에 의한 공무집
　행방해죄(제137조), ■ 무고죄(제156조), ■ 위조통화취득죄(제208조), ■ 허위유가증권작성등죄(제216조), ■
　위조인지·우표등취득죄(제218조), ■ 허위공문서작성등죄(제227조), ■ 사문서등의위조·변조죄(제231조),
　■ 자격모용에의한사문서작성죄(제232조), ■ 존속상해죄(제257조 제2항), ■ 존속폭행죄(제260조 제2항), ■
　단순유기죄(제271조 제1항), ■ 존속유기죄(제271조 제2항), ■ 존속학대죄(제273조 제2항), ■ 단순체포·감금
　죄(제276조 제1항), ■ 존속체포·감금죄(제276조 제2항), ■ 허위명예훼손죄(제307조 제2항), ■ 출판물등에의
　한명예훼손죄(제309조 제2항)

② **과료(科料)** 범죄인에게 일정한 금액(2천 원 이상 5만 원 미만)의 지급을 강제적으로 부담시키는 재산형벌
　이다. 과료를 납입하지 않은 자는 1일 이상 30일 미만의 기간 노역장에 유치하여 작업을 복무하게 한
　다(제69조). 노역장 유치는 과료 선고와 동시에 금 얼마를 1일로 환산한 기간을 노역장에 유치한다고
　선고해야 한다(제70조). 과료의 일부만 납입한 때에는 과료액과 유치기간의 일수에 비례하여 납입금액에
　상당한 일수를 공제한다(제71조).

과료(科料)	과태료(過怠料)
■ **형법상 형벌** 경범죄처벌법 기타 단행법규에 많고, 형법에는 다음과 같이 예외적으로 처벌한다.	■ **행정법상 제재** 국가 또는 공공단체가 국민에게 과하는 형벌이 아닌 일종의 행정처분(금전벌)이다.
■ 공연음란죄(제245조), ■ 도박죄(제246조 제1항), ■ 단순폭행죄(제260조 제1항), ■ 과실치상죄(제266조), ■ 단순협박죄(제283조 제1항), ■ 점유이탈물횡령죄(제360조), ■ 자동차등부정사용죄(제331조의 2), ■ 편의시설부정사용죄(제34조의 2)	■ **질서벌로서 과태료**(민법 제97조, 상법 제28조, 가족관계등록에관한법률 제120조 이하, 민소법 제301조, 311조, 360조, 363조, 366조, 370조, 451조) ■ **집행벌로서 과태료**(행정상 강제집행의 일종으로 성병환자가 강제검진을 받지 않는 경우) ■ **징계벌로서 과태료**(공증인법 제83조 제2호 및 제87조, 변호사법 제90조 제4호, 제117조, 법무사법 제48조 제2항 제3호)

③ **몰수(沒收)** 범죄로 인한 이득을 막고, 범죄반복을 차단하기 위한 목적으로 범행과 관련된 재산을 박
　탈하여 국고에 귀속시키는 재산형이다. 몰수는 형식상 형벌이지만 실질상 대물적 보안처분에 가깝다는
　것이 다수설[4]이다.
　그러나 행위자 또는 공범의 소유자인 물건의 몰수는 재산형으로서의 성질을 갖지만, 제3자 소유의 물
　건 몰수는 대물적 보안처분의 성질을 갖는다고 해야 한다.[5]

　　㉠ 몰수는 원칙적으로 다른 형에 부과하여 과하는 부가형이다(제49조).
　　㉡ 주형을 선고 유예하는 경우에 몰수나 추징의 선고유예도 가능하다.[6]
　　㉢ 주형의 선고를 유예하지 않으면서 추징에 대해서만 선고를 유예할 수는 없다.[7]
　　㉣ 행위자에게 유죄의 재판을 아니 할 때에도 몰수요건이 있는 때에는 몰수만을 예외적으로 선고할
　　　　수 있다(제49조 단서).[8]
　　㉤ 몰수는 임의적 몰수를 원칙으로 하므로 몰수 여부는 원칙적으로 법관의 자유재량에 의한다.[9]
　　㉥ 필요적 몰수는 형법 각칙의 뇌물에 관한 죄에 있어서 범인 또는 정을 아는 제3자가 받은 뇌물 또
　　　　는 뇌물에 공할 금품을 들 수 있다.[10]
　　㉦ 필요적 몰수를 특정범죄가중처벌법 제13조나 국가보안법 제15조 등에도 개별적으로 규정하고 있다.

■ 명예형이란 범인의 명예 또는 자격을 박탈(자격상실)하거나 제한(자격정지)하는 것을 내용으로 하는 형벌을 말한다.

(1) **자격상실(資格喪失)** 사형·무기징역·무기금고의 판결을 받으면 그 형의 효력으로 일정한 자격이 당연히 상실되는 것을 말한다. 상실되는 자격(제43조 제1항)은 다음과 같다.
　　㉠ 공무원이 되는 자격　　　　㉡ 공법상의 선거권과 피선거권
　　㉢ 법률로 요건을 정한 공법상의 업무에 관한 자격
　　㉣ 법인의 이사·감사 또는 지배인
　　㉤ 기타 법인의 업무에 관한 검사역이나 재산관리인이 되는 자격

(2) **자격정지(資格停止)** 일정한 기간 동안 일정한 자격의 전부 또는 일부를 정지시키는 것을 말한다. 여기에는 당연정지와 선고정지가 있다.

(가) 당연정지(當然停止)
⇒ 유기징역·유기금고의 판결을 받으면 형의 집행이 종료 또는 면제될 때까지 자격이 정지된다. 정지되는 자격(제43조 제1항 제1호 내지 제3호)은 다음과 같다(제43조 제2항).
　　㉠ 공무원이 되는 자격　　　　㉡ 공법상 선거권과 피선거권
　　㉢ 법률로 요건을 정한 공법상 업무에 관한 자격

(나) 선고정지(宣告停止)
⇒ 판결 선고에 의히어 제43조 제1항 제1호 내지 제4호의 자격 전부 또는 일부를 1년 이상 15년 이하까지 자격이 정지된다. 정지되는 자격은 다음과 같다(제44조 제1항).
　　㉠ 공무원이 되는 자격　　　　㉡ 공법상의 선거권과 피선거권
　　㉢ 법률로 요건을 정한 공법상의 업무에 관한 자격
　　㉣ 법인의 이사·감사 또는 지배인
　　㉤ 기타 법인의 업무에 관한 검사역이나 재산관리인이 되는 자격
⇒ 자격정지의 형이 타 형과 선택적이면 단독으로 과할 수 있다.
　　■ 제105조, 제106조, 제122조 내지 제130조, 제131조, 제132조, 제139조, 제257조, 제307조, 제317조 등
⇒ 자격정지의 형이 타 형에 병과할 수 있으면 병과형으로 과할 수 있다.
　　■ 제114조, 제131조, 제204조, 제209조, 제220조, 제237조, 제256조, 제265조, 제270조, 제282조, 제295조, 제345조, 제353조, 제358조, 제363조 등

(3) **자격정지기간(資格停止期間)** 선고정지 때는 1년 이상 15년 이하이다(제44조 제1항).

(4) **자격정지기산점(資格停止起算點)** 자격정지기간은 자격정지가 선택형이면 판결이 확정된 날로부터 기산한다. 유기징역 또는 유기금고에 병과한 때에는 징역 또는 금고의 집행을 종료하거나 면제된 날로부터 기산한다(제44조 제2항).

---

4) 유기천, 총론, 355면; 정영석, 총론, 305면; 황산덕, 총론, 310면.

5) 이재상, 총론, 572면; 진계호, 총론, 612면.

6) 대판 1978. 4. 25. 76도2282; 대판 1980. 3. 11. 77도2027.

7) 대판 1979. 4. 10. 78도3098.

8) 대판 1973. 12. 11. 73도233.

9) 대판 1971. 11. 9. 71도1537.

10) 대판 1977. 9. 13. 77도2028(수뢰죄의 피고인에게 주형에 대한 형의 선고를 유예하는 경우에는 수수한 뇌물은 이를 필요적으로 몰수하여야 하고, 몰수가 불능일 때에는 그 가액을 추징하여야 한다.).

[형의 종류와 범위(제42조 내지 제49조)]		
징역 · 금고	무기	종신형이 원칙이나, 20년이 경과한 후에 모범수로 인정되면 **가석방**이 되어 나올 수 있으며, 대통령의 **사면 및 복권** 조치로 나올 수도 있다. 그리고 자격상실이 병과된다.
	유기	1개월 이상 30년 이하로, 형을 가중할 때는 50년까지 가능하고, 형을 감경할 때는 처벌기간의 1/2까지 가능하다. 그리고 자격정지가 병과될 수 있다.
구류		교도소나 경찰서 유치장에 1일 이상 30일 미만의 기간 동안 구치(拘置)하는 형벌이다(제46조).
자격상실		사형 · 무기징역 · 무기금고의 판결을 받았을 때(제43조 제1항)
자격 정지	당연정지 (제43조 제2항)	유기징역 · 유기금고의 판결을 받으면 형의 집행이 종료 또는 면제될 때까지
	선고정지 (제44조 제1항)	1년 이상 15년 이하
벌금		50,000원 이상으로 한다. 다만 감경하는 경우에는 50,000원 미만으로 한다(제45조).
과료		2,000원 이상 50,000원 미만(제47조)

판례

[판례 1] [사형제도의 존치이유] 인도적 또는 종교적 견지에서 존귀한 생명을 빼앗는 사형은 피해야 할 것임에도 이론이 있을 수 없다. 그러나 범죄로 인해 침해되는 또 다른 존귀한 생명을 외면할 수 없고, 사회공공의 안녕과 질서를 위하여 생명형의 존치를 이해하지 못할 바는 아니다. 이것은 바로 그 나라의 실정법에 나타나는 국민의 총의라고 파악할 수 있다.[11]

[판례 2] [사형의 선택이 허용되는 경우] 사형은 인간의 생명 자체를 영원히 박탈하는 냉엄한 극형으로서 그 생명을 존치시킬 수 없는 부득이한 경우에 한하여 적용되어야 할 궁극의 형벌이므로 사형을 선택할 때는 범행동기, 양태, 죄질, 범행수단, 잔악성, 결과의 중대성, 피해자의 수, 피해감정, 범인의 연령, 전과, 범행 후의 정황 등 제반사정을 참작하여 죄책이 심히 중대하고 죄형의 균형이나 범죄의 일반예방의 견지에서도 불가피하다고 인정되는 경우에 한한다.[12]

[판례 3] [보호감호기간에 대한 법원의 재량권] 보호감호요건에 해당하는 경

---

11) 대판 1983. 3. 8. 82도3248.
12) 대판 1987. 10. 13. 87도1240.

우에 법원은 감호대상자를 반드시 보호감호에 처해야 하고, 감호기
간 양정에 법원은 재량권을 행사할 수 없다.[13)]

[판례 4] [형의 감경 후에 처단형을 정할 수 있는 형기의 범위] 형법 제55조
제1항 제3호의 형기를 감경할 경우, '형기'란 장기와 단기를 모두
포함하고 있기 때문에, 해당 처벌법규에 장기와 단기가 정해져 있
지 않은 경우에는 형법 제42조에 의해 장기 15년 단기 1개월로 볼
것이어서 형법 제250조의 5년 이상 유기징역형을 선택한 이상 그
장기는 15년이므로 법률상 감경을 한다면 장기 7년 6개월, 단기 2
년 6개월의 범위 안에서 처단형을 정해야 한다.[14)]

[판례 5] [몰수대상인지의 여부에 대한 증명방법] 몰수대상이 되는 여부는 범
죄구성사실에 관한 것이 아니기 때문에 엄격한 증명이 필요 없고
인정될 수 있는 증거만으로 충분하다.[15)]

[판례 6] [검사의 의견진술이 없는 몰수·추징의 선고가부] 몰수나 추징은 형
벌이기 때문에 검사의 추징을 구하는 의견이 필요 없다.[16)]

[판례 7] [관세법상 몰수·추징의 목적] 관세법상 몰수와 추징은 형법상의 몰
수와 추징과 달리 범죄공용물품의 훼기 또는 징벌목적의 달성 등을
이유로 한다.[17)]

[판례 8] [일부 허위 기재된 부분이 있는 공문서의 몰수가부] 군 피엑스(PX)
에서 공무원인 군인이 그 권한에 의해 작성한 월간 매매실적보고서
의 내용에 일부 허위 기재된 부분이 있더라도 이는 공무소인 소관
육군부대의 소유에 속하는 것이므로 이를 허위공문서작성의 범행으
로 인하여 생긴 물건으로 누구의 소유도 불허하는 것이라 하여 형
법 제48조 제1항 제1호를 적용, 몰수하였음은 부당하다.[18)]

[판례 9] [기소 중지된 공범자의 소유물이 몰수대상이 되는지 여부] 형법 제

---

13) 대판 1984. 11. 13. 84도344.
14) 대판 1983. 11. 8. 83도2370.
15) 대판 1982. 2. 9. 81도3040.
16) 대판 1989. 2. 14. 88도2211.
17) 대판 1983. 9. 27. 83도1911.
18) 대판 1983. 6. 14. 83도808.

48조 제1항의 '범인' 속에는 공범자도 포함되므로 범인 자신의 소유물은 물론, 공범자의 소유물도 그 공범자의 소추 여부를 불문하고 몰수할 수 있다.[19]

[판례 10] [주형(主刑)의 선고유예와 몰수선고] 형법 제59조에 의해 형의 선고를 유예하는 경우에도 몰수요건이 있을 때는 몰수형만 선고할 수 있다.[20]

[판례 11] [추징] 추징은 형이 아니지만 실질적인 의미에서 형에 준하여 평가되어야 하기 때문에 1심과 동일한 징역형을 선고하면서 1심에서 하지 않은 추징을 선고하면 불이익변경금지의 원칙에 위배된다.[21]

[판례 12] [관세 범칙물을 점유·알선한 자에 대한 추징 거부] 관세법상의 추징은 관세법 위반에 대한 징벌이므로 범칙자가 수인인 경우에는 범칙물을 점유하여 알선한 자에 대해서도 그 가격 전부를 추징해야 한다.[22]

[판례 13] [피해보상 또는 고소의 취소가 있는 경우 추징의 가부] 범인이 피해자로부터 받은 금품을 소비하고 나서 그에 상당한 금액을 반환하거나 고소가 취하된 경우에도 그 가액을 범인에게서 추징해야 한다.[23]

[판례 14] [자기앞수표를 뇌물로 받아 소비한 후 액면금상당을 반환한 경우의 추징대상] 뇌물 그 자체를 반환하는 것이 아니므로 이것을 몰수할 수 없고 그 가액을 추징해야 한다.[24]

[판례 15] [추징할 마약가액의 산정기준] 추징할 마약가액은 시장의 통상거래가액을 의미하고, 통상거래액이 형성되어 있지 않은 경우는 실제거래가액에 의한다.[25]

[판례 16] [추징의 선고부분에 한한 독립상고의 가부] 종국판결에 대한 상고

---

19) 대판 1984. 5. 29. 83도2680.
20) 대판 1973. 12. 11. 73도1133.
21) 대판 1961. 11. 9. 4294형상572.
22) 대판 1983. 3. 8. 82도3050.
23) 대판 1983. 4. 12. 82도812.
24) 대판 1984. 2. 14. 83도2871.
25) 대판 1983. 9. 13. 83도1927.

없이 추징의 선고부분에 한한 독립상고는 불가능하다.[26]

[판례 17] [주형(主刑)을 선고 유예하면서 추징만을 선고할 수 있는지 여부] 추징은 성질상 몰수와 다를 바가 없으므로 주형을 선고 유예하고 추징만을 선고할 수 있다.[27]

[판례 18] [주형의 선고를 유예하지 않으면서 몰수·추징만을 선고 유예할 수 있는지 여부] 형법 제59조에 의하더라도 몰수는 선고유예대상으로 규정되어 있지 않고, 다만 몰수 또는 이에 갈음하는 추징은 부가형적(附加刑的) 성질을 띠고 있어 그 주형에 대해 선고 유예하는 경우에는 그 부가할 몰수·추징에 대해서도 선고를 유예할 수 있으나, 그 주형에 대해 선고를 유예하지 않으면서 이에 부가할 몰수·추징에 대해서만 선고 유예할 수 없다.[28]

제42조
징역 또는 금고의 기간

징역 또는 금고는 무기 또는 유기로 하고 유기는 1개월 이상 30년 이하로 한다. 단, 유기징역 또는 유기 금고에 대하여 형을 가중하는 때에는 50년까지로 한다.

해설

[의의] ① **징역(懲役)**이란 수형자를 교도소 내에 구치(拘置)하고 정역(定役: 강제노역)에 복무하게 하는 것을 내용으로 하는 형벌이다(제67조).

② **금고(禁錮)**란 수형자를 교도소 내에 구치(拘置)하여 자유를 박탈하는 것을 내용으로 하는 형벌이다(제68조). **과실범**이나 **정치범**에 과해지는 형벌로 명예적 구금이라고 할 수 있다. 정역에 복무치 않으

---

26) 대판 1984. 12. 11. 84도1502.
27) 대판 1981. 4. 14. 81도614.
28) 대판 1988. 6. 21. 88도551.

나, 형의집행및수용자의처우에관한법률 제67조(구행형법, 舊行刑法 제 38조)에 수형자가 신청하면 작업을 과할 수도 있다.

[사례]

| 징역의 기간 | 무기 | 종신형이 원칙이나, 20년이 경과한 후에 모범수로 인정되면 가석방이 되어 나올 수 있으며, 대통령의 사면 및 복권 조치로 나올 수도 있다. 그리고 자격상실이 병과된다. |
| | 유기 | 1개월 이상 30년 이하로, 형을 가중할 때는 50년까지 가능하고, 형을 감경할 때는 처벌기간의 1/2까지 가능하다. 그리고 자격정지가 병과될 수 있다. |

| 금고의 기간 | 무기 | 종신형이 원칙이나, 20년이 경과한 후에 모범수로 인정되면 가석방이 되어 나올 수 있으며, 대통령의 사면 및 복권 조치로 나올 수도 있다. 그리고 자격상실이 병과된다. |
| | 유기 | 1개월 이상 30년 이하로, 형을 가중할 때는 50년까지 가능하고, 형을 감경할 때는 처벌기간의 1/2까지 가능하다. 그리고 자격정지가 병과될 수 있다. |

학설

단기자유형이란 형기가 짧은 자유형(1949년 국제형법형무회의에서는 3개월, 1959년 UN범죄방지회의에서는 6개월 이하, 미국에서는 1년 이하로 보는 경향)으로, **통설**은 6개월 이하의 자유형을 단기형으로 보고 있다.

단기자유형은 폐지(단기자유형은 교화나 교정에 적합지 않고, 다른 수형자들로부터의 악성감염으로 재범과 누범의 원인 때문)가 필요하며, 단기자유형의 대체방안으로 벌금형에의 환형·선고유예·집행유예·기소유예·무구금강제노동 또는 선행보증 등을 적극적으로 활용할 필요가 있다고 생각된다.[29]

---

29) 김경희, "단기자유형에 관한 연구", 검찰 1집, 1974, 149면 이하; 진계호, 총론, 609면.

제43조
형의 선고와 자격상실, 자격정지

① 사형, 무기징역 또는 무기금고의 판결을 받은 자는 다음에 기재한 자격을 상실한다.
  1. 공무원이 되는 자격
  2. 공법상의 선거권과 피선거권
  3. 법률로 요건을 정한 공법상의 업무에 관한 자격
  4. 법인의 이사, 감사 또는 지배인 기타 법인의 업무에 관한 검사역이나 재산관리인이 되는 자격
② 유기징역 또는 유기금고의 판결을 받은 자는 그 형의 집행이 종료하거나 면제될 때까지 전항 제1호 내지 제3호에 기재된 자격이 정지된다.

해설

[의의] (1) **자격상실**(資格喪失)이란 사형·무기징역·무기금고의 판결을 받으면 그 형의 효력으로 일정한 자격이 당연히 상실되는 것을 말한다.

①항:『자격상실』 ⇒ 사형·무기징역·무기금고의 판결을 받으면 그 형의 효력으로 일정한 자격이 당연히 상실되는 것을 말한다. 상실되는 자격은 다음과 같다(제43조 제1항).

1. 공무원이 되는 자격

2. 공법상의 선거권과 피선거권

3. 법률로 요건을 정한 공법상의 업무에 관한 자격

4. 법인의 이사·감사 또는 지배인 기타 법인의 업무에 관한 검사역이나 재산관리인이 되는 자격

②항:『당연자격정지』 ⇒ 유기징역·유기금고의 판결을 받으면 형의 집행이 종료 또는 면제될 때까지 자격이 정지된다. 정지되는 자격(전항 제1호 내지 제3호)은 다음과 같다(제43조 제2항).

1. 공무원이 되는 자격

2. 공법상 선거권과 피선거권

3. 법률로 요건을 정한 공법상 업무에 관한 자격

① 전조에 기재한 자격의 전부 또는 일부에 대한 정지는 1년 이상 15년 이하로 한다.
② 유기징역 또는 유기금고에 자격정지를 병과한 때에는 징역 또는 금고의 집행을 종료하거나 면제된 날로부터 정지 기간을 기산한다.

해설

[의의] **자격정지**(資格停止)란 일정한 기간 동안 일정한 자격의 전부 또는 일부를 정지시키는 것을 말한다. 여기에는 당연정지(제43조 제2항)와 선고정지(제44조 제1항)가 있다.

①항: 『**선고자격정지**』 ⇒ 전조(제43조 제1항, 제2항)에 기재한 자격의 전부 또는 일부(제43조 제1호 내지 제4호)에 대한 정지는 1년 이상 15년 이하까지 자격이 정지된다. 정지되는 자격의 전부 또는 일부는 다음과 같다(제44조 제1항).

1. 공무원이 되는 자격
2. 공법상의 선거권과 피선거권
3. 법률로 요건을 정한 공법상의 업무에 관한 자격
4. 법인의 이사·감사 또는 지배인 기타 법인의 업무에 관한 검사역이나 재산관리인이 되는 자격

②항: 『**자격정지 병과의 기산점**』 ⇒ 유기징역 또는 유기금고에 자격정지를 병과한 때는 징역 또는 금고의 집행을 종료하거나 면제된 날로부터 기간을 기산한다(제44조 제2항).

⇒ 유기징역 또는 유기금고에 자격정지를 병과한 때 기산점은 ⇒ 징역 또는 금고의 집행을 종료하거나 면제된 날로부터

⇒ 유기징역 또는 유기금고에 자격정지를 선택형인 경우 기산점은 ⇒

징역 또는 금고의 판결이 확정된 날로부터

⇒ 자격정지형이 타 형과 선택적이면 단독으로 과할 수 있다.

- 제105조, 제106조, 제122조 내지 제130조, 제131조, 제132조, 제139조, 제 257조, 제307조, 제317조 등

⇒ 자격정지의 형이 타 형에 병과할 수 있으면 병과형으로 과할 수 있다.

- 제114조, 제131조, 제204조, 제209조, 제220조, 제237조, 제256조, 제265조, 제270조, 제282조, 제 295조, 제345조, 제353조, 제358조, 제363조 등

자격정지의 형이 타 형과 선택적(選擇的)적으로 되어 있는 범죄	■ 국기 · 국장모독 · 비방죄(제105조, 제106조) ■ 공무원의 직무에 관한 죄(제122조 이하) ■ 허위진단서작성죄(제233조) ■ 상해죄(제257조) ■ 명예훼손죄(제307조) ■ 업무상비밀누설죄(제317조) ■ 점유강취죄(제325조)
자격정지가 병과형(倂科刑)으로 되어 있는 범죄	■ 수뢰후부정처사죄(제131조) ■ 아편에관한죄(제204조) ■ 통화에관한죄(제209조) ■ 유가증권 · 우편 · 인지에관한죄(제220소) ■ 공문서 · 공인위조죄등(제237조, 제238조) ■ 살인죄(제256조) ■ 상해 · 폭행죄(제265조) ■ 의사등낙태죄(제270조) ■ 체포 · 감금죄(제282조) ■ 약취유인죄(제295조) ■ 절도 · 강도죄(제345조) ■ 사기 · 공갈죄(제353조) ■ 횡령 · 배임죄(제358조) ■ 상습장물취득죄(제363조)

제45조
벌금

벌금은 5만 원 이상으로 한다. 다만, 감경하는 경우에는 5만 원 미만으로 할 수 있다. 〈개정 1995. 12. 29.〉

■ 해설

[의의] **벌금**(罰金)이란 범인에게 일정금액의 지불을 강제로 부담시키는 것을 내용으로 하는 형벌이다(제45조). 벌금은 범인에게 금전지급의무부담의

채권적 효과를 발생케 하는 데 있다.

[벌금 내용]

① 벌금은 5만 원 이상으로 한다(제45조). 다만 감경하는 경우에는 5만 원 미만으로 할 수 있다.

② 벌금형의 양정에는 형법에 특별한 규정이 없어 일반규정(제51조)이 적용될 뿐이다.

③ 벌금은 판결확정일로부터 30일 이내에 납입해야 한다. 벌금을 납입하지 않은 자는 환형처분으로 1일 이상 3년 이하의 기간 동안 노역장에 유치할 수 있다(제69조, 제70조).

④ 벌금의 일부만 납입한 때는 벌금액과 유치기간의 일수에 비례하여 납입금액에 상당하는 일수를 공제한다(제71조).

[개정형법] 징역형만을 법정형으로 규정한 것을 벌금형과 선택적으로 규정하여 벌금형의 적용범위를 확대하였다.

- 명예훼손죄(제307조 제2항), ■ 직권남용죄(제123조), ■ 공무집행방해죄(제136조),
- 위계에 의한 공무집행방해죄(제137조), ■ 무고죄(제156조), ■ 위조통화취득죄(제208조),
- 허위유가증권작성등죄(제216조), ■ 위조인지 · 우표등취득죄(제218조),
- 허위공문서작성등죄(제227조), ■ 사문서등의위조 · 변조죄(제231조),
- 자격모용에의한사문서작성죄(제232조), ■ 존속상해죄(제257조 제2항),
- 존속폭행죄(제260조 제2항), ■ 단순유기죄(제271조 제1항), ■ 존속유기죄(제271조 제2항),
- 존속학대죄(제273조 제2항), ■ 단순체포 · 감금죄(제276조 제1항),
- 존속체포 · 감금죄(제276조 제2항), ■ 허위명예훼손죄(제307조 제2항),
- 출판물등에의한명예훼손죄(제309조 제2항)

▨ 벌금의 성질

(1) 벌금형은 일신 전속적 형벌로 제3자에 의한 대납, 국가에 대한 채권과의 상계, 벌금상속 · 벌금에 대한 공동연대책임도 질 수 없다.

(2) 피고인이 재판확정 후 사망으로 인한 상속재산에 벌금형을 집행할 수 있다(형소법 제478조).

(3) 재판확정 후 합병으로 인한 존속법인에 대해 벌금형을 집행할 수 있다(형

소법 제479조).

(4) 재판확정 후 합병으로 인한 설립법인의 재산에 대해 벌금형을 집행할 수
    있다(형소법 제479조).

제46조
구류

구류는 1일 이상 30일 미만으로 한다.

■ 해설

[**의의**] **구류**(拘留)란 교도소나 경찰서 유치장에 1일 이상 30일 미만의 기간
      동안 구치(拘置)하는 형벌이다(제46조).

[**구류의 예외적 규정**] 구류는 형법 제266조 제1항에 "과실로 인하여 사람의
      신체를 상해에 이르게 한 때(과실치상죄)는 500만 원 이하의 벌금, 구
      류 또는 과료에 처한다."고 하여 아주 예외적인 때에만 적용하고 있
      고, 주로 경범죄처벌법이나 단행법규에 규정되어 있다.

[구류와 구금의 구분]		
구분	구류(拘留)	구금(拘禁)
의의	수형자를 교도소나 경찰서 유치장에 구치하는 것을 내용으로 하는 자유형이고, 그 기간은 1일 이상 30일 미만이다(제46조). 신청에 의하여 작업을 부과할 수 있다.	소송절차의 원만한 수행을 위해 피의자가 도주·증거인멸의 가능성이 있다고 판단될 때는 신병확보를 위하여 피의자를 일정기간 동안 구치하는 법원의 강제처분이다.
성질	자유형	법원의 강제처분
시기	재판 확정 후	재판 확정 전
목적	수형자의 사회복귀	형사절차의 진행과 증거물 확보
노역장 유치 여부	■ 수형자가 벌금 또는 과료를 납부하지 않을 때에 일정한 기간 동안 수형자를 노역장에 유치(벌금: 1일 이상 3년 이하, 과료: 1일 이상 30일 미만, 구류: 본인 신청에 의함)하는 대체 자유형이다.	■ 노역장에 유치할 수 없다.

[경범죄처벌법]

제1조(경범죄의 종류) 다음 각 호의 1에 해당하는 사람은 10만 원 이하의 벌금, 구류 또는 과료의 형으로 벌한다.

[개정 88. 12. 31. 94. 12. 22. 96. 8. 8. 2007. 5. 17. 제8435호(가족관계의등록등에관한법률)] [시행일 2008. 1. 1.]

1. 빈 집 등에의 잠복	20. 자연훼손	37. 성명 등의 허위기재
2. 흉기의 은닉휴대	21. 타인의 가축 · 기계 등 무단조작	38. 전당품장부 허위기재
4. 폭행 등 예비	22. 수로유통방해	39. 미신요법
5. 허위신고	23. 구걸 부당이득	40. 야간통행제한위반
6. 시체 현장 변경 등	24. 불안감조성	41. 과다노출
7. 요부조자 등 신고불이행	25. 음주소란 등	42. 지문채취불응
8. 관명사칭 등	26. 인근소란 등	43. 자릿세 징수 등
9. 출판물의 부당게재 등	27. 위험한 불씨 사용	46. 비밀 춤 교습 및 장소 제공
10. 물품강매 · 청객행위	28. 물건 던지기 등 위험행위	47. 암표매매
11. 허위광고	29. 공작물 등 관리 소홀	48. 새치기
12. 업무방해	30. 굴뚝 등 관리 소홀	49. 무단출입
13. 광고물 무단첩부 등	31. 정신병자 감호 소홀	50. 총포 등 조작 장난
14. 음료수 사용방해	32. 위해동물 관리 소홀	51. 무임승차 및 무전취식
16. 오물방치	33. 동물 등에 의한 행패 등	52. 뱀 등 진열행위
17. 노상방요 등	34. 무단소등	53. 장난전화 등
18. 의식방해	35. 공중통로 안전관리소홀	54. 금연 장소에서의 흡연
19. 단체가입강청	36. 공무원 원조불응	

* 삭제 호: 3, 15, 44, 45

제47조
과료

과료는 2천 원 이상 5만 원 미만으로 한다. 〈개정 1995. 12. 29.〉

해설

[의의] **과료**(科料)란 범죄인에게 일정한 금액(2천 원 이상 5만 원 미만)의 지급을 강제적으로 부담시키는 재산형벌이다.

[노역장 유치] 과료를 납입하지 않은 자는 1일 이상 30일 미만의 기간 노역장에 유치하여 작업을 복무하게 한다(제69조). 노역장 유치는 과료 선고와 동시에 금 얼마를 1일로 환산한 기간을 노역장에 유치한다고 선고해야 한다(제70조). 과료의 일부만 납입한 때에는 과료액과 유치

기간의 일수에 비례하여 납입금액에 상당한 일수를 공제한다(제71조).

[과료와 과태료의 구분]

구분	과료(科料)	과태료(過怠料)
의의	범죄인에게 일정한 금액의 지불의무를 강제적으로 부담하게 한다는 점에서 벌금형과 동일하나 경미한 범죄에 대하여 부과되며, 그 금액이 적다는 점에서 벌금과 구별되는 재산형이다(제41조).	국가 또는 공공단체가 국민에게 과하는 금전벌(金錢罰)을 말하는데 형벌이 아니고 일종의 행정처분이다. 따라서 형법총칙의 규정을 적용하는 경우는 없다.
성질	■ 형법(형법상 형벌) 경범죄처벌법(2007. 5. 17. 50종류)과 기타 단행법규에 많다. 형법에는 다음과 같이 예외적으로 처벌하고 있다. ■ 공연음란죄(제245조), ■ 도박죄(제246조 제1항), ■ 단순폭행죄(제260조 제1항), ■ 과실치상죄(제266조), ■ 단순협박죄(제283조 제1항), ■ 점유이탈물횡령죄(제360조), ■ 자동차등부정사용죄(제331조의 2), ■ 편의시설부정사용죄(제34조의 2)	■ **행정법상 제재** 국가 또는 공공단체가 국민에게 과하는 형벌이 아닌 일종의 행정처분(금전벌)이다. ■ 질서벌로서 과태료(민법 제97조, 상법 제28조, 가족관계등록에관한법률 제120조 이하, 민소법 제301조, 제311조, 제360조, 제363조, 제366조, 제370조, 제451조) ■ 집행벌로서 과태료(행정상 강제집행의 일종으로 성병환자가 강제검진을 받지 않는 경우) ■ 징계벌로서 과태료(공증인법 제83조 제2호 및 제87조, 변호사법 제90조 제4호, 제117조, 법무사법 제48조 제2항 제3호)
내용	2,000원 이상 30,000원 미만 납입하지 않을 경우 1일 이상 30일 미만 노역장에 유치함(제69조)	각 해당 죄에 따라 다르다. 노역장 유치는 불허됨.
공통점	양자 모두 공적인 제재(制裁)로 금전을 지급하게 하는 것이다.	

제48조
몰수의 대상과 추징

① 범인 이외 자의 소유에 속하지 아니하거나 범죄 후 범인 이외의 자가 정을 알면서 취득한 다음 기재의 물건은 전부 또는 일부를 몰수할 수 있다.
1. 범죄행위에 제공하였거나 제공하려고 한 물건
2. 범죄행위로 인하여 생하였거나 이로 인하여 취득한 물건
3. 전 2호의 대가로 취득한 물건
② 전항에 기재한 물건을 몰수하기 불능한 때에는 그 가액을 추징한다.
③ 문서, 도화, 전자기록 등 특수매체기록 또는 유가증권의 일부가 몰수에 해당하는 때에는 그 부분을 폐기한다. 〈개정 1995. 12. 29.〉

■ 해설

[의의] ① 몰수(沒收)란 범죄의 반복을 차단하고 범죄로 인한 이득을 얻지 못하게 할 목적으로 범행과 관련된 재산을 박탈하여 국고에 귀속시

키는 재산형을 말한다(제48조 제1항).

② **추징**(追徵)이란 몰수의 대상인 물건의 몰수가 불능한 때에는 그 가
   액을 추징한다(제48조 제2항).

③ **폐기**(廢棄)란 문서·도화·전자기록 등 특수매체기록 또는 유가증권
   의 일부가 몰수에 해당하는 때에는 그 부분을 폐기한다(제48조 제3항).

①항: 『**범인 이외의 자 소유에 속하지 아니한 물건**』 범인소유의 물건, 소유
   자불명의 물건,[30] 금제품[31] 등이 이에 속하는데, 이를 알고 취득한 경
   우에는 전부 또는 일부를 몰수할 수 있다. 또한 범인의 공범자인 물건
   도 몰수할 수 있다.[32]

   『**범인**』 공범자(공동정범·교사범·방조범 및 필요적 공범관계에 있는 자)[33]의
   소유물도 포함된다. 따라서 피고인의 소유물은 물론 공범자의 소유물
   도 그 공범자의 소추 여부를 불문하고 몰수할 수 있다.[34] 기소 중지된
   공범의 소유물도 몰수할 수 있다.[35] 공범의 경우 임의적 공범뿐만 아
   니라 필요적 공범의 소유물도 몰수할 수 있다. 이 공범은 반드시 유죄
   의 죄책을 지는 자에 국한되지 않고 공범에 해당하는 행위를 한 자이
   면 된다.

---

30) 대판 1952. 6. 26. 4285형상74; 대판 1955. 8. 26. 4288형상216.
31) 대판 1960. 3. 16. 4292형상858(지적등본의 기재를 변개한 경우에 동 등본 중 변개한 부분은 그 공문서변조
    의 범죄행위로 인하여 생긴 것으로서 하인의 소유도 불허하는 것이므로 형법 제48조 제1항 제2호·제3항에
    의하여 이를 폐기할 것이다.).
32) 대판 1971. 7. 27. 70도1290.
33) 대판 2006. 11. 23. 2006도2680.
34) 대판 2000. 5. 12. 2000도5586.
35) 대판 1984. 5. 29. 83도2680.

(가) 범인 이외의 자 소유에 속하는 물건을 몰수할 수 없는 경우	■ 부실 기재된 등기부.36) ■ 허위신고에 의하여 작성된 가호적부.37) ■ 허위기재 부분이 있는 공문서38) ■ 장물39) ■ 매각위탁을 받은 엽총.40) ■ 국고에 환부하여야 할 국고수표41)
(나) 범인 이외의 자 소유에 속하는 물건에 대한 몰수선고	■ 피고인의 소지에 대한 몰수이고, 제3자의 소유권에는 몰수할 수 없다.42)
(다) 누구의 소유에 속하는 물건인가 여부	■ 판결 선고 당시의 권리관계를 기준으로 하여 결정된다.43) 따라서 범행 후 판결 선고 전에 범인의 사망에 의하여 그 물건의 소유권이 상속인에게 이전되었을 때에는 몰수할 수 없다.44)

『범죄 후 범인 이외의 자가 정을 알면서 취득한 물건』 범인 이외의 자 소유에 속하는 물건이라도 취득 당시에 그 물건이 형법 제48조 제1항 각 호에 해당한다는 사실을 알고 있었다면 몰수대상이 된다.

①항 제1호: 『범죄행위(구성요건에 해당하는 위법한 행위)에 제공하였거나 제공하려고 한 물건』 범죄행위에 사용한 물건(예: 살인에 사용한 권총, 절도 범인이 주거침입에 사용한 철봉, 도박자금으로 대여한 금원45) 등) 또는 사용하려고 준비하였지만 현실적으로 사용하지 않은 물건(예: 살인하기 위해 준비해 둔 도끼 등)을 뜻한다. 그러나 관세법 제188조(신: 제269조 제2항)의 허위신고의 대상이 된 물건은 범죄행위에 제공된 물건이 아니다. 따라서 이를 몰수할 수 없다.46) 동법 제273조의 범죄에 사용된 물품은 몰수할 수 있다.

제2호: 『범죄행위로 인하여 생하였거나, 이로 인하여 취득한 물건』 前者: 범행의 산출물로 범행 이전에는 없었으나 범행으로 새롭게

---

36) 대판 1957. 8. 2. 4290형상190.

37) 대판 1959. 6. 30. 4292형상177.

38) 대판 1983. 6. 13. 83노808.

39) 대판 1960. 12. 21. 4293비상1; 대판 1966. 9. 6. 66도853.

40) 대판 1966. 1. 31. 65도4.

41) 대판 1961. 2. 24. 4293형상759.

42) 대판 1970. 3. 24. 70다245(부가형인 몰수의 선고 효력은 유죄판결을 받은 피고인에 대해서만 발생하는 것이므로 피고인 이외의 제3자는 몰수의 대상이 된 선박의 소유자로서 민사소송으로 국가에 대하여 그 반환을 청구한다고 하여 피고인에 대한 형사판결의 기판력과 저촉된다고 할 수 없다.); 대판 1970. 2. 10. 69다205.

43) 이형국, 연구Ⅱ, 762면; 정성근, 총론, 660면.

44) 백일성, "형법상 몰수에 관하여", 검찰, 제40호, 1971. 8. 124면.

45) 대판 1982. 9. 28. 81도1669.

46) 대판 1974. 6. 11. 74도352.

생긴 물건(예: 통화를 위조 시의 그 위조통화, 문서를 위조 시의 그 위조문서 등), 後者: 이미 있던 물건이지만 범인이 범죄행위로 취득한 물건(예: 불법 벌채한 목재,[47] 공갈로 인하여 취득한 증서 등).

제3호: 『**전 2호의 대가로 취득한 물건**』 장물의 매각대금 또는 인신매매의 대금 등과 같이 범죄에 의해 간접적으로 취득한 부정한 이득을 말한다. 범죄로 인하여 취득한 물건 자체에 대해 형법 제48조 제1항 제1호·제2호에 의하여 몰수할 수 없는 경우에도 그 물건의 대가를 박탈하고자 제3호를 규정한 취지이다.

②**항:** 『**몰수하기 불능한 때**』 소비·혼동·분실·양도 등으로 인하여 판결할 때 사실상 또는 법률상 몰수할 수 없는 경우를 말한다(예: 뇌물로 받은 금원이나 자기앞수표를 소비한 후에 동액 상당을 반환한 경우,[48] 뇌물인 수표를 예금한 후 액면상당금원을 반환한 때[49])에는 몰수할 수 없다. 따라서 그 가액을 추징해야 한다.).

『**그 가액을 추징한다.**』 추징가액의 산정기준으로 범행 시의 가액을 기준으로 한 범행시설도 있으나,[50] 범죄인의 이익을 위해서 판결선고시설이 타당하다고 해야 한다.[51] 몰수하기 불능한 때에 추징할 가액산정은 재판 선고 시의 가격을 기준으로 해야 한다는 판례[52]의 태도이다.

---

47) 대판 1969. 5. 27. 69도591.

48) 대판 1984. 2. 14. 83도2871.

49) 대판 1970. 4. 14. 69도2461.

50) 정영석, 총론, 307면; 정성근, 총론, 661면.

51) 김일수, 원론, 1169면; 이재상, 총론, 574면; 배종대, 총론, 564면; 이형국, 연구Ⅱ, 763면; 진계호, 총론, 616면.

52) 대판 1991. 5. 28. 91도352.

(가) 수인의 공동피고인으로부터 추징하는 경우	■ 수인이 공모하여 뇌물을 수수한 경우에는 그 뇌물은 공범자의 공유(公有)에 속하기 때문에 몰수가 불가능하다. ■ 따라서 공범자의 공유에 속하는 경우에는 개별적으로 가액을 추징해야 하며, 개별적으로 알 수 없을 때에는 평등 분할액을 추징해야 한다.53)
(나) 외국환관리법위반 및 향정신성의약품관리법위반	■ 외국환관리법상의 몰수와 추징: 일반형사법과는 달리 범죄사실에 대한 징벌적 제재의 성격이다. 수인의 공모로 범칙행위를 한 경우 몰수대상인 외국환 등을 몰수할 수 없을 때는 범칙자 전원에게 그 취득한 외국환 등의 가액 전부를 추징해야 하고, 그 일부라도 납부하지 않을 때는 각 범칙자는 추징의 집행을 받는다.54) ■ 향정신성의약품 매매 미수죄: 제공된 의약품 및 대금 등은 필요적으로 몰수한다. 몰수가 불가능할 때는 추징을 해야 하나, 단순히 매매계약만 하고 목적물은 특정되지 않거나, 그것이 존재하였다는 점에 증거조차 없이 몰수는 할 수 없다. 따라서 그 가액추징도 허용되지 않는다.55)

③항: 『전자기록 등 특수매체기록』 사람의 지각으로 인식할 수 없는 방식에 의하여 만들어진 기록을 말한다. 특수매체기록에는 전자기록과 광학기록이 포함된다. 전자기록이란 전자식(예: 반도체기억집적 회로, ROM, RAM)과 자기식(예: 자기디스크, 자기드럼)에 의해 만들어진 기록을 말하고, 광학기록이란 광기술이나 레이저 기술을 이용한 기록을 말한다. 문서·도화·전자기록 등 특수매체기록 또는 유가증권의 일부가 몰수에 해당하는 때에는 그 부분을 폐기한다(제48조 제3항).56) 그러나 타인의 소유에 속하는 문서·도화 등은 폐기할 수 없다.57)

▓ 학설

1. 몰수 및 추징의 성질

(1) 몰수는 형식상 형벌이지만 실질상으로는 대물적 보안처분(對物的 保安處分)에 가깝다는 것이 다수설이나.58)

---

53) 대판 1975. 4. 22. 73도1963; 대판 1970. 1. 27. 69도2225; 대판 1977. 3. 8. 76도1982.

54) 대판 1998. 5. 21. 95도2002.

55) 대판 1998. 5. 12. 98도508.

56) 대판 1960. 3. 16. 4292형상858(지적등본의 기재를 변개한 경우에 동 등본 중 변개한 부분은 그 공문서 변조의 범죄행위로 인하여 생긴 것으로서 누구의 소유도 불허하므로 형법 제48조 제1항 제2호·제3항에 의해 폐기할 것이다.).

57) 대판 1961. 2. 24. 4293형상759(배임죄로 인하여 취득한 장물인 국고수표를 피해자에게 환수하는 선고를 하지 않고 폐기선고를 한 것은 위법이다.).

(2) 몰수는 형벌과 보안처분의 중간영역에 위치한 독립된 형사제재 수단이다.[59]

(3) 몰수는 행위자 또는 공범의 소유자인 물건에 대한 재산형으로서의 성질을 갖는다. 그러나 제3자 소유의 물건 몰수는 대물적 보안처분의 성질을 갖는다고 해야 한다.[60]

(4) 추징은 몰수대상물의 전부 또는 일부를 몰수하기 불능한 때에 몰수에 갈음하여 그 가액의 납부를 명하는 사법처분으로 몰수의 취지를 관철하기 위해서 인정된 제도라는 측면에서 부가형의 성질을 가진다.[61] 따라서 1심에서 선고하지 않은 추징은 항소심에서 선고하면 불이익변경금지의 원칙에 위배된다.[62]

2. 추징가액의 산정기준

(1) 범행 시의 가액을 기준으로 한 범행시설이 있다.[63]

(2) 범죄인의 이익을 위해서 판결선고시설이 타당하다고 해야 한다.[64]

(3) 몰수하기 불능한 때에 추징할 가액산정은 재판 선고 시의 가격을 기준으로 해야 한다는 판례[65]의 태도이다.

3. 몰수의 내용

(1) 몰수는 원칙적으로 타 형에 부과하는 부가형이다(제49조).

(2) 주형을 선고 유예한 경우에 몰수나 추징의 선고유예도 가능하다.[66]

---

58) 유기천, 총론, 355면; 정영석, 총론, 305면; 황산덕, 총론, 310면.

59) 김일수, 원론, 1168면.

60) 이재상, 총론, 572면; 진계호, 총론, 612면[형법이 몰수를 형벌로 규정(제41조)한 점으로 보면 형식상 형벌인 것이 분명하나, 몰수대상이 모두 보안처분의 성질을 갖는 것은 아니기 때문이다.].

61) 대판 1979. 4. 10. 78도3098(주형에 대하여 선고유예를 하지 아니하면서 이에 부가할 추징에 대해서만 선고를 유예할 수는 없다.).

62) 대판 1961. 11. 9. 4294형상572.

63) 정영석, 총론, 307면; 정성근, 총론, 661면.

64) 김일수, 원론, 1169면; 이재상, 총론, 574면; 배종대, 총론, 564면; 이형국, 연구Ⅱ, 763면; 진계호, 총론, 616면.

65) 대판 1991. 5. 28. 91도352.

66) 대판 1978. 4. 25. 76도2282; 대판 1980. 3. 11. 77도2027.

(3) 주형의 선고를 유예치 않고 추징에 대해서만 선고유예를 할 수 없다.[67]

(4) 행위자에게 유죄의 재판을 하지 않을 때에도 몰수요건이 있는 때에는
    몰수만을 예외적으로 선고할 수 있다(제49조 단서).[68]

(5) 몰수는 임의적 몰수를 원칙으로 하므로 몰수 여부는 원칙적으로 법관
    의 자유재량에 의한다.[69]

(6) 필요적 몰수는 형법 각칙의 뇌물에 관한 죄에서 범인 또는 정을 아는
    제3자가 받은 뇌물 또는 뇌물에 공할 금품이다(제134조).[70] 또한 특정범
    죄가중처벌법(제13조),[71] 특정경제범죄가중처벌등에관한법률(제10조)[72]이
    나 관세법(제282조)[73] 및 국가보안법(제15조) 등도 필요적 몰수에 대해
    개별적으로 규정되어 있다.

(7) 몰수 대상은 범죄행위와 관련되기 때문에 범죄사실과 관련이 없는 물
    건은 몰수할 수 없다.[74]

(8) 몰수 대상은 필히 압수된 물건에 제한을 두지 않으므로, 피고인에게
    환부한 물건도 몰수할 수 있다.[75]

(9) 몰수는 자유로운 증명으로도 족하다.[76]

(10) 몰수의 대상은 제48조 제1항에 열거된 물건의 전부 또는 일부이나, 여기
    의 물건은 유체물(有體物)에 한하지 않고 권리 또는 이익도 포함된다.[77]

---

67) 대판 1979. 4. 10. 78도3098.

68) 대판 1973. 12. 11. 73도233.

69) 대판 1971. 11. 9. 71도1537.

70) 대판 1977. 9. 13. 77도2028(수뢰죄의 피고인에게 주형에 대한 형의 선고를 유예하는 경우에는 수수한 뇌물
    은 이를 필요적으로 몰수하여야 하고, 몰수가 불능일 때는 그 가액을 추징하여야 한다.).

71) 제13조(알선수재)와 제12조(외국인을 위한 탈법행위)의 경우에 범인이 취득한 당해 재산은 몰수하며, 몰수할
    수 없을 때에는 그 가액을 추징한다.

72) 대판 2004. 4. 28. 2003도393(특정경제범죄가중처벌등에관한법률 제10소 제2항 및 세3항의 몰수·추징은
    필요적인 것으로서 법원의 재량에 속하는 것이 아니다.).

73) 대판 2004. 3. 26. 2003도8014(관세법 제282조 제2항에서 정한 몰수는 형법총칙의 몰수에 대한 특별규정
    으로서 필요적 몰수에 관한 규정이다. 같은 조항이 같은 법 제269조 제2항 및 제3항과 제274조 제1항 제1호
    의 경우에는 범인이 소유 또는 점유하는 그 물품을 몰수한다고 규정한 이상 범인이 점유하는 물품은 누구의 소
    유에 속함을 불구하고 소유자가 선의였든가 악의였든가를 가리지 않고 그 사실에 관하여 재판을 받는 범인에
    대한 관계에서 이를 몰수하여야 한다고 해석할 것이다.).

74) 대판 1967. 2. 7. 66오2.

75) 대판 1977. 5. 24. 76도4001.

76) 대판 1982. 2. 9. 81도3040.

77) 대판 1976. 9. 28. 76도2607(수뢰죄의 목적이 금전소비대차계약에 의한 금융이익일 때는 그 금융이익이 뇌

4. 몰수ㆍ추징의 대상 요건

	몰수	추징
대물적 요건 對物的 要件	(가) 몰수대상은 물건(제48조) 민법 제98조의 물건과는 다른 개념으로 유체물에 한하지 않고 권리 또는 이익도 포함 (나) 범죄행위에 제공하였거나 제공 하려고 한 물건(제48조 제1항 제1호) ■ 범죄행위(구성요건에 해당하는 위법한 물건) ■ 범죄행위에 제공하였던 물건 현실적으로 범죄에 사용한 물건(예: 살인에 사용한 흉기, 도박자금), 범행에 제공할 의사 없이 범행에 도움을 준 물건(예: 피해자를 발로 찰 때 신고 있던 구두) ■ 범죄행위에 제공하려고 한 물건(예: 살인에 사용하려고 준비한 흉기, 무면허 의료 행위를 하려고 준비한 약품) (다) 범죄행위로 생하였거나 이로 인하여 취득한 물건(제48조 제1항 제2호) ■ 범죄행위로 생한 물건(예: 위조문서, 위조통화) ■ 범죄행위로 인하여 취득한 물건(예: 불법 벌채한 목재, 도박에 의해 취득한 금품) (라) 전 2호의 대가로 취득한 물건(제48조 제1항 제3호) 장물을 매각하여 취득한 물건, 인신매매에 의한 매득금	몰수하기 불능한 때(판결 시에 사실상 또는 법률상 몰수할 수 없는 경우를 말한다.) (가) **사실상 불능** 소비ㆍ분실ㆍ훼손 (나) **법률상 불능** 혼동ㆍ선의 취득 (다) 사례: 뇌물로 받은 금원이나 자기앞수표를 소비한 후에 동액상당을 반환한 경우나,[78] 뇌물인 수표를 예금한 후 액면상당금액을 반환한 경우[79] ■ 추징가액 선정기준 (가) 범행시설[80] (나) 판결선고시설[81] (나) 판결선고시설(판례)[82] (다) 형사제재의 일종인 이상 엄격한 증명의 대상이 된다.[83] ■ 수인의 공동피고인으로부터 추징한 경우에 원칙적으로 개별추징, 개별액을 알 수 없으면 평등 분할액을 추징[84]
대인적 요건 對人物 要件	(가) 범인 이외의 자기에 속하지 아니할 것 ■ 범인의 소유물, 금제품,[85] 무주물 ■ 소유자 불명의 물건,[86] 공범 소유물 ■ 불법원인급여물이어서 소유자에게 반환청구권이 없는 물건, 소유자가 반환청구권을 포기한 물건, 범행 후 판결선고 전에 범인의 사망에 의하여 그 물건의 소유권이 상속인에게 이전된 경우(몰수 불가)[87] (나) 범죄 후 범인 이외의 자가 정을 알면서 취득한 물건 ■ 범인 이외의 자기 소유에 속하는 물건이라 할지라도 범죄 후 범인 이외의 자가 취득 당시에 그 물건이 제48조 제1항 각 호에 해당함을 알면서 취득한 경우	×

물이라 할 것이고, 이 경우 소비대차의 목적인 금원 그 자체는 뇌물이 아니므로 대여로 받은 금원 자체는 형법 제134조에 의하여 몰수 또는 추징할 수 없고, 이는 범죄행위로 인하여 취득한 물건으로서 피고인 이외의 자 소유에 속하지 아니하므로 형법 제48조 제1항 제2호에 의하여 몰수할 것이다.).

78) 대판 1984. 2. 14. 83도2871.

79) 대판 1970. 4. 14. 69도2461.

80) 정영석, 총론, 307; 정성근, 총론, 661면.

81) 김일수, 원론, 1169; 이재상, 총론, 574; 배종대, 총론, 564; 이형국, 연구Ⅱ, 763면; 진계호, 총론, 616면.

82) 대판 1991. 5. 28. 91도352.

83) 김일수, 원론, 1170면.

84) 대판 1975. 4. 22. 73도1963; 대판 1970. 1. 27. 69도2225; 대판 1977. 3. 8. 76도1982.

85) 대판 1960. 3. 16. 4292형상858(지적등본의 기재를 변개한 경우에 동 등본 중 변개한 부분은 그 공문서변조의 범죄행위로 인하여 생긴 것으로서 하인의 소유도 불허하는 것이므로 형법 제48조 제1항 제2호ㆍ제3항에 의하여 이를 폐기할 것이다.).

해설

[의의] **몰수의 부가성**(沒收 附加性)이란 몰수는 원칙적으로 다른 형에 부과하여 과하는 부가형을 말한다(제49조). 예외적으로 유죄의 재판을 아니 할 때에도 몰수의 요건이 있는 때에는 몰수만을 선고할 수 있다(제49조 단서).

[판례] 형법 제59조에 의하여 형의 선고유예를 하는 경우에도 몰수의 요건이 있는 때에는 몰수형만을 선고할 수 있다.[88]

『**몰수의 요건**』 몰수의 요건에는 대물적 요건과 대인적 요건이 있다.

- 대물적 요건(對物的 要件)에는,
  ① 범죄행위에 제공하였거나 제공하려고 한 물건(제48조 제1항 제1호)
  ② 범죄행위로 생하였거나 이로 인하여 취득한 물건(제48조 제1항 제2호)
  ③ 제48조 제1항 제1·2호의 대가로 얻은 물건(제48조 제1항 제3호)이 있다.

- **대인적 요건**(對人的 要件)**에는,**
범인 이외의 자 소유에 속하지 아니하거나, 범죄 후 범인 이외의 사가 정을 알면서 취득한 물건임을 필요로 한다(제48조 제1항).

---

86) 대판 1952. 6. 26. 4285형상74; 대판 1955. 8. 26. 4288형상216.
87) 백일성, "형법상 몰수에 관하여", 검찰, 제40호, 1971. 8. 124면.
88) 대판 1973. 12. 11. 73도1133.

제50조
형의 경중

① 형의 경중은 제41조 기재의 순서에 의한다. 단, 무기금고와 유기징역은 금고를 중한 것으로 하고 유기
  금고의 장기가 유기징역의 장기를 초과하는 때에는 금고를 중한 것으로 한다.
② 동종의 형은 장기의 긴 것과 다액의 많은 것을 중한 것으로 하고 장기 또는 다액이 동일한 때에는 그
  단기의 긴 것과 소액의 많은 것을 중한 것으로 한다.
③ 전 2항의 규정에 의한 외에는 죄질과 범정에 의하여 경중을 정한다.

■ 해설

[의의] **형의 경중**(刑의 輕重)이란 형의 경중은 제41조에 기재된 순서에 의한다
　　　(제50조 제1항 본문).

[**형의 경중의 실익**] 형법상으로는 신법과 구법의 경중비교(제1조 제2항), 상상
　　　적 경합의 처벌(제40조)과 실체적 경합범의 처벌(제38조 제1항 제1호)이고,
　　　형사소송법상으로는 불이익변경금지의 원칙(제368조)과 관련되기 때문
　　　이다.

①항: 『**경중순서**』
　　　(가) 원칙(중형 순서): 사형 〉 징역 〉 금고 〉 자격상실 〉 자격정지 〉 벌금 〉
　　　　　구류 〉 과료 〉 몰수
　　　(나) 예외(중형 순서): 무기금고(무기 금고에 처한다.) 〉 유기징역(5년 이하의
　　　　　징역에 처한다.)
유기금고의 장기가 유기징역의 장기를 초과할 때
⇒ 유기금고의 장기(10년 이하의 금고에 처한다.) 〉 유기징역의 장기(7년 이하의 징역
　　에 처한다.)

②항: 『**동종의 형**』 동종의 형은 장기의 긴 것과 다액의 많은 것을 중한 것으
　　　로 하고, 장기 또는 다액이 동일한 때에는 그 단기의 긴 것과 소액의
　　　많은 것을 중한 것으로 한다.

(가) 동종 형의 전단(장기의 긴 형일 때)⇒15년 이하의 징역에 처한다.〉5년 이
하의 징역에 처한다(다액이 많은 형일 때).⇒5만 원 이하의 벌금에 처한
다.〉1만 원 이하의 벌금에 처한다.

(나) 동종 형의 후단(장기 또는 다액이 동일한 형일 때)⇒7년 이하의 징역 또
는 3천만 원 이하의 벌금에 처한다.〉5년 이하의 징역 또는 2천만 원 이
하의 벌금에 처한다.

[판례] 법정형이 병과형 또는 선택형으로 정해진 경우에는 가장 중한 형을
기준으로 경중을 가린다.

**③ 전 2항의 규정에 의한 외에는 죄질과 범정에 의하여 경중을 정한다.『죄
질과 범정에 의하여 경중을 정한다.』** 법정형이 동일할 때 적용되는 기준
이라 할 수 있다. 죄질(罪質)이란 범죄의 성질로 구성요건의 유형적 본질
을 말하고, 범정(犯情)이란 책임요소에 해당하는 행위자의 내면적인 심정
반가치를 뜻한다.

■ 법정형이 동일할 때 적용되는 기준이란: 제347조 사기죄(10년 이하의 징역
또는 2,000만 원 이하의 벌금)와 제350조 공갈죄(10년 이하의 징역 또는 2,000만
원 이하의 벌금), 제355조 제1항 횡령죄(5년 이하의 징역 또는 1,500만 원 이하의
벌금)와 제355조 제2항 배임죄(5년 이하의 징역 또는 1,500만 원 이하의 벌금)는
법정형이 동일하다. 법정형이 동일한 때란 자유형에서 장기와 단기이고,
재산형에서는 다액과 소액이 모두 동일함을 뜻한다.

■ **『처단형과 선고형의 경중』**

(가) 중형 순서: 형의 집행유예〈 집행면제[89]

(나) 숭형 순서: 싱억형의 신고유예〈 벌금형[90]

(다) 벌금형의 환형유치기간이 징역형의 형기를 초과한 경우: 벌금형〈 징역형[91]

(라) 행위시법 때 구법의 징역 3년〈 재판시법 때 5년 이하의 징역 또는 1천
만 원 이하의 벌금[92]

---

89) 대판 1963. 2. 14. 62도248.
90) 대판 1984. 10. 10. 84도1489; 대판 1999. 11. 26. 99도3776.
91) 대판 1980. 5. 13. 80도765.
92) 대판 1983. 11. 8. 83도2499.

(마) 판례는 처음에 "징역 > 집행 유예된 징역"[93]으로 했다가 "집행 유예된 징역형의 형기가 더 길면 > 집행유예 없는 더 짧은 징역형"보다 무겁다고 했다.[94]

	처단형과 선고형의 경중(제51조)		경(輕)	중(重)
	형량(刑量)			
①	형의 집행유예와 집행면제의 경우		집행유예	집행면제
②	징역형의 선고유예와 벌금형의 경우		선고유예	벌금형
③	벌금형의 환형유치기간이 징역형의 형기를 초과한 경우		벌금형	징역
④	행위 시법 때 구법의 징역 3년과 재판시법 때 5년 이하의 징역 또는 1천만 원 이하의 벌금의 경우		행위시법 때 구법의 징역 3년	재판시법 때 5년 이하의 징역 또는 1천만 원 이하의 벌금
⑤	구 판례	징역과 집행 유예된 징역의 경우	집행 유예된 징역	징역
	최근판례	집행 유예된 징역형의 형기가 더 길면 집행유예 없는 더 짧은 징역형의 경우	집행유예 없는 더 짧은 징역형일 때	집행 유예된 징역형의 형기가 더 길 때

판례

[판례 1] 검사의 공소장에 형의 경중을 정할 때 형법 제50조를 적용한다는 것이 기재되지 않았더라도, 형법 제38조 제1항 제2호에 따라 법원은 경합범 중 가장 중한 죄를 가려 그 죄에 정한 형의 장기에 경합 가중하기 위하여 형의 경중을 정한 제50조를 적용해야 한다.[95]

[판례 2] [병과형 또는 선택형이 있는 경우 법정형의 경중 비교 방법] 법정형의 경중을 비교하는 데는 법정형 중 병과형 또는 선택형이 있을 때 이 중 가장 중한 형을 기준으로 다른 형과 경중을 정해야 한다.[96]

[판례 3] [공소장에 기재 누락된 형법 제50조의 적용] 이 경우 법원은 형법 제38조 제1항 제2호에 따라 경합 가중된 형을 정할 때, 경합범 중 가장 중한 죄를 가려 그 죄에 정한 형의 장기에 경합 가중하기 위해서는 형의 경중을 정한 제50조를 적용해야 한다.[97]

---

93) 대판 1965. 12. 10. 65도826.
94) 대판 1976. 1. 27. 75도1543.
95) 대판 1983. 5. 10. 83도612.
96) 대판 1983. 11. 8. 83도2499.

제2절 형의 양정(量定)

Ⅰ. 총설

양형 또는 형의 양정이란 법관이 범죄에 규정된 **법정형**에 먼저 **법률상의 가중 · 감경** 또는 **작량 감경**하여 **처단형**을 확정하고, 그 범위 내에서 구체적으로 **선고할 형**을 정하는 것을 말한다.

형벌법규는 일정한 범죄에 대하여 일정한 형벌을 과할 것을 규정하고 있다. 동일한 범죄에 대해서도 형벌의 종류 및 그 범위를 상대적으로 규정하여 그 범위 내에서 법원의 재량권을 주고 있다. 그러나 양형에 관한 법관의 재량은 행정관청의 행정행위상의 자유재량과 달리 법적으로 구속된 재량이다.

따라서 법관의 양형이 부당할 때는 항소이유가 된다(형소법 제361조의 5). 그리고 사형 · 무기 또는 10년 이상의 징역이나 금고가 선고된 사건에서는 상고이유가 된다(형소법 제383조).

<table>
<tr><td colspan="6">형의 가중, 감경의 순서(형법 제56조)</td><td rowspan="9"></td></tr>
<tr><td colspan="5">■ 각칙에 정한 형 ----------------------------(법정형)</td></tr>
<tr><td colspan="4">0 각칙 본조에 의한 가중</td><td>+</td></tr>
<tr><td colspan="4">↓ 특수교사, 방조의 가중</td><td>+</td></tr>
<tr><td colspan="4">↓ 누범 가중</td><td>+</td></tr>
<tr><td colspan="4">↓ 법률상 감경(형법 제55조)</td><td>−</td></tr>
<tr><td colspan="4">↓ 경합범 가중</td><td>+</td></tr>
<tr><td colspan="4">↓ 작량 감경(형법 제53조)</td><td>−</td></tr>
</table>

| (법정형)
＋ 가중
− 감경
− 작량감경

(처단형)
− 양형조건

(선고형) |

생명형	자유형	명예형	재산형	(예방차원)
사형 (교수형: 형법 제366조) (총살형: 군형법 제3조)	징역 금고 구류	자격상실 자격정지	벌금 과료 몰수	보안처분 선고유예 집행유예 가석방

---

97) 대판 1983. 5. 10. 83도612.

Ⅱ. 관련 법조문

본 절의 형의 양정에서는 양형의 조건(제51조), 자수 및 자복(제52조), 작량감경(제53조), 선택형과 작량감경(제54조), 법률상의 감경(제55조), 가중 및 감경 순서(제56조), 판결 선고 전 구금일수의 통산(제57조), 판결의 공시(제58조)로 구성되어 있다.

제51조
양형의 조건

형을 정함에 있어서는 다음 사항을 참작하여야 한다.
1. 범인의 연령, 성행, 지능과 환경
2. 피해자에 대한 관계
3. 범행의 동기, 수단과 결과
4. 범행 후의 정황

해설

[의의] **양형의 조건**(量刑의 條件)이란 양형에서 참작할 조건으로는 범인의 연령, 성행, 지능과 환경, 피해자에 대한 관계, 범행의 동기, 수단과 결과, 범행 후의 정황 등을 들고 있다. 그러나 제51조에서 규정한 양형의 조건은 예시적 성격에 불과하다. 그러므로 적정한 양형에 필요한 사항이라면 그 외의 사항도 폭넓게 참작할 수 있다.[98]

---

98) 대판 2004. 6. 24. 2004도575(① 피고인의 연령: 1981. 4. 23일생, ② 지능: 고등학교 내내 우수한 성적을 유지했고, 대학 연극영화과를 다니다가 이 사건이 발생할 무렵 휴학하고 경영학과에 들어가려고 준비 중, ③ 성행: 정신감정 결과 신체·정신상태가 정상범주 안에 들어 있고, 심신장애 상태에 있지 않음, ④ 환경 및 범행의 동기: 신용카드를 무분별하게 사용한 것에 대한 어머니의 질책, ⑤ 수법 및 결과: 모와 조모를 목 졸라 살해하고 형을 칼로 찌름. 범행 후의 정황 등에 비추어 보면, 피고인에 대하여 사형을 선고한 원심의 판단을 수긍할 수 있고 달리 원심이 한 형의 양정이 심히 부당하다고 인정할 만한 현저한 사유가 있다 하기 어렵다. 김 모 씨(23세)는 2000년 2월 미팅에서 만난 여자 친구와 사귀면서 여러 장의 신용카드를 만들어 무분별하게 사용하여 2년 만에 카드빚이 4천만 원을 넘게 되자 김 씨 부모는 개인연금저축을 해약하면서 3천5백만 원을 갚아 줬지만 재차 카드를 발급받아 2002년 11월쯤 자신과 여자 친구의 카드빚이 7천만 원에 이르렀다. 카드빚으로 인한 갈등 때문에 가출해 고시원을 전전하던 김 씨는 작년 6월 빚을 갚아 주지 않는 데 앙심을 품고 집에서 어머니와 할머니를 목 졸라 숨지게 한 뒤 아버지와 형까지 살해하려던 혐의로 구속·기소되어 1심과 2심에서 사형을 선고받았다.).

[판례] 범죄의 불가피성이 양형조건이 될 수 있는지 여부에 대하여 범죄의 불가피성은 **위법성조각사유**의 문제이기 때문에 형의 양정조건이 아니다.[99)]

제1호: 『**범인의 연령, 성행, 지능과 환경**』 성행이란 범죄인의 성격과 행실을 뜻한다. 위의 요소들은 사회복귀의 필요성과 가능성의 판단에 의미를 갖는 **특별 예방적** 사항이라 할 수 있다. 소년은 개선과 교화의 가능성이 높고, 노인은 형벌 적응력이 약하고 형벌의 필요성도 낮다. 따라서 소년과 노인은 형의 선고나 집행에서 **특별취급**을 받고 있다.

소년 및 노인의 특별취급		
관련법	소년법(소년)	형사소송법(노인)
조항	■ 제59조(사형 및 무기형의 완화) 죄를 범할 당시 18세 미만인 소년에 대하여 사형 또는 무기형(無期刑)으로 처할 경우에는 15년의 유기징역으로 한다. ■ 제60조(부정기형) ① 소년이 법정형으로 장기 2년 이상의 유기형(有期刑)에 해당하는 죄를 범한 경우에는 그 형의 범위에서 장기와 단기를 정하여 선고한다. 다만, 장기는 10년, 단기는 5년을 초과하지 못한다. ② 소년의 특성에 비추어 상당하다고 인정되는 때에는 그 형을 감경할 수 있다. ③ 형의 집행유예나 선고유예를 선고할 때에는 제1항을 적용하지 아니한다. ④ 소년에 대한 부정기형을 집행하는 기관의 장은 형의 단기가 지난 후 소년범의 행형(行刑) 성적이 양호하고 교정의 목적을 달성하였다고 인정되는 경우에는 검찰청 검사의 지휘에 따라 그 형의 집행을 종료시킬 수 있다. ■ 제62조(환형처분의 금지) 18세 미만인 소년에게는 「형법」 제70조에 따른 유치 선고를 하지 못한다. 다만, 판결 선고 전 구속되었거나 제18조 제1항 제3호의 조치가 있었을 때에는 그 구속 또는 위탁의 기간에 해당하는 기간은 노역장(勞役場)에 유치된 것으로 보고 「형법」 제57조를 적용할 수 있다.	■ 제471조 ① 징역, 금고 또는 구류의 선고를 받은 자에 대하여 다음 각 호의 1에 해당한 사유가 있는 때에는 형을 선고한 법원에 대응한 검찰청검사 또는 형의 선고를 받은 자의 현재지를 관할하는 검찰청검사의 지휘에 의하여 형의 집행을 정지할 수 있다. 1. 형의 집행으로 인하여 현저히 건강을 해하거나 생명을 보전할 수 없을 염려가 있는 때 2. **연령 70세** 이상인 때 3. 잉태 후 6개월 이상인 때 4. 출산 후 60일을 경과하지 아니한 때 5. 직계존속이 연령 70세 이상 또는 중병이나 장애인으로 보호할 다른 친족이 없는 때 6. 직계비속이 유년으로 보호할 다른 친족이 없는 때 7. 기타 중대한 사유가 있는 때

---

99) 대판 1983. 3. 8. 82도3248.

■ 제65조(가석방) 징역 또는 금고를 선고받은 소년에 대해서는 다음 각 호의 기간이 지나면 가석방(假釋放)을 허가할 수 있다. 1. 무기형의 경우에는 5년 2. 15년 유기형의 경우에는 3년 3. 부정기형의 경우에는 단기의 3분의 1

제2호: 『**피해자에 대한 관계**』 범인과 피해자 간의 친족관계, 가족관계, 고용관계 등의 인적 관계를 말하는데, 범인과 피해자의 신뢰관계는 일반적으로 책임을 감경하는 작용을 한다. 따라서 범행의 결과에 대하여 피해자의 태도는 제51조 제4호 "범행 후의 정황"에서 고려될 것으로 본다.[100]

제3호: 『**범행의 동기, 수단과 결과**』

(1) 범행 동기는 행위자의 범죄적 위험성과 행위책임의 판단에서 중요한 요소가 된다. 같은 범죄라도 계획적·우발적, 순간적 흥분·충동, 집요한 유혹 등에 의한 것인가에 따라 책임의 정도를 다르게 판단할 수 있다.[101]

(2) 범죄의 수단과 결과(행위자에게 책임을 물을 수 있는 결과, 책임 있는 결과)는 행위불법과 결과불법에 속하는 순수한 개관적 불법요소로, 수단의 잔혹성·과격성·교활성 및 결과의 심도와 범위는 양형에 영향을 미친다.[102]

제4호: 『**범행 후의 정황**』 범행 후의 후회와 피해변상 또는 피해회복을 위한 노력 등 범행 후의 범인의 태도는 책임과 예방의 관점에서 중요하다.

---

100) 진계호·이존걸, 총론, 728면.

101) (1) 대판 1968. 7. 30. 68도754(범행의 동기가 피고인이 사상적으로 공산주의에 동조하였던 점에 있는 것이 아니라, 동독에 북한 유학생 친구가 많다는 말을 우연히 듣게 되어 친구소식을 알려고 한 데 있고, 음악을 통해 널리 우리나라를 소개한 점 등 양형의 자료되는 사정을 고려할 때 징역 15년을 선고한 원심판결의 양형은 심히 부당하다고 인정된다.).

　(2) 대판 1946. 6. 4. 4279형상26(범행의 동기가 평소에 친교가 있는 갑이 피고인의 처 을을 강간하려 하였다는 점 등을 참작할 때 상해치사죄에 대하여 징역 3년의 실형을 선고한 것은 형의 양정이 심히 부당하다고 인정된다.).

102) 대판 1955. 6. 28. 4288형상86(범행의 수단방법이 2인이 공모하여 복면 후 권총을 사용하여 야간에 타인의 주거에 침입하고 부녀자를 협박하여 20여만 원 상당의 금품을 탈취하였다는 점에 비추어 특수강도죄에 대하여 형의 집행유예를 선고한 것이 부당하다고 인정된다.).

따라서 진정한 후회에 기한 자백은 형벌완화사유가 될 수 있다. 그러
나 피고인이 공판정에서 불손한 행동을 한 것은 형벌강화사유가 될
수 있다.[103]

피고인의 범죄 부인이나 진술거부권의 행사로 사형을 선고한 것은 '양형이 부당하다'고 보는 판례
■ 6년 사이에 3회에 걸쳐 젊은 남녀 3명을 특별한 이유 없이 살해하고 사체를 유기한 경우(대판 2000. 7. 6. 2000도1507)
■ 교제하던 여자의 어머니와 임신 중인 올케를 살해하고 그 오빠도 살해하려고 하였으나 미수에 그친 경우(대판 2002. 3. 9. 2000도5736)
■ 약 7개월여의 단기간 동안에 강간등살인(미수) 3회, 특수강도강간 3회, 강도상해 5회 등을 저지른 경우(대판 2003. 6. 13. 2003도924)

▓ 학설

1. 양형에 있어서 책임과 예방

(1) **양형 개괄** 양형에는 **특별예방**(범죄자의 재범 방지를 위해 장래 위험성으로부
터 교화·개선 내지 재사회화)과 **일반예방**(범죄자에 대한 형벌 부과로 일반인의
범죄 억제)이라고 하는 형벌의 목적이 고려되어야 한다. 그러나 일반예
방과 특별예방의 목적은 **책임**(責任)의 한계 내에서만 고려될 수 있다.
형벌은 책임을 전제로 하고 책임의 정도를 초과할 수 없다는 책임주의
에 근거하고 있다.

따라서 책임주의는 양형의 과정에서부터 형사사법의 모든 과정을 통
해 적용되고 유지되어야 하기 때문이다. 책임은 **비난 가능성**을 의미하
고, 양형책임은 사회 윤리적 불법판단의 경중을 결정하는 모든 요소의
총체를 의미하므로 서로 다르나. 여기서 문제 되는 것이 양형책임과
예방이다. 형벌의 기초가 되는 책임이 양형에 대하여 어떻게 작용하는
가에 대한 관련 여부를 가지고 견해가 대립되고 있다.

(2) **단계이론**(段階理論) 또는 **위가이론**(Stellenwerttheorie, 단계) 평가단계를
나누어 고찰하는 것으로, 형벌(형량결정은 불법과 책임에 비례하여 결정)은
책임에 의하여 결정하고, 형벌의 종류와 집행 여부(일반예방, 특별예방,

---

103) 진계호·이존걸, 총론, 729면.

형벌의 목적 간에 존재한 모순을 양형 단계 때마다 고찰해야 한다는 것)는 **예방**을 고려하여 결정해야 한다는 주장이다.[104]

(3) 유일형이론(唯一刑理論) 책임은 언제나 고정된 크기를 가지므로 정당한 형벌은 언제나 하나일 수밖에 없다는 이론이다.[105]

(4) 책임범위이론(責任範圍理論) 책임의 상한과 하한의 범위 내에서 일차적으로 특별예방을, 이차적으로는 일반예방을 고려하여 형을 양정해야 한다는 이론으로 베르너(A. F. Berner)가 주창한 이래 독일의 통설[106]이다. 양형의 복잡한 과정을 합리적으로 분석하고 형벌목적의 충돌을 조화할 수 있다는 점에서 가장 타당하다.[107]

2. 양형의 제 문제

(1) 양형의 단계

법정형 (法定刑)	법정형이란 형법 각칙상의 개개이 구성요건에 규정되이 있는 형벌을 말한다. 법정형에는 **절대적 전단형**(형벌을 법률에 정하지 않고 법관의 자유재량에 맡김. 죄형법정주의에 반함)과 **절대적 법정형**(형벌을 법률에 엄격히 규정하여 법관의 재량을 부인. 구체적 타당성을 가진 형을 정할 수 없음) 및 **상대적 법정형**(법률에는 형벌의 종류와 범위만을 규정하고 그 범위 내에서 법관이 구체적으로 형을 정함) 있다. 원칙적으로 형법은 상대적 법정형을 취한다. ■ 원칙 살인죄(제250조 제1항)에 있어서 "사형 · 무기 또는 5년 이상의 징역"이라고 규정한 것이 상대적 법정형이다. ■ 예외 여적죄(제93조)는 "사형에 처한다."고 규정하여 절대적 법정형에 입각하고 있다.
처단형 (處斷刑)	처단형이란 법정형에 법률상 및 재판상의 가중 · 감경을 하여 처단의 범위를 정한 형을 말한다. 법정형에 선택형이 규정되어 있는 경우에는 이 선택한 형에 다시 필요한 가중 · 감경을 하여 선고형의 최종적인 기본으로 될 형을 정한다. ■ 강도죄(제333조)의 법정형은 장기 15년, 단기 3년의 징역이다. 이때 법률상 감경사유가 있으면 제55조 제1항 제3호에 의하여 그 형이 법정형의 2분의 1로(장기 7년 6개월, 단기 1년 6개월) 처단형이 된다.
선고형 (宣告刑)	선고형이란 처단형의 범위 내에서 구체적으로 형을 양정하여 당해 피고인에게 선고하는 형을 말한다. ■ 위의 강도죄 처단형의 범위인 장기 7년 6개월, 단기 1년 6개월의 범위 내에서 법관이 '징역 3년을 선고'한 경우가 선고형이다. 자유형의 선고에는 정기형과 부정기형이 있는데, 부정기형에는 절대적 부정기형(형기를 정하지 않고 선고. 죄형법정주의에 위반)과 상대적 부정기형이 있다. ■ 원칙 정기형(형법) ■ 예외 상대적 부정기형(소년법 제60조)

---

104) Henkel, *Die "ricbtige" Strafe*, 1969, S. 23.

105) Arthur Kaufmann, *Das Scbuldprinzip*, 2 Aufl., 1976, S. 261.

106) Baumann/Weber, *AT*, 9. Aufl., 1985, S. 630; Bockelmann/Volk, *AT*, 4. Aufl., 1987, S. 235; Gribbohm, *LK*, Vor § 46 Rn. 18.

107) 진계호 · 이존걸, 총론, 727면.

(2) 형의 가중

1) 총칙상 가중	① 경합범가중(제38조)
	② 누범가중(제35조, 제36조)
	③ 특수교사·방조에 대한 가중(제34조 제2항)
2) 각칙상 가중	① 공무원의 직무상 범죄에 대한 가중(제135조)
	② 특수공무방해죄에 대한 가중(제144조)
	③ 상습범가중(제203조, 제264조, 제279조, 제285조, 제332조, 제351조)
	④ 특수체포·감금죄에 대한 가중(제278조)

(3) 형의 가중 정도

① 유기징역이나 유기금고를 가중하는 때에는 50년까지로 한다(제42조 단 서).

② 누범, 경합범 및 특수교사·방조를 가중하는 경우에는 별도로 규정되어 있다(제35조, 제38조, 제34조 제2항).

③ 누범의 경우에는 하한선을 올리는 독일형법과 달리 장기만을 2배로 하고 있다.

(4) 형의 감경

A. 법률상 감경 사유	
■ 필요적 감경(일정한 사유)	① 심신미약자(제10조 제2항)
	② 농아자(제11조)
	③ 중지미수(제26조)
	④ 종범(제32조 제2항)
	⑤ 자수(제90조, 제101조, 제111조, 제120조, 제153조, 제154조, 제157조, 제175조, 제213조)
■ 임의적 감경(법관의 재량)	① 외국에서 받은 형의 집행(제7조)
	② 과잉방위(제21조 제2항)
	③ 과잉피난(제22조 제2항)
	④ 과잉자구행위(제23조 제2항)
	⑤ 장애미수(제25조 제2항)
	⑥ 불능미수(제27조)
	⑦ 자수·자복(제52조)
	⑧ 범죄단체의 조직(제114조 단서)
	⑨ 약취·유인한 자가 약취·유인·매매 또는 이송된 자를 안전한 장소에 풀어준 경우(제295조의 2)
	⑩ 인질강요와 인질상해·치상 및 그 미수범이 인질을 안전한 곳에 풀어준 경우(제324조의 2)

<table>
<tr><td colspan="2">B. 법률상 감경의 정도와 방법(제55조)</td></tr>
<tr><td rowspan="8">① 법률상 감경 규정</td><td>1. 사형감경 때⇒무기 또는 20년 이상 50년 이하의 징역 또는 금고로 한다.</td></tr>
<tr><td>2. 무기징역 또는 무기금고 감경 때⇒10년 이상 50년 이하의 징역 또는 금고로 한다.</td></tr>
<tr><td>3. 유기징역 또는 유기금고 감경 때⇒그 형기의 2분의 1로 한다.</td></tr>
<tr><td>4. 자격상실 감경 때⇒7년 이상의 자격정지로 한다.</td></tr>
<tr><td>5. 자격정지 감경 때⇒그 형기의 2분의 1로 감경한다.</td></tr>
<tr><td>6. 벌금 감경 때⇒그 다액의 2분의 1로 감경한다.</td></tr>
<tr><td>7. 구류 감경 때⇒그 장기의 2분의1로 감경한다.</td></tr>
<tr><td>8. 과료 감경 때⇒그 다액의 2분의 1로 감경한다.</td></tr>
<tr><td>② 법률상 감경 규정이 수 개 있는 때</td><td>⇒거듭 감경할 수 있다.</td></tr>
</table>

[판례 1] 형법 제55조 제1항 제3호에 의하여 형기를 감경할 경우 여기서의 형기는 단기와 장기를 모두 포함하는 것으로서 당해 처벌법조에 장기 또는 단기의 정함이 없을 때에는 형법 제42조에 의하여 장기는 15년, 단기는 1개월이라고 볼 것이어서 형법 제250조의 소 정형 중 5년 이상의 유기징역을 선택한 이상 그 장기는 15년이므로 법률상 감경을 한다면 장기 7년 6개월, 단기 2년 6개월의 범위 내에서 처단형을 정해야 한다.[108] 그 형기의 2분의 1을 감경할 때에는 그 상한선뿐만 아니라 하한까지도 2분의 1로 내려가므로, 예컨대 7년 이하인 강도 예비죄를 법률상 감경할 때에는 3년 6개월 이하 15일 이상의 징역의 범위가 된다.

[판례 2] 벌금을 감경할 때의 다액의 2분의 1이라는 문구는 금액의 2분의 1이라고 해석하여 그 상한과 함께 하한도 2분의 1로 내려가는 것으로 해석하여야 한다.[109]

<table>
<tr><td colspan="2">C. 재판상 감경(작량감경) 제53조</td></tr>
<tr><td>■ 법률상 특별한 감경사유가 없더라도 피고인이 저지른 범죄의 정상에 참작할 만한 사유가 있는 때는 법원은 작량하여 그 형을 감경할 수 있다(제53조).</td><td>① 정상에 참작할 만한 사유는 형법 제51조(양형의 조건)가 기준이 된다.
② 법률상 형을 가중 또는 감경한 경우에도 다시 작량감경을 할 수 있다(제56조 제6호).
③ 법률상 임의적 감경사유는 적용되지 아니하면서도 작량감경을 할 수도 있다.[110]
④ 작량감경은 법률상 감경에 관한 형법 제55조의 범위 내에서만 허용된다.[111]
⑤ 작량감경은 법원의 자유재량에 속하는 것이며, 작량감경을 함에 있어서 법원은 반드시 감경사유가 되는 사실을 구체적으로 판시할 필요가 없다.[112]</td></tr>
</table>

---

108) 대판 1983. 11. 8. 83도2370.

109) 대판 1978. 4. 25. 78도246.

110) 대판 1959. 4. 24. 형상72; 1984. 11. 13. 84도1897; 1985. 3. 12. 84도3042.

111) 대판 1959. 8. 21. 4292형상358; 대판 1964. 10. 28. 64도454.

[**판례 1**] 재판상 감경(작량감경)에 관해 형법에 규정이 없으나 법률상의 감경
  예에 준해야 할 것으로 본다.113)

[**판례 2**] 작량감경의 경우에는 작량감경사유가 수 개 있는 때에도 거듭 감경
  할 수는 없다.114) 그러나 법률상의 감경을 한 연후에 다시 작량감경
  을 할 수는 있다.

[**판례 3**] 징역형과 벌금형을 병과하여야 할 경우에 특별한 규정이 없는 한
  징역형에만 작량감경을 하고 벌금형에는 작량감경을 하지 않는 것
  은 위법하다.115)

[**판례 4**] 경합범에 대하여 형법 제38조 제1항 제3호에 의하여 징역형과 벌금
  형을 병과하는 때에는 각 형에 대한 범죄의 정상에 차이가 있을 수
  있으므로 징역형에만 작량감경을 하고 벌금형에는 작량감경을 하지
  않았다 하여 이를 위법하다고 할 수 없다.116)

[**판례 5**] 양벌규정에 의해 자연인에게는 작량감경을 하고 회사에 대해서는
  작량감경을 하지 않아도 무방하다.117)

[**판례 6**] 무기징역을 선택하여 작량감경을 하는 경우 제55조 제1항 제1호의
  규정에 의하여 7년 이상의 징역으로 감형되는 한편, 제42조의 규정
  에 의하여 유기징역의 상한은 15년이므로 15년을 초과한 징역형을
  선고할 수 없다.118)

---

112) 대판 1958. 9. 12. 4291형상389.
113) 대판 1966. 10. 28. 64도454.
114) 대판 1964. 4. 7. 63도10.
115) 대판 1997. 8. 26. 96도3466; 대판 1997. 7. 26. 77도1827.
116) 대판 2006. 3. 23. 2006도1076.
117) 대판 1995. 12. 12. 95도1893.
118) 대판 1992. 10. 13. 92도1428.

(5) 형의 가중·감경 순서(제56조)

■ 형을 가중, 감경할 사유가 경합된 때 다음 순서에 의한다.		
1. ↓	각칙 본 조에 의한 가중	
2. ↓	제34조 제2항의 가중(특수교사·방조)	
3. ↓	누범 가중	
4. ↓	법률상 감경	
5. ↓	경합범 가중	
6. ↓	작량 감경	
해설	1개의 죄에 정한 형이 수종인 때에는 먼저 적용할 형을 정하고 그 형을 감경한다(제54조). [사례] 제329조의 절도죄에서 6년 이하의 징역 또는 1천만 원 이하의 벌금과 같이 2개 이상의 형이 선택적으로 되어 있는 경우에는 먼저 6년 이하의 징역을 선택할 것인가 아니면 1천만 원 이하의 벌금을 선택할 것인가를 결정해야 한다. 형을 가중·감경할 사유가 경합된 때에는 제56조 제1호~제6호 순으로 한다(제56조).	

[판례 1] [형을 가중·감경할 사유가 경합된 때] 법률상 감경을 먼저 하고 마지막으로 작량감경을 하도록 되어 있으므로 작량감경은 법률상 감경을 다 하고도 그 처단형보다 닞은 형을 선고하고자 할 때에 하는 것이 옳다.[119]

[판례 2] 심신미약의 범행이라 할지라도 경합범에 해당하는 경우에는 경합범 가중을 해야 하므로 법률상 감경 후에 경합범 가중을 해야 한다.[120]

[판례 3] 강도살인죄와 사체유기죄는 시간·장소가 계속 접근한 관련성 있는 행위로서 피고인은 양 범행 당시 심신미약상태에 있었음이 명백한 바이므로 형법 제10조 제2항의 감경을 하려면 양 죄 공히 감경해야 할 것임에도 불구하고 강도살인죄만을 감경하고 사체유기죄에 대한 감경을 유탈하였음은 위법일 뿐만 아니라 양 죄를 경합범으로 인정하여 가중하는 이상 형법 제56조 소정의 순서에 따라 법률상 감경을 먼저 하고 경합가중을 한 후에 할 것임에도 불구하고 도리어 그 순서를 전도하여 선 가중 후 감경한 까닭에 사체유기에 대한 감경 유탈의 원인을 조성하여 형기 범위에 영향을 미칠 위법을 거듭 범하였다 할 것이다.[121]

---

119) 대판 1991. 6. 11. 91도985; 대판 1994. 3. 8. 93도3680.
120) 대판 1969. 12. 30. 69도2013.

제52조
자수, 자복

① 죄를 범한 후 수사책임이 있는 관서에 자수한 때에는 그 형을 감경 또는 면제할 수 있다.
② 피해자의 의사에 반하여 처벌할 수 없는 죄에 있어서 피해자에게 자복한 때에도 전항과 같다.

해설

[의의] **자수, 자복** 자수(自首)란 범인이 스스로 자기의 범죄사실을 수사기관에 신고하여 그 소추(訴追: 형사 사건에 대하여 법원에 심판을 신청하여 이를 수행하는 일)를 구하는 의사표시를 말하고(제52조 제1항), **자복**(自服)이란 피해자의 명시한 의사에 반해 처벌할 수 없는 범죄(반의사불벌죄)로, 피해자에게 범죄를 고백하는 것을 말한다(제52조 제2항).

①항: 『**수사책임이 있는 관서**』 형사사건에서 고소·고발 사건에 대하여 검찰 송치까지 최종 수사 책임을 지는 경찰서를 의미한다. 최근 울산지방경찰청은 신속하고 공정한 처리를 위해 고소·고발 사건 책임수사관서 제도를 시행했다.

책임수사관서제도(責任搜査官署制度)란 고소·고발 사건을 접수한 경찰서가 범죄지, 피고소인 주소지, 거주지, 현재지 중 어느 한 사유에만 해당되면 검찰 송치까지 최종 수사 책임을 지는 경찰서가 되는 제도이다. 이 제도가 시행됨에 따라 수사 대상이 원거리에 있는 이유만으로는 이송할 수 없고 현장 진출 수사 또는 수사 촉탁을 통해 처리하게 되며 부득이한 경우 수사 팀장이 책임을 지고 엄격한 기준에 의해 심사 후 이송하게 된다.

본 제도의 시행을 통해 시민들의 고소 남발을 방지하고 피해자들에게 신속한 수사 서비스를 제공함은 물론 수사팀 자체적으로 책임 수사 체제를 운영하게 될 것으로 기대된다(2009. 11. 9. 경찰신문).

---

121) 대판 1960. 9. 30. 4293형상 509.

②항: 『피해자의 의사에 반하여 처벌할 수 없는 죄』 반의사불벌죄를 뜻한다.

반의사불벌죄(反意思不罰罪)	
의의	반의사불벌죄란 피해자의 명시한 의사에 반해서 공소를 제기할 수 없는 범죄를 말한다. 피해자의 의사와 무관하게 공소를 제기할 수도 있으나 피해자가 처벌을 원하지 않는 의사를 명백히 한 때는 소추가 불가능한 범죄이다.
해당범죄	■ 외국원수·외교사절에대한폭행등죄(제107조·제108조) ■ 외국국기국장모독죄(제109조) ■ 폭행죄(제260조 제1항), 존속폭행죄(제260조 제2항) ■ 과실치상죄(제260조 제2항) ■ 단순협박죄·존속협박죄(제283조 제3항) ■ 명예훼손죄(제307조), 출판물등에의한명예훼손죄(제309조)

자수, 고소(고발), 자백, 자복의 구별 개념	
자수(自首)	■ 자발적으로 자기의 범죄사실 신고 ■ 범죄사실의 발각 전후 불문 ■ 상대방이 수사기관
자복(自服)	■ 범죄사실의 발각 전후 불문 ■ 행한 자에게만 효력이 있고 공범자에게는 효력이 없다. ■ 상대방이 피해자
자백(自白)	■ 형사법상 범죄의 혐의를 받고 있는 자가 수사기관의 신문 후 범죄사실을 자인(自認) ■ 형사상 자백(confession)은 범죄기소내용 전체를 인정하는 것(합법적인 증거 입증 필요)(민사상 자백 (admission)은 기소내용의 특정 사실만 자인) ■ 형사소송법상 자백은 피고인 또는 피의자(인적 증거에 해당)가 범죄사실의 전부 또는 일부를 인정하는 진술이며, 자백의 방법은 구두·서면에 의한 자백, 재판상·재판 외의 자백, 수사 기관에 대한 자백·공판정에서의 자백을 포함한다. ■ 자백배제(불인정)법칙이 적용되는 범위는 고문, 폭행, 협박, 신체구속의 부당한 장기화로 인한 자백, 그리고 기망, 기타 방법에 의한 임의성에 의심이 있는 자백(위법한 수단에 의한 자백)이다.
고소(告訴) 고발(告發)	■ 타인의 범죄사실 신고

필요적 감면(법률상)		
분류		내용
총칙		■ 중지범(제26조)
각칙	자수	■ 내란죄의 자수(제90조 제1, 2항) ■ 외환죄의 자수(제101조 제1, 2항) ■ 외국에대한사전죄(私戰罪)의 자수(제111조 제3항) ■ 폭발물사용죄의 자수(제120조 제1, 2항) ■ 방화죄에서 자수(제175조) ■ 통화위조죄의 자수(제213조)
	자수·자백	■ 모해위증죄의 자백·자수(제153조) ■ 허위감정·번역·통역의 자백·자수(제154조) ■ 무고죄의 자백·자수(제157조)

임의적 감면(법률상)	
총칙	■ 외국에서 받은 형의 집행(제7조) ■ 과잉방위(제21조 제2항) ■ 과잉피난(제22조 제3항) ■ 과잉자구행위(제23조 제2항) ■ 불능미수(제27조) ■ 자수·자복(제52조)

필요적·임의적 감경(법률상)	
필요적 감경	■ 심신미약자(제10조 제2항) ■ 농아자(제11조) ■ 종범(제32조 제2항)
임의적 감경	■ 미수범(제25조 제2항) ■ 작량감경(제53조) ■ 법률상 감경할 사유가 수 개 있는 때(제55조) ■ 범죄단체의 조직(제114조 제1항 단서)

필요적 면제(법률상)	
친족 간 특례	■ 친족·호주 또는 동거의 가족의 본인을 위한 범인은닉죄(제151조 제2항) ■ 친족·호주 또는 동거의 가족의 본인을 위한 증거인멸죄(제155조 제4항)
친족 상도례	■ 직계혈족, 배우자, 동거친족, 동거가족 또는 그 배우자 간의 권리행사방해죄(제328조 제1항) ■ 직계혈족, 배우자, 동거친족, 동거가족 또는 그 배우자 간의 절도죄 등 및 상습과 그 미수죄(제344조) ■ 친족 간 사기·공갈죄(제354조) ■ 친족 간 횡령·배임죄(제361조) ■ 장물죄를 범한 자와 피해자 간에 친족관계(제328조 제1, 2항)가 있는 경우(제365조 제1항)

판례

■ 반의사불벌죄

[판례 1] 반의사불벌죄에 있어서 피해자가 처벌을 희망하지 아니하는 의사표시나 처벌을 희망하는 의사표시의 철회를 하였다고 인정하기 위해서는 피해자의 진실한 의사가 명백하고 믿을 수 있는 방법으로 표현되어야 한다. 따라서 피해자가 피고인을 고소한 다음, 제1심 법원으로부터 증인으로 출석하라는 소환장을 송달받고서도 출석하지 않으면서 "피고인을 고소 취하하였는데 무엇 때문에 또 증인으로 부르시나요? 제발 상업에 종사할 수 있도록 선처하여 주시기 바랍니

다.”라는 내용의 서면만을 제출하고 제1심판결 선고 시까지도 고소
취하장(取下狀)을 제출하지 않은 경우 피고인에 대한 처벌을 희망
하는 의사표시를 철회했다고 볼 수 없다.[122]

■ 자수(自首) 개념

[판례 1] 자수란 범인이 스스로 수사책임이 있는 관서에 자기범행을 고하고
그 처분을 구하는 의사표시이다.[123]

[판례 2] 자수가 형의 필요적 감경사유인지 여부에 대해서 자수는 양형에서
반드시 참작해야 할 사유가 아니기 때문에 자수를 이유로 형을 감
경하지 않아도 된다.[124]

[판례 3] 자수를 감면사유로 삼지 않고 형법 제53조의 작량감경사유로 한 것
은 적부에 대해서 자수를 감경사유로 삼지 않고 다른 정황과 합쳐
정상참작사유로 삼아 형법 제53조에 의해 작량 감경한 것은 위법하
지 않다.[125]

[판례 4] 범인이 자기의 범행으로서 범죄성립요건을 갖춘 객관적 사실을 자
발적으로 수사관서에 신고하여 그 처분에 맡기는 것으로 족하고,
더 나아가 법적으로 그 요건을 완전히 갖춘 범죄행위라고 적극적으
로 인식하고 있을 필요까지는 없다.[126]

[판례 5] 자수는 이를 행한 자에게만 효력이 미치고 다른 공범자에게는 영향
이 없다. 일단 자수가 성립한 이상 자수의 효력은 확정적으로 발생
하고, 그 후에 범인이 반복하여 수사기관이나 법정에서 범인을 부인
한 때에도 일단 발생한 자수의 효력이 소멸한 것이 아니다.[127]

■ 자수(自首) 인정

[판례 1] 범죄사실이 발각된 후(범죄사실 발각 전후 불문)에 신고하여도 자수

---

122) 대판 2001. 6. 15. 2001도1809.
123) 대판 1982. 9. 28. 82도1965.
124) 대판 1986. 5. 27. 86도645, 86감도91.
125) 대판 1985. 3. 12. 84도3042.
126) 대판 1995. 6. 30. 94도1017.
127) 대판 1999. 7. 9. 99도1695; 대판 2002. 8. 23. 2002도46; 대판 2005. 4. 29. 2002도7262.

에 해당된다.[128)

[판례 2] 지명수배를 받은 후라도 체포 전에 자발적으로 신고한 이상 자수에
해당한다.[129)

[판례 3] 자수는 범인이어야 하나 범인 스스로 출두치 않고 제3자를 통해서
도 자수할 수 있다.[130)

[판례 4] 수사기관 앞에서 범죄사실을 대체적으로 시인하는 내용의 진술을 한
것이라면 피고인이 되어 법정에서 범죄사실의 세부적인 형태나 상황
설명 등에 다소 차이가 나는 진술을 하더라도 자수에 해당된다.[131)

[판례 5] 언론에 혐의사실이 보도되기 시작한 후 수사기관에 전화를 걸어 조
사를 요청하고 혐의사실을 모두 자백한 경우에는 자수한 것으로 보
아야 한다.[132)

[판례 6] 범죄사실을 신고하지 않고 수사공무원을 만나거나 주소를 알리는 것
은 사수가 아니다.[133)

[판례 7] 범죄사실을 신고한 이상 범죄사실의 세부에 다소 차이가 있어도 자
수가 된다.[134)

[판례 8] 범인이 수 개의 범죄사실 중의 일부라도 수사기관에 자진 신고한
이상, 그 동기가 분명치 않고 그 후 공범을 두둔하더라도 그 자수
한 부분의 범죄사실에 대해서는 자수효력이 있다.[135)

■ 자수(自首) 부인

[판례 1] 자수는 자발적이어야 하므로 수사기관의 질문 또는 조사에 응하여
범죄사실을 진술하는 것은 자백일 뿐 자수로는 되지 않는다.[136)

[판례 2] 세관 검색 시 금속 탐지기에 의해 대마 휴대사실이 발각될 상황에

---

128) 대판 1965. 10. 5. 65도597.
129) 대판 1968. 7. 30. 68도754.
130) 대판 1964. 8. 31. 64도252.
131) 대판 1994. 5. 10. 94도659; 동지 1994. 12. 27. 94도618.
132) 대판 1994. 9. 9. 94도619.
133) 대판 1963. 10. 22. 63도247.
134) 대판 1969. 4. 29. 68도1780.
135) 대판 1969. 7. 22. 69도779.
136) 대판 1982. 9. 29. 82도1965; 대판 1992. 8. 14. 92도962.

서 세관원의 추궁(追窮)에 의하여 대마수입사실을 시인한 것은 자
발성이 결여되어 자수로 볼 수 없다.[137]

[판례 3] 개전의 정이 없는 자수는 법률상 감경사유가 아니다.[138]

[판례 4] 죄를 뉘우침이 없는 자수는 진정한 자수라고 할 수 없다.[139]

[판례 5] 수사기관이 아닌 자에게 자수의사를 전하는 것은 자수가 아니다.[140]

[판례 6] 제3자에게 자수의사를 전해 달라는 것만으로는 자수라 할 수 없다.[141]

[판례 7] 피고인이 검찰에 자진 출두서(出頭書)를 제출하고 출석하여 조사를
받았으나 범죄를 부인하다가 긴급체포·구속되고, 계속 수사를 받
다가 자진출석 후 10일 이상 경과하여 범죄사실을 시인했다면, 피
고인의 범죄사실에 대한 진술은 수사과장에서의 범죄사실의 진술로
서의 자백에는 해당하지만 형벌감경사유로서의 자수에는 해당되지
않는다.[142]

[판례 8] 피고인이 비록 자수서를 갖고 수사기관에 자발적으로 출석했더라도
조사를 받으면서 이를 제출하지 않을 뿐만 아니라 범행사실도 부인
한 이상 그 단계에서 자수가 성립한다고 할 수 없으며, 그 이후 구
속된 상태에서 자수서를 제출하고 범행사실을 시인한 것이 자수에
해당한다고 볼 수 없다.[143]

[판례 9] 수사기관의 직무상 질문 또는 조사에서 범죄사실을 진술한 것은 자
백이고,[144] 내심으로 자수를 결심한 경우나,[145] 검거되기 전에 친지
에게 전화로 자수의사를 전달한 경우[146]는 자수가 아니다.

---

137) 대판 1999. 4. 13. 98도4560.
138) 대판 1983. 3. 8. 82도3248.
139) 대판 1993. 6. 11. 93도1054; 대판 1994. 10. 14. 94도2130.
140) 대판 1954. 12. 21. 4287형상164.
141) 대판 1967. 1. 24. 66도1662.
142) 대판 2004. 7. 8. 2002도661.
143) 대판 2004. 10. 14. 2003도3133.
144) 대판 1982. 9. 28. 82도1965.
145) 대판 1986. 6. 10. 86도792.
146) 대판 1985. 3. 24. 85도1489.

■ 자수의 효과

[판례 1] 자수한 때에는 그 형을 감경 또는 면제할 수 있다(제52조 제1항).

[판례 2] 수 개의 범죄사실 중 일부만 자수한 때에는 그 부분 범죄사실에 대해서만 자백의 효력이 있다.147)

[판례 3] 자수의 효과는 임의적 감경이므로 자수한 자에 대해 법원이 형을 양정함에 이를 참작하여 감경하지 않더라도 위법이 아니다.148)

[판례 4] 자수 사실에 관한 주장은 형의 양정에 영향을 미치는 사유에 지나지 아니하여 형사소송법 제323조 소정의 유죄판결에 명시할 이유에 해당한다고 할 수 없다.149)

[판례 5] 법인의 직원 또는 사용인이 위반행위를 하여 양벌규정에 의하여 법인이 처벌하는 경우, 법인에게 자수감경에 관한 규정을 적용하기 위해서는 법인의 이사 기타 대표자가 수사관서에 자수한 경우에 한하고, 그 위반행위를 한 직원 또는 사용인이 자수한 것만으로는 형을 감경할 수 없다.150)

■ 자복의 효과

[판례 1] 피해자의 의사에 반하여 처벌할 수 없는 죄에 있어서 피해자에게 자복(自服)한 때에도 그 형을 감경(減輕) 또는 면제(免除)할 수 있다(제52조 제2항).

[판례 2] 해제조건부 범죄가 아닌 범죄에 대하여 피해자를 찾아가서 사죄하는 것은 자복이라 할 수 없다.151)

---

147) 대판 1994. 10. 14. 94도2130; 대판 1983. 3. 8. 82도3248.
148) 대판 1982. 12. 28. 82도2628; 대판 1986. 5. 27. 86도645.
149) 대판 1987. 7. 7. 87도945.
150) 대판 1995. 6. 30. 94도1017.
151) 대판 1968. 3. 5. 68도105.

제53조
작량감경(재판상 감경)

범죄의 정상에 참작할 만한 사유가 있는 때에는 작량하여 그 형을 감경할 수 있다.

■ 해설

[의의] **작량감경**(酌量減輕)이란 재판상 감경을 말하는데, 법률상 특별한 감경 사유가 없더라도 피고인이 저지른 범죄의 정상에 참작할 만한 사유가 있는 때에는 법원(법관의 재량)은 작량(짐작하여 헤아림)하여 그 형을 감경할 수 있는 것을 말한다(제53조). 작량감경을 함에 있어서 법원은 반드시 감경사유가 되는 사실을 구체적으로 판시할 필요는 없다(대판 1958. 9. 12. 4291형상389).

『**참작할 만한 사유**』 형법 제51조(양형의 조건)가 기준이 된다는 뜻이다.

재판상 감경(작량감경) 제53조	
■ 법률상 특별한 감경사유가 없더라도 피고인이 저지른 범죄의 정상에 참작할 만한 사유가 있는 때는 법원은 작량하여 그 형을 감경할 수 있다(제53조).	① 정상에 참작할 만한 사유는 형법 제51조(양형의 조건)가 기준이 된다. ② 법률상 형을 가중 또는 감경한 경우에도 다시 작량감경을 할 수 있다(제56조 제6호). ③ 법률상 임의적 감경사유는 적용되지 아니하면서도 작량감경을 할 수도 있다.[152] ④ 작량감경은 법률상 감경에 관한 형법 제55조의 범위 내에서만 허용된다.[153] ⑤ 작량감경은 법원의 자유재량에 속하는 것이며, 작량감경을 함에 있어서 법원은 반드시 감경사유가 되는 사실을 구체적으로 판시할 필요가 없다.[154]

■ 판례[작량감경(재판상 감경)의 정도와 방법]

[**판례 1**] 재판상 감경(작량감경)에 관해 형법에 규정이 없으나 법률상의 감경 예에 준해야 할 것으로 본다.[155]

---

152) 대판 1959. 4. 24. 형상72; 1984. 11. 13. 84도1897; 1985. 3. 12. 84도3042.
153) 대판 1959. 8. 21. 4292형상358; 대판 1964. 10. 28. 64도454.
154) 대판 1958. 9. 12. 4291형상389.

[**판례 2**] 작량감경의 경우에는 작량감경사유가 수 개 있는 때에도 거듭 감경
할 수는 없다.156) 그러나 법률상의 감경을 한 연후에 다시 작량감경
을 할 수는 있다.

[**판례 3**] 징역형과 벌금형을 병과하여야 할 경우에 특별한 규정이 없는 한
징역형에만 작량감경을 하고 벌금형에는 작량감경을 하지 않는 것
은 위법하다.157)

[**판례 4**] 경합범에 대하여 형법 제38조 제1항 제3호에 의하여 징역형과 벌금
형을 병과하는 때에는 각 형에 대한 범죄의 정상에 차이가 있을 수
있으므로 징역형에만 작량감경을 하고 벌금형에는 작량감경을 하지
않았다 하여 이를 위법하다고 할 수 없다.158)

[**판례 5**] 양벌규정에 의해 자연인에게는 작량감경을 하고 회사에 대해서는
작량감경을 하지 않아도 무방하다.159)

[**판례 6**] 무기징역을 선택하여 작량감경을 하는 경우 제55조 제1항 제1호의
규정에 의하여 7년 이상의 징역으로 감형되는 한편, 제42조의 규정
에 의하여 유기징역의 상한은 15년이므로 15년을 초과한 징역형을
선고할 수 없다.160)

[**판례 7**] 형법 제53조의 작량감경은 형을 감경함이 상당하다고 인정될 때에
1회에 한해 적용되는 것이고, 정상 하나하나에 거듭 작량 감경할
수 있음을 규정한 것은 아니다.161)

[**판례 8**] 징역형과 벌금형을 병과하는 경우에는 특별한 규정이 없는 한 어느
한쪽에만 작량감경을 하는 것은 허용되지 않는다.162)

[**판례 9**] 경합범에 대하여 형법 제38조 제1항 제3호에 의하여 징역형과 벌금
형을 병과하는 경우에는 각 형에 대한 범죄의 정상에 차이가 있을

---

155) 대판 1966. 10. 28. 64도454.
156) 대판 1964. 4. 7. 63도10.
157) 대판 1997. 8. 26. 96도3466; 대판 1997. 7. 26. 77도1827.
158) 대판 2006. 3. 23. 2006도1076.
159) 대판 1995. 12. 12. 95도1893.
160) 대판 1992. 10. 13. 92도1428.
161) 대판 1964. 4. 7. 63도410.
162) 대판 1997. 8. 26. 96도3466.

수 있으므로 징역형에만 작량감경을 하고 벌금형에는 작량감경을 하지 아니하였다고 하여 위법하다고 할 수 없다.163)

[**판례** 10] 보호감호기간은 법정되어 있어 보호감호의 감호기간의 산정은 법원의 재량에 속하지 않는다.164)

[**판례** 11] 형법 제52조 제1항 소정의 자수감면은 임의적인 것이므로 법원이 위 법조에 의한 감경사유로 삼지 아니하고 다른 정상과 합쳐 형법 제53조에 의한 작량감경을 하더라도 위법은 아니다.165)

[**판례** 12] 잠재적인 재범의 위험성은 범행 후의 개전의 정과는 반드시 일치하는 것은 아니므로 작량감경을 하였다고 해서 재범의 위험성을 인정 못 할 바 아니다.166)

[**판례** 13] 법정형에서 무기징역을 선택한 후 작량 감경한 결과 유기징역이 되었을 경우에 피고인이 미성년자일지라도 부정기형을 선고할 수 없다.167)

[**판례** 14] 법정형 7년 이상의 유기징역인 경우에 감경절차를 거치지 아니하고 징역 4년을 선고한 것은 법률적용의 착오라고 하였다.168)

---

163) 대판 2006. 3. 23. 2006도1076.
164) 대판 1982. 7. 13. 82도1280; 대판 1986. 10. 28. 86도1661.
165) 대판 1985. 3. 12. 84도3042.
166) 대판 1983. 3. 8. 83도59, 83감도20.
167) 대판 1988. 5. 24. 88도501; 대판 1991. 4. 9. 91도357.
168) 대판 1983. 11. 22. 83도2130.

제54조
선택형과 작량감경

1개의 죄에 정한 형이 수종인 때에는 먼저 적용할 형을 정하고 그 형을 감경한다.

■ 해설

[의의] **선택형**(選擇刑)이란 상해죄에서 "사람의 신체를 상해한 자는 7년 이하의 징역, 10년 이하의 자격정지 또는 1천만 원 이하의 벌금에 처한다."(제257조 제1항)와 같이 상해죄라는 1개의 죄에 정한 형이 '징역', '자격정지', '벌금' 등으로 형이 수종인 때에는 먼저 적용할 형을 정하고, 정한 형을 감경한다는 것을 말한다[예컨대 법원은 상해범에게 7년 징역형을 정하고(法定刑), 제55조 제1항 제3호에 따라 3년 6개월로 감경한다(작량감경).].

[판례] **법정형**(제55조)에서 무기징역을 선택한 후 작량감경을 한 결과 유기징역이 되었을 경우에는 피고인이 미성년자라 하더라도 **부정기형**을 선고할 수 없다(대판 1988. 5. 24. 88도501; 同旨 1983. 4. 26. 83도210).

『**적용할 형을 정하고**』 법정형을 정한다는 뜻이다.

『**그 형을 감경한다.**』 형법 제56조 제6호에 따라 범죄의 정상에 참작할 만한 사유(형법 제51조 양형의 조건)가 있는 때에는 작량하여 감경(재판상 감경)을 한다는 뜻이다.

<table>
<tr><td colspan="2" align="center">필요적 · 임의적 감경</td></tr>
<tr><td>① 필요적 감경</td><td>■ 심신미약자(제10조 제2항)
■ 농아자(제11조)
■ 종범(제32조 제2항)</td></tr>
<tr><td>② 임의적 감경</td><td>■ 미수범(제25조 제2항)
■ 작량감경(제53조)
■ 법률상 감경할 사유가 수 개 있는 때(제55조)
■ 범죄단체의 조직(제114조 제1항 단서)</td></tr>
</table>

<table>
<tr><td colspan="2" align="center">부정기형(不定期刑)</td></tr>
<tr><td>① 상대적 부정기형</td><td>"단기 3년, 장기 5년의 징역"처럼 형기의 상·하한(上下限)을 정하여 선고하는 자유형을 상대적 부정형이라 한다. 우리나라에서 소년법에 따라 소년에 대하여 상대적 부정기형을 채택하고 있다. 그런데, 소년이 2년 이상의 유기형에 해당된 죄를 범할 때는 그 법정 형기의 범위 내에서 장기와 단기를 정하여 선고해야 한다. 다만, 장기는 10년, 단기는 5년을 초과하지 못한다(소년법 제60조).

특별법인 특정강력범죄를 범한 18세 미만의 소년에 대해 부정기형을 선고할 때는 소년법 제60조 제1항의 단서 규정에도 불구하고 장기는 15년, 단기는 7년을 초과하지 못하도록 규정하고 있다(특정강력범죄의처벌에관한특례법 제4조 제2항).</td></tr>
<tr><td>② 절대적 부정기형</td><td>"징역에 처한다."처럼 형기를 전혀 정하지 않고 선고하는 자유형이다. 절대적 부정기형은 죄형법정주의에 위배되므로 채택한 나라는 없다.</td></tr>
</table>

제55조
법률상의 감경

① 법률상의 감경은 다음과 같다.
 1. 사형을 감경할 때에는 무기 또는 20년이상 50년 이하의 징역 또는 금고로 한다.
 2. 무기징역 또는 무기금고를 감경할 때에는 10년 이상 50년 이하의 징역 또는 금고로 한다.
 3. 유기징역 또는 유기금고를 감경할 때에는 그 형기의 2분의 1로 한다.
 4. 자격상실을 감경할 때에는 7년 이상의 자격정지로 한다.
 5. 자격정지를 감경할 때에는 그 형기의 2분의 1로 한다.
 6. 벌금을 감경할 때에는 그 다액의 2분의 1로 한다.
 7. 구류를 감경할 때에는 그 장기의 2분의 1로 한다.
 8. 과료를 감경할 때에는 그 다액의 2분의 1로 한다.
② 법률상 감경할 사유가 수 개 있는 때에는 거듭 감경할 수 있다.

[의의] **법률상 감경**(法律上 減輕)이란 일정한 사유가 있으면 필히 감경해야 하는 필요적 감경(심신장애자의 범죄 등)과 일정한 사유가 있으면 법관의 재량으로 감경 여부를 결정하는 임의적 감경(미수 등)이 있는데, 형을 감경할 수 있는 것이 법률에 분명히 규정(법률상 감경 사유)되어 있는 경우를 말한다. 법률상 감경의 정도는 형법 제55조에서 규정하고 있다. 또 법률상 감경(가중)을 하는 경우에도 다시 작량감경을 할 수 있다.

<table>
<tr><td colspan="2" align="center">법률상 감경의 정도와 방법(제55조)</td></tr>
<tr><td rowspan="8">① 법률상 감경 규정</td><td>1. 사형감경 때⇒무기 또는 20년 이상 50년 이하의 징역 또는 금고로 한다.</td></tr>
<tr><td>2. 무기징역 또는 무기금고 감경 때⇒10년 이상 50년 이하의 징역 또는 금고로 한다.</td></tr>
<tr><td>3. 유기징역 또는 유기금고 감경 때⇒그 형기의 2분의 1로 한다.</td></tr>
<tr><td>4. 자격상실 감경 때⇒7년 이상의 자격정지로 한다.</td></tr>
<tr><td>5. 자격정지 감경 때⇒그 형기의 2분의 1로 감경한다.</td></tr>
<tr><td>6. 벌금 감경 때⇒그 다액의 2분의 1로 감경한다.</td></tr>
<tr><td>7. 구류 감경 때⇒그 장기의 2분의 1로 감경한다.</td></tr>
<tr><td>8. 과료 감경 때⇒그 다액의 2분의 1로 감경한다.</td></tr>
<tr><td>② 법률상 감경 규정이 수 개 있는 때</td><td>⇒거듭 감경할 수 있다.</td></tr>
</table>

①항: 『**법률상의 감경**』 법률상 감경의 정도와 방법을 뜻한다.

②항: 『**법률상 감경할 사유가 수 개 있는 때에는 거듭 감경할 수 있다.**』 법률상 감경의 정도와 방법(제55조 제1항)에 따라 감경하고도 또 다른 사유(예: 필요적 감경사유에다 임의적 감경사유가 있었을 경우)가 있었을 때는 거듭하여 감경할 수 있다는 의미이다.

법률상 감경 사유	
(1) 필요적 감경(일정한 사유)	① 심신미약자(제10조 제2항) ② 농아자(제11조) ③ 중지미수(제26조) ④ 종범(제32조 제2항) ⑤ 자수(제90조, 제101조, 제111조, 제120조, 제153조, 제154조, 제157조, 제175조, 제213조)
(2) 임의적 감경(법관의 재량)	① 외국에서 받은 형의 집행(제7조) ② 과잉방위(제21조 제2항) ③ 과잉피난(제22조 제2항) ④ 과잉자구행위(제23조 제2항) ⑤ 장애미수(제25조 제2항) ⑥ 불능미수(제27조) ⑦ 자수 · 자복(제52조) ⑧ 범죄단체의 조직(제114조 단서) ⑨ 약취 · 유인한 자가 약취 · 유인 · 매매 또는 이송된 자를 안전한 장소에 풀어준 경우(제295조의 2) ⑩ 인질강요와 인질상해 · 치상 및 그 미수범이 인질을 안전한 곳에 풀어준 경우(제324조의 2)

▨ 판례

[판례 1] 형법 제55조 제1항 제3호에 의하여 형기를 감경할 경우 여기서의 형기는 단기와 장기를 모두 포함하는 것으로서 당해 처벌법조에 장기 또는 단기의 정함이 없을 때에는 형법 제42조에 의하여 장기는 15년, 단기는 1개월이라고 볼 것이어서 형법 제250조의 소 정형 중 5년 이상의 유기징역을 선택한 이상 그 장기는 15년이므로 법률상 감경을 한다면 장기 7년 6개월, 단기 2년 6개월의 범위 내에서 처단형을 정해야 한다.[169] 그 형기의 2분의 1을 감경할 때에는 그 상한선뿐만 아니라 하한까지도 2분의 1로 내려가므로, 예컨대 7년 이하인 강도 예비죄를 법률상 감경할 때에는 3년 6개월 이하 15일 이상의 징역의 범위가 된다.

[판례 2] 벌금을 감경할 때의 다액의 2분의 1이라는 문구는 금액의 2분의 1이라고 해석하여 그 상한과 함께 하한도 2분의 1로 내려가는 것으로 해석하여야 한다.[170]

---

169) 대판 1983. 11. 8. 83도2370.
170) 대판 1978. 4. 25. 78도246.

제56조
가중감경의 순서

형을 기중 감경할 사유기 경합된 때에는 다음 순서에 의한다.
1. 각칙 본 조에 의한 가중
2. 제34조 제2항의 가중
3. 누범 가중
4. 법률상 감경
5. 경합범 가중
6. 작량 감경

해설

[의의] **가중감경의 순서**(加重減輕의 順序)란 형을 가중 감경할 사유가 경합된 때에는 각칙 본 조에 의한 가중⇨제34조 제2항의 가중⇨누범 가중⇨법률상 감경⇨경합범 가중⇨작량 감경의 순서대로 형을 정함을 말한다.

■ 각 호 해설

1호: 각칙 본 조의 가중	제1조부터 제86조까지의 조항에 가중 사유가 있으면 가장 먼저 가중하고,
2호: **제34조 제2항의 가중**	특수교사 및 방조를 두 번째로 가중하며,
3호: 누범 가중	제35조의 누범은 세 번째로 가중한다.
4호: 법률상 감경	일정한 사유로 인한 필요적 감경과 법관의 재량으로 인한 임의적 감경은 네 번째로 한다. 이때 감경의 정도와 방법은 제55조에 따르되, 감경사유가 수 개가 있었을 때에는 거듭 감경을 한다.
5호: 경합범 가중	제37조 및 제40조, 법조 경합범일 때는 다섯 번째로 가중하고,
6호: 작량 감경	제53조 및 제54조일 때는 여섯 번째로 감경을 한다.

■ 형의 가중 · 감경 순서(제56조)

■ 형을 가중, 감경할 사유가 경합된 때 다음 순서에 의한다.	
1 ↓	각칙 본 조에 의한 가중
2 ↓	제34조 제2항의 가중(특수교사 · 방조)
3 ↓	누범 가중
4 ↓	법률상 감경
5 ↓	경합범 가중
6 ↓	작량 감경
해설	1개의 죄에 정한 형이 수종인 때에는 먼저 적용할 형을 정하고 그 형을 감경한다(제54조). [사례] 제329조의 절도죄에서 6년 이하의 징역 또는 1천만 원 이하의 벌금과 같이 2개 이상의 형이 선택적으로 되어 있는 경우에는 먼저 6년 이하의 징역을 선택할 것인가 아니면 1천만 원 이하의 벌금을 선택할 것인가를 결정해야 한다. 형을 가중 · 감경할 사유가 경합된 때에는 제56조 제1호~제6호 순으로 한다(제56조).

판례

[판례 1] 형을 가중 · 감경할 사유가 경합된 때 …… 법률상 감경을 먼저 하고 마지막으로 작량감경을 하도록 되어 있으므로 작량감경은 법률상 감경을 다 하고도 그 처단형보다 낮은 형을 선고하고자 할 때에 하는 것이 옳다.[171]

[판례 2] 심신미약의 범행이라 할지라도 경합범에 해당하는 경우에는 경합범 가중을 해야 하므로 법률상 감경 후에 경합범가중을 해야 한다.[172]

[판례 3] 강도살인죄와 사체유기죄는 시간 · 장소가 계속 접근한 관련성 있는 행위로서 피고인은 양 범행 당시 심신미약상태에 있었음이 명백한 바이므로 형법 제10조 제2항의 감경을 하려면 양 죄 공히 감경해야 할 것임에도 불구하고 강도살인죄만을 감경하고 사체유기죄에 대한 감경을 유탈하였음은 위법일 뿐만 아니라 양 죄(兩罪)를 경합범으로 인정하여 가중하는 이상 형법 제56조 소정의 순서에 따라 법률상 감경을 먼저 하고 경합가중을 한 후에 할 것임에도 불구하고 도리어 그 순서를 전도하여 선 가중 후 감경한 까닭에 사체유기에 대한

---

171) 대판 1991. 6. 11. 91도985; 대판 1994. 3. 8. 93도3680.
172) 대판 1969. 12. 30. 69도2013.

감경유탈의 원인을 조성하여 형기 범위에 영향을 미칠 위법을 거듭 범하였다 할 것이다.173)

제57조
판결 선고 전 구금일수의 통산

① 판결 선고 전의 구금일수는 그 전부 또는 일부를 유기징역, 유기금고, 벌금이나 과료에 관한 유치 또는 구류에 산입한다.
② 전항의 경우에는 구금일수의 1일은 징역, 금고, 벌금이나 과료에 관한 유치 또는 구류의 기간의 1일로 계산한다.

해설

[의의] **판결 선고 전 구금**(判決 宣告 前 拘禁)이란 범죄의 혐의를 받는 자를 재판이 확정될 때까지 구금하는 것을 말한다. 미결구금(未決拘禁)이라고도 한다. 수사기관에 구속되었으면 그때부터 통산하고, 기소 후에 구속되었으면 구속된 날로부터 통산하여 자유형을 확정하여 선고한다.

[사례] 1년의 징역형을 선고받은 피고인이 확정판결이 있기까지 10개월간 구속되어 있었고 10개월 전부를 징역형에 산입한다면 피고인은 2개월의 징역형만 복역하면 된다.

[목적] 미결구금의 목적은 증거인멸이나 범인도주를 방지하여 소송절차의 진행을 확보하고, 유죄판결의 확정에 따른 형 집행을 담보하는 데 있다.

판례(미결구금일수의 산입방법)

[판례 1] 미결구금일수를 어느 정도로 산입할 것이며, 얼마를 통산할 것인가

---

173) 대판 1960. 9. 30. 4293형상509.

는 법원의 재량이다.[174]

[**판례 2**] 미결구금일수를 산입하지 않는 것은 위법이다.[175]

[**판례 3**] 미결구금일수보다 많은 일수를 본형에 산입하는 것은 위법이다.[176]

[**판례 4**] 무기형에 대해서는 미결구금일수를 산입할 수 없다.[177]

[**판례 5**] 항소심에서 무기징역형을 선고한 1심판결을 파기하고 유기징역형을 선고할 때에는 1심판결 선고 전의 구금일수의 전부 또는 일부를 산입해야 한다.[178]

[**판례 6**] 항소심이 항소를 기각하는 경우 제1심 판결의 선고형이 2개 있을 때는 그중 어느 형에 산입할 것인지를 분명히 해야 한다.[179]

[**판례 7**] 원심판결 선고 당시에 통산미결구금일수가 원심선고 형기를 초과하는 경우 상고 후의 미결구금일수는 통산하지 않는다.[180]

[**판례 8**] 벌금형의 선고유예판결을 하는 경우에도 판결 선고 전의 구금일수의 전부 또는 일부를 환형유치기간에 산입해야 한다.[181]

[**판례 9**] 수 개의 공소사실로 공소가 제기된 피고인이 그중 일부의 범죄사실만으로 구속영장이 발부되어 구금되어 있었고, 법원이 그 수 개의 범죄사실을 병합·심리한 끝에 피고인에게 구속영장이 발부된 일부 범죄사실에 관한 죄의 형과 나머지 범죄사실에 관한 죄의 형으로 나누어 2개의 형을 선고한 경우에 구속영장이 발부된 범죄의 판결 선고 전 구금일수를 구속영장에 발부되지 아니한 다른 범죄사실에 관한 죄의 형에 산입할 수도 있다.[182]

[**판례 10**] 경합범에 대해 2개의 형을 선고할 경우의 미결구금일수 산입 방법:

---

174) 대판 1968. 1. 31. 67도1633; 대판 1969. 4. 22. 69도2269; 대판 1971. 4. 28. 71도374; 대판 1983. 7. 26. 83도1470; 대판 1993. 11. 26. 93도2505.

175) 대판 1963. 2. 14. 62오3; 대판 1971. 7. 29. 71도1090; 대판 1977. 7. 27. 76도1736; 대판 1979. 11. 13. 79도443.

176) 대판 1955. 3. 4. 4288형상17; 대판 1960. 3. 9. 4292형상782.

177) 대판 1966. 1. 25. 65도384.

178) 대판 1972. 9. 28. 71도1289.

179) 대판 1995. 7. 11. 95도1084.

180) 대판 1983. 3. 22. 83도232.

181) 대판 2003. 11. 28. 2003도3756.

182) 대판 1996. 5. 10. 96도800.

지 범죄사실에도 미치기 때문에 그 구금일수를 어느 죄의 형기에 산입할 것인가는 법원의 재량에 속한다.183)

[판례 11] 본형 기간이 이미 만료된 경우 상소심의 구금일수 불 산입: 상고 이후의 구금일수는 형법 제57조에 의해 피고인에 대한 본형에 그 의 전부 또는 일부를 산입해야 할 것이나, 원심 판결 선고 시까지 이미 본형이 만료된 경우에는 위 구금일수의 본형산입을 하지 않 는다.184)

제58조
판결의 공시

① 피해자의 이익을 위하여 필요하다고 인정할 때에는 피해자의 청구가 있는 경우에 한하여 피고인의 부담으로 판결공시의 취지를 선고할 수 있다.
② 피고사건에 대하여 무죄 또는 면소의 판결을 선고할 때에는 판결공시의 취지를 선고할 수 있다.

해설

[의의] 판결의 공시(判決의 公示)란 피해자의 이익이나 피고인의 명예회복을 위해서 판결의 선고와 동시에 관보(官報) 또는 일간신문(日刊新聞) 등에 판결의 전부 또는 일부를 공적(公的)으로 주지시키는 제도를 말한다. 범죄 혐의로 피고인과 피해자 및 사회 전체 사이에 잠정적으로 야기되었던 신뢰와 기대실추를 공시를 통해 회복하고 진실 해명을 바탕으로 새로운 공존질서의 안정을 확보하는 데 그 취지가 있다.

①항: 『**피해자의 이익을 위한 판결공시**』 공시에 대하여 반드시 피해자의 청

---

183) 대판 1986. 12. 9. 86도1875.
184) 대판 1976. 10. 29. 76도3056.

구가 필요하고, 공시에 따른 제 비용 등 부담은 피고인이 부담한다.

②항: 『피고인의 이익을 위한 판결공시』 공시에 대하여 피고인의 청구가 필요하지 않는다.

판결 공시	
① 무죄의 판결(無罪判決)	피고사건이 범죄로 되지 아니하거나 범죄사실의 증명이 없는 때에는 판결로써 무죄를 선고하여야 한다(형소법 제325조).
② 무죄판결공시(無罪判決公示)	재심에서 무죄의 선고를 한 때에는 그 판결을 관보와 그 법원소재지의 신문지에 기재하여 공시하여야 한다(형소법 제440조). (형법 제58조; 형소법 제325조·제364조·제370조·제396조·제399조·제438조 제1항)

제3절 누범(累犯)

Ⅰ. 총설

누범이란 광의로는 확정판결을 받은 범죄(前犯)와 확정판결을 받고 난 후에 다시 범한 범죄(後犯)를 말하나, 협의로는 형법 제35조에 "금고 이상의 형을 받아 그 집행을 종료하거나 면제를 받은 후 3년 내에 금고 이상에 해당하는 범죄를 범한 것"만을 말한다.

Ⅱ. 관련 법조문

본 절에서 누범에 대한 형법 규정으로는 형법 제35조와 형법 제36조의 "판결 선고 후의 누범 발견"으로 되어 있다.

제35조
누범

① 금고 이상의 형을 받아 그 집행을 종료하거나 면제를 받은 후 3년 내에 금고 이상에 해당하는 죄를 범한 자는 누범으로 처벌한다.
② 누범의 형은 그 죄에 정한 형의 장기 2배까지 가중한다.

해설

[의의] **누범**(累犯)이란 금고 이상의 형을 받아 그 집행을 종료하거나 면제를 받은 후 3년 내에 금고 이상에 해당하는 범죄를 범한 것만을 누범이라 한다.

[사례] 갑이 4년 전에 강도죄를 범하여 3년의 **징역형**을 선고받고 그동안 교도소에서 복역하다 출소하였다. 전과자란 낙인 아래 할 일 없이 지내다가 최근에 또다시 **강도죄**를 범하였다.

구별개념	
누범(累犯)	상습범(常習犯)
(가) 범죄를 누적적으로 반복하여 범한 죄	(가) 일정한 범죄를 반복하는 버릇에 의하여 범한 죄
(나) 범죄의 수가 판단 기준	(나) 상습적 습벽이 판단 기준
(다) 전과(前科)를 요건으로 함	(다) 반드시 전과를 요건으로 하지 않음
(라) 죄질의 동일성이 필요치 않음	(라) 죄질의 동일성을 필요로 함
(마) 행위 책임을 가중 근거로 함	(마) 행위자 책임을 가중 근거로 함
(바) 전과(前科)를 기초로 한 형법학상의 개념이다.	(바) 정신박약자나 이상 성격자가 많고, 상습성을 기초로 하는 범죄학(형사학)상의 개념이다.

(가) 상습가중과 누범가중이 경합한 때는 상습범에 대한 누범가중[185]
(나) 상습범을 가중 처벌하는 특정범죄가중처벌 등에 관한 법률위반 때는 누범가중규정 적용[186]
(다) 한국의 사회보호법은 상습범에 관한 명문 규정이 없으나, 일정한 요건을 갖춘 누범자에는 보호감호처분을, 심신장애자(心身障礙者)에게는 치료감호처분을 과하게 된다.

---

185) 대판 1982. 5. 25. 82도600(상습범 중 일부 소위가 사회보호법 공포시행 후에 이루어져 사회보호법의 적용을 받는 이상 나머지 소위가 그 시행 전에 행하여졌더라도 위의 행위 전부에 대하여 사회보호법의 적용을 받는다.).
186) 대판 1981. 11. 24. 81도2564(특정범죄가중처벌등에관한법률 제5조의 4 제1항 위반죄에 있어서도 누범가중에 관한 형법 제35조가 적용된다.); 대판 1985. 7. 9. 85도1000.

<table>
<tr><td colspan="2" align="center">구별개념</td></tr>
<tr><td align="center">누범(累犯)</td><td align="center">경합범(競合犯)</td></tr>
<tr><td>(가) 수 개의 범죄가 누적인 관계가 있다.
(나) 누범 이전의 범죄는 그 자체 심판의 대상이 아니다.</td><td>(가) 수 개의 범지가 병행적 관계에 있다.
(나) 수 개의 죄가 동시에 심판의 대상이 된다.</td></tr>
</table>

①항: 『**금고 이상의 형의 선고란**』 전범(前犯: 금고 이상의 형을 받아)은 금고 이상의 형을 받아야 한다는 것이고, 유기징역 및 유기금고에 대한 선고형을 의미한다. 따라서 **자격상실·자격정지·벌금·구류·과료·몰수는 누범전과에서 제외된다.**

그러나 사형·무기징역·무기금고를 받은 자가 감형(減刑)으로 유기징역·유기금고로 된다거나, 특별사면·형의 시효로 그 집행이 면제된 때는 누범요건이 된다. 전범은 고의 및 과실범을 불문하며, 적용될 법률은 형법이든 특별법이든 상관없다.[187] 금고 이상의 형의 선고에 따른 일반사면,[188] 집행유예기간의 경과[189]로 형선고의 효력이 상실되면 누범전과가 되지 않는다. 그러나 복권은 형선고로 인해 상실 또는 성지된 자격을 회복시키는 것이므로 그 전과사실은 누범가중사유에 해당된다.[190]

『**형을 받아 그 집행을 종료하거나 면제란**』 선고된 금고 이상의 형은 집행이 종료되었거나 집행을 면제받았을 것을 요하는데, 형의 집행이 종료되었다 함은 형기 만료를 뜻한다. 그리고 형의 집행을 면제받는 경우는 형의 시효가 완성된 때(제77조), 특별사면으로 형의 집행이 면제된 때(사면법 제5조), 외국에서 형의 집행을 받았을 때(제7조)이다.

형의 집행면제는 누범(累犯)의 문제가 발생한다. 유죄판결의 일종으로서 재판에 의하여 선고된다. 형의 집행면제는 확정판결 이후의 사유로 형벌의 집행을 면제하는 경우이다.

---

187) 대판 1956. 12. 21. 4289형상296; 대판 1959. 10. 11. 57형상268(군법회의 판결로 징역형을 선고받거나 소년법에 의한 부정기형도 누범가중사유가 될 수 있다.).
188) 대판 1964. 3. 31. 64도34; 대판 1964. 4. 28. 64도138; 대판 1964. 6. 2. 64도161; 대판 1965. 4. 6. 65도163; 대판 1965. 11. 9. 65도801; 대판 1965. 11. 30. 65도910.
189) 대판 1970. 9. 22. 70도1627.
190) 대판 1981. 4. 14. 81도543.

『금고 이상에 해당하는 죄란』 후범(後犯; 금고 이상의 형을 범한 죄)에 있어서도 금고 이상의 형에 해당하는 죄일 것을 요한다. 이때 금고 이상의 형은 법정형[191]이 아니라 선고형[192]을 의미한다고 해야 한다. 후범의 성질은 고의 및 과실범을 불문하며, 동종(같은 죄명이거나 죄질)의 범죄일 필요가 없다.

『전범(금고 이상의 형을 받아)의 형을 받아 그 집행을 종료하거나 면제를 받은 후 3년 내에 범한 죄(후범: 금고 이상의 형을 범한 죄) 란』 전범의 형 집행을 종료하거나 면제를 받은 후 3년 이내에 후범이 발생하여야 한다는 뜻으로, 전과(前科) 이전에 죄를 범한 때,[193] 형 집행 종료 후 3년이 경과된 후 다시 죄를 범한 때[194]에는 누범에 해당하지 않는다. 기간의 기산점은 전범의 형 집행 종료일 및 면제일로부터 시작된다.

그리고 후범의 시기는 실행의 착수 시가 기준이 된다.[195] 다만 후범이 예비·음모가 있으면 누범요건을 충족한다. 후범이 상습범이면 상습범 중 일부가 누범기간 내에 이루어진 이상 그 전부가 누범에 해당한다.[196] 전형(前刑)의 집행 전·집행 중에 다시 죄를 범해도 누범이 될 수 없다.[197]

②항: 『'누범의 형은 그 죄에 정한 형의 장기의 2배까지 가중한다.'의 뜻은』 예컨대, 법정형이 3년 이상의 유기징역이라면 그 장기는 30년이 된다. 이를 2배로 가중하면 60년이 된다. 다만 제42조 단서에 의하면 유기징역을 가중할 때는 50년을 초과할 수 없도록 되어 있기 때문에 결국 처단형의 범위는 3년 이상 장기 50년 이하로 된다.

---

191) 손해목(8인 공서), 총론, 514번.

192) 정영석, 총론, 292면; 이재상, 총론, 597면; 김일수, 원론, 1207면; 배종대, 총론, 579면; 진계호, 총론, 637면(누범가중의 적용범위를 제한코자 하는 취지이기 때문이다.); 대판 1960. 12. 21. 4293형상841; 대판 1982. 7. 27. 82도1018.

193) 대판 1976. 5. 25. 76도648; 대판 1966. 12. 6. 66도1430.

194) 대판 1974. 5. 14. 74도956.

195) 이재상, 총론, 598면; 김일수, 원론, 1207면; 이형국, 연구Ⅱ, 742면; 정성근, 총론, 645면.

196) 대판 1976. 1. 13. 75도3397(상습범 중 일부 소위가 누범기간 내에 이루어진 이상 나머지 소위가 누범기간 경과 후에 행해졌더라도 그 행위 전부가 누범관계에 있는 것이다.); 대판 1982. 5. 25. 82도200.

197) 대판 1958. 1. 28. 4290형상438(집행유예기간 중 대판 1965. 10. 5. 65도676, 가석방기간 중 대판 1976. 9. 14. 76도2071; 대판 1976. 12. 31. 76도1857).

그러나 단기일 경우에는 가중되지 않으므로[198] 3년이 된다. 누범도 법
률상·재판상의 감경을 할 수 있다. 누범이 경합범이면 각 죄에 대해
서 누범가중을 한 후 경합범으로 처벌하고, 상상적 경합범이면 누범가
중을 한 후 가장 중한 죄의 형으로 처벌한다.

『**누범 가중의 요건**』 금고 이상의 형을 선고(법정형)받았을 것, 전범(前犯)의 형
집행 종료 또는 면제 후 3년 이내에 범한 죄가 있을 것, 금고 이상에
해당하는 죄 중 고의범 및 과실범을 불문한다.

『**누범의 법률상·재판상 감경**』 누범도 법률상 및 재판상 감경할 수 있다. 누
범의 경합범은 누범가중을 한 후 경합범으로 처벌하고, 누범이 상상
적 경합범이면 각 죄에 누범가중을 한 후 가장 중한 죄의 형으로 처
벌한다.

■ 학설

1. 누범가중의 타당성 여부

형법에서 누범 형을 그 죄에 정한 형의 장기의 2배까지 가중한다고 규정하고
있는데, 이런 가중이 헌법상 위헌규정 여부와 형법상 기본원칙인 책임주의와 조
화가 될 수 있는지에 대해 견해가 대립된다.

(1) 누범가중과 헌법과의 관계
① **누범가중과 일사부재리의 원칙** 누범가중은 전범(前犯: 금고 이상의 형을 받아)
을 기초로 후범(後犯: 금고 이상의 형을 범한 죄)을 다시 처벌하는 것처럼 되
기 때문에 헌법 제13조 제1항(일사부재리의 원칙)에 반해서 위헌 규정이 되
지 않을까 하는 문제가 있다.
여기에 대해 누범가중은 일사부재리의 원칙에 반한다는 견해[199]와 누범은

---

198) 대판 1969. 8. 19. 69도1129.
199) 배종대, 총론, 578면 이하.

전범을 이중 처벌하는 것이 아니고 전범이 후범의 정황 중의 하나이다. 따라서 처벌대상은 후범이기 때문에 일사부재리의 원칙에 저촉된다고 할 수 없다.200) **판례**도 같은 태도이다.201)

② **누범가중과 평등의 원칙** 누범가중은 전범(前犯) 때문에 전과자로 되어 사회적으로 차별대우를 받을 것인가에 대해 문제가 있다. 이에 대해서, 책임원칙에 근거치 않은 누범가중의 양형은 헌법상 평등권(제11조 제1항)에 위배된다는 견해202)와 누범가중은 범죄인의 증가된 책임 또는 예방(특별 및 일반)이라는 형벌의 목적에 따라 그에게 적합한 양형을 과하는 것이다. 따라서 신분에 의한 불합리한 차별이라고 할 수 없다.203) **판례**도 같은 태도이다.204)

(2) 누범가중과 책임주의와의 관계

① **누범가중의 근거** 누범에 대한 형의 가중은 책임주의로 볼 때는 책임의 가중에서 근거를 찾지만, 책임내용이 무엇인가에 대해서는 견해가 대립된다.

가) 행위자책임 내지 인격책임설	범죄인이 전범(前犯)에 대한 형벌의 경고를 따르지 않은 범죄인의 잘못된 생활태도 때문에 책임이 가중된다는 견해이다.205)
나) 행위책임설	범죄인이 전범(前犯)에 대한 형벌의 경고기능을 간과하고, 후범(後犯)의 실현을 통해 범죄추진력을 새로이 강화하여서 책임이 가중되었다는 견해206)로 타당하다.207)
다) 절충설	책임을 행위책임으로 이해하면서도 행위책임과 인격책임이 조화할 수 있다고 보고, 누범이 전범(前犯) 판결의 경고에 따르지 않았다는 태도 때문에 행위책임이 가중된다는 견해이다.208)

② **책임주의와의 조화** 보통 누범은 범죄인의 의지박약, 인격적 결함, 사회원

---

200) 이재상, 총론, 591면; 김일수, 원론, 1204면; 이형국, 연구 Ⅱ, 740면; 정성근, 총론, 642면; 김주익, "누범과 상습범", 부산대 법학연구, 제3권, 제2호, 1959, 95면 이하.

201) 내판 1970. 9. 29. 70도1050(형법 제35조나 제62조 제1항 단서이 규정이 위헌이라 할 수 없고, 일사부재리의 원칙과 저촉되는 것이라 할 수 없다.); 대판 1968. 5. 21. 68도336.

202) 배종대, 총론, 578면.

203) 정영석, 총론, 291면; 황산덕, 총론, 315면; 정성근, 총론, 643면; 손해목(8인 공저), 총론, 512면; 이재상, 총론, 591면; 김일수, 원론, 1204면.

204) 대판 1983. 4. 12. 83도420(누범가중에 관한 형법의 규정이 국민의 평등권을 규정한 헌법에 위배한 것이라고 할 수 없다.).

205) 유기천, 총론, 1980, 359면; 배종대, 총론, 577면.

206) 이재상, 총론, 592면.

207) 진계호, 총론, 635면(책임주의를 무의미하게 할 우려 때문).

208) 김일수, 원론, 1204면.

조의 결핍 등에 의한 경우가 많다. 그러므로 강화된 범죄추진력에 의한 경고기능이 무시되었다고 해서 항상 책임이 가중되어야 한다는 것은 타당치 못하다. 따라서 누범가중과 책임주의를 조화시켜야 한다. 그러기 위해서는 누범의 형을 무조건 가중치 말고 재범에 의해 비난이 가중될 때만(실질적 누범에 한해) 가중함이 타당하다.209)

2. 누범가중의 소송법적 효과

누범가중사유인 전과사실은 범죄사실이 아니다. 따라서 불고불리의 원칙이 적용되지 않는다. 그러기 때문에 전과사실이 공소장에 기재되어 있을 것을 요하는 것은 아니다.210) 전과사실은 피고인의 **자백**에 의하여 인정하면 되고 이에 대한 보강증거가 있어야 하는 것도 아니다.211) 그러나 누범가중사유가 되는 전과사실은 형벌권의 범위에 관한 중요한 사실이다. 그러므로 엄격한 증명을 요하며 누범가중에 있어서는 누범시기를 판결에서 명시해야 한다.212)

■ 판례

[판례 1] 누범 인정 방법에 대해 누범가중 사유가 되는 전과사실은 범죄사실이 아니므로 공소장에 기재되지 않더라도 심리·처단할 수 있다.213)

[판례 2] 복권과 누범가중의 사유에서 복권은 형의 선고효력으로 인해 상실 또는 정지된 자격을 회복시킬 뿐이므로, 복권이 있더라도 그 전과사실은 누범가중 사유에 해당한다.214)

[판례 3] 실형을 선고받아 복역하다가 특별사면으로 출소한 후 3년 안에 다

---

209) 진계호, 총론, 635면.
210) 대판 1972. 12. 21. 71도2004.
211) 대판 1973. 3. 20. 73도280; 대판 1979. 8. 21. 79도1528; 대판 1981. 6. 9. 81도1353.
212) 대판 1946. 4. 26. 46형상13.
213) 대판 1971. 12. 21. 71도2004.
214) 대판 1981. 4. 14. 81도543.

시 범죄를 저지른 자에 대한 누범가중은 정당하다.[215]

[판례 4] 집행유예기간 경과 후의 범행과 집행 유예된 범죄 사이에는 누범관
계가 없다.[216]

[판례 5] 상습범 가운데 일부의 행위가 누범기간 안에 이루어졌다면 나머지
행위가 누범기간 경과 후에 행해지더라도 그 행위 전체가 누범관계
에 있다.[217]

[판례 6] 가석방 기간 중의 재범에 대해서는 그 가석방된 전과사실 때문에
누범가중 처벌이 되지 않는다.[218]

[판례 7] 형법 제35조 제1항에 규정된 '금고 이상에 해당하는 죄'라 함은 유
기금고형이나 유기징역형으로 처단할 경우에 해당하는 것으로, 그
죄에 정한 형 중 선택한 형이 벌금형인 경우에는 누범가중의 대상이
아니다.[219]

제36조
판결 선고 후의 누범발각

판결 선고 후 누범인 것이 발각된 때에는 그 선고한 형을 통하여 다시 형을 정할 수 있다. 단, 선고한 형
의 집행을 종료하거나 그 집행이 면제된 후에는 예외로 한다.

 해설

[의의] **판결 선고 후의 누범발각**(判決宣告 後 累犯發覺)이란 재판 당시 범죄자
가 사술(詐術)을 사용하여 전과사실을 은폐하여 누범가중을 면하는 경
우, 재판확정 후에 누범임이 발각되었을 때라도 다시 누범가중의 원칙

---

215) 대판 1986. 11. 11. 86도2004.
216) 대판 1970. 9. 22. 70도1627.
217) 대판 1982. 5. 25. 82도600.
218) 대판 1976. 9. 14. 76도2071.
219) 대판 1982. 7. 27. 82도1018.

을 적용하여 먼저 선고한 형(先犯)을 가중할 수 있도록 한다는 것을 말한다. 다만 후범(後犯)에 대해서는, 선고한 형(先犯)의 집행을 종료하거나 그 집행이 면제된 이후에는 누범임이 발각되더라도 형을 가중하지 않는다는 뜻이다.

[본문]『판결 선고 후 누범인 것이 발각된 때에는 그 선고한 형을 통하여 다시 형을 정할 수 있다』. 재판 당시 범죄자가 사술(詐術)을 사용하여 전과사실을 은폐하여 누범가중을 면하는 경우가 많다. 뿐만 아니라 판결 후에도 누범임이 발각되는 경우도 적지 않다. 따라서 재판확정 후에 누범임이 발각되었을 때에도 다시 누범가중의 원칙을 적용하여 먼저 선고한 형을 가중할 수 있도록 하는 데 본 규정을 두는 목적이다.

[단서]『선고한 형의 집행을 종료하거나 그 집행이 면제된 후에는 예외로 한다.』 다만 후범(後犯)에 대해서는, 선고한 형의 집행을 종료하거나 그 집행이 면제된 이후에는 누범임이 발각되더라도 형을 가중하지 않는다는 뜻이다. 범죄인의 평온하고 자유로운 사회생활을 존중할 필요성에 기인한 것이다.

학설

■ **판결 선고 후의 누범발각이 일사부재리 원칙과의 위배 여부**
  (1) 일사부재리의 원칙에 위배되지 않는다는 견해[220]이다. 확정판결 후 누범사실이 발각되어 새로운 사정에 기하여 가중형만을 추가한 것은 헌법 제13조 제1항 후단(일사부재리의 원칙)에 반하지 않기 때문이다.
  (2) 일사부재리의 원칙에 위배된다는 견해[221]이다. 동일한 범죄에 대하여 새로운 사정만을 이유로 가중형을 추가한다는 것은 동일한 범죄가 거듭 처벌되기 때문이다. 또한 동일한 행위에 관하여 이중심리의 위

---

220) 정영석, 총론, 294면; 정성근, 총론, 646면.
221) 이재상, 총론, 552면; 김일수, 원론, 1209면; 배종대, 총론, 580면 이하; 진계호, 총론, 639면.

험이 있고, '의심스러운 때에는 피고인의 이익으로(in dubio pro reo)'라는 형사피고인에 대하여 진술거부권을 보장한 형사소송의 기본원리에 반하기 때문이다.

제4절 형의 선고유예(宣告猶豫)

I. 총설

형의 선고유예란 범정이 경미한 범인에 대해 일정기간 동안 형의 선고를 유예하고 그 유예기간을 경과하면 면소(免訴)된 것으로 의제(擬制)하는 제도를 말한다.

선고유예는 영국의 조건부 석방제도에서 유래하였다. 선고유예는 영미의 보호관찰과 관련하여 발전되어 온 것이므로 집행유예보다 **보호관찰**에 가깝다고 할 수 있다. 보호관찰은 유죄의 판결만 하고 형을 정하지 않는다. 그러나 선고유예는 유죄판결은 물론 선고할 형의 종류와 양을 정한다. 이런 점에서 보호관찰과 구별된다. 그리고 형의 선고 자체를 유예한다는 점에서 형을 선고하고 그 집행만을 유예하는 집행유예와도 구별된다.

형의 선고를 유예하는 취지는 피고인이 처벌을 받았다는 오점을 남기지 않음으로써 장차 피고인이 사회복귀를 용이하게 하려는 데 있다.

II. 관련 법조문

형의 선고유예는 선고유예의 요건(제59조), 보호관찰(제59조의 2), 선고유예의 효과(제60조), 선고유예의 실효(제61조)로 구성되어 있다.

① 1년 이하의 징역이나 금고, 자격정지 또는 벌금의 형을 선고할 경우에 제51조의 사항을 참작하여 개전의 정상이 현저한 때에는 그 선고를 유예할 수 있다. 단, 자격정지 이상의 형을 받은 전과가 있는 자에 대해서는 예외로 한다.
② 형을 병과할 경우에도 형의 전부 또는 일부에 대하여 그 선고를 유예할 수 있다.

해설

[의의] **선고유예의 요건**(宣告猶豫 要件) 선고유예란 범정(犯情: 범죄가 이루어진 정황)이 경미한 범인에 대하여 일정 기간 동안 형의 선고를 유예하고 그 유예기간을 경과하면 면소(免訴)된 것으로 의제(擬制, 看做)하는 제도를 말한다. 선고유예의 요건이란 법원이 3가지 요건(① 1년 이하의 징역·금고, 자격정지, 벌금형을 선고할 경우, ② 개전(改悛)의 정상(情狀)이 현저(顯著)할 경우, ③ 자격정지 이상의 형을 받은 전과(前科)가 없는 경우)을 구비하면 유예할 수 있는 것을 말한다.

①항: 『**1년 이하의 징역이나 금고, 자격정지 또는 벌금의 형을 선고할 경우**』 1년 이하의 징역·금고, 자격정지 또는 벌금형을 선고할 경우인 이상 범죄의 종류는 불문한다는 뜻이다.

[판례 1] 공익범죄라고 하여 선고유예를 할 수 없는 것은 아니다.[222]

[판례 2] 선고를 유예할 수 있는 형(주형과 부가형을 포함한 처단형 전부 의미[223])은 1년 이하의 징역이나 금고, 자격정지 또는 벌금에 한한다. 따라서 구류형(拘留刑)에 대해서는 선고를 유예할 수 없다.[224]

[판례 3] 주형(主刑)을 선고 유예하는 때에 부가형인 몰수나 추징도 선고 유예할 수 있다.[225]

---

222) 대판 1961. 1. 31. 4293형상962.
223) 대판 1970. 6. 30. 70도883; 대판 1972. 10. 31. 72도2049.
224) 대판 1993. 6. 22. 93오1.
225) 대판 1980. 3. 11. 77도2027.

[판례 4] 주형에 대하여 선고를 유예하지 않으면서 이에 부가할 추징에 대해서만 선고를 유예할 수는 없다.226)

[판례 5] 징역형과 벌금형을 병과할 경우에 징역형을 선고하고, 벌금형에 대해서는 정상을 참작하여 형의 선고는 유예할 수 있다.227)

[판례 6] 선고를 유예하는 형을 정해 놓아야 하는지 여부에 대해 형의 선고를 유예하는 판결을 할 경우엔 선고가 유예된 형에 대한 형의 종류와 양을 정해 놓아야 한다.228)

[판례 7] 형을 병과하는 경우 형의 일부에 대한 선고유예의 가부에 대해 징역형과 벌금형을 병과하면서 그 징역형에 대해 집행을 유예하고, 또 그 벌금형에 대해 선고를 유예하였음은 정당하다.229)

[판례 8] 선고유예판결을 내릴 때 판결이유에 선고 유예된 형에 대한 판단 여부에 대해 판결이유에 선고형을 정해 놓아야 하고, 선고 유예하는 형이 벌금형일 경우에도 벌금형뿐만 아니라 환형유치처분까지 규정해야 한다.230)

『**제51조(양형의 조건)의 사항을 참작하여 개전의 정상이 현저한 때**』 선고유예를 할 때에는 제51조의 사항을 참작하여 개전의 정상이 현저해야 한다는 뜻이다. "개전의 정상이 현저하다는 것"은 판결 선고 시(判決宣告 時)를 기준으로 행위자에게 형을 선고하지 않아도 '재범의 위험(再犯의 危險)'이 없다고 인정되는 것을 뜻한다.

[판례 1] 개전의 정상이 현저한가의 판단(판단의 기초는 형법 제51조에 규정된 양형의 조건임)은 법원의 재량이다.231)

[판례 2] '개전의 정상이 현저한 때'가 반드시 피고인이 죄를 깊이 뉘우치는 경우만(종례 판례는 죄를 뉘우치는 것)을 뜻하는 것으로 제한하여 해석하거나, 피고인이 범죄사실을 자백하지 않고 부인할 경우에는 언제나 선고유예를 할 수 없다고 해석할 것은 아니다.232)

---

226) 대판 1979. 4. 10. 78도3098.
227) 대판 1976. 6. 8. 74도1266.
228) 대판 1975. 4. 8. 74도618.
229) 대판 1976. 6. 8. 74도1266.
230) 대판 1988. 1. 9. 86도2654.
231) 대판 1979. 2. 27. 78도2246.
232) 2003. 2. 20. 2001도6138(선고유예의 요건 중 '개전의 정상이 현저한 때'라고 함은 반성의 정도를 포함하

[판례 3] 개전의 정이 현저한가는 양형의 조건을 종합하여 판단할 것이므로 피
고인이 범죄사실을 부인하는 경우에도 다른 정상을 참작하여 선고유
예를 할 수 있다고 생각된다.[233]

『단, 자격정지 이상의 형을 받은 전과(前科)가 있는 자에 대해서는 예외(例
外)로 한다. 즉 자격정지 이상의 형을 받은 전과가 없을 것』 선고유
예는 자격정지 이상의 형을 받은 전과가 없는 초범자일 것을 뜻한다.
왜냐하면 선고유예는 불법(不法)과 책임(責任)이 현저히 경미한 경우에
만 인정하는 제도이기 때문이다.

[판례] '자격정지 이상의 형을 받은 전과'라 함은 자격정지 이상의 형을 선고받
은 범죄경력 자체를 의미하는 것이고, 그 형의 효력이 상실된 여부는 묻
지 않는 것으로 해석함이 상당하다. 따라서 형의 집행유예를 선고받은 자
는 그 선고가 실효 또는 취소됨이 없이 유예기간을 경과하여 형의 선고
가 효력을 잃게 되었다 하더라도 형선고의 법률적 효과가 없어지는 것일
뿐 형의 선고가 있었다는 기왕의 사실 자체까지 없어지는 것은 아니므로,
'자격정지 이상의 형을 받은 전과가 있는 자'에 해당한다고 보아야 한다.
따라서 집행유예의 선고를 받고 그 유예기간을 무사히 경과한 자일지라
도 그에 대해서는 형의 선고를 유예할 수 없다.[234]

②항: 『형을 병과할 경우에도 형의 전부 또는 일부에 대하여 그 선고를 유예
할 수 있다.』 주형(主刑)에 대하여 선고를 유예하지 않으면서 이에 부
가할 추징에 대해서만 선고를 유예할 수는 없다. 그러나 형을 병과할

여 널리 형법 제51조가 규정하는 양형의 조건을 종합적으로 참작하여 볼 때 형을 선고하지 않더라도 피고인
이 다시 범행을 저지르지 않으리라는 사정이 현저하게 기대되는 경우를 가리킨다고 해석할 것이다. 이와 달리
여기서의 '개전의 정상이 현저한 때'가 반드시 피고인이 죄를 깊이 뉘우치는 경우만을 뜻하는 것으로 제한하
여 해석하거나, 피고인이 범죄사실을 자백하지 않고 부인할 경우에는 언제나 선고유예를 할 수 없다고 해석할
것은 아니다. 이와 다른 견해에서 '개전의 정상이 현저한 때'란 죄를 깊이 뉘우치는 것을 의미하므로 범죄를
부인하는 경우에는 선고유예를 할 수 없다고 한 대법원 1999. 7. 9. 99도1635 판결과 199. 11. 12. 99도
3140 판결은 이 판결과 저촉되는 한도에서 변경하기로 한다.).

233) 同旨 이재상. 총론. 600면; 진계호(2인 공저), 총론. 755면.

234) 대판 2003. 12. 26. 2003도3768[피고인은 2001. 9. 13. 12:30분경 전화수화기로 종업원인 피해자의 머
리를 때려 폭행한 죄로 기소되었는데, 피고인은 1985. 9. 26. 부산지방법원에서 야간주거침입절도죄로 징역
10개월에 집행유예 2년을, 1990. 6. 15. 같은 법원에서 상해죄 등으로 징역 8개월에 집행유예 2년을 각 선
고받아 그 판결이 확정된 후 그 집행유예선고가 실효 또는 취소됨이 없이 유예기간을 경과한 사실이 있었다.
제1심 법원은 형법 제65조에 의하여 집행유예의 경과에 따라 형의 선고가 효력을 잃었으므로, 당해 전과는
형법 제59조 제1항 단행에 규정된 선고유예 결격사유인 '자격정지 이상의 형을 받은 전과'에 해당하지 아니
한다는 이유로 피고인에 대하여 형의 선고를 유예하였고, 검사가 항소하였으나 제2심인 부산지방법원도 제1
심 판결을 그대로 유지하였다(부산지법 2003. 6. 17. 2003노1146). 이에 검사가 상고하였고, 대법원은 형
의 집행유예를 선고한 판결이 후에 실효되었다 하더라도 형을 선고받았다는 사실은 그대로 있는 것이므로 제
1심과 원심이 선고유예를 선고한 것은 법리오해의 위법이 있다는 이유로 원심판결을 파기하고 사건을 부산지
법으로 환송한 사건이다.].

경우에는 형의 전부 또는 일부에 대해서는 그 선고를 유예할 수 있다. 따라서 징역형과 벌금형을 병과할 경우에 징역형을 선고하고, 벌금형에 대해서는 정상을 참작하여 형의 선고는 유예할 수 있다는 뜻이다.

▨ 학설

1. 선고유예의 법적 성격

① 형벌도 보안처분도 아닌 독자적인 제3의 형사제재수단이라는 견해[235]

② 특별예방목적을 달성하기 위하여 고안된 형 집행의 전환수단이라는 견해[236]

③ 형벌과 보안처분의 성격을 지니면서 이들과는 구별되는 독자적 형태의 형사제재라는 견해[237]

④ 집행유예와 같은 형 집행의 변형도 아니고 보안처분도 아닌 형법이 규성하고 있는 고유한 종류의 제재라고 해야 한다.[238]

2. 선고유예의 제 문제

(1) 선고유예의 연혁(沿革)	① 1842년경부터 행해진 영국의 조건부 석방제도에서 유래 ② 1878년 미국의 매사추세츠 주에서 처음으로 이 제도가 등장(1962년 모범 형법전에 도입) ③ 독일은 형법 제59조에 '형을 유보한 경고'로 규정(벌금형에 한해 선고유예 인정) ④ 한국은 보호관찰 없이 형법 제59조 내지 제61조에 규정(구법), 1995년 선고유예의 경우에 보호관찰을 명할 수 있도록 규정(신형법 제59조의 2)
(2) 선고유예의 효과(效果)	① 형의 선고유예를 받는 날로부터 2년을 경과한 때에는 면소(무죄가 아니라 유죄판결임)된 것으로 본다(제60조). ② 선고유예의 판결의 여부는 법원의 재량이다. ③ 면소판결은 소송추행의 이익이 없을 때 소송을 종결시키는 형식재판이고 무죄는 공소사실이 범죄로 되지 않거나 범죄사실의 증명이 없을 때에 선고하는 판결이며, 선고유예는 판결에서 범죄성립이 인정되어 유죄가 선고되나 형의 선고만을 유예하는 유죄판결에 속한다. ④ 선고유예의 판결에 있어서도 선고와 유예된 형의 종류와 양을 판결이유에서 명백히 언급해야 한다.[239]

---

235) 김일수 · 서보학, 총론, 786면; 손해목, 총론, 1202면; 임웅, 총론, 476면; 손동권, 총칙론, 559면.

236) 임웅, 총론, 565면.

237) 오영근, 총론, 885면.

238) 이재상, 총론, 599면; 진계호(2인 공저), 총론, 753면(선고유예는 형의 선고를 유예함으로써 형벌을 피하기 위한 제도란 점에서 형 집행의 변형으로 볼 수 없고, 선고할 형을 정해 둔다는 점에서 순수한 보안처분으로 볼 수도 없기 때문이다.).

| (3) 선고유예와
보호관찰(保護觀察) | ① 형의 선고를 유예하는 경우에 재범방지를 위하여 지도 및 원호가 필요한 때에는 보호관찰을 명할 수 있다(제59조의 2 제1항).
② 보호관찰을 법관의 재량에 맡김으로써 필요한 경우에만 명하고 보호관찰 기간도 1년으로 특정하였다(제59조의 2 제2항).
③ 소년법 제33조 제2·3항: 단기보호관찰의 기간은 6개월로 하고(제2항), 보호관찰의 기간은 2년으로 한다. 다만, 소년부판사는 보호관찰관의 신청에 따라 결정으로써 1년의 범위 안에서 1차에 한하여 기간을 연장할 수 있다(제3항).
④ 형의 선고유예 시에는 **사회봉사명령과 수강명령**을 내릴 수 없다. |
| (4) 선고유예의 실효(失效) | ① 선고유예는 취소의 제도가 없고 필요적 실효의 제도만 있다(제61조 제1항의 유예된 형의 선고).
② 유예된 형의 선고는 검사의 청구에 의하여 피고인의 현재지 또는 최후의 거주지를 관할하는 법원이 피고인 또는 그 대리인의 의견을 물은 후 행한다(형소법 제336조).
③ 보호관찰을 명한 선고유예를 받은 자(제59조의 2)가 보호관찰 기간 중에 **준수사항을 위반**하고 그 정도가 무거운 때에는 법원의 재량으로 유예한 형을 선고할 수 있다(제61조 제2항의 임의적 실효). |

제59조의 2
보호관찰

① 형의 선고를 유예하는 경우에 재범방지를 위하여 지도 및 원호가 필요한 때에는 보호관찰을 받을 것을 명할 수 있다.
② 제1항의 규정에 의한 보호관찰의 기간은 1년으로 한다. [본조신설 1995. 12. 29.]

해설

[의의] 보호관찰(保護觀察)이란 형의 선고를 유예하는 경우에 재범방지를 위하여 지도(指導) 및 원호(援護)가 필요한 때에는 보호관찰을 받을 것을 명할 수 있는 것을 말한다.

①항: 『재범방지』 **재범**(再犯)이란 초범(初犯)에 대한 상대 개념이지만, 일반적으로 처음으로 범죄를 저질렀을 때는 초범이라 하고 또다시 범죄를 저질렀을 때를 재범이라 한다.

---

239) 대판 1988. 1. 19. 86도2654; 대판 2003. 11. 28. 2003도3756(벌금형의 선고를 유예하는 경우에는 판결이유에서 벌금형과 환형처분인 노역장유치의 기간을 명시해야 한다.).

누범(累犯)은 형법 제35조와 제36조에서 소정의 요건('금고 이상의 형을 받아 그 집행을 종료하거나 면제를 받은 후 3년 내에 금고 이상에 해당하는 범죄를 범한 자')을 구비한 누범만을 의미한다. 누범은 책임이 가중되어 그 죄에 정한 형의 장기의 2배까지 가중하도록 하고 있다(제35조 제2항). 따라서 누범의 처단형은 그 죄에 정한 장기의 2배 이하로 될 것이지만, 형법 제42조 단서에 의하여 장기 50년을 초과할 수 없다.

누범의 형이 가중되는 이유는 이미 한 번 형의 처벌을 받은 자가 개전(改悛)의 정상(情狀) 없이 또다시 죄를 범한다는 점에서 초범자보다 비난성이 강하다고 할 수 있으므로 책임의 가중이 인정되고, 또 이러한 행위자는 범죄의 반복에 의하여 징표되는 반사회적 위험성이 크기 때문이다.

상습범(常習犯)은 형법 제246조 제2항 등에서 말하는 '상습으로 …… 범한 자'는 이라는 것은 그 행위를 한 방법이 '범인의 습벽의 발현이라고 인정될 수 있는 경우'를 가리키는 것이다[예: 상습도박죄(제246조 제2항), 폭력행위등처벌에관한법률 제2조의 상습으로서 각 소정의 범행을 행한 경우이다.].

②항: 『보호관찰』 [개정 2009. 5. 28. 시행일 2009. 11. 29.]

■ **보호관찰등에관한법률 제3조**(보호관찰처분의 대상자)

(1) 형법 제59조의 2: 보호관찰조건부 선고유예를 선고받은 자

(2) 형법 제62조의 2: 보호관찰조건부 집행유예를 선고받은 자

(3) 형법 제73조의 2 및 동법 제25조: 보호관찰조건으로 가석방·가퇴원된 자

(4) 동법 제3조 제1항 제4호: 소년법 제32조 제1항 제4호 및 제5호의 처분을 받은 자

(5) 동법 제3조 제1항 제5호: 다른 법률에서 이 법에 따른 보호관찰을 받도록 규정된 사람

■ **보호관찰등에관한법률 제30조**(보호관찰의 기간)

(1) 동법 제30조 제1호: 보호관찰을 조건으로 형의 선고유예를 받은 사람은 **1년**

(2) 동법 제30조 제2호: 보호관찰을 조건으로 형의 집행유예를 받은 사람은 그 유예기간. 다만 법원이 보호관찰 기간을 따로 정한 경우에는 그 기간

(3) 동법 제30조 제3호: 가석방자는 형법 제73조의 2 또는 소년법 제66조에 **규정된 기간**

(4) 동법 제30조 제4호: 가퇴원한 자는 퇴원일로부터 6개월 이상 2년 이하의 범위에서 **심사위원회가 정한 기간**

(5) 동법 제30조 제5호: 소년법 제32조 제1항 제4호 및 제5호의 보호처분을 받은 사람은 **그 법률에서 정한 기간**

(6) 동법 제30조 제6호: 다른 법률에 따라 이 법에서 정한 보호관찰을 받는 사람은 **그 법률에서 정한 기간**[전문개정 2009. 5. 28. 시행일 2009. 11. 29.]

[법률]

■ **제19조(판결 전 조사)** [전문개정 2009. 5. 28.] [시행일 2009. 11. 29,]

① 법원은 피고인에 대하여 「형법」 **제59조의 2 및 제62조의 2**에 따른 보호관찰, 사회봉사 또는 수강을 명하기 위하여 필요하다고 인정하면 그 법원의 소재지(所在地) 또는 피고인의 주거지를 관할하는 보호관찰소의 장에게 범행 동기, 직업, 생활환경, 교우관계, 가족상황, 피해회복 여부 등 피고인에 관한 사항의 조사를 요구할 수 있다.

② 제1항의 요구를 받은 보호관찰소의 장은 지체 없이 이를 조사하여 서면으로 해당 법원에 알려야 한다. 이 경우 필요하다고 인정하면 피고인이나 그 밖의 관계인을 소환하여 심문하거나 소속 보호관찰관에게 필요한 사항을 조사하게 할 수 있다.

③ 법원은 제1항의 요구를 받은 보호관찰소의 장에게 조사 진행 상황에 관한 보고를 요구할 수 있다.

■ **제19조의 2(결정 전 조사)**

① 법원은 「**소년법**」 제12조에 따라 소년 보호사건에 대한 조사 또는 심리를 위하여 필요하다고 인정하면 그 법원의 소재지 또는 소년의 주거지를 관할하는 보호관찰소의 장에게 소년의 품행, 경력, 가정상황, 그 밖의 환경 등 필요한 사항에 관한 조사를 의뢰할 수 있다.

② 제1항의 의뢰를 받은 보호관찰소의 장은 지체 없이 조사하여 서면으로 법원에 통보하여야 하며, 조사를 위하여 필요한 경우에는 소년 또는 관계인을 소환하여 심문하

거나 소속 보호관찰관으로 하여금 필요한 사항을 조사하게 할 수 있다. [본조신설 2008. 12. 26.] [시행일 2009. 3. 27.]

■ **제20조(판결의 통지 등)**[전문개정 2009. 5. 28.] [시행일 2009. 11. 29.]

① 법원은 「형법」 제59조의 2 또는 제62조의 2에 따라 보호관찰을 명하는 판결이 확정된 때부터 3일 이내에 판결문 등본 및 준수사항을 적은 서면을 피고인의 주거지를 관할하는 보호관찰소의 장에게 보내야 한다.

② 제1항의 경우 법원은 그 의견이나 그 밖에 보호관찰에 참고가 될 수 있는 자료를 첨부할 수 있다.

③ 법원은 제1항의 통지를 받은 보호관찰소의 장에게 보호관찰 상황에 관한 보고를 요구할 수 있다.

보호관찰제도
(보호관찰등에관한법률 개정 2009. 5. 28. 시행일 2009. 11. 29.]

목적	■ **보호관찰등에 관한 법률 제1조** 죄를 지은 사람으로서 재범 방지를 위하여 보호관찰, 사회봉사, 수강(受講) 및 갱생보호(更生保護) 등 체계적인 사회 내 처우가 필요하다고 인정되는 사람을 지도하고 보살피며 도움으로써 건전한 사회복귀를 촉진하고, 효율적인 범죄예방 활동을 전개함으로써 개인 및 공공의 복지를 증진함과 아울러 사회를 보호함을 목적으로 한다. [전문개정 2009. 5. 28.] [시행일 2009. 11. 29.]
취지	구금시설에서의 시설 내의 아래와 같은 폐해를 보완하고 범죄인의 교정에 대한 효율성을 높이는 데 있다. (1) 짧은 형기에 개선교화가 어렵고, 수형자의 정신고통이 적어 위하력(威嚇力)이 약하다. (2) 가정의 경제적 파탄이 우려된다. (3) 다른 범죄인으로부터 악풍감염의 우려가 크다. (4) 전과자란 낙인으로 재범의 우려가 크다. (5) 감방동료나 이전에 범죄생활을 같이했던 자들과 만날 기회가 많고 범죄에 대한 유혹이 많아진다.
연혁	1841년 미국의 보스턴에서 존 오거스터스(John. Augustus)가 한 알코올 중독자를 판결 전에 인수하여 개선·갱생시킨 것을 효시로 1878년 미국의 매사추세츠 주에서 처음 입법화되었으며, 점차 타주와 외국에서도 본 제도를 도입·시행하게 되면서 발전하게 되었다.
관찰대상자	■ **보호관찰등에관한법률 제3조** (1) 보호관찰조건부 선고유예를 선고받은 자 (2) 보호관찰조건부 집행유예를 선고받은 자 (3) 보호관찰조건으로 가석방·가퇴원한 자 (4) 소년법 제32조 제1항 제4호 및 제5호의 처분을 받은 자 (5) 다른 법률에서 이 법에 따른 보호관찰을 받도록 규정된 사람
관찰기간	■ **보호관찰등에관한법률 제30조**[전문개정 2009. 5. 28. 시행일 2009. 11. 29.] (1) 보호관찰을 조건으로 형의 선고유예를 받은 사람은 1년 (2) 보호관찰을 조건으로 형의 집행유예를 받은 사람은 그 유예기간. 다만 법원이 보호관찰 기간을 따로 정한 경우에는 그 기간 (3) 가석방자는 형법 제73조의 2 또는 소년법 제66조에 규정된 기간 (4) 가퇴원한 자는 퇴원일로부터 6개월 이상 2년 이하의 범위에서 심사위원회가 정한 기간 (5) 소년법 제32조 제1항 제4호 및 제5호의 보호처분을 받은 사람은 그 법률에서 정한 기간 (6) 다른 법률에 따라 이 법에서 정한 보호관찰을 받는 사람은 그 법률에서 정한 기간
관찰개시 및 신고	■ **보호관찰등에관한법률 제29조** (1) 보호관찰은 법원의 판결이나 결정이 확정된 때 또는 가석방·임시 퇴원된 때부터 시작된다. (2) 보호관찰 대상자는 대통령령으로 정하는 바에 따라 주거, 직업, 생활계획, 그 밖에 필요한 사항을 관할 보호관찰소의 장에게 신고하여야 한다. [전문개정 2009. 5. 28.] [시행일 2009. 11. 29.]

법정준수사항	■ **보호관찰등에관한법률 제32조** (1) 보호관찰 대상자는 보호관찰관의 지도·감독을 받을 것 (2) 주거지에 상주(常住)하고 생업에 종사할 것 (3) 범죄로 이어지기 쉬운 나쁜 습관을 버리고 선행(善行)을 하며 범죄를 저지를 염려가 있는 사람들과 교제하거나 어울리지 말 것 (4) 보호관찰관의 지도·감독에 따르고 방문하면 응대할 것 (5) 주거를 이전(移轉)하거나 1개월 이상 국내외 여행을 할 때에는 미리 보호관찰관에게 신고할 것
특별준수사항	■ **보호관찰등에관한법률 제32조** (1) 야간 등 재범의 기회나 충동을 줄 수 있는 특정 시간대의 외출 제한 (2) 재범의 기회나 충동을 줄 수 있는 특정 지역·장소의 출입 금지 (3) 피해자 등 재범의 대상이 될 우려가 있는 특정인에 대한 접근 금지 (4) 범죄행위로 인한 손해를 회복하기 위하여 노력할 것 (5) 일정한 주거가 없는 자에 대한 거주 장소 제한 (6) 사행행위에 빠지지 아니할 것 (7) 일정량 이상의 음주를 하지 말 것 (8) 마약 등 중독성 있는 물질을 사용하지 아니할 것 (9) 「마약류관리에 관한 법률」상의 마약류 투약, 흡연, 섭취 여부에 관한 검사에 따를 것 (10) 그 밖에 보호관찰 대상자의 재범 방지를 위하여 필요하다고 인정되어 대통령령[240]으로 정하는 사항 (11) 보호관찰 대상자가 제2항 또는 제3항의 준수사항을 위반하는 등 사정변경의 상당한 이유가 있는 경우에는 법원은 보호관찰소의 장의 신청 또는 검사의 청구에 따라, 심사위원회는 보호관찰소의 장의 신청에 따라 각각 준수사항의 전부 또는 일부를 추가하거나 변경할 수 있다. (12) 제2항부터 제4항까지의 준수사항은 서면으로 고지하여야 한다. [전문개정 2009. 5. 28.] [시행일 2009. 11. 29.]
지도감독	■ **보호관찰등에관한법률 제33조** (1) 보호관찰관은 보호관찰 대상자의 재범을 방지하고 건전한 사회복귀를 촉진하기 위하여 필요한 지도·감독을 한다. (2) 보호관찰 대상자와 긴밀한 접촉을 가지고 항상 그 행동 및 환경 등을 관찰한다. (3) 보호관찰 대상자에게 제32조의 준수사항을 이행하기에 적절한 지시를 한다. (4) 보호관찰 대상자의 건전한 사회복귀를 위하여 필요한 조치를 한다. [전문개정 2009. 5. 28. 시행일 2009. 11. 29.]

---

240) 시행령(대통령령) 제19조(특별준수사항) 법 제32조 제3항 제10호에서 "대통령령으로 정하는 사항"이란 다음 각 호의 사항을 말한다.
1. 운전면허를 취득할 때까지 자동차(원동기장치자전거를 포함한다.) 운전을 하지 않을 것
2. 직업훈련, 검정고시 등 학과교육 또는 성행개선을 위한 교육, 치료 및 처우 프로그램에 관한 보호관찰관의 지시에 따를 것
3. 범죄와 관련이 있는 특정 업무에 관여하지 않을 것
4. 성실하게 학교수업에 참석할 것
5. 정당한 수입원에 의하여 생활하고 있음을 입증할 수 있는 자료를 정기적으로 보호관찰관에게 제출할 것
6. 흉기나 그 밖의 위험한 물건을 소지 또는 보관하거나 사용하지 아니할 것
7. 가족의 부양 등 가정생활에 있어서 책임을 성실히 이행할 것
8. 그 밖에 보호관찰 대상자의 생활상태, 심신의 상태, 범죄 또는 비행의 동기, 거주지의 환경 등으로 보아 보호관찰 대상자가 준수할 수 있고 자유를 부당하게 제한하지 아니하는 범위에서 개선·자립에 도움이 된다고 인정되는 구체적인 사항[전문개정 2009. 11. 23.] [시행일 2009. 11. 29.]
   대통령령 제19조의 2(준수사항의 추가 또는 변경의 신청)
   ① 보호관찰소의 장은 법 제32조 제4항에 따라 준수사항의 추가 또는 변경을 신청하는 경우에는 다음 각 호의 사항을 적은 서면으로 하여야 한다.
   1. 보호관찰 대상자의 성명, 주민등록번호, 직업 및 주거
   2. 신청의 취지

형의 선고유예를 받은 날로부터 2년을 경과한 때에는 면소된 것으로 간주한다.

■ 해설

[의의] 선고유예의 효과(宣告猶豫의 效果)란 형의 선고유예를 받은 날로부터 2년을 경과한 때에는 면소된 것으로 간주한다.

[선고유예 효과]

① 선고유예에서의 유예기간은 일률적으로 2년(법원의 재량 불인정)이다.

② 선고유예의 판결 여부는 법원의 재량이다.

③ 선고유예의 효과 때는 판결로써 선고하여야 한다(형소법 제322조).

④ 면소판결은 소송추행의 이익이 없을 때 소송을 종결시키는 형식재판이다. 무죄판결은 공소사실이 범죄로 되지 않거나 범죄사실의 증명이 없을 때에 선고하는 판결이다. 선고유예판결은 판결에서 범죄성립이 인정되어 유죄가 선고되나 형의 선고만을 유예하는 유죄판결(有罪判決)에 속한다.

⑤ 선고유예판결 방법에서 선고와 유예된 형의 종류와 양을 판결이유에서 명백히 언급(유죄이기 때문)해야 한다.

---

3. 준수사항의 추가 또는 변경을 필요로 하는 사유

② 보호관찰소의 장은 제1항의 신청을 할 때 신청사유를 소명할 수 있는 자료를 제출하여야 한다.

③ 법원 또는 심사위원회는 제1항에 따른 신청의 심리를 위하여 필요한 경우에는 담당보호관찰관을 출석시켜 의견을 들을 수 있고, 보호관찰 대상자를 소환하여 심문하거나 필요한 사항을 조사할 수 있다. [본조신설 2009. 11. 23.] [시행일 2009. 11. 29.]

해설

[의의] **선고유예의 실효**(宣告猶豫의 失效)란 형의 선고유예를 받은 자가 유예기간 중 자격정지 이상의 형에 처한 판결이 확정되거나, 자격정지 이상의 형에 처한 전과가 발견된 때에는 유예한 형을 선고한다.

①항: 『**자격정지 이상의 형**』 형법 제61조의 규정에 의하여 형을 정할 경우에는 검사(檢事)는 그 범죄사실에 대한 최종판결을 한 법원에 청구하여야 한다(형소법 제336조 제1항 전단). 자격정지 이상의 형이란 자격정지〈 자격상실〈 유기 및 무기 금고〈 유기 및 무기 징역〈 사형을 뜻한다(형법 제41조).

『**유예한 형을 선고**』 선고유예의 실효는 필요적(必要的)이다. 유예된 형을 선고할 때는 형소법 제323조(유죄판결에 명시될 이유)[241]에 의하여야 하고 선고유예를 해제하는 이유를 명시하여야 한다. [개정 2007. 6. 1. 시행일 2008. 1. 1.] (형소법 제336조 제1항 단서)

②항: 『**보호관찰기간 중에 준수사항을 위반**』 보호관찰기간은 1년이므로 이 기간 중에 보호관찰등에관한법률 제32조에 제시된 법정준수사항 및 특별준수사항을 위반하는 경우를 말한다.

『**유예한 형을 선고할 수 있다.**』 법원의 재량이며, 선고유예의 실효는 임의적(任意的)이다.

---

241) 형소법 제323조(有罪判決에 明示될 理由) ① 형의 선고를 하는 때에는 판결이유에 범죄가 될 사실, 증거의 요지와 법령의 적용을 명시하여야 한다. ② 법률상 범죄의 성립을 조각하는 이유 또는 형의 가중, 감면의 이유되는 사실의 진술이 있은 때에는 이에 대한 판단을 명시하여야 한다.

제5절 형의 집행유예(執行猶豫)

Ⅰ. 총설

 형의 집행유예란 형을 선고함에 있어서 일정한 기간 동안 형의 집행을 유예하고 그 유예기간을 경과한 때에는 형의 선고의 효력을 잃게 하는 제도를 말한다.

 집행유예의 법적 성격은 여러 학설이 분분하나 형 집행의 유예를 통해 범죄자의 사회복귀를 용이하게 하고 재범을 방지한다는 예방적 목적을 지닌 형사정책적 기능이 있다. 뿐만 아니라 처벌이라는 형벌 본래의 목적을 동시에 충족하고자 하는 다목적 의도를 지닌 형 집행의 변형이라고 해야 한다.242)

 집행유예는 영미의 보호관찰제도에서 유래하였다. 영미의 보호관찰제도는 19세기 후반에 유럽에 도입되었다. 이 제도는 조건부 판결제도(집행유예기간이 경과하면 형의 선고 효력을 상실케 함. 1888년 벨기에와 1891년 프랑스 채택)와 조건부 특사제도(집행유예기간이 경과하면 행정기관의 사법처분에 의하여 형의 집행만 면제함. 독일 채택)로 발전하였다. 1953년 독일은 유예기간이 경과하면 행정기관이 아닌 법원이 형의 집행을 면제하는 조건부 면제제도로 이행하였다. 우리나라 형법이 채택하는 집행유예제도는 벨기에와 프랑스식의 조건부유죄판결제도라 할 수 있다. 현행 형법은 집행유예에 있어서 **보호관찰제도**의 도입과 함께 **사회봉사명령** 또는 **수강명령제도**를 채택하고 있다.

 집행유예는 다음과 같은 요건이 구비되어야만 법원이 1년 이상 5년 이하의 기간형 집행을 유예할 수 있다. 그 요건으로는 첫째로 3년 이하의 징역 또는 금고의 형을 선고할 경우일 것, 둘째로 정상에 참작할 만한 사유가 있을 것. 셋째로 금고 이상의 형을 선고한 판결이 확정된 때부터 그 집행을 종료하거나 면제된 후 3년까지의 기간에 범한 죄가 아니어야 한다.

---

242) 이재상, 총론, 534면; 이형국, 총론, 479면; 박상기, 총론, 543면; 안동준, 총론, 357면; 정성근·박광민, 총론, 678면; 진계호·이존걸, 총론, 743면.

Ⅱ. 관련 법조문

집행유예는 집행유예의 요건(제62조), 보호관찰, 사회봉사명령, 수강명령(제62조의 2), 집행유예의 실효(제63조), 집행유예의 취소(제64조), 집행유예의 효과(제65조)로 구성되어 있다.

제62조
집행유예의 요건

① 3년 이하의 징역 또는 금고의 형을 선고할 경우에 제51조의 사항을 참작하여 그 정상에 참작할 만한 사유가 있는 때에는 1년 이상 5년 이하의 기간 형의 집행을 유예할 수 있다. 다만, 금고 이상의 형을 선고한 판결이 확정된 때부터 그 집행을 종료하거나 면제된 후 3년까지의 기간에 범한 죄에 대하여 형을 선고하는 경우에는 그러하지 아니하다. 〈개정 2005. 7. 29.〉
② 형을 병과할 경우에는 그 형의 일부에 대하여 집행을 유예할 수 있다.

해설

[의의] 집행유예의 요건(執行猶豫의 要件)이란 첫째로 3년 이하의 징역 또는 금고의 형을 선고할 경우일 것. 둘째로 정상에 참작할 만한 사유가 있을 것. 셋째로 금고 이상의 형을 선고한 판결이 확정된 때부터 그 집행을 종료하거나 면제된 후 3년까지의 기간에 범한 죄가 아니어야 한다. 위와 같은 요건이 구비되어야만 법원이 1년 이상 5년 이하의 기간형의 집행을 유예할 수 있다는 법원의 재량에 의해 정해진 것을 말한다.

[사례] 3년 징역형 중 2년 6개월만을 집행 유예하고 6개월은 실형을 집행하는 경우 ⇒ 하나의 형을 가지고 일부는 집행 유예하고 일부는 실형을 집행하지 못한다.243) 다만 형을 병과하는 경우에는 그 형의 일부에 대

---

243) 대판 2007. 2. 22. 2006도8555(집행유예의 요건에 관한 형법 제62조 제1항 본문은 "3년 이하의 징역 또는 금고의 형을 선고할 경우에 제51조의 사항을 참작하여 그 정상에 참작할 만한 사유가 있는 때에는 1년 이상 5년 이하의 기간 형의 집행을 유예할 수 있다."고 규정하고 있고, 같은 조 제2항은 "형을 병과할 경우에는 그 형의 일부에 대하여 집행을 유예할 수 있다."고 규정하고 있다. 형법 제62조 제1항이 형의 집행을 유예할 수 있다고만 규정하고 있다고 하더라도 이는 같은 조 제2항이 그 형의 일부에 대하여 집행을 유예할 수

해서 집행유예를 할 수 있다(제62조 제2항).

①항: 『**3년 이하의 징역 또는 금고의 형을 선고할 경우일 것**』 집행유예는 징역 또는 금고의 형을 선고할 때만 할 수 있어서 벌금형을 선고할 때는 집행유예를 할 수 없다. 그러나 벌금형이 징역 및 금고보다 가벼운 형이지만, 벌금을 납부하지 못할 때는 노역장유치가 가능하다. 이런 점을 볼 때 실질적으로는 자유형과 동일하므로 **벌금형**에도 집행유예가 가능해야 할 것이다.[244] 3년 이하의 징역 또는 금고의 형은 선고형을 의미한다.[245]

『**정상에 참작할 만한 사유가 있을 것**』 '정상에 참작할 사유'란 형의 집행 없이 형의 선고만으로도 피고인에게 충분한 경고가능이 작용하여 장래에 재범을 하지 않을 것으로 인정되는 경우를 말한다.[246] 그에 대한 판단 기준은 형법 제51조의 사항, 즉 범인의 연령, 성행, 지능과 환경, 피해자에 대한 관계, 범행의 동기·수단과 결과, 범행 후의 정황이다.[247] 판단의 기준 시기는 판결 선고 시이다.

있는 때를 형을 병과할 경우로 한정하고 있는 점에 비추어 보면, 조문의 체계적 해석상 하나의 형의 전부에 대한 집행유예에 관한 규정이라 할 것이다. 또한 하나의 자유형에 대한 일부 집행유예에 관해서는 그 요건과 효력 및 일부 실형에 대한 집행의 시기와 절차 및 방법 등을 입법에 의해 명확하게 할 필요가 있으므로, 그 인정을 위해서는 별도의 근거규정이 필요하다고 할 것이다.). 폭력행위등처벌에관한법률 위반(집단 및 흉기 등 상해) 혐의로 기소된 안 모(52) 씨에 대한 상고심 선고공판에서 일부 집행유예를 선고한 원심을 파기하고 사건을 서울동부지법으로 돌려보내면서 내린 판결로서 그동안 일선법원과 법학계에서는 "법정형이 매우 높은 특별형법의 경우 책임주의에 반하므로 적정한 양형을 위해서는 일부집행유예제도를 도입해야 한다."는 주장이 제기되어 왔으나, 대법원은 징역이나 금고 등 자유형을 선고할 때 형기 일부에 대해서만 집행을 유예하는 이른바 일부집행유예제도는 현행 형법 아래에서 선고할 수 없음을 천명한 첫 판결이다.

244) 진계호·이존걸, 총론, 745면.

245) 대판 1989. 11. 28. 89도780.

246) Dreher/Tröndle, *StGB*, § 56, Rn. 4; Horn, *SK*, § 56, Rn. 9; Schönke/Schröder/Stree, *StGB*, § 56, Rn. 14.

247) 울산지법은 우울증을 앓다가 자신의 친아들을 목 졸라 살해한 어머니에 대해 피고인이 초범인데다 우울증 외에 뚜렷한 살해동기가 없고, 양육해야 할 자녀도 둘이나 있고 유가족이 피고인의 선처를 바라고 있는 점 등을 참작해 집행유예를 선고하였고(2006. 8. 23.), 또 아내를 때려 숨지게 한 혐의(상해치사)로 구속 기소된 30대 남편에 대해 술에 취해 우발적으로 범행을 저지른데다 범행 후 즉시 신고해 응급조치를 받게 했고 정신발달 장애가 있는 아들을 부양해야 하는 점 등을 이유로 집행유예를 선고한 바 있다.

『금고 이상의 형을 선고한 판결』 '금고 이상의 형'은 **실형만**을 의미하고 집행유예는 포함되지 않으므로 형의 집행유예기간 중에 범한 죄에 대해서는 다시 집행유예를 선고할 수 있다는 적극설이 타당하다.[248]

『죄를 범한 시기』 (1) 개정 전의 형법 제62조 제1항 단서는 "금고 이상의 형의 선고를 받아 집행을 종료한 후 또는 집행이 면제된 후로부터 5년을 경과하지 아니한 자에 대하여 예외로 한다."고 규정함으로써 집행유예를 선고하려고 하는 범죄의 '범행시기와 관계없이' 금고 이상의 형의 선고가 있고 그 집행을 종료한 후 또는 집행이 면제된 후로부터 5년이 경과하지 아니한 경우에는 집행유예를 선고할 수 없도록 규정되어 있다.

(2) 2005. 7. 29. 개정형법 제62조 제1항 단서는 "집행유예를 선고하려고 하는 범죄가 금고 이상의 형을 선고한 판결이 확정된 때로부터 그 집행을 종료하거나 면제된 후 3년까지의 기간"에 범한 죄인 경우에 한하여 집행유예를 선고할 수 없도록 하였다.

(3) 형법 개정 취지 "형법 개정은 단기자유형의 집행으로 인한 폐해를 방지하고 형 집행의 유예를 통하여 범죄인의 자발적·능동적인 사회복귀를 도모하기 위함이고, 개정 전의 형법은 금고 이상의 형의 선고가 있고 그 집행을 종료한 후 또는 집행이 면제된 후로부터 5년이 경과하지 아니한 경우에는 집행유예를 선고할 수 없도록 규정되어 있으나, 개정 형법은 기간을 5년에서 3년까지의 기간"에 범한 죄인 경우에 한하여 집행유예를 선고할 수 없도록 하였다는 점이다.

---

248) 김일수·서보학, 총론, 761면; 배종대, 총론, 723면; 신동운, 총론, 751면; 오영근, 총론, 543면; 박상기, 총론, 543면; 김성천·김형준, 총론, 613면; 임웅, 총론, 562면; 이정원, 총론, 531면; 정성근·박광민, 총론, 682면; 정영일, 총론, 429면; 진계호·이존걸, 총론, 747면[생각건대 제62조 제1항 단서의 '집행종료'나 '집행면제'는 실형선고를 전제로 한 것으로서 집행유예와는 무관하다. 그리고 자유형의 기계적인 집행으로 인한 폐단을 방지하고 피고인의 개선이라는 형벌목적을 달성하려는 집행유예제도의 본래의 취지를 고려한 점이다. 판례도 형법 제62조 제1항 단서조항이 형의 집행종료나 집행면제시점을 기준으로 집행유예 결격기간의 종기를 규정하고·있는 만큼, 이를 무시한 채 유예기간이 경과되어 집행 가능성이 소멸되었기 때문에 집행종료나 집행면제의 시기를 특정할 수 없게 된 경우까지를 위 단서조항의 요건에 포함된다고 볼 수 없다는 이유로 집행유예기간 중 또다시 집행유예선고가 가능함을 판시하였다(대판 2007. 2. 8. 2006도6196; 동사무소에서 공익요원으로 근무하던 차 모 씨는 2005년 2월 병역법위반죄 징역 6개월에 집행유예 1년을 선고받고 형이 확정되었으나 집행유예기간 중이던 같은 해 7월 또다시 10일 동안 출근하지 않았다가 기소되어 1·2심에서 징역 1년에 집행유예 2년을 선고받았다.)].

②항:『형을 병과할 경우에는 그 형의 일부에 대하여 집행을 유예할 수 있다.』 예컨대, "사법경찰관 A는 피의자 K의 요청을 받아 50만 원의 뇌물을 수수하고, 증거물의 압수를 포기하였다."에서 A는 수뢰후부정처사죄로 5년 징역과 자격정지 5년을 병과한다는 판결을 받게 될 수 있다는 가정에서, 집행유예의 요건이 구비되면 법원은 재량으로 "징역 2년과 집행유예 3년, 자격정지 5년을 병과한다."는 판결이 가능하다는 뜻이다.

▦ 학설

■ 금고 이상의 형을 선고한 판결에서 '금고 **이상의 형**'이란 실형만을 의미하는지 '**집행유예**'도 포함하는지에 대한 견해

① **소극설** 금고 이상의 형은 실형의 선고뿐만 아니라 형의 집행유예를 선고받은 때도 포함하므로 집행유예를 선고받고 그 유예기간이 경과하지 않은 동안에 죄를 범한 경우에도 다시 집행유예를 선고할 수 없다는 설[249]이다.

② **적극설** 금고 이상의 형은 실형만을 의미하고 집행유예는 포함되지 않으므로 형의 집행유예기간 중에 범한 죄에 대해서는 다시 집행유예를 선고할 수 있다는 설[250]이다.

▦ 판례

[판례 1] 집행유예를 선고받은 사유가 취소사유에 해당하는지 여부에 대해 피고인이 1980년 12월 30일 특수절도 등으로 징역 1년에 2년간의 집행유예 선고를 받아 同 판결이 확정되고, 다시 1982년 2월 23일 폭력행위등처벌에관한법률 위반으로 징역 1년 6개월에 3년간의 집행유예선고를 받아 同 판결이 확정된 경우에는 위 1982년 2월

---

249) 손해목, 종론, 1200면; 이재상, 종론, 593면; 정성근, 종론, 778면; 이형국, 종론연구(Ⅱ), 689면.

250) 김일수 · 서보학, 종론, 761면; 배종대, 종론, 723면; 신동운, 종론, 751면; 오영근, 종론, 543면; 박상기, 종론, 543면; 김성천 · 김형준, 종론, 613면; 임웅, 종론, 562면; 이정원, 종론, 531면; 정성근 · 박광민, 종론, 682면; 정영일, 종론, 429면; 진계호 · 이존걸, 종론, 747면.

23일의 집행유예 선고는 취소되어야 하고, 전자의 집행유예 판결이 1983년 1월 7일
로 집행유예기간이 경과된다고 하여 결론을 달리할 것이 아니다.251)

[판례 2] 집행유예기간만을 장기로 한 항소심판결이 불이익변경에 해당하는지 여부에 대
하여 집행유예기간을 연장하는 것은 형벌권의 소멸기간을 연장하여 피고인의
법적 지위를 저하시키는 것이므로 불이익변경에 해당한다.252)

[판례 3] 집행유예기간 중에 새로 재판할 사건의 집행유예 판결이 가능한지에 대하여 집
행유예기간 중에는 새로 재판할 사건의 범죄행위가 먼저 집행유예 선고를 받은 범죄
사실의 전후를 막론하고 새로운 재판에서는 다시 집행유예 선고를 할 수 없다.253)

[판례 4] 집행유예의 취소 요건인 전과의 발각시기에 대하여 집행유예 선고판결이 확정되
기 전에 전과가 발각된 경우에는 집행유예 취소를 청구할 수 없다.254)

[판례 5] 집행유예기간 중의 집행유예 판결의 가부에 대하여(형법 제62조 제1항 단서의
해석 문제) (1) 다수의견: 형법 제62조 제1항 단서에서 규정한 "금고 이상의 형
의 선고를 받아 집행을 종료한 후 또는 집행이 면제된 후로부터 5년을 경과하지
아니한 자"의 의미는 실형선고를 받고 집행종료나 집행면제 후 5년을 경과하지
않은 경우만을 가리키는 것이 아니라 형의 집행유예를 선고받고 그 유예기간이
경과하지 않은 경우를 포함한다. 그러나 형법 제37조의 경합범 관계에 있는 수
죄가 전후로 기소되어 각각 별개의 절차에서 재판을 받게 된 결과 어느 하나의
사건에서 먼저 집행유예가 선고되어 그 형이 확정되었을 경우 다른 사건의 판결
에서는 다시 집행유예를 선고할 수 없다면, 그 수죄가 같은 절차에서 동시에 재
판을 받아 한 번에 집행유예를 선고받을 수 있었던 경우와 비교하여 현저히 균
형을 잃게 된다. 따라서 이러한 불합리가 생기는 경우에 한하여 위 단서규정의
'형의 선고를 받아'라는 의미는 실형이 선고된 경우만을 가리키고, 형의 집행유
예를 선고받은 경우는 포함하지 않는다고 해석함이 상당하다.255) (2) 반대의견:
'금고 이상의 형을 선고받아'라고 함은 실형뿐만 아니라 집행유예 선고를 받은
경우도 포함한다. 따라서 집행유예기간 이전의 범죄 가운데 형법 제37조 후단의
경합범의 경우도 마찬가지이다. (3) 별개의견: '금고 이상의 형을 선고받아'에서
말하는 형이란 실형만을 가리키지, 집행유예를 받은 형까지 포함하는 것은 아니
다. 따라서 형의 집행유예기간 중이더라도 집행유예를 선고할 수 있다.256) 형의

---

251) 대판 1983. 2. 5. 83모1.
252) 대판 1983. 10. 11. 83도2034.
253) 대판 1984. 6. 26. 83도2193.
254) 대판 1984. 1. 18. 83도58.
255) 대판 1989. 9. 12. 87도2365.

집행유예를 선고받고 그 유예기간이 경과되지 않은 사람에게는 그 사람이 형법 제37조의 경합범관계에 있는 수죄를 범하여 같은 절차에서 동시에 재판을 받았더라면 한 번에 집행유예 선고를 선고할 수 없다.257) (4) 최근 판례: 형법 제62조 제1항 단서 조항이 형의 집행종료나 집행면제시점을 기준으로 집행유예 결격기간의 종기를 규정하고 있는 만큼, 이를 무시한 채 유예기간이 경과되어 집행 가능성이 소멸되었기 때문에 집행종료나 집행면제의 시기를 특정할 수 없게 된 경우까지를 위의 단서 조항의 요건에 포함된다고 볼 수 없다는 이유로 집행유예기간 중 또다시 집행유예 선고가 가능함을 판시하였다.258)

▨ 해설

[의의] (1) 보호관찰(保護觀察)259)이란 범죄인의 재범방지와 사회복귀를 촉진하기 위하여 교정시설에 수용되지 않은 자유 상태에 있는 범죄인을 지도·감독하는 제도를 말하는데, 보호관찰의 실시 여부는 법원의 재량 사항이다. 보호관찰기간은 집행을 유예한 기간으로 하되, 법원은 유예기간의 범위 내에서 보호관찰기간을 정할 수 있

---

256) 대판 1989. 9. 12. 87도2365.

257) 대판 1989. 10. 10. 88도824.

258) 대판 2007. 2. 8. 2006도6196(동사무소에서 공익요원으로 근무하던 차 모 씨는 2005년 2월 병역법위반죄 징역 6개월에 집행유예 1년을 선고받고 형이 확정되었으나 집행유예기간 중이던 같은 해 7월 또다시 10일 동안 출근하지 않았다가 기소되어 1·2심에서 징역 1년에 집행유예 2년을 선고받았다.).

259) 보호관찰은 종래 소년범에게만 적용되었다[(소년범및보호관찰등에관한법률의보호관찰, 보호관찰등에관한법률 제3조, 소년법 제32조 제1항 제2호·제3호)과 사회보호법상 보호감호처분과 치료감호처분을 받고 가출소 또는 위탁된 자에게 적용하는 사회보호법상의 보호관찰; 사회보호법 제10조, 제11조].

다. 보호관찰은 **소년범**에게만 적용하던 것을 법률 개정으로 **성인 범죄자**에게도 적용할 수 있게 되었다.

(2) **사회봉사명령**(社會奉仕命令)이란 유죄가 인정된 범죄자를 일정한 기간 내에 지정된 시간 동안 무보수로 근로에 종사하도록 하는 제도로, 16세 이상의 소년범에게 과해지는 것(소년법 제32조 제3항)을 법률 개정으로 집행유예를 받는 성인범죄자에게도 적용할 수 있게 하였다.

사회봉사는 보호관찰관의 집행 아래 **500시간**의 범위 내에서 법원이 분야와 장소를 지정하여 무료로 봉사토록 하고 있다(보호관찰등에관한법률 제59조 및 제61조 제1항). 무료봉사는 제설작업, 오물청소, 공원청소, 양로원 및 고아원 등 공공시설봉사와 공공기관의 서류정리 등이 있다.

(3) **수강명령**(受講命令)[260]이란 일정한 시간동안 지정된 장소에 출석하여 강의·훈련 또는 상담 등을 받도록 하는 제도로, 16세 이상의 소년범에게 사회봉사명령과 선택적으로 과하던 것을 법률 개정으로 집행유예를 받은 성인범죄자에게도 적용할 수 있게 하였다. 수강명령은 보호관찰관의 집행 아래 **200시간**의 범위 내에서 법원이 분야와 장소를 지정하여 수강하도록 하고 있다(보호관찰등에관한법률 제59조 및 제61조 제1항).

②항: 『보호관찰기간』 보호관찰기간은 집행유예기간과 동일하다.

■ [보호관찰법 제30조]

1. 보호관찰을 조건으로 형의 선고유예를 받은 사람: 1년

2. 보호관찰을 조건으로 형의 **집행유예**를 선고받은 사람: 그 유예기간. 다만, 법원이 보호관찰 기간을 따로 정한 경우에는 그 기간

3. 가석방자: 「형법」 제73조의 2 또는 「소년법」 제66조에 규정된 기간

4. 임시 퇴원된 자: 퇴원일로부터 6개월 이상 2년 이하의 범위에서 심사위원회가 정

---

260) 수강명령은 본래 비행청소년들에 대한 선도조건부 기소유예처분의 조건부 부담처분으로 검찰에서 실시해 오던 것을 1988년 12월 31일 개정된 소년법이 보호관찰처분을 받는 16세 이상의 소년에게 사회봉사명령과 선택적으로 과할 수 있도록 한 후 보호관찰관이 그 집행을 맡아 왔었다.

한 기간

5. 「소년법」 제32조 제1항 제4호 및 제5호의 보호처분을 받은 사람: 그 법률에서 정한 기간

6. 다른 법률에 따라 이 법에서 정한 보호관찰을 받는 사람: 그 법률에서 정한 기간 [전문개정 2009. 5. 28.] [시행일 2009. 11. 29.]

③항: 『사회봉사명령 또는 수강명령』 집행유예기간 내에 집행을 해야 한다.

[법률] 『보호관찰 및 사회봉사명령 또는 수강명령 때의 조치 사항』

■ 제19조(판결 전 조사) [전문개정 2009. 5. 28.] [시행일 2009. 11. 29.]

① 법원은 피고인에 대하여 「형법」 제59조의 2 및 제62조의 2에 따른 보호관찰, 사회봉사 또는 수강을 명하기 위하여 필요하다고 인정하면 그 법원의 소재지(所在地) 또는 피고인의 주거지를 관할하는 보호관찰소의 장에게 범행 동기, 직업, 생활환경, 교우관계, 가족상황, 피해회복 여부 등 피고인에 관한 사항의 조사를 요구할 수 있다.

② 제1항의 요구를 받은 보호관찰소의 장은 지체 없이 이를 조사하여 서면으로 해당 법원에 알려야 한다. 이 경우 필요하다고 인정하면 피고인이나 그 밖의 관계인을 소환하여 심문하거나 소속 보호관찰관에게 필요한 사항을 조사하게 할 수 있다.

③ 법원은 제1항의 요구를 받은 보호관찰소의 장에게 조사 진행 상황에 관한 보고를 요구할 수 있다.

■ 제19조의 2(결정 전 조사)

① 법원은 「소년법」 제12조에 따라 소년 보호사건에 대한 조사 또는 심리를 위하여 필요하다고 인정하면 그 법원의 소재지 또는 소년의 주거지를 관할하는 보호관찰소의 장에게 소년의 품행, 경력, 가정상황, 그 밖의 환경 등 필요한 사항에 관한 조사를 의뢰할 수 있다.

② 제1항의 의뢰를 받은 보호관찰소의 장은 지체 없이 조사하여 서면으로 법원에 통보하여야 하며, 조사를 위하여 필요한 경우에는 소년 또는 관계인을 소환하여 심문하거나 소속 보호관찰관으로 하여금 필요한 사항을 조사하게 할 수 있다. [본조신설 2008. 12. 26.] [시행일 2009. 3. 27.]

■ 제20조(판결의 통지 등)[전문개정 2009. 5. 28.] [시행일 2009. 11. 29.]

① 법원은 「형법」 제59조의 2 또는 제62조의 2에 따라 보호관찰을 명하는 판결이

확정된 때부터 3일 이내에 판결문 등본 및 준수사항을 적은 서면을 피고인의 주
거지를 관할하는 보호관찰소의 장에게 보내야 한다.

② 제1항의 경우 법원은 그 의견이나 그 밖에 보호관찰에 참고가 될 수 있는 자료를
첨부할 수 있다.

③ 법원은 제1항의 통지를 받은 보호관찰소의 장에게 보호관찰 상황에 관한 보고를
요구할 수 있다.

■ **제59조(사회봉사명령ㆍ수강명령의 범위)** [전문개정 2009. 5. 28.] [시행일 2009.
11. 29.]

① 법원은 「형법」 제62조의 2에 따른 사회봉사를 명할 때에는 500시간, 수강을 명
할 때에는 200시간의 범위에서 그 기간을 정하여야 한다. 다만, 다른 법률에 특
별한 규정이 있는 경우에는 그 법률에서 정하는 바에 따른다.

② 법원은 제1항의 경우에 사회봉사ㆍ수강명령 대상자가 사회봉사를 하거나 수강할
분야와 장소 등을 지정할 수 있다

■ **세60조(판결의 통지 등)** [선문개정 2009. 5. 28.] [시행일 2009. 11. 29.]

① 법원은 「형법」 제62조의 2에 따른 사회봉사 또는 수강을 명하는 판결이 확정된
때부터 3일 이내에 판결문 등본 및 준수사항을 적은 서면을 피고인의 주거지를
관할하는 보호관찰소의 장에게 보내야 한다.

② 제1항의 경우에 법원은 그 의견이나 그 밖에 사회봉사명령 또는 수강명령의 집행
에 참고가 될 만한 자료를 첨부할 수 있다.

③ 법원 또는 법원의 장은 제1항의 통지를 받은 보호관찰소의 장에게 사회봉사명령
또는 수강명령의 집행상황에 관한 보고를 요구할 수 있다.

▧ 판례

[**판례 1**] 보호처분과 일사부재리 및 법률불소급원칙에 대하여 생태적 또는 습
성적으로 동종 또는 유사한 죄를 반복할 위험성이 있는 실형 전과자
에 대한 앞으로의 범죄예방 및 교화조치로서 하는 보호처분을 형벌
과 별도로 이와 병행하더라도 일사부재리원칙 또는 법률불소급원칙
에 위배되지 않는다.261)

[**판례 2**] 보호처분과 죄형법정주의에 대하여 사회보호법에 의한 보호처분은
죄를 범한 자로서 재범위험성이 있고 특별한 교육개선 및 치료가
필요한 자에 대해 사회복귀를 촉진하고 사회를 보호할 목적으로 과
하는 감호 또는 관찰처분으로서 형벌과 같이 볼 수 없으므로 피고
인에 대한 보호처분은 헌법과 법률에 정한 죄형법정주의의 원칙에
저촉되지 않는다.262)

제63조
집행유예의 실효

집행유예의 선고를 받은 자가 유예기간 중 고의로 범한 죄로 금고 이상의 실형을 선고받아 그 판결이 확정
된 때에는 집행유예의 선고는 효력을 잃는다. 〈개정 2005. 7. 29.〉

▦ 해설

[**의의**] **집행유예의 실효**(執行猶豫 失效)란 집행유예의 선고를 받은 자가 유
예기간 중 고의로 범한 죄로 '금고 이상의 실형을 선고받아 그 판결이
확정된 때'는 집행유예의 선고는 효력을 잃고, 이미 선고되었던 형이
집행된다는 것이다.

[**집행유예의 실효 요건**]

(1) 집행유예기간 중에 범한 죄는 과실범이 아닌 **고의범**이어야 한다.

(2) 고의범으로 집행유예기간 중(집행유예기간 이전에 범한 죄는 실효되지 않는
다.)에 범하여 금고 이상의 실형이 확정되어야 한다. 즉 실형이 확정되
면 집행유예는 실효된다.

(3) 금고 이상의 형은 실형의 선고로 집행유예가 제한된다(집행유예기간 중

---

261) 대판 1983. 6. 28. 83감도208.
262) 대판 1982. 12. 28. 82감도561.

에 집행유예를 선고받은 경우 – 앞의 집행유예의 선고는 실형이 아니므로 실효되지
않는다. 그러나 집행유예기간 중 실형이 선고되면 앞의 집행유예는 실효된다.).

[집행유예 실효 요건 도표]

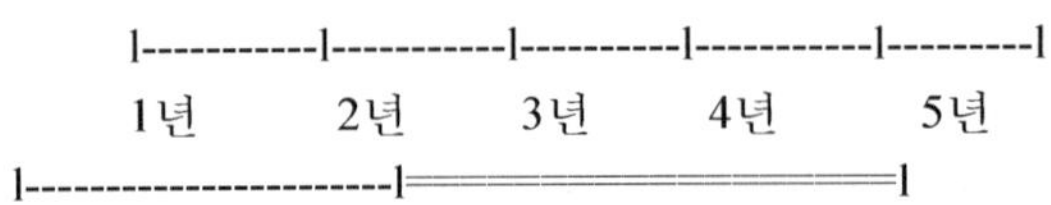

(A:징역 1년에 집행유예 2년) (B: 징역2년에 집행유예 3년 선고)
(K: B의 집행유예 3년 기간 중 징역2년 선고)
(M: B의 집행유예 3년 기간 중 징역 1년에 집행유예 2년 선고)

[집행유예 실효 요건 해설]

[사례 1] [A]의 범죄로 징역 1년에 집행유예 2년이 집행되고 있었다. 이 기간
중, 또다시 [B]의 범죄로 징역 2년에 집행유예 3년이 집행 선고되었
다. 이때 새로운 [K] 고의범이 발생하여 금고 이상의 실형이 확정되
었다면, [A]의 범죄에 과해진 집행유예 2년의 선고는 실효되지 않는
다. 그러나 [K] 고의범에 대한 실형으로 [B]의 범죄에 대한 집행유
예 3년은 실효된다.

[사례 2] [B]의 범죄로 징역 2년에 집행유예 3년의 기간 중이었다. 이때 새로
운 [K]의 고의범이 발생하여 징역 2년의 실형이 선고되었을 때에는
[B]의 집행유예 3년은 실효된다.

[사례 3] [B]의 범죄로 징역 2년에 집행유예 3년의 기간 중이었다. 이 집행유
예기간 중, 새로운 [M]의 고의범이 발생하여 징역 1년에 집행유예
2년이 선고되었을 때에는 고의범 [M]에 대한 선고가 실형이 아니므
로, [B]의 범죄에 대한 집행유예 3년은 실효되지 않는다.

구법규정(판례) 및 신법규정

[구법] 집행유예기간 중 '금고 이상의 형의 선고'를 받아 그 판결이 확정되기

만 하면 그 범죄를 범한 때가 언제인가는 불문(집행유예 선고 전에 범한 죄)하고 집행유예가 실효되도록 규정하고 있었다.

[개정법] 집행유예선고의 실효사유가 되는 범죄를 '집행유예기간 중에 고의로 범한 죄로 금고 이상의 실형(實刑)을 선고받아 그 판결이 확정된 경우'로 제한하였다.

[차이점] "형의 집행유예의 실효에 관한 규정인 형법 제63조의 취지에서 '**금고 이상의 형의 선고를 받아**'라는 의미는 그 실형(實刑)의 선고만을 지칭하는 것이 아니라 그 형이 선고된 이상 그 형의 집행을 유예(執行猶豫)한 경우도 포함된다." 라는 구법에 대한 판례263)의 태도였으나, 개정법은 '집행유예기간 중에 고의로 범한 죄로 금고 이상의 실형(實刑)을 선고받아 그 판결이 확정된 경우'로 제한하여 집행유예는 포함되지 않게 하였다. 따라서 구법(판례)은 '판결 이후의 재범방지'라는 집행유예제도의 목적에 맞지 않았다. 그러나 개정법으로 인하여 판결 이후의 재범방지를 막는 데 부합하도록 했다.

판례

[판례 1] 형 집행 종료 후 7년 이내에 집행유예 판결을 받고 유예기간이 경과한 경우에 형의 집행종료 후 7년 이내에 집행유예판결을 받고 그 기간을 무사히 경과하여 7년을 채우더라도 형법 제81조의 '형을 받음이 없이 7년을 경과'하는 때에 해당하지 않아 형의 실효를 선고할 수 없나.264)

---

263) 대판 1979. 9. 1. 79모30.
264) 대판 1983. 4. 2. 83모8.

해설

[의의] **집행유예의 취소**(執行猶豫 取消)란 집행유예의 선고를 받은 후 제62조
단행의 사유가 발각된 때에는 집행유예의 선고를 취소한다. 또한 제62
조의 2의 규정에 의하여 보호관찰이나 사회봉사 또는 수강을 명한 집
행유예를 받은 자가 **준수사항**이나 **명령**을 위반하고 그 정도가 무거운
때에는 집행유예의 선고를 취소할 수 있다. 집행유예의 취소에는 필요
적 취소(제64조 제1항)와 임의적 취소(제64조 제2항)가 있다.

①항: 『**필요적 취소**』 집행유예의 선고를 받은 후 제62조 단행의 사유가 발각
된 때에는 집행유예의 선고를 취소한다.

『**제62조 단행의 사유**』 금고 이상의 형을 선고한 판결이 확정된 때부터 그 집
행을 종료하거나 면제된 후 3년까지의 기간에 범한 죄로 형을 선고받
은 자라는 것이 발각된 때를 의미한다.

『**제64조 제1항에 의하여 집행유예의 선고를 받은 후 형법 제62조 단행의 사
유가 발각된 때**』 집행유예 선고의 판결이 확정된 후(後)에 비로소 위
와 같은 사유가 발각된 경우를 말한다. 만약 그 판결확정 전(前)에 결
격사유가 발각된 경우에는 집행유예를 취소할 수 없다.265)

『**집행유예기간이 경과하여 형의 선고가 효력을 잃은 후에 제62조 단행의 사**

---

265) 대판 2001. 6. 27. 2001모135.

유가 발각된 된 때』집행유예를 취소할 수 없고 그대로 유예기간 경과
의 효과가 발생한다.266)

②항: 『임의적 취소』 제62조의 2의 규정에 의하여 보호관찰이나 사회봉사
또는 수강을 명한 집행유예를 받은 자가 준수사항이나 명령을 위반하
고 그 정도가 무거운 때에는 집행유예의 선고를 취소할 수 있다. 이때
위반 사실이 동시에 범죄 행위로 되더라도 그 기소나 재판의 확정 여
부 등 형사절차와는 별도로 법원이 집행을 취소할 수 있고,267) 집행유
예의 취소로 유예된 형은 집행된다.

『집행유예를 받은 자의 준수사항이나 명령을 위반』

관련법	보호관찰등에관한법률 제62조 및 동법 시행령(제17, 19, 19조의 2, 제39조)
법정준수사항(제62조 제2항)	1. 보호관찰관의 집행에 관한 지시에 따를 것 2. 주거를 이전하거나 1개월 이상 국내외 여행을 할 때에는 미리 보호관찰관에게 신고할 것
특별준수사항(법 제32조 제3항 제10호에서 대통령령으로 정하는 사항)	■ **법원 또는 심사위원회**는 법 제32조의 규정에 의하여 보호관찰대상자에게 준수사항을 과할 때에 적절한 훈계를 할 수 있다(시행령 제17조). ■ **특별준수사항**(시행령 제19조) 1. 운전면허를 취득할 때까지 자동차(원동기장치자전거를 포함한다.) 운전을 하지 않을 것 2. 직업훈련, 검정고시 등 학과교육 또는 성행개선을 위한 교육, 치료 및 처우 프로그램에 관한 보호관찰관의 지시에 따를 것 3. 범죄와 관련이 있는 특정 업무에 관여하지 않을 것 4. 성실하게 학교수업에 참석할 것 5. 정당한 수입원에 의하여 생활하고 있음을 입증할 수 있는 자료를 정기적으로 보호관찰관에게 제출할 것 6. 흉기나 그 밖의 위험한 물건을 소지 또는 보관하거나 사용하지 아니할 것 7. 가족의 부양 등 가정생활에 있어서 책임을 성실히 이행할 것 8. 그 밖에 보호관찰 대상자의 생활상태, 심신의 상태, 범죄 또는 비행의 동기, 거주지의 환경 등으로 보아 보호관찰 대상자가 준수할 수 있고 자유를 부당하게 제한하지 아니하는 범위에서 개선·자립에 도움이 된다고 인정되는 구체적인 사항 [전문개정 2009. 11. 23.] [시행일 2009. 11. 20.] ■ **사회봉사·수강명령** 대상자의 준수사항이나 명령 위반에 따른 경고, 구인, 유치, 집행유예 취소 및 보호처분 변경 등에 관해서는 시행령 제21조부터 제33조까지 및 제35조를 준용한다. [개정 2009. 3. 18.] [시행일 2009. 3. 27.](시행령 제39조)

---

266) 대판 1999. 1. 12. 98모151.
267) 대결 1999. 3. 10. 99모331.

해설

[의의] **집행유예의 효과**(執行猶豫 效果)란 집행유예의 선고를 받은 후 그 선고의 실효 또는 취소됨이 없이 유예기간을 경과한 때에는 형의 선고는 효력을 잃는다.

『**형의 선고는 효력을 잃는다.**』 형의 선고의 법률적 효과가 없어진다는 것일 뿐이고 형의 선고가 있었다는 사실까지 없어진다는 의미는 아니다. 따라서 형의 선고에 의하여 이미 발생한 법률 효과에는 영향을 미치지 않는다.

판례

[판례 1] 제65조의 "형의 선고는 효력을 잃는다."는 취지는 형선고의 법률적 효과가 없어지는 것일 뿐, 형의 선고가 있었다는 기왕의 사실 자체까지 없어진다는 뜻은 아니다.268)

---

268) 대판 1983. 4. 2. 83모8.

[선고유예 · 집행유예 · 가석방의 비교]

	선고유예		집행유예	가석방
관련조문	제51조~제61조		제62조~제65조	제72조~제76조
법적성질	독자적인 제3의 형사제재수단		형 집행의 변형	형 집행 작용
연혁	영미에서 관습적으로 행해진 조건부가석방제도(條件附 假釋放制度)		영미의 보호관찰제도(保護觀察制度)	오스트레일리아의 가석방허가장(假釋放許可狀)
요건	(1)	1년 이하의 징역, 금고, 자격정지, 벌금형을 선고할 때	3년 이하의 징역 또는 금고형을 선고할 때	징역·금고형을 집행 중에 있는 자로, 무기형은 20년, 유기형은 1/3의 형기를 경과한 때
	(2)	개전(改悛)의 정(情)이 현저할 때		
	(3)	자격정지 이상의 전과가 없을 것	금고 이상의 형의 선고를 받아 집행을 종료하거나 면제된 후 3년을 경과할 것	벌금 또는 과료의 병과가 있는 때에는 그 금액을 완납할 것
기간	2년		1년 이상 5년 이하	무기형은 20년, 유기형은 잔형기 경과. 단, 10년을 초과 못 함.
결정	**법원의 재량**			**행정처분**
효과	면소된 것으로 간주(무죄 판결과 다르다.)		선고된 형의 효력 상실	형의 집행을 종료한 것으로 간주
실효	(1) 유예 기간 중 자격정지 이상의 형에 처한 판결이 확정된 때 (2) 자격정지 이상의 전과가 발견된 때		(1) 유예기간 중 고의로 범한 죄로 금고 이상의 실형을 선고받아 그 판결이 확정된 때	(1) 가석방 중 금고 이상의 형의 선고를 받아 그 판결이 확정된 경우(과실범은 제외)
취소	**임의적 실효(失效)** 취소제도는 없고 실효제도만 있다.		(1) **필요적 취소** 집행유예 요건 중 제62조 단서가 결여된 것이 발각된 경우(제64조 제1항) (2) **임의적 취소** 제62조의 2 규정의 준수사항이나 명령 위반 때(제64조 제2항)	**임의적 취소** 감시에 관한 규칙에 위배한 때(법무부 장관 재량)
보호관찰	(1) 선고유예 때 재범방지를 위한 보호관찰을 명할 수 있다(법관의 재량). (2) 보호관찰의 기간은 1년으로 특정하였다.		(1) 형의 집행유예에 때 보호관찰을 명하거나 사회봉사명령 또는 수강명령을 명할 수 있다. (2) 보호관찰의 기간은 집행 유예한 기간으로 한다. (3) 사회봉사명령 또는 수강명령은 집행유예기간 내에 집행한다.	(1) 가석방된 자는 가석방 기간 중 보호관찰을 받는다. 다만, 가석방을 허가한 행정관청이 필요가 없다고 인정한 때에는 그러하지 아니한다.

제6절 형의 집행(執行)

Ⅰ. 총설

형의 집행이란 확정된 선고형을 현실적으로 실현하는 과정을 말한다. 그 내용은 형의 종류에 따라 다르며, 형법은 제66조 이하에서 형의 집행에 관한 기본적 방법만을 제시하고, 세부적 절차는 **형사소송법과 행형법**에 규정되어 있다. 형사소송법 제460조 제1항에 의하면 형 집행의 신속성과 기동성을 기하도록 재판을 행한 법원에 대응한 검사가 이를 지휘하고, 형의 집행에 종사하는 자는 교도관과 집달관이 있다.

형의 집행에는 사형(교수형과 총살형)과 자유형(징역·구금 및 구류) 및 재산형(벌금과 과료) 그리고 명예형(자격상실·자격정지)이 있다.

Ⅱ. 관련 법조문

형의 집행에 관한 법조항으로 사형(형법 제66조, 행형법 제57조, 군형법 제3조), 징역(제67조), 금고와 구류(제68조), 벌금과 과료(제69조), 노역장 유치(제70조), 유치일수와 공제(제71조)로 구성되어 있다.

> **제66조**
> **사형**
>
> 사형은 형무소 내에서 교수하여 집행한다.

■ 해설

[의의] **사형**(死刑)이란 교도소 내에서 교수(絞首)하여 집행하는 것을 말한다.

<table>
<tr><td colspan="4" align="center">사 형 제 도</td></tr>
<tr><td align="center">종류</td><td colspan="3" align="center">내 용</td></tr>
<tr>
<td rowspan="14" align="center">교수형</td>
<td colspan="2" align="center">집행방법 · 관련법</td>
<td>교도소 내에서 교수하여 집행한다.
[형법 제66조, 행형법 제57조]</td>
</tr>
<tr>
<td colspan="2" align="center">집행시기 · 관련법</td>
<td>법무부 장관의 집행명령일로부터 5일 이내
[형소법 제466조]</td>
</tr>
<tr>
<td colspan="2" align="center">사형집행명령 · 관련법</td>
<td>판결확정 후 6개월 이내에 할 것
[형소법 제465조 제1항]</td>
</tr>
<tr>
<td rowspan="3" align="center">사형
특례 · 관련법</td>
<td align="center">소년범</td>
<td>소년범의 경우에 죄를 범할 당시 18세 미만의 자는 사형에 처하지 않고 15년의 유기징역으로 한다.
[소년법 제59조]</td>
</tr>
<tr>
<td align="center">사형 선고된 자</td>
<td>사형선고를 받은 자는 그 집행 시까지 교도소에 구치하며, 국가경축일 · 일요일 기타 공휴일에는 사형을 집행하지 아니한다.
[행형법 제57조 제2항]</td>
</tr>
<tr>
<td align="center">사형 일시
중지자</td>
<td>사형이 선고된 자가 심신장애로 인하여 의사능력이 없는 상태이거나, 잉태 중에 있는 여자인 때는 법무부 장관의 명령으로 집행을 정지하고, 심신장애의 회복 또는 출산 후에 형을 집행한다.
[형소법 제469조]</td>
</tr>
<tr>
<td align="center">총살형</td>
<td colspan="2" align="center">집행방법 · 관련법</td>
<td>소속 군 참모 총장 또는 군법회의 관할권이 지정한 장소에서 집행한다.
[군형법 제3조]</td>
</tr>
</table>

■ 사형 범죄의 범위

(1) **절대적 법정형** 내란죄 내에 들어 있는 여적죄(제93조)는 법정형으로 사형만 규정하고 있다.

(2) **상대적 법정형** 법관의 재량에 의해 사형과 자유형을 선택적으로 과할 수 있다. 내란죄(제87조 내지 제88조), 외환죄(제92조 내지 제98조), 폭발물사용죄(제119조), 현주건조물방화치사죄(제164조 제2항), 살인죄(제250조), 강도살인죄(제338조) 및 해상강도살인 · 치사 · 강간죄(제340조 제3항)

(3) **사형 범죄에서 제외** 현주건조물일수치사상죄(제177조), 교통방해치사상죄(제188조), 음용수혼독치사상죄(제194조)는 개정형법에서 사형규정을 폐지했다.

(1) 사형의 개선방안의 하나로 중국의 사형집행유예제도를 도입하여 유예기간
이 경과한 후에는 무기형으로의 전환이 가능하게 하자는 주장이 있다.269)

(2) 사형집행유예제도의 도입은 사형언도를 어렵지 않게 생각할 우려가 있고,
사형폐지를 보류시키는 역할을 할 뿐이라는 점에서 이 제도보다 사면제
도의 활용이 합리적이라고 생각된다.270)

(3) 현재 사형을 법정형으로 규정한 범죄가 지나치게 확대되어 있으므로 사형
범죄의 축소를 위해서 재산범죄나 과실범 내지 결과적 가중범에 대한 사
형은 폐지되어야 한다.271)

(4) 사상범 내지 정치범에 대한 사형도 정치적 반대자를 제거하기 위한 수단
으로 남용되는 수가 있기 때문에 폐지되어야 한다.272)

(5) 사형의 적용을 신중히 하기 위하여 최소한 상고법원의 구성법관의 전원일
치(스위스군형법 제146조)에 의한 판결로 할 필요가 있다.273)

(6) 사형집행방법을 문명국가에서는 독가스살, 전기살, 약물주사가 보편화되
고, 미국의 몇 개 주는 이 중에서 수형자가 선택한다는 점에서 교수형을
다른 방법으로 바꿀 필요가 있다.274)

(7) 사형과 질적으로 같은 기능을 한다고 생각되는 종신구금제, 즉 무기형을
채택할 필요가 있다.275)

---

269) 이수성, "사형폐지론소고", 서울대, 법학, 2호, 1975, 76.

270) 이수성, "사형제도론(상)", 고시연구, 1983. 12. 42면 이하; 진계호, 총론, 606면.

271) 이재상, 총론, 564면; 김영옥, "사형제도에 관한 연구", 210면; 진계호, 총론, 606면.

272) 차용석, "흉악범과 극형", 신동아, 1987. 7. 127면; 이재상, 총론, 564면.

273) 이재상, 총론, 563면; 박승서, "형법중, 형벌규정의 개정방향", 대한변협지, 1982. 4. 18면.

274) 진계호, 총론, 606면.

275) 이수성, "사형폐지론소고", 76면.

판례

[판례 1] 대법원은 군형법 제53조의 사형규정이 위헌이라는 상고에 대하여 "현재 우리나라 실정과 국민의 도덕적 감정 등을 고려하여 국가의 형사상 정책으로써 질서유지와 공공복리를 위하여 형법·군형법 등에 사형이라는 처벌의 종류를 규정하였다 하여도 이것을 헌법에 위반된 조문이라 할 수 없다.[276]"고 판시한 이래 그 후에도 종래의 태도를 재확인하고 있다.[277]

[판례 2] 헌법재판소 전원재판부가 1992년 4월 28일 특정범죄가중처벌법 제5조 3(도주차량운전자의 가중처벌) 제2호 제1호에 대한 헌법소원사건에서 "과실로 사람을 치상케 한 자가 구호행위를 하지 아니하고 도주하거나 고의로 유기함으로써 치사의 결과에 이르게 한 경우에 살인죄와 비교하여 그 법정형을 더 무겁게 한 것은 형벌체계의 정당성과 균형을 상실한 것으로서 헌법 제10조의 인간으로서의 존엄과 가치를 보장한 국가의 의무와 헌법 제11조의 평등의 원칙 및 헌

---

276) 대판 1963. 2. 28. 62도241.

277) 대판 1983. 3. 8. 82도3248; 대판 1985. 6. 11. 82도3248; 대판 1991. 2. 26. 90도2906; 대판 1994. 12. 19. 결정 94초123; 대판 1995. 1. 13. 94도2662; 대판 1996. 11. 28. 95헌바1.

법 제37조 제2항의 과잉입법금지의 원칙에 반한다."278)는 위헌결정을 내림으로써 형벌법규의 법정형도 비례성과 균형을 상실한 경우 위헌이 될 수 있음을 명백히 했다.

제67조
징역

징역은 형무소 내에 구치하여 정역에 복무하게 한다.

해설

[의의] **징역**(懲役)이란 수형자(행형법 제1조)를 교도소 내에 구치하여 정역(定役: 일정한 勞役이나 賦役)에 복무하게 하는 것을 내용으로 하는 형벌이다.

『**정역에 복무**』 징역형을 선고받은 재소자에게 주어지는 일정한 작업으로, 수형자의 연령, 형기, 건강, 기술, 성격, 취미, 직업, 장래의 생계 등의 사정을 고려하여 부과한다.

징역의 종류

(1) **유기징역** 1개월 이상 30년 이하로, 형을 가중할 때는 50년까지 가능하고, 형을 감경할 때는 처벌기간의 1/2까지 가능하다. 그리고 자격정지가 병과될 수 있다.
(2) **무기징역** 무기는 기간이 없으므로 종신형과 유사하고, 20년이 경과한 후에 모범수로 인정되면 가석방이 되어 나올 수 있으며, 대통령의 사면 및 복권 조치로 나올 수도 있다. 그리고 자격상실이 병과될 수 있다.

---

278) 헌재결 1992. 4. 28. 90헌바24.

자유형 제도		
종류		내 용
징역	집행방법 · 관련법	교도소 내에 구치하여 집행한다. 정역에 복무케 한다.
		[형법 제67조]
	집행정지특례 · 관련법	수형자가 심신상실 상태에 있을 때에는 회복 시까지 형의 집행 정지 가능
		[형소법 제470조 제1항]
		수형자가 현저히 건강이나 생명을 해할 염려, 70세 이상의 고령, 잉태 후 6개월 이상 등 일정한 사유가 있을 때에는 형의 집행 정지 가능
		[형소법 제471조]

학설

(1) 무기형은 수형자에게서 재사회화의 의지를 빼앗고 사회복귀의 희망을 차단하는 비인도적 제도이므로 유기 자유형화에로의 개선이 요청된다.[279]

(2) 무기형은 20년이 경과한 후에는 가석방이 가능하므로(제72조 제1항) 자유형의 사회복귀적 기능이 유지되고 있다고 할 수 있다.[280]

제68조
금고와 구류

금고와 구류는 형무소에 구치한다.

해설

[의의] **금고와 구류** 금고(禁錮)란 수형자를 교도소 내에 구치하여 자유를 박탈하는 것을 내용으로 하는 형벌이며, 정역에 복무치 않는 점에서 징역과 다르다. 구류(拘留)란 수형자를 교도소 내에 구치하여 자유를 박탈

---

279) 김일수, 원론, 1159면.
280) 이재상, 총론, 565면.

하는 것을 내용으로 하는 형벌로 본질적으로 징역 및 금고와 같으나, 그 기간이 1일 이상 30일 미만이라는 점에서 다르다.

자유형 제도		
금고 구류	집행방법 관련법	교도소 내에 구치하여 집행한다. 징역에 복무하지 않는다. 단, 금고수형자나 구류처분자도 신청에 의해 작업을 과할 수 있다.
		[형법 제68조] [행형법 제38조]
	집행정지특례·관련법	수형자가 심신상실 상태에 있을 때에는 회복 시까지 형의 집행 정지 가능
		[형소법 제470조 제1항]
		수형자가 현저히 건강이나 생명을 해할 염려, 70세 이상의 고령, 잉태 후 6개월 이상 등 일정한 사유가 있을 때에는 형의 집행 정지 가능
		[형소법 제471조]

금고와 구류의 차이점		
	금고	구류
형기	유기금고: 1개월 이상 30년 이하이나 50년까지 가중 가능 무기금고: 기간이 없어 종신형과 유사	1일 이상 30일 미만
형벌대상	과실범이나 정치범	형법전에는 예외적인 때만 적용(제266조의 과실치사상죄)하고, 주로 경범죄처벌법이나 단행법규에 규정됨
정역복무	원칙은 정역에 복무치 않으나, 예외로 교도소장은 수형자의 신청에 따라 정역을 과할 수 있다(형의집행및수용자의처우에관한법률 제67조).	교도소장은 수형자의 신청에 따라 정역을 과할 수 있다(형의집행및수용자의처우에관한법률 제67조).

구류와 미결구금과의 차이점		
	구류	미결구금	노역장 유치
성격	형의 집행(형법전의 예외 적용. 경범죄처벌법, 단행법규)	형 집행의 일부로 인정(형사소송법상 재판확정 전에 피의자가 도망하거나 증거인멸의 가능성을 막는 데 활용)	수형자가 벌금 또는 과료를 납부하지 않을 때에 환형처분으로 과하는 조치(형법 제69조·제70조·제71조)
구금일수산입	(1) 판결 선고 전 구금일수는 그 전부 또는 일부를 유기징역·유기금고·벌금이나 과료에 관한 유치 또는 구류에 산입한다(제57조 제1항). (2) 구금일수 1일은 징역·금고·벌금이나 과료에 관한 유치 또는 구류의 기간의 1일로 계산한다(제57조 제2항).		

학설

(1) **징역과 금고의 단일화**는 물론, 자유형이라는 명칭으로 구류를 포함한 자

유형의 완전단일화가 바람직하며, 이 경우에는 구류를 폐지함이 타당하다
고 생각된다.281)

(2) **단기자유형**(1949년 국제형법형무회의에서는 3개월 이하, 1959년 UN범죄방지회의에
서는 6개월 이하, 미국에서는 1년 이하로 보는 경향이나 통설은 6개월 이하의 자유형)
은 그 폐지가 요망되며, 단기자유형의 대체방안으로 벌금형에의 환형, 선
고유예, 집행유예, 기소유예, 무구금 강제노동 또는 선행보증 등을 적극적
으로 활용할 필요가 있다고 생각된다.282)

제69조
벌금과 과료

① 벌금과 과료는 판결확정일로부터 30일 내에 납입하여야 한다. 단, 벌금을 선고할 때에는 동시에 그 금액을 완납할 때까지 노역장에 유치할 것을 명할 수 있다.
② 벌금을 납입하지 아니한 자는 1일 이상 3년 이하, 과료를 납입하지 아니한 자는 1일 이상 30일 미만의 기간 노역장에 유치하여 작업에 복무하게 한다.

해설

[**의의**] **벌금과 과료** 벌금(罰金)이란 범인에게 일정금액(5만 원 이상으로 한다. 다
만 감경하는 경우에는 5만 원 미만으로 할 수 있다.)의 지불을 강제로 부담시
키는 것을 내용으로 하는 형벌이다. 과료(科料)란 범죄인에게 일정한
금액(2천 원 이상 5만 원 미만으로 한다.)의 지급을 강제적으로 부담시키는
형벌이다.

①항: 『벌금을 선고할 때에는 동시에 그 금액을 완납할 때까지 노역장에 유치
할 것을 명할 수 있다.』 수형자가 벌금 또는 과료를 납부하지 않을 때에

---

281) 진계호, 총론, 609면(독일형법 제38조 제2항은 "자유형은 1개월 이상 15년 이하로 한다."고 규정하여 구류
를 폐지하였음에 반하여, 오스트리아형법 제18조 제2항은 "유기자유형은 1일 이상 20년 이하로 한다."고 하
여 이를 자유형에 포함시키고 있다.).
282) 김경희, "단기자유형에 관한 연구", 검찰 1집, 1974, 149면 이하.

환형처분으로 노역장에 유치한다는 뜻이다(형법 제69조·제70조·제71조).

②항: 『벌금을 납입하지 아니한 자와 과료를 납입하지 아니한 자』 수형자가
벌금 또는 과료를 납부하지 않을 때에 환형처분으로 노역장에 유치한
다는 조치로, 벌금의 경우는 1일 이상 3년 이하로, 과료의 경우는 1일
이상 30일 미만의 기간 동안 노역장에서 정역을 과하게 된다는 뜻이다.

벌금과 과료의 차이점		
	벌금	**과료**
납입기간	판결확정일로부터 30일 내에 납일할 것	
환형처분	벌금 또는 과료를 선고할 때 납입하지 아니하였다면 유치기간을 정하여 동시에 선고하여야 한다(제70조).	
환형처분기간	1일 이상 3년 이하의 기간 동안 노역장에서 작업 복무	1일 이상 30일 미만의 기간 동안 노역장에서 작업 복무
일수공제	벌금 또는 과료의 선고를 받은 자가 그 일부를 납입한 때에 벌금 또는 과료액과 유치기간의 일수에 비례하여 납입금액에 상당한 일수를 제한다(제71조).	
집행방법	재산형의 집행방법에 관한 기타 상세한 내용은 형사소송법에 규정되어 있다(형소법 제477조 이하).	
형법규정	① 변사체검시방해죄(제163조)는 과료에 처해졌으나 삭제되고 벌금형으로 개징되었다. ② 종래는 자유형에 그쳤던 것을 개정형법으로 벌금형과 선택적으로 된 조항으로는, 명예훼손죄(제307조 제2항), 직권남용죄(제123조), 공무집행방해죄(제136조), 위계에의한공무집행방해죄(제137조), 무고죄(제156조), 위조통화취득죄(제208조), 허위유가증권작성등죄(제216조), 위조인지·우표등취득죄(제218조), 허위공문서작성등죄(제227조), 사문서등의위조·변조죄(제231조), 자격모용에의한사문서작성죄(제232조), 존속상해죄(제257조 제2항), 존속폭행죄(제260조 제2항), 단순유기죄(제271조 제1항), 존속유기죄(제271조 제2항), 존속학대죄(제273조 제2항), 단순체포·감금죄(제276조 제1항), 존속체포·감금죄(제276조 제2항), 허위명예훼손죄(제307조 제2항), 출판물등에의한명예훼손죄(제309조 제2항) 등이 있다. ③ 벌금형은 형법규정 대부분에 규정되어 있다.	① **개인적 법익** 단순폭행죄(제260조 제1항), 과실치상죄(제266조), 단순협박죄(제283조 제1항), 점유이탈물횡령죄(제360조), 자동차등부정사용죄(제331조의 2), 편의시설부정이용죄(제348조의 2) ② **사회적 법익** 공연음란죄(제245조), 도박죄(제246조)

■ 판례

[**판례 1**] 징역형과 벌금형이 병과하는 경우에 벌금형의 환산유치기간이 그
병과된 징역형의 기간보다 장기간이 될 수 있는가 하는 문제가 있
지만, 제69조 제2항의 해석상 벌금형의 환산유치기간이 3년을 넘지

않으면 가능하다고 본다.283)

[판례 2] 수표금액란이 백지인 채로 수표가 위조된 후 그 수표금액이 아직 보충되지 아니한 경우에는 벌금액수의 상한을 정하는 기준이 되는 수표금액이 정해져 있지 아니하여 병과할 벌금액의 상한을 정할 수 없으므로 결국 벌금형을 병과할 수 없다.284)

[판례 3] 법원이 노역장 유치기간을 정함에 있어서 형법 제69조 제2항의 제한을 받는 이외에는 아무런 제한을 받을 이유가 없으므로 피고인에게 벌금 1,100만 원을 선고하면서 이를 납입하지 않는 경우에 10만 원을 1일로 환산한 기간을 노역장에 유치한다는 선언을 하였다 하여 재량권을 남용했다고 할 수 없다.285)

[판례 4] 벌금 범인이 사망했을 경우에는 그 상속인에 대하여 그 집행을 할 수 있다.286)

제70조
노역장 유치

벌금 또는 과료를 선고할 때에는 납입하지 아니하는 경우의 유치기간을 정하여 동시에 선고하여야 한다.

해설

[의의] 노역장 유치(勞役場 留置)란 법원이 피고인에 대하여 벌금 또는 과료에 대한 확정 판결을 하면 30일 이내에 그 금액을 납입해야 한다. 그러나 30일 이내에 납입하지 않는다면 노역장에 유치하겠다는 뜻으로 유치기간(벌금은 1일 이상 3년 이하의 기간, 과료는 1일 이상 30일 미만의 기간)을

---

283) 대판 1971. 3. 30. 71도251; 대판 1977. 7. 26. 76도2314.
284) 대판 2005. 9. 28. 2005도3947.
285) 대판 1970. 11. 24. 70도1813.
286) 日大審, 1912. 3. 14.

정하여 벌금 또는 과료를 선언하면서 동시에 유치기간도 선고하는 경우를 말한다.

[사례] 법원이 노역장 유치기간을 정함에 있어서 형법 제69조 제2항의 제한을 받는 이외에는 아무런 제한을 받을 이유가 없으므로 피고인에게 벌금 1,100만 원을 선고하면서 이를 납입하지 않는 경우에 10만 원을 1일로 환산한 기간을 노역장에 유치한다는 선언을 하였다.

> 0 노역장 유치 기간: 10만 원을 1일로 환산했을 경우
> 1,100만 원÷10만 원＝110일의 노역장 유치기간이 된다.

제71조
유치일수의 공제

벌금 또는 과료의 선고를 받은 자가 그 일부를 납입한 때에는 벌금 또는 과료액과 유치기간의 일수에 비례하여 납입금액에 상당한 일수를 제한다.

해설

[의의] **유치일수의 공제**(留置日數 控除)란 법원이 피고인에게 벌금 또는 과료를 선고한 것에 대한 피고인이 그 일부를 납입할 때에는 벌금 또는 과료액과 유치기간의 일수에 비례하여 납입금액에 상당한 일수를 공제한다는 것을 말한다.

[사례] 법원이 노역장 유치기간을 정함에 있어서 형법 제69조 제2항의 제한을 받는 이외에는 아무런 제한을 받을 이유가 없으므로 피고인에게 벌금 1,100만 원을 선고하면서 이를 납입하지 않는 경우에 10만 원을 1일로 환산한 기간을 노역장에 유치한다는 선언을 하였다. 이 판결에 대해 피고인이 30일 이내에 500만 원을 납입하고 600만 원을 미납하였다.

0 노역장 유치 기간: 10만 원을 1일로 환산했을 경우
미납액 600만 원÷10만 원＝60일의 노역장 유치기간이 된다.

제7절 가석방(假釋放)

Ⅰ. 총설

가석방이란 자유형의 집행을 받고 있는 자가 수형생활을 통하여 개전의 정이 현저하다고 인정되는 때에 형기만료 전에 조건부로 수형자를 석방하고 그것이 취소 또는 실효됨이 없이 일정한 기간을 경과한 때에는 형의 집행을 종료한 것으로 간주하는 제도를 말한다.

가석방을 두는 취지는 불필요한 형 집행기간을 단축함에 의하여 수형자의 사회복귀를 앞당기는 동시에 형 집행에 있어서 수형자의 사회복귀를 위한 자발적이고 적극적인 노력을 촉진하는 데 있다.

가석방의 법적 성격은 실질적으로 형의 집행유예와 형사정책적 목적을 같이 하면서도 행정처분에 의하여 수형자를 석방한다고 하는 점에서 그 특색이 있다.

가석방은 1791년 영국 식민지인 호주에서 노포크(Norfolk) 섬에 유형 중인 죄수들이 잔형 기간 동안 본국으로 돌아가지 않고 섬 안에 있을 것을 조건으로 가석방의 허가장을 발행해 석방했던 관행에서 유래한 이래 영미에서 도입되었고, 1862년 독일의 작센(Sachsen)에서 채택한 이래 유럽으로 전파되어 현재 대부분의 국가가 채택하고 있다. 우리 개정형법(1995년)에서 가석방된 자는 원칙적으로 가석방기간 중에 보호관찰을 받도록 했다.

Ⅱ. 관련 법조문

가석방에 관한 법조항으로는 가석방의 요건(제72조), 판결 선고 전 구금과 가

석방(제73조), 가석방의 기간 및 보호관찰(제73조의 2), 가석방의 실효(제74조), 가석
방의 취소(제75조), 가석방의 효과(제76)로 구성되어 있다.

■ 해설

[의의] **가석방의 요건**(假釋放 要件)이란 아래의 요건이 구비된 때에 가석방의
　　　적격 여부를 심사하기 위하여 법무부장관 소속으로 가석방심사위원회
　　　의 가석방허가신청이 적격하다고 사료되면 법무부장관이 가석방을 허
　　　가할 수 있는 것을 말한다(형의집행및수용자의처우에관한법률 제119조 내지
　　　제122조).
　　　가석방의 요건으로는 **첫째**, 징역 또는 금고의 집행 중에 있는 자가 무
　　　기에 있어서는 20년, 유기에 있어서는 형기의 3분의 1을 경과한 후
　　　일 것. **둘째**, 행상이 양호하여 개전의 정이 현저할 것. **셋째**, 벌금 또
　　　는 과료의 병과가 있는 때 그 금액을 완납할 것을 말한다.

①항: 『**징역 또는 금고의 집행 중에 있는 자가 무기에 있어서는 20년, 유기
　　　에 있어서는 형기의 3분의 1을 경과한 후일 것**』 가석방은 **징역** 또는
　　　금고의 집행 중에 있는 **자만 인정**된다. 따라서 자유형 이외의 형벌에
　　　는 가석방을 인정할 수 없다. 그리고 무기는 20년, 유기는 형기(선고형)
　　　의 3분의 1을 경과해야 한다(소년범의 경우에는 무기형은 5년, 15년 유기형은
　　　3년, 부정기형은 단기의 3분의 1. 소년법 제65조). 다만 사면(赦免) 등에 의하
　　　여 감형된 때는 감형된 형을 그 기준으로 한다. 이 경우 형기에 산입

된 미결구금일수는 집행된 기간에 산입된다(제73조 제1항). 그러나 사형이 무기징역으로 특별 감형된 경우 사형 집행 대기기간을 처음부터 무기징역을 받은 경우와 동일하게 형의 집행기간에 다시 산입할 수는 없다는 대결[287]의 입장이다.

『행상이 양호하여 개전의 정이 현저할 것』이 요건은 수형자에 대하여 남은 형을 집행하지 않아도 **재범의 위험성**이 없다는 예측이 가능한 정도의 참작할 정상이 있어야 한다는 뜻이다. 따라서 가석방의 여부는 행상의 양호와 개전의 정이 현저 한가를 기준으로 결정해야 한다는 것이다.

『벌금 또는 과료의 병과가 있는 때 그 금액을 완납할 것』 자유형에 벌금 또는 과료가 병과된 경우 가석방되더라도 벌금 또는 과료를 미납하면 노역장에 유치되어 다시 구금된다는 뜻이다. 다만 벌금 또는 과료에 관한 유치기간에 산입된 판결 선고 전 구금일수는 그에 해당하는 금액이 납입된 것으로 간주한다(제73조 제2항).

②항:『전항의 경우에 벌금 또는 과료의 병과가 있는 때에는 그 금액을 완납하여야 한다.』 가석방은 벌금 또는 과료의 병과가 있는 때에는 그 금액을 완납할 때 인정된다는 뜻이다.

■ 학설

1. 가석방 법적 성격

가석방의 법적 성격은 수형자의 사회복귀를 위하여 형 집행의 일부를 포기한다고 하는 점에서 형 집행 작용에 불과한 것으로 보아야 한다.[288]

---

287) 대결 1991. 3. 4, 90모59.

288) 김일수 · 서보학, 총론, 790면; 이재상, 총론, 602면; 임웅, 총론, 570면; 정성근 · 박광민, 총론, 687면; 안동준, 총론, 362면; 진계호(2인 공저), 총론, 760면.

2. 벌금을 납부하지 않아 노역장유치가 된 경우에 가석방의 인정 여부

(1) **가석방 부정설** 벌금형에는 가석방을 인정할 수 없다는 견해[289]
(2) **가석방 인정설** 노역장유치가 대체자유형에 지나지 않고 자유형을 선고받은 자에 비하여 벌금을 선고받은 자를 불이익하게 처우할 이유가 없다는 견해[290]

3. 수 개의 자유형이 독립하여 선고되어 있는 경우에 형기의 3분의 1을 경과하였는가를 판단함에 있어서 각개의 형을 분리할 것인가 종합할 것인가의 여부

현저한 개전의 정이 있는 경우에 가급적 수형자의 사회복귀를 앞당김으로써 수형자로 하여금 자유 속에서 선행을 할 기회를 준다는 가석방의 형사정책적 효과를 거두기 위해서는 수 개의 형을 종합하여 가석방의 요건을 판단함이 타당하다.[291]

제73조
판결 선고 전 구금과 가석방

① 형기에 산입된 판결 선고 전 구금의 일수는 가석방에 있어서 집행을 경과한 기간에 산입한다.
② 벌금 또는 과료에 관한 유치기간에 산입된 판결 선고 전 구금일수는 전조 제2항의 경우에 있어서 그에 해당하는 금액이 납입된 것으로 간주한다.

■ 해설

[의의] **판결 선고 전 구금과 가석방**(미결구금)(判決宣告前 拘禁)이란 형의 집행이

---

289) 정영일, 총론, 435면; Hom, *SK*, § 57, Rdn. 3.
290) 김일수 · 서보학, 총론, 791면; 이재상, 총론, 603면; 배종대, 총론, 729면; 정성근 · 박광민, 총론, 688면; 손동권, 총칙론, 571면; 오영근, 총론, 897면; 임웅, 총론, 571면; 박상기, 총론, 549면; 진계호(2인 공저), 총론, 761면.
291) 김일수 · 서보학, 총론, 791면; 임웅, 총론, 571면; 정성근 · 박광민, 총론, 688면; 이재상, 총론, 604면; 배종대, 총론, 729면; 손동권, 총칙론, 571면; 진계호(2인 공저), 총론, 762면.

아니고 **소송법상** 인정된 구금이지만, 범인의 자유를 박탈한다는 점에서 자유형과 같기 때문에 형평을 기한다는 관점에서 형 집행의 일부로 인정하고 있는 것을 말한다. 따라서 형법은 판결 선고 전 구금일수는 그 전부 또는 일부를 유기징역·유기금고·벌금이나 과료에 관한 유치 또는 구류에 산입한다(제57조 제1항). 이 경우에 구금일수의 1일은 징역, 금고, 벌금이나 과료에 관한 유치 또는 구류의 기간의 1일로 계산한다(제57조 제2항).

①항: 『**형기에 산입된 판결 선고 전 구금의 일수는 가석방에 있어서 집행을 경과한 기간에 산입한다.**』 예컨대 피고인 갑이 법원으로부터 2년의 징역을 선고받았다. 다만 피고인 갑이 선고받기 전 6개월 동안 구금되었다. 이 경우 선고된 2년의 형기에는 6개월이 산입되어 있다고 볼 수 있다. 따라서 수용인 갑은 교도소 내에서 1년 6개월 동안 수용생활만 하면 된다. 만약 수용인 갑이 교도소에서 4개월 동안 수용생활을 하였다면 형기의 3분의 1(2년의 3분의 1은 8개월)이 경과(미결구금 6개월＋수용생활 4개월＝10개월의 형기 경과)하였으므로 **행정처분**으로 가석방을 할 수 있다는 뜻이다.

②항: 『**벌금 또는 과료에 관한 유치기간에 산입된 판결 선고 전 구금일수는 전조 제2항의 경우에 있어서 그에 해당하는 금액이 납입된 것으로 간주한다.**』 전조 제2항이란 가석방을 받기 위해서는 벌금 또는 과료의 병과가 있는 때에는 그 금액을 완납할 때 인정된다는 뜻인데, 벌금 또는 과료에 관한 유치기간에 산입된 판결 선고 전 구금일수는 벌금 또는 과료액을 납부하지 못해서 유치되었기 때문에 유치되었던 ㄱ 자체가 그 금액을 완납한 것으로 본다(간주)는 뜻이다.

 ▨ 학설

구금일수를 전혀 산입하지 아니함은 판결 선고 전 구금일수의 통산(제57조)에 반한다고 해야 한다. 입법취지에 비추어 볼 때에는 피고인 측에 귀책할 사유가

없는 한 전부를 통산함이 타당하다고 해야 한다.[292]

■ 판례

[판례 1] 판결 선고 전 구금일수의 산입규정(제57조 제2항)은 재판을 받을 권리 보장에 저촉되지 않는다.[293] 이 경우에 구금일수의 1일은 징역, 금고, 벌금이나 과료에 관한 유치 또는 구류의 기간의 1일로 계산한다(제57조 제2항).

[판례 2] 미결통산일수를 얼마로 정할 것인가는 판결선고법원의 자유재량에 속한다.[294]

[판례 3] 미결구금일수 중 통산일수가 적은 것이 적법한 불복사유로 되지 아니한다.[295]

[판례 4] 피고인의 귀책사유에 의한 구금일수의 연장인가의 여부에 관계없이 그 전부 또는 일부를 선고형에 산입할 수 있다.[296]

[판례 5] 구금일수를 전혀 산입하지 아니함은 판결 선고 전 구금일수의 통산(제57조)에 반한다고 해야 한다.[297]

[판례 6] 미결구금일수의 산입은 형이 확정된 연후에 제기되는 문제이다. 따라서 아직 본안이 확정되지 아니하고 상소 중인 때에는 미결구금기간의 산입을 주장할 수 없다.[298]

[판례 7] 형법 제57조에 의하여 판결 선고 전 구금일수가 통산되는 경우에는 그에 해당하는 부분의 형 집행이 종료된 것과 같은 효력이 발생한다.[299]

---

292) 이형국, 총론, 474면; 정성근, 총론, 673면.
293) 대판 1969. 4. 4. 67도304.
294) 대판 1966. 7. 19. 66도777; 대판 1971. 4. 28. 71도374; 대판 1983. 7. 26. 83도1470; 대판 1986. 10. 28. 86도1669.
295) 대판 1969. 7. 22. 69도817.
296) 대판 1969. 9. 23. 69도1212.
297) 대판 1963. 2. 14. 63도3.
298) 대판 1961. 6. 30. 4294형항30.
299) 대판 1959. 7. 31. 4290형상432.

제73조의 2
가석방의 기간 및 보호관찰

① 가석방의 기간은 무기형에 있어서는 20년으로 하고, 유기형에 있어서는 남은 형기로 하되, 그 기간은 10년을 초과할 수 없다.
② 가석방된 자는 가석방기간 중 보호관찰을 받는다. 다만, 가석방을 허가한 행정관청이 필요가 없다고 인정한 때에는 그러하지 아니하다. [본조신설 1995. 12. 29.]

해설

[의의] **가석방의 기간 및 보호관찰**(假釋放의 期間 및 保護觀察)이란 가석방의 기간은 무기형에 있어서는 20년으로 하고, 유기형에 있어서는 남은 형기로 하되, 그 기간은 10년을 초과할 수 없다. 가석방된 자는 가석방기간 중 보호관찰을 받는다. 다만, 가석방을 허가한 행정관청이 필요가 없다고 인정한 때에는 그러하지 아니하다.

①항: 『**유기형에 있어서는 남은 형기로 하되, 그 기간은 10년을 초과할 수 없다.**』 유기형의 가석방 기간이 무기형의 기간보다 길어지지 않도록 한다는 뜻이다. 예컨대 피고인 갑이 가중처벌을 받아 징역 20년을 선고받고 교도소에서 8년(형기 3분의 1을 초과했음) 동안 복역 중이었다. 그런데 가석방처분을 받았다. 이 경우에 갑의 남은 형기는 12년이 된다. 따라서 갑의 가석방기간은 남은 형기인 12년이 되어야 한다. 그러나 10년을 초과할 수 없으므로 10년이 가석방의 기간이 된다.

②항: 『**가석방된 자는 가석방기간 중 보호관찰을 받는다.**』 가석방된 자는 필요적 보호관찰을 받아야 한다. 보호관찰을 임의적으로 규정한 선고유예나 집행유예와 다르다. 그러나 가석방의 허가관청이 필요 없다고 인정한 때는 재량으로 보호관찰을 하지 않을 수 있다. 왜냐하면 범죄의 성질이나 수형자의 성격 등을 고려하여 불필요한 보호관찰을 강요할 필요가 없기 때문이다.

가석방 중 금고 이상의 형의 선고를 받아 그 판결이 확정된 때에는 가석방처분은 효력을 잃는다. 단, 과실로 인한 죄로 형의 선고를 받았을 때에는 예외로 한다.

해설

[의의] **가석방의 실효**(假釋放의 失效)란 일정한 사유가 있는 경우 "별도의 조치 없이 가석방의 효력이 상실"되는 것을 말한다. 여기서 일정한 사유는 '가석방 중 금고 이상의 형의 선고를 받아 그 판결이 확정된 때'를 말한다. 다만 과실(過失)로 인한 죄로 형의 선고를 받았을 때에는 가석방이 실효되지 않는다.

『**금고 이상의 형**』 과실범이 아닌 고의범으로 금고(유기, 무기), 징역(유기, 무기), 사형을 말한다.

『**가석방처분**』

    (1) **가석방심사위원회** 형법 제72조에 따른 가석방의 적격 여부를 심사하기 위하여 법무부장관 소속으로 가석방심사위원회를 둔다(형의집행및수용자의처우에관한법률 제119조).

    (2) **위원회 구성** 위원장을 포함한 5인 이상 9인 이하의 위원으로 하되, 위원장은 법무부차관이 되고, 위원은 판사, 검사, 변호사, 법무부 소속 공무원, 교정에 관한 학식과 경험이 풍부한 사람 중 법무부장관이 임명 또는 위촉한다(동법 제120조).

    (3) **가석방 적격심사** 소장은 형법 제72조 제1항의 기간이 지난 수형자에 대하여 법무부부령으로 정하는 바에 따라 위원회에 가석방 적격심사를 신청하여야 한다(동법 제121조 제1항). 위원회는 수형자의 나이, 범죄동기, 죄명, 형기, 교정성적, 건강상태, 가석방 후의

생계능력, 생활환경, 재범의 위험성, 그 밖에 필요한 사정을 고려하여 가석방의 적격 여부를 결정한다(동법 제121조 제2항).

(4) **가석방 허가** 위원회는 가석방 적격결정을 하였으면 5일 이내에 법무부장관에게 가석방 허가를 신청하여야 한다(동법 제122조 제1항). 법무부장관은 위원회의 가석방 허가신청이 적정하다고 인정하면 허가할 수 있다(동법 제122조 제2항).

(5) **가석방자 준수사항의 고지 등** 소장은 가석방 허가(동법 제122조 제2항)에 따라 수형자를 가석방하는 경우에는 가석방자 교육을 하고, 준수사항을 알려 준 후 증서를 발급하여야 한다(동법 시행령 제140조).

해설

[의의] **가석방의 취소**(假釋放의 取消)란 일정한 사유가 있는 경우 가석방취소처분을 통해 가석방의 효력을 소급적으로 상실시키는 것을 말한다. 여기서 '**일정한 사유**'란 가석방의 처분을 받은 자가 감시에 관한 **규칙**을 위배하거나, 보호관찰의 **준수사항**을 위반하고 그 정도가 무거운 때를 말한다.

가석방 취소는 임의적 사항이다. 대략적으로 가석방된 자는 가석방 기간 중 선행을 하고 정상적 업무에 취업하며, 관할경찰서의 감호를 받고, 주거지를 이전하거나 10일 이상 여행할 때는 감호경찰서의 허가를 받아야 한다. 가석방된 자가 감시규정이나 보호관찰의 준수사항을 위배한 때는 법무부장관은 재량으로 가석방을 취소할 수 있다.

『감시에 관한 규칙을 위배』

(1) **가석방** 일반가석방(월 1회 실시), 특별가석방(삼일절·석탄일·광복절·성탄절 등 연 4회 실시)

(2) **가석방자 관리**(감시)**에 관한 규정**(제5조 이하)

① **가석방자의 출석의무** 가석방자는 제4조 제2항에 따른 가석방증에 적힌 기한 내에 관할경찰서에 출석하여 가석방증에 출석확인을 받아야 한다. 다만, 천재지변, 질병, 그 밖의 부득이한 사유로 기한 내에 출석할 수 없거나 출석하지 아니하였을 때에는 지체 없이 그 사유를 가장 가까운 경찰서의 장에게 신고할 것(규정 제5조)

② **가석방자의 신고의무** 가석방자는 그의 주거지에 도착하였을 때에는 지체 없이 종사할 직업 등 생활계획을 세우고 이를 관할경찰서의 장에게 서면으로 신고할 것(규정 제6조)

③ **관할경찰서 장의 조치** 가석방자가 가석방기간 중 정상적인 업무에 종사하고 비행을 저지르지 아니할 것, 가석방자의 재범방지를 위해 특히 필요하다고 인정하는 경우에는 특정 장소의 출입제한명령 등 필요한 조치에 응할 것(규정 제7조)

④ **가석방자에 대한 조사** 관할경찰서의 장은 6개월마다 가석방자의 품행, 직업의 종류, 생활 정도, 가족과의 관계, 가족의 보호 여부 및 그 밖의 참고사항에 관하여 조사서 작성에 응할 것(규정 제8조)

⑤ **국내 주거지 이전 및 여행** 가석방자가 국내에서 주거지를 이전하거나 10일 이상 여행하려는 경우에는 그 사유, 새 주거지 또는 여행 목적지, 주거지 이전 예정일 또는 여행 예정기간 등을 관할경찰서의 장에게 제출하여 허가를 받을 것(규정 제10조)

⑥ **국내 주거지 이전 등의 허가에 따른 조치** 가석방자는 국내 주거지 이전 또는 국내 여행을 허가한 경우에는 경찰서장의 지도 및 조치에 따를 것(규정 제11조)

⑦ **국외 이주 및 여행** 가석방자가 국외로 이주하거나 여행하려는 경우

에는 그 사유, 이주지 또는 여행 목적지, 이주 예정일 또는 여행 예
정기간 등을 법무부장관에게 제출하고 허가를 받을 것. 관할경찰서
의 장 및 석방시설의 장에게 참고되는 사항에 대한 조사에 응할 것
(규정 제13조)

⑧ **국외 이주 등 허가의 신고 및 통보** 가석방자는 제13조에 따라 국
외 이주 또는 여행의 허가를 받았을 때에는 그 사실을 관할경찰서
의 장에게 신고할 것(규정 제14조)

⑨ **국외 이주 등 중지의 신고** 제13조에 따라 국외 이주 또는 여행의
허가를 받은 가석방자는 국외 이주 또는 여행을 중지하였을 때에는
지체 없이 그 사실을 관할경찰서의 장에게 신고할 것(규정 제15조)

(3) **가석방 감시규정 위배** 법무부장관은 가석방 처분을 취소하였을 때에
는 가석방자의 주거지를 관할하는 지방검찰청의 장 또는 교정시설의
장이나 가석방 취소 당시 가석방 자를 수용하고 있는 교정시설의 장
에게 통보하여 남은 형을 집행하게 하여야 한다. 이 경우는 제4조 제
2항에 따라 발급한 가석방증은 효력을 잃는다.

『**보호관찰의 준수사항을 위반**』 형법 제59조의 2 참조(보호관찰등에관한법률 제32조)

제76조
가석방의 효과

① 가석방의 처분을 받은 후 그 처분이 실효 또는 취소되지 아니하고 가석방기간을 경과한 때에는 형의 집
행을 종료한 것으로 본다. 〈개정 1995. 12. 29.〉
② 전 2조의 경우에는 가석방 중의 일수는 형기에 산입하지 아니한다.

■ 해설

[의의] **가석방의 효과**(假釋放의 效果)란 가석방의 처분을 받은 후 그 처분이 실
효 또는 취소되지 아니하고 가석방기간을 경과한 때에는 형의 집행을

종료한 것으로 본다.

①항: 『**형의 집행을 종료**』 확정된 선고형을 현실적으로 실현하는 과정을 형의 집행이라 하며, 그 내용은 사형, 자유형(징역·금고 및 구류), 재산형(벌금 및 과료), 명예형(자격상실 및 자격정지)이 있다. 형법은 제66조 이하에서 형의 집행에 관한 기본적인 방법만을 제시하고, 세부적인 절차는 **형사소송법**과 **형의집행및수용자의처우에관한법률**에 규정되어 있다. 형의 집행은 재판을 행한 법원에 대응하는 검사가 지휘한다(형소법 제460조 제1항). 예컨대 형기가 8년이 남은 수형인이 가석방을 받아 가석방 기간 중 실효 또는 취소되지 않고 가석방 기간(8년)을 무사히 넘기면 형기가 종료하여 형의 집행을 종료한 것으로 본다.

②항: 『**전 2조의 경우**』 가석방이 실효 또는 취소되었을 때를 말한다. 이 경우 가석방 처분을 받은 일수는 형기에 산입하지 아니한다. 예컨대 형기가 8년이 남은 수형인이 가석방을 받아 4년간 가석방 기간 중이었는데 형법 제76조에 위반하여 가석방의 취소처분을 받았다면 가석방으로 지나간 4년간은 소급되어 처음부터 가석방이 되지 않은 것과 같이 되므로 남은 8년(가석방 처분을 받은 당시의 남은 형기)의 형기 동안 집행을 받아야 한다.

『**가석방중의 일수**』 가석방 중의 일수란 가석방된 '다음 날'부터 가석방이 '실효 또는 취소되어 구금된 전날'까지의 일수를 말한다.

■ 판례

[**판례 1**] 가석방 기간 중일 때에는 형 집행 종료라고 볼 수 없기 때문에 가석방 기간 중의 재범에 대해서는 그 가석방된 전과사실 때문에 누범가중처벌이 되지 아니한다.[300]

---

300) 대판 1976. 9. 14. 선고76도 2071.

[가석방자 관리규정]

전부개정 2008. 10. 29. 대통령령 제21094호

제1조(목적) 이 영은 가석방자에 대한 가석방 기간 중의 보호와 감독에 필요한 사항을 규정함을 목적으로 한다.

제2조(정의) 이 영에서 '가석방자'란 징역 또는 금고형의 집행 중에 있는 사람으로서 「형법」 제72조 및 「형의집행및수용자의처우에관한법률」 제122조에 따라 가석방된 사람(「보호관찰등에관한법률」에 따른 보호관찰 대상자는 제외한다.)을 말한다.

제3조(가석방자의 보호와 감독) 가석방자는 그의 주거지를 관할하는 경찰서(경찰서의 지구대를 포함한다. 이하 같다.) 장의 보호와 감독을 받는다.

제4조(가석방 사실의 통보)

① 교도소·구치소 및 그 지소(지소)(이하 '교정시설'이라 한다.)의 장은 가석방이 허가된 사람을 석방할 때에는 그 사실을 가석방될 사람의 주거지를 관할하는 지방검찰청의 장(지방검찰청 지청의 장을 포함한다. 이하 같다.)과 형을 선고한 법원에 대응하는 검찰청 검사장 및 가석방될 사람을 보호·감독할 경찰서(이하 '관할경찰서'라 한다.)의 장에게 미리 통보하여야 한다.

② 교정시설의 장은 가석방이 허가된 사람에게 가석방의 취소 및 실효사유와 가석방자로서 지켜야 할 사항 등을 알리고, 주거지에 도착할 기한 및 관할경찰서에 출석할 기한 등을 적은 가석방증을 발급하여야 한다.

제5조(가석방자의 출석의무) 가석방자는 제4조 제2항에 따른 가석방증에 적힌 기한 내에 관할경찰서에 출석하여 가석방증에 출석확인을 받아야 한다. 다만, 천재지변, 질병, 그 밖의 부득이한 사유로 기한 내에 출석할 수 없거나 출석하지 아니하였을 때에는 지체 없이 그 사유를 가장 가까운 경찰서의 장에게 신고하고 별지 제1호 서식의 확인서를 받아 관할경찰서의 장에게 제출하여야 한다.

제6조(가석방자의 신고의무)

① 가석방자는 그의 주거지에 도착하였을 때에는 지체 없이 종사할 직업 등 생활계획을 세우고 이를 관할경찰서의 장에게 서면으로 신고하여야 한다.

② 가석방자의 보호를 맡은 사람은 제1항의 신고서에 기명날인(기명날인) 또는 서명하여야 한다.

제7조(관할경찰서 장의 조치)

① 관할경찰서의 장은 가석방자가 가석방 기간 중 정상적인 업무에 종사하고 비

행(비행)을 저지르지 아니하도록 적절한 지도를 할 수 있다.

② 관할경찰서의 장은 제1항에 따른 지도 중 가석방자의 재범방지를 위해 특히 필요하다고 인정하는 경우에는 특정 장소의 출입제한명령 등 필요한 조치를 할 수 있다.

③ 관할경찰서의 장은 제2항에 따른 조치를 할 경우 그 사실을 관할 지방검찰청의 장 및 가석방자를 수용하였다가 석방한 교정시설(이하 '석방시설'이라 한다.)의 장(이하 '관계기관의 장'이라 한다.)에게 통보하여야 한다.

제8조(가석방자에 대한 조사) 관할경찰서의 장은 6개월마다 가석방자의 품행, 직업의 종류, 생활 정도, 가족과의 관계, 가족의 보호 여부 및 그 밖의 참고사항에 관하여 조사서를 작성하고 관계기관의 장에게 통보하여야 한다. 다만, 변동 사항이 없는 경우에는 그러하지 아니하다.

제9조(보호와 감독의 위임)

① 관할경찰서의 장은 석방시설 장의 의견을 들어 가석방자의 보호와 감독을 적당한 사람에게 위임할 수 있다.

② 제1항에 따라 보호와 감독을 위임받은 사람은 매월 말일 제8조에서 정한 사항을 관할경찰서의 장에게 보고하여야 한다.

제10조(국내 주거지 이전 및 여행) 가석방자가 국내에서 주거지를 이전(이전)하거나 10일 이상 여행하려는 경우에는 그 사유, 새 주거지 또는 여행 목적지, 주거지 이전 예정일 또는 여행 예정기간 등을 적은 별지 제2호 서식의 허가신청서를 관할경찰서의 장에게 제출하여 허가를 받아야 한다.

제11조(국내 주거지 이전 등의 허가에 따른 조치)

① 관할경찰서의 장은 가석방자에게 제10조에 따라 국내 주거지 이전 또는 국내 여행을 허가한 경우에는 제7조 제1항 및 제2항에 따른 지도 및 조치를 하여야 한다. 다만, 관할경찰서의 관할 구역에서 주거지를 이전하거나 여행하는 경우에는 그러하지 아니하다.

② 제1항의 경우에는 제7조 제3항을 준용한다.

제12조(국내 주거지 이전 허가의 통보) 관할경찰서의 장은 제10조에 따라 주거지 이전을 허가한 경우에는 가석방자의 새 주거지를 관할하는 지방검찰청의 장 및 경찰서의 장에게 통보하고, 관계 서류를 해당 경찰서의 장에게 송부하여야 한다.

제13조(국외 이주 및 여행)

① 가석방자가 국외로 이주하거나 여행하려는 경우에는 그 사유, 이주지 또는 여행 목적지, 이주 예정일 또는 여행 예정기간 등을 적은 별지 제3호 서식의 허

가신청서(전자문서로 된 신청서를 포함한다.)에 다음 각 호의 서류(전자문서를 포함한다.)를 첨부하여 법무부장관에게 제출하고 허가를 받아야 한다. 이 경우 법무부장관은 「전자정부법」 제21조 제1항에 따른 행정정보의 공동이용을 통하여 가석방자의 주민등록표 등본을 확인하여야 하며, 가석방자가 확인에 동의하지 아니하는 경우에는 이를 첨부하도록 하여야 한다.

1. 가석방증 사본 또는 수용증명서 1부

2. 초청장 등 사본 1부

3. 귀국서약서 1부(국외여행자만 첨부한다.)

② 법무부장관은 제1항에 따른 국외 이주 또는 여행을 허가할지를 결정하기 위하여 필요하면 관할경찰서의 장 및 석방시설의 장에게 참고가 되는 사항을 조사하게 할 수 있다. 이 경우 관할경찰서의 장 및 석방시설의 장은 조사한 사항과 그에 대한 의견을 법무부장관에게 보고하여야 한다.

③ 법무부장관은 제1항에 따른 허가를 한 경우에는 가석방자에게 별지 제4호 서식의 허가증을 발급하여야 한다.

제14조(국외 이주 등 허가의 신고 및 통보) 가석방자는 제13조에 따라 국외 이주 또는 여행의 허가를 받았을 때에는 그 사실을 관할경찰서 장에게 신고하여야 하고, 신고를 받은 관할경찰서 장은 관계기관의 장에게 통보하여야 한다.

제15조(국외 이주 등 중지의 신고) 제13조에 따라 국외 이주 또는 여행의 허가를 받은 가석방자는 국외 이주 또는 여행을 중지하였을 때에는 지체 없이 그 사실을 관할경찰서 장에게 신고하여야 한다.

제16조(국외 여행자의 귀국신고) 국외 여행을 한 가석방자는 귀국하여 주거지에 도착하였을 때에는 지체 없이 그 사실을 관할경찰서의 장에게 신고하여야 한다. 국외 이주한 가석방자가 입국하였을 때에도 또한 같다.

제17조(신고사항의 통보) 제15조 및 제16조에 따른 신고를 받은 관할경찰서의 장은 그 사실을 법무부장관에게 보고하고, 관계기관의 장에게 통보하여야 한다.

제18조(가석방의 실효 등 보고) 각 지방검찰청의 장, 경찰서의 장 및 교정시설의 장은 가석방자가 「형법」 제74조 또는 제75조에 해당하게 된 사실을 알았을 때에는 지체 없이 석방시설의 장에게 통보하여야 하며, 통보를 받은 석방시설의 장은 지체 없이 법무부장관에게 보고하여야 한다.

제19조(가석방의 취소 등)

① 법무부장관은 가석방 처분을 취소하였을 때에는 가석방자의 주거지를 관할하

는 지방검찰청의 장 또는 교정시설의 장이나 가석방 취소 당시 가석방자를
수용하고 있는 교정시설의 장에게 통보하여 남은 형을 집행하게 하여야 한다.

② 제1항의 경우 제4조 제2항에 따라 발급한 가석방증은 효력을 잃는다.

제20조(사망 통보)

① 가석방자가 사망한 경우 관할경찰서의 장은 그 사실을 관계기관의 장에게 통
보하여야 한다.

② 제1항의 통보를 받은 석방시설의 장은 그 사실을 법무부장관에게 보고하여야
한다.

제21조(준용규정) 군사법원에서 형의 선고를 받은 사람에 대한 법무부장관의 직무는 국방
부장관이 수행하고, 검사의 직무는 형을 선고한 군사법원에 대응하는 군검찰
부의 검찰관이 수행한다.

부칙 <제21094호, 2008. 10. 29.>

이 영은 2008년 12월 22일부터 시행한다.

제8절 형의 시효(時效)

I. 총설

형의 시효란 형을 선고하는 판결이 확정되었으나 그 형의 집행을 받지 않은
채로 법률이 규정한 일정한 기간을 경과하면 형의 집행이 면제되는 것을 말한다.

형의 시효는 이미 확정된 형벌의 집행권을 소멸시키는 것이고, 공소시효는 미
확정의 형벌권인 공소권을 소멸시키는 점에서 차이가 있다. 형의 시효는 형법에
서 규정하고 있고, 공소시효는 형사소송법에서 규정하고 있는데 형의 시효와 공
소시효를 합하여 형사시효라고 한다.

형의 시효를 인정하는 본질적인 근거는 시간의 경과로 인해 형의 선고와 집
행에 대한 사회적 규범의식이 감소되고, 일정기간 동안 계속된 평온한 상태를
유지·존중할 필요가 있다는 데 의의가 있다.

Ⅱ. 관련 법조문

형의 시효는 시효의 효과(제77조), 시효의 기간(제78조), 시효의 정지(제79조), 시효의 중단(제80조)으로 구성되어 있다.

제77조
시효의 효과

형의 선고를 받은 자는 시효의 완성으로 인하여 그 집행이 면제된다.

해설

[의의] **시효의 효과**(時效의 效果)란 형의 선고를 받은 자는 시효의 완성으로 인하여 그 집행이 면제된다. 집행의 면제로 인하여 형의 자체가 실효되는 것은 아니다. 집행면제에 대해서는 별도의 재판이 필요 없다.

『**시효의 완성**』 형의 선고를 받은 자가 그 집행을 받음이 없이 다음 기간을 경과함으로 인하여 완성되는데, 그 기간이란 사형은 30년, 무기징역 또는 무기금고는 20년, 10년 이상의 징역과 금고는 15년, 3년 이상의 징역이나 금고 또는 10년 이상의 자격정지는 10년, 3년 미만의 징역이나 금고 또는 5년 이상의 자격정지는 5년, 5년 미만의 자격정지, 벌금, 몰수 또는 추징은 3년, 구류 또는 과료는 1년을 경과함으로써 시효가 완성됨을 뜻한다.

<table>
<tr><td colspan="3" align="center">형의 시효와 공소시효의 완성 연도</td></tr>
<tr><td>형의 시효</td><td>이미 확정된 형벌의 집행권을 소멸시키는 것
[형법 제78조]</td><td>(1) 사형→30년
(2) 무기징역 또는 금고→20년
(3) 10년 이상 징역 또는 금고→15년
(4) 3년 이상 징역이나 금고 또는 10년 이상 자격정지→10년
(5) 3년 미만 징역이나 금고 또는 5년 이상 자격정지→5년
(6) 5년 미만 자격정지, 벌금, 몰수 또는 추징→3년
(7) 구류 또는 과료→1년</td></tr>
<tr><td>공소 시효</td><td>미확정의 형벌권인 공소권을 소멸시키는 것
[형소법 제249조]</td><td>(1) 사형→25년
(2) 무기징역 또는 무기금고→15년
(3) 장기 10년 이상 징역 또는 금고→10년
(4) 장기 10년 미만 징역 또는 금고→7년
(5) 장기 5년 미만 징역·또는 금고, 장기 10년 이상 자격정지 또는 벌금→5년
(6) 장기 5년 이상 자격정지→3년
(7) 장기 5년 미만 자격정지, 구류, 과료 또는 몰수→1년</td></tr>
</table>

제78조
시효의 기간

시효는 형을 선고하는 재판이 확정된 후 그 집행을 받음이 없이 다음의 기간을 경과함으로 인하여 완성된다.
1. 사형은 30년
2. 무기의 징역 또는 금고는 20년
3. 10년 이상의 징역 또는 금고는 15년
4. 3년 이상의 징역이나 금고 또는 10년 이상의 자격정지는 10년
5. 3년 미만의 징역이나 금고 또는 5년 이상의 자격정지는 5년
6. 5년 미만의 자격정지, 벌금, 몰수 또는 추징은 3년
7. 구류 또는 과료는 1년

해설

[의의] 시효의 기간(時效의 期間)이란 형을 선고하는 재판이 확정된 후 그 집행을 받음이 없이 다음의 기간을 경과함으로 인하여 완성된다.

기간 계산	시효의 초일(初日)은 판결이 확정된 날로부터 진행되고,
	시효의 종일(終日)은 그 말일 오후 12시에 시효기간이 종료한다.
시효기간의 초일(初日)	형의 집행과 시효기간의 초일(판결확정일)은 시간을 계산함이 없이 1일로 산정한다(제85조).

『시효의 완성기간』
   1. 사형은 30년
   2. 무기의 징역 또는 금고는 20년
   3. 10년 이상의 징역 또는 금고는 15년
   4. 3년 이상의 징역이나 금고 또는 10년 이상의 자격정지는 10년
   5. 3년 미만의 징역이나 금고 또는 5년 이상의 자격정지는 5년
   6. 5년 미만의 자격정지, 벌금, 몰수 또는 추징은 3년
   7. 구류 또는 과료는 1년

제79조
시효의 정지

시효는 형의 집행의 유예나 정지 또는 가석방 기타 집행할 수 없는 기간은 진행되지 아니한다.

해설

[의의] 시효의 정지(時效의 停止)란 시효는 형의 집행의 유예(猶豫)나 정지(停止) 또는 가석방(假釋放) 기타 집행할 수 없는 기간은 진행되지 아니한다.

『기타 집행할 수 없는 기간』 천재지변 기타 사변으로 인하여 형을 집행할 수 없는 기간을 말한다. 그러나 형의 선고를 받은 자가 도주나 소재불명으로 인한 기간은 기타 집행할 수 없는 기간이 아니다.

『시효정지의 특징』 시효의 정지 사유가 소멸하면 그때부터 다시 잔여시효 기간이 진행한다.

<table>
<tr><td colspan="5" align="center">형의 시효정지와 소멸시효 정지 사유</td></tr>
<tr><td rowspan="4">형법</td><td>형의 집행 유예 때</td><td>형의 시효정지</td><td>제62조 이하</td></tr>
<tr><td>형의 집행 정지 때</td><td>〃</td><td>제79조</td></tr>
<tr><td>형의 가석방 때</td><td>〃</td><td>제72조 이하</td></tr>
<tr><td>천재지변 기타 사변 때</td><td>〃</td><td>제79조</td></tr>
<tr><td rowspan="4">민법</td><td>무능력자와 시효정지 때</td><td>소멸시효 정지</td><td>제179조</td></tr>
<tr><td>재산관리자에 대한 무능력자의 권리, 부부간의 권리와 시효정지 때</td><td>〃</td><td>제180조</td></tr>
<tr><td>상속재산에 관한 권리와 시효정지 때</td><td>〃</td><td>제181조</td></tr>
<tr><td>천재 기타 사변과 시효정지 때</td><td>〃</td><td>제182조</td></tr>
</table>

제80조
시효의 중단

시효는 사형, 징역, 금고와 구류에 있어서는 수형자를 체포함으로, 벌금, 과료, 몰수와 추징에 있어서는 강제처분을 개시함으로 인하여 중단된다.

해설

[의의] **시효의 중단**(時效의 中斷)이란 시효는 사형, 징역, 금고와 구류에 있어서는 수형자를 체포(逮捕)함으로써, 벌금, 과료, 몰수와 추징에 있어서는 강제처분(強制處分)을 개시함으로 인하여 중단된다. 시효가 중단되면 이미 경과된 시효효과가 시효 개시 시로 소급하여 상실된다. 따라서 중단사유가 소멸되면 새로이 시효의 전 기간이 경과되어야 시효가 완성된다.

<table>
<tr><td colspan="3" align="center">형의 시효 중단과 소멸시효 중단 사유</td></tr>
<tr><td rowspan="2">형법(제80조)</td><td>사형·징역·금고와 구류의 경우는</td><td>수형자를 체포한 때</td></tr>
<tr><td>벌금·과료·몰수와 추징의 경우는</td><td>강제처분 개시 때</td></tr>
<tr><td rowspan="4">민법
(제168조)</td><td>청구</td><td>재판상 청구(제170조), 파산절차 참가(제171조), 지급명령(제172조), 화해를 위한 소환, 임의출석(제173조), 최고(제74조) 때</td></tr>
<tr><td>압류 또는 가압류, 가처분</td><td>압류, 가압류, 가처분(제175조 및 제176조) 때</td></tr>
<tr><td>승인</td><td>승인(제177조) 때</td></tr>
</table>

[판례 1] 벌금형의 경우 검사명령으로 집달관이 벌금형의 집행에 임하였으나 압류대상물건의 평가액이 집행비용에도 미달되는 가액이어서 집행 불능이 된 때에도 시효중단이 된다.[301]

제9절 형의 소멸(消滅)

Ⅰ. 총설

형의 소멸이란 유죄판결의 확정에 의하여 발생한 형의 집행권을 소멸시키는 제도를 말한다. 형의 소멸은 확정판결 전에 검사의 형벌청구권을 소멸시키는 공소권의 소멸과 구별된다.

범인 사망		범인이 사망하면 형의 일신전속권적 성격으로 인하여 형의 집행권이 소멸된다. 단, 보안과 경제적 가치의 부당한 귀속을 방지하는 데 그 취지를 둔 몰수 또는 조세, 전매 기타 공과에 관한 법령에 의하여 재판한 벌금 또는 추징은 그 재판을 받은 자가 재판확정 후 사망한 경우에는 그 상속재산에 대하여 집행할 수 있다**(형소법 제478조)**.
		범인이 법인인 때에도 법인이 소멸하면 형은 소멸한다. 단, 법인에 대하여 벌금, 과료, 몰수, 추징, 소송비용 또는 비용배상을 명한 경우에 법인이 그 재판확정 후 합병에 의하여 소멸한 때에는 합병 후 존속한 법인 또는 합병에 의하여 설립된 법인에 대하여 집행할 수 있다**(형소법 제479조)**.
사면	**의의**	**사면이란 국가원수의 특권에 의하여 형벌권을 소멸시키거나 또는 그 효력을 감경시키는 제도이다. 대통령은 법률이 정하는 바에 의하여 사면·감형 또는 복권을 명할 수 있다(헌법 제79조 제1항). 이에 대해서는 사면법에서 규정하고 있다. 사면의 효력은 장래에 향하여 발생하므로** 형이 언도에 의한 기성의 효과는 사면, 감형과 복권으로 인하여 변경되지 않는다(사면법 제5조 제2항). 사면에는 일반사면과 특별사면이 있다.
	일반사면	일반사면, 죄 또는 형의 종류를 정하여 행하는 감형과 일반으로 행하는 복권은 대통령령으로 행한다(사면법 제8조 제1항). 국회의 동의를 얻어야 한다(헌법 제79조 제2항). 일반사면은 형의 언도의 효력이 상실되며 형의 언도를 받지 않은 자에 대해서는 공소권이 상실된다. 단, 특별한 규정이 있을 때에는 예외로 한다(사면법 제5조 제1항 제1호).
	특별사면	**특별사면은 형의 선고를 받은 특정인에 대하여 대통령이 행한다**(사면법 제3조 제2호 및 제9조). **특별사면은 형의 집행을 면제하지만, 특별한 사정이 있을 때에는 이후 형 언도의 효력을 상실케 할 수 있다**(사면법 제5조 제1항 제2호).

---

301) 대판 1979. 3. 29. 78도8.

<table>
<tr><td colspan="2" align="center">형의 집행권을 소멸시키는 원인</td></tr>
<tr><td>(1) 형의 집행종료</td><td>형법 제66조 내지 제71조</td></tr>
<tr><td>(2) 형의 집행면제</td><td>형법 제66조 내지 제71조</td></tr>
<tr><td>(3) 형의 선고유예기간 경과</td><td>형법 제59조 내지 제61조</td></tr>
<tr><td>(4) 집행유예기간의 경과</td><td>형법 제62조 내지 제65조</td></tr>
<tr><td>(5) 가석방기간의 만료</td><td>형법 제72조 내지 제76조</td></tr>
<tr><td>(6) 시효의 완성</td><td>형법 제77조 내지 제80조</td></tr>
<tr><td>(7) 범인의 사망</td><td>형소법 제478조 및 제479조</td></tr>
<tr><td>(8) 사면</td><td>헌법 제79조 제1항, 사면법 제1조 이하</td></tr>
<tr><td>(9) 형의 실효</td><td>형법 제81조</td></tr>
<tr><td>(10) 복권</td><td>형법 제82조</td></tr>
</table>

Ⅱ. 관련 법조문

본 절에서는 형의 실효(제81조), 복권(제82조)으로 구성되어 있다.

> **제81조**
> **형의 실효**
>
> 징역 또는 금고의 집행을 종료하거나 집행이 면제된 자가 피해자의 손해를 보상하고 자격정지 이상의 형을 받음이 없이 7년을 경과한 때에는 본인 또는 검사의 신청에 의하여 그 재판의 실효를 선고할 수 있다.

▨ 해설

[의의] **형의 실효**(刑의 失效)란 형이 소멸되더라도 형선고의 법률상 효과가 소멸하는 것이 아니기 때문에 **전과사실**은 그대로 남게 된다. 수형자를 위해서는 전과사실을 말소시켜 주어야 한다. 형사정책적인 면에서 수형자가 사회에 복귀하는 데 용이하게 해 주는 데 의의가 있기 때문에

형법에서 형의 실효와 복권이라는 제도를 두고 있다.

형 실효의 종류

(1) 재판상 실효	징역 또는 금고의 집행을 종료하거나 집행이 면제된 자가 피해자의 손해를 보상하고 자격정지 이상의 형을 받음이 없이 7년을 경과한 때에는 본인 또는 검사의 신청에 의하여 그 재판의 실효를 선고할 수 있다(형법 제81조).
(2) 당연실효	수형인이 자격정지 이상의 형을 받음이 없이 형의 집행을 종료하거나 그 집행이 면제된 날부터 3년을 초과하는 징역·금고는 10년, 3년 이하의 징역·금고는 5년, 벌금은 2년의 기간이 경과한 때에는 그 형은 실효되고, 다만, 구류·과료는 형의 집행을 종료하거나 그 집행이 면제된 때에 그 형이 실효된다고 규정하고 있다(형의실효등에관한법률 제7조 제1항). 형 실효의 범위를 벌금·구류·과료에 확대하고, 일정 기간이 경과하면 자동으로 실효되도록 한 것이다.
(3) 형의 실효와 전과사실 말소	형법 제81조와 형의실효등에관한법률에 의하여 형이 실효된 때에는 수형인명표를 폐기하고 수형인명부는 해당란을 삭제하는 방법으로 전과기록을 말소하게 된다(형의실효등에관한법률 제8조 제1항 제1호). 수형인명표란 자격정지 이상의 형을 받은 수형인을 기재한 명표로서 수형인의 본적지 시·구·읍·면사무소에서 관리하는 것을 말하고(형의실효등에관한법률 제2조 제3호), 수형인명부란 자격정지 이상의 형을 받은 수형인을 기재한 명부로서 검찰청 및 군검찰부에서 관리하는 것을 말한다(형의실효등에관한법률 제2조 제2호).

판례

[판례 1] 특별사면의 효력은 병과된 형에까지 미치는 것은 아니므로 징역형의 집행유예와 벌금형이 병과된 신청인에 대하여 집행유예의 효력을 상실케 하는 내용의 특별사면이 그 벌금형의 선고의 효력까지 상실케 하는 것은 아니다.[302]

[판례 2] 추징은 부가형이지만 징역형의 집행유예와 추징의 선고를 받은 사람에 대하여 징역형 선고의 효력을 상실케 하는 동시에 복권하는 특별사면이 있는 경우에 추징에 대해서도 형선고의 효력이 상실된다고 볼 수는 없다.[303]

[판례 3] 재판상 실효에서 형을 받음이 없이 7년을 경과해야 하므로 형의 집행 종료 후 7년 이내에 집행유예의 판결을 받고 유예기간이 경과되어도 형의 실효를 선고할 수 없다.[304]

---

302) 대결 1997. 10. 13. 96모33.
303) 대결 1996. 5. 14. 96모14.
304) 대결 1983. 4. 2. 83모8.

[**판례 4**] 실효의 재판이 확정되면 형의 선고에 의한 법적 효과는 장래를 향
하여 소멸한다.[305)

[**판례 5**] 당연실효에서 국민의 신체 자유 등을 제한하는 형벌관련법규는 엄
격히 해석하여야 하는 것이므로, 행정처분의 성질을 가지는 보호감
호처분이 형의실효등에관한법률 제7조 제1항 소정의 형에 해당한다
고 해석할 수 없어 감호처분의 집행기간 중에는 형 실효의 기간이
진행하지 아니하는 것이라고 할 수 없다고 하였다.[306)

제82조
복권

자격정지의 선고를 받은 자가 피해자의 손해를 보상하고 자격정지 이상의 형을 받음이 없이 정지기간의 2
분의 1을 경과한 때에는 본인 또는 검사의 신청에 의하여 자격의 회복을 선고할 수 있다.

해설

[**의의**] 복권(復權)이란 자격정지(資格停止)의 선고를 받은 자가 피해자의 손해
를 보상하고 자격정지 이상의 형을 받음이 없이 정지기간의 2분의 1
을 경과한 때에는 본인 또는 검사의 신청에 의하여 자격의 회복을 선
고할 수 있는 경우를 말한다. 자격정지의 선고를 받은 자에게 자격정
지의 기간이 만료하지 않더라도 일정한 조건 아래 자격을 회복시켜
주어 사회복귀를 하는 데 장애가 되지 않도록 하는 데 그 취지가 있
다. 그리고 복권은 아래 사면법에 의해서도 행해질 수 있다. 복권의
효력은 상실 및 정지된 자격이 회복된다. 그러나 형선고의 효력은 소
멸되지 않으므로 전과사실은 누범가중사유에 해당된다.

---

305) 대결 1974. 5. 14. 74누2.
306) 대판 1996. 9. 20. 96감도55.

『사면법』

  (1) **제3조 제3호** 복권은 형의 언도로 인하여 법령의 정한 바에 의한 자격이 상실 또는 정지된 자

  (2) **제5조 제1항 제5호** 복권은 형의 언도의 효력으로 인하여 상실 또는 정지된 자격을 회복한다. 형의 언도에 의한 기성의 효과는 사면, 감형과 복권으로 인하여 변경되지 않는다.

  (3) **제6조** 복권은 형의 집행을 종료하지 않은 자 또는 집행의 면제를 받지 않은 자에 대해서는 행하지 않는다.

  (4) **제10조 제1, 2항** 법무부장관은 대통령에게 복권을 상신(상신)한다. 법무부장관은 특정한 자에 대한 복권을 상신할 때에는 사면심사위원회의 심사를 거쳐야 한다. [전문개정 2007. 12. 21.]

  (5) **제16조** 복권의 상신을 신청하는 서장(書狀)에는 판결서의 등본 또는 초본, 형의 집행종료 또는 집행의 면제된 것을 증명하는 서류, 형의 집행종료 후 또는 집행이 면제된 후의 본인의 행장, 현재와 장래의 생계 기타 참고가 될 사항에 관한 조사서류, 사건본인이 출원한 때에는 그 출원서

  (6) **제17조** 특정한 자격에 대한 복권의 출원에는 회복하고자 하는 자격의 종류를 명기하여야 한다.

  (7) **제18조** 복권을 사건본인이 출원하는 경우에는 형의 집행을 지휘한 검찰청의 검찰관을 경유하여야 한다.

  (8) **제19조** 검찰관이 제18조의 서류를 받은 때에는 제16조 제3호에 규정한 사항을 조사하여 그에 대한 의견을 첨가 진달(添加進達)하여야 한다.

  (9) **제20조** 복권상신의 신청이 이유 없다고 인정하는 때에는 법무부장관은 그 뜻을 검찰총장에게 통지한다. 검찰총장은 전항의 사유를 관계검찰청의 검찰관, 형무소장 또는 사건본인에게 통지하여야 한다.

  (10) **제21조** 대통령으로부터 복권의 명이 있을 때에는 법무부장관은 검찰총장에게 복권장을 송부한다.

  (11) **제22조** 검찰총장이 복권장을 접수한 때에는 관계검찰청의 검찰관

을 경유하여 지체 없이 사건본인에게 부여한다. 사건본인이 재감 중인 때에는 형무소장을 경유한다.

(12) **제23조** 검찰관이 집행정지 중 또는 가출소 중에 있는 자에 대한 복권장을 접수한 때에는 그 뜻을 사건본인이 재감하던 형무소장과 감독경찰관서에 통지하여야 한다. 집행유예 중에 있는 자에 대한 복권이 있는 경우에는 감독경찰관서에 통지하여야 한다.

(13) **제24조** 사건본인이 형의 집행을 지휘한 검찰청의 관할구역 외에 거주하는 때에는 복권장의 부여를 그 거주지를 관할하는 검찰청의 검찰관에게 촉탁할 수 있다. 전항의 경우에 제23조에 규정한 사항은 촉탁받은 검찰청의 검찰관이 행한다.

(14) **제25조** 복권이 있을 때에는 형의 집행을 지휘한 검찰청의 검찰관은 판결원본에 그 사유를 부기하여야 한다. 복권에 관한 서류는 소송기록에 편철한다.

(15) **제26조** 검찰관이 **복권장**을 사건본인에게 부여한 때에는 지체 없이 법무부장관에게 보고하여야 한다.

사면법(赦免法)

[일부개정 2007. 12. 21. 법률 제8721호]

제1조 본 법은 **사면, 감형과 복권**에 관한 사항을 규정한다.

제2조 사면은 일반사면과 특별사면으로 한다.

제3조 사면, 감형과 복권은 좌에 열기한 자에 대하여 행한다.

  1. 일반사면은: **죄를 범한 자**

  2. 특별사면과 감형은: **형의 언도를 받은 자**

  3. 복권은 형의 언도로 인하여 법령의 정한 바에 의한: **자격이 상실 또는 정지된 자**

제4조 행정법규위반에 대한 범칙 또는 과벌과 징계법규에 의한 징계 또는 징벌의 면제는 사면에 관한 규정을 준용한다.

제5조

  ① **사면, 감형과 복권의 효과**는 좌와 같다.

  1. 일반사면은 형의 언도 효력이 상실되며 형의 언도를 받지 않은 자에 대해서는 공

소권이 상실된다. 단, 특별한 규정이 있을 때에는 예외로 한다.

2. 특별사면은 형의 집행이 면제된다. 단 특별한 사정이 있을 때에는 이후 형의 언도
효력을 상실케 할 수 있다.

3. 일반에 대한 감형은 특별한 규정이 없는 경우에는 형을 변경한다.

4. 특정한 자에 대한 감형은 형의 집행을 경감한다. 단, 특별한 사정이 있을 때에는
형을 변경할 수 있다.

5. 복권은 형의 언도 효력으로 인하여 상실 또는 정지된 자격을 회복한다. 형의 언도
에 의한 기성의 효과는 사면, 감형과 복권으로 인하여 변경되지 않는다.

② 형의 언도에 의한 기성의 효과는 사면, 감형과 복권으로 인하여 변경되지 않는다.

제6조 복권은 형의 집행을 종료하지 않은 자 또는 집행의 면제를 받지 않은 자에 대해서는
행하지 않는다.

제7조 형의 집행유예의 언도를 받은 자에 대해서는 형의 언도의 효력을 상실케 하는 특별
사면, 형을 변경하는 감형 또는 그 유예기간을 단축할 수 있다.

제8조

① 일반사면, 죄 또는 형의 종류를 정하여 행하는 감형과 일반으로 행하는 복권은 대
통령령으로 행한다.

② 일반사면은 죄의 종류를 정하여 행한다.

제9조 특별사면, 특정한 자에 대한 감형과 복권은 대통령이 행한다.

제10조(특별사면 등의 상신)

① 법무부장관은 대통령에게 특별사면, 특정한 자에 대한 감형 및 복권을 상신(상신)한다.

② 법무부장관은 제1항에 따라 특별사면, 특정한 자에 대한 감형 및 복권을 상신할 때
에는 제10조의 2에 따른 사면심사위원회의 심사를 거쳐야 한다. [전문개정 2007.
12. 21.]

제10소의 2(사면심사위원회)

① 제10조 제1항에 따른 특별사면, 특정한 자에 대한 감형 및 복권 상신의 적정성을
심사하기 위하여 법무부장관 소속으로 사면심사위원회를 둔다.

② 사면심사위원회는 위원장 1인을 포함한 9인의 위원으로 구성한다.

③ 위원장은 법무부장관이 되고, 위원은 법무부장관이 임명 또는 위촉하되, 공무원이
아닌 위원을 4인 이상 위촉하여야 한다.

④ 공무원이 아닌 위원의 임기는 2년으로 하며, 1회에 한하여 연임할 수 있다.

⑤ 사면심사위원회의 심사과정 및 심사내용의 공개시기, 공개범위와 공개방법은 대통령령으로 정한다.

⑥ 위원은 사면심사위원회의 업무처리 중 알게 된 비밀을 누설하여서는 아니 된다.

⑦ 위원은 「형법」이나 그 밖의 법률에 따른 벌칙의 적용에 있어서는 공무원으로 본다.

⑧ 그 밖에 사면심사위원회에 관하여 필요한 사항은 법무부령으로 정한다. [본조신설 2007. 12. 21.]

제11조 검찰총장은 직권, 형의 집행을 지휘한 검찰청검찰관의 보고 또는 수형자가 재감하는 형무소장의 보고에 의하여 법무부장관에게 특별사면 또는 특정한 자에 대한 감형의 상신을 할 것을 신청할 수 있다.

제12조 형의 집행을 지휘한 검찰청의 검찰관과 수형자의 재감하는 형무소장이 특별사면 또는 특정한 자에 대한 감형을 제청코자 하는 때에는 제14조에 규정한 서류를 첨부하고 사유를 갖추어 검찰총장에게 보고할 수 있다. 형무소장이 전항의 보고서를 제출하는 경우에는 형의 집행을 지휘한 검찰청의 검찰관을 경유하여야 한다.

제13조 검찰관이 전조 제2항의 서류를 접수한 때에는 제14조 제3호에 규정한 사항을 조사하여 그에 대한 의견을 첨기 진달(添加進達)하여야 한다.

제14조 특별사면 또는 특정한 자에 대한 감형의 상신을 신청하는 서장에는 좌의 서류를 첨부하여야 한다.

1. 판결서의 등본 또는 초본

2. 형기계산서

3. 범죄의 정상, 본인의 성행, 수형 중의 행상, 장래의 생계 기타 참고가 될 사항에 관한 조사서류

제15조 검찰총장은 직권, 형의 집행을 지휘한 검찰청 검찰관의 보고 또는 사건 본인의 출원에 의하여 법무부장관에게 특정한 자에 대한 복권의 상신을 할 것을 신청할 수 있다. 전항 상신의 신청은 형의 집행종료일 또는 집행의 면제된 일로부터 3년이 경과하지 않으면 하지 못한다.

제16조 복권의 상신을 신청하는 서장에는 좌의 서류를 첨부하여야 한다.

1. 판결서의 등본 또는 초본

2. 형의 집행종료 또는 집행이 면제된 것을 증명하는 서류

3. 형의 집행종료 후 또는 집행이 면제된 후의 본인의 행장, 현재와 장래의 생계 기타 참고가 될 사항에 관한 조사서류

　　4. 사건본인이 출원한 때에는 그 출원서

제17조 특정한 자격에 대한 복권의 출원에는 회복하고자 하는 자격의 종류를 명기하여야 한다.

제18조 복권을 사건본인이 출원하는 경우에는 형의 집행을 지휘한 검찰청의 검찰관을 경유하여야 한다.

제19조 검찰관이 전조의 서류를 받은 때에는 제16조 제3호에 규정한 사항을 조사하여 그에 대한 의견을 첨가 진달하여야 한다.

제20조 특별사면, 감형 또는 복권상신의 신청이 이유 없다고 인정하는 때에는 법무부장관은 그 뜻을 검찰총장에게 통지한다. 검찰총장은 전항의 사유를 관계검찰청의 검찰관, 형무소장 또는 사건본인에게 통지하여야 한다.

제21조 대통령으로부터 특별사면, 감형 또는 복권의 명이 있을 때에는 법무부장관은 검찰총장에게 사면장, 감형장 또는 복권장을 송부한다.

제22조 검찰총장이 사면장, 감형장 또는 복권장을 접수한 때에는 관계검찰청의 검찰관을 경유하여 지체 없이 사건본인에게 부여한다. 사건본인이 재감 중인 때에는 형무소장을 경유한다.

제23조 검찰관이 집행정지 중 또는 가출소 중에 있는 자에 대한 사면장, 감형장 또는 복권장을 접수한 때에는 그 뜻을 사건본인이 재감하던 형무소장과 감독경찰관서에 통지하여야 한다. 집행유예 중에 있는 자에 대한 특별사면, 감형 또는 복권이 있는 경우에는 감독경찰관서에 통지하여야 한다.

제24조 사건본인이 형의 집행을 지휘한 검찰청의 관할구역 외에 거주하는 때에는 사면장, 감형장 또는 복권장의 부여를 그 거주지를 관할하는 검찰청의 검찰관에게 촉탁할 수 있다. 전항의 경우에 제23조에 규정한 사항은 촉탁받은 검찰청의 검찰관이 행한다.

제25조 사면, 감형 또는 복권이 있을 때에는 형의 집행을 지휘한 검찰청의 검찰관은 판결원본에 그 사유를 부기하여야 한다. 특별사면, 감형과 복권에 관한 서류는 소송기록에 편철한다.

제26조 검찰관이 사면장, 감형장 또는 복권장을 사건본인에게 부여한 때에는 지체 없이 법무부장관에게 보고하여야 한다.

제27조 군사법정에서 형의 언도를 받은 자에 대해서는 법무부장관의 직무는 국방부장관이 행하고 검찰총장과 검찰관의 직무는 형을 언도한 군사법정에서 검찰관의 직무를 행한 법무관이 행한다.

부칙 <제2호, 1948. 8. 30.> 본법은 공포일부터 시행한다.

부칙 <제8721호, 2007. 12. 21.> 이 법은 공포 후 3개월이 경과한 날부터 시행한다.

사면법(赦免法)시행령

대통령령 제20755호 신규제정 2008. 03. 21.

제1조(목적) 이 영은 「사면법」 제10조의 2 제5항에 따라 사면심사위원회의 심사과정 및 심
사내용의 공개시기, 공개범위와 공개방법에 관한 사항을 규정함을 목적으로 한다.

제2조(공개범위)

① 사면심사위원회(이하 '위원회'라 한다.)의 심사과정 및 심사내용의 공개범위는 다음
각 호와 같다.

1. 심의서, 다만 위원회에서 「사면법」 제10조 제1항의 특별사면, 특정한 자에 대한
감형 및 복권(이하 '특별사면 등'이라 한다.)의 상신(上申)이 적정하다고 심사한
사안과 관련된 부분에 한한다.

2. 회의록, 다만 위원회에서 특별사면 등의 상신이 적정하다고 심사한 사안과 관련된
부분에 한한다.

② 제1항 제1호 및 제2호의 내용 중 개인의 신상을 특정할 수 있는 부분은 삭제하고
공개한다. 다만, 국민의 알권리를 충족할 필요가 있는 등의 사유가 있는 경우로서
위원회가 달리 의결한 경우에는 그에 따른다.

제3조(공개시기) 제2조에 따라 공개할 수 있는 위원회의 심사과정 및 심사내용의 공개시기
는 다음 각 호와 같다.

1. 제2조 제1항 제1호의 자료: 해당 특별사면 등을 행한 후부터 즉시

2. 제2조 제1항 제2호의 자료: 해당 특별사면 등을 행한 후 10년이 경과한 때부터

제4조(공개방법) 위원회의 심사과정 및 심사내용의 공개방법은 이 영에서 정한 사항을 제
외하고는 「공공기관의정보공개에관한법률」에서 정하는 절차와 방법에 따른다.

부칙 [2008. 3. 21. 제20755호] 이 영은 2008년 3월 22일부터 시행한다.

사면법(赦免法)시행규칙

법무부령 제637호 신규제정 2008. 03. 27.

제1조(목적) 이 규칙은 「사면법」 제10조의 2 제8항에 따라 사면심사위원회에 관하여 필요한 사항을 규정함을 목적으로 한다.

제2조(사면심사위원회의 기능) 사면심사위원회(이하 '위원회'라 한다.)는 「사면법」 제10조 제1항에 따른 법무부장관의 특별사면, 특정한 자에 대한 감형 및 복권(이하 '특별사면 등'이라 한다.)의 상신(상신)이 적정하게 이루어질 수 있도록 심사·자문함을 목적으로 한다.

제3조(위원의 임명 및 위촉) 위원회의 위원은 다음 각 호의 자 중에서 법무부장관이 임명하거나 위촉한다.

 1. 법무부차관, 법무부 기획조정실장·법무실장·검찰국장·범죄예방정책국장·교정본부장·감찰관, 대검찰청 기획조정부장·공판 송무부장

 2. 판사, 변호사, 법학교수, 그 밖에 학식과 경험이 풍부한 자

제4조(공무원인 위원의 승계) 제3조 제1호의 직위에 있는 자가 위원으로 임명된 경우 인사이동 등의 사유로 그 직위가 변동되었을 때에는 법무부장관이 달리 임명하지 아니하는 한 그 직위의 후임자가 위원직을 승계하는 것으로 본다.

제5조(위원의 회피)

 ① 위원은 특별사면 등의 심사대상자와 가족 또는 친족관계에 있거나 있었던 경우 또는 그 밖의 사정으로 공정한 심사가 어렵다고 판단되는 경우에는 그 심사대상자에 대한 심사를 회피하여야 한다.

 ② 제1항에 따른 회피는 위원장에게 구두 또는 서면으로 신청하여야 한다.

 ③ 위원장은 제2항에 따른 회피신청이 이유가 있다고 인정하는 경우에는 이를 허용하여야 한다.

제10절 기간(期間)

Ⅰ. 총설

기간이란 시효나 형기 등의 형법상 기간의 계산 방법을 말한다. 이 기간에는
기간의 계산과 형기의 기산으로 되어 있다.

Ⅱ. 관련 법조문

본 절에서는 기간의 계산(제83조), 형기의 기산(제84조), 형의 집행과 시효기간
의 초일(제85조), 석방일(제86조)로 구성되어 있다.

▨ 해설

[의의] 기간의 계산(期間의 計算)은 연 또는 월로써 정한 기간은 역수에 따라
　　　계산한다. 민법상 기간계산에 따른다(민법 제160조).

『역수에 따라 계산』 역수(曆數)란 연(年), 월(月), 주(週), 춘(春), 하(夏), 추(秋),
　　　동(冬) 등 철 따라 돌아가는 차례로 계산하는 방법을 말한다.

『민법상 기간』

조항	내 용	타 규정
제155조 [적용범위]	기간의 계산은 법령, 재판상의 처분 또는 법률행위에 다른 정한 바가 없으면 민법 규정에 의한다.	형법 제83조, 제86조 형소법 제66조, 제67조
제156조 [기간의 기산점]	기간을 시, 분, 초로 정한 때에는 즉시로부터 기산한다.	형소법 제66조 제1항
제157조 [기간의 기산점]	기간을 일, 주, 월 또는 연으로 정한 때에는 기간의 초일은 산입하지 않는다. 그러나 그 기간이 오전 영시로부터 시작하는 때에는 초일을 산입한다.	형소법 제66조 제1항
제158조 [연령의 기산점]	연령계산에는 출생일을 산입한다.	
제159조 [기간의 만료점]	기간을 일, 주, 월 또는 연으로 정한 때에는 기간 말일의 종료로 기간이 만료한다.	
제160조 [역에 의한 계산]	**제1항** 기간을 주, 월 또는 연으로 정한 때에는 역에 의하여 계산한다. **제2항** 주, 월 또는 연의 처음으로부터 기간을 기하지 아니하는 때에는 최초의 주, 월 또는 연에서 그 기산일에 해당한 날의 전일로 기간이 만료한다. **제3항** 월 또는 연으로 정한 경우에 최초의 월에 해당일이 없는 때에는 그 월의 말일로 기간이 만료한다.	형소법 제66조 제2항
제161조 [공휴일 등과 기간의 만료점]	기간의 말(末)일이 토요일 또는 공휴일에 해당한 때에는 기간은 그 익일로 만료한다.	형소법 제66조 제3항

※ ① 익일(翌日) : 다음날 (예: 8월 31일의 익일은 9월 1일, 일요일의 익일은 다음날의 월요일)

  ② 금일(今日) : 오늘

  ③ 작일(昨日) : 어제

  ④ 차일(此日) : 이날

『형사소송법상 기간』

조항	내 용
제66조 [기간의 계산]	**제1항** 기간의 계산에 관해서는 시로써 계산하는 것은 즉시부터 기산하고 일, 월 또는 연으로써 계산하는 것은 초일을 산입하지 아니한다. 단, 시효와 구속기간의 초일은 시간을 계산함이 없이 1일로 산정한다. **제2항** 연 또는 월로써 정한 기간은 역수에 따라 계산한다. **제3항** 기간의 말일이 공휴일 또는 토요일에 해당하는 날은 기간에 산입하지 아니한다. 단, 시효와 구속의 기간에 관해서는 예외(산입한다)로 한다(개정 2007. 12. 21.).

① 형기는 판결이 확정된 날로부터 기산한다.
② 징역, 금고, 구류와 유치에 있어서는 구속되지 아니한 일수는 형기에 산입하지 아니한다.

해설

[의의] 형기의 기산(刑期의 起算)이란 형기는 판결이 확정된 날로부터 기산한다. 징역, 금고, 구류와 유치에 있어서는 구속되지 아니한 일수는 형기에 산입하지 아니한다. 예컨대 판결이 확정되더라도 곧 구속되지 않는 경우 또는 형의 집행 중에 도주 등으로 구속되지 않은 일수가 있는 경우에 형기에 산입하지 않는다.

①항: 『형기』 자유형의 기간을 말한다.

『판결의 확정』 판결의 효력이 변경될 수 없는 상태에 이른 것을 말한다.

형의 집행과 시효기간의 초일은 시간을 계산함이 없이 1일로 산정한다.

해설

[의의] 형의 집행과 시효기간의 초일(刑의 執行과 時效期間의 初日)은 시간을 계산함이 없이 1일로 산정한다.

석방은 형기종료일에 하여야 한다.

해설

[의의] **석방일**(釋放日)이란 수형자의 형기가 종료되는 날짜를 말한다.

제2장 보안처분(保安處分)

제1절 보안처분의 일반론

Ⅰ. 보안처분이란 위험한 행위자로부터 사회를 방위하기 위하여 부과되는 형벌과는 그 성격이 다른 형사제재수단을 말한다. 이는 행위 내에 나타난 **행위자의 장래 위험성** 때문에 행위자를 개선 내지 재사회화하기 위해서 과해진 처분이다.

	형벌	보안처분
	형벌과 보안처분의 관계	
①	책임주의	특별예방주의
②	책임범위 내 형벌	장래위험 대처
③	사법처분	사법처분
④	형사제재	형사제재
⑤	형벌만으로 법익과 사회윤리 보호	책임과 사회방위의 문제 조화

Ⅱ. 보안처분의 연혁

1. 클라인과 보안처분 독일의 클라인(Eenst Ferdinand Klein)은 형벌의 개선적 효과를 강조하면서도 형벌은 행위책임과 비례되어야 하므로 형벌과 함께 행위자의 위험성을 대상으로 하는 보안처분의 필요성을 강조(보안처분과 형벌의 구분론)하였다.307) 인권사상과 죄형법정주의의 사상에 밀리다가

---

307) Liszt, "E. F. Klein und die unbestimmre Verurreilung", *Strafrecbtlicbe Aufsätze und Vorträge*, Bd. 2, S. 151(클라인은 보안처분과 형벌의 구분의 필요성을 주장하였으며, 18세기 말 보안처분을 최초로 주장한 자이다.).

1799년에 이르러 부정기의 보안형벌의 도입과 함께 폐지되었다.

2. **리스트와 보안처분** 리스트(Franz v. Liszt)는 1883년에 마르부르그강령('형법에 있어서의 목적관념')을 통해 목적사상과 보호형을 강조하고 형벌과 보안처분을 모두 이에 포함(형벌과 보안처분의 일원론)된다고 보았다. 특히 개선 불가능한 범인은 장기간 또는 종신격리로 인해 사회에 해가 없도록 보안처분의 필요성을 역설했다.[308]

3. **슈토스와 보안처분** 1893년 스위스형법 예비초안자인 슈토스(Carl Stooss)는 현대적 의미의 보안처분을 실현시켰다. 슈토스안[309]은 형벌 이외에 보안처분을 별도로 규정하였다(형벌과 보안처분 이원주의론). 형벌의 본질은 응보에 있지만 형벌만으로 범죄를 예방하기는 불충분하므로 **보안처분제도**(정신병자의 치료와 상습범·노동 혐오자·중독자 등을 원인에 따라 격리 및 개선시키는 제도마련 필요)를 체계적으로 형법에 도입코자 하였다. 슈토스안은 영국과 독일 등 여러 나라의 입법에 큰 영향을 주었다.

제2절 형벌과 보안처분의 관계

Ⅰ. 이원주의[310]란 형을 선고할 때에 **형벌**(책임을 기초로 한 과거의 행위에 대한 응보)과 **보안처분**(행위자의 장래의 위험성에 대한 대책)을 동시에 하며, 이 형을 중복적으로 집행할 것을 요구하는 주의를 말한다. 국가는 과거의 책임(형벌)과 위험성(보안처분)을 이중의 수단에 의해서 대처해야 한다는 것을 이유로 한다. 이원주의에서는 보안처분을 형벌의 보충수단으로 본다.

---

308) Vgl. Liszt, Der Zweckgedanke im Strafrechr, *Strafrecbtlicbe Aufsätze und Vorträge*, Ⅰ, 1905, S. 163ff.

309)

슈토스 안을 최초로 법률에 채택한 국가							
1908	영국의 범죄예방법	1929	네덜란드	1932	스위스	1935	중국
1878	미국의 매사추세츠법	1930	이탈리아	1933	독일	1940	브라질
1922	소련	1930	덴마크	1933	스페인	1930	벨기에의 사회방위법
1927	스웨덴	1932	핀란드	1934	노르웨이		

310) 독일, 이탈리아, 프랑스, 네덜란드형법이 채택하고 있으며, 한국 종래의 사회보호법(제23조 제1항)의 보호감호처분도 이원주의의 입장이라고 할 수 있다.

형벌은 기간이 특정되어 있고, 보안처분은 부정기형이다. 따라서 이원주의는 형벌을 보안처분보다 먼저 집행하는 것이 보통이다.

Ⅱ. **일원주의**[311])란 형벌 또는 보안처분 중 어느 하나만을 적용할 것을 요구하는 주의를 말한다. 이에 의하면 형벌과 보안처분은 본질적으로 대립된 제도이다. 그러므로 형벌의 특별 예방적 효과를 기대할 수 없을 때에는 형벌의 적용을 배제하고 보안처분을 적용해야 한다고 한다. 즉 보안처분에 의해서도 행위자가 사회복귀와 사회 안전을 기대할 수 있음에도 불구하고 형벌의 선고를 한다는 것은 적합하지 않다는 것이다.

Ⅲ. **대체주의**[312])란 형벌은 책임의 정도에 따라 항상 선고된다. 그러나 형벌은 집행단계에서 보안처분의 집행에 의하여 대체되거나 보안처분의 집행이 끝난 후에 집행될 수 있다. 이러한 형태를 대체주의라 한다. 대체주의는 행위자의 사회복귀를 위해서 보안처분에 의해서도 달성될 수 있다는 이유로 한다. 이에 의하면 형벌에 대한 보안처분의 우선행위, 보안처분 집행기간의 형기에 삽입, 보안처분집행 후의 형벌집행의 유예 가능성을 내용으로 한다.

Ⅳ. **결어** 현재까지는 일반적으로 보안처분을 형벌에 대한 보충적·부수적인 것으로 이해하는 견해가 유력하다.[313] 그러나 형벌의 본질을 교육 또는 교정으로 이해할 때에는 범죄로부터의 사회보전과 범인의 교화·개선을 위해서는 형벌을 과하는 것만으로는 그 목적을 달성할 수 없고, 범죄의 예방 또는 진압의 대책으로써 형벌 외에도 보안처분이 같은 수준에서 요구되지 않을 수 없다는 의미에서 일원주의가 타당하다고 생각된다.[314]

---

311) 스웨덴형법을 비롯하여 영국, 벨기에, 덴마크에서 채택하고 있다.

312) 스위스형법이 채택하고 있는 태도이며, 보호감호를 제외한 모든 보안처분에 독일형법이, 치료감호에 대하여 우리나라의 치료감호법이 취하고 있는 입장이다.

313) 이형국, 연구Ⅱ, 806면; 이재상, 총론, 625면; 배종대, 총론, 594면(형벌과 보안처분은 그 목적과 법익의 박탈 내지 제한이라는 관점에서 행위자에게 미치는 영향은 동질적이므로 보안처분이 형벌에 대체되는 것이 사리에 벗어나는 것은 아니라는 이유로 한다.).

314) 진계호·이존걸, 총론, 775면.

제3절 보안처분의 원리

Ⅰ. 비례성의 원칙(헌법상의 법치국가원리에 근거)이란 보안처분을 행위자의 범행·예기되는 범행의 의미와 그 발생위험의 정도 등을 종합적으로 고려하여 꼭 필요한 정도에 제한되어야 한다는 원칙을 말한다. 따라서 경미한 범죄에 대한 보안처분, 범죄에 비해 무거운 보안처분, 단순한 범죄발생 가능성을 이유로 한 보안처분은 비례성 원칙에 반한다.

	비례성의 내용	비례성의 적용범위
① 적합성의 원칙	보안처분에 의한 개인의 자유 박탈·제한은 사회보호 및 피처분자의 사회복귀라는 목적 실현에 적합할 것	① 특정한 하나의 보안처분의 선고와 수 개의 보안처분 중 구체적인 경우에 어느 것을 선고할 것인가를 판단하는 데도 적용된다.
② 필요성의 원칙	보안처분은 피처분자의 자유를 가장 적게 침해하는 필요불가결한 수단일 것	② 보안처분이 선고된 자, 선고된 자에게 보안처분이 집행된 자, 보안처분집행 중에 있는 자의 석방에 관한 판단 등 보안처분의 전 영역에 적용된다.
③ 균형성의 원칙	보안처분이 적합하고 필요불가결한 경우에도 침해의 중대성과 얻을 수 있는 결과 사이에 불균형을 초래할 만큼 개인의 자유영역을 침해하는 국가적 조치는 허용될 수 없다.	

Ⅱ. 보안처분의 정당성이란 보안처분은 합목적성을 이유로 인간의 자유를 제한한다는 점에서 인간의 존엄과 가치를 부정하고 기본권을 침해할 소지가 많으므로 죄형법정주의 원칙과 그 근본정신은 존중되어야 함을 말한다. 이를 위해서 헌법적으로 근거(헌법 제12조 제1항은 "누구든지 법률과 적법한 절차에 의하지 않고는 보안처분을 받지 아니한다."는 규정)를 마련하고 있다.

정당성의 내용	정당성의 선고기관
① 관습법은 보안처분의 법원이 될 수 없다.	① 보안처분은 피처분자에게 법익의 박탈 내지 제한을 가하는 것이므로 그 효과도 형벌과 동질적이다.
② 유추해석에 의한 보안처분의 선고는 배제된다.	
③ 보안처분의 내용과 범위를 법률로 명확히 규정해야 한다.	② 따라서 보안처분은 본질적으로 사법처분임과 동시에 형사처분으로 이해해야 하며, 보안처분의 선고는 법원에 의하여 행해질 것이 요청된다.315)
④ 보안처분의 소급효는 인정되지 않는다.	
⑤ 보안처분을 적용할 때는 법규해석 또는 비례성을 판단함에 있어서 모호한 점이 있더라도 피처분자에게 유리한 방향으로 결정되어야 한다.	

제4절 보안처분의 종류

Ⅰ. 대인적 보안처분이란 사람에 의한 장래의 범죄행위를 방지하기 위해서 특정인에게 선고되는 보안처분을 말한다. 사회보호법은 대인적 보안처분만을 규정하고 있다. 대인적 보안처분은 자유박탈보안처분과 자유제한보안처분으로 나눌 수 있다.

1. 자유를 박탈하는 보안처분

유 형	대 상 자	자유박탈처분	채택 국가·규정
① 사회치료처분	누범자(인격장애)와 범죄성 정신병질자(성적 충동범) – 대상자를 정상화시키는 처분	형벌과 사회치료시설	• 네덜란드형법 제37조 • 덴마크형법 제70조
② 보호감호처분	사상범·상습범·누범의 위험성이 있는 강력범 – 득수시설에 수용하는 처분	예방소 또는 보호간호시설	• 한국의 구 사회보호법 제5조 • 독일형법 제66조 • 오스트리아형법 제23조 • 덴마크형법 제65조 • 벨기에 사회방위법 제22조 내지 제26조
③ 노동개선처분	상습범인 부랑자·걸인·매춘부 – 근면과 규율 있는 생활습관을 습득시키는 처분	형선고와 노동소	• 프랑스형법 제274조 • 덴마크형법 제62조 • 그리스형법 제72조
④ 치료감호처분	재범의 우려자인 히스테리환자·정신병자·신경쇠약자·농아자 – 무제한 또는 일정기간 및 시설에 수용하는 처분	정신병원 (불기소나 무죄선고의 경우 또는 형 집행 후)	• 우리나라 치료감호법 제2조 • 독일형법 제63조 • 스위스형법 제43조 • 덴마크형법 제65조 • 미국 모범 형법전 제8조
⑤ 교정처분	알코올 또는 마약중독자 – 습벽을 치료하는 처분	교정소 또는 금단시설	• 한국의 구 사회보호법 제8조 제1항 제3호 • 독일형법 제64조 • 오스트리아형법 제22조 • 스위스형법 제44조 • 덴마크형법 제62조

---

315) 이형국, 연구 Ⅱ, 807면.

유 형	대 상 자	자유제한 처분	채택 국가·규정
① 보호관찰	범인	보호관찰기관의 지도·감독과 보도	• 영국의 형사재판법 • 미국 각 주의 법 및 모범형법전 제6장 제2조 • 독일형법 제56조 내지 제56조의 d와 제68조 내지 제68조의 g • 네덜란드형법 제14조의 c • 덴마크형법 제56조 내지 제61조 • 한국 소년법 제32조 제1항 제2호·제3호, 성폭력특별법 제16조, 가정폭력특별법 제40조, 치료감호법 제32조
② 선행보증316)	형의 집행유예자, 가석방자	보증금몰수(선행 보증)	• 이탈리아형법 제237조 • 스위스형법 제53조 • 프랑스형법초안 제58조
③ 단종·거세	범인	성행위 불가능 처분 (단종은 생식능력 제거, 거세는 고환 또는 난소 제거)	• 나치스형법 제42조의 a 제5호(1946년 폐지) • 단종은 1907년 인디애나주법에서 최초로 법제화 • 단종·거세에 관한 법률 제정(1934년 노르웨이, 1935년 덴마크, 1950년 핀란드) • 일본 1948년의 위생보호법 • 한국의 모자보건법(불임수술 인정)
④ 외국추방	외국인 범죄자	국외추방	• 프랑스형법 제272조 • 스위스형법 제55조 • 이탈리아형법 제235조 • 한국의 출입국관리법 제45조317)
⑤ 직업금지	직업금지 위반자, 의무위반 자 및 위험자	일정기간 당해직업이나 영업금지	• 스위스형법 제54조 • 독일형법 제70조 내지 제70조의 b • 덴마크형법 제79조
⑥ 주점출입금지	알코올범	주점출입금지	• 스위스형법 제56조 • 이탈리아형법 제215조 제2항 제3호 및 제234조 • 체코슬로바키아형법 제61조
⑦ 운전면허박탈	운전법규위반사고 자	운전면허 취소	• 대부분의 나라는 행정처분으로 한다. • 독일형법 제69조는 보안처분으로 한다.
⑧ 주거제한	사상범	주거제한	• 스위스형법 제16조 • 이탈리아형법 제215조 제2항

Ⅱ. **대물적 보안처분** 범죄와 법익침해의 방지를 목적으로 하는 물건에 대한 국가적 예방수단을 말한다. 몰수·영입소의 폐쇄 또는 법인의 해산 등이 이에 해당한다.

---

316) **선행보증**이란 형의 집행유예나 가석방을 하는 경우에 상당액의 보증금을 제공하게 하거나 보증인을 세우고 일정기간 내에 범행하는 경우에는 보증금을 몰수하고, 사고 없이 그 기간을 경과하는 경우에는 그 금액을 공탁자에게 반환함으로써 보증금몰수라는 심리적 압박을 통하여 선행(善行)을 보증하려는 보안처분을 말한다.

317) 한국의 출입국관리법 제45조: 출입국관리법 위반자나 외국인으로서 금고 이상의 형의 선고를 받고 석방된 자를 행정처분으로써 국외로 강제 퇴거시킬 수 있도록 규정하고 있다.

대물적 보안처분	
(1) 몰수	범행에 제공하였거나 제공하려고 한 일정한 물건 또는 범행으로 인해 생긴 일정한 물건이 범행에 다시 관련될 위험성이 있을 때 이들을 국가에 귀속시키는 처분을 말한다. (예: 뇌물죄에 사용한 돈 몰수, 살인죄에 사용한 흉기 압수 등)
(2) 영업소 폐쇄 또는 법인 해산	범죄에 이용된 영업소를 일시적 또는 영구적으로 폐쇄하거나 범죄와 관련된 법인의 해산을 명령함으로써 범죄를 방지하려는 처분을 말한다. (예: 퇴폐업소 영업 폐쇄처분, 불실기업 해산 명령 등)

제5절 현행법상의 보안처분

현행 형법은 1995년의 개정형법을 통하여 **보호관찰, 사회봉사명령** 또는 **수강 명령**이라는 보안처분을 **형의 유예제도 및 가석방제도에 결부시키고 있다.** 그러면서도 보안처분을 총칙에 규정하지 않고 형법의 특별법인 소년법·보호관찰등에관한법률·보안관찰법·치료감호법 등에 두고 있다.

Ⅰ. 소년법상 보안처분

1. 소년은 정신적·신체적으로 미숙하고 사려가 부족하여 범죄의 유혹에 빠지기 쉽지만, 범죄의 악성이 뿌리박혀 있지 않아 성인보다 교화·개선의 가능성이 크다.
2. 소년은 이러한 특성을 존중하여 소년법은 반사회성 있는 20세 미만의 소년(제2조)에 대하여 그 환경을 바꾸어 주고 성품과 행동을 교정해 주기 위한 보안처분을 규정하고 있다(제1조).
3. 특히 **범죄소년·촉법소년·우범소년**(제4조)에 대해서는 보호처분의 일종으로 보호관찰을 부과하도록 결정할 수 있다(제32조·제33조). 이러한 의미에서 소년법상의 보안처분을 특히 보호처분이라 한다.
4. 소년법상 인정되는 보호처분으로는 제32조의 제1호 내지 제7호에 규정하고 있다.

    1호: 보호자 또는 적당한 자의 감호에 위탁하는 것

2호: 보호관찰관의 단기보호관찰을 받게 하는 것

3호: 보호관찰관의 보호관찰을 받게 하는 것

4호: 아동복지시설 기타 소년보호시설에 감호를 위탁하는 것

5호: 병원, 요양소에 위탁하는 것

6호: 단기로 소년원에 송치하는 것

7호: 소년원에 송치하는 것

5. 이상 각 호에 해당하는 처분은 가정법원 또는 지방법원의 소년부판사가 심리의 결과 필요하다고 인정할 때에 결정을 내린다(제32조). 이 경우 위의 제1호 내지 제3호의 처분은 병합할 수 있다(제32조 제2항).

6. 제2호 내지 제3호의 보호관찰처분 시 **16세 이상의 소년**에 대해서는 **사회봉사명령 또는 수강명령**을 동시에 명할 수 있다(제32조 제3항).

7. 소년의 보호처분은 그 소년의 장래 신상에 어떠한 영향도 미치지 아니한다(제32조 제5항).

Ⅱ. 보호관찰 등에 관한 법률상의 보안처분

1. 보호관찰등에관한법률(1988. 12. 31. 법률 4059호; 1996. 12. 12. 법률 제5178호 전면개정; 2007. 12. 21. 법률 제8728호 일부개정)은 죄를 범한 자로서 재범방지를 위하여 보호관찰, 사회봉사·수강 및 갱생보호 등 체계적인 사회 내 처우가 필요하다고 인정되는 자에 대하여 지도·원호를 함으로써 건전한 사회복귀를 촉진하고, 효율적인 범죄예방활동을 전개함으로써 개인 및 공공의 복지를 증진함과 아울러 사회를 보호함을 목적으로 보호관찰처분을 규정하고 있다(제1조).

2. 보호관찰등에관한법률상의 보호관찰처분의 대상자는 제3조 제1항에 규정하고 있다(개정 2007. 12. 21.).

   ① 형법 제59조의 2의 규정에 의하여 보호관찰을 조건으로 형의 선고유예를 받은 자

   ② 형법 제62조의 2의 규정에 의하여 보호관찰을 조건으로 형의 집행유

예의 선고를 받은 자

③ 형법 제73조의 2 또는 이 법 제25조의 규정에 의하여 보호관찰을 조
건으로 가석방 또는 임시 퇴원된 자

④ 소년법 제32조 제1항 제2호 및 제3호의 보호처분을 받은 자

⑤ 다른 법률에 의하여 이 법에 의한 보호관찰을 받도록 규정된 자이다.

3. 법무부장관 소속하에 보호관찰에 관한 사항을 심사·결정하는 기관으로
보호관찰심사위원회를 두고 있다(동법 제5조 내지 제13조).

4. 보호관찰에 관한 사무를 관장하는 기관으로 보호관찰소를 둔다(동법 제14조
내지 제15조).

5. 보호관찰소에는 그 관장사무를 처리하기 위하여 형사정책학·행형학·범
죄학·사회사업학·교육학·심리학 기타 보호관찰에 필요한 전문적 지식
을 갖춘 보호관찰관을 둔다(동법 제16조).

6. 보호관찰관은 보호관찰대상자의 재범을 방지하고 건전한 사회복귀를 촉진
하기 위하여 필요한 지도·감독을 한다(동법 제33조 제1항).

7. 지도·감독의 방법 세 가지를 한다(동법 제33조 제2항).

① 보호관찰대상자와 긴밀한 접촉을 가지고 항상 그 행동 및 환경 등을
관찰하는 것

② 보호관찰대상자에 대하여 제32조의 준수사항을 이행함에 적절한 지시
를 하는 것

③ 보호관찰대상자의 건전한 사회복귀를 위하여 필요한 조치를 하는 것

Ⅲ. 보안관찰법상의 보안처분

1. 보안관찰법(1989. 6. 법률 제4132호; 1991. 11. 22. 법률 제4396호; 일부개정 2007.
05. 17. 법률 제8435호)은 **사상범**으로 복역하고 출소한 자의 재범위험성을 예
방하기 위한 목적으로 제정된 구 사회안전법(1975. 7. 16. 법률 제2679호)을 대
체한 법률이다.

2. 보안관찰법상의 보안관찰처분의 대상자는 보안관찰해당범죄(동법 제2조: 형

법상 내란·외환죄, 군형법상 반란·이적죄, 국가보안법상 특정범죄) 또는 이와 경합된 범죄로 금고 이상의 형을 선고받고 형기 합계가 3년 이상인 자로서 형의 전부 또는 일부의 집행을 받은 사실이 있는 자이다(동법 제3조).

3. 보안관찰처분은 위의 대상자 중 재범의 위험성이 있다고 인정할 충분한 이유가 있는 자이다(동법 제4조 제1항).

4. 보안관찰처분은 위의 대상자 중 재범의 위험성이 있다고 인정할 충분한 이유가 있는 자에 대하여 2년의 기간으로 부과되나 법무부장관은 검사의 청구가 있는 때 보호관찰처분심의위원회의 의결을 거쳐 기간을 갱신할 수 있다(동법 제5조).

5. 보안관찰처분을 받은 자는 주거지관할 경찰서장에게 신고하고, 재범방지에 필요한 범위 안에서 지시를 받아야 한다(동법 제4조 제2항).

Ⅳ. 치료감호법상의 보안처분

1. 치료감호(治療監護)

(1) 치료감호란 심신장애자와 중독자를 치료감호시설에 수용하여 치료를 위한 조치를 행하는 보안처분이다(동법 제2조, 제16조).

(2) 구 사회보호법(1980. 12. 18. 법률 제3286호; 1989. 3. 25. 법률 제4089호로 개정; 1996. 12. 12. 법률 제5179호로 개정)은 **보호감호, 치료감호, 보호관찰**이라는 세 종류의 보안처분을 규정하였다(동법 제3조).

(3) 이 중에서 보호감호는 동종 또는 유사한 죄로 수 개의 형을 받거나 수 개의 죄를 범하여 범죄의 상습성이 인정되는 자에게 보호 감호소에 격리 수용하는 것을 내용으로 하는 보안처분으로서 법정요건에 해당하는 자에게 형벌과 동시에 선고되었다. 이 경우 집행은 형벌집행이 종료된 이후에 보호 감호소에 수용되었다. 그리고 보호감호시설에의 수용은 7년을 초과할 수 없다(제7조 제3항). 집행 개시 후 1년마다 심사하여 가출소 여부를 결정하였다.

그러나 구 사회보호법상의 보호감호 등은 피감호자의 입장에서는 이중처벌적인 기능을 하고 있을 뿐만 아니라 그 집행실태도 구금 위주의 형벌과 다름없이 시행되고 있어 국민의 기본권을 침해하고, 사회보호법 자체도 지난 권위주의시대에 사회방위라는 목적으로 제정한 것으로 위험한 전과자를 사회로부터 격리하는 것을 위주로 하는 보안처분에 치중하고 있어 **위헌적**인 소지가 있는데다가 **상습범**에 대해서는 형벌도 가중하고 보호감호도 부과하는 것은 이중처벌이라는 이유로 **2005년 8월 4일부로 사회보호법의 폐지를 통하여 보호감호와 이와 결부된 보호관찰은 폐지되었다. 다만 치료감호와 이와 결부된 보호관찰은 치료감호법의 제정을 통하여 그대로 유지되었다.**

그러나 폐지 전에 이미 확정된 보호감호판결의 효력은 유지되고, 그 확정판결에 따른 보호감호집행에 관해서는 종전의 사회보호법에 따르도록 하였다(사회보호법 폐지 법률 부칙 제2조).

(4) 심신장애자에 대한 치료감호는 심신장애자로서 형법 제10조 제1항의 규정에 의하여 벌할 수 없거나(심신상실자) 동 조 제2항의 규정에 의하여 형이 감경되는 자(심신미약자)가 금고 이상의 형에 해당하는 죄를 범하고 치료감호시설에서의 치료가 필요하고 재범의 위험성이 있다고 인정되는 때이다(제2조 제1항 제1호).

[판례] ① 여기서 심신장애자와 심신미약자에 해당하는 피치료감호자의 병명은 주로 정신분열증, 정신지체, 조울증, 성격장애, 간질, 명정성 등이 된다 (대판 1983. 6. 28. 83감도 226).

② 충동조절장애와 같은 성격의 결함은 원칙적으로 심신장애로 보지 않지만 그 정도가 심한 경우 심신장애로 인한 범죄로 본다(대판 1999. 4. 27. 99도693, 99감도17).

③ 폐결핵환자는 심신장애자가 아니므로 치료감호대상자가 되지 않는다 (대판 1983. 5. 10. 83감도149).

④ 치료의 필요성은 정신과 전문의 등의 진단 또는 감정을 참고하여 판단해야 한다(제4조 제2항). 재범의 위험성이란 치료감호대상자가 다시 죄를 범하여 평온을 깨뜨릴 확실한 개연성을 의미하며, 재범의 위험성에 대한 판단은 판결 시를 기준으로 한다.

(5) 마약, 향정신성의약품, 대마 기타 남용되거나 해독작용을 일으킬 우려

가 있는 물질이나 알코올을 식음, 섭취, 흡입 또는 주입받는 습벽이 있
거나 그에 중독된 자가 금고 이상의 형에 해당하는 죄를 범하고, 치료
감호시설에의 치료가 필요하고 재범의 위험성이 있다고 인정되는 때이
다(제2조 제1항 제2호).

(6) 여기의 남용되거나 해독작용을 일으킬 우려가 있는 물질은 대통령령(시
행령)으로 정한다(제2조 제2항).

(7) 치료감호시설에의 수용은 15년을 초과할 수 없다(제16조 제2항).

(8) 원래 치료감호는 범죄성 정신장애자의 치료를 위한 개선처분이므로
기간을 제한할 성질이 아니므로 종래 사회보호법상의 치료감호는 종
신까지 할 수 있었다. 그러나 감호기간이 지나치게 장기간 계속되는
것을 막기 위해 치료 감호법은 심신장애자에 대한 치료감호에 대해서
도 수용기간을 제한하고, 중독자에 대한 치료기간은 정신질환자에 비
하여 단기간인 점을 고려한 것이다.318)

(9) 치료감호의 선고를 받은 자는 치료감호시설에 수용하여 치료를 위한
조치를 한다(제16조 제1항).

(10) 치료감호의 집행은 검사가 한다(제17조 제1항).

(11) 심신장애자와 약물중독자는 특별한 사정이 없는 한 분리 · 수용해야
한다(제19조).

(12) 피치료감호자에 대한 의료적 처우는 정신병원에 준하여 의사의 조치
에 따르도록 해야 한다(제25조 제2항).

(13) 피치료감호자가 치료감호시설에서 치료하기 곤란한 질병에 걸린 때
에는 외부의료기관에서 치료를 받게 할 수 있고, 본인이나 보호자
등이 스스로의 부담으로 치료받기를 원할 때에는 이를 허가할 수 있
다(제28조).

(14) 치료감호심의위원회는 치료감호만을 선고받은 피치료감호자가 그 집
행개시 후 1년을 경과하거나, 치료감호와 형이 병과되어 형기 상당
의 치료감호를 집행받은 자에 대해서는 상당한 기간을 정하여 그의
법정대리인, 배우자, 직계친족, 형제자매에게 치료감호시설 외에서의

---

318) 이재상, 총론, 619면.

치료를 위탁할 수 있다(제23조 제1항·제2항).

(15) 형벌과 치료감호가 동시에 선고된 때에는 치료감호를 형보다 먼저 집행하며, 치료감호의 집행기간을 형기에 산입하지 않는다(제18조). 즉 형벌과 치료감호가 동시에 선고된 때에는 대체주의(형벌은 책임의 정도에 따라 언제나 선고되며, 다만 그 집행단계에서 보안처분의 집행에 의하여 대체되거나 보안처분의 집행이 끝난 후에 집행하는 주의)가 적용된다.

2. 보호관찰(保護觀察)

(1) 보호관찰이란 치료감호가 가종료되거나 치료 위탁된 피치료감호자를 감호시설 외에서 지도·감독하는 것을 내용으로 하는 보안처분이다. 석방 전 준비절차의 일환으로서 상당기간 시설감호에 의해 단절되었던 피감호자의 사회적 적응력을 사회 내 처우를 통해 증진시키려는 의미의 자유제한 보안처분이다.

(2) 치료감호법에 의하여 보호관찰이 개시되는 것은 다음의 두 가지 경우이다. 즉 보호관찰은 피치료감호자에 대한 치료감호가 가종료된 때, 피치료감호자가 치료감호시설 외에서의 치료를 위하여 법정대리인 등에게 위탁된 때 개시된다(제32조 제1항).

(3) 보호관찰의 기간은 3년으로 한다(제32조 제2항). 다만 보호관찰기간 만료 전이라도 피보호관찰자에게 치료감호심의위원회의 치료감호의 종료결정이 있는 때, 피보호관찰자가 다시 치료감호의 집행을 받게 되어 재수용되거나 새로운 범죄로 금고 이상의 형의 집행을 받게 된 때에는 보호관찰이 종료된다(제32조 제3항).

(4) 피보호관찰자는 보호관찰등에관한법률의 규정에 따른 준수사항을 성실히 이행하여야 한다(제33조 제1항).

(5) 치료감호심의위원회는 피보호관찰자의 특성을 고려하여 그 밖에 특별히 준수하여야 할 사항을 과할 수 있다(제33조 제2항).

주요 참고문헌

국내서

김성천·김형준, 형법총론, 동현출판사, 1998.
김일수, 한국형법 Ⅰ·Ⅱ, 박영사, 1992.
김일수, 형법학원론, 총칙강의, 박영사, 1992.
김일수·서보학, 형법총론(제11판), 박영사, 2006.
남흥우, 형법총론, 박영사, 1983.
박동희, 형법학총론, 법문사, 1977.
박상기, 형법총론(전정판), 박영사, 1999.
배종대, 형법총론(제6판), 법문사, 2001.
손동권, 형법총칙론, 율곡출판사, 2001.
손해목, 형법총론, 법문사, 1996.
신동운, 형법촌론, 법문사, 2001.
안동준, 형법총론, 학현사, 1998.
염정철, 형법총론, 한국사법행정학회, 1970.
오세경, 소법전, 법전출판사, 2009.
오영근, 형법총론, 대명출판사, 2002.
유기천, 형법학, 총론강의, 일조각, 1983.
이건호, 형법학개론, 고대출판부, 1977.
이인규, 형법강의 Ⅰ[총론], 유풍출판사, 2006.
이재상, 형법총론(제5증보판), 박영사, 2005.
이정원, 형법총론, 문영사, 1988.
이형국, 형법총론연구 Ⅰ·Ⅱ, 법문사, 1984·1986.
임웅, 형법총론, 법문사, 1999.
정성근, 형법총론, 법지사, 1988.
정성근·박광민, 형법총론, 삼지원, 2001.
정영석, 형법총론(제5전정판), 법문사, 1987.
정영일, 형법총론, 박영사, 2005.
조준현, 형법총론, 법원사, 1998.

진계호, 형법총론(제6판), 대왕사, 2000.
진계호·이존걸, 형법총론(제8판), 대왕사, 2007.
차용석, 형법총론강의 Ⅰ, 고시연구, 1984.
황산덕, 형법총론(제7전정판), 방문사, 1982.

독일서

|바우만·베버| Baumann & Weber, *Strafrecht, Allgemeiner Teil*, 9. Aufl., Bielfeld, 1985.

|블라이| Blei, Hermann, *Strafrecht, Allgemeiner Teil, 18. Aufl.*, München, 1983.

|보켈만| Bockelmann, Paul, Strafrecht, Allgemeiner Teil, **4. Aufl.,** München, 1987.

|드레허·트뢴들| Dreher & **Tr**öndle, *Strafgesetzbuch und Nebengesetze*, 43. Aufl., München, 1987.

|야콥스| Jakobs, Gunther, *Strafrecht, Allgemeiner Teil,* 2. Aufl., Berlin, 1991.

|예섹| Jescheck, Hans – Heinrich, *Lebrbuch des Strafrechts,* AT, 3. Aufl., Heidelberg, 1965.

|콜라슈·랑게| Korhlrausch & Lange, *Strafgesetzbuch*, 41. Aufl., 1956.

|마우라하| Maurach, Reinhard, *Deutsches Strafrecht*, AT, 3. Aufl., Heidelberg, 1965.

|마우라하·괴셀| Maurach, & Gössel, & **Zipf,** Strafrecht, Allgemeiner *Teil,* Tb. 2, 5. Aufl., Heidelberg, 1978.

|마우라하·치프| Maurach, & Zipf, *Strafrecht, Allgemeiner Teil,* 5. Aufl., Heidelberg, 1978.

|메츠거·블라이| **Mezger** & **Blei**, *Strafrecht, Allgemeiner Teil*, Ein Studienbuch, 14. Aufl., Berlin, 1970.

|놀| Noll, Peter, *Strafrecht, Allgemeiner Teil,* Ⅰ, 1981.

|록신| Roxin, Clause, *Taterschaft und Taterrschaft*, 3. Aufl., 1975.

|슈미트호이저| Schmidlhäuser, Eberhard, *Strafrecht, Allgemeiner Teil,* 2. Aufl., Tübingen, 1984.

|셴케·슈뢰더| Schönke & **Schr**öder, *Strafgesetzbuch, Kommentar*, 23. Aufl., München, 1988.

|슈트라텐베르트| Stratenwerth, Günter, *Strafrecht, Allgemeiner Teil,* 3. Aufl., Heidelberg, 1981.

|벨첼| Welzel, Hans, **Das Deutscbe** *Strafrecht, Eine systematische, Darstellung*, 14. Aufl., Berlin, 1969.

|베셀스| Wessels, Jonhannes, *Strafrecht, Allgemeiner Teil,* **19**. Aufl., Karlsruhe, 1989.

[소년법]

일부개정 2007. 12. 21. 법률 제8722호
※ 세부적인 내용을 살펴보기 위해서는 대법원규칙을 참고해야 한다.

제1장 총칙 <개정 2007. 12. 21.>

제1조(목적) 이 법은 반사회성이 있는 소년의 환경 조정과 품행 교정을 위한 보호처분 등의 필요한 조치를 하고, 형사처분에 관한 특별조치를 함으로써 소년이 건전하게 성장하도록 돕는 것을 목적으로 한다. [전문개정 2007. 12. 21.]

제2조(소년 및 보호자) 이 법에서 '소년'이란 19세 미만인 자를 말하며, '보호자'란 법률상 감호교육(감호교육)을 할 의무가 있는 자 또는 현재 감호하는 자를 말한다. [전문개정 2007. 12. 21.]

제2장 보호사건 <개정 2007. 12. 21.>

제1절 통칙 <개정 2007. 12. 21.>

제3조(관할 및 직능)

① 소년 보호사건의 관할은 소년의 행위지, 거주지 또는 현재지로 한다.

② 소년 보호사건은 가정법원소년부 또는 지방법원소년부[이하 '소년부(소년부)'라 한다.]에 속한다.

③ 소년 보호사건의 심리와 처분 결정은 소년부 단독판사가 한다. [전문개정 2007. 12. 21.]

제4조(보호의 대상과 송치 및 통고)

① 다음 각 호의 어느 하나에 해당하는 소년은 소년부의 보호사건으로 심리한다.

   1. 죄를 범한 소년[**범죄소년**]

   2. 형벌 법령에 저촉되는 행위를 한 10세 이상 14세 미만인 소년[**촉법소년**]

   3. 다음 각 목에 해당하는 사유가 있고 그의 성격이나 환경에 비추어 앞으로 형벌 법령에 저촉되는 **행위를 할 우려가 있는** 10세 이상인 소년[**우범소년**]

      가. 집단적으로 몰려다니며 주위 사람들에게 불안감을 조성하는 성벽이 있는 것

      나. 정당한 이유 없이 가출하는 것

      다. 술을 마시고 소란을 피우거나 유해환경에 접하는 성벽이 있는 것

② 제1항 제2호 및 제3호에 해당하는 소년이 있을 때에는 경찰서장은 직접 관할 소년

부에 송치하여야 한다.

③ 제1항 각 호의 어느 하나에 해당하는 소년을 발견한 보호자 또는 학교·사회복리 시설·보호관찰소(보호관찰지소를 포함한다. 이하 같다.)의 장은 이를 관할 소년부에 통고할 수 있다. [전문개정 2007. 12. 21.]

제5조(송치서) 소년 보호사건을 송치하는 경우에는 송치서에 사건 본인의 주거, 성명, 생년월일 및 행위의 개요와 가정 상황을 적고, 그 밖의 참고자료를 첨부하여야 한다. [전문개정 2007. 12. 21.]

제6조(이송)

① 보호사건을 송치받은 소년부는 보호의 적정을 기하기 위하여 필요하다고 인정하면 결정으로써 사건을 다른 관할 소년부에 이송할 수 있다.

② 소년부는 사건이 그 관할에 속하지 아니한다고 인정하면 결정으로써 그 사건을 관할 소년부에 이송하여야 한다. [전문개정 2007. 12. 21.]

제7조(형사처분 등을 위한 관할 검찰청으로의 송치)

① 소년부는 조사 또는 심리한 결과 금고 이상의 형에 해당하는 범죄사실이 발견된 경우 그 동기와 죄질이 형사처분을 할 필요가 있다고 인정하면 결정으로써 사건을 관할 지방법원에 대응한 검찰청 검사에게 송치하여야 한다.

② 소년부는 조사 또는 심리한 결과 사건의 본인이 19세 이상인 것으로 밝혀진 경우에는 결정으로써 사건을 관할 지방법원에 대응하는 검찰청 검사에게 송치하여야 한다. 다만, 제51조에 따라 법원에 이송하여야 할 경우에는 그러하지 아니하다. [전문개정 2007. 12. 21.]

제8조(통지) 소년부는 제6조와 제7조에 따른 결정을 하였을 때에는 지체 없이 그 사유를 사건 본인과 그 보호자에게 알려야 한다. [전문개정 2007. 12. 21.]

제2절 조사와 심리 <개정 2007. 12. 21.>

제9조(조사 방침) 조사는 의학, 심리학, 교육학, 사회학이나 그 밖의 전문적인 지식을 활용하여 소년과 보호자 또는 참고인의 품행, 경력, 가정 상황, 그 밖의 환경 등을 밝히도록 노력하여야 한다. [전문개정 2007. 12. 21.]

제10조(진술거부권의 고지) 소년부 또는 조사관이 범죄사실에 관하여 소년을 조사할 때에는 미리 소년에게 불리한 진술을 거부할 수 있음을 알려야 한다. [전문개정 2007. 12. 21.]

제11조(조사명령)

① 소년부 판사는 조사관에게 사건 본인, 보호자 또는 참고인의 심문이나 그 밖에 필

요한 사항을 조사하도록 명할 수 있다.

② 소년부는 제4조 제3항에 따라 통고된 소년을 심리할 필요가 있다고 인정하면 그 사건을 조사하여야 한다. [전문개정 2007. 12. 21.]

제12조(전문가의 진단) 소년부는 조사 또는 심리를 할 때에 정신과의사, 심리학자, 사회사업가, 교육자나 그 밖의 전문가의 진단, 소년 분류심사원의 분류심사 결과와 의견, 보호관찰소의 조사결과와 의견 등을 고려하여야 한다. [전문개정 2007. 12. 21.]

제13조(소환 및 동행영장)

① 소년부 판사는 사건의 조사 또는 심리에 필요하다고 인정하면 기일을 지정하여 사건 본인이나 보호자 또는 참고인을 소환할 수 있다.

② 사건 본인이나 보호자가 정당한 이유 없이 소환에 응하지 아니하면 소년부 판사는 동행영장을 발부할 수 있다. [전문개정 2007. 12. 21.]

제14조(긴급동행영장) 소년부 판사는 사건 본인을 보호하기 위하여 긴급조치가 필요하다고 인정하면 제13조 제1항에 따른 소환 없이 동행영장을 발부할 수 있다. [전문개정 2007. 12. 21.]

제15조(동행영장의 방식) 동행영장에는 다음 각 호의 사항을 적고 소년부 판사가 서명 날인하여야 한다.

1. 소년이나 보호자의 성명

2. 나이

3. 주거

4. 행위의 개요

5. 인치하거나 수용할 장소

6. 유효기간 및 그 기간이 지나면 집행에 착수하지 못하며 영장을 반환하여야 한다는 취지

7. 발부연월일[전문개정 2007. 12. 21.]

제16조(동행영장의 집행)

① 동행영장은 조사관이 집행한다.

② 소년부 판사는 소년부 법원서기관, 법원사무관, 법원주사, 법원주사보나 보호관찰관 또는 사법경찰관리에게 동행영장을 집행하게 할 수 있다.

③ 동행영장을 집행하면 지체 없이 보호자나 보조인에게 알려야 한다. [전문개정 2007. 12. 21.]

제17조(보조인 선임)

① 사건 본인이나 보호자는 소년부 판사의 허가를 받아 보조인을 선임할 수 있다.

② 보호자나 변호사를 보조인으로 선임하는 경우에는 제1항의 허가를 받지 아니하여도 된다.

③ 보조인을 선임함에 있어서는 보조인과 연명 날인한 서면을 제출하여야 한다. 이 경우 변호사가 아닌 사람을 보조인으로 선임할 경우에는 위 서면에 소년과 보조인과의 관계를 기재하여야 한다.

④ 소년부 판사는 보조인이 심리절차를 고의로 지연시키는 등 심리진행을 방해하거나 소년의 이익에 반하는 행위를 할 우려가 있다고 판단하는 경우에는 보조인 선임의 허가를 취소할 수 있다.

⑤ 보조인의 선임은 심급마다 하여야 한다.

⑥ 「형사소송법」 중 변호인의 권리의무에 관한 규정은 소년 보호사건의 성질에 위배되지 아니하는 한 보조인에 대하여 준용한다. [전문개정 2007. 12. 21.]

제17조의 2(국선보조인)

① 소년이 소년분류심사원에 위탁된 경우 보조인이 없을 때에는 법원은 변호사 등 적정한 자를 보조인으로 선정하여야 한다.

② 소년이 소년분류심사원에 위탁되지 아니하였을 때에도 다음의 경우 법원은 직권에 의하거나 소년 또는 보호자의 신청에 따라 보조인을 선정할 수 있다.

1. 소년에게 신체적·정신적 장애가 의심되는 경우

2. 빈곤이나 그 밖의 사유로 보조인을 선임할 수 없는 경우

3. 그 밖에 소년부 판사가 보조인이 필요하다고 인정하는 경우

③ 제1항과 제2항에 따라 선정된 보조인에게 지급하는 비용에 대해서는 「형사소송비용 등에 관한 법률」을 준용한다. [본조신설 2007. 12. 21.]

제18조(임시조치)

① 소년부 판사는 사건을 조사 또는 심리하는 데에 필요하다고 인정하면 소년의 감호에 관하여 결정으로써 다음 각 호의 어느 하나에 해당하는 조치를 할 수 있다.

1. 보호자, 소년을 보호할 수 있는 적당한 자 또는 시설에 위탁

2. 병원이나 그 밖의 요양소에 위탁

3. 소년분류심사원에 위탁

② 동행된 소년 또는 제52조 제1항에 따라 인도된 소년에 대해서는 도착한 때로부터 24시간 이내에 제1항의 조치를 하여야 한다.

③ 제1항 제1호 및 제2호의 위탁기간은 3개월을, 제1항 제3호의 위탁기간은 1개월을 초과하지 못한다. 다만, 특별히 계속 조치할 필요가 있을 때에는 한 번에 한하여 결정으로써 연장할 수 있다.

④ 제1항 제1호 및 제2호의 조치를 할 때에는 보호자 또는 위탁받은 자에게 소년의 감호에 관한 필요 사항을 지시할 수 있다.

⑤ 소년부 판사는 제1항의 결정을 하였을 때에는 소년부 법원서기관, 법원사무관, 법원주사, 법원주사보, 소년분류심사원 소속 공무원, 교도소 또는 구치소 소속 공무원, 보호관찰관 또는 사법경찰관리에게 그 결정을 집행하게 할 수 있다.

⑥ 제1항의 조치는 언제든지 결정으로써 취소하거나 변경할 수 있다. [전문개정 2007. 12. 21.]

제19조(심리 불개시의 결정)

① 소년부 판사는 송치서와 조사관의 조사보고에 따라 사건의 심리를 개시할 수 없거나 개시할 필요가 없다고 인정하면 심리를 개시하지 아니한다는 결정을 하여야 한다. 이 결정은 사건 본인과 보호자에게 알려야 한다.

② 사안이 가볍다는 이유로 심리를 개시하지 아니한다는 결정을 할 때에는 소년에게 훈계하거나 보호자에게 소년을 엄격히 관리하거나 교육하도록 고지할 수 있다.

③ 제1항의 결정이 있을 때에는 제18조의 임시조치는 취소된 것으로 본다.

④ 소년부 판사는 소재가 분명하지 아니하다는 이유로 심리를 개시하지 아니한다는 결정을 받은 소년의 소재가 밝혀진 경우에는 그 결정을 취소하여야 한다. [전문개정 2007. 12. 21.]

제20조(심리 개시의 결정)

① 소년부 판사는 송치서와 조사관의 조사보고에 따라 사건을 심리할 필요가 있다고 인정하면 심리 개시 결정을 하여야 한다.

② 제1항의 결정은 사건 본인과 보호자에게 알려야 한다. 이 경우 심리 개시 사유의 요지와 보조인을 선임할 수 있다는 취지를 아울러 알려야 한다. [전문개정 2007. 12. 21.]

제21조(심리 기일의 지정)

① 소년부 판사는 심리 기일을 지정하고 본인과 보호자를 소환하여야 한다. 다만, 필요가 없다고 인정한 경우에는 보호자는 소환하지 아니할 수 있다.

② 보조인이 선정된 경우에는 보조인에게 심리 기일을 알려야 한다. [전문개정 2007. 12. 21.]

제22조(기일 변경) 소년부 판사는 직권에 의하거나 사건 본인, 보호자 또는 보조인의 청구

에 의하여 심리 기일을 변경할 수 있다. 기일을 변경한 경우에는 이를 사건 본인, 보호자 또는 보조인에게 알려야 한다. [전문개정 2007. 12. 21.]

제23조(심리의 개시)

① 심리 기일에는 소년부 판사와 서기가 참석하여야 한다.

② 조사관, 보호자 및 보조인은 심리 기일에 출석할 수 있다. [전문개정 2007. 12. 21.]

제24조(심리의 방식)

① 심리는 친절하고 온화하게 하여야 한다.

② 심리는 공개하지 아니한다. 다만, 소년부 판사는 적당하다고 인정하는 자에게 참석을 허가할 수 있다. [전문개정 2007. 12. 21.]

제25조(의견의 진술)

① 조사관, 보호자 및 보조인은 심리에 관하여 의견을 진술할 수 있다.

② 제1항의 경우에 소년부 판사는 필요하다고 인정하면 사건 본인의 퇴장을 명할 수 있다. [전문개정 2007. 12. 21.]

제25조의 2(피해자 등의 진술권) 소년부 판사는 피해자 또는 그 법정대리인, 변호인, 배우자, 직계친족, 형제자매(이하 이 조에서 '대리인 등'이라 한다.)가 의견진술을 신청할 때에는 피해자나 그 대리인 등에게 심리 기일에 의견을 진술할 기회를 주어야 한다. 다만, 다음 각 호의 어느 하나에 해당하는 경우에는 그러하지 아니하다.

1. 신청인이 이미 심리절차에서 충분히 진술하여 다시 진술할 필요가 없다고 인정되는 경우

2. 신청인의 진술로 심리절차가 현저하게 지연될 우려가 있는 경우 [본조신설 2007. 12. 21.]

제25조의 3(화해권고)

① 소년부 판사는 소년의 품행을 교정하고 피해자를 보호하기 위하여 필요하다고 인정하면 소년에게 피해 변상 등 피해자와의 화해를 권고할 수 있다.

② 소년부 판사는 제1항의 화해를 위하여 필요하다고 인정하면 기일을 지정하여 소년, 보호자 또는 참고인을 소환할 수 있다.

③ 소년부 판사는 소년이 제1항의 권고에 따라 피해자와 화해하였을 경우에는 보호처분을 결정할 때 이를 고려할 수 있다. [본조신설 2007. 12. 21.]

제26조(증인신문, 감정, 통역 · 번역)

① 소년부 판사는 증인을 신문하고 감정이나 통역 및 번역을 명할 수 있다.

② 제1항의 경우에는 「형사소송법」 중 법원의 증인신문, 감정이나 통역 및 번역에 관한 규정을 보호사건의 성질에 위반되지 아니하는 한도에서 준용한다. [전문개정 2007. 12. 21.]

제27조(검증, 압수, 수색)

① 소년부 판사는 검증, 압수 또는 수색을 할 수 있다.

② 제1항의 경우에는 「형사소송법」 중 법원의 검증, 압수 및 수색에 관한 규정은 보호사건의 성질에 위반되지 아니하는 한도에서 준용한다. [전문개정 2007. 12. 21.]

제28조(원조, 협력)

① 소년부 판사는 그 직무에 관하여 모든 행정기관, 학교, 병원, 그 밖의 공사단체에 필요한 원조와 협력을 요구할 수 있다.

② 제1항의 요구를 거절할 때에는 정당한 이유를 제시하여야 한다. [전문개정 2007. 12. 21.]

제29조(불처분 결정)

① 소년부 판사는 심리 결과 보호처분을 할 수 없거나 할 필요가 없다고 인정하면 그 취지의 결정을 하고, 이를 사건 본인과 보호자에게 알려야 한다.

② 제1항의 결정에 관해서는 제19조 제2항과 제3항을 준용한다. [전문개정 2007. 12. 21.]

제30조(기록의 작성)

① 소년부 법원서기관, 법원사무관, 법원주사 또는 법원주사보는 보호사건의 조사 및 심리에 대한 기록을 작성하여 조사 및 심리의 내용과 모든 결정을 명확히 하고 그 밖에 필요한 사항을 적어야 한다.

② 조사 기록에는 조사관 및 소년부 법원서기관, 법원사무관, 법원주사 또는 법원주사보가, 심리기록에는 소년부 판사 및 법원서기관, 법원사무관, 법원주사 또는 법원주사보가 서명 날인하여야 한다. [전문개정 2007. 12. 21.]

제30조의 2(기록의 열람·등사) 소년 보호사건의 기록과 증거물은 소년부 판사이 허가를 받은 경우에만 열람하거나 등사할 수 있다. 다만, 보조인이 심리 개시 결정 후에 소년 보호사건의 기록과 증거물을 열람하는 경우에는 소년부 판사의 허가를 받지 아니하여도 된다. [전문개정 2007. 12. 21.]

제31조(위임규정) 소년 보호사건의 심리에 필요한 사항은 대법원규칙으로 정한다. [전문개정 2007. 12. 21.]

제3절 보호처분 <개정 2007. 12. 21.>

제32조(보호처분의 결정)

① 소년부 판사는 심리 결과 보호처분을 할 필요가 있다고 인정하면 결정으로써 다음 각 호의 어느 하나에 해당하는 처분을 하여야 한다.

1. 보호자 또는 보호자를 대신하여 소년을 보호할 수 있는 자에게 감호 위탁

2. 수강명령

3. 사회봉사명령

4. 보호관찰관의 단기보호관찰

5. 보호관찰관의 장기보호관찰

6. 「아동복지법」에 따른 아동복지시설이나 그 밖의 소년보호시설에 감호 위탁

7. 병원, 요양소 또는 「보호소년등의처우에관한법률」에 따른 소년의료보호시설에 위탁

8. 1개월 이내의 소년원 송치

9. 단기 소년원 송치

10. 장기 소년원 송치

② 다음 각 호 안의 처분 상호 간에는 그 전부 또는 일부를 병합할 수 있다.

1. 제1항 제1호·제2호·제3호·제4호 처분

2. 제1항 제1호·제2호·제3호·제5호 처분

3. 제1항 제4호·제6호 처분

4. 제1항 제5호·제6호 처분

5. 제1항 제5호·제8호 처분

③ 제1항 제3호의 처분은 14세 이상의 소년에게만 할 수 있다.

④ 제1항 제2호 및 제10호의 처분은 12세 이상의 소년에게만 할 수 있다.

⑤ 제1항 각 호의 어느 하나에 해당하는 처분을 한 경우 소년부는 소년을 인도하면서 소년의 교정에 필요한 참고자료를 위탁받는 자나 처분을 집행하는 자에게 넘겨야 한다.

⑥ 소년의 보호처분은 그 소년의 장래 신상에 어떠한 영향도 미치지 아니한다. [전문개정 2007. 12. 21.]

제32조의 2(보호관찰처분에 따른 부가처분 등)

① 제32조 제1항 제4호 또는 제5호의 처분을 할 때에 3개월 이내의 기간을 정하여 「

보호소년등의처우에관한법률」에 따른 대안교육 또는 소년의 상담·선도·교화와 관련된 단체나 시설에서의 상담·교육을 받을 것을 동시에 명할 수 있다.

② 제32조 제1항 제4호 또는 제5호의 처분을 할 때에 1년 이내의 기간을 정하여 야간 등 특정 시간대의 외출을 제한하는 명령을 보호관찰대상자의 준수 사항으로 부과할 수 있다.

③ 소년부 판사는 가정상황 등을 고려하여 필요하다고 판단되면 보호자에게 소년원, 소년분류심사원 또는 보호관찰소 등에서 실시하는 소년의 보호를 위한 특별교육을 받을 것을 명할 수 있다. [본조신설 2007. 12. 21.]

제33조(보호처분의 기간)

① 제32조 제1항 제1호·제6호·제7호의 위탁기간은 6개월로 하되, 소년부 판사는 결정으로써 6개월의 범위에서 한 번에 한하여 그 기간을 연장할 수 있다. 다만, 소년부 판사는 필요한 경우에는 언제든지 결정으로써 그 위탁을 종료시킬 수 있다.

② 제32조 제1항 제4호의 단기 보호관찰기간은 1년으로 한다.

③ 제32조 제1항 제5호의 장기 보호관찰기간은 2년으로 한다. 다만, 소년부 판사는 보호관찰관의 신청에 따라 결정으로써 1년의 범위에서 한 번에 한하여 그 기간을 연장할 수 있다.

④ 제32조 제1항 제2호의 수강명령은 100시간을, 제32조 제1항 제3호의 사회봉사명령은 200시간을 초과할 수 없으며, 보호관찰관이 그 명령을 집행할 때에는 사건 본인의 정상적인 생활을 방해하지 아니하도록 하여야 한다.

⑤ 제32조 제1항 제9호에 따라 단기로 소년원에 송치된 소년의 보호기간은 6개월을 초과하지 못한다.

⑥ 제32조 제1항 제10호에 따라 장기로 소년원에 송치된 소년의 보호기간은 2년을 초과하지 못한다.

⑦ 제32조 제1항 제6호부터 제10호까지의 어느 하나에 해당하는 처분을 받은 소년이 시설위탁이나 수용 이후 그 시설을 이탈하였을 때에는 위 처분기간은 진행이 정지되고, 재위탁 또는 재수용된 때로부터 다시 진행한다. [전문개정 2007. 12. 21.]

제34조(몰수의 대상)

① 소년부 판사는 제4조 제1항 제1호·제2호에 해당하는 소년에 대하여 제32조의 처분을 하는 경우에는 결정으로써 다음의 물건을 몰수할 수 있다.

　1. 범죄 또는 형벌 법령에 저촉되는 행위에 제공하거나 제공하려 한 물건

　2. 범죄 또는 형벌 법령에 저촉되는 행위로 인하여 생기거나 이로 인하여 취득한 물건

　　3. 제1호와 제2호의 대가로 취득한 물건

② 제1항의 몰수는 그 물건이 사건 본인 이외의 자의 소유에 속하지 아니하는 경우에만 할 수 있다. 다만, 사건 본인의 행위가 있은 후 그 정을 알고도 취득한 자가 소유한 경우에는 그러하지 아니하다. [전문개정 2007. 12. 21.]

제35조(결정의 집행) 소년부 판사는 제32조 제1항 또는 제32조의 2에 따른 처분 결정을 하였을 때에는 조사관, 소년부 법원서기관, 법원사무관, 법원주사, 법원주사보, 보호관찰관, 소년원 또는 소년분류심사원 소속 공무원, 그 밖에 위탁 또는 송치받을 기관 소속의 직원에게 그 결정을 집행하게 할 수 있다. [전문개정 2007. 12. 21.]

제36조(보고와 의견 제출)

① 소년부 판사는 제32조 제1항 제1호·제6호·제7호의 처분을 한 경우에는 위탁받은 자에게 소년에 관한 보고서나 의견서를 제출하도록 요구할 수 있다.

② 소년부 판사는 조사관에게 제32조 제1항 제1호·제6호·제7호의 처분에 관한 집행상황을 보고하게 할 수 있고, 필요하다고 인정되면 위탁받은 자에게 그 집행과 관련된 사항을 지시할 수 있다. [전문개정 2007. 12. 21.]

제37조(처분의 변경)

① 소년부 판사는 위탁받은 자나 보호처분을 집행하는 자의 신청에 따라 결정으로써 제32조의 보호처분과 제32조의 2의 부가처분을 변경할 수 있다. 다만, 제32조 제1항 제1호·제6호·제7호의 보호처분과 제32조의 2 제1항의 부가처분은 직권으로 변경할 수 있다.

② 제1항에 따른 결정을 집행할 때에는 제35조를 준용한다.

③ 제1항의 결정은 지체 없이 사건 본인과 보호자에게 알리고 그 취지를 위탁받은 자나 보호처분을 집행하는 자에게 알려야 한다. [전문개정 2007. 12. 21.]

제38조(보호처분의 취소)

① 보호처분이 계속 중일 때에 사건 본인이 처분 당시 19세 이상인 것으로 밝혀진 경우에는 소년부 판사는 결정으로써 그 보호처분을 취소하고 다음의 구분에 따라 처리하여야 한다.

　　1. 검사·경찰서장의 송치 또는 제4조 제3항의 통고에 의한 사건인 경우에는 관할 지방법원에 대응하는 검찰청 검사에게 송치한다.

　　2. 제50조에 따라 법원이 송치한 사건인 경우에는 송치한 법원에 이송한다.

② 제4조 제1항 제1호·제2호의 소년에 대한 보호처분이 계속 중일 때에 사건 본인이 행위 당시 10세 미만으로 밝혀진 경우 또는 제4조 제1항 제3호의 소년에 대한 보호처분이 계속 중일 때에 사건 본인이 처분 당시 10세 미만으로 밝혀진 경우에

는 소년부 판사는 결정으로써 그 보호처분을 취소하여야 한다. [전문개정 2007. 12. 21.]

제39조(보호처분과 유죄판결) 보호처분이 계속 중일 때에 사건 본인에 대하여 유죄판결이 확정된 경우에 보호처분을 한 소년부 판사는 그 처분을 존속할 필요가 없다고 인정하면 결정으로써 보호처분을 취소할 수 있다. [전문개정 2007. 12. 21.]

제40조(보호처분의 경합) 보호처분이 계속 중일 때에 사건 본인에 대하여 새로운 보호처분이 있었을 때에는 그 처분을 한 소년부 판사는 이전의 보호처분을 한 소년부에 조회하여 어느 하나의 보호처분을 취소하여야 한다. [전문개정 2007. 12. 21.]

제41조(비용의 보조) 제18조 제1항 제1호·제2호의 조치에 관한 결정이나 제32조 제1항 제1호·제6호·제7호(「보호소년등의처우에관한법률」에 따른 소년의료보호시설 위탁처분은 제외한다.)의 처분을 받은 소년의 보호자는 위탁받은 자에게 그 감호에 관한 비용의 전부 또는 일부를 지급하여야 한다. 다만, 보호자가 지급할 능력이 없을 때에는 소년부가 지급할 수 있다. [전문개정 2007. 12. 21.]

제42조(증인 등의 비용)

① 증인, 감정인, 통역인, 번역인에게 지급하는 비용, 숙박료, 그 밖의 비용에 대해서는 「형사소송법」 중 비용에 관한 규정을 준용한다.

② 참고인에게 지급하는 비용에 관해서는 제1항을 준용한다. [전문개정 2007. 12. 21.]

제4절 항고 <개정 2007. 12. 21.>

제43조(항고)

① 제32조에 따른 보호처분의 결정 및 제32조의 2에 따른 부가처분 등의 결정 또는 제37조의 보호처분·부가처분 변경 결정이 다음 각 호의 어느 하니에 해당하면 사건 본인, 보호자, 보소인 또는 그 법정대리인은 관할 가정법원 또는 지방법원 본원 합의부에 항고할 수 있다.

1. 해당 결정에 영향을 미칠 법령 위반이 있거나 중대한 사실 오인이 있는 경우

2. 처분이 현저히 부당한 경우

② 항고를 제기할 수 있는 기간은 7일로 한다. [전문개정 2007. 12. 21.]

제44조(항고장의 제출)

① 항고를 할 때에는 항고장을 원심 소년부에 제출하여야 한다.

② 항고장을 받은 소년부는 3일 이내에 의견서를 첨부하여 항고법원에 송부하여야 한

다. [전문개정 2007. 12. 21.]

제45조(항고의 재판)

① 항고법원은 항고 절차가 법률에 위반되거나 항고가 이유 없다고 인정한 경우에는 결정으로써 항고를 기각하여야 한다.

② 항고법원은 항고가 이유가 있다고 인정한 경우에는 원결정을 취소하고 사건을 원소년부에 환송하거나 다른 소년부에 이송하여야 한다. 다만, 환송 또는 이송할 여유가 없이 급하거나 그 밖에 필요하다고 인정한 경우에는 원결정을 파기하고 불처분 또는 보호처분의 결정을 할 수 있다. [전문개정 2007. 12. 21.]

제46조(집행 정지) 항고는 결정의 집행을 정지시키는 효력이 없다. [전문개정 2007. 12. 21.]

제47조(재항고)

① 항고를 기각하는 결정에 대해서는 그 결정이 법령에 위반되는 경우에만 대법원에 재항고를 할 수 있다.

② 제1항의 재항고에 관해서는 제43조 제2항을 준용한다. [전문개정 2007. 12. 21.]

제3장 형사사건 <개정 2007. 12. 21.>

제1절 통칙 <개정 2007. 12. 21.>

제48조(준거법례) 소년에 대한 형사사건에 관해서는 이 법에 특별한 규정이 없으면 일반 형사사건의 예에 따른다. [전문개정 2007. 12. 21.]

제49조(검사의 송치)

① 검사는 소년에 대한 피의사건을 수사한 결과 보호처분에 해당하는 사유가 있다고 인정한 경우에는 사건을 관할 소년부에 송치하여야 한다.

② 소년부는 제1항에 따라 송치된 사건을 조사 또는 심리한 결과 그 동기와 죄질이 금고 이상의 형사처분을 할 필요가 있다고 인정할 때에는 결정으로써 해당 검찰청 검사에게 송치할 수 있다.

③ 제2항에 따라 송치한 사건은 다시 소년부에 송치할 수 없다. [전문개정 2007. 12. 21.]

제49조의 2(검사의 결정 전 조사)

① 검사는 소년 피의사건에 대하여 소년부 송치, 공소제기, 기소유예 등의 처분을 결정하기 위하여 필요하다고 인정하면 피의자의 주거지 또는 검찰청 소재지를 관할하는 보호관찰소의 장, 소년분류심사원장 또는 소년원장(이하 '보호관찰소장 등'이라 한다.)에게 피의자의 품행, 경력, 생활환경이나 그 밖에 필요한 사항에 관한 조

사를 요구할 수 있다.

② 제1항의 요구를 받은 보호관찰소장 등은 지체 없이 이를 조사하여 서면으로 해당 검사에게 통보하여야 하며, 조사를 위하여 필요한 경우에는 소속 보호관찰관, 분류 심사관 등에게 피의자 또는 관계인을 출석하게 하여 진술요구를 하는 등의 방법으로 필요한 사항을 조사하게 할 수 있다.

③ 제2항에 따른 조사를 할 때에는 미리 피의자 또는 관계인에게 조사의 취지를 설명하여야 하고, 피의자 또는 관계인의 인권을 존중하며, 직무상 비밀을 엄수하여야 한다.

④ 검사는 보호관찰소장 등으로부터 통보받은 조사 결과를 참고하여 소년피의자를 교화·개선하는 데에 가장 적합한 처분을 결정하여야 한다. [본조신설 2007. 12. 21.]

제49조의 3(조건부 기소유예) 검사는 피의자에 대하여 다음 각 호에 해당하는 선도 등을 받게 하고, 피의사건에 대한 공소를 제기하지 아니할 수 있다. 이 경우 소년과 소년의 친권자·후견인 등 법정대리인의 동의를 받아야 한다.

1. 범죄예방자원봉사위원의 선도

2. 소년의 선도·교육과 관련된 단체·시설에서의 상담·교육·활동 등 [본조신설 2007. 12. 21.]

제50조(법원의 송치) 법원은 소년에 대한 피고사건을 심리한 결과 보호처분에 해당할 사유가 있다고 인정하면 결정으로써 사건을 관할 소년부에 송치하여야 한다. [전문개정 2007. 12. 21.]

제51조(이송) 소년부는 제50조에 따라 송치받은 사건을 조사 또는 심리한 결과 사건의 본인이 19세 이상인 것으로 밝혀지면 결정으로써 송치한 법원에 사건을 다시 이송하여야 한다. [전문개정 2007. 12. 21.]

제52조(소년부 송치 시의 신병 처리)

① 제49조 제1항이나 제50조에 따른 소년부 송치결정이 있는 경우에는 소년을 구금하고 있는 시설의 장은 검사의 이송 지휘를 받은 때로부터 법원 소년부가 있는 시·군에서는 24시간 이내에, 그 밖의 시·군에서는 48시간 이내에 소년을 소년부에 인도하여야 한다. 이 경우 구속영장의 효력은 소년부 판사가 제18조 제1항에 따른 소년의 감호에 관한 결정을 한 때에 상실한다.

② 제1항에 따른 인도와 결정은 구속영장의 효력기간 내에 이루어져야 한다. [전문개정 2007. 12. 21.]

제53조(보호처분의 효력) 제32조의 보호처분을 받은 소년에 대해서는 그 심리가 결정된 사

건은 다시 공소를 제기하거나 소년부에 송치할 수 없다. 다만, 제38조 제1항 제1호의 경우에는 공소를 제기할 수 있다. [전문개정 2007. 12. 21.]

제54조(공소시효의 정지) 제20조에 따른 심리 개시 결정이 있었던 때로부터 그 사건에 대한 보호처분의 결정이 확정될 때까지 공소시효는 그 진행이 정지된다. [전문개정 2007. 12. 21.]

제55조(구속영장의 제한)

① 소년에 대한 구속영장은 부득이한 경우가 아니면 발부하지 못한다.

② 소년을 구속하는 경우에는 특별한 사정이 없으면 다른 피의자나 피고인과 분리하여 수용하여야 한다. [전문개정 2007. 12. 21.]

제2절 심판 <개정 2007. 12. 21.>

제56조(조사의 위촉) 법원은 소년에 대한 형사사건에 관하여 필요한 사항을 조사하도록 조사관에게 위촉할 수 있다. [전문개정 2007. 12. 21.]

제57조(심리의 분리) 소년에 대한 형사사건의 심리는 다른 피의사건과 관련된 경우에도 심리에 지장이 없으면 그 절차를 분리하여야 한다. [전문개정 2007. 12. 21.]

제58조(심리의 방침)

① 소년에 대한 형사사건의 심리는 친절하고 온화하게 하여야 한다.

② 제1항의 심리에는 소년의 심신상태, 품행, 경력, 가정상황, 그 밖의 환경 등에 대하여 정확한 사실을 밝힐 수 있도록 특별히 유의하여야 한다. [전문개정 2007. 12. 21.]

제59조(사형 및 무기형의 완화) 죄를 범할 당시 18세 미만인 소년에 대하여 사형 또는 무기형으로 처할 경우에는 15년의 유기징역으로 한다. [전문개정 2007. 12. 21.]

제60조(부정기형)

① 소년이 법정형으로 장기 2년 이상의 유기형에 해당하는 죄를 범한 경우에는 그 형의 범위에서 장기와 단기를 정하여 선고한다. 다만, 장기는 10년, 단기는 5년을 초과하지 못한다.

② 소년의 특성에 비추어 상당하다고 인정되는 때에는 그 형을 감경할 수 있다.

③ 형의 집행유예나 선고유예를 선고할 때에는 제1항을 적용하지 아니한다.

④ 소년에 대한 부정기형을 집행하는 기관의 장은 형의 단기가 지난 소년범의 행형성적이 양호하고 교정의 목적을 달성하였다고 인정되는 경우에는 관찰 검찰청 검사의 지휘에 따라 그 형의 집행을 종료시킬 수 있다. [전문개정 2007. 12. 21.]

제61조(미결구금일수의 산입) 제18조 제1항 제3호의 조치가 있었을 때에는 그 위탁기간은 「형법」 제57조 제1항의 판결 선고 전 구금일수로 본다. [전문개정 2007. 12. 21.]

제62조(환형처분의 금지) 18세 미만인 소년에게는 「형법」 제70조에 따른 유치 선고를 하지 못한다. 다만, 판결 선고 전 구속되었거나 제18조 제1항 제3호의 조치가 있었을 때에는 그 구속 또는 위탁의 기간에 해당하는 기간은 노역장에 유치된 것으로 보아 「형법」 제57조를 적용할 수 있다. [전문개정 2007. 12. 21.]

제63조(징역ㆍ금고의 집행) 징역 또는 금고를 선고받은 소년에 대해서는 특별히 설치된 교도소 또는 일반 교도소 안에 특별히 분리된 장소에서 그 형을 집행한다. 다만, 소년이 형의 집행 중에 23세가 되면 일반 교도소에서 집행할 수 있다. [전문개정 2007. 12. 21.]

제64조(보호처분과 형의 집행) 보호처분이 계속 중일 때에 징역, 금고 또는 구류를 선고받은 소년에 대해서는 먼저 그 형을 집행한다. [전문개정 2007. 12. 21.]

제65조(가석방) 징역 또는 금고를 선고받은 소년에 대해서는 다음 각 호의 기간이 지나면 가석방을 허가할 수 있다.

　　1. 무기형의 경우에는 5년

　　2. 15년 유기형의 경우에는 3년

　　3. 부정기형의 경우에는 단기의 3분의 1 [전문개정 2007. 12. 21.]

제66조(가석방 기간의 종료) 징역 또는 금고를 선고받은 소년이 가석방된 후 그 처분이 취소되지 아니하고 가석방 전에 집행을 받은 기간과 같은 기간이 지난 경우에는 형의 집행을 종료한 것으로 한다. 다만, 제59조의 형기 또는 제60조 제1항에 따른 장기의 기간이 먼저 지난 경우에는 그 때에 형의 집행을 종료한 것으로 한다. [전문개정 2007. 12. 21.]

제67조(자격에 관한 법령의 적용) 소년이었을 때 범한 죄에 의하여 형을 선고받은 자가 그 집행을 종료하거나 면제받은 경우 사격에 관한 법령을 적용할 때에는 장래에 향하여 형의 선고를 받지 아니한 것으로 본다. [전문개정 2007. 12. 21.] 제3장의 2 비행 예방 〈신설 2007. 12. 21.〉

제67조의 2(비행 예방정책) 법무부장관은 제4조 제1항에 해당하는 자(이하 '비행소년'이라 한다.)가 건전하게 성장하도록 돕기 위하여 다음 각 호의 사항에 대한 필요한 조치를 취하여야 한다.

1. 비행소년이 건전하게 성장하도록 돕기 위한 조사, 연구, 교육, 홍보 및 관련 정책의 수립ㆍ시행

2. 비행소년의 선도ㆍ교육과 관련된 중앙행정기관, 공공기관 및 사회단체와의 협조

체계의 구축 및 운영 [본조신설 2007. 12. 21.]

제4장 벌칙 <개정 2007. 12. 21.>

제68조(보도 금지)

① 이 법에 따라 조사 또는 심리 중에 있는 보호사건이나 형사사건에 대해서는 성명, 연령, 직업, 용모 등으로 비추어 볼 때 그자가 당해 사건의 당사자라고 미루어 짐작할 수 있는 정도의 사실이나 사진을 신문이나 그 밖의 출판물에 싣거나 방송할 수 없다.

② 제1항을 위반한 다음 각 호의 자는 1년 이하의 징역이나 금고 또는 1천만 원 이하의 벌금에 처한다.

  1. 신문: 편집인 및 발행인

  2. 그 밖의 출판물: 저작자 및 발행자

  3. 방송: 방송편집인 및 방송인 [전문개정 2007. 12. 21.]

제69조(나이의 거짓 진술) 성인이 고의로 나이를 거짓으로 진술하여 보호처분이나 소년 형사처분을 받은 경우에는 1년 이하의 징역에 처한다. [전문개정 2007. 12. 21.]

제70조(조회 응답)

① 소년 보호사건과 관계있는 기관은 그 사건 내용에 관하여 재판, 수사 또는 군사상 필요한 경우 외의 어떠한 조회에도 응하여서는 아니 된다.

② 제1항을 위반한 자는 1년 이하의 징역 또는 1천만 원 이하의 벌금에 처한다. [전문개정 2007. 12. 21.]

제71조(소환의 불응 및 보호자 특별교육명령 불응) 다음 각 호의 어느 하나에 해당하는 자에게는 100만 원 이하의 과태료를 부과한다.

  1. 제13조 제1항에 따른 소환에 정당한 이유 없이 응하지 아니한 자

  2. 제32조의 2 제3항의 특별교육명령에 정당한 이유 없이 응하지 아니한 자 [전문개정 2007. 12. 21.]

부칙 <제4057호, 1988. 12. 31.>

① (시행일) 이 법은 1989년 7월 1일부터 시행한다.

② (경과조치) 이 법은 이 법 시행 당시 조사 또는 심판 중에 있는 보호사건 또는 형사사건에 대해서도 적용한다. 다만, 이 법 시행 전에 종전의 규정에 의하여 행한 보호절차 또는 형사절차의 효력에는 영향을 미치지 아니한다.

부칙(소년원법) <제4929호, 1995. 1. 5.>

제1조(시행일) 이 법은 공포한 날부터 시행한다.

제2조(다른 법률의 개정)

① 소년법 중 다음과 같이 개정한다. 제12조 중 "소년감별소의 감별결과"를 "소년분류심사원의 분류심사결과"로 한다. 제18조 제1항 제3호 및 제5항 중 "소년감별소"를 각각 "소년분류심사원"으로 한다. 제35조 중 "소년감별소"를 "소년분류심사원"으로 한다.

② 생략

부칙 <제8439호, 2007. 5. 17.>

이 법은 2008년 1월 1일부터 시행한다.

부칙 <제8722호, 2007. 12. 21.>

제1조(시행일) 이 법은 공포 후 6개월이 경과한 날부터 시행한다.

제2조(일반적 경과조치) 이 법은 이 법 시행 당시 조사 또는 심리 중에 있는 보호사건 또는 형사사건에 대해서도 적용한다. 다만, 이 법 시행 전에 종전의 규정에 따라 행한 보호절차 또는 형사절차의 효력에는 영향을 미치지 아니한다.

제3조(소년의 나이 조정에 따른 경과조치) 이 법 시행 전에 제4조 제1항 각 호의 요건의 어느 하나에 해당하는 자에 대해서는 제7조 제2항, 제38조 제1항 및 제51조의 개정규정에도 불구하고 종전의 규정에 따른다.

제4조(벌칙에 관한 경과조치) 이 법 시행 전의 행위에 대하여 벌칙을 적용할 때에는 종전의 규정에 따른다.

제5조(다른 법률의 개정) 보호관찰등에관한법률 일부를 다음과 같이 개정한다. 제3조 제2항 제2호 중 "제32조 세3항의 규정에 의하여"를 "제32조에 따라"로 하고, 제26조 제1항 중 "제32조 제1항 제6호·제7호의"를 "제32조 제1항 제8호부터 제10호까지의 어느 하나에 해당하는"으로 하며, 제49조 제2항 중 "20세"를 "19세"로 한다. 제6조(다른 법령과의 관계) 이 법 시행 당시 다른 법령에서 종전의 「소년법」의 규정을 인용한 경우에 이 법 가운데 그에 해당하는 규정이 있으면 종전의 규정을 갈음하여 이 법의 해당 조항을 인용한 것으로 본다.

[보호관찰등에관한법률]

일부개정 2007. 12. 21. 법률 제8728호
※ 세부적인 내용을 살펴보기 위해서는 시행령(대통령령)과 시행규칙(법무부령)을 참고해야
한다.

제1장 총칙

제1조(목적) 이 법은 죄를 범한 자로서 재범방지를 위하여 보호관찰, 사회봉사·수강 및 갱생보호 등 체계적인 사회 내 처우가 필요하다고 인정되는 자에 대하여 지도·원호를 함으로써 건전한 사회복귀를 촉진하고, 효율적인 범죄예방활동을 전개함으로써 개인 및 공공의 복지를 증진함과 아울러 사회를 보호함을 목적으로 한다.

제2조(국민의 협력 등)

① 모든 국민은 제1조의 목적을 달성하기 위하여 그 지위와 능력에 따라 협력하여야 한다.

② 국가와 지방자치단체는 죄를 범한 자의 건전한 사회복귀를 위하여 보호선도사업을 육성할 책임을 진다.

제3조(대상자)

① 보호관찰을 받을 자(이하 '보호관찰대상자'라 한다.)는 다음 각 호와 같다.

 1. 형법 제59조의 2의 규정에 의하여 보호관찰을 조건으로 형의 선고유예를 받은 자

 2. 형법 제62조의 2의 규정에 의하여 보호관찰을 조건으로 형의 집행유예의 선고를 받은 자

 3. 형법 제73조의 2 또는 이 법 제25조의 규정에 의하여 보호관찰을 조건으로 가석방 또는 가퇴원된 자

 4. 소년법 제32조 제1항 제2호 및 제3호의 보호처분을 받은 자

 5. 다른 법률에 의하여 이 법에 의한 보호관찰을 받도록 규정된 자

② 사회봉사 또는 수강을 하여야 할 자(이하 '사회봉사·수강명령대상자'라 한다.)는 다음 각 호와 같다.

 1. 형법 제62조의 2의 규정에 의하여 사회봉사 또는 수강을 조건으로 형의 집행유예의 선고를 받은 자

 2. 소년법 제32조 제3항의 규정에 의하여 사회봉사명령 또는 수강명령을 받은 자

 3. 다른 법률에 의하여 이 법에 의한 사회봉사 또는 수강을 받도록 규정된 자

③ 갱생보호를 받을 자(이하 '갱생보호대상자'라 한다.)는 형사처분 또는 보호처분을

받은 자로서 자립갱생을 위한 숙식제공, 여비지급, 생업도구·생업조성금품의 지급 또는 대여, 직업훈련 및 취업알선 등 보호의 필요성이 인정되는 자로 한다.

제3조(대상자)

① 보호관찰을 받을 자(이하 '보호관찰대상자'라 한다.)는 다음 각 호와 같다. <개정 2007. 12. 21.>

1. 형법 제59조의 2의 규정에 의하여 보호관찰을 조건으로 형의 선고유예를 받은 자

2. 형법 제62조의 2의 규정에 의하여 보호관찰을 조건으로 형의 집행유예의 선고를 받은 자

3. 형법 제73조의 2 또는 이 법 제25조의 규정에 의하여 보호관찰을 조건으로 가석방 또는 임시 퇴원된 자

4. 소년법 제32조 제1항 제2호 및 제3호의 보호처분을 받은 자

5. 다른 법률에 의하여 이 법에 의한 보호관찰을 받도록 규정된 자

② 사회봉사 또는 수강을 하여야 할 자(이하 '사회봉사·수강명령대상자'라 한다.)는 다음 각 호와 같다. <개정 2007. 12. 21.>

1. 형법 제62조의 2의 규정에 의하여 사회봉사 또는 수강을 조건으로 형의 집행유예의 선고를 받은 자

2. 소년법 제32조에 따라 사회봉사명령 또는 수강명령을 받은 자

3. 다른 법률에 의하여 이 법에 의한 사회봉사 또는 수강을 받도록 규정된 자

③ 갱생보호를 받을 자(이하 '갱생보호대상자'라 한다.)는 형사처분 또는 보호처분을 받은 자로서 자립갱생을 위한 숙식제공, 여비지급, 생업도구·생업조성금품의 지급 또는 대여, 직업훈련 및 취업알선 등 보호의 필요성이 인정되는 자로 한다. [시행일 2008. 6. 22.] 제3조 제1항 제3호, 제3조 제2항 제2호

제4조(운영의 기준) 보호관찰, 사회봉사·수강 또는 갱생보호는 당해 대상자의 교화·개선 및 범죄예방을 위하여 필요하고도 상당한 한도 내에서 이루어져야 하며, 당해 대상자의 연령, 경력, 심신상태, 가정환경, 교우관계 기타 모든 사정을 충분히 고려하여 가장 적합한 방법으로 실시되어야 한다.

제2장 보호관찰기관

제1절 보호관찰심사위원회

제5조(설치)

    ① 보호관찰에 관한 사항을 심사·결정하기 위하여 법무부장관소속하에 보호관찰심사위원회(이하 '심사위원회'라 한다.)를 둔다.

    ② 심사위원회는 고등검찰청 소재지 등 대통령령이 정하는 지역에 설치한다.

제6조(관장사무) 심사위원회는 이 법에 의한 다음 각 호의 사항을 심사·결정한다.

    1. 가석방과 그 취소에 관한 사항

    2. 가퇴원과 그 취소에 관한 사항

    3. 보호관찰의 가해제와 그 취소에 관한 사항

    4. 보호관찰의 정지와 그 취소에 관한 사항

    5. 가석방 중인 자의 부정기형의 종료에 관한 사항

    6. 이 법 또는 다른 법령에 의하여 심사위원회의 관장사무로 규정된 사항

    7. 제1호 내지 제6호에 관련된 사항으로서 위원장이 부의하는 사항

제6조(관장사무) 심사위원회는 이 법에 의한 다음 각 호의 사항을 심사·결정한다. <개정 2007. 12. 21.>

    1. 가석방과 그 취소에 관한 사항

    2. 임시퇴원과 그 취소에 관한 사항

    3. 보호관찰의 가해제와 그 취소에 관한 사항

    4. 보호관찰의 정지와 그 취소에 관한 사항

    5. 가석방 중인 자의 부정기형의 종료에 관한 사항

    6. 이 법 또는 다른 법령에 의하여 심사위원회의 관장사무로 규정된 사항

    7. 제1호 내지 제6호에 관련된 사항으로서 위원장이 부의하는 사항 [시행일 2008. 6. 22.] 제6조 제2호

제7조(구성)

    ① 심사위원회는 위원장을 포함하여 5인 이상 9인 이하의 위원으로 구성한다.

    ② 심사위원회의 위원장은 고등검찰청검사장 또는 고등검찰청소속 검사 중에서 법무부장관이 임명한다. <개정 2004. 1. 20.>

    ③ 심사위원회의 위원은 판사·검사·변호사·보호관찰소장·지방교정청장·교도소

장·소년원장 및 보호관찰에 관한 지식과 경험이 풍부한 자 중에서 법무부장관이
임명 또는 위촉한다.

④ 심사위원회의 위원 중 상임위원을 두되, 그 수는 3인 이내로 한다.

제8조(위원의 임기) 위원의 임기는 2년으로 하되, 연임할 수 있다. 다만, 공무원인 비상임위
원의 임기는 그 직위에 있는 동안으로 한다.

제9조(위원의 해임 및 해촉) 위원이 다음 각 호의 1에 해당하는 때에는 해임 또는 해촉할
수 있다.

1. 심신장애로 인하여 직무수행이 불가능하거나 현저히 곤란하다고 인정되는 때
2. 직무태만·품위손상 기타 사유로 인하여 위원으로서 적당하지 아니하다고 인정
되는 때

제10조(위원의 신분 등)

① 상임위원은 3급 또는 4급 상당의 별정직 국가공무원이나 고위공무원단에 속하는
별정직 국가공무원으로 한다. <개정 2005. 12. 29.>

② 상임위원이 아닌 위원은 명예직으로 한다. 다만, 예산의 범위 안에서 법무부령이
정하는 바에 의하여 여비 기타 수당을 지급할 수 있다.

제11조(심사)

① 심사위원회는 심사 자료에 의하여 제6조 각 호의 사항을 심사한다.

② 심사위원회는 심사를 위하여 필요하다고 인정하는 때에는 보호관찰대상자 기타 관
계인을 소환하여 심문하거나 상임위원 또는 보호관찰관으로 하여금 필요한 사항을
조사하게 할 수 있다.

③ 심사위원회는 심사를 위하여 필요하다고 인정하는 때에는 국·공립기관 기타 단체
에 사실을 알아보거나 관계 자료의 제출을 요청할 수 있다.

제12조(의결 및 결정)

① 심사위원회의 회의는 재적위원 과반수의 출석으로 개의하고, 출석위원 과반수의
찬성으로 의결한다.

② 심사위원회의 회의는 비공개로 한다.

③ 결정은 이유를 붙이고 출석한 위원이 기명날인한 문서로써 한다.

제13조(명칭·관할구역·운영 등) 심사위원회의 명칭, 관할구역 및 직무범위와 위원의 임
명 또는 위촉 기타 심사위원회의 운영에 관하여 필요한 사항은 대통령령으로 정한다.

제2절 보호관찰소

제14조(보호관찰소의 설치)

① 보호관찰, 사회봉사·수강 및 갱생보호에 관한 사무를 관장하기 위하여 법무부장관소속하에 보호관찰소를 둔다.

② 보호관찰소의 사무의 일부를 처리하게 하기 위하여 그 관할구역 안에 보호관찰지소를 둘 수 있다.

제15조(보호관찰소의 관장사무) 보호관찰소(보호관찰지소를 포함한다. 이하 같다.)는 다음 각 호의 사무를 관장한다.

　　1. 보호관찰의 실시 및 사회봉사명령·수강명령의 집행

　　2. 갱생보호의 실시

　　3. 검사가 보호관찰관의 선도를 조건으로 공소제기를 유예하고 위탁한 선도의 실시

　　4. 제18조의 규정에 의한 범죄예방자원봉사위원에 대한 교육훈련 및 업무지도

　　5. 범죄예방활동

　　6. 이 법 또는 다른 법령에 의하여 보호관찰소의 관장사무로 규정된 사항

제16조(보호관찰관)

① 보호관찰소에는 제15조 각 호의 사무를 처리하기 위하여 보호관찰관을 둔다.

② 보호관찰관은 형사정책학, 행형학, 범죄학, 사회사업학, 교육학, 심리학 기타 보호관찰에 필요한 전문적 지식을 갖춘 자여야 한다.

제17조(보호관찰소의 명칭 등) 보호관찰소의 명칭, 관할구역, 조직 및 정원 기타 필요한 사항은 대통령령으로 정한다.

제18조(범죄예방자원봉사위원)

① 범죄예방활동을 행하고, 보호관찰활동과 갱생보호사업을 지원하기 위하여 범죄예방자원봉사위원(이하 '범죄예방위원'이라 한다.)을 둘 수 있다.

② 범죄예방위원은 법무부령이 정하는 바에 의하여 법무부장관이 위촉한다.

③ 범죄예방위원의 명예와 이 법에 의한 활동은 존중되어야 한다.

④ 범죄예방위원은 명예직으로 하되, 예산의 범위 안에서 직무수행에 필요한 비용의 전부 또는 일부를 지급할 수 있다.

⑤ 범죄예방위원의 위촉 및 해촉, 정원, 직무의 구체적 내용, 조직, 비용의 지급 기타 필요한 사항은 법무부령으로 정한다.

제3장 보호관찰 제1절 판결 전 조사

제19조(판결 전 조사)

① 법원은 소년에 대하여 형법 제59조의 2 및 제62조의 2의 규정에 의한 보호관찰, 사회봉사 또는 수강을 명하기 위하여 필요하다고 인정하는 때에는 그 법원의 소재지 또는 피고인의 주거지를 관할하는 보호관찰소의 장에게 범행의 동기, 직업, 생활환경, 교우관계, 가족상황, 피해회복 여부 등 피고인에 관하여 필요한 사항의 조사를 요구할 수 있다.

② 제1항의 요구를 받은 보호관찰소의 장은 지체 없이 이를 조사하여 서면으로 당해 법원에 통보하여야 한다. 이 경우 필요하다고 인정하는 때에는 피고인 기타 관계인을 소환하여 심문하거나 소속보호관찰관으로 하여금 필요한 사항을 조사하게 할 수 있다.

③ 법원은 제1항의 요구를 받은 보호관찰소의 장에게 조사 진행 상황에 대한 보고를 요구할 수 있다.

제2절 형의 선고유예 및 집행유예와 보호관찰

제20조(판결의 통지 등)

① 법원은 형법 제59조의 2 또는 제62조의 2의 규정에 의하여 보호관찰을 명하는 판결을 선고한 때에는 그날부터 10일 이내에 판결문 등본 및 준수사항을 기재한 서면을 피고인의 주거지를 관할하는 보호관찰소의 장에게 송부하여야 한다.

② 제1항의 경우 법원은 그 의견 기타 보호관찰에 참고가 될 수 있는 자료를 첨부할 수 있다.

③ 법원은 제1항의 통지를 받은 보호관찰소의 장에게 보호관찰 상황에 관하여 보고를 요구할 수 있다.

제3절 가석방 및 임시퇴원 <개정 2007. 12. 21.>

제21조(교도소장 등의 통보의무)

① 교도소, 구치소, 소년교도소의 장은 징역 또는 금고의 형을 선고받은 소년(이하 '소년수형자'라 한다.)이 소년법 제65조의 기간을 경과한 때에는 당해 교도소, 구치소, 소년교도소의 소재지를 관할하는 심사위원회에 그 사실을 통보하여야 한다.

② 소년원장은 보호소년이 수용 후 6개월을 경과한 때에는 당해 소년원의 소재지를 관할하는 심사위원회에 그 사실을 통보하여야 한다.

제22조(가석방 및 가퇴원의 신청)

① 교도소, 구치소, 소년교도소 및 소년원(이하 '수용기관'이라 한다.)의 장은 소년법 제65조의 기간을 경과한 소년수형자 또는 수용 중인 보호소년에 대하여 교정성적이 양호하고 재범의 위험성이 없다고 인정되는 때에는 관할심사위원회에 가석방 또는 가퇴원의 심사를 신청할 수 있다.

② 제1항의 신청에 있어서는 제26조 또는 제27조의 규정에 의하여 통보받은 환경조사 및 환경개선활동 결과를 고려하여야 한다.

제22조(가석방 및 임시퇴원의 신청) <개정 2007. 12. 21.>

① 교도소, 구치소, 소년교도소 및 소년원(이하 '수용기관'이라 한다.)의 장은 소년법 제65조의 기간을 경과한 소년수형자 또는 수용 중인 보호소년에 대하여 교정성적이 양호하고 재범의 위험성이 없다고 인정되는 때에는 관할심사위원회에 가석방 또는 임시퇴원의 심사를 신청할 수 있다. <개정 2007. 12. 21.>

② 제1항의 신청에 있어서는 제26조 또는 제27조의 규정에 의하여 통보받은 환경조사 및 환경개선활동 결과를 고려하여야 한다. [시행일 2008. 6. 22.] 제22조 제1항

제23조(가석방 및 가퇴원의 심사와 결정)

① 심사위원회는 제22조 제1항의 규정에 의한 신청이 있는 때에는 소년수형자에 대한 가석방 또는 보호소년에 대한 가퇴원의 적부를 심사하여 결정한다.

② 심사위원회는 제21조의 규정에 의한 통보가 있는 자에 대해서는 제22조 제1항의 규정에 의한 신청이 없는 경우에도 직권으로 가석방 및 가퇴원의 적부를 심사하여 결정할 수 있다.

③ 심사위원회는 제1항 또는 제2항의 규정에 의하여 소년수형자에 대한 가석방의 적부를 심사하는 때에는 보호관찰의 필요성 여부를 심사하여 결정한다.

④ 심사위원회는 제1항 내지 제3항의 규정에 의하여 심사 · 결정을 함에 있어서는 본인의 인격, 교정성적, 직업, 생활태도, 가족관계 및 재범위험성 등 모든 사정을 고려하여야 한다.

제23조(가석방 및 임시퇴원의 심사와 결정) <개정 2007. 12. 21.>

① 심사위원회는 제22조 제1항의 규정에 의한 신청이 있는 때에는 소년수형자에 대한 가석방 또는 보호소년에 대한 임시퇴원의 적부를 심사하여 결정한다. <개정 2007. 12. 21.>

② 심사위원회는 제21조의 규정에 의한 통보가 있는 자에 대해서는 제22조 제1항의 규정에 의한 신청이 없는 경우에도 직권으로 가석방 및 임시퇴원의 적부를 심사하여 결정할 수 있다. <개정 2007. 12. 21.>

③ 심사위원회는 제1항 또는 제2항의 규정에 의하여 소년수형자에 대한 가석방의 적
부를 심사하는 때에는 보호관찰의 필요성 여부를 심사하여 결정한다.

④ 심사위원회는 제1항 내지 제3항의 규정에 의하여 심사·결정을 함에 있어서는 본
인의 인격, 교정성적, 직업, 생활태도, 가족관계 및 재범위험성 등 모든 사정을 고
려하여야 한다. [시행일 2008. 6. 22.] 제23조 제1항, 제23조 제2항

제24조(성인수형자에 대한 보호관찰의 심사와 결정)

① 심사위원회는 행형법 제52조의 규정에 의하여 가석방되는 자에 대하여 보호관찰의
필요성 여부를 심사하여 결정한다.

② 심사위원회는 제1항의 규정에 의한 보호관찰심사를 할 때에는 제28조의 규정에 의
한 보호관찰사안조사 결과를 고려하여야 한다.

제24조(성인수형자에 대한 보호관찰의 심사와 결정)

① 심사위원회는 「형의집행및수용자의처우에관한법률」 제122조의 규정에 의하여 가
석방되는 자에 대하여 보호관찰의 필요성 여부를 심사하여 결정한다. <개정 2007.
12. 21.>

② 심사위원회는 제1항의 규정에 의한 보호관찰심사를 할 때에는 제28조의 규정에 의
한 보호관찰사안조사 결과를 고려하여야 한다. [시행일 2008. 12. 22.] 제24조 제1항

제25조(법무부장관의 허가) 심사위원회는 제23조의 규정에 의한 심사결과 가석방 또는 가
퇴원이 적합하다고 결정한 경우 및 제24조의 규정에 의한 심사 결과 보호관찰이 필
요 없다고 결정한 경우에는 결정서에 관계서류를 첨부하여 법무부장관에게 이에 대
한 허가를 신청하여야 하며, 법무부장관은 심사위원회의 결정이 정당하다고 인정되
는 때에는 이를 허가할 수 있다.

제25조(법무부장관의 허가) 심사위원회는 제23조의 규정에 의한 심사결과 가석방 또는 임
시퇴원이 적합하다고 결정한 경우 및 제24조의 규정에 의한 심사 결과 보호관찰이
필요 없다고 결정한 경우에는 결정서에 관계서류를 첨부하여 법무부장관에게 이에
대한 허가를 신청하여야 하며, 법무부장관은 심사위원회의 결정이 정당하다고 인정
되는 때에는 이를 허가할 수 있다. <개정 2007. 12. 21.> [시행일 2008. 6. 22.]

제4절 환경조사 및 환경개선활동

제26조(환경조사)

① 수용기관의 장은 소년수형자 및 소년법 제32조 제1항 제6호·제7호의 보호처분을
받은 자(이하 '수용자'라 한다.)를 수용한 때에는 지체 없이 거주예정지를 관할하
는 보호관찰소의 장에게 신상 조사서를 송부하여 환경조사를 의뢰하여야 한다.

② 제1항의 규정에 의하여 환경조사를 의뢰받은 보호관찰소의 장은 수용자의 범죄 또는 비행의 동기, 수용 전의 직업, 생활환경, 교우관계, 가족상황, 피해회복 여부, 생계대책 등을 조사하여 수용기관의 장에게 통보하여야 한다. 이 경우 필요하다고 인정하는 때에는 수용자를 면담하거나 관계인을 소환하여 심문하거나 소속보호관찰관으로 하여금 필요한 사항을 조사하게 할 수 있다.

제26조(환경조사)

① 수용기관의 장은 소년수형자 및 소년법 제32조 제1항 제8호부터 제10호까지의 어느 하나에 해당하는 보호처분을 받은 자(이하 '수용자'라 한다.)를 수용한 때에는 지체 없이 거주예정지를 관할하는 보호관찰소의 장에게 신상 조사서를 송부하여 환경조사를 의뢰하여야 한다. <개정 2007. 12. 21.>

② 제1항의 규정에 의하여 환경조사를 의뢰받은 보호관찰소의 장은 수용자의 범죄 또는 비행의 동기, 수용 전의 직업, 생활환경, 교우관계, 가족상황, 피해회복 여부, 생계대책 등을 조사하여 수용기관의 장에게 통보하여야 한다. 이 경우 필요하다고 인정하는 때에는 수용자를 면담하거나 관계인을 소환하여 심문하거나 소속보호관찰관으로 하여금 필요한 사항을 조사하게 할 수 있다. [시행일 2008. 6. 22.]

제27조(환경개선활동)

① 보호관찰소의 장은 제26조의 규정에 의한 환경조사 결과에 따라 수용자의 건전한 사회복귀를 촉진하기 위하여 필요하다고 인정하는 때에는 본인, 가족, 관계인의 동의 또는 협력을 얻어 본인의 환경개선을 위한 활동을 할 수 있다.

② 보호관찰소의 장은 제1항의 규정에 의한 환경개선활동을 위하여 필요하다고 인정하는 때에는 수용기관의 장에게 수용자의 면담 등 필요한 협조를 요청할 수 있다.

③ 보호관찰소의 장은 제1항의 규정에 의한 환경개선활동의 실시결과를 수용기관의 장과 수용기관의 소재지를 관할하는 심사위원회에 통보하여야 한다.

제28조(성인수형자에 대한 보호관찰사안조사)

① 교도소, 구치소, 소년교도소의 장은 징역 또는 금고 이상의 형의 선고를 받은 성인(이하 '성인수형자'라 한다.)에 대하여 행형법 제51조의 규정에 의하여 가석방심사위원회에 가석방심사신청을 하는 때에는 그 신청과 동시에 가석방심사신청대상자의 명단과 신상 조사서를 당해 교도소, 구치소, 소년교도소의 소재지를 관할하는 심사위원회에 송부하여야 한다.

② 심사위원회는 교도소, 구치소, 소년교도소의 장으로부터 가석방심사신청대상자의 명단과 신상 조사서를 송부받은 때에는 당해 성인수형자를 면담하여 직접 제26조 제2항에 규정된 사항, 석방 후의 재범위험성 및 사회생활에 대한 적응 가능성 등에 관한 조사(이하 '보호관찰사안조사'라 한다.)를 하거나 교도소, 구치소, 소년교

도소의 소재지 또는 당해 성인수형자의 거주예정지를 관할하는 보호관찰소의 장
에게 그 자료를 송부하여 보호관찰사안조사를 의뢰할 수 있다.

③ 제2항의 규정에 의하여 보호관찰사안조사를 의뢰받은 보호관찰소의 장은 지체 없
이 보호관찰사안조사를 행하고 그 결과를 심사위원회에 통보하여야 한다.

④ 교도소, 구치소, 소년교도소의 장은 심사위원회 또는 보호관찰소의 장으로부터 보
호관찰사안조사를 위하여 성인수형자의 면담 등 필요한 협조요청을 받은 경우에는
이에 응하여야 한다.

제28조(성인수형자에 대한 보호관찰사안조사)

① 교도소, 구치소, 소년교도소의 장은 징역 또는 금고 이상의 형의 선고를 받은 성인
(이하 '성인수형자'라 한다.)에 대하여 「형의집행및수용자의처우에관한법률」 제121
조의 규정에 의하여 가석방심사위원회에 가석방심사신청을 하는 때에는 그 신청과
동시에 가석방심사신청대상자의 명단과 신상 조사서를 당해 교도소, 구치소, 소년교
도소의 소재지를 관할하는 심사위원회에 송부하여야 한다. <개정 2007. 12. 21.>

② 심사위원회는 교도소, 구치소, 소년교도소의 장으로부터 가석방심사신청대상자의
명단과 신상 조사서를 송부받은 때에는 당해 성인수형자를 면담하여 직접 제26조
제2항에 규정된 사항, 석방 후의 재범위험성 및 사회생활에 대한 적응 가능성 등
에 관한 조사(이하 '보호관찰사안조사'라 한다.)를 하거나 교도소, 구치소, 소년교
도소의 소재지 또는 당해 성인수형자의 거주예정지를 관할하는 보호관찰소의 장
에게 그 자료를 송부하여 보호관찰사안조사를 의뢰할 수 있다.

③ 제2항의 규정에 의하여 보호관찰사안조사를 의뢰받은 보호관찰소의 장은 지체 없
이 보호관찰사안조사를 행하고 그 결과를 심사위원회에 통보하여야 한다.

④ 교도소, 구치소, 소년교도소의 장은 심사위원회 또는 보호관찰소의 장으로부터 보
호관찰사안조사를 위하여 성인수형자의 면담 등 필요한 협조요청을 받은 경우에는
이에 응하여야 한다. [시행일 2008. 12. 22.] 제28조 제1항

제5절 보호관찰의 실시

제29조(보호관찰의 개시 및 신고)

① 보호관찰은 법원의 판결이나 결정이 확정된 때 또는 가석방·가퇴원된 때부터 개
시된다.

② 보호관찰대상자는 대통령령(시행령)이 정하는 바에 의하여 주거, 직업, 생활계획
기타 필요한 사항을 관할보호관찰소의 장에게 신고하여야 한다.

제29조(보호관찰의 개시 및 신고)

① 보호관찰은 법원의 판결이나 결정이 확정된 때 또는 가석방·임시 퇴원 된 때부터 개시된다. <개정 2007. 12. 21.>

② 보호관찰대상자는 대통령령이 정하는 바에 의하여 주거, 직업, 생활계획 기타 필요한 사항을 관할보호관찰소의 장에게 신고하여야 한다. [시행일 2008. 6. 22.] 제29조 제1항

제30조(보호관찰의 기간) 보호관찰대상자는 다음 각 호의 구분에 따른 기간 동안 보호관찰을 받는다.

    1. 보호관찰을 조건으로 형의 선고유예를 받은 자는 1년

    2. 보호관찰을 조건으로 형의 집행유예의 선고를 받은 자는 그 유예기간. 다만, 법원이 보호관찰기간을 따로 정한 경우에는 그 기간

    3. 가석방자는 형법 제73조의 2 또는 소년법 제66조에 규정된 기간

    4. 가퇴원한 자는 퇴원일부터 6개월 이상 2년 이하의 범위 내에서 심사위원회가 정한 기간

    5. 소년법 제32조 제1항 제2호 및 제3호의 보호처분을 받은 자는 그 법률에 정한 기간

    6. 다른 법률에 의하여 이 법에 의한 보호관찰을 받는 자는 그 법률에서 정한 기간

제30조(보호관찰의 기간) 보호관찰대상자는 다음 각 호의 구분에 따른 기간 동안 보호관찰을 받는다. <개정 2007. 12. 21.>

    1. 보호관찰을 조건으로 형의 선고유예를 받은 자는 1년

    2. 보호관찰을 조건으로 형의 집행유예의 선고를 받은 자는 그 유예기간. 다만, 법원이 보호관찰기간을 따로 정한 경우에는 그 기간

    3. 가석방자는 형법 제73조의 2 또는 소년법 제66조에 규정된 기간

    4. 임시 퇴원된 자는 퇴원일로부터 6개월 이상 2년 이하의 범위 내에서 심사위원회가 정한 기간

    5. 소년법 제32조 제1항 제2호 및 제3호의 보호처분을 받은 자는 그 법률에 정한 기간

    6. 다른 법률에 의하여 이 법에 의한 보호관찰을 받는 자는 그 법률에서 정한 기간 [시행일 2008. 6. 22.] 제30조 제4호

제31조(보호관찰담당자) 보호관찰은 보호관찰대상자의 주거지를 관할하는 보호관찰소 소속 보호관찰관이 담당한다.

제32조(보호관찰대상자의 준수사항)

① 보호관찰대상자는 보호관찰관의 지도·감독을 받으며 준수사항을 지키고 스스로 건전한 사회인이 되도록 노력하여야 한다.

② 보호관찰대상자는 다음 각 호의 사항을 준수하여야 한다.

  1. 주거지에 상주하고 생업에 종사할 것

  2. 범죄로 이어지기 쉬운 나쁜 습관을 버리고 선행을 하며 범죄를 행할 우려가 있는 자들과 교제하거나 어울리지 말 것

  3. 보호관찰관의 지도·감독 및 방문에 순응할 것

  4. 주거를 이전하거나 1개월 이상의 국내외 여행을 할 때에는 미리 보호관찰관에게 신고할 것

③ 법원 및 심사위원회는 판결의 선고 또는 결정의 고지를 함에 있어서 제2항의 준수사항 외에 대통령령이 정하는 범위 안에서 본인의 특성 등을 고려하여 특별히 준수하여야 할 사항을 따로 과할 수 있다.

④ 제2항 및 제3항의 준수사항은 서면으로 이를 고지하여야 한다.

제33조(지도·감독)

① 보호관찰관은 보호관찰대상자의 재범을 방지하고 건전한 사회복귀를 촉진하기 위하여 필요한 지도·감독을 한다.

② 제1항의 지도·감독의 방법은 다음 각 호와 같다.

  1. 보호관찰대상자와 긴밀한 접촉을 가지고 항상 그 행동 및 환경 등을 관찰하는 것

  2. 보호관찰대상자에 대하여 제32조의 준수사항을 이행함에 적절한 지시를 하는 것

  3. 보호관찰대상자의 건전한 사회복귀를 위하여 필요한 조치를 하는 것

제34조(원호)

① 보호관찰관은 보호관찰대상자가 자조의 노력을 함에 있어 그의 개선과 자립을 위하여 필요하다고 인정되는 적절한 원호를 한다.

② 제1항의 원호의 방법은 다음 각 호와 같다.

  1. 숙소 및 취업의 알선

  2. 직업훈련기회의 제공

  3. 환경의 개선

  4. 보호관찰대상자의 건전한 사회복귀를 위하여 필요한 원조의 제공

제35조(응급구호) 보호관찰소의 장은 보호관찰대상자에게 부상·질병 기타 긴급한 사유가 발생한 때에는 대통령령이 정하는 바에 의하여 필요한 구호를 할 수 있다.

제36조(갱생보호사업자 등의 원조 및 협력) 보호관찰소의 장은 제34조 및 제35조의 규정에
의한 원호 및 응급구호를 위하여 필요한 경우에는 국·공립기관, 제67조 제1항의 규
정에 의하여 갱생보호사업 허가를 받은 자 또는 한국갱생보호공단 기타 단체에 대하
여 숙식제공 기타 적절한 원조 또는 협력을 요청할 수 있다. 이 경우 소요되는 비용
은 국가가 예산의 범위 안에서 이를 지급한다.

제37조(보호관찰대상자 등의 조사)

① 보호관찰소의 장은 보호관찰의 실시를 위하여 필요하다고 인정하는 때에는 보호관
찰대상자 기타 관계인을 소환하여 심문하거나 소속보호관찰관으로 하여금 필요한
사항을 조사하게 할 수 있다.

② 보호관찰소의 장은 보호관찰을 위하여 필요하다고 인정하는 때에는 국·공립기관
기타 단체에 사실을 알아보거나 관계 자료의 열람 등 협조를 요청할 수 있다.

③ 제1항 및 제2항의 직무를 담당하는 자는 직무상 비밀을 엄수하고, 보호관찰대상자
및 관계인의 인권을 존중하며, 보호관찰대상자의 건전한 사회복귀에 방해되는 일
이 없도록 주의하여야 한다.

제38조(경고) 보호관찰소의 장은 보호관찰대상자가 제32조의 준수사항을 위반하거나 위반
할 위험성이 있다고 인정할 상당한 이유가 있는 때에는 준수사항의 이행을 촉구하고
형의 집행 등 불이익한 처분을 받을 수 있음을 경고할 수 있다.

제39조(구인)

① 보호관찰소의 장은 보호관찰대상자가 제32조의 준수사항을 위반하였거나 위반하였
다고 의심할 상당한 이유가 있고, 다음 각 호의 1에 해당하는 사유가 있는 때에는
관할지방검찰청의 검사에게 신청하여 검사의 청구로 관할지방법원판사의 구인장을
발부받아 보호관찰대상자를 구인할 수 있다.

1. 일정한 주거가 없는 때

2. 제37조 제1항의 규정에 의한 소환에 불응한 때

3. 도망한 때 또는 도망할 염려가 있는 때

② 제1항의 구인장은 검사의 지휘에 의하여 보호관찰관이 집행한다. 다만, 보호관찰관
이 집행하기 곤란한 경우에는 사법경찰관리로 하여금 집행하게 할 수 있다.

제40조(긴급구인)

① 보호관찰소의 장은 제32조의 준수사항을 위반한 보호관찰대상자가 제39조 제1항
각 호의 1에 해당하는 사유가 있는 경우에 긴급을 요하여 제39조의 규정에 의한
구인장을 발부받을 수 없는 때에는 그 사유를 알리고 구인장 없이 당해 보호관찰
대상자를 구인할 수 있다. 이 경우 긴급을 요한다 함은 당해 보호관찰대상자를 우

연히 발견한 경우 등과 같이 구인장을 발부받을 시간적 여유가 없는 때를 말한다.

② 보호관찰소의 장은 제1항의 규정에 의하여 보호관찰대상자를 구인한 경우에는 긴급구인서를 작성하여 즉시 관할지방검찰청 검사의 승인을 얻어야 한다.

③ 보호관찰소의 장은 제2항의 규정에 의한 승인을 얻지 못한 때에는 즉시 보호관찰대상자를 석방하여야 한다.

제41조(구인기간) 보호관찰소의 장은 제39조 또는 제40조의 규정에 의하여 보호관찰대상자를 구인한 때에는 제42조의 규정에 의하여 유치한 경우를 제외하고는 보호관찰소 등에 인치한 때부터 48시간 이내에 석방하여야 한다.

제42조(유치)

① 보호관찰소의 장은 다음 각 호의 신청이 필요하다고 인정되는 때에는 제39조 또는 제40조의 규정에 의하여 구인한 보호관찰대상자를 수용기관 또는 소년분류심사원에 유치할 수 있다.

   1. 제47조의 규정에 의한 보호관찰을 조건으로 한 형의 선고유예 실효 및 집행유예의 취소청구신청

   2. 제48조의 규정에 의한 가석방 및 가퇴원의 취소신청

   3. 제49조의 규정에 의한 보호처분의 변경신청

② 제1항의 규정에 의한 유치는 보호관찰대상자를 인치한 때부터 48시간 이내에 보호관찰소의 장이 검사에게 신청하여 검사의 청구로 관할지방법원판사의 허가를 받아 행한다.

③ 보호관찰소의 장은 유치허가를 받은 때부터 24시간 이내에 제1항 각 호의 신청을 하여야 한다.

④ 검사는 보호관찰소의 장으로부터 제1항 제1호의 신청을 받고 그 이유가 상당하다고 인정되는 때에는 48시간 이내에 관할지방법원에 보호관찰을 조건으로 한 형의 선고유예 실효 또는 집행유예의 취소를 청구하여야 한다.

제42조(유치)

① 보호관찰소의 장은 다음 각 호의 신청이 필요하다고 인정되는 때에는 제39조 또는 제40조의 규정에 의하여 구인한 보호관찰대상자를 수용기관 또는 소년분류심사원에 유치할 수 있다. <개정 2007. 12. 21.>

   1. 제47조의 규정에 의한 보호관찰을 조건으로 한 형의 선고유예 실효 및 집행유예의 취소청구신청

   2. 제48조의 규정에 의한 가석방 및 임시퇴원의 취소신청

　　3. 제49조의 규정에 의한 보호처분의 변경신청

② 제1항의 규정에 의한 유치는 보호관찰대상자를 인치한 때부터 48시간 이내에 보호관찰소의 장이 검사에게 신청하여 검사의 청구로 관할지방법원판사의 허가를 받아 행한다.

③ 보호관찰소의 장은 유치허가를 받은 때부터 24시간 이내에 제1항 각 호의 신청을 하여야 한다.

④ 검사는 보호관찰소의 장으로부터 제1항 제1호의 신청을 받고 그 이유가 상당하다고 인정되는 때에는 48시간 이내에 관할지방법원에 보호관찰을 조건으로 한 형의 선고유예 실효 또는 집행유예의 취소를 청구하여야 한다. [시행일 2008. 6. 22.] 제42조 제1항 제2호

제43조(유치기간)

① 제42조의 규정에 의한 유치의 기간은 동 조 제2항의 규정에 의하여 법원의 허가를 받은 날부터 20일로 한다.

② 제42조 제1항 제1호 및 제3호의 규정에 의한 신청이 있는 경우 법원은 심리를 위하여 필요하다고 인정되는 때에는 심급마다 20일의 범위 내에서 1차에 한하여 유치기간을 연장할 수 있다.

③ 제42조 제1항 제2호의 규정에 의한 신청이 있는 경우 보호관찰심사위원회의 심사를 위하여 필요한 경우 보호관찰소의 장이 검사에게 신청하여 검사의 청구로 지방법원판사의 허가를 받아 10일의 범위 내에서 1차에 한하여 유치기간을 연장할 수 있다.

제44조(유치의 해제) 보호관찰소의 장은 다음 각 호의 1에 해당하는 때에는 유치를 해제하고 보호관찰대상자를 즉시 석방하여야 한다.

　　1. 검사가 제47조 제1항의 규정에 의한 보호관찰소의 장의 신청을 기각한 때

　　2. 법원이 제47조 제1항의 규정에 의한 검사의 청구를 기각한 때

　　3. 심사위원회가 제48조의 규정에 의한 보호관찰소의 장의 신청을 기각한 때

　　4. 법무부장관이 제48조의 규정에 의한 심사위원회의 신청을 불허한 때

　　5. 법원이 제49조의 규정에 의한 보호관찰소의 장의 신청을 기각한 때

제45조(유치기간의 형기산입) 제42조의 규정에 의하여 유치된 자에 대하여 보호관찰을 조건으로 한 형의 선고유예 실효, 집행유예의 취소 또는 가석방의 취소가 있는 때에는 그 유치기간을 형기에 산입한다.

제46조(준용) 형사소송법 제72조(구속과 이유의 고지), 제75조(구속영장의 방식), 제82조(수

통의 구속영장의 작성), 제83조(관할구역 외에서의 구속영장의 집행과 그 촉탁), 제
85조(구속영장집행의 절차) 제1항·제3항·제4항, 제86조(호송 중의 가유치), 제87
조(구속의 통지), 제89조(구속된 피고인과의 접견, 수진), 제204조(영장발부와 법원에
대한 통지), 제214조의 2(체포와 구속의 적부심사) 및 제214조의 3(재체포 및 재구속
의 제한)의 규정은 보호관찰대상자의 구인 및 유치에 관하여 이를 준용한다.

제6절 보호관찰의 종료

제47조(보호관찰을 조건으로 한 형의 선고유예 실효 및 집행유예의 취소)

① 형법 제61조 제2항의 규정에 의한 선고유예의 실효 및 형법 제64조 제2항의 규정에
의한 집행유예의 취소는 검사가 보호관찰소 장의 신청에 의하여 법원에 청구한다.

② 형사소송법 제335조(형의 집행유예취소의 절차)의 규정은 제1항의 실효 및 취소절
차에 관하여 이를 준용한다.

제48조(가석방 및 가퇴원의 취소)

① 심사위원회는 가석방 또는 가퇴원된 자가 보호관찰기간 중 제32조의 준수사항을
위반하고 그 정도가 무거워 보호관찰을 계속함이 적합하지 아니하다고 판단되는
때에는 보호관찰소의 장의 신청에 의하여 또는 직권으로 가석방 및 가퇴원의 취소
를 심사하여 결정할 수 있다.

② 심사위원회는 제1항의 규정에 의한 심사 결과 가석방 또는 가퇴원을 취소함이 적
합하다고 결정한 때에는 결정서에 관계서류를 첨부하여 법무부장관에게 이에 대한
허가를 신청하여야 하며, 법무부장관은 심사위원회의 결정이 정당하다고 인정되는
때에는 이를 허가할 수 있다.

제48조(가석방 및 임시퇴원의 취소) <개정 2007. 12. 21.>

① 심사위원회는 가석방 또는 가퇴원된 자가 보호관찰기간 중 제32조의 준수사항을
위반하고 그 정도가 무거워 보호관찰을 계속함이 적합하지 아니하다고 판단되는
때에는 보호관찰소 장의 신청에 의하여 또는 직권으로 가석방 및 임시퇴원의 취소
를 심사하여 결정할 수 있다. <개정 2007. 12. 21.>

② 심사위원회는 제1항의 규정에 의한 심사 결과 가석방 또는 임시퇴원을 취소함이
적합하다고 결정한 때에는 결정서에 관계서류를 첨부하여 법무부장관에게 이에 대
한 허가를 신청하여야 하며, 법무부장관은 심사위원회의 결정이 정당하다고 인정
되는 때에는 이를 허가할 수 있다. <개정 2007. 12. 21.> [시행일 2008. 6. 22.]
제48조 제1항, 제48조 제2항

제49조(보호처분의 변경)

① 보호관찰소의 장은 소년법 제32조 제1항 제2호 또는 제3호의 보호처분에 의하여

보호관찰을 받고 있는 자가 보호관찰기간 중 제32조의 준수사항을 위반하고 그 정도가 무거워 보호관찰을 계속함이 적합하지 아니하다고 판단되는 때에는 보호관찰소의 소재지를 관할하는 법원에 보호처분의 변경을 신청할 수 있다.

② 제1항의 규정에 의한 보호처분변경에 있어서는 신청대상자가 20세 이상인 경우에도 소년법 제2조 및 제38조 제1항의 규정에도 불구하고 동법 제2장의 규정을 적용한다.

제49조(보호처분의 변경)

① 보호관찰소의 장은 소년법 제32조 제1항 제2호 또는 제3호의 보호처분에 의하여 보호관찰을 받고 있는 자가 보호관찰기간 중 제32조의 준수사항을 위반하고 그 정도가 무거워 보호관찰을 계속함이 적합하지 아니하다고 판단되는 때에는 보호관찰소의 소재지를 관할하는 법원에 보호처분의 변경을 신청할 수 있다.

② 제1항의 규정에 의한 보호처분변경에 있어서는 신청대상자가 19세 이상인 경우에도 소년법 제2조 및 제38조 제1항의 규정에도 불구하고 동법 제2장의 규정을 적용한다. <개정 2007. 12. 21.> [시행일 2008. 6. 22.] 제49조 제2항

제50조(부정기형의 종료 등)

① 소년법 제60조 제1항의 규정에 의하여 형의 선고를 받은 후 가석방된 자가 그 형의 단기가 경과하고 보호관찰의 목적을 달성하였다고 인정되는 때에는 동법 제66조에 정한 기간 전이라도 심사위원회는 보호관찰소 장의 신청에 의하여 또는 직권으로 형의 집행을 종료한 것으로 결정할 수 있다.

② 가퇴원된 자가 가퇴원이 취소됨이 없이 보호관찰기간을 경과한 때에는 퇴원된 것으로 본다.

제50조(부정기형의 종료 등)

① 소년법 제60조 제1항의 규정에 의하여 형의 선고를 받은 후 가석방된 자가 그 형의 단기가 경과하고 보호관찰의 목적을 달성하였다고 인정되는 때에는 동법 제66조에 정한 기간 전이라도 심사위원회는 보호관찰소 장의 신청에 의하여 또는 직권으로 형의 집행을 종료한 것으로 결정할 수 있다.

② 가퇴원된 자가 임시퇴원이 취소됨이 없이 보호관찰기간을 경과한 때에는 퇴원된 것으로 본다. <개정 2007. 12. 21.> [시행일 2008. 6. 22.] 제50조 제2항

제51조(보호관찰의 종료)

① 보호관찰은 보호관찰대상자가 다음 각 호의 1에 해당하는 때에 종료한다.

1. 보호관찰기간이 경과한 때

2. 형법 제61조의 규정에 의하여 보호관찰을 조건으로 한 형의 선고유예가 실효되

거나 형법 제63조 또는 제64조의 규정에 의하여 보호관찰을 조건으로 한 집행
유예가 실효 또는 취소된 때

3. 제48조의 규정 또는 다른 법률의 규정에 의하여 가석방 또는 가퇴원이 실효 또
는 취소된 때

4. 제49조의 규정에 의하여 보호처분이 변경된 때

5. 제50조의 규정에 의한 부정기형 종료 결정이 있는 때

6. 보호관찰기간 중 금고 이상의 형의 집행을 받게 된 때

제51조(보호관찰의 종료)

① 보호관찰은 보호관찰대상자가 다음 각 호의 1에 해당하는 때에 종료한다. <개정
2007. 12. 21.>

1. 보호관찰기간이 경과한 때

2. 형법 제61조의 규정에 의하여 보호관찰을 조건으로 한 형의 선고유예가 실효되
거나 형법 제63조 또는 제64조의 규정에 의하여 보호관찰을 조건으로 한 집행
유예가 실효 또는 취소된 때

3. 제48조의 규정 또는 다른 법률의 규정에 의하여 가석방 또는 임시퇴원이 실효
또는 취소된 때

4. 제49조의 규정에 의하여 보호처분이 변경된 때

5. 제50조의 규정에 의한 부정기형 종료 결정이 있는 때

6. 보호관찰기간 중 금고 이상의 형의 집행을 받게 된 때 [시행일 2008. 6. 22.]
제51조 제1항 제3호

제52조(가해제)

① 심사위원회는 보호관찰대상자의 성적이 양호한 때에는 보호관찰소 장의 신청에 의
하여 또는 직권으로 보호관찰을 가해제할 수 있다.

② 가해제 중에는 보호관찰을 하지 아니한다. 다만, 보호관찰대상자의 준수사항에 대
한 준수의무는 계속된다.

③ 심사위원회는 가해제 결정을 받은 자에 대하여 다시 보호관찰을 하는 것이 상당하
다고 인정되는 때에는 보호관찰소 장의 신청에 의하여 또는 직권으로 가해제 결정
을 취소할 수 있다.

④ 제3항의 규정에 의하여 가해제 결정이 취소된 때에는 그 가해제 기간을 보호관찰
기간에 산입한다.

제53조(보호관찰의 정지)

① 심사위원회는 가석방 또는 가퇴원된 자의 소재를 알 수 없어 보호관찰을 계속할
수 없을 때에는 보호관찰소 장의 신청에 의하여 또는 직권으로 보호관찰을 정지하
는 결정(이하 '정지결정'이라 한다.)을 할 수 있다.

② 심사위원회는 제1항의 규정에 의하여 보호관찰을 정지한 자의 소재를 알게 된 때에
는 즉시 그 정지를 해제하는 결정(이하 '정지해제결정'이라 한다.)을 하여야 한다.

③ 보호관찰정지 중인 자가 제39조 또는 제40조의 규정에 의하여 구인된 때에는 구
인된 날에 정지해제결정이 있는 것으로 본다.

④ 형기 또는 보호관찰기간은 정지결정이 있는 날부터 그 진행이 정지되고 정지해제
결정이 있는 날부터 진행된다.

⑤ 심사위원회는 제1항의 규정에 의하여 정지결정을 한 후 소재불명이 천재지변 기타
부득이한 사정 등 보호관찰대상자의 귀책사유에 의하지 아니한 것으로 밝혀진 때
에는 그 정지결정을 취소하여야 한다. 이 경우 정지결정은 없었던 것으로 본다.

제53조(보호관찰의 정지)

① 심사위원회는 가석방 또는 임시 퇴원된 자의 소재를 알 수 없어 보호관찰을 계속
할 수 없을 때에는 보호관찰소 장의 신청에 의하여 또는 직권으로 보호관찰을 정
지하는 결정(이하 '정지결정'이라 한다.)을 할 수 있다. <개정 2007. 12. 21.>

② 심사위원회는 제1항의 규정에 의하여 보호관찰을 정지한 자의 소재를 알게 된 때에
는 즉시 그 정지를 해제하는 결정(이하 '정지해제결정'이라 한다.)을 하여야 한다.

③ 보호관찰정지 중인 자가 제39조 또는 제40조의 규정에 의하여 구인된 때에는 구
인된 날에 정지해제결정이 있는 것으로 본다.

④ 형기 또는 보호관찰기간은 정지결정이 있는 날부터 그 진행이 정지되고 정지해제
결정이 있는 날부터 진행된다.

⑤ 심사위원회는 제1항의 규정에 의하여 정지결정을 한 후 소재불명이 천재지변 기타
부득이한 사정 등 보호관찰대상자의 귀책사유에 의하지 아니한 것으로 밝혀진 때
에는 그 정지결정을 취소하여야 한다. 이 경우 정지결정은 없었던 것으로 본다.

[시행일 2008. 6. 22.] 제53조 제1항

제7절 보호관찰사건의 이송 등

제54조(직무상 비밀과 증언거부) 심사위원회 및 보호관찰소의 직원 또는 그 직에 있었던
자가 다른 법률의 규정에 의하여 증인으로 신문을 받는 경우에는 그 직무상 알게 된
다른 사람의 비밀에 대하여 증언을 거부할 수 있다. 다만, 본인의 승낙이 있거나 중

대한 공익상 필요가 있는 때에는 그러하지 아니하다.

제55조(보호관찰사건의 이송) 보호관찰소의 장은 보호관찰대상자가 주거지를 이동한 때에
는 신주거지를 관할하는 보호관찰소의 장에게 보호관찰사건을 이송할 수 있다.

제56조(군법피적용자에 대한 특례) 군사법원법 제2조 제1항 각 호의 1에 해당하는 자에 대
해서는 이 법을 적용하지 아니한다.

제57조(형사소송법의 준용) 보호관찰의 실시에 관하여 이 법에 특별한 규정이 있는 경우를
제외하고는 그 성질에 반하지 아니하는 범위 안에서 형사소송법의 규정을 준용한다.

제58조(행형법적용의 일부배제) 이 법(제28조를 제외한다.)의 규정에 의한 가석방에 관해서
는 행형법 제49조 내지 제52조의 규정을 적용하지 아니한다.

제58조(행형법적용의 일부배제) 이 법(제28조를 제외한다.)의 규정에 의한 가석방에 관해서
는「형의집행및수용자의처우에관한법률」제119조부터 제122조까지의 규정을 적용하
지 아니한다. <개정 2007. 12. 21.> [시행일 2008. 12. 22.] 제58조

제4장 사회봉사 및 수강

제59조(사회봉사명령 · 수강명령의 범위)

① 법원은 형법 제62조의 2의 규정에 의한 사회봉사를 명할 때에는 500시간, 수강을
명할 때에는 200시간의 범위 내에서 그 기간을 정하여야 한다. 다만, 다른 법률에
특별한 규정이 있는 경우에는 그 법률이 정하는 바에 의한다.

② 법원은 제1항의 경우에 사회봉사·수강명령대상자가 사회봉사를 하거나 수강할
분야와 장소 등을 지정할 수 있다.

제60조(판결의 통지 등)

① 법원은 형법 제62조의 2의 규정에 의한 사회봉사 또는 수강을 명하는 판결을 선고
한 때부터 10일 이내에 판결문등본을 피고인의 주거지를 관할하는 보호관찰소의
장에게 송부하여야 한다.

② 제1항의 경우에 법원은 그 의견 기타 사회봉사명령 또는 수강명령의 집행에 참고
가 될 만한 자료를 첨부할 수 있다.

③ 법원 또는 법원의 장은 제1항의 통지를 받은 보호관찰소의 장에게 사회봉사명령
또는 수강명령의 집행상황에 관하여 보고를 요구할 수 있다.

제61조(사회봉사 · 수강명령 집행담당자)

① 사회봉사명령 또는 수강명령은 보호관찰관이 이를 집행한다. 다만, 보호관찰관은

국ㆍ공립기관 기타 단체에 그 집행의 전부 또는 일부를 위탁할 수 있다.

② 보호관찰관이 사회봉사명령 또는 수강명령의 집행을 국ㆍ공립기관 기타 단체에 위탁한 경우에는 이를 법원 또는 법원의 장에게 통보하여야 한다.

③ 법원은 법원 소속공무원으로 하여금 사회봉사 또는 수강할 시설 또는 강의가 사회봉사ㆍ수강명령대상자의 교화ㆍ개선에 적당한지 여부와 그 운영 실태를 조사ㆍ보고하도록 하고, 부적당하다고 인정하는 경우에는 그 집행의 위탁을 취소할 수 있다.

④ 보호관찰관은 사회봉사명령 또는 수강명령의 집행을 위하여 필요하다고 인정하는 때에는 국ㆍ공립기관 기타 단체에 협조를 요청할 수 있다.

제62조(사회봉사ㆍ수강명령대상자의 준수사항)

① 사회봉사ㆍ수강명령대상자는 대통령령이 정하는 바에 의하여 주거ㆍ직업 기타 필요한 사항을 관할보호관찰소의 장에게 신고하여야 한다.

② 사회봉사ㆍ수강명령대상자는 다음 각 호의 사항을 준수하여야 한다.

1. 보호관찰관의 집행에 관한 지시에 따를 것

2. 주거를 이전하거나 1개월 이상의 국내외여행을 할 때에는 미리 보호관찰관에게 신고할 것

③ 법원은 판결의 선고를 함에 있어서 제2항의 준수사항 외에 대통령령이 정하는 범위 안에서 본인의 특성 등을 고려하여 특별히 준수하여야 할 사항을 따로 과할 수 있다.

④ 제2항 및 제3항의 준수사항은 이를 서면으로 고지하여야 한다.

제63조(사회봉사ㆍ수강의 종료) 사회봉사ㆍ수강은 사회봉사ㆍ수강명령대상자가 다음 각 호의 1에 해당하는 때에 종료한다.

1. 사회봉사명령 또는 수강명령의 집행을 완료한 때

2. 형의 집행유예기간이 경과한 때

3. 형법 제64조 제2항의 규정에 의하여 집행유예의 선고가 취소된 때

4. 사회봉사ㆍ수강명령 집행기간 중 금고 이상의 형의 집행을 받게 된 때

제64조(준용)

① 제34조(원호), 제35조(응급구호), 제36조(갱생보호사업자 등의 원조 및 협력), 제54조(직무상비밀과 증언거부), 제55조(보호관찰사건의 이송), 제56조(군법피적용자에 대한 특례) 및 제57조(형사소송법의 준용)의 규정은 사회봉사ㆍ수강명령대상자에 대하여 이를 준용한다.

② 제37조(보호관찰대상자 등의 조사), 제38조(경고), 제39조(구인), 제40조(긴급구인),

제41조(구인기간), 제42조(유치), 제43조(유치기간), 제44조(유치의 해제), 제45조
(유치기간의 형기산입), 제46조(준용) 및 제47조(보호관찰을 조건으로 한 형의 선
고유예의 실효 및 집행유예의 취소)의 규정은 사회봉사·수강명령대상자의 준수사
항이나 명령위반으로 인한 경고·구인·유치 및 집행유예의 취소 등에 관하여 이
를 준용한다.

제5장 갱생보호 제1절 갱생보호의 방법 및 개시

제65조(갱생보호의 방법)

① 갱생보호는 다음의 방법에 의한다.

　1. 숙식제공

　2. 여비지급

　3. 생업도구·생업조성금품의 지급 또는 대여

　4. 직업훈련 및 취업알선

　5. 갱생보호대상자에 대한 자립지원

　6. 제1호 내지 제5호의 보호에 부수하는 선행지도

② 제1항 각 호의 구체적인 내용은 대통령령으로 정한다.

제66조(갱생보호의 신청 및 조치)

① 갱생보호대상자 및 관계기관은 보호관찰소의 장, 제67조 제1항의 규정에 의하여
갱생보호사업의 허가를 받은 자 또는 한국갱생보호공단에 갱생보호의 신청을 할
수 있다.

② 제1항의 신청을 받은 자는 지체 없이 보호의 필요 여부와 보호하기로 한 경우 그
방법을 결정하여야 한다.

③ 제1항의 신청을 받은 자가 제2항의 규정에 의하여 보호결정을 한 때에는 지체 없
이 갱생보호에 필요한 조치를 하여야 한다.

제2절 갱생보호사업자

제67조(갱생보호사업의 허가)

① 갱생보호사업을 하고자 하는 자는 법무부령이 정하는 바에 의하여 법무부장관의
허가를 받아야 한다. 허가받은 사항을 변경하고자 할 때에도 또한 같다.

② 법무부장관은 갱생보호사업의 허가를 할 때에는 사업의 범위와 허가의 기간을 정

하거나 기타 필요한 조건을 붙일 수 있다.

제68조(허가의 기준) 법무부장관은 다음의 기준에 적합하지 아니할 때에는 갱생보호사업의 허가를 하여서는 아니 된다.

    1. 갱생보호사업에 필요한 경제적 능력을 가질 것

    2. 갱생보호사업의 허가신청자가 사회적 신망이 있을 것

    3. 갱생보호사업의 조직 및 회계처리기준이 공개적일 것

제69조(보고의무) 갱생보호사업의 허가를 받은 자(이하 '사업자'라 한다.)는 법무부령이 정하는 바에 의하여 다음 연도의 사업계획과 전년도의 회계 상황 및 사업실적을 법무부장관에게 보고하여야 한다.

제70조(갱생보호사업의 허가취소 등)

    ① 법무부장관은 사업자가 다음 각 호의 1에 해당할 때에는 그 허가를 취소하거나 6개월 이내의 기간을 정하여 그 사업의 전부 또는 일부의 정지를 명할 수 있다.

    1. 부정한 방법으로 갱생보호사업의 허가를 받은 때

    2. 갱생보호사업의 허가조건에 위반한 때

    3. 목적사업 외의 사업을 한 때

    4. 정당한 이유 없이 갱생보호사업의 허가를 받은 후 6개월 이내에 갱생보호사업을 개시하지 아니하거나 1년 이상 갱생보호사업의 실적이 없는 때

    5. 제69조의 규정에 의한 보고를 허위로 한 때

    6. 이 법 또는 이 법에 의한 명령에 위반한 때

    ② 삭제 <1997. 12. 13.>

제70조의 2(청문) 법무부장관은 제70조의 규정에 의하여 갱생보호사업자의 허가를 취소하고자 하는 경우에는 청문을 실시하여야 한다. [본조신설 1997. 12. 13.]

제3절 한국갱생보호공단

제71조(한국갱생보호공단의 설립) 갱생보호사업을 효율적으로 추진하기 위하여 한국갱생보호공단(이하 '공단'이라 한다.)을 설립한다.

제72조(법인격) 공단은 법인으로 한다.

제73조(사무소)

    ① 공단의 주된 사무소의 소재지는 정관으로 정한다.

② 공단은 정관이 정하는 바에 의하여 필요한 곳에 지부 및 지소를 둘 수 있다.

제74조(정관)

① 공단의 정관에는 다음 각 호의 사항을 기재하여야 한다.

　1. 목적

　2. 명칭

　3. 주된 사무소 및 지부·지소에 관한 사항

　4. 기금에 관한 사항

　5. 임원 및 직원에 관한 사항

　6. 이사회에 관한 사항

　7. 업무에 관한 사항

　8. 재산 및 회계에 관한 사항

　9. 공고에 관한 사항

　10. 정관의 변경에 관한 사항

　11. 내부규정의 제정 및 개폐에 관한 사항

② 공단이 정관을 변경하고자 할 때에는 법무부장관의 인가를 받아야 한다.

제75조(등기) 공단은 그 주된 사무소의 소재지에서 설립등기를 함으로써 성립한다.

제76조(임원 및 그 임기)

① 공단에 이사장 1인을 포함한 10인 이내의 이사와 감사 1인을 둔다.

② 이사장은 법무부장관이 임명하고, 그 임기는 2년으로 하되 연임할 수 있다.

③ 이사는 갱생보호사업에 열성이 있고, 학식과 덕망이 있는 자 중에서 이사장의 제청에 의하여 법무부장관이 임명 또는 위촉하며, 임기는 3년으로 하되 연임할 수 있다. 다만, 공무원인 이사의 임기는 그 직위에 있는 동안으로 한다.

④ 감사는 이사장의 제청에 의하여 법무부장관이 임명하며, 임기는 2년으로 하되 연임할 수 있다.

제77조(임원의 직무)

① 이사장은 공단을 대표하고 공단의 업무를 총괄한다.

② 감사는 공단의 업무 및 회계를 감사한다.

③ 이사장이 아닌 이사와 감사는 비상근으로 할 수 있다.

제78조(임원의 결격사유) 다음 각 호의 1에 해당하는 자는 공단의 임원이 될 수 없다.

　　1. 대한민국 국민이 아닌 자

　　2. 국가공무원법 제33조 각 호의 1에 해당하는 자

제79조(임원의 해임)

① 임원이 제78조 각 호의 1에 해당하게 된 때에는 당연 퇴직된다.

② 법무부장관은 임원이 다음 각 호의 1에 해당하는 때에는 그 임원을 해임 또는 해촉할 수 있다.

　　1. 갱생보호사업에 열성이 없다고 인정되는 때

　　2. 직무상의 의무를 위반하거나 직무수행을 게을리한 때

　　3. 기타의 사유로 인하여 임원으로서 부적당하다고 인정되는 때

제80조(이사회)

① 공단의 업무에 관한 주요사항을 심의·의결하기 위하여 공단에 이사회를 둔다.

② 이사회는 이사장 및 이사로 구성한다.

③ 이사장은 이사회를 소집하고 그 의장이 된다.

④ 감사는 이사회에 출석하여 의견을 진술할 수 있다.

제81조(직원의 임면) 공단의 직원은 정관이 정하는 바에 의하여 이사장이 임면한다.

제82조(공단의 사업) 공단은 그 목적을 달성하기 위하여 다음 각 호의 사업을 한다.

　　1. 갱생보호의 실시

　　2. 갱생보호제도의 조사·연구 및 보급·홍보

　　3. 갱생보호사업을 위한 수익사업의 경영

　　4. 공단의 목적달성에 필요한 사업

제83조(공단의 자산) 공단은 다음 각 호의 재산을 그 자산으로 한다.

　　1. 공단이 소유하고 있는 부동산 기타의 재산

　　2. 국고보조금

　　3. 자산으로부터 생기는 과실

　　4. 기타 수입

제84조(공단의 사업계획 등)

① 공단의 회계연도는 정부의 회계연도에 의한다.

② 공단은 법무부령이 정하는 바에 의하여 매 회계연도 개시 전에 다음 회계연도에 실시할 공단의 사업계획 및 예산을 법무부장관에게 제출하여 그 승인을 얻어야 한

다. 이를 변경하고자 하는 때에도 또한 같다.

③ 공단은 법무부령이 정하는 바에 의하여 매 회계연도의 종료 후 전년도의 사업실적
과 결산을 법무부장관에게 제출하여야 한다.

제85조(기부금품의 보고) 공단은 갱생보호사업을 위하여 기증받은 금품이 있는 때에는 그
접수상황 및 처리상황을 법무부장관에게 보고하여야 한다.

제86조(갱생보호기금의 설치) 갱생보호사업의 추진에 필요한 재원을 확보하기 위하여 공단
에 갱생보호기금(이하 '기금'이라 한다.)을 설치한다.

제87조(기금의 재원) 기금은 다음 각 호의 재원으로 조성한다.

1. 기금의 운용으로 생기는 수익금

2. 공단의 사업으로 생기는 수입금

3. 관계법령의 규정에 의한 기부금

제88조(기금의 운용 · 관리)

① 기금은 공단이 운용 · 관리한다.

② 기금의 운용 · 관리에 관하여 필요한 사항은 대통령령으로 정한다.

제89조(기금의 사용) 기금은 제82조 각 호의 사업을 위하여 사용한다.

제90조(자금의 차입) 공단은 기금운용상 필요하다고 인정할 때에는 법무부장관의 승인을
얻어 기금의 부담으로 자금을 차입할 수 있다.

제91조(이익금의 처리) 공단은 매 사업연도의 결산 결과 이익금이 생긴 때에는 이월손실금
의 보전에 충당하고, 그 나머지는 기금으로 적립하여야 한다.

제92조(준용) 공단에 관하여 이 법에 규정한 것을 제외하고는 민법 중 재단법인에 관한 규
정을 준용한다.

제93조(벌칙적용에 있어서의 공무원의제) 공단의 임원 및 직원은 형법 기타 법률의 규정에
외한 벌칙의 적용에 있어서 이를 공무원으로 본다.

제4절 갱생보호사업의 지원 및 감독

제94조(보조금) 국가 또는 지방자치단체는 사업자 및 공단에 대하여 보조할 수 있다.

제95조(조세감면) 국가 또는 지방자치단체는 갱생보호사업에 대하여 조세감면규제법 및 지
방세법이 정하는 바에 의하여 국세 또는 지방세를 감면할 수 있다.

제96조(수익사업)

① 사업자 또는 공단이 갱생보호사업을 위하여 수익사업을 하고자 하는 때에는 사업

마다 법무부장관의 승인을 얻어야 한다. 이를 변경하고자 하는 때에도 또한 같다.

② 법무부장관은 수익사업을 하는 사업자 또는 공단이 수익을 갱생보호사업 외의 사업에 사용한 때에는 수익사업의 시정이나 정지를 명할 수 있다.

제97조(감독)

① 법무부장관은 사업자 및 공단을 지휘·감독한다.

② 법무부장관은 사업자 및 공단에 대하여 감독상 필요한 때에는 그 업무에 관한 사항을 보고하게 하거나 자료의 제출 기타 필요한 명령을 할 수 있으며, 소속공무원으로 하여금 사업자 및 공단의 운영 실태를 조사하게 할 수 있다.

③ 제2항의 규정에 의하여 조사를 하는 공무원은 그 권한을 나타내는 증표를 관계인에게 내보여야 한다.

제98조(유사명칭의 사용금지)

① 이 법에 의한 공단이 아닌 자는 한국갱생보호공단 또는 이와 유사한 명칭을 사용하지 못한다.

② 이 법에 의한 사업자가 아닌 자는 갱생보호회 또는 이와 유사한 명칭을 사용하지 못한다.

제6장 벌칙

제99조(벌칙) 다음 각 호의 1에 해당하는 자는 1년 이하의 징역 또는 300만 원 이하의 벌금에 처한다.

1. 갱생보호사업의 허가를 받지 아니하고 갱생보호사업의 명목으로 영리행위를 한 자
2. 갱생보호사업의 허가를 받은 후 이를 이용하여 갱생보호사업의 목적에 반하여 영리행위를 한 자
3. 제70조 제1항의 규정에 의한 정지명령에 위반한 자
4. 제96조 제2항의 규정에 의한 명령에 위반한 자
5. 제98조의 규정에 위반한 자

제100조(양벌규정) 법인의 대표자, 법인 또는 개인의 대리인·사용인 기타 종업원이 그 법인 또는 개인의 업무에 관하여 제99조의 위반행위를 한 때에는 행위자를 벌하는 외에 그 법인 또는 개인에 대해서도 동 조의 벌금형을 과한다.

부칙 <제5178호, 1996. 12. 12.>

제1조(시행일) 이 법은 1997년 1월 1일부터 시행한다.

제2조(보호선도위원 및 갱생보호위원에 관한 경과조치) 이 법 시행 당시 종전의 규정에 의한 보호선도위원 및 갱생보호위원은 이 법에 의한 범죄예방위원으로 본다.

제3조(갱생보호사업자에 관한 경과조치) 이 법 시행 당시 종전의 규정에 의하여 허가받은 갱생보호사업자는 이 법에 의하여 허가받은 것으로 본다.

제4조(한국갱생보호공단에 관한 경과조치) 이 법 시행 당시의 한국갱생보호공단은 이 법에 의한 한국갱생보호공단으로 본다.

제5조(다른 법률의 개정 등)

① 소년원법 중 다음과 같이 개정한다. 제44조 중 "보호관찰등에관한법률 제28조 제1항"을 "보호관찰등에관한법률 제22조 제1항"으로 한다. 제48조 중 "보호관찰등에관한법률 제51조"를 "보호관찰등에관한법률 제48조"로 한다.

② 이 법 시행 당시 다른 법령에서 종전의 보호관찰등에관한법률의 규정을 인용하고 있는 경우에 이 법에 그에 해당하는 규정이 있는 때에는 종전의 규정에 갈음하여 이 법의 해당 조항을 인용한 것으로 본다.

부칙(행정절차법의시행에따른공인회계사법등의정비에관한법률) <제5453호, 1997. 12. 13.>

제1조(시행일) 이 법은 1998년 1월 1일부터 시행한다. <단서 생략>

제2조 생략

부칙(검찰청법) <제7078호, 2004. 1. 20.>

제1조(시행일) 이 법은 공포한 날부터 시행한다.

제2조 생략

제2조(다른 법률의 개정)

① 및 ② 생략

③ 보호관찰등에관한법률 중 다음과 같이 개정한다. 제7조 제2항 중 "검사장"을 "고등검찰청검사장"으로 한다.

④ 내지 ⑥ 생략

부칙(국가공무원법) <제7796호, 2005. 12. 29.>

제1조(시행일) 이 법은 2006년 7월 1일부터 시행한다.

제2조 내지 제5조 생략

제6조(다른 법률의 개정)

① 내지 <33> 생략 <34> 보호관찰등에관한법률 일부를 다음과 같이 개정한다. 제10조 제1항 중 "2급 내지 4급 상당의 별정직 국가공무원"을 "3급 또는 4급 상당의 별정직 국가공무원이나 고위공무원단에 속하는 별정직 국가공무원"으로 한다. <35> 내지 <68> 생략

부칙(소년법) <제8722호, 2007. 12. 21.>

제1조(시행일) 이 법은 공포 후 6개월이 경과한 날부터 시행한다. 제2조부터 제4조까지 생략

제5조(다른 법률의 개정) 보호관찰등에관한법률 일부를 다음과 같이 개정한다. 제3조 제2항 제2호 중 "제32조 제3항의 규정에 의하여"를 "제32조에 따라"로 하고, 제26조 제1항 중 "제32조 제1항 제6호·제7호의"를 "제32조 제1항 제8호부터 제10호까지의 어느 하나에 해당하는"으로 하며, 제49조 제2항 중 "20세"를 "19세"로 한다.

제6조 생략

부칙(보호소년등의처우에관한법률) <제8723호, 2007. 12. 21.>

제1조(시행일) 이 법은 공포 후 6개월이 경과한 날부터 시행한다.

제2조 및 제3조 생략

제4조(다른 법률의 개정)

① 보호관찰등에관한법률 일부를 다음과 같이 개정한다. 제3조 제1항 제3호, 제6조 제2호, 제3장 제3절의 제목, 제22조의 제목, 같은 조 제1항, 제23조의 제목, 같은 조 제1항·제2항, 제25조, 제29조 제1항, 제30조 제4호, 제42조 제1항 제2호, 제48조의 제목, 같은 조 제1항·제2항, 제50조 제2항, 제51조 제1항 제3호 및 제53조 제1항 중 "가퇴원"을 각각 "임시퇴원"으로 한다.

② 생략

제5조 생략

부칙(형의집행및수용자의처우에관한법률) <제8728호, 2007. 12. 21.>

제1조(시행일) 이 법은 공포 후 1년이 경과한 날부터 시행한다. 제2조부터 제4조까지 생략

제5조(다른 법률의 개정)

①부터 ⑥까지 생략

⑦ 보호관찰등에관한법률 일부를 다음과 같이 개정한다. 제24조 제1항 중 "행형법 제

52조"를 "「형의 집행 및 수용자의 처우에 관한 법률」 제122조"로 한다. 제28조 제1항 중 "행형법 제51조"를 "「형의집행및수용자의처우에관한법률」 제121조"로 한다. 제58조 중 "행형법 제49조 내지 제52조"를 "「형의집행및수용자의처우에관한 법률」 제119조부터 제122조까지"로 한다. ⑧부터 ⑫까지 생략

제6조 생략

[보안관찰법]

일부개정 2007. 05. 17. 법률 제8435호
※ 세부적인 내용을 살펴보기 위해서는 시행령(대통령령)을 참고해야 한다.

제1조(목적) 이 법은 특정범죄를 범한 자에 대하여 재범의 위험성을 예방하고 건전한 사회 복귀를 촉진하기 위하여 보안관찰처분을 함으로써 국가의 안전과 사회의 안녕을 유지함을 목적으로 한다.

제2조(보안관찰해당범죄) 이 법에서 "보안관찰해당범죄"라 함은 다음 각 호의 1에 해당하는 죄를 말한다.

    1. 형법 제88조 · 제89조(제87조의 미수범을 제외한다.) · 제90조(제87조에 해당하는 죄를 제외한다.) · 제92조 내지 제98조 · 제100조(제99조의 미수범을 제외한다.) 및 제101조(제99조에 해당하는 죄를 제외한다.)

    2. 군형법 제5조 내지 제8조 · 제9조 제2항 및 제11조 내지 제16조

    3. 국가보안법 제4조, 제5조(제1항 중 제4조 제1항 제6호에 해당하는 행위를 제외한다.), 제6조, 제9조 제1항 · 제3항(제2항의 미수범을 제외한다.) · 제4항

제3조(보안관찰처분대상자) 이 법에서 "보안관찰처분대상자"라 함은 보안관찰해당범죄 또는 이와 경합된 범죄로 금고 이상의 형의 선고를 받고 그 형기합계가 3년 이상인 자로서 형의 전부 또는 일부의 집행을 받은 사실이 있는 자를 말한다.

제4조(보안관찰처분)

    ① 제3조에 해당하는 자 중 보안관찰해당범죄를 다시 범할 위험성이 있다고 인정할 충분한 이유가 있어 재범의 방지를 위한 관찰이 필요한 자에 대해서는 보안관찰처분을 한다.

    ② 보안관찰처분을 받은 자는 이 법이 정하는 바에 따라 소정의 사항을 주거지 관할경찰서장(이하 '관할경찰서장'이라 한다.)에게 신고하고, 재범방지에 필요한 범위 안에서 그 지시에 따라 보안관찰을 받아야 한다.

제5조(보안관찰처분의 기간)

① 보안관찰처분의 기간은 2년으로 한다.

② 법무부장관은 검사의 청구가 있는 때에는 보안관찰처분심의위원회의 의결을 거쳐 그 기간을 갱신할 수 있다.

제6조(보안관찰처분대상자의 신고)

① 보안관찰처분대상자는 대통령령이 정하는 바에 따라 그 형의 집행을 받고 있는 교도소, 소년교도소, 구치소, 유치장, 군교도소 또는 영창(이하 '교도소 등'이라 한다.)에서 출소 전에 거주예정지 기타 대통령령으로 정하는 사항을 교도소 등의 장을 경유하여 거주예정지 관할경찰서장에게 신고하고, 출소 후 7일 이내에 그 거주예정지 관할경찰서장에게 출소사실을 신고하여야 한다. 제20조 제3항에 해당하는 경우에는 법무부장관이 제공하는 거주할 장소(이하 '거소'라 한다.)를 거주예정지로 신고하여야 한다.

② 보안관찰처분대상자는 교도소 등에서 출소한 후 제1항의 신고사항에 변동이 있을 때에는 변동이 있는 날부터 7일 이내에 그 변동된 사항을 관할경찰서장에게 신고하여야 한다. 다만, 제20조 제3항에 의하여 거소제공을 받은 자가 주거지를 이전하고자 할 때에는 미리 관할경찰서장에게 제18조 제4항 단서에 의한 신고를 하여야 한다.

③ 교도소 등의 장은 제3조에 해당하는 자가 생길 때에는 지체 없이 보안관찰처분심의위원회와 거주예정지를 관할하는 검사 및 경찰서장에게 통고하여야 한다.

제7조(보안관찰처분의 청구) 보안관찰처분청구는 검사가 행한다.

제8조(청구의 방법)

① 제7조의 규정에 의한 보안관찰처분청구는 검사가 보안관찰처분청구서(이하 '처분청구서'라 한다.)를 법무부장관에게 제출함으로써 행한다.

② 처분청구서에는 다음 사항을 기재하여야 한다.

　1. 보안관찰처분을 청구받은 자(이하 '피청구자'라 한다.)의 성명 기타 피청구자를 특정할 수 있는 사항

　2. 청구의 원인이 되는 사실

　3. 기타 대통령령으로 정하는 사항

③ 검사가 처분청구서를 제출할 때에는 청구의 원인이 되는 사실을 증명할 수 있는 자료와 의견서를 첨부하여야 한다.

④ 검사는 보안관찰처분청구를 한 때에는 지체 없이 처분청구서등본을 피청구자에게 송달하여야 한다. 이 경우 송달에 관해서는 민사소송법 중 송달에 관한 규정을 준

용한다.

제9조(조사)

① 검사는 제7조의 규정에 의한 보안관찰처분청구를 위하여 필요한 때에는 보안관찰처분대상자, 청구의 원인이 되는 사실과 보안관찰처분을 필요로 하는 자료를 조사할 수 있다.

② 사법경찰관리와 특별사법경찰관리(이하 '사법경찰관리'라 한다.)는 검사의 지휘를 받아 제1항의 규정에 의한 조사를 할 수 있다.

제10조(심사)

① 법무부장관은 처분청구서와 자료에 의하여 청구된 사안을 심사한다.

② 법무부장관은 제1항의 규정에 의한 심사를 위하여 필요한 때에는 법무부소속공무원으로 하여금 조사하게 할 수 있다.

③ 제2항의 규정에 의하여 조사의 명을 받은 공무원은 다음 각 호의 권한을 가진다.

　1. 피청구자 기타 관계자의 소환·심문·조사

　2. 국가기관 기타 공·사단체에의 조회 및 관계 자료의 제출요구

제11조(보안관찰처분의 면제)

① 법무부장관은 보안관찰처분대상자 중 다음 각 호의 요건을 갖춘 자에 대해서는 보안관찰처분을 하지 아니하는 결정(이하 '면제결정'이라 한다.)을 할 수 있다.

　1. 준법정신이 확립되어 있을 것

　2. 일정한 주거와 생업이 있을 것

　3. 대통령령이 정하는 신원보증이 있을 것

② 법무부장관은 제1항의 요건을 갖춘 보안관찰처분대상자의 신청이 있을 때에는 부득이한 사유가 있는 경우를 제외하고는 3개월 내에 보안관찰처분면제 여부를 결정하여야 한다.

③ 검사는 제1항 제1호 및 제2호의 요건을 갖춘 보안관찰처분대상자의 정상을 참작하여 위험성이 없다고 인정되는 때에는 법무부장관에게 면제결정을 청구할 수 있다.

④ 면제결정을 받은 자가 그 면제결정요건에 해당하지 아니하게 된 때에는 검사의 청구에 의하여 법무부장관은 면제결정을 취소할 수 있다.

⑤ 면제결정과 면제결정청구, 면제결정취소청구 및 그 결정에 대해서는 보안관찰처분청구 및 심사결정에 관한 규정을 준용한다.

⑥ 보안관찰처분의 면제결정을 받은 자는 그때부터 이 법에 의한 보안관찰처분대상자 또는 피보안관찰자로서의 의무를 면한다.

제12조(보안관찰처분심의위원회)

① 보안관찰처분에 관한 사안을 심의·의결하기 위하여 법무부에 보안관찰처분심의위원회(이하 '위원회'라 한다.)를 둔다.

② 위원회는 위원장 1인과 6인의 위원으로 구성한다.

③ 위원장은 법무부차관이 되고, 위원은 학식과 덕망이 있는 자로 하되, 그 과반수는 변호사의 자격이 있는 자여야 한다.

④ 위원은 법무부장관의 제청으로 대통령이 임명 또는 위촉한다.

⑤ 위촉된 위원의 임기는 2년으로 한다. 다만, 공무원인 위원은 그 직을 면한 때에는 위원의 자격을 상실한다.

⑥ 위원 중 공무원이 아닌 위원도 이 법 기타 다른 법률의 규정에 의한 벌칙의 적용에 있어서는 공무원으로 본다.

⑦ 위원장은 위원회의 회무를 통리하고 위원회를 대표하며, 위원회의 회의를 소집하고 그 의장이 된다.

⑧ 위원장이 사고가 있을 때에는 미리 그가 지정한 위원이 그 직무를 대행한다.

⑨ 위원회는 다음 각 호의 사안을 심의·의결한다.

　1. 보안관찰처분 또는 그 기각의 결정

　2. 면제 또는 그 취소결정

　3. 보안관찰처분의 취소 또는 기간의 갱신결정

⑩ 위원회의 회의는 위원장을 포함한 재적위원 과반수의 출석으로 개의하고 출석위원 과반수의 찬성으로 의결한다.

⑪ 위원회의 운영·서무 기타 필요한 사항은 대통령령으로 정한다.

제13조(피청구자의 자료 제출 등)

① 피청구자는 처분청구서등본을 송달받은 날부터 7일 이내에 법무부장관 또는 위원회에 서면으로 자기에게 이익이 된 사실을 진술하고 자료를 제출할 수 있다.

② 위원회는 필요하다고 인정하는 경우에는 피청구자 및 기타 관계자를 출석시켜 심문·조사하거나 공무소 기타 공·사단체에 대하여 조회할 수 있으며, 관계 자료의 제출을 요구할 수 있다.

제14조(결정)

① 보안관찰처분에 관한 결정은 위원회의 의결을 거쳐 법무부장관이 행한다.

② 법무부장관은 위원회의 의결과 다른 결정을 할 수 없다. 다만, 보안관찰처분대상자

에 대하여 위원회의 의결보다 유리한 결정을 하는 때에는 그러하지 아니하다.

제15조(의결서 등)

① 위원회의 의결은 이유를 붙이고 위원장과 출석위원이 기명날인하는 문서로써 행한다.

② 법무부장관의 결정은 이유를 붙이고 법무부장관이 기명·날인하는 문서로써 행한다.

제16조(결정의 취소 등)

① 검사는 법무부장관에게 보안관찰처분의 취소 또는 기간의 갱신을 청구할 수 있다.

② 법무부장관은 제1항의 규정에 의한 청구를 받은 때에는 위원회의 의결을 거쳐 이를 심사·결정하여야 한다.

③ 제1항 및 제2항의 규정에 의한 청구와 그 청구의 심사·결정에 대해서는 보안관찰처분청구 및 심사결정에 관한 규정을 준용한다.

제17조(보안관찰처분의 집행)

① 보안관찰처분의 집행은 검사가 지휘한다.

② 제1항의 지휘는 결정서등본을 첨부한 서면으로 하여야 한다.

③ 검사는 피보안관찰자가 도주하거나 1개월 이상 그 소재가 불명한 때에는 보안관찰처분의 집행중지결정을 할 수 있다. 그 사유가 소멸된 때에는 지체 없이 그 결정을 취소하여야 한다.

제18조(신고사항)

① 보안관찰처분을 받은 자(이하 '피보안관찰자'라 한다.)는 보안관찰처분결정고지를 받은 날부터 7일 이내에 다음 각 호의 사항을 주거지를 관할하는 지구대 또는 파출소의 장(이하 '지구대·파출소장'이라 한다.)을 거쳐 관할경찰서장에게 신고하여야 한다. 제20조 제3항에 해당하는 경우에는 법무부장관이 제공하는 거소를 주거지로 신고하여야 한다. <개정 2004. 12. 23. 2007. 5. 17.>

1. 등록기준지, 주거(실제로 생활하는 거처), 성명, 생년월일, 성별, 주민등록번호

2. 가족 및 동거인 상황과 교우관계

3. 직업, 월수, 본인 및 가족의 재산상황

4. 학력, 경력

5. 종교 및 가입한 단체

6. 직장의 소재지 및 연락처

7. 보안관찰처분대상자 신고를 행한 관할경찰서 및 신고일자

8. 기타 대통령령이 정하는 사항

② 피보안관찰자는 보안관찰처분결정고지를 받은 날이 속한 달부터 매 3개월이 되는 달의 말일까지 다음 각 호의 사항을 지구대·파출소장을 거쳐 관할경찰서장에게 신고하여야 한다. <개정 2004. 12. 23.>

1. 3개월간의 주요활동사항

2. 통신·회합한 다른 보안관찰처분대상자의 인적 사항과 그 일시, 장소 및 내용

3. 3개월간에 행한 여행에 관한 사항(신고를 마치고 중지한 여행에 관한 사항을 포함한다.)

4. 관할경찰서장이 보안관찰과 관련하여 신고하도록 지시한 사항

③ 피보안관찰자는 제1항의 신고사항에 변동이 있을 때에는 7일 이내에 지구대·파출소장을 거쳐 관할경찰서장에게 신고하여야 한다. 피보안관찰자가 제1항의 신고를 한 후 제20조 제3항에 의하여 거소제공을 받거나 제20조 제5항에 의하여 거소가 변경된 때에는 제공 또는 변경된 거소로 이전한 후 7일 이내에 지구대·파출소장을 거쳐 관할경찰서장에게 신고하여야 한다. <개정 2004. 12. 23.>

④ 피보안관찰자가 주거지를 이전하거나 국외여행 또는 10일 이상 주거를 이탈하여 여행하고자 할 때에는 미리 거주예정지, 여행예정지 기타 대통령령이 정하는 사항을 지구대·파출소장을 거쳐 관할경찰서장에게 신고하여야 한다. 다만, 제20조 제3항에 의하여 거소제공을 받은 자가 주거지를 이전하고자 할 때에는 제20조 제5항에 의하여 거소변경을 신청하여 변경 결정된 거소를 거주예정지로 신고하여야 한다. <개정 2004. 12. 23.>

⑤ 관할경찰서장은 제1항 내지 제4항의 규정에 의한 신고를 받은 때에는 신고필증을 교부하여야 한다.

제19조(지도)

① 검사 및 사법경찰관리는 피보안관찰자의 재범을 방지하고 건전한 사회복귀를 촉진하기 위하여 다음 각 호의 지도를 할 수 있다.

1. 피보안관찰자와 긴밀한 접촉을 가지고 항상 그 행동 및 환경 등을 관찰하는 것

2. 피보안관찰자에 대하여 신고사항을 이행함에 적절한 지시를 하는 것

3. 기타 피보안관찰자가 사회의 선량한 일원이 되는 데 필요한 조치를 취하는 것

② 검사 및 사법경찰관은 피보안관찰자의 재범방지를 위하여 특히 필요한 경우에는 다음 각 호의 조치를 할 수 있다.

1. 보안관찰해당범죄를 범한 자와의 회합·통신을 금지하는 것

2. 집단적인 폭행, 협박, 손괴, 방화 등으로 공공의 안녕질서에 직접적인 위협을 가할 것이 명백한 집회 또는 시위 장소에의 출입을 금지하는 것

3. 피보안관찰자의 보호 또는 조사를 위하여 특정 장소에의 출석을 요구하는 것

제20조(보호)

　① 검사 및 사법경찰관리는 피보안관찰자가 자조의 노력을 함에 있어, 그의 개선과 자위를 위하여 필요하다고 인정되는 적절한 보호를 할 수 있다.

　② 제1항의 보호의 방법은 다음과 같다.

　　1. 주거 또는 취업을 알선하는 것

　　2. 직업훈련의 기회를 제공하는 것

　　3. 환경을 개선하는 것

　　4. 기타 본인의 건전한 사회복귀를 위하여 필요한 원조를 하는 것

　③ 법무부장관은 보안관찰처분대상자 또는 피보안관찰자 중 국내에 가족이 없거나 가족이 있어도 인수를 거절하는 자에 대해서는 대통령령이 정하는 바에 의하여 거소를 제공할 수 있다.

　④ 사회복지사업법에 의한 사회복지시설로서 대통령령이 정하는 시설의 장은 법무부장관으로부터 보안관찰처분대상자 또는 피보안관찰자에 대한 거소제공의 요청을 받은 때에는 정당한 이유 없이 이를 거부하여서는 아니 된다.

　⑤ 법무부장관은 제3항에 의하여 거소제공을 받은 자에게 국내에 인수를 희망하는 가족이 생기거나 기타 거소변경의 필요가 있는 때에는 본인의 신청 또는 검사의 청구에 의하여 이미 제공한 거소를 변경할 수 있다. 이 경우 법무부장관은 3개월 이내에 거소의 변경 여부를 결정하여야 한다.

제21조(응급구호) 검사 및 사법경찰관리는 피보안관찰자에게 부상·질병 기타 긴급한 사유가 발생하였을 때에는 대통령령이 정하는 바에 따라 필요한 구호를 할 수 있다.

제22조(경고) 검사 및 사법경찰관리는 피보안관찰자가 의무를 위반하였거나 위반할 위험성이 있다고 의심할 상당한 이유가 있는 때에는 그 이행을 촉구하고 형사처분 등 불이익한 처분을 받을 수 있음을 경고할 수 있다.

제23조(행정소송) 이 법에 의한 법무부장관의 결정을 받은 자가 그 결정에 이의가 있을 때에는 행정소송법이 정하는 바에 따라 그 결정이 집행된 날부터 60일 이내에 서울고등법원에 소를 제기할 수 있다. 다만, 제11조의 규정에 의한 면제결정신청에 대한 기각결정을 받은 자가 그 결정에 이의가 있을 때에는 그 결정이 있는 날부터 60일 이내에 서울고등법원에 소를 제기할 수 있다.

제24조(행정소송법의 준용) 제23조의 소송에 관하여 이 법에 규정한 것을 제외하고는 행정소송법을 준용한다. 다만, 행정소송법 제18조의 규정은 준용하지 아니한다. <개정

2002. 1. 26. 2004. 10. 16.>

제25조(기간의 계산)

① 보안관찰처분의 기간은 보안관찰처분 결정을 집행하는 날부터 계산한다. 이 경우 초일은 산입한다.

② 제18조 제1항 내지 제4항의 규정에 의한 신고를 하지 아니한 기간은 보안관찰처분 기간에 산입하지 아니한다.

③ 보안관찰처분의 집행중지결정이 있거나 징역·금고·구류·노역장유치 중에 있는 때, 「사회보호법」에 의한 감호의 집행 중에 있는 때, 또는 「치료감호법」에 의한 치료감호의 집행 중에 있는 때에는 보안관찰처분의 기간은 그 진행이 정지된다. <개정 2005. 8. 4.>

제26조(군법피적용자에 대한 특칙 등)

① 군사법원법 제2조 제1항 각 호의 1에 게기된 자에 대한 보안관찰처분에 관해서는 국방부장관은 법무부장관의, 군사법원검찰관은 검사의, 군사법경찰관리는 사법경찰관리의 이 법에 의한 직무를 행한다.

② 군사법원법 제2조 제1항 각 호의 1에 게기된 자에 대한 보안관찰처분을 심의·의결하기 위하여 국방부에 군보안관찰처분심의위원회를 둔다.

③ 군보안관찰처분심의위원회의 구성과 운영에 관해서는 제12조의 규정을 준용한다.

④ 국방부장관 또는 군사법원검찰관은 보안관찰처분대상자가 군사법원법 제2조 제1항 각 호의 1에 게기된 자가 아님이 명백한 때에는 당해 사안을 법무부장관 또는 검사에게 이송한다. 이 경우 이송 전에 한 심사 또는 조사는 이송 후에도 그 효력에 영향이 없다.

⑤ 법무부장관 또는 검사는 보안관찰처분대상자가 군사법원법 제2조 제1항 각 호의 1에 게기된 자임이 명백한 때에는 당해 사안을 국방부장관 또는 군사법원검찰관에게 이송한다. 이 경우 이송 전에 한 심사 또는 조사는 이송 후에도 그 효력에 영향이 없다.

제27조(벌칙)

① 보안관찰처분대상자 또는 피보안관찰자가 보안관찰처분 또는 보안관찰을 면탈할 목적으로 은신 또는 도주한 때에는 3년 이하의 징역에 처한다.

② 정당한 이유 없이 제6조 제1항·제2항 및 제18조 제1항 내지 제4항의 규정에 의한 신고를 하지 아니하거나 허위의 신고를 한 자 또는 그 신고를 함에 있어서 거주예정지나 주거지를 명시하지 아니한 자는 2년 이하의 징역 또는 100만 원 이하의 벌금에 처한다.

③ 정당한 이유 없이 제19조 제2항의 조치에 위반한 자는 1년 이하의 징역 또는 50만 원 이하의 벌금에 처한다.

④ 제20조 제4항에 위반한 자는 6개월 이하의 징역 또는 50만 원 이하의 벌금에 처한다.

⑤ 보안관찰처분에 관한 업무에 종사하는 공무원이 정당한 이유 없이 그 직무수행을 거부 또는 그 직무를 유기하거나 허위의 보고를 한 때에는 2년 이하의 징역 또는 5년 이하의 자격정지에 처한다.

⑥ 보안관찰처분대상자 또는 피보안관찰자를 은닉하거나 도주하게 한 자는 2년 이하의 징역에 처한다. 다만, 친족·호주 또는 동거의 가족이 본인을 위하여 본문의 죄를 범한 때에는 벌하지 아니한다.

⑦ 보안관찰처분의 업무에 종사하는 공무원 또는 제11조의 신원보증을 한 자가 정당한 사유 없이 보안관찰처분대상자에 관하여 이 법에 의하여 지득한 사실을 공표하거나 누설한 때에는 2년 이하의 징역 또는 5년 이하의 자격정지에 처한다.

제27조(벌칙)

① 보안관찰처분대상자 또는 피보안관찰자가 보안관찰처분 또는 보안관찰을 면탈할 목적으로 은신 또는 도주한 때에는 3년 이하의 징역에 처한다.

② 정당한 이유 없이 제6조 제1항·제2항 및 제18조 제1항 내지 제4항의 규정에 의한 신고를 하지 아니하거나 허위의 신고를 한 자 또는 그 신고를 함에 있어서 거주예정지나 주거지를 명시하지 아니한 자는 2년 이하의 징역 또는 100만 원 이하의 벌금에 처한다.

③ 정당한 이유 없이 제19조 제2항의 조치에 위반한 자는 1년 이하의 징역 또는 50만 원 이하의 벌금에 처한다.

④ 제20조 제4항을 위반한 자는 6개월 이하의 징역 또는 50만 원 이하의 벌금에 처한다.

⑤ 보안관찰처분에 관한 업무에 종사하는 공무원이 정당한 이유 없이 그 직무수행을 거부 또는 그 직무를 유기하거나 허위의 보고를 한 때에는 2년 이하의 징역 또는 5년 이하의 자격정지에 처한다.

⑥ 보안관찰처분대상자 또는 피보안관찰자를 은닉하거나 도주하게 한 자는 2년 이하의 징역에 처한다. 다만, 친족이 본인을 위하여 본문의 죄를 범한 때에는 벌하지 아니한다. <개정 2005. 3. 31.>

⑦ 보안관찰처분의 업무에 종사하는 공무원 또는 제11조의 신원보증을 한 자가 정당한 사유 없이 보안관찰처분대상자에 관하여 이 법에 의하여 지득한 사실을 공표하

거나 누설한 때에는 2년 이하의 징역 또는 5년 이하의 자격정지에 처한다. [시행일 2008. 1. 1.] 제27조 제6항

부칙 <제4132호, 1989. 6. 16.>

제1조(시행일) 이 법은 공포 후 3개월이 경과한 날부터 시행한다.

제2조(보안관찰처분대상자에 대한 경과조치) 다음 각 호의 1에 해당하는 자는 이 법 적용에 있어서 보안관찰처분대상자로 본다.

1. 이 법 시행 당시 법 제3조에 해당하는 자

2. 이 법 시행 당시 구형법 제81조 내지 제85조·제87조(제86조의 미수죄를 제외한다.) 및 제88조(제86조에 해당하는 죄를 제외한다.), 구비상사태하의범죄처벌에관한특별조치령 제3조 내지 제5조, 법률 제10호 구국가보안법 제1조 내지 제4조, 법률 제85호 구 국가보안법 제1조 내지 제5조, 법률 제500호 구 국가보안법 제6조 내지 제20조(제17조 제4항을 제외한다.)·제21조 제1항·제25조 및 제28조(제17조 제4항·제21조 제2항 내지 제4항의 예비·음모·미수범을 제외한다.), 법률 제549호 구 국가보안법 제2조 내지 제8조(제1조의 미수범, 예비·음모 및 제5조 제2항의 예비·음모를 제외한다.), 법률 제643호 반공법 제6조(제4항 중 국외의 공산계열의 지령을 받고 또는 받기 위하여 잠입·탈출한 행위 및 그 미수범, 예비·음모를 제외한다.) 및 제7조, 구 국방경비법 제32조 및 제33조, 구 해안경비법 제8조의 2 및 제9조의 규정에 의한 죄 또는 이와 경합된 범죄로 금고 이상의 형의 선고를 받고 그 형기 합계가 3년 이상인 자로서 형의 전부 또는 일부의 집행을 받은 사실이 있는 자 <개정 1991. 11. 22.>

3. 이 법 시행 당시 제2호에 게기된 죄를 범한 자 중 이 법 시행 후에 제2호에 게기된 죄 또는 이와 경합된 범죄로 금고 이상의 형의 선고를 받고 그 형기 합계가 3년 이상인 자로서 형의 전부 또는 일부의 집행을 받은 사실이 있는 자

제3조(보안처분을 받은 자 등에 대한 경과조치) 이 법 시행 당시 종전의 사회안전법의 규정에 의하여 보안처분, 그 기간갱신 또는 각 그 기각의 결정을 받은 자 중 이 법에 의한 보안관찰처분대상자로 되는 자는 이 법에 의하여 보안관찰처분, 그 기간갱신 또는 각 그 기각의 결정을 받은 것으로 본다.

제4조(보안감호 중에 있는 자에 대한 경과조치) 이 법 시행 당시 종전의 사회안전법의 규정에 의하여 보안감호 중에 있는 자에 대해서는 제20조 제3항에 의한 거소제공 기타 출소에 필요한 조치를 위하여 법무부장관은 1개월의 범위 안에서 그 출소를 유예할 수 있다.

제5조(보안처분면제결정을 받은 자 등에 대한 경과조치) 이 법 시행 당시 종전의 사회안전법의 규정에 의하여 보안처분의 면제결정, 그 청구 또는 신청의 기각결정 또는 면제결

정의 취소결정을 받은 자 중 이 법에 의한 보안관찰처분대상자로 되는 자는 이 법에 의하여 보안관찰처분의 면제결정, 그 청구 또는 신청의 기각결정 또는 면제결정의 취소결정을 받은 것으로 본다.

제6조(신고의무에 관한 경과조치)

① 부칙 제2조에 의하여 보안관찰처분대상자로 된 자는 제6조 제1항·제2항의 규정에 의한 신고를 하여야 하되, 이 법 시행 당시 그 형의 집행을 받은 교도소 등에서 출소한 자는 제6조 제1항·제2항의 규정에 의하여 신고하여야 할 사항을 이 법 시행일부터 30일 이내에 관할경찰서장에게 신고하여야 한다. 다만, 이 법 시행 당시 종전의 사회안전법 제9조의 규정에 의하여 신고를 한 자는 제6조 제1항의 규정에 의한 신고를 한 것으로 본다.

② 부칙 제3조에 의하여 피보안관찰자로 된 자는 제18조 제1항 내지 제4항의 규정에 의한 신고를 하여야 하되, 이 법 시행일부터 30일 이내에 제18조 제1항의 규정에 의하여 신고하여야 할 사항을 신고하고, 그 신고한 날이 속한 달부터 매 3개월이 되는 달의 말일까지 제18조 제2항의 규정에 의하여 신고하여야 할 사항을 관할경찰서장에게 신고하여야 한다.

제7조(행정소송에 대한 경과조치) 제23조 및 제24조의 규정은 이 법 시행 당시 법원에 계속 중인 사건에 대하여 이를 적용한다. 다만, 이 법 시행 전에 행한 소송행위의 효력에는 영향을 미치지 아니한다.

제8조(다른 법률과의 관계) 이 법 시행 당시 다른 법률에서 사회안전법 또는 사회안전법에 의한 보안처분을 인용한 경우에는 보안관찰법 또는 보안관찰법에 의한 보안관찰처분을 각각 인용한 것으로 본다.

제9조(벌칙) 부칙 제6조의 규정에 의한 신고를 하지 아니한 자는 제27조 제2항의 예에 의하여 처벌한다.

부칙 <제4396호, 1991. 11. 22.>

① (시행일) 이 법은 공포한 날부터 시행한다.

② (보안관찰처분대상자에 대한 경과조치) 이 법 시행 당시 법률 제3318호 또는 제3993호 구 국가보안법을 위반한 자에 대해서는 동법 제4조(제1항 제6호 중 사실을 왜곡하여 전파한 행위 및 그 미수범, 예비·음모를 제외한다.), 제5조(제1항 중 제4조 제1항 제6호에 해당하는 행위 및 그 미수범, 예비·음모와 제5항을 제외한다.), 제6조(제3항 및 그 미수범, 예비·음모를 제외한다.), 제9조 제1항·제3항(동항 중 제2항의 미수범 부분을 제외한다.), 제4항의 규정에 의한 죄 또는 이와 경합된 범죄로 금고 이상의 형의 선고를 받고 그 형기 합계가 3년 이상인 자로서 형의

전부 또는 일부의 집행을 받은 사실이 있는 경우에 한하여 이를 보안관찰처분대상자로 본다.

부칙(민사집행법) <제6627호, 2002. 1. 26.>

제1조(시행일) 이 법은 2002년 7월 1일부터 시행한다.

제2조 내지 제5조 생략

제6조(다른 법률의 개정)

① 내지 <20> 생략 <21> 보안관찰법 중 다음과 같이 개정한다. 제24조 중 "민사소송법"을 "민사집행법"으로 한다. <22> 내지 <55> 생략

제7조 생략

부칙 <제7227호, 2004. 10. 16.>

이 법은 공포한 날부터 시행한다.

부칙(경찰법) <제7247호, 2004. 12. 23.>

제1조(시행일) 이 법은 공포한 날부터 시행한다.

제2조(다른 법률의 개정)

① 내지 ③ 생략

④ 보안관찰법 중 다음과 같이 개정한다. 제18조 제1항 각 호 외의 부분 전단 중 "지서"를 "지구대"로, "지·파출소장"을 "지구대·파출소장"으로 하고, 동 조 제2항 내지 제4항 중 "지·파출소장"을 각각 "지구대·파출소장"으로 한다.

부칙(민법) <제7427호, 2005. 3. 31.>

제1조(시행일) 이 법은 공포한 날부터 시행한다. 다만, …… <생략> …… 부칙 제7조(제2항 및 제29항을 제외한다.)의 규정은 2008년 1월 1일부터 시행한다.

제2조 내지 제6조 생략

제7조(다른 법률의 개정)

① 내지 ⑭ 생략

⑮ 보안관찰법 일부를 다음과 같이 개정한다. 제27조 제6항 단서 중 "친족·호주 또는 동거의 가족"을 "친족"으로 한다. <16> 내지 <29> 생략

부칙(치료감호법) <제7655호, 2005. 8. 4.>

제1조(시행일) 이 법은 공포한 날부터 시행한다.

제2조 내지 제7조 생략

제8조(다른 법률의 개정)

① 내지 ③ 생략

④ 보안관찰법 일부를 다음과 같이 개정한다. 제25조 제3항을 다음과 같이 한다.

③ 보안관찰처분의 집행중지결정이 있거나 징역·금고·구류·노역장유치 중에 있는 때, 「사회보호법」에 의한 감호의 집행 중에 있는 때 또는 「치료감호법」에 의한 치료감호의 집행 중에 있는 때에는 보안관찰처분의 기간은 그 진행이 정지된다.

⑤ 내지 ⑨ 생략

부칙(가족관계의등록등에관한법률) <제8435호, 2007. 5. 17.>

제1조(시행일) 이 법은 2008년 1월 1일부터 시행한다. <단서 생략> 제2조부터 제7조까지 생략

제8조(다른 법률의 개정)

①부터 ⑫까지 생략

⑬ 보안관찰법 일부를 다음과 같이 개정한다. 제18조 제1항 제1호 중 "원적, 본적"을 "등록기준지"로 한다. ⑭부터 <39>까지 생략

제9조 생략

[치료감호법]

일부개정 2008. 06. 13. 법률 제9111호
※ 세부적인 내용을 살펴보기 위해서는 시행령(대통령령)을 참고해야 한다.

제1장 총칙 <개정 2008. 6. 13.>

제1조(목적) 이 법은 심신장애 상태, 마약류·알코올이나 그 밖의 약물중독 상태, 정신성적 장애가 있는 상태 등에서 범죄행위를 한 자로서 재범의 위험성이 있고 특수한 교육·개선 및 치료가 필요하다고 인정되는 자에 대하여 적절한 보호와 치료를 함으로써 재범을 방지하고 사회복귀를 촉진하는 것을 목적으로 한다. [전문개정 2008. 6. 13.]

제2조(치료감호대상자)

① 이 법에서 "치료감호대상자"란 다음 각 호의 어느 하나에 해당하는 자로서 치료감호시설에서 치료를 받을 필요가 있고 재범의 위험성이 있는 자를 말한다.

1. 「형법」 제10조 제1항에 따라 벌할 수 없거나 같은 조 제2항에 따라 형이 감경

되는 심신장애자로서 금고 이상의 형에 해당하는 죄를 지은 자

2. 마약 · 향정신성의약품 · 대마, 그 밖에 남용되거나 해독을 끼칠 우려가 있는 물
   질이나 알코올을 식음 · 섭취 · 흡입 · 흡연 또는 주입받는 습벽이 있거나 그에
   중독된 자로서 금고 이상의 형에 해당하는 죄를 지은 자

3. 소아성 기호 증 성적가학증 등 성적 성벽이 있는 정신성적 장애자로서 금고 이
   상의 형에 해당하는 성폭력범죄를 지은 자

② 제1항 제2호의 남용되거나 해독을 끼칠 우려가 있는 물질에 관한 자세한 사항은
대통령령으로 정한다. [전문개정 2008. 6. 13.]

제2조의 2(치료감호대상 성폭력범죄의 범위) 제2조 제1항 제3호의 성폭력범죄는 다음 각
호의 범죄를 말한다.

1. 「형법」 제297조(강간) · 제298조(강제추행) · 제299조(준강간, 준강제추행) · 제
   300조(미수범) · 제301조(강간 등 상해 · 치상) · 제301조의 2(강간 등 살인 · 치
   사) · 제302조(미성년자 등에 대한 간음) · 제303조(업무상위력 등에 의한 간
   음) · 제305조(미성년자에 대한 간음, 추행) 및 제339조(강도강간)의 죄

2. 「성폭력범죄의처벌및피해자보호등에관한법률」 제5조(특수강도 · 강간 등)부터
   제8조(장애인에 대한 간음 등)까지, 제8조의 2(13세 미만의 미성년자에 대한 강
   간, 강제추행 등) 및 제9조(강간 등 상해 · 치상)부터 제12조(미수범)까지의 죄

3. 「청소년의성보호에관한법률」 제7조(청소년에 대한 강간 · 강제추행 등)의 죄

4. 제1호부터 제3호까지의 죄로서 다른 법률에 따라 가중 처벌되는 죄 [본조신설
   2008. 6. 13.]

제3조(관할)

① 치료감호사건의 토지관할은 치료감호사건과 동시에 심리하거나 심리할 수 있었던
사건의 관할에 따른다.

② 치료감호사건의 제1심 재판관할은 지방법원합의부 및 지방법원지원 합의부로 한
다. 이 경우 치료감호가 청구된 치료감호대상자(이하 '피치료감호청구인'이라 한
다.)에 대한 치료감호사건과 피고사건의 관할이 다른 때에는 치료감호사건의 관할
에 따른다. [전문개정 2008. 6. 13.]

제2장 치료감호사건의 절차 등

제4조(검사의 치료감호 청구)

① 검사는 치료감호대상자가 치료감호를 받을 필요가 있는 경우 관할 법원에 치료감

호를 청구할 수 있다.

② 치료감호대상자에 대한 치료감호를 청구할 때에는 정신과 등의 전문의의 진단이나 감정을 참고하여야 한다. 다만, 제2조 제1항 제3호에 따른 치료감호대상자에 대해서는 정신과 등의 전문의의 진단이나 감정을 받은 후 치료감호를 청구하여야 한다.

③ 치료감호를 청구할 때에는 검사가 치료감호청구서를 관할 법원에 제출하여야 한다. 치료감호청구서에는 피치료감호청구인 수만큼의 부본을 첨부하여야 한다.

④ 치료감호청구서에는 다음 각 호의 사항을 적어야 한다.

1. 피치료감호청구인의 성명과 그 밖에 피치료감호청구인을 특정할 수 있는 사항

2. 청구의 원인이 되는 사실

3. 적용 법 조문

4. 그 밖에 대통령령으로 정하는 사항

⑤ 검사는 공소 제기한 사건의 항소심 변론종결 시까지 치료감호를 청구할 수 있다.

⑥ 법원은 치료감호 청구를 받으면 지체 없이 치료감호청구서의 부본을 피치료감호청구인이나 그 변호인에게 송달하여야 한다. 다만, 공소제기와 동시에 치료감호 청구를 받았을 때에는 제1회 공판기일 전 5일까지, 피고사건 심리 중에 치료감호 청구를 받았을 때에는 다음 공판기일 전 5일까지 송달하여야 한다.

⑦ 법원은 공소 제기된 사건의 심리결과 치료감호를 할 필요가 있다고 인정할 때에는 검사에게 치료감호 청구를 요구할 수 있다. [전문개정 2008. 6. 13.]

제5조(조사)

① 검사는 범죄를 수사할 때 범죄경력이나 심신장애 등을 고려하여 치료감호를 청구함이 상당하다고 인정되는 자에 대해서는 치료감호 청구에 필요한 자료를 조사하여야 한다.

② 사법경찰관리(특별사법경찰관리를 포함한다. 이하 같다.)는 검사의 지휘를 받아 제1항에 따른 조사를 하여야 한다. [전문개정 2008. 6. 13.]

제6조(치료감호영장)

① 치료감호대상자에 대하여 치료감호를 할 필요가 있다고 인정되고 다음 각 호의 어느 하나에 해당하는 사유가 있을 때에는 검사는 관할 지방법원 판사에게 청구하여 치료감호영장을 발부받아 치료감호대상자를 보호구속[보호구금(보호구금)과 보호구인(보호구인)을 포함한다. 이하 같다.]할 수 있다.

1. 일정한 주거가 없을 때

2. 증거를 인멸할 염려가 있을 때

3. 도망하거나 도망할 염려가 있을 때

② 사법경찰관은 제1항의 요건에 해당하는 치료감호대상자에 대하여 검사에게 신청하여 검사의 청구로 관할 지방법원 판사의 치료감호영장을 발부받아 보호 구속할 수 있다.

③ 제1항과 제2항에 따른 보호구속에 관해서는 「형사소송법」 제201조 제2항부터 제4항까지, 제201조의 2부터 제205조까지, 제208조, 제209조 및 제214조의 2부터 제214조의 4까지의 규정을 준용한다. [전문개정 2008. 6. 13.]

제7조(치료감호의 독립 청구) 검사는 다음 각 호의 어느 하나에 해당하는 경우에는 공소를 제기하지 아니하고 치료감호만을 청구할 수 있다.

1. 피의자가 「형법」 제10조 제1항에 해당하여 벌할 수 없는 경우

2. 고소·고발이 있어야 논할 수 있는 죄에서 그 고소·고발이 없거나 취소된 경우 또는 피해자의 명시적인 의사에 반하여 논할 수 없는 죄에서 피해자가 처벌을 원하지 아니한다는 의사표시를 하거나 처벌을 원한다는 의사표시를 철회한 경우

3. 피의자에 대하여 「형사소송법」 제247조에 따라 공소를 제기하지 아니하는 결정을 한 경우 [전문개정 2008. 6. 13.]

제8조(치료감호 청구와 구속영장의 효력) 구속영장에 의하여 구속된 피의자에 대하여 검사가 공소를 제기하지 아니하는 결정을 하고 치료감호 청구만을 하는 때에는 구속영장은 치료감호영장으로 보며 그 효력을 잃지 아니한다. [전문개정 2008. 6. 13.]

제9조(피치료감호청구인의 불출석) 법원은 피치료감호청구인이 「형법」 제10조 제1항에 따른 심신장애로 공판기일에의 출석이 불가능한 경우에는 피치료감호청구인의 출석 없이 개정할 수 있다. [전문개정 2008. 6. 13.]

제10조(공판절차로의 이행)

① 제7조 제1호에 따른 치료감호청구사건의 공판을 시작한 후 피치료감호청구인이 「형법」 제10조 제1항에 따른 심신장애에 해당되지 아니한다는 명백한 증거가 발견되고 검사의 청구가 있을 때에는 법원은 「형사소송법」에 따른 공판절차로 이행하여야 한다.

② 제1항에 따라 공판절차로 이행한 경우에는 치료감호를 청구하였던 때에 공소를 제기한 것으로 본다. 이 경우 치료감호청구서는 공소장과 같은 효력을 가지며, 공판절차로 이행하기 전의 심리는 공판절차에 따른 심리로 본다. 공소장에 적어야 할 사항은 「형사소송법」 제298조의 절차에 따라 변경할 수 있다.

③ 약식명령이 청구된 후 치료감호가 청구되었을 때에는 약식명령청구는 그 치료감호가 청구되었을 때부터 공판절차에 따라 심판하여야 한다. [전문개정 2008. 6. 13.]

제11조(공판 내용의 고지) 제10조에 따라 공판절차로 이행하는 경우 피고인의 출석 없이 진행된 공판의 내용은 공판조서의 낭독이나 그 밖의 적당한 방법으로 피고인에게 고지하여야 한다. [전문개정 2008. 6. 13.]

제12조(치료감호의 판결 등)

① 법원은 치료감호사건을 심리하여 그 청구가 이유 있다고 인정할 때에는 판결로써 치료감호를 선고하여야 하고, 이유 없다고 인정할 때 또는 피고사건에 대하여 심신상실 외의 사유로 무죄를 선고하거나 사형을 선고할 때에는 판결로써 청구기각을 선고하여야 한다.

② 치료감호사건의 판결은 피고사건의 판결과 동시에 선고하여야 한다. 다만, 제7조에 따라 공소를 제기하지 아니하고 치료감호만을 청구한 경우에는 그러하지 아니하다.

③ 치료감호선고의 판결이유에는 요건으로 되는 사실, 증거의 요지와 적용 법 조문을 구체적으로 밝혀야 한다.

④ 법원은 피고사건에 대하여 「형사소송법」 제326조 각 호, 제327조 제1호부터 제4호까지 및 제328조 제1항 각 호(제2호 중 피고인인 법인이 존속하지 아니하게 되었을 때는 제외한다.)의 사유가 있을 때에는 치료감호청구사건에 대해서도 청구기각의 판결 또는 결정을 하여야 한다. 치료감호청구사건에 대하여 위와 같은 사유가 있을 때에도 또한 같다. [전문개정 2008. 6. 13.]

제13조(전문가의 감정 등) 법원은 제4조 제2항에 따른 정신과 전문의 등의 진단 또는 감정의견만으로 피치료감호청구인의 심신장애 또는 정신성적 장애가 있는지의 여부를 판단하기 어려울 때에는 정신과 전문의 등에게 다시 감정을 명할 수 있다. [전문개정 2008. 6. 13.]

제14조(항소 등)

① 검사 또는 피치료감호청구인과 「형사소송법」 제339조부터 제341조까지에 규정된 자는 「형사소송법」의 절차에 따라 상소할 수 있다.

② 피고사건의 판결에 대하여 상소 및 상소의 포기·취하가 있을 때에는 치료감호청구사건의 판결에 대해서도 상소 및 상소의 포기·취하가 있는 것으로 본다. 상소권회복 또는 재심의 청구나 비상상고가 있을 때에도 또한 같다. [전문개정 2008. 6. 13.]

제15조(준용규정)

① 법원에서 피치료감호청구인을 보호 구속하는 경우의 치료감호영장에 관해서는 제6조 제1항을 준용한다.

② 제2조 제1항 각 호의 어느 하나에 해당하는 치료감호대상자에 대한 치료감호청구사건에 관해서는 「형사소송법」 제282조 및 제283조를 준용한다. [전문개정 2008. 6. 13.]

제3장 치료감호의 집행

제16조(치료감호의 내용)

① 치료감호를 선고받은 자(이하 '피치료감호자'라 한다.)에 대해서는 치료감호시설에 수용하여 치료를 위한 조치를 한다.

② 피치료감호자를 치료감호시설에 수용하는 기간은 다음 각 호의 구분에 따른 기간을 초과할 수 없다.

1. 제2조 제1항 제1호 및 제3호에 해당하는 자: 15년

2. 제2조 제1항 제2호에 해당하는 자: 2년

③ 제1항에 따른 치료감호시설과 치료, 그 밖에 필요한 사항은 대통령령으로 정한다. [전문개정 2008. 6. 13.]

제17조(집행 지휘)

① 치료감호의 집행은 검사가 지휘한다.

② 제1항에 따른 지휘는 판결서등본을 첨부한 서면으로 한다. [전문개정 2008. 6. 13.]

제18조(집행 순서 및 방법) 치료감호와 형이 병과된 경우에는 치료감호를 먼저 집행한다. 이 경우 치료감호의 집행기간은 형 집행기간에 포함한다. [전문개정 2008. 6. 13.]

제19조(구분 수용) 피치료감호자는 특별한 사정이 없으면 제2조 제1항 각 호의 구분에 따라 구분하여 수용하여야 한다. [전문개정 2008. 6. 13.]

제20조(치료감호 내용 등의 공개) 이 법에 따른 치료감호의 내용과 실태는 대통령령으로 정하는 바에 따라 공개하여야 한다. 이 경우 피치료감호자나 그의 보호자가 동의한 경우 외에는 피치료감호자의 개인 신상에 관한 것은 공개하지 아니한다. [전문개정 2008. 6. 13.]

제21조(소환 및 치료감호 집행)

① 검사는 보호 구금되어 있지 아니한 피치료감호자에 대한 치료감호를 집행하기 위하여 피치료감호자를 소환할 수 있다.

② 피치료감호자가 제1항에 따른 소환에 응하지 아니하면 검사는 치료감호집행장을 발부하여 보호 구인할 수 있다.

③ 피치료감호자가 도망하거나 도망할 염려가 있을 때 또는 피치료감호자의 현재지를 알 수 없을 때에는 제2항에도 불구하고 소환 절차를 생략하고 치료감호집행장을 발부하여 보호 구인할 수 있다.

④ 치료감호집행장은 치료감호영장과 같은 효력이 있다. [전문개정 2008. 6. 13.]

제22조(가종료 등의 심사·결정) 제37조에 따른 치료감호심의위원회는 피치료감호자에 대하여 치료감호 집행을 시작한 후 매 6개월마다 치료감호의 종료 또는 가종료 여부를 심사·결정하고, 가종료 또는 치료 위탁된 피치료감호자에 대해서는 가종료 또는 치료위탁 후 매 6개월마다 종료 여부를 심사·결정한다. [전문개정 2008. 6. 13.]

제23조(치료의 위탁)

① 제37조에 따른 치료감호심의위원회는 치료감호만을 선고받은 피치료감호자에 대한 집행

이 시작된 후 1년이 지났을 때에는 상당한 기간을 정하여 그의 법정대리인, 배우자, 직계친족, 형제자매(이하 '법정대리인 등'이라 한다.)에게 치료감호시설 외에서의 치료를 위탁할 수 있다.

② 제37조에 따른 치료감호심의위원회는 치료감호와 형이 병과되어 형기에 상당하는 치료감호를 집행받은 자에 대해서는 상당한 기간을 정하여 그 법정대리인 등에게 치료감호시설 외에서의 치료를 위탁할 수 있다.

③ 제1항이나 제2항에 따라 치료위탁을 결정하는 경우 치료감호심의위원회는 법정대리인 등으로부터 치료감호시설 외에서의 입원·치료를 보증하는 내용의 서약서를 받아야 한다. [전문개정 2008. 6. 13.]

제24조(치료감호의 집행정지) 피치료감호자에 대하여 「형사소송법」 제471조 제1항 각 호의 어느 하나에 해당하는 사유가 있을 때에는 같은 조에 따라 검사는 치료감호의 집행을 정지할 수 있다. 이 경우 치료감호의 집행이 정지된 자에 대한 관찰은 형집행정지자에 대한 관찰의 예에 따른다. [전문개정 2008. 6. 13.]

제4장 피치료감호자의 처우와 권리

제25조(처우)

① 치료감호시설의 장은 피치료감호자의 건강한 생활이 보장될 수 있도록 쾌적하고 위생적인 시설을 갖추고 의류, 침구, 그 밖의 처우에 필요한 물품을 제공하여야 한다.

② 피치료감호자에 대한 의료적 처우는 정신병원에 준하여 의사의 조치에 따르도록 한다.

③ 치료감호시설의 장은 피치료감호자의 사회복귀에 도움이 될 수 있도록 치료와 개선 정도에 따라 점진적으로 개방적이고 완화된 처우를 하여야 한다. [전문개정 2008. 6. 13.]

제26조(면회 등) 치료감호시설의 장은 수용질서 유지나 치료를 위하여 필요한 경우 외에는 피치료감호자의 면회, 편지의 수신·발신, 전화통화 등을 보장하여야 한다. [전문개정 2008. 6. 13.]

제27조(텔레비전 시청 등) 피치료감호자의 텔레비전 시청, 라디오 청취, 신문·도서의 열람은 일과시간이나 취침시간 등을 제외하고는 자유롭게 보장된다.

제28조(환자의 치료)

① 치료감호시설의 장은 피치료감호자가 치료감호시설에서 치료하기 곤란한 질병에 걸렸을 때에는 외부의료기관에서 치료를 받게 할 수 있다.

② 치료감호시설의 장은 제1항의 경우 본인이나 보호자 등이 직접 비용을 부담하여 치료받기를 원하면 이를 허가할 수 있다. [전문개정 2008. 6. 13.]

제29조(근로보상금 등의 지급) 근로에 종사하는 피치료감호자에게는 근로의욕을 북돋우고 석방 후 사회정착에 도움이 될 수 있도록 법무부장관이 정하는 바에 따라 근로보상금을 지급

하여야 한다. [전문개정 2008. 6. 13.]

제30조(처우개선의 청원)

① 피치료감호자나 법정대리인 등은 법무부장관에게 피치료감호자의 처우개선에 관한 청원을 할 수 있다.

② 제1항에 따른 청원의 제기, 청원의 심사, 그 밖에 필요한 사항에 관해서는 대통령령으로 정한다. [전문개정 2008. 6. 13.]

제31조(운영실태 등 점검) 법무부장관은 연 2회 이상 치료감호시설의 운영실태 및 피치료보호자에 대한 처우상태를 점검하여야 한다.

제5장 보호관찰

제32조(보호관찰)

① 피치료감호자가 다음 각 호의 어느 하나에 해당하게 되면 보호관찰이 시작된다.

1. 피치료감호자에 대한 치료감호가 가종료되었을 때

2. 피치료감호자가 치료감호시설 외에서 치료받도록 법정대리인 등에게 위탁되었을 때

② 보호관찰의 기간은 3년으로 한다.

③ 보호관찰을 받기 시작한 자(이하 '피보호관찰자'라 한다.)가 다음 각 호의 어느 하나에 해당하게 되면 보호관찰이 종료된다.

1. 보호관찰기간이 끝났을 때

2. 보호관찰기간이 끝나기 전이라도 제37조에 따른 치료감호심의위원회의 치료감호의 종료 결정이 있을 때

3. 보호관찰기간이 끝나기 전이라도 피보호관찰자가 다시 치료감호 집행을 받게 되어 재수용되거나 새로운 범죄로 금고 이상의 형의 집행을 받게 되었을 때 [전문개정 2008. 6. 13.]

제33조(피보호관찰자의 준수사항)

① 피보호관찰자는 「보호관찰등에관한법률」 제32조 제2항에 따른 준수사항을 성실히 이행하여야 한다.

② 제37조에 따른 치료감호심의위원회는 피보호관찰자의 특성을 고려하여 제1항에 따른 준수사항 외에 치료나 그 밖에 특별히 지켜야 할 사항을 부과할 수 있다. [전문개정 2008. 6. 13.]

제34조(피보호관찰자 등의 신고 의무)

① 피보호관찰자나 법정대리인 등은 대통령령으로 정하는 바에 따라 출소 후의 거주 예정지나 그 밖에 필요한 사항을 미리 치료감호시설의 장에게 신고하여야 한다.

② 피보호관찰자나 법정대리인 등은 출소 후 10일 이내에 주거, 직업, 치료를 받는 병원, 그 밖에 필요한 사항을 보호관찰관에게 서면으로 신고하여야 한다. [전문개정 2008. 6. 13.]

제35조(치료감호의 종료)

① 보호관찰기간이 끝나면 피보호관찰자에 대한 치료감호가 끝난다.

② 제37조에 따른 치료감호심의위원회는 피보호관찰자의 관찰성적 및 치료경과가 양호하면 보호관찰기간이 끝나기 전에 보호관찰의 종료를 결정할 수 있다. [전문개정 2008. 6. 13.]

제36조(가종료 취소와 치료감호의 재집행) 제37조에 따른 치료감호심의위원회는 피보호관찰자가 다음 각 호의 어느 하나에 해당할 때에는 결정으로 가종료나 치료의 위탁을 취소하고 다시 치료감호를 집행할 수 있다.

1. 금고 이상의 형에 해당하는 죄를 지은 때. 다만, 과실범은 제외한다.

2. 제33조의 준수사항이나 그 밖의 보호관찰에 관한 지시·감독을 위반하였을 때

3. 제32조 제1항 제1호에 따라 보호관찰이 시작된 피보호관찰자가 증상이 악화되어 치료감호가 필요하다고 인정될 때 [전문개정 2008. 6. 13.]

제6장 치료감호심의위원회

제37조(치료감호심의위원회)

① 치료감호 및 보호관찰의 관리와 집행에 관한 사항을 심사·결정하기 위하여 법무부에 치료감호심의위원회(이하 '위원회'라 한다.)를 둔다.

② 위원회는 판사·검사 또는 변호사의 자격이 있는 6명 이내의 위원과 정신과 등 전문의의 자격이 있는 3명 이내의 위원으로 구성하고, 위원장은 법무부차관으로 한다.

③ 위원회는 다음 각 호의 사항을 심사·결정한다.

1. 피치료감호자에 대한 치료의 위탁·가종료 및 그 취소와 치료감호 종료 여부에 관한 사항

2. 피보호관찰자에 대한 준수사항의 부과 및 지시·감독과 그 위반 시의 제재에 관한 사항

3. 그 밖에 제1호와 제2호에 관련된 사항

④ 위원회에는 전문적 학식과 덕망이 있는 자 중에서 위원장의 제청으로 법무부장관이 위촉하는 자문위원을 둘 수 있다.

⑤ 위원회의 구성·운영·서무 및 자문위원의 위촉과 그 밖에 필요한 사항은 대통령령으로 정한다. [전문개정 2008. 6. 13.]

제38조(결격사유) 다음 각 호의 어느 하나에 해당하는 자는 위원회의 위원이 될 수 없다.

1. 「국가공무원법」 제33조 각 호의 결격사유 어느 하나에 해당하는 자

2. 제39조에 따라 위원에서 해촉된 후 3년이 지나지 아니한 자 [전문개정 2008. 6. 13.]

제39조(위원의 해촉) 법무부장관은 위원회의 위원이 다음 각 호의 어느 하나에 해당하면 그 위원을 해촉할 수 있다.

1. 심신장애로 인하여 직무수행을 할 수 없거나 직무를 수행하기가 현저히 곤란하다고 인정될 때

2. 직무태만·품위손상, 그 밖의 사유로 위원으로서 적당하지 아니하다고 인정되는 때 [전문개정 2008. 6. 13.]

제40조(심사)

① 위원회는 심의자료에 따라 제37조 제3항에 규정된 사항을 심사한다.

② 위원회는 제1항에 따른 심사를 위하여 필요하면 법무부 소속 공무원으로 하여금 결정에 필요한 사항을 조사하게 하거나 피치료감호자 및 피보호관찰자(이하 '피보호자'라 한다.)나 그 밖의 관계자를 직접 소환·심문하거나 조사할 수 있다.

③ 제 2항에 따라 조사 명령을 받은 공무원은 다음 각 호의 권한을 가진다.

1. 피보호자나 그 밖의 관계자의 소환·심문 및 조사

2. 국공립기관이나 그 밖의 공공단체·민간단체에 대한 조회 및 관계 자료의 제출요구

④ 피보호자나 그 밖의 관계자는 제2항과 제3항의 소환·심문 및 조사에 응하여야 하며, 국공립기관이나 그 밖의 공공단체·민간단체는 제3항에 따라 조회나 자료 제출을 요구받았을 때에는 국가기밀 또는 공공의 안녕질서에 해를 끼치는 것이 아니면 이를 거부할 수 없다. [전문개정 2008. 6. 13.]

제41조(의결 및 결정)

① 위원회는 위원장을 포함한 재적위원 과반수의 출석으로 개의(개의)하고, 출석위원 과반수의 찬성으로 의결한다. 다만, 찬성과 반대의 수가 같을 때에는 위원장이 결정한다.

② 결정은 이유를 붙이고 출석한 위원들이 기명날인한 문서로 한다.

③ 위원회는 제1항에 따른 의결을 할 때 필요하면 치료감호시설의 장이나 보호관찰관에게 의견서를 제출하도록 할 수 있다.

④ 치료감호시설의 장은 제3항에 따른 의견서를 제출할 때에는 피보호자의 상태 및 예후, 치료감호 종료의 타당성 등에 관한 피보호자 담당 의사의 의견을 참조하여야 한다. [전문개정 2008. 6. 13.]

제42조(위원의 기피)

① 피보호자와 그 법정대리인 등은 위원회의 위원에게 공정한 심사·의결을 기대하기 어려운 사정이 있으면 위원장에게 기피신청을 할 수 있다.

② 위원장은 제1항에 따른 기피신청에 대하여 위원회의 의결을 거치지 아니하고 신청이 타당한지를 결정한다. 다만, 위원장이 결정하기에 적절하지 아니한 경우에는 위원회의 의결로 결정할 수 있다.

③ 제1항에 따라 기피신청을 받은 위원은 제2항 단서의 의결에 참여하지 못한다. [전문개정 2008. 6. 13.]

제43조(검사의 심사신청)

① 피보호자의 주거지(시설에 수용된 경우에는 그 시설을 주거지로 본다.)를 관할하는 지방검찰청 또는 지청의 검사는 제37조 제3항에 규정된 사항에 관하여 위원회에 그 심사·결정을 신청할 수 있다.

② 제1항에 따른 신청을 할 때에는 심사신청서와 신청사항의 결정에 필요한 자료를 제출하여야 한다. 이 경우 치료감호시설의 장이나 보호관찰관의 의견을 들어야 한다.

③ 치료감호시설의 장이나 보호관찰관은 검사에게 제1항에 따른 신청을 요청할 수 있다. [전문개정 2008. 6. 13.]

제44조(피치료감호자 등의 심사신청)

① 피치료감호자와 그 법정대리인 등은 피치료감호자가 치료감호를 받을 필요가 없을 정도로 치유되었음을 이유로 치료감호의 종료 여부를 심사·결정하여 줄 것을 위원회에 신청할 수 있다.

② 제1항에 따른 신청을 할 때에는 심사신청서와 심사신청이유에 대한 자료를 제출하여야 한다.

③ 제1항에 따른 신청은 치료감호의 집행이 시작된 날부터 6개월이 지난 후에 하여야 한다. 신청이 기각된 경우에는 6개월이 지난 후에 다시 신청할 수 있다.

④ 위원회가 제1항에 따른 신청을 기각하는 경우에는 결정서에 그 이유를 구체적으로 밝혀야 한다. [전문개정 2008. 6. 13.]

제7장 보칙 〈개정 2008. 6. 13.〉

제45조(치료감호청구의 시효)

① 치료감호청구의 시효는 치료감호가 청구된 사건과 동시에 심리하거나 심리할 수 있었던 죄에 대한 공소시효기간이 지나면 완성된다.

② 치료감호가 청구된 사건은 판결의 확정 없이 치료감호가 청구되었을 때부터 15년이 지나면 청구의 시효가 완성된 것으로 본다. [전문개정 2008. 6. 13.]

제46조(치료감호의 시효)

① 피치료감호자는 그 판결이 확정된 후 집행을 받지 아니하고 다음 각 호의 구분에 따른 기간이 지나면 시효가 완성되어 집행이 면제된다.

1. 제2조 제1항 제1호 및 제3호에 해당하는 자의 치료감호: 10년

2. 제2조 제1항 제2호에 해당하는 자의 치료감호: 7년

② 시효는 치료감호의 집행정지 기간 또는 가종료 기간이나 그 밖에 집행할 수 없는 기간에는 진행되지 아니한다.

③ 시효는 피치료감호자를 체포함으로써 중단된다. [전문개정 2008. 6. 13.]

제47조(치료감호의 선고와 자격정지) 피치료감호자는 그 치료감호의 집행이 종료되거나 면제될 때까지 다음 각 호의 자격이 정지된다.

1. 공무원이 될 자격

2. 공법상의 선거권과 피선거권

3. 법률로 요건을 정한 공법상 업무에 관한 자격 [전문개정 2008. 6. 13.]

제48조(치료감호의 실효)

① 치료감호의 집행을 종료하거나 집행이 면제된 자가 피해자의 피해를 보상하고 자격정지 이상의 형이나 치료감호를 선고받지 아니하고 7년이 지났을 때에는 본인이나 검사의 신청에 의하여 그 재판의 실효를 선고할 수 있다. 이 경우 「형사소송법」 제337조를 준용한다.

② 치료감호의 집행을 종료하거나 집행이 면제된 자가 자격정지 이상의 형이나 치료감호를 선고받지 아니하고 10년이 지났을 때에는 그 재판이 실효된 것으로 본다. [전문개정 2008. 6. 13.]

제49조(기간의 계산)

① 치료감호의 기간은 치료감호를 집행한 날부터 기산한다. 이 경우 치료감호 집행을 시작한 첫날은 시간으로 계산하지 아니하고 1일로 산정한다.

② 치료감호의 집행을 위반한 기간은 그 치료감호의 집행기간에 포함하지 아니한다. [전문개정 2008. 6. 13.]

제50조(군법 적용 대상자에 대한 특칙)

① 「군사법원법」 제2조 제1항 각 호의 어느 하나에 해당하는 자에 대한 치료감호사건에 관해서는 군사법원, 군검찰부검찰관 및 군사법경찰관리가 이 법에 따른 직무를 수행한다. 이 경우 "군사법원"은 "법원", "군검찰부검찰관"은 "검사", "군사법경찰관리"는 "사법경찰관리"로 본다.

② 「군사법원법」 제2조 제1항 각 호의 어느 하나에 해당하는 자에 대한 치료감호의 관리와 그 집행사항을 심사·결정하기 위하여 국방부에 군치료감호심의위원회를 둔다.

③ 군치료감호심의위원회의 구성과 운영에 관해서는 위원회에 관한 규정을 준용한다.

④ 군사법원, 군검찰부검찰관 또는 군치료감호심의위원회는 치료감호대상자가 「군사법원법」 제2조 제1항 각 호의 어느 하나에 해당하는 자가 아님이 명백할 때에는 그 치료감호사건을 대응하는 법원·검사 또는 위원회로 이송한다. 이 경우 이송 전에 한 조사·청구·재판·신청·심사 및 결정은 이송 후에도 그 효력을 잃지 아니한다.

⑤ 법원·검사 또는 위원회는 치료감호대상자가 「군사법원법」 제2조 제1항 각 호의 어느 하나에 해당하는 자임이 명백할 때에는 치료감호사건을 대응하는 군사법원·군검찰부검찰관 또는 군치료감호심의위원회로 이송한다. 이 경우 이송 전에 한 조사·청구·재판·신청·심사 및 결정은 이송 후에도 그 효력을 잃지 아니한다. [전문개정 2008. 6. 13.]

제51조(다른 법률의 준용) 치료감호에 관하여 이 법에 특별한 규정이 있는 경우를 제외하고는 그 성질에 반하지 아니하는 범위 안에서 「형사소송법」과 「행형법」 및 「보호관찰등에관한법률」의 규정을 준용한다.

제51조(다른 법률의 준용) 치료감호에 관해서는 이 법에 특별한 규정이 있는 경우 외에는 그 성질에 반하지 아니하는 범위에서 「형사소송법」과 「형의집행및수용자의처우에관한법률」 및 「보호관찰등에관한법률」을 준용한다. [전문개정 2008. 6. 13.] [시행일 2008. 12. 22.] 제51조

제8장 벌칙 〈개정 2008. 6. 13.〉

제52조(벌칙)

① 피치료감호자가 치료감호 집행자의 치료감호를 위한 명령에 정당한 사유 없이 복종하지 아니하거나 도주한 경우에는 1년 이하의 징역에 처한다.

② 피치료감호자 2명 이상이 공동으로 제1항의 죄를 지은 경우에는 3년 이하의 징역에 처한다.

③ 치료감호를 집행하는 자가 피치료감호자를 도주하게 하거나 도주를 용이하게 한 경우에는 1년 이상의 유기징역에 처한다.

④ 치료감호를 집행하는 자가 뇌물을 수수·요구 또는 약속하고 제3항의 죄를 지은 경우에는 2년 이상의 유기징역에 처한다.

⑤ 타인으로 하여금 치료감호처분을 받게 할 목적으로 공공기관이나 공무원에게 거짓의 사실을 신고한 자는 10년 이하의 징역 또는 1천500만 원 이하의 벌금에 처한다.

⑥ 치료감호청구사건에 관하여 피치료감호청구인을 모함하여 해칠 목적으로 「형법」 제152조 제1항의 위증죄를 지은 자는 10년 이하의 징역에 처한다.

⑦ 치료감호청구사건에 관하여 「형법」 제154조의 죄를 지은 자는 10년 이하의 징역에 처한다.

⑧ 치료감호청구사건에 관하여 「형법」 제233조 또는 제234조(허위작성진단서의 행사로 한정한다.)의 죄를 지은 자는 5년 이하의 징역이나 금고, 10년 이하의 자격정지 또는 5천만 원 이하의 벌금에 처한다.

⑨ 제23조 제3항에 따라 치료의 위탁을 받은 법정대리인 등이 그 서약을 위반하여 피치료감호자를 도주하게 하거나 도주를 용이하게 한 경우에는 3년 이하의 징역 또는 500만 원 이하의 벌금에 처한다. [전문개정 2008. 6. 13.]

부칙 <제7655호, 2005. 8. 4.>

제1조(시행일) 이 법은 공포한 날부터 시행한다.

제2조(치료감호 판결을 받은 자에 대한 경과조치) 이 법 시행 전에 종전의 「사회보호법」에 의하여 치료감호 판결을 받은 자는 이 법에 의하여 치료감호 판결을 받은 것으로 본다.

제3조(치료감호시설 등에 관한 경과조치) 이 법 시행 당시 종전의 「사회보호법」의 치료감호시설과 그 소속 공무원은 이 법에 의한 치료감호시설과 그 소속 공무원으로 본다.

제4조(사회보호위원회의 심사·결정 등에 관한 경과조치) 이 법 시행 전에 행하여진 「사회보호법」의 사회보호위원회 심사·결정은 이 법에 의한 치료감호심의위원회의 심사·결정으로 본다.

제5조(군사회보호위원회에 대한 경과조치) 이 법 시행 당시 종전의 「사회보호법」 제41조 제2항의 규정에 따라 설치된 군사회보호위원회는 이 법 제50조 제2항의 규정에 따라 설치된 군치료감호심의위원회로 본다.

제6조(재판계속 중인 치료감호사건에 관한 경과조치) 이 법 시행 당시 「사회보호법」에 따라 치료감호가 청구되어 재판이 계속 중인 사건은 이 법에 따라 치료감호가 청구되어 재판계속 중인 것으로 본다.

제7조(다른 법령과의 관계) 이 법 시행 당시 다른 법령에서 「사회보호법」 또는 그 조항을 인용하고 있는 경우에는 그에 갈음하여 이 법 또는 그에 해당하는 이 법의 조항을 각각 인용한 것으로 본다.

제8조(다른 법률의 개정)

① 국민연금법 일부를 다음과 같이 개정한다. 제77조의 2 제1항 제5호를 다음과 같이 한다. 5. 「사회보호법」에 의한 보호감호시설 또는 「치료감호법」에 의한 치료감호시설에 수용 중인 경우

② 뉴스통신진흥에관한법률 일부를 다음과 같이 개정한다. 제9조 제1항 제5호를 다음과 같이 한다. 5. 「보안관찰법」에 의한 보안관찰처분, 「사회보호법」에 의한 보호감호 또는 「치료감호법」에 의한 치료감호의 집행 중에 있는 자

③ 방송법 일부를 다음과 같이 개정한다. 제13조 제3항 제6호를 다음과 같이 한다. 6.「보안관찰법」에 의한 보안관찰처분,「사회보호법」에 의한 보호감호 또는「치료감호법」에 의한 치료감호의 집행 중에 있는 자

④ 보안관찰법 일부를 다음과 같이 개정한다. 제25조 제3항을 다음과 같이 한다. ③ 보안관찰처분의 집행중지결정이 있거나 징역·금고·구류·노역장유치 중에 있는 때,「사회보호법」에 의한 감호의 집행 중에 있는 때 또는「치료감호법」에 의한 치료감호의 집행 중에 있는 때에는 보안관찰처분의 기간은 그 진행이 정지된다.

⑤ 사법경찰관리의직무를행할자와그직무범위에관한법률 일부를 다음과 같이 개정한다. 제3조 제3항을 다음과 같이 한다. ③ 보호감호소·치료감호시설 또는 그 지소의 장은 당해 감호소·치료감호시설 또는 그 지소 내에서 발생하는 범죄에 관하여 사법경찰관의 직무를 행한다. 제5조 제2호의 2를 다음과 같이 한다. 2의 2. 보호감호소·치료감호시설 또는 그 지소의 장이 아닌 4급 내지 9급의 국가공무원

⑥ 신문등의자유와기능보장에관한법률 일부를 다음과 같이 개정한다. 제13조 제1항 제4호를 다음과 같이 한다. 4.「보안관찰법」에 의한 보안관찰처분,「사회보호법」에 의한 보호감호 또는「치료감호법」에 의한 치료감호의 집행 중에 있는 자

⑦ 국가인권위원회법 일부를 다음과 같이 개정한다. 제2조 제2호 가목을 다음과 같이 한다. 가. 교도소·소년교도소·구치소 및 그 지소, 보호감호소, 치료감호시설, 소년원 및 소년분류심사원

⑧ 출입국관리법 일부를 다음과 같이 개정한다. 제84조 제2항을 다음과 같이 한다. ② 교도소·소년교도소·구치소 및 그 지소·보호감호소·치료감호시설 또는 소년원의 장은 제1항의 규정에 해당하는 외국인이 형의 집행을 받고 형기의 만료, 형의 집행정지 그 밖의 사유로 인하여 석방된 때, 보호감호 또는 치료감호를 받고 수용된 후 출소한 때 또는「소년법」에 의하여 소년원에 수용된 후 퇴원한 때에는 그 사실을 지체 없이 사무소장·출장소장 또는 외국인보호소장에게 통보하여야 한다. 제86조 제2항을 다음과 같이 한다. ② 교도소·소년교도소·구치소 및 그 지소·보호감호소·치료감호시설 또는 소년원의 장은 제84조 제2항의 규정에 의하여 사무소장·출장소장 또는 외국인보호소장에게 통보한 외국인에 대하여 강제퇴거명령서가 발부된 때에는 석방·출소 또는 퇴원과 동시에 출입국관리공무원에게 그를 인도하여야 한다.

⑨ 행형법 일부를 다음과 같이 개정한다.

제29조 제1항을 다음과 같이 한다.

① 소장은 수용자에 대한 치료를 하기 위하여 필요하다고 인정하는 때에는 당해 수용자를 교도소 밖에 있는 병원(정신질환을 치료하기 위한 경우에는 의료기관 개설허가를 받은 치료감호시설을 포함한다.) 등에 이송할 수 있다.

부칙(형의집행및수용자의처우에관한법률) <제8728호, 2007. 12. 21.>

제1조(시행일) 이 법은 공포 후 1년이 경과한 날부터 시행한다. 제2조부터 제4조까지 생략

제5조(다른 법률의 개정)

①부터 ⑩까지 생략 ⑪ 치료감호법 일부를 다음과 같이 개정한다. 제51조 중 "「행형법」"을 "「형의집행및수용자의처우에관한법률」"로 한다. ⑫ 생략

제6조 생략

부칙 <제9111호, 2008. 6. 13.>

① (시행일) 이 법은 공포 후 6개월이 경과한 날부터 시행한다. 다만, 제51조의 개정규정은 2008년 12월 22일부터 시행한다.

② (적용례) 제2조 제1항 제3호에 해당하는 정신성적 장애자에 관한 개정규정은 이 법 시행 당시 재판중인 자에 대해서도 적용한다.

[1] 형법 개정 · 신설

(법률 제10259호 일부개정 2010. 04. 15. 시행일자 2010. 10. 16.)

□ 제42조 (징역 또는 금고의 기간)

징역 또는 금고는 무기 또는 유기로 하고 유기는 1개월 이상 30년 이하로 한다. 단, 유기징역 또는 유기금고에 대하여 형을 가중하는 때에는 50년까지로 한다.

□ 제55조 (법률상의 감경)

①법률상의 감경은 다음과 같다.

1. 사형을 감경할 때에는 무기 또는 20년 이상 50년 이하의 징역 또는 금고로 한다.

2. 무기징역 또는 무기금고를 감경할 때에는 10년 이상 50년 이하의 징역 또는 금고로 한다.

□ 제72조 (가석방의 요건)

① 징역 또는 금고의 집행중에 있는 자가 그 행상이 양호하여 개전의 정이 현저한 때에는 무기에 있어서는 20년, 유기에 있어서는 형기의 3분의 1을 경과한 후 행정처분으로 가석방을 할 수 있다.

□ 제305조의2 (상습범)

상습으로 제297조부터 제300조까지, 제302조, 제303조 또는 제305조의 죄를 범한 자는 그 죄에 정한 형의 2분의 1까지 가중한다.[본조신설 2010.4.15]

□ 부 칙[2010.4.15 제10259호]

① (시행일) 이 법은 공포 후 6개월이 경과한 날부터 시행한다. 다만, 제305조의2의 개정규정은 공포한 날부터 시행한다.

② (가석방의 요건에 관한 적용례) 제72조제1항의 개정규정은 이 법 시행 당시 수용 중인 사람에 대하여도 적용한다.

[2] 보호감호제 재도입 예고

(법무부, 2010년 12월 국회제출)

□ 인권침해 논란 등으로 2005년 폐지된 보호감호제가 재도입돼 2011년 상반기부터 시행될 예정이다. 법무부는 형사법개정특별분과위원회의 전체회의에서 보호감호제를 형법 개정안에 넣기로 의결하고 시안을 완성켰다. 시안에는 흉악범(凶惡犯)에 한해 상습범·누범가중 규정을 폐지하는 대신 보호감호제를 도입하는 내용을 핵심으로 보호감호의 적용 대상 범죄와 상습범의 기준 등 구체적인 내용이 적시된다. 보호감호제는

재범우려가 높은 범죄자를 형 집행 후에도 일정 기간 격리수용해 사회적응을 돕는다
는 취지로 1980년 도입되었다. 그러나 본 제도는 이중 또는 과잉처벌로 인해 인권침
해 논란이 제기되자 2005년 국회에서 폐지했다. 법무부는 2010년 상반기에 형법 개
정안을 최종 확정하고 여론수렴을 거쳐 12월께 국회에 제출할 계획이다.

333, 340, 342, 343, 351, 353, 388,
408
기술되지 않는 구성요건요소　106
기술적 구성요건요소　105, 112
긴급피난　90, 125, 129, 181, 182, 183,
185~187, 189, 191, 193, 194, 196,
203~206, 208, 210, 212, 214, 225,
237, 253, 254, 261, 371, 376
긴급피난의 특칙　207

(ㄴ)

나글러(Nagler)　180
나탈레(Natale)　420
노동개선처분　564
논리해석　23, 24
농아자　63, 90, 234, 237, 244, 251,
453, 459, 468, 470, 564
누범　28, 32, 50, 62, 64, 89, 229, 362,
428, 447, 453, 471, 476~478, 479,
480, 482, 491
능동적 후회　283
니제(Niese)　93

(ㄷ)

단독범　89, 284, 326, 331
단독정범　84, 89, 174, 306, 309, 315,
316, 319, 328, 329
단절된 결과범　87
단축된 이행위범　87
당연실효　547, 548
당연정지　423, 424, 430
대물방위　195
대물적 보안처분　418, 422, 439, 565,
566
대상의 착오　137, 286, 290
대인적 보안처분　418, 564
대체주의　562, 572
대향범　307, 308, 309, 316
도나(Dohna)　180
도의적 책임론　28, 122, 231, 234
동등설　161
동력조건설　162, 163
동시교사　341

동시범　149, 174, 175, 176, 231, 315,
316, 319, 321, 329, 330, 331, 332,
333, 334, 338, 378
동시적 경합범　386, 387, 388, 389, 390,
395
동종의 상상적 경합　404, 405
등가설　161

(ㄹ)

란자(Lanza)　32
로밀리(Romilly)　420
록신(Roxin)　95, 100
뢰플러(Löffler)　100
루소(Rousseau)　420
리프만(Liepmann)　420

(ㅁ)

마우라하(Maurach)　93
마이어(M. E. Mayer)　18, 98, 99, 233, 313
맥노턴규칙　92
메르켈(A. Merkel)　100, 180
메츠거(Mezger)　98, 99, 180
명예형　417, 419, 423, 447, 514, 536
명확성의 원칙　42
목야영일　32
목적 없는 고의 있는 도구　371, 376
목적론적 해석　23, 24, 25
목적범　86, 98, 101, 105, 108, 265,
267, 297, 341, 343, 403
목적설　103, 166, 181, 311
목적적 범죄체계론　73
목적적 행위론　74, 93, 94, 96, 98,
108, 119
목적형주의　29, 32, 232
몰수　50, 63, 64, 389, 394, 395,
417, 419, 421, 422, 425, 427, 435,
436, 438, 439, 440, 442, 443, 478,
486, 541, 542, 544, 545, 565, 566,
583
무관심설　110, 134
묵인설　109
문리해석　23
미결구금　398, 399, 473, 520, 528, 529

이중백

▌약 력

- 1952년생
- 全州大學校 大學院 博士課程 卒業(法學博士)
- 전라남도지방공무원시험 출제위원 역임
- 한국법학회 / 광주 · 전남 형사법학회 회원
- 송원대학 · 초당대학교 · 광주대학교 · 호남대학교 각 법학과, 경찰행정학과,
  전라남도청공무원 위탁의 사회복지학과 외래교수/강사
- 법무부/대한변협 법 교육 강사
- 광주시공무원교육원 반부패청렴교육 전문강사
- 국민권익위원회 반부패청렴교육 전문강사
- 전주교도소, 군산교도소, 광주교도소, 전주소년원 교정직/보도직 공무원,
  장흥군청 공무원 반부패청렴교육
- 전북신용보증기금 임직원, 광주지방노동청 공무원, 전남여수시교육청 교육공무원

▌주요 논저

- 『해설 형법전』(도서출판 교서관, 1996)
- 『사회복지법제론』(센스기획, 2000)
- 『한국의 뇌물죄』(한국학술정보(주), 2008)
- 『생활속의 뇌물죄』(한국학술정보(주), 2009)
- 「A Study on the Bribery in Criminal Law」(박사)
- 「청소년 범죄의 환경적 요인에 관한 고찰」(석사)
- 「뇌물죄의 연혁과 보호법익」
- 「형법상의 뇌물범죄에 관한 연구」
- 「뇌물죄에 있어서 뇌물」
  외 다수

▓ 감수

정경원

▌약 력

- 1962년생
- 사법시험 34회 합격
- 사법연수원 제24기 수료
- 변호사 정경원 법률사무소

서남철

▌약 력

- 1963년생
- 전주지방법원 판사(1999)
- 전주지방법원 군산지원 판사(2002)
- 인천지방법원 판사(2005)
- 변호사 개업(인천회, 2008)
- 인천 남구청 정보공개청구위원회 위원(2009)
- 인천지방법원 조정위원(2010)

김홍태

▌약 력

- 1966년생
- 광주지방검찰청 검사
- 서울동부지방검찰청 검사
- 전주지방검찰청 검사

형법총칙론

초판인쇄 | 2010년 5월 29일
초판발행 | 2010년 5월 29일

지 은 이 | 이중백
펴 낸 이 | 채종준
펴 낸 곳 | 한국학술정보㈜
주   소 | 경기도 파주시 교하읍 문발리 파주출판문화정보산업단지 513-5
전   화 | 031) 908-3181(대표)
팩   스 | 031) 908-3189
홈페이지 | http://ebook.kstudy.com
 E-mail | 출판사업부 publish@kstudy.com
등   록 | 제일산-115호(2000. 6. 19)

ISBN   978-89-268-1068-2 93360 (Paper Book)
        978-89-268-1069-9 98360 (e-Book)

은 시대와 시대의 지식을 이어 갑니다.